L'administration de la preuve devant la Cour pénale internationale

Règles procédurales et méthodologiques

Logiques Juridiques

Collection dirigée par Gérard Marcou

Le droit n'est pas seulement un savoir, il est d'abord un ensemble de rapports et pratiques que l'on rencontre dans presque toutes les formes de sociétés. C'est pourquoi il a toujours donné lieu à la fois à une littérature de juristes professionnels, produisant le savoir juridique, et à une littérature sur le droit, produite par des philosophes, des sociologues ou des économistes notamment.

Parce que le domaine du droit s'étend sans cesse et rend de plus en plus souvent nécessaire le recours au savoir juridique spécialisé, même dans des matières où il n'avait jadis qu'une importance secondaire, les ouvrages juridiques à caractère professionnel ou pédagogique dominent l'édition, et ils tendent à réduire la recherche en droit à sa seule dimension positive. À l'inverse de cette tendance, la collection « Logiques juridiques » des éditions L'Harmattan est ouverte à toutes les approches du droit. Tout en publiant aussi des ouvrages à vocation professionnelle ou pédagogique, elle se fixe avant tout pour but de contribuer à la publication et à la diffusion des recherches en droit, ainsi qu'au dialogue scientifique sur le droit. Comme son nom l'indique, elle se veut plurielle.

Dernières parutions

Daniel LEVY, *Les abus de l'arbitrage commercial international*, 2015.
Boris BARRAUD, *L'État. Entre fait et droit*, 2015.
Panagiota PERRAKI, *La protection de la vie personnelle du salarié en droit comparé et européen. Étude comparative des droits français, hellénique, britannique et européen*, 2015.
Hatem M'RAD, *La gouvernance : entre le citoyen et le politique*, 2015.
Gabriel ECKERT et Jean-Philippe KOVAR (dir.), *L'interrégulation*, 2015.
Sébastien EVRARD, *Les Tables de la loi : de l'argile au numérique. La diffusion de la règle de droit à travers les âges*, 2014.
Laura TALLET-PREUD'HOMME, *L'articulation des voies de droit dans le contentieux de la commande publique à l'initiative des tiers au contrat*, 2014.
Guillaume MALLEN, *L'appréhension des pratiques restrictives par les autorités françaises et européennes de la concurrence, Analyse des pratiques contractuelles abusives entre professionnels à l'épreuve du droit des pratiques anticoncurrentielles,* 2014
Philippe SEGUR, *C'était la démocratie*, 2014.
Laurie SCHENIQUE, *La Réforme de la phase préparatoire du procès pénal*, 2014.

Jean-Pierre Fofé Djofia Malewa

L'administration de la preuve devant la Cour pénale internationale

Règles procédurales et méthodologiques

L'Harmattan

Du même auteur

Justice pénale et réalités sociétales. De l'analyse du modèle R.D. Congo à la formulation d'une politique criminelle participative, L'Harmattan, 2007.

La Cour pénale internationale : Institution nécessaire aux pays des grands lacs africains. La justice pour la paix et la stabilité en R.D. Congo, en Ouganda, au Rwanda et au Burundi, L'Harmattan, 2006.

La Question de la preuve devant le Tribunal pénal international pour le Rwanda. Le cas Cyangugu, L'Harmattan, 2006.

Quelques-uns de ses articles en matière de droit international pénal

« La preuve des faits similaires devant la Cour pénale internationale : mécanisme sous surveillance », In *Revue de science criminelle et de droit pénal comparé* (RSC), N° 2, avril-juin 2011, Dalloz, Paris, pp 343-370.

« Des déficiences de la justice de paix aux crimes contre l'humanité : cas de la République démocratique du Congo », In *Cahiers d'Anthropologie du droit* 2009, « Dire le droit, rendre la justice », Laboratoire d'anthropologie juridique de Paris, UMR de droit comparé-Paris 1, Éditions Karthala, Paris 2010, pp 149-176.

« La justice pénale internationale face à la complexité du phénomène criminel sévissant dans la région des grands lacs africains », In *Problèmes actuels de science criminelle*, Volume XX, ISPEC-CRMP, Presses universitaires d'Aix-Marseille, 2007, pp 39-77.

« Commentaire du jugement Songo Mboyo : Une illustration de l'éclairage de la justice nationale par les textes et la jurisprudence pénaux internationaux », In *Horizons*, Revue de Droit et de Science Politique, Centre d'Études Juridiques Appliquées, Université Catholique du Graben (RDC), N° 2, juin 2006, pp. 122-143.

5-7, rue de l'Ecole-Polytechnique, 75005 Paris

http://www.harmattan.fr
diffusion.harmattan@wanadoo.fr

ISBN : 978-2-343-04965-6
EAN : 9782343049656

Nos remerciements

À Maître Jean-Pierre Kilenda Kakengi Basila, avocat aux barreaux de Bruxelles (ordre français des avocats), de Kinshasa-Gombé et conseil à la Cour pénale internationale ;

À Maître Ghislain Mabanga Monga Mabanga, chargé d'enseignements en droit public à l'Université Paris X-Nanterre, avocat au barreau de Paris et conseil à la Cour pénale internationale ;

Pour l'intérêt porté à la lecture attentive du prêt-à-clicher de cet ouvrage et les avis pertinents qu'ils ont émis.

ABRÉVIATIONS

AFDL	Alliance des forces démocratiques pour la libération du Congo
APC	Armée populaire congolaise ; Armée du peuple congolais
BTM	*Bar Table Motion*
Bull.	Bulletin des arrêts de la Cour de cassation (française), chambre criminelle
CCPC	Code de conduite professionnelle des conseils
CIJ	Cour internationale de justice
CPI	Cour pénale internationale
Crim.	Cour de cassation (française), chambre criminelle
EMOI	État-major opérationnel intégré
ERN	*Evidence Registration Number*
EVD	*Evidence Number*
FIPI	Front pour l'intégration et la paix en Ituri
FNI	Front des nationalistes intégrationnistes
FPLC	Forces patriotiques pour la libération du Congo
FRPI	Force de résistance patriotique en Ituri
ICC	*International Criminal Court*
ICTR	*International Criminal Tribunal for Rwanda*
L	Ligne
MLC	Mouvement de libération du Congo
MONUC	Mission de l'Organisation des Nations Unies en République démocratique du Congo
NBP	Note de bas de page
ONU	Organisation des Nations Unies
OTP	*Office of the Prosecutor* (Bureau du Procureur)
p	Page
pp	Pages
PUSIC	Parti pour l'unité et la sauvegarde de l'intégrité du Congo
Q	Question
R	Réponse
RBP	Règlement du Bureau du procureur
RC	Règlement de la Cour
RCD	Rassemblement congolais pour la démocratie
RCD-Goma	Rassemblement Congolais pour la démocratie-Goma
RCD-KML	Rassemblement congolais pour la démocratie-Kisangani/Mouvement de Libération
RDC	République démocratique du Congo
RG	Règlement du Greffe
RPP	Règlement de procédure et de preuve
TPIR	Tribunal pénal international pour le Rwanda
TPIY	Tribunal pénal international pour l'ex-Yougoslavie

TSL	Tribunal spécial pour le Liban
TSSL	Tribunal spécial pour la Sierra Leone
UPC	Union des patriotes congolais
UPDF	*Ugandan People Armed Forces* (Forces armées du peuple ougandais)
VWU	*Victims and Witnesses Unit* (Unité des victimes et témoins)

PROPOS INTRODUCTIF :

UNE JUSTICE INDÉPENDANTE, BASÉE SUR LA VÉRITÉ

La Cour pénale internationale a été instituée pour lutter contre l'impunité des crimes les plus graves touchant l'ensemble de la communauté internationale, à savoir le génocide, les crimes contre l'humanité, les crimes de guerre et le crime d'agression.[1] Pour que ses décisions répondent aux attentes des populations du monde, assoiffées de la vraie justice, égale pour tous, elle doit faire preuve d'indépendance, échapper à toute emprise de tout pouvoir, rechercher et établir, durant l'instruction juridictionnelle, *la vérité ; non pas une vérité, mais la vérité.*[2] C'est sur la base de celle-ci, qu'elle doit dire le droit, de manière égale pour tous.

Au cours du procès qui se déroule devant elle, tous les efforts doivent être mobilisés pour la recherche et l'établissement de la vérité. Car, les faits criminels qui lui sont soumis sont d'une telle gravité que toutes les parties et tous les participants à la procédure autant que les juges doivent avoir un seul leitmotiv : la recherche de la vérité, pour établir toutes les responsabilités, des premiers et seconds couteaux, pour ne pas laisser impunis les auteurs de ces crimes et pour ne pas condamner des innocents.

---

[1] Article 5 du Statut de la CPI. Note de bas de page (NBP) 1 : « Paragraphe 2 de l'article 5 ("La Cour exercera sa compétence à l'égard du crime d'agression quand une disposition aura été adoptée conformément aux articles 121 et 123, qui définira ce crime et fixera les conditions de l'exercice de la compétence de la Cour à son égard. Cette disposition devra être compatible avec les dispositions pertinentes de la Charte des Nations Unies.") a été supprimé conformément à l'annexe 1 de la résolution RC/Res. 6 du 11 juin 2010. » En effet, le crime d'agression est désormais décrit par l'article 8 bis du Statut et des Eléments des crimes, ajouté conformément à cette résolution RC/Res. 6 du 11 juin 2010. Voir les Documents officiels de la Conférence de révision au Statut de Rome de la Cour pénale internationale, Kampala, 31 mai-11 juin 2010, Publication de la Cour pénale internationale, RC/11, partie II.

[2] Juge président Bruno Cotte : CPI, Situation en République démocratique du Congo, *Affaire le Procureur c. Germain Katanga et Mathieu Ngudjolo*, ICC-01/04-01/07, Chambre de 1ère instance II, Transcription de l'audience du 30 août 2010, ICC-01/04-01/07-T-180-Red-FRA CT WT, p. 25, L11 à 13.

Les textes fondamentaux régissant la Cour aussi bien que les règles procédurales de leur mise en œuvre rigoureuse requièrent et permettent cette recherche de la vérité.

I- DISPOSITIONS-CADRES

Elles sont conçues pour que les différents participants au procès aient la possibilité de soumettre loyalement au débat tous les moyens pertinents apportant la clarté quant aux faits criminels déplorés, quant aux auteurs de ceux-ci, et conduisant de façon progressive et contradictoire à l'éclosion de la vérité.

A- L'établissement de la vérité pour lever la présomption d'innocence

Conformément aux prévisions statutaires, la personne poursuivie est présumée innocente jusqu'à ce que sa culpabilité ait été établie. C'est au procureur d'apporter la preuve de cette culpabilité.[3] C'est à lui que revient la tâche de convaincre la cour de la culpabilité de l'accusé au-delà de tout doute raisonnable. Dans l'accomplissement de cette tâche, il réunit et présente aux juges tous les moyens pertinents, se regroupant généralement en témoignages et en preuves documentaires. Le procès tourne essentiellement autour de la discussion de ces moyens de preuve. Afin de permettre à l'accusé de participer à ce débat et de préparer sa défense, le Statut lui accorde un certain nombre de droits dont celui d'« être informé dans le plus court délai et de façon détaillée de la nature, de la cause et de la teneur des charges dans une langue qu'il comprend et parle parfaitement »[4] ; celui de « disposer du temps et des facilités nécessaires à la préparation de sa défense et communiquer librement et confidentiellement avec le conseil de son choix »[5] ; celui « d'interroger ou faire interroger les témoins à charge et

---

[3] Article 66 du Statut. Lire aussi, Julia Levivier, « Article 66 - Présomption d'innocence », in *Statut de Rome de la Cour pénale internationale, commentaire article par article*, Sous la direction de Julian Fernandez et Xavier Pacreau, et la coordination éditoriale de Lola Maze, Editions Pedone, Paris, 2012, pp 1485 à 1495 ; William A. Schabas, « Article 66, Presumption of innocence », in Otto Triffterer (ed.), *Commentary on the Rome Statute of the International Criminal Court, Observer's notes, article by article*, Baden-Baden, Nomos, 2è ed. 2008, pp 1233-1245 ; Jacques Leroy, *Procédure pénale*, 3è édition, LGDJ, Paris, 2013, pp 179-183 ; TPIY, *Affaire le Procureur c. Delalic et autres*, Chambre de première instance, Jugement, IT-96-21-T, 16 novembre 1998, § 601 ; TPIR, *Affaire le Procureur c. Musema,* Judgement, ICTR-96-13-A, 16 novembre 2001, § 200.

[4] Article 67-1-a) du Statut.

[5] Article 67-1-b) du Statut.

obtenir la comparution et l'interrogatoire des témoins à décharge dans les mêmes conditions que les témoins à charge »[6] ; celui de faire valoir des moyens de défense et de présenter d'autres éléments de preuve admissibles en vertu du Statut de la Cour.[7] Ainsi donc, la contestation des éléments de preuve à charge et la présentation des éléments de preuve à décharge sont pour l'accusé non pas une obligation, mais un droit. Autrement dit, l'accusé n'a pas la charge de la preuve. Le Statut de la CPI lui reconnaît le droit de ne pas se voir imposer le renversement du fardeau de la preuve ni la charge de la réfutation.[8]

La Cour ne peut condamner l'accusé que si elle est convaincue de sa culpabilité au-delà de tout doute raisonnable. Cette conviction n'est acquise que si les éléments de preuve apportés et discutés par les parties, contradictoirement, équitablement et loyalement établissent, au-delà de tout doute raisonnable, la culpabilité de l'accusé.[9] Si cette vérité n'est pas clairement établie, s'il persiste des zones d'ombre, des incertitudes génératrices d'un doute, celui-ci profite à l'accusé.

B- L'équité et l'impartialité : principes moteurs pour la recherche de la vérité

Tant la production des éléments de preuve de culpabilité que leur contestation, et la soumission des éléments de disculpation se déroulent selon des règles procédurales basées sur le respect du principe du contradictoire et garantissant la loyauté, la transparence et l'équité du procès. Déjà au stade d'enquêtes, l'article 54 du Statut impose au procureur des « devoirs » et lui reconnaît des « pouvoirs » en vue de la découverte de la vérité. Dans son paragraphe 1er a), il porte, en effet, que « le procureur, pour établir la vérité, étend l'enquête à tous les faits et éléments de preuve qui peuvent être utiles pour déterminer s'il y a responsabilité pénale au regard du présent Statut et, ce faisant, enquête tant à charge qu'à décharge. »[10] Cette

---

6 Article 67-1-e) du Statut.

7 Article 67-1-e) du Statut.

8 Article 67-1-i) du Statut.

9 Article 66 du Statut : Présomption d'innocence
« 1. Toute personne est présumée innocente jusqu'à ce que sa culpabilité ait été établie devant la Cour conformément au droit applicable.
2. Il incombe au Procureur de prouver la culpabilité de l'accusé.
3. Pour condamner l'accusé, la Cour doit être convaincue de sa culpabilité au-delà de tout doute raisonnable. »

10 Lire Florence Darques-Lane, Cécile Madec et Stéphanie Godart, « Article 54 - Devoirs et pouvoirs du Procureur en matière d'enquêtes », in *Statut de Rome de la Cour pénale internationale, commentaire article par article*, Sous la direction de Julian Fernandez et Xavier Pacreau, et la coordination éditoriale de Lola Maze,

conduite d'enquêtes à la fois à charge et à décharge suppose que le procureur agisse avec une réelle neutralité et soumette chaque élément de preuve qu'il récolte à un examen critique pour vérifier s'il est fiable, s'il est pertinent, s'il tend à la manifestation de la vérité ou si, au contraire, il est de nature à l'occulter, à la masquer ou à la travestir.

La norme 13 du règlement du bureau du procureur (RBP) souligne ainsi l'indépendance reconnue et exigée de cet important organe de la Cour : « Pour toutes les activités opérationnelles du Bureau, au siège comme sur le terrain, le Procureur veille à ce que le Bureau et ses membres conservent leur totale indépendance et ne sollicitent ni n'acceptent d'instructions d'aucune source extérieure. » Il convient de comprendre cette disposition comme étant la consécration et l'exigence d'une entière neutralité, d'une totale indépendance du procureur et de tous ses collaborateurs vis-à-vis de toute personne : vis-à-vis des informateurs ou des personnes ayant dénoncé au procureur des crimes relevant ou pouvant relever de la compétence de la Cour ; vis-à-vis des responsables des États où de tels crimes auraient été perpétrés ; vis-à-vis des organisations internationales ou non gouvernementales opérant sur le terrain ; vis-à-vis des personnes présumées responsables de ces crimes, des victimes, des témoins, des juges, des avocats de la défense, des journalistes, de l'opinion publique... ; bref, vis-à-vis de toute personne, le procureur ne devant être mû, dans ses enquêtes, instructions et poursuites, que par le souci de l'établissement de la vérité et de la sanction de vrais coupables.

L'impartialité requise du procureur est clairement rappelée dans le texte du serment suivant qu'il doit prêter avant de prendre ses fonctions : « Je déclare solennellement que je remplirai mes devoirs et exercerai mes attributions de (titre) de la Cour pénale internationale en tout honneur et dévouement, en toute impartialité et en toute conscience, et que je

---

Editions Pedone, Paris, 2012, pp 1229 à 1258. Voir aussi, CPI, Situation en République démocratique du Congo, *Affaire le Procureur c. Thomas Lubanga Dyilo*, ICC-01/04-01/06, Chambre d'appel, Arrêt relatif à l'appel interjeté par le Procureur contre la décision de la chambre préliminaire I intitulée « Décision fixant les principes généraux applicables aux demandes de restriction à l'obligation de communication introduites en vertu des règles 81-2 et 81-4 du RPP », ICC-01/04-01/06-568-tFRA OA 3, 13 octobre 2006, § 52 ; Arrêt relatif à l'appel interjeté par Thomas Lubanga Dyilo contre la décision rendue oralement par la chambre préliminaire I le 18 janvier 2008, ICC-01/04-01/06-1433-tFRA OA 11, 11 juillet 2008, § 36 ; OTP, *Prosecution Submissions on Disclosure pursuant to Trial Chamber I's Order of 5 November 2010*, ICC-01/04-01/06-2625-Red, 17 novembre 2010, § 27 ; *Affaire le Procureur c. Germain Katanga et Mathieu Ngudjolo*, ICC-01/04-01/07, Chambre de 1ère instance II, Décision sur la protection de 21 témoins relevant de l'article 67-2 du Statut et/ou de la règle 77 du RPP, ICC-01/04-01/07-1332, 24 juillet 2009, § 36 ; Transcription de l'audience du 8 novembre 2010, ICC-01/04-01/07-T-215-Red-FRA WT, p. 9.

respecterai le caractère confidentiel des enquêtes et des poursuites. »[11] Ce serment est le même pour le procureur, les procureurs adjoints, le greffier, le greffier adjoint, ainsi que pour tous les membres du personnel du bureau du procureur et du greffe. Celui des juges reprend les engagements identiques en incluant le respect du secret des délibérations ;[12] celui des interprètes et traducteurs souligne les obligations de dévouement, d'impartialité et de respect du secret professionnel.[13] De même, le serment que prête le conseil met en relief notamment ses obligations d'intégrité et d'indépendance. Il est prévu par l'article 5 du code de conduite professionnelle des conseils (CCPC) qui dispose : « Avant de prendre ses fonctions, le conseil prend devant la Cour l'engagement solennel suivant : "Je déclare solennellement que je remplirai mes devoirs et exercerai ma mission devant la Cour pénale internationale avec intégrité et diligence, honorablement, librement, indépendamment, promptement et consciencieusement, et que je respecterai scrupuleusement le secret professionnel ainsi que les autres devoirs imposés par le code de conduite professionnelle des conseils auprès de la Cour pénale internationale". »[14] Dans l'exercice indépendant et libre de sa profession, il doit contribuer à la manifestation de la vérité. Il ne doit ni tromper, ni induire les juges en erreur. L'article 24-3 du CCPC porte, en effet : « Le conseil ne trompe, ni n'induit sciemment en erreur, la Cour. Il prend toutes les mesures nécessaires pour rectifier, dès qu'il en prend conscience, une version des faits inexacte que lui-même, l'un de ses assistants ou un membre de son équipe aurait pu donner à la Cour. » Il « veille en toutes circonstances à préserver l'intégrité des éléments de preuve écrits, oraux ou autres présentés à la Cour. Il ne produit pas d'éléments de preuve dont il sait qu'il s'agit de

---

[11] Règles 5-1-b) et 6-1 du RPP.

[12] Règle 5-1-a) du RPP : « Comme prévu à l'article 45, avant de prendre les fonctions que prévoit le Statut : a) Les juges prennent l'engagement solennel suivant : "Je déclare solennellement que je remplirai mes devoirs et exercerai mes attributions de juge de la Cour pénale internationale en tout honneur et dévouement, en toute impartialité et en toute conscience, et que je respecterai le caractère confidentiel des enquêtes et des poursuites et le secret des délibérations." » Lire aussi, Gaël Abline, « Article 45 - Engagement solennel », in *Statut de Rome de la Cour pénale internationale, commentaire article par article*, *op. cit*, pp 1083 à 1087.

[13] Règle 6-2 du RPP : « Avant de prendre ses fonctions, chaque interprète et chaque traducteur prend l'engagement suivant : "Je déclare solennellement que je remplirai ma tâche avec dévouement, en toute impartialité et en respectant pleinement le secret professionnel." »

[14] Voir aussi l'article 6 du CCPC : « Indépendance du conseil

1. Le conseil exerce son mandat de façon honorable, indépendante et libre.

2. Le conseil : a) veille à ce que son indépendance, son intégrité et sa liberté ne soient pas compromises sous l'effet de pressions extérieures ; b) ne fait rien qui puisse raisonnablement donner à penser que son indépendance est compromise. »

faux. »[15] Il s'acquitte de son obligation de diligence en agissant avec promptitude « de manière à éviter des frais inutiles ou à éviter de retarder la conduite des débats. »[16]

Toutes ces exigences, imposées aux différents acteurs, le sont donc pour permettre à la procédure, se déroulant devant les juges, d'atteindre le but ultime qu'elle poursuit : l'établissement de la vérité, afin que le jugement à intervenir soit solidement fondé sur ce socle. Cette recherche de la vérité est, en effet, et doit être menée en toute impartialité, en toute équité et avec diligence. Aussi, le Statut attribue-t-il à la chambre de première instance la fonction et le pouvoir de veiller « à ce que le procès soit conduit de façon équitable et avec diligence, dans le plein respect des droits de l'accusé et en ayant pleinement égard à la nécessité d'assurer la protection des victimes et des témoins. »[17] Elle peut, dans ce cadre, adopter « toutes procédures utiles à la conduite équitable et diligente de l'instance ».[18] C'est précisément ce qu'a fait, par exemple, la chambre de première instance II en rendant, le 1er décembre 2009, dans l'affaire *le Procureur c. Germain Katanga* (GM) *et Mathieu Ngudjolo* (MN), une importante décision référencée ICC-01/04-01/07-1665-Corr-tFRA, intitulée : « Instructions pour la conduite des débats et les dépositions conformément à la règle 140. »[19] La chambre de première instance III, constituée pour connaître de l'affaie *le Procureur c. Jean-Pierre Bemba Gombo* (JPB), s'est aussi inscrite dans cette logique en édictant sa « Décision relative aux instructions pour la conduite des débats ».[20] De même, la chambre de 1ère instance V(A), saisie de l'affaire *le Procureur*

---

[15] Article 25-1 du CCPC.

[16] Article 24-5 du CCPC.

[17] Article 64-2 du Statut. À ce sujet, lire Bruno Cotte et Marianne Saracco, « Article 64 - Fonctions et pouvoirs de la Chambre de première instance », in *Statut de Rome de la Cour pénale internationale, commentaire article par article*, *op. cit*, pp 1443 à 1471.

[18] Article 64-3-a) du Statut. Voir aussi, article 64-8-b) : « Lors du procès, le Président peut donner des instructions pour la conduite de la procédure, notamment pour qu'elle soit conduite d'une manière équitable et impartiale… »

[19] CPI, Situation en République démocratique du Congo, *Affaire le Procureur c.Germain Katanga et Mathieu Ngudjolo*, ICC-01/04-01/07, Chambre de 1ère instance II, Instructions pour la conduite des débats et les dépositions conformément à la règle 140, ICC-01/04-01/07-1665-Corr-tFRA, (ci-après « Instructions 1665 »).

[20] CPI, Situation en République centrafricaine, *Affaire le Procureur c. Jean-Pierre Bemba Gombo,* ICC-01/05-01/08, Chambre de 1ère instance III, Décision relative aux instructions pour la conduite des débats, ICC-01/05-01/08-1023-tFRA, 19 novembre 2010, la version française datant du 30 mars 2011 (ci-après « Décision Bemba ICC-01/05-01/08-1023-tFRA »).

c.William Samoei Ruto et Joshua Arap Sang, a pris une série de cinq décisions donnant des directives précises sur la conduite de la procédure.[21]

Comme on le sait, le terme *équité* descend du latin *aequitas* qui signifie égalité. Étant indépendants, les juges de la CPI conduisent la procédure de façon impartiale, en n'exprimant aucun parti pris, en respectant les droits de toutes les personnes comparaissant devant elle, soit comme accusés, soit comme victimes ou encore comme témoins ; en ne favorisant pas les uns aux dépens des autres, et en ayant comme seul souci, l'établissement de la vérité.

Les dispositions pertinentes du Statut imposent cette exigence. D'un côté, nous l'avons dit, elles reconnaissent à l'accusé des droits, dont celui d'être jugé publiquement, équitablement et de façon impartiale[22] ; celui « d'interroger ou faire interroger les témoins à charge et obtenir la comparution et l'interrogatoire des témoins à décharge »[23] ; celui « de faire valoir des moyens de défense et de présenter d'autres éléments de preuve admissibles »[24]… Ainsi, l'accusé participe à l'effort tendant à l'éclosion de la vérité non seulement en interrogeant ou en contre-interrogeant les témoins de l'accusation et en discutant tous les moyens de preuve à charge soumis aux juges, mais aussi en citant ses propres témoins et en présentant tout moyen pertinent de preuve à décharge. De l'autre côté, le Statut attribue des prérogatives aux témoins et victimes pour leur permettre de contribuer sans crainte à cette œuvre d'établissement de la vérité. A cet effet, conformément à l'article 68-1, « la Cour prend les mesures propres à protéger la sécurité, le

---

[21] CPI, Situation en République du Kenya, *Affaire le Procureur c. William Samoei Ruto et Joshua Arap Sang,* ICC-01/09-01/11, Chambre de 1ère instance V(A), *Decision on the Conduct of Trial Proceedings (General Directions),* ICC-01/09-01/11-847-Corr, 9 août 2013, ci-après « Décision Ruto-Sang ICC-01/09-01/11-847-Corr » ; *Decision No. 2 on the Conduct of Trial Proceedings (General Directions),* ICC-01/09-01/11-900, 3 septembre 2013, ci-après « Décision Ruto-Sang ICC-01/09-01/11-900 » ; *Decision No. 3 on the Conduct of Proceedings (Public Redacted Versions of Transcripts of Testimonies Heard in Private Session),* ICC-01/09-01/11-981, 24 septembre 2013, ci-après « Décision Ruto-Sang ICC-01/09-01/11-981 » ; *Decision No. 4 on the Conduct of Proceedings (Evidence and Solemn Declarations in Support of Applications),* ICC-01/09-01/11-1312, 20 mai 2014, ci-après « Décision Ruto-Sang ICC-01/09-01/11-1312 » ; *Decision No. 5 on the Conduct of Trial Proceedings (Principles and Procedure on 'No Case to Answer' Motions),* ICC-01/09-01/11-1334, 3 juin 2014, ci-après « Décision Ruto-Sang ICC-01/09-01/11-1334 » .

[22] Article 67-1 du Statut : « Lors de l'examen des charges portées contre lui, l'accusé a droit à ce que sa cause soit entendue publiquement, compte tenu des dispositions du présent Statut, équitablement et de façon impartiale… »

[23] Article 67-1-e) du Statut.

[24] *Idem.* Lire Xavier-Jean Keïta, Claire Fourçans, Marjorie Masselot, Daniel Didier Preira, Abdoul Aziz Mbaye, Sam Sasan Shoamanesh, « Article 67 - Droits de l'accusé », in *Statut de Rome de la Cour pénale internationale, commentaire article par article, op. cit,* pp 1497 à 1543.

bien-être physique et psychologique, la dignité et le respect de la vie privée des victimes et des témoins. Ce faisant, elle tient compte de tous les facteurs pertinents, notamment l'âge, le sexe tel que défini à l'article 7, paragraphe 3, et l'état de santé, ainsi que la nature du crime, en particulier, mais sans s'y limiter, lorsque celui-ci s'accompagne de violences à caractère sexuel, de violences à caractère sexiste ou de violences contre des enfants. Le Procureur prend ces mesures en particulier au stade de l'enquête et des poursuites. Ces mesures ne doivent être ni préjudiciables ni contraires aux droits de la défense et aux exigences d'un procès équitable et impartial. »

Le système juridique de la CPI permet la participation des victimes au procès en leur reconnaissant le droit de présenter des éléments de preuve utiles à la manifestation de la vérité.[25] L'article 68-3 prévoit, à cet égard, que « lorsque les intérêts personnels des victimes sont concernés, la Cour permet que leurs vues et préoccupations soient exposées et examinées, à des stades de la procédure qu'elle estime appropriés et d'une manière qui n'est ni préjudiciable ni contraire aux droits de la défense et aux exigences d'un procès équitable et impartial… »

La Cour peut même, pour favoriser la manifestation de la vérité, mettre en veilleuse la publicité des débats dans les conditions fixées par l'article 68-2 du Statut qui dispose : « Par exception au principe de la publicité des débats énoncé à l'article 67, les Chambres de la Cour peuvent, pour protéger les victimes et les témoins ou un accusé, ordonner le huis clos pour une partie quelconque de la procédure ou permettre que les dépositions soient recueillies par des moyens électroniques ou autres moyens spéciaux. Ces mesures sont appliquées en particulier à l'égard d'une victime de violences sexuelles ou d'un enfant qui est victime ou témoin, à moins que la Cour n'en décide autrement compte tenu de toutes les circonstances, en particulier des vues de la victime ou du témoin. » Dans la pratique, les juges s'efforcent de trouver un juste équilibre entre le principe de la publicité des débats et la nécessité de la protection des victimes et témoins.[26]

---

[25] Lire Gilbert Bitti, « Les victimes devant la Cour pénale internationale. Les promesses faites à Rome ont-elles été tenues ? », in *Revue de science criminelle et de droit pénal comparé (RSC)*, N° 2, Dalloz, Paris, avril-juin 2011, pp 293-341 ; Paolina Massida et Caroline Walter, « Article 68 - Protection et participation au procès des victimes et des témoins », in *Statut de Rome de la Cour pénale internationale, commentaire article par article, op. cit*, pp 1545 à 1576.

[26] Voir, par exemple, Décision Ruto-Sang ICC-01/09-01/11-900, § 32 : Afin de réduire la fréquence des séances à huis clos, les parties doivent faire usage de la fiche de renseignements protégés (PIS : *Protection information sheet*) annexée à ladite décision. Une PIS doit être remplie pour chaque élément d'information protégée. Cette fiche (PIS) ne sera utilisée que quand elle est plus commode et permet d'éviter le passage à huis clos. Si non, la chambre ordonnera le huis clos si cette mesure apparaît plus efficace. Pour la mise en œuvre de cette fiche de renseignements, voir, par exemple, déposition du témoin de l'accusation P-0536 qui

De même, soucieux de l'équité et de l'impartialité de la procédure, ils veillent à ce que le procès avance avec diligence[27], respectant, en cela, le droit reconnu à l'accusé d'être jugé sans retard excessif.[28] Ils s'emploient à trouver l'harmonie entre la célérité, sans précipitation inconsidérée, et la nécessité de l'émergence de la vérité.

C- L'exigence de la loyauté participe du même leitmotiv.

En effet, les droits qui sont reconnus à toutes les parties au procès, le sont pour permettre la mise en œuvre du principe du contradictoire et faire régner la loyauté dans le débat judiciaire qui doit être entièrement tourné vers l'établissement de la vérité. Afin de garantir cette loyauté et éviter toute action par surprise, la chambre de première instance « assure la divulgation de documents ou de renseignements encore non divulgués suffisamment tôt avant l'ouverture du procès pour permettre une préparation suffisante de celui-ci. »[29]

---

avait le double statut de témoin-victime, assisté par un conseil, Transcrption de l'audience de la chambre de première instance V(A) du 17 septembre 2013, ICC-01/09-01/11-T-29-Red3-FRA WT, p. 6, L 18 à p. 7, L12. Voir également, Décision Ruto-Sang ICC-01/09-01/11-981, *Public Redacted Versions of Transcripts of Testimonies Heard in Private Session*, § 8 : La chambre est consciente qu'un équilibre doit être trouvé entre, d'une part, le principe de la publicité, prévu à l'article 67-1 du Statut et la norme 20 du RC, et, d'autre part, le devoir de la chambre de protéger la sécurité physique, le bien-être psychologique, la dignité et la vie privée des victimes et des témoins et de tenir une partie de la procédure à huis clos, conformément à l'article 68-1 et 68-2 du Statut , et la règle 87 du RPP. Voir aussi les §§ 9 et 10 de ladite décision 981 ; CPI, Situation en République démocratique du Congo, *Affaire le Procureur c. Bosco Ntaganda*, ICC-01/04-02/06, Chambre de 1ère instance VI, *Decision on victims' participation in trial proceedings*, ICC-01/04-02/06-449, 6 février 2015 ; Crim. 12 février 2003, Bull. n° 33 ; Crim. 9 novembre 2005, Bull. n° 292 : « La publicité des débats est une règle d'ordre public à laquelle il ne peut être dérogé que dans les cas prévus par la loi » ; « La convention EDH la rattache à la notion de procès équitable » : article 6 § 1 ; Jean Larguier et Philippe Conte, *Procédure pénale*, 23è édition, Dalloz, Paris, 2014, pp 334-337. Voir aussi, Coralie Ambroise-Castélot, *La procédure pénale*, 2è édition, Gualino, Lextenso éditions, Paris, 2009, pp. 293-296 ; Serge Guinchard et Jacques Buisson, *Procédure pénale*, Lexis Nexis, 9è édition, Paris, 2013, pp. 1415-1417.

[27] Article 64-2 du Statut : « La Chambre de première instance veille à ce que le procès soit conduit de façon équitable et avec diligence, dans le plein respect des droits de l'accusé et en ayant pleinement égard à la nécessité d'assurer la protection des victimes et des témoins. »

[28] Article 67-1-c) du Statut.

[29] Article 64-3-c) du Statut. Voir aussi : - Règle 63-2 du RPP : « Les Chambres sont habilitées, en vertu du pouvoir discrétionnaire visé au paragraphe 9 de l'article 64, à évaluer librement tous les moyens de preuve présentés en vue d'en déterminer la

Le procureur accomplit la divulgation des pièces dans le respect du principe de neutralité consacré dans l'article 54-1-a du Statut. Aussi communique-t-il à la défense, « dès que cela est possible, les éléments de preuve en sa possession ou à sa disposition dont il estime qu'ils disculpent l'accusé ou tendent à le disculper ou à atténuer sa culpabilité, ou sont de nature à entamer la crédibilité des éléments de preuve à charge... »[30]

La norme 51 du RBP prévoit que « le Bureau [du Procureur] communique de manière constructive avec la Défense afin de promouvoir la conduite efficace des procédures. En particulier, le Bureau :

a) en consultation avec la Défense, s'efforce de parvenir à un accord sur les questions qui sont en litige et celles qui ne le sont pas et à des accords sur des faits conformément à la règle 69 ;

b) consulte la Défense pour mieux cerner les renseignements potentiellement à décharge visés à l'article 67-2 ;

c) conformément à la règle 140, s'efforce de s'entendre avec la Défense pour ce qui est de la conduite des procédures et de la présentation des éléments de preuve, selon que de besoin ; et

d) envisage de donner, conjointement avec la Défense, des instructions aux experts ou de parvenir à un accord quant aux instructions données par la Cour aux témoins experts conformément à la norme 44 du Règlement de la Cour. »

Ainsi donc, la procédure se déroule dans la transparence et la loyauté des parties les unes envers les autres. L'action par surprise n'est pas admise ; tous les éléments de preuve, testimoniaux ou documentaires, rassemblés par une partie, doivent être communiqués à la partie adverse, conformément aux textes statutaire et réglementaires, pour permettre aux débats de se dérouler loyalement et donner plein effet au principe du contradictoire.

S'agissant des témoignages, la règle 76 du RPP prévoit et organise la divulgation de renseignements relatifs aux témoins à charge au stade préliminaire. Elle dispose :

« 1. Le Procureur communique à la défense le nom des témoins qu'il entend appeler à déposer et une copie de leurs déclarations. Il le fait suffisamment tôt pour que la défense ait le temps de se préparer convenablement.

---

pertinence ou l'admissibilité comme le prévoit l'article 69. » - Règle 63-3 : « Les Chambres statuent en matière d'admissibilité à la requête d'une partie ou d'office, conformément à l'alinéa a) du paragraphe 9 de l'article 64, lorsque la requête se fonde sur les motifs visés au paragraphe 7 de l'article 69. » Ce paragraphe 7 de l'article 69 du Statut dispose : « Les éléments de preuve obtenus par un moyen violant le présent Statut ou les droits de l'homme internationalement reconnus ne sont pas admissibles : a) Si la violation met sérieusement en question la crédibilité des éléments de preuve ; ou b) Si l'admission de ces éléments de preuve serait de nature à compromettre la procédure et à porter atteinte à son intégrité. »

[30] Article 67-2 du Statut.

2. Par la suite, le Procureur communique à la défense le nom et une copie des déclarations de tous les témoins à charge supplémentaires lorsqu'il est décidé de les citer...
4. La présente règle s'entend sous réserve des restrictions prévues par le Statut et les règles 81 et 82 en ce qui concerne la protection des victimes et des témoins et le respect de leur vie privée ainsi que la protection des renseignements confidentiels. »

S'agissant des preuves documentaires, la règle 77 du RPP prévoit et organise, en ces termes, l'inspection, par la défense, des pièces en la possession et sous le contrôle du procureur : « Sous réserve des restrictions applicables à la communication de pièces et à la divulgation de renseignements en vertu du Statut et des règles 81 et 82, le Procureur permet à la défense de prendre connaissance des livres, documents, photographies et autres objets se trouvant en sa possession ou sous son contrôle qui sont nécessaires à la préparation de la défense de l'accusé, qui seront utilisés par le Procureur comme moyens de preuve à l'audience de confirmation des charges ou au procès, ou qui ont été obtenus de l'accusé ou lui appartiennent. »

Le même droit est reconnu au procureur au regard des éléments rassemblés par la défense. En effet, en application de la règle 78 du RPP, « la défense permet au Procureur de prendre connaissance des livres, documents, photographies et autres objets se trouvant en sa possession ou sous son contrôle, qui seront utilisés par la défense comme moyens de preuve à l'audience de confirmation des charges ou au procès. »

Toujours pour éviter l'action par surprise, le RPP impose certaines obligations à la défense lorsqu'elle entend invoquer un alibi ou un motif d'exonération de la responsabilité pénale. En effet, conformément à la règle 79 : « 1. La Défense informe le Procureur de son intention d'invoquer : a) L'existence d'un alibi, auquel cas doivent être précisés le lieu ou les lieux où l'accusé prétend s'être trouvé au moment des faits incriminés, le nom des témoins et tous les autres éléments de preuve sur lesquels l'accusé a l'intention de se fonder pour établir son alibi ; b) Un des motifs d'exonération de la responsabilité pénale prévus au paragraphe 1 de l'article 31, auquel cas doivent être précisés dans la notification le nom des témoins et tous autres éléments de preuve que l'accusé a l'intention d'invoquer pour établir son moyen de défense. 2. Compte dûment tenu des délais fixés dans d'autres règles, la notification visée dans la disposition 1 ci-dessus doit être donnée suffisamment à l'avance pour que le Procureur puisse se préparer convenablement et y répondre. La Chambre saisie de l'affaire peut autoriser un ajournement pour donner le temps au Procureur d'examiner le point soulevé par la défense... »

Le procès étant une réalité dynamique, il peut arriver que la défense elle-même ne découvre ce type d'éléments qu'ultérieurement. Elle conserve le droit de les invoquer, comme le prescrivent les paragraphes 3 et 4 de la même règle 79 : « 3. Le fait que la défense manque à l'obligation d'information prévue dans la présente règle ne limite pas son droit d'invoquer les circonstances visées dans la disposition 1 ci-dessus et de présenter des éléments de preuve. 4. La présente règle s'entend sans préjudice du pouvoir qu'ont les Chambres d'ordonner la divulgation de tout autre élément de preuve. »

C'est, en effet, à la chambre de veiller à ce que ces divulgations s'opèrent équitablement. Elle peut même fixer des délais aux parties pour que la procédure se déroule de façon diligente. La règle 84 lui reconnaît ainsi ce pouvoir : « Afin de permettre aux parties de préparer le procès et pour faciliter le déroulement équitable et diligent de la procédure, la Chambre de première instance, conformément aux alinéas 3 c) et 6 d) de l'article 64 et au paragraphe 2 de l'article 67, mais sous réserve du paragraphe 5 de l'article 68, prend toutes les décisions nécessaires pour la communication de pièces ou de renseignements non encore divulgués et la production d'éléments de preuve supplémentaires. Pour éviter les retards et faire en sorte que le procès s'ouvre à la date prévue, ces décisions sont assorties de délais stricts, que la Chambre de première instance peut reconsidérer. »

La norme 52 du Règlement du Greffe (RG) organise la présentation d'éléments de preuve à l'audience. Elle dispose : « 1. Lors de l'audience, les éléments de preuve sont présentés en version électronique. 2. Pour les besoins de cette présentation, les participants fournissent, chaque fois que possible, au greffier d'audience la version électronique des éléments de preuve qu'ils entendent utiliser à l'audience au moins trois jours ouvrables entiers avant l'audience prévue… »

Tout se déroule donc de façon transparente, contradictoire, loyale, sans surprise.

D- L'évaluation de la pertinence des moyens de preuve au regard de leur apport à l'établissement de la vérité

Les textes fondamentaux requièrent que les moyens de preuve présentés par les parties doivent être pertinents, en ce sens qu'ils doivent tendre à la manifestation de la vérité. Dès la phase des enquêtes, le procureur doit se préoccuper et se préoccupe légitimement de la pertinence des éléments de preuve. Aux termes de la norme 23-1 du RBP, « le Bureau tient à jour une base de données des éléments de preuve, de manière à préserver l'intégrité des éléments de preuve recueillis et à assembler au fur et à mesure des renseignements qui rendent compte de leur pertinence et de leur utilisation effective. » Dans le cadre de l'appréciation de leur pertinence, ces éléments sont examinés pour évaluer dans quelle mesure ils peuvent servir à consolider les hypothèses de travail retenus par l'accusation. En effet, « tous les éléments de preuve enregistrés sont étudiés par les personnes qui les ont recueillis ou par leurs représentants, compte tenu du cas retenu dans l'hypothèse de travail. »[31] Cette évaluation doit s'opérer méthodiquement, en soumettant à une analyse critique et objective notamment la fiabilité des sources desdits éléments. C'est ce que requiert la norme 24 du RBP qui dispose : « Pour analyser les renseignements et les éléments de preuve concernant des crimes allégués, le Bureau élabore et applique une méthode cohérente et objective d'évaluation des sources, des renseignements et des éléments de preuve. Dans ce cadre, le Bureau prend notamment en considération la crédibilité et la fiabilité des sources, des renseignements et des éléments de preuve et examine des renseignements et des éléments de preuve tirés de sources multiples pour en vérifier l'impartialité. »

Au cours du procès, il appartient à la chambre de statuer sur la recevabilité et la pertinence des éléments de preuve présentés par les parties.[32] « La Cour a le pouvoir de demander la présentation de tous les éléments de preuve qu'elle juge nécessaires à la manifestation de la vérité. »[33] Ainsi, comme nous le verrons, en matière de témoignages, les thèmes retenus pour chaque témoin, de même que les questions qui lui sont posées à chaque étape de la procédure, doivent être pertinents. Doivent également l'être, tous les autres moyens de preuve présentés aux juges, notamment des documents, écrits, films etc. qui, tous, ne peuvent être admis que s'ils constituent des pas vers la découverte de la vérité. L'article 69-4 du Statut porte, en effet : « La Cour peut se prononcer sur la pertinence et l'admissibilité de tout élément de preuve conformément au Règlement de procédure et de preuve, en tenant compte notamment de la valeur probante de cet élément de preuve et de la possibilité qu'il nuise à l'équité du procès ou à une évaluation équitable de la déposition d'un témoin. »

Tous les éléments de preuve sont discutés durant le procès. Les parties ont le pouvoir d'en contester la pertinence et de s'opposer à leur admission en suivant la procédure réglementaire.[34]

E- Les témoins comparaissant devant la Cour prêtent le serment de dire la vérité.

Aux termes de l'article 69-1 du Statut, « avant de déposer, chaque témoin, conformément au Règlement de procédure et de preuve, prend l'engagement

[31] Norme 23-5 du RBP.

[32] Article 64-9-a) du Statut : « La Chambre de première instance peut notamment, à la requête d'une partie ou d'office, statuer sur la recevabilité ou la pertinence des preuves... »

[33] Article 69-3 du Statut.

[34] Règle 64 du RPP : Procédure relative à la pertinence ou à l'admissibilité des preuves.

de dire la vérité. » Le contenu de cet « engagement solennel » est fixé dans les trois paragraphes de la règle 66 du RPP qui disposent :
« 1. Sous réserve de la disposition 2 ci-dessous, les témoins prennent, avant de déposer, l'engagement solennel suivant, conformément au paragraphe 1 de l'article 69 : "Je déclare solennellement que je dirai la vérité, toute la vérité et rien que la vérité."
2. Toute personne âgée de moins de 18 ans ou dont le discernement est altéré et qui, de l'avis de la Chambre, ne comprend pas la signification d'un engagement solennel peut être autorisée à témoigner sans engagement solennel si la Chambre l'estime capable de décrire les faits dont elle a connaissance et de comprendre le sens de l'obligation de dire la vérité.
3. L'attention du témoin est appelée, avant qu'il ne dépose, sur l'infraction définie au paragraphe 1 a) de l'article 70. »

Ces dispositions ont été correctement mises en œuvre par la chambre de première instance III, saisie de l'affaire Katanga-Ngudjolo. Avant chaque déposition, la chambre, par la voix de son président, rappelait les mesures de protection accordées au témoin, le cas échéant, afin qu'il n'éprouve aucune crainte à dire toute la vérité aux juges. Puis, elle faisait procéder à l'engagement solennel prévu dans les paragraphes 1 et 3 de la règle 66 et en prenait acte. Le déroulement de l'audition du témoin P-0249, jugée vulnérable, en est une illustration. La chambre a d'abord indiqué, comme suit, les mesures de protection :

> « [M. LE JUGE PRÉSIDENT COTTE]... Nous allons donc à présent examiner ou, plus exactement, recevoir le témoin 0249. Avant qu'il n'arrive, la Chambre voudrait vous donner quelques éléments d'information sur les mesures de protection dont ce témoin bénéficiera : Mme le témoin 0249 est appelée, ... par le Bureau du Procureur. Ce témoin est concerné par la décision 1667 du 23 novembre 2009 relative aux mesures de protection de certains témoins. Il bénéficie - conformément, d'ailleurs, aux souhaits qu'elle a formulés - des mesures suivantes : recours à un pseudonyme, altération de sa voix, distorsion de son image ; ce qui conduira à ordonner le huis clos lorsqu'elle entrera et sortira de la salle d'audience. L'Unité de protection des victimes et des témoins a eu l'occasion de s'entretenir avec ce témoin dans la perspective de l'audience, tout d'abord, en mars 2010, puis à nouveau hier, 3 mai 2010. Il s'agit d'un témoin vulnérable, tel que le prévoit la décision de la Chambre n° 1667 précitée, en son paragraphe 4, et au sens de la règle 88 du Règlement de procédure et de preuve, qui permettent à la Chambre d'ordonner - je cite : « Des mesures spéciales, notamment des mesures visant à faciliter la déposition d'un témoin traumatisé ou d'une victime de violence sexuelle. » Fin de citation. L'Unité indique que, pour autant, ce témoin n'a pas exprimé le souhait de bénéficier du rideau faisant obstacle à tout contact visuel avec les accusés. L'Unité préconise la présence éventuelle d'un psychologue dans la salle d'audience si le besoin s'en faisait sentir. L'Unité préconise de veiller, dès lors que le témoin aurait été victime de viol et de violence sexuelle, à la questionner avec tout le respect et la délicatesse nécessaires. Mais à cet égard, la Chambre sait que les parties et les participants sont attentifs aux exigences de cette nature. La Chambre note également,

Madame le greffier, Monsieur l'huissier, que le témoin est susceptible d'avoir besoin d'une assistance s'il lui faut lire un document ou s'il lui est demandé d'écrire. Si tel devait être le cas, un représentant de l'Unité assistera le témoin. Nous attendrons la première occasion d'écriture ou de lecture. Si le témoin le demande, nous ferons venir le représentant de l'Unité habilité à l'assister, et nous apprécierons si ce représentant doit rester en salle d'audience en permanence ou non afin que la Chambre ne perde pas trop de temps. »[35]... « Alors, Madame le greffier, nous allons donc pouvoir recevoir ce témoin. Si vous voulez bien, donc mettre en œuvre le huis clos. »[36]

Ensuite, la chambre a fait application de la règle 66 dans ses deux dimensions décrites aux paragraphes 1 et 3 :

« Mme LA GREFFIÈRE : Nous sommes en audience publique, Monsieur le Président.
M. LE JUGE PRÉSIDENT COTTE : Merci, Madame le greffier.
Madame le témoin, comme vous le faites depuis le début de cette matinée, vous allez m'écouter avec beaucoup d'attention. Avant de commencer votre témoignage, vous devez prendre l'engagement de dire la vérité. Il s'agit d'un engagement solennel, que je vais lire lentement pour que vous puissiez bien en comprendre toute l'importance. Voilà la formule de l'engagement : je déclare solennellement que je dirai la vérité, toute la vérité, rien que la vérité. Vous m'avez bien entendu, Madame le témoin ?
LE TÉMOIN P-0249... : Oui. Je vous ai bien entendu.
M. LE JUGE PRÉSIDENT COTTE : Vous vous engagez donc à dire la vérité, toute la vérité, rien que la vérité ; nous sommes d'accord ?
LE TÉMOIN P-0249... : Oui.
M. LE JUGE PRÉSIDENT COTTE : C'est bien. La Cour vous demande à nouveau de l'écouter avec beaucoup d'attention. Vous venez, Madame le témoin, de vous engager à dire la vérité. Si, pendant votre témoignage ou en répondant aux questions qui vous seront posées, vous ne dites pas la vérité, vous pourrez être poursuivie devant la Cour pour faux témoignage. Et si les faits sont démontrés, vous pourrez faire l'objet d'une condamnation. M'avez-vous bien entendu également ?
LE TÉMOIN P-0249... : Oui. Je vous suis très bien.
M. LE JUGE PRÉSIDENT COTTE : Vous me suivez très bien. C'est parfait. La Cour prend donc acte de ce qu'il a été satisfait aux prescriptions de l'article 69-1 du Statut et de la règle 66 du Règlement de procédure et de preuve, dans ses paragraphes 1 et 3. Une nouvelle fois, Madame le témoin, avant que Mme le Procureur commence son interrogatoire, la Cour vous demande de parler bien lentement. Même si vous êtes émue, même si vous êtes peut-être parfois énervée,

---

[35] CPI, Situation en République démocratique du Congo, *Affaire le Procureur c. Germain Katanga et Mathieu Ngudjolo*, ICC-01/04-01/07, Chambre de 1ère instance II, audition du témoin de l'accusation P-0249, vulnérable, Transcription de l'audience du 4 mai 2010, ICC-01/04-01/07-T-135-Red-FRA WT, p. 14, L24 à p. 16, L6.

[36] *Idem*, p. 17, L12-13.

essayez de parler calmement et lentement pour que les interprètes puissent faire très correctement leur travail. Si vous êtes fatiguée et si vous avez l'impression de ne plus parvenir à suivre correctement les questions, les débats, dites-le tout simplement. Vous avez également devant vous une carafe d'eau - j'espère qu'elle est là, sinon, on vous en apportera une. Vous avez la possibilité de vous verser de l'eau, si vous le souhaitez. Cela ne dérangera pas du tout la Cour si vous souhaitez verser de l'eau et boire. Et vous avez une boîte de mouchoirs, que vous pouvez aussi utiliser. Si vous avez besoin de vous moucher, la Cour ne se formalisera pas. Elle souhaite que vous soyez dans de bonnes conditions pour que votre témoignage puisse lui être utile. Vous m'avez bien compris, Madame le témoin ?
LE TÉMOIN P-0249... : Oui, je vous suis bien.
M. LE JUGE PRÉSIDENT COTTE : C'est parfait. Madame le Procureur, vous avez donc la parole pour poser vos questions. »[37]

Cette pratique n'a pas été suivie par d'autres chambres.[38] Ainsi, par exemple, la chambre de première instance V(A), instruisant l'affaire Ruto-Sang, s'est limitée à faire prêter aux témoins le serment de dire la vérité, sans leur expliquer au prétoire le risque encouru au cas où ils ne disaient pas la vérité. La chambre a motivé sa décision en arguant que la prestation de serment suffisait en elle-même, que l'application de la prescription de la règle 66-3 à l'audience risquait de créer une atmosphère d'intimidation à l'endroit des témoins et qu'elle préférait que ceux-ci soient informés de cette disposition avant d'entrer au prétoire, dans le cadre de la familiarisation par la *VWU* et de leur préparation par la partie citante. Cette position de la chambre a suscité une réaction des conseils de la défense, comme le montrent ces extraits :

---

[37] *Idem*, p. 34, L4 à p. 35, L21 ; voir aussi, audition du témoin de l'accusation P-0250 considéré également comme vulnérable, Transcription de l'audience du 27 janvier 2010, ICC-01/04-01/07-T-91-Red-FRA WT, p. 13, L17 à p. 14, L21 ; audition du témoin de l'accusation P-0028, vulnérable, Transcription de l'audience du 15 novembre 2010, ICC-01/04-01/07-T-216-Red-FRA WT, p. 23, L16 à p. 24, L12 ; audition du témoin de la défense D03-0088, Transcription de l'audience du 26 août 2011, ICC-01/04-01/07-T-299-FRA ET WT, p. 7, L11 à p. 8, L3 ; audition du témoin de la défense D03-0963, vulnérable, Transcription de l'audience du 15 septembre 2011, ICC-01/04-01/07-T-312-Red2-FRA CT WT, p. 7, L18 à p. 8, L12.

[38] Voir notamment, CPI, Situation en République démocratique du Congo, *Affaire le Procureur c. Thomas Lubanga Dyilo*, ICC-01/04-01/06, Chambre de 1ère instance I, Décision orale, Transcription de l'audience du 28 janvier 2009, ICC-01/04-01/06-T-110-FRA WT, p 5, L2 à 20 ; Situation en République centrafricaine, *Affaire le Procureur c. Jean-Pierre Bemba Gombo*, ICC-01/05-01/08, Chambre de 1ère instance III, Décision relative au protocole unique de préparation et de familiarisation des témoins en vue de la déposition au procès, ICC-01/05-01/08-1016-tFRA, 18 novembre 2010, § 26 ; audition du témoin CAR-OTP-PPPP-0038, Transcription de l'audience du 23 novembre 2010, ICC-01/05-01/08-T-33-Red2-FRA WT, p. 6, L 6 à 26.

« M. LE JUGE PRÉSIDENT EBOE-OSUJI… : Merci. Je vous souhaite bienvenue dans la salle d'audience, Madame le témoin. Lorsque je vous dis « je vous souhaite la bienvenue », je le dis parce que nous travaillons ici. Chaque jour, lorsque je vous dis que vous êtes la bienvenue, je ne veux pas du tout impliquer que vous soyez une étrangère ici, dans cette salle d'audience ; la Cour appartient à l'ensemble du public. Par conséquent, cette salle d'audience est autant la vôtre que la nôtre. Sentez-vous à l'aise pour faire votre déposition. Nous sommes en votre présence aujourd'hui pour que vous puissiez nous aider à établir la vérité. Est-ce que vous comprenez ce que je vous dis, là ?
LE TÉMOIN… : Je vous ai bien suivi.
M. LE JUGE PRÉSIDENT EBOE-OSUJI… : Lorsque nous avons des témoins qui viennent déposer, il faut toujours garder à l'esprit l'idée qu'il faut dire la vérité, selon ce que le témoin a pu voir, entendre ou percevoir. Ce qui signifie que vous devez écouter très attentivement les questions qui vous seront posées par les avocats, ici. Vous aurez d'abord l'Accusation, qui vous a demandé de venir, qui vous posera des questions. Lorsqu'elle aura terminé, le conseil pour les victimes aura des questions, peut-être, à vous poser également. Après cela, les avocats des deux défendeurs en cette affaire pourront également vous poser des questions. Il est utile que vous écoutiez très attentivement les questions qui vous sont posées avant de répondre. N'essayez pas de... deviner une réponse que vous ne connaissez pas. Donc, soyez bien "certain" d'avoir bien compris la question avant d'essayer d'y répondre. Nous espérons que votre présence devant cette Cour nous aidera à établir la vérité. Est-ce que vous comprenez cela ? L'Accusation peut, maintenant, poser ses questions.
Me KHAN QC… : Avant cela, nous sommes reconnaissants au témoin d'être présent ici. Il n'a pas été expliqué au témoin, à aucun moment avant aujourd'hui, que non seulement il est important qu'elle dise la vérité, qu'elle dise ce qu'elle sait… librement, mais je crois qu'il est équitable pour le témoin que la Cour l'informe du fait que la Cour a des pouvoirs clairs, qu'elle peut poursuivre les faux témoignages.
M. LE JUGE PRÉSIDENT EBOE-OSUJI… : Excusez-moi, Maître Khan QC, ne poursuivez pas. Merci. Je souhaiterais que vous ne poursuiviez pas dans ce sens, Maître Khan QC. Merci…
M. LE JUGE PRÉSIDENT EBOE-OSUJI… : Excusez-moi, Monsieur Steynberg, un instant… C'est de ma faute, ce n'est pas vous. Avant que nous ne commencions l'interrogatoire, il faut que le témoin prête serment… C'est totalement de ma faute. Veuillez m'excuser. Greffier d'audience, est-ce que vous pourriez aider le témoin à prêter serment, s'il vous plaît ? …
R. Je déclare solennellement que je dirai la vérité, toute la vérité et rien que la vérité.
M. LE JUGE PRÉSIDENT EBOE-OSUJI… : Merci beaucoup. Monsieur Steynberg, vous pouvez poursuivre. »[39] …

---

[39] Situation en République du Kenya, *Affaire le Procureur c. William Samoei Ruto et Joshua Arap Sang,* ICC-01/09-01/11, Chambre de 1ère instance V(A), Transcription de l'audience du 17 septembre 2013, ICC-01/09-01/11-T-29-Red3-FRA WT, p. 9, L13 à p. 11, L15.

« M. LE JUGE PRÉSIDENT EBOE-OSUJI... : Monsieur Steynberg, un instant. Monsieur *(sic)* le témoin, nous sommes à présent en audience publique, ce que... cela signifie que, jusqu'à présent, les questions auxquelles vous avez répondu vous ont été posées en audience à huis clos partiel où les membres du public étaient exclus ; ils n'ont pas pu, donc, ... entendre les questions et réponses que vous avez pu donner. Maintenant, nous sommes en audience publique ; le public peut entendre les questions et les réponses à ces questions. Il est, par conséquent, important que vous essayiez de ne pas, dans le cadre de vos réponses, révéler des informations qui tendraient à vous identifier car cela permettrait au public de savoir qui parle. Cela fait partie des précautions que nous devons prendre en audience publique.
Me KHAN QC... : À ce stade, Monsieur le Président, je serais prudent ; je me demande si la Chambre ne pourrait pas, dans les prochaines minutes, se pencher sur les dispositions de la règle 66-3 par rapport à mon intervention précédente. Voyez-vous, je me suis arrêté lorsqu'on m'a demandé de m'arrêter. C'est vrai que je n'ai pas été mis au courant des questions qui auraient pu être discutées hors de la présence du conseil de la Défense. Mais il y a eu quand même des précédents, et notamment en ce qui concerne la pratique qui a été adoptée dans l'affaire *Katanga* par le juge Cotte. Alors, je ne sais pas si vous souhaitez entendre des observations sur ce point, mais en toute équité pour le témoin, je voulais faire cette demande.
M. LE JUGE PRÉSIDENT EBOE-OSUJI... : ... Madame le témoin, ... je vous demanderais d'enlever votre casque. *(Le témoin s'exécute).* Maître Khan QC, la raison pour laquelle je vous... ai interrompu précédemment, c'est qu'à ce stade je ne veux pas créer une atmosphère intimidante pour le témoin qui dépose, parce que quand un témoin comprend les choses, ... il y a certains avertissements qui pourraient, en fait, intimider le témoin, et en tant que juriste, c'est quelque chose qu'on devrait éviter. Et je suppose que c'est quelque chose que vous comprenez, et ce n'est pas pour dire que... c'est pour ne pas donner l'impression que n'importe qui peut venir faire un faux témoignage - non, pas question. Il y a des situations où vous avez des témoins qui peuvent être influencés par ce qui est dit et c'est la raison pour laquelle je vous ai demandé de vous arrêter.
Me KHAN QC... : Je comprends tout à fait.
M. LE JUGE PRÉSIDENT EBOE-OSUJI... : De toute façon, le fait d'avoir prêté serment rappelle au témoin son obligation de dire la vérité, rien que la vérité.
Me KHAN QC... : Bien sûr, avec tout le respect que je dois à la Chambre, et j'attends vos instructions ; mais de mon point de vue, bien sûr, nous ne voulons pas créer une ambiance intimidante pour qui que ce soit. Mais nous voulons que les témoins comprennent qu'il est important, non seulement de dire la vérité, mais... qu'il faudrait qu'ils soient conscients... des conséquences d'un faux témoignage. C'est la raison pour laquelle, à notre avis, la règle 66-3 est la règle la plus appropriée. C'est la raison pour laquelle je disais que c'était ce qui avait été utilisé de manière verbatim par le juge Cotte dans l'affaire *Katanga*... Et les prévenir et leur dire si jamais... en cas de faux témoignage, ils pouvaient se retrouver en prison. Donc, en toute équité, pour le témoin, compte tenu de l'approche que nous aurons par rapport [à] [ce témoin], je pensais ... qu'il faudrait qu'il soit au courant de cette disposition.

M. LE JUGE PRÉSIDENT EBOE-OSUJI… : De toute façon, dans le cadre de la préparation du témoin, le conseil qui prépare le témoin l'a informé, a dû l'informer … de la norme existante.
Me KHAN QC… : Je vous remercie, Monsieur le Président. »[40]…
« M. LE JUGE PRÉSIDENT EBOE-OSUJI… : Je vous remercie. Avant de faire rentrer le témoin, nous souhaitons traiter cette question d'ordre juridique que Me Khan QC avait soulevée concernant l'application de la règle 66-3. En effet, la règle 66-3 dit qu'avant sa déposition le témoin est informé des infractions à l'article 70, paragraphe 1. La Chambre a indiqué, ce matin, qu'elle préférait ne pas créer une atmosphère d'intimidation à l'endroit du témoin. La… Chambre avait à l'esprit l'article 68-1… qui dit que… la Chambre prend des mesures propres à protéger la sécurité et le bien-être physique et psychologique des témoins et des victimes. Bien entendu, à ce stade, nous ne souhaitons pas débattre de la question de savoir s'il y a un conflit entre… le Règlement et l'article du Statut - l'article 68. Je crois qu'il n'est pas nécessaire de le faire à ce stade. Nous savons, cependant, que la préparation des témoins ou que la décision relative à la préparation des témoins dit en son paragraphe 52 - et je cite : "Le protocole de familiarisation est suivi dans cette affaire, sauf s'il s'agit de contacts entre la partie citant le témoin à comparaître et les témoins, dans lequel cas… le protocole relatif à la préparation des témoins… a préséance." Il est important de noter… Il est utile, devrais-je dire, de noter que le paragraphe 100 du protocole de familiarisation des témoins dit notamment qu'avant sa déposition, conformément [à la règle] 66-3 du Règlement de procédure et de preuve, "l'Unité des victimes et des témoins informe le témoin de l'infraction définie à l'article 70-1-a du Statut." Fin de citation. Ce qui nous ramène aux consignes précédentes de la Chambre, celle-ci préférant que le témoin soit informé de la disposition 66-3 avant d'entrer dans le prétoire. Nous escomptons que l'Unité des victimes et des témoins a fait son travail. Et à partir de maintenant, la pratique sera la suivante : la partie citant le témoin à comparaître, l'Accusation ou la Défense, lorsqu'il sera temps de présenter les moyens de la Défense, informe le témoin de cette question avant même le début de sa déposition. C'est… pour s'assurer que les obligations en vertu… de la règle 66-3 ont été respectées.
M. STEYNBERG… : Je puis vous confirmer, Monsieur le Président, que la question a été abordée avec le témoin dans le cadre de sa préparation, c'est-à-dire son obligation de dire la vérité et les infractions prévues au Statut. Nous ne sommes pas entrés dans le détail, mais la question a été expliquée au témoin durant la préparation.
M. LE JUGE PRÉSIDENT EBOE-OSUJI… : Durant la préparation ?
M. STEYNBERG… : Oui, effectivement.
M. LE JUGE PRÉSIDENT EBOE-OSUJI… : Donc, aux fins de la transcription et pour que la procédure soit bien claire, nous allons suivre cette pratique : avant le début de la déposition du témoin, avant même son entrée dans le prétoire, cette information lui sera communiquée.
Me KHAN QC… : Monsieur le Président, je vous remercie de cet éclaircissement. Évidemment, nous nous… conformerons… à vos consignes. Mais de la même manière que le témoin a des droits, le droit à ce que sa dignité

[40] ICC-01/09-01/11-T-29-Red3-FRA WT 17-09-2013, p. 19, L19 à p. 21, L20.

soit protégée, l'accusé aussi a le droit d'être protégé contre tout faux témoignage. Cette déclaration de l'Accusation voulant... qu'elle a averti les témoins, comme l'a dit le juge Cotte, c'est-à-dire que l'on risque d'être condamné pour... faux témoignage, cette déclaration doit être enregistrée par vidéo pour que les témoins comprennent quelles sont les conséquences d'un faux témoignage. Une telle déclaration doit être enregistrée par vidéo. Par ailleurs, ... la Chambre pourrait peut-être envisager à terme... d'exiger de l'Unité des victimes et des témoins de faire une déclaration ou de préparer une note indiquant que cette obligation a été respectée. Si l'on enregistre par vidéo une telle déclaration, je crois qu'on pourrait alors éviter ce genre de considération et de préoccupation.

M. LE JUGE PRÉSIDENT EBOE-OSUJI... : Je crois que ce serait une façon judicieuse de procéder dans le cadre... Enfin, la décision relative à la préparation des témoins prévoit un enregistrement audio vidéo, n'est-ce pas ? Très bien. L'Accusation doit faire cet avertissement en vertu... de la règle 66-3. Et il serait utile que l'on indique, aux fins du dossier, que le témoin a été informé avant même le début de sa déposition.

Me KHAN QC... : Effectivement, Monsieur le Président, mais pour que les choses aillent bon train à l'avenir, je proposerais ou je demanderais à la Chambre... de demander à l'Accusation de préparer un document *pro forma*, un court document qui soit signé par le témoin. Et ce serait donc une preuve documentaire que le témoin a été informé de manière claire et sans ambiguïté qu'il doit dire la vérité et que le parjure peut mener à une condamnation. Une telle déclaration pourrait être signée par le témoin. L'Accusation pourra consigner ce document... conserver ce document, mais simplement pour éviter le genre de danger auquel nous risquons de nous heurter. Là, j'invite la Chambre à réfléchir à cela.

M. LE JUGE PRÉSIDENT EBOE-OSUJI... : Nous statuerons au moment voulu, mais... essayons de ne pas trop nous étendre sur le sujet. La règle dit : "Avant sa déposition, le témoin est informé de l'infraction prévue à l'article 70-1-a." Je crois que c'est suffisant. Il s'agit d'informer le témoin, sans pour autant exiger qu'il signe un document quelconque. C'est un peu aller trop loin, je crois.

Me KHAN QC... : Monsieur le Président, je soulève la question parce qu'il s'agit de procédures pénales. Et... la forme et la clarté de la notification "peut" devenir pertinente, selon les propos du témoin, parce que le témoin pourrait... ou les éléments de preuve pourraient contredire les propos du témoin. C'est une chose de dire qu'on a des souvenirs un peu flous, mais c'est une autre paire de manches que de venir, de manière délibérée, raconter des mensonges à la Cour. C'est une éventualité. Et si l'éventualité devait se présenter, la responsabilité pénale peut être rattachée à l'article 70. Et étant donné, donc, cette éventualité, je pense qu'il faut pécher par excès de prudence pour éviter qu'il... une action soit engagée en vertu de l'article 70, que le témoin soit informé des conséquences... d'un mensonge. Je crois que c'est particulièrement important dans cette affaire, étant donné que l'examen de toutes les déclarations des témoins montre que les témoins n'ont pas été informés.

M. LE JUGE PRÉSIDENT EBOE-OSUJI... : Maître Khan QC, vous êtes en train de plaider, maintenant, et vous dépassez le cadre du sujet. Lorsque l'Unité des victimes et des témoins a terminé d'informer le témoin et de lui donner un avertissement au titre de la règle 66-3, je crois que le témoin comprendra

clairement quelles sont les conséquences. Nous nous… arrêterons là-dessus, et nous… allons poursuivre.
Me KHAN QC… : Je vous en remercie, Monsieur le Président.
M. LE JUGE PRÉSIDENT EBOE-OSUJI… : Monsieur le Procureur, pour que les choses soient très… bien claires, je vais prendre un instant pour parler de la règle 66-3, de manière exceptionnelle, et je vais en parler au témoin - et je dis bien « de manière exceptionnelle ».
M. STEYNBERG… : Très bien, Monsieur le Président, mais tout ce qui fait partie de la préparation du témoin est enregistré, et les copies sont conservées.
M. LE JUGE PRÉSIDENT EBOE-OSUJI… : Monsieur le greffier d'audience, veuillez faire entrer le témoin [KEN-OTP-P-0536], évidemment en suivant le protocole en usage, c'est-à-dire… à huis clos. »[41] …
« M. LE JUGE PRÉSIDENT EBOE-OSUJI… : Je vous remercie. À nouveau, bonjour, Madame le témoin. Avant de poursuivre votre déposition, je souhaitais discuter avec vous d'une question juridique. Vous avez pu entendre, ce matin, un échange entre l'avocat de la Défense et moi-même sur ce point, justement, mais j'aimerais préciser les choses pour votre gouverne. Le Règlement régissant la comparution d'un témoin dit la chose suivante : l'attention du témoin est appelée, avant qu'il ne dépose, en vertu de la… que le Statut prévoit, donc… ou érige en infraction le fait de faire un faux témoignage. Nous ne voulons pas laisser entendre que vous êtes ici pour mentir - pas du tout. C'est que le Statut prévoit que cette information doit être communiquée au témoin. Généralement, nous souhaitons informer le témoin avant même son arrivée au prétoire. Et je crois savoir que cela a été fait dans votre cas : l'on vous a informée de cela. Je voulais simplement obtenir une confirmation de votre part. Vous n'avez pas besoin de dire quoi que ce soit. Je voulais simplement vous informer que le Règlement prévoit une infraction en cas de faux témoignage. Et n'oubliez pas que nous ne vous accusons pas d'avoir dit une contre-vérité, nous ne pensons pas que vous êtes venue ici pour ne pas dire la vérité, mais c'est une information que je me dois de vous communiquer. Je vous remercie. Monsieur le Procureur, poursuivez. »[42]

Avant le début de la déposition du témoin KEN-OTP-P-0326 le conseil de la défense de monsieur Ruto a encore appelé l'attention de la chambre sur la nécessité de la mise en œuvre de la règle 66-3, sans succès :

« Me KHAN QC… : Monsieur le Président, si le témoin a été informé de ses obligations de dire la vérité et les conséquences d'un faux témoignage, le 18, en raison des événements uniques que nous connaissons, je pense qu'il serait nécessaire de rappeler au témoin tout cela. Mais je m'en remets à vous et à la sagesse de la Chambre, évidemment.
M. LE JUGE PRÉSIDENT EBOE-OSUJI… : Comme vous le savez, Maître Khan QC, la Chambre préfère ne pas donner cet avertissement au témoin. »[43]

---

[41] ICC-01/09-01/11-T-29-Red3-FRA WT 17-09-2013, p. 25, L6 à p. 29, L3.
[42] *Idem*, p. 29, L22 à p. 30, L16.
[43] Transcription de l'audience du 7 octobre 2013, ICC-01/09-01/11-T-43-Red2-FRA WT, p. 21, L18 à 24.

À notre avis, compte tenu de l'importante place du témoignage dans l'arsenal des moyens de preuve administrés devant la CPI, les dispositions des paragraphes 1 et 3 de la règle 66 du RPP doivent être pleinement appliquées au regard de tous les témoins cités par la chambre, l'accusation, la défense et les représentants légaux des victimes. Dans ces deux paragraphes, le législateur requiert l'accomplissement, avant que le témoin ne commence à déposer, des deux formalités substantielles qui, nous semble-t-il, sont liées et qui tendent, toutes les deux, à garantir que celui-ci dise la vérité, toute la vérité et rien que la vérité. Le premier contient la formule du serment que doit prêter le témoin à cet effet ; le second impose que l'attention de ce dernier soit appelée sur l'infraction définie à l'article 70-1-a du Statut. Le juge ne peut donc pas passer outre le devoir exigé par la règle 66-3 au motif que son application à l'audience risquerait d'intimider le témoin. Il lui importe d'adopter le ton approprié pour éviter ce risque d'intimidation, sans pour autant escamoter la réalisation de cette prescription réglementaire. Le juge président de la chambre de première instance II s'en est correctement acquitté au cours de l'instruction juridictionnelle de l'affaire Katanga-Ngudjolo.

Dans son commentaire de l'article 69 du Statut, Anne-Marie La Rosa relève, à juste titre : « Le témoignage constitue le moyen de preuve privilégié devant les instances pénales internationales. Vu l'importance attachée à la preuve testimoniale, la crédibilité de tout témoin devient cruciale. Les dispositions du Règlement font donc un lien entre le faux témoignage sous déclaration solennelle et le pouvoir de sanction des chambres prévu dans le Statut. »[44] Aussi soutenons-nous qu'il appartient à la chambre, détentrice de ce pouvoir de sanction, d'appeler publiquement l'attention du témoin sur la règle 66-3 du RPP, même si cela a été fait lors du processus de familiarisation ou de préparation. D'ailleurs, le fait qu'on en ait préalablement parlé au témoin au cours de ces étapes préparatoires à la comparution lui permettra précisément de comprendre, et on devra s'y employer, que cette exigence légale n'est pas conçue pour l'intimider mais bien pour l'aviser et l'exhorter à dire la vérité.

---

[44] Anne-Marie La Rosa, « Article 69 - Preuve », in *Statut de Rome de la Cour pénale internationale, commentaire article par article, op. cit*, pp 1577 à 1600, spécialement la p. 1581. Sur le serment des témoins, lire aussi Bernard Bouloc, *Procédure pénale*, 24è édition, Dalloz, Paris, 2014, pp 124-125, 660, 890, 900-902 ; Jean Larguier et Philippe Conte, *op. cit*, pp 375-376, 436-443 ; Crim. 2 novembre 1971, Bull. n° 289 : « Ce serment est une formalité substantielle et son omission, ou l'altération de sa formule, entraîne la nullité de la décision si elles ont pu exercer une influence sur celle-ci » ; Crim. 2 avril 1990, Bull. n° 142 ; Crim. 4 novembre 1992, Bull. n° 359 ; Crim. 20 octobre 1999, Bull. n° 225 ; Crim. 7 novembre 2000, Bull. n° 330 ; Crim. 15 novembre 2006, Bull. n° 286.

Ainsi, selon notre entendement, la formalité prescrite par la règle 66-3 doit être accomplie en public, solennellement, comme l'est la prestation de serment. Les deux formalités réalisent l'engagement solennel du témoin. La règle 66 du RPP est précisément intitulée : « Engagement solennel ». Il s'agit donc d'un engagement revêtant un caractère majestueux, officiel, public. Les deux formalités requises par les paragraphes 1 et 3 constituant cet « engagement solennel » ne doivent pas être accomplies en catimini. Elles doivent l'être, toutes les deux, en audience publique.[45] De même, lorsqu'on se trouve dans le cas de figure exceptionnel visé au paragraphe 2 de cette règle 66, la chambre doit constater et dire en audience publique, avant le début de la déposition, que le témoin qu'elle va entendre est une personne âgée de moins de 18 ans ou dont le discernement est altéré et qui, de l'avis de la chambre, ne comprend pas la signification d'un engagement solennel ; que la chambre l'autorise néanmoins à témoigner sans engagement solennel, car elle l'estime capable de décrire les faits dont elle a connaissance et de comprendre le sens de l'obligation de dire la vérité. Bref, à notre avis, toutes les formalités visées dans les paragraphes 1, 2 et 3 de la règle 66 du RPP doivent être accomplies en audience publique afin qu'elles revêtent le caractère solennel voulu par le législateur.

Pour éviter qu'il ne soit influencé par d'autres déclarations, tout témoin des faits qui n'a pas encore comparu devant les juges, ne doit pas assister à la déposition d'un autre témoin. Cette prescription est prévue dans la règle 140-3 du RPP qui dispose : « Sauf décision contraire de la Chambre de première instance, le témoin qui n'est ni un expert ni un enquêteur et qui n'a pas encore déposé ne doit pas assister à la déposition d'un autre témoin. Toutefois, s'il a entendu un autre témoignage, le sien n'est pas pour autant inadmissible. Lorsqu'un témoin dépose après avoir entendu d'autres témoignages, ce fait est consigné au procès-verbal et la Chambre en tient compte dans son appréciation des moyens de preuve. »

Le juge président prend les dispositions nécessaires pour que la déposition des témoins et la présentation des éléments de preuve se déroulent en toute équité, avec diligence, et permettent la manifestation de la vérité. Il agit ainsi en application de la norme 43 du RC qui lui reconnaît le pouvoir de déterminer, « en consultation avec les autres juges de la chambre, les modalités de l'audition des témoins et l'ordre dans lequel ils déposent, ainsi que l'ordre dans lequel les éléments de preuve sont présentés, de manière à : a) rendre l'audition des témoins et la présentation des éléments de preuve

[45] Parlant du serment des juges de la CPI, Gaël Abline écrit : « Intitulées "engagement solennel", *les dispositions actuelles imposent la publicité de ce dernier* … » (passage mis en italique par nous) - Voir Gaël Abline, « Article 45 - Engagement solennel », *op. cit*, p. 1083.

équitables et efficaces pour la manifestation de la vérité ; et b) éviter tout retard et garantir une utilisation optimale du temps. »

Les mesures que les juges prennent pour assurer la protection des témoins[46] sont précisément basées sur la nécessité de permettre à ces derniers de dire la vérité sans crainte de représailles. Comme on l'a vu, ces mesures peuvent inclure notamment la protection de l'identité des témoins, l'utilisation des pseudonymes, l'altération de l'image et de la voix, et certains passages de dépositions à huis clos.[47] Les témoins particulièrement

---

[46] Article 68 du Statut.

Règle 87-1 du RPP : « 1. Les Chambres peuvent, soit sur requête du Procureur ou de la défense soit à la demande d'un témoin, d'une victime ou, le cas échéant, du représentant légal de celle-ci, soit d'office et après avoir consulté, selon que de besoin, la Division d'aide aux victimes et aux témoins, ordonner des mesures destinées à assurer la protection d'une victime, d'un témoin ou d'une autre personne à laquelle la déposition d'un témoin peut faire courir un risque, conformément aux paragraphes 1 et 2 de l'article 68. Avant d'ordonner une mesure de protection, la Chambre cherche autant que possible à obtenir le consentement de la personne qui en fera l'objet… »

Règle 88 du RPP : Mesures spéciales.

CPI, Situation en République démocratique du Congo, *Affaire le Procureur c. Germain Katanga et Mathieu Ngudjolo*, ICC-01/04-01/07, Chambre de 1ère instance II, Ordonnance relative aux mesures de protection de certains témoins cités à comparaître par le Procureur et par la Chambre (règles 87 et 88 du Règlement de procédure et de preuve), ICC-01/04-01/07-1667-Red, 9 décembre 2009.

[47] CPI, Situation en République démocratique du Congo, *Affaire le Procureur c.Mathieu Ngudjolo*, ICC-01/04-02/12, Chambre de 1ère instance II, Jugement rendu en application de l'article 74 du Statut, ICC-01/04-02/12-3, 18 décembre 2012, (ci-après « Jugement Ngudjolo »), § 63 : « La Chambre a ordonné la mise en place de mesures propres à protéger l'identité de nombreux témoins en raison des craintes qu'ils nourrissaient pour leur sécurité personnelle et pour celle de leurs familles… La Chambre souligne que lorsqu'elle a ordonné des mesures de protection au bénéfice de témoins, les parties et les participants avaient toujours connaissance des éléments d'identification pertinents. » *Idem*, § 64 : « Pour garantir l'efficacité des mesures de protection ordonnées, les dépositions ont été fréquemment entendues lors d'audiences tenues à huis clos et que le public ne pouvait donc pas suivre. Pour autant, dans la mesure où la publicité des débats doit être la règle, la Chambre s'est efforcée, en étroite liaison avec les parties et les participants, d'élaborer des règles de bonne conduite qui ont permis de réduire au minimum ces passages à huis clos… » Voir aussi : - CPI, Situation en République démocratique du Congo, *Affaire le Procureur c. Thomas Lubanga Dyilo*, ICC-01/04-01/06, Chambre de 1ère instance I, Jugement rendu en application de l'article 74 du Statut, ICC-01/04-01/06-2842-tFRA, 14 mars 2012, version française publique datant du 31 août 2012, §§ 21, 115 et 116, (ci-après « Jugement Lubanga ») ; Décision Bemba ICC-01/05-01/08-1023-tFRA, §§ 22, 23, 26 et 27. § 23 : « Pour la Chambre, la tenue des audiences à huis clos est une mesure de protection qui devrait rester exceptionnelle car en empêchant le public de comprendre certaines parties, voire la totalité, de la déposition d'un

vulnérables peuvent aussi bénéficier de la protection de la vue des accusés au moyen d'un rideau et de la présence d'une personne de l'Unité des victimes et des témoins ou d'un psychologue à leurs côtés au cours de leur déposition au prétoire.[48] Rentre également dans le cadre de ces mesures la désignation des conseils pour assister les témoins qui ne participent pas à la procédure en qualité de victimes ou qui craignent de s'auto-incriminer au cours de leur témoignage, ce conformément à la règle 74 du RPP et en

---

témoin, elle peut nuire à l'équité globale de la procédure. La Chambre constate que certaines chambres de la Cour ont établi, en consultation avec les parties et les participants, des pratiques limitant le recours aux audiences à huis clos. La Chambre de première instance II a ainsi récemment rendu une décision orale que la Chambre entend faire sienne pour l'essentiel », et à laquelle elle renvoie : Chambre de 1ère instance II, Transcription de l'audience du 20 septembre 2010, ICC-01/04-01/07-T-189-ENG, p. 13, L1, à p. 16, L17. Pour d'autres mesures de protection, voir encore, CPI, Situation en République démocratique du Congo, *Affaire le Procureur c. Bosco Ntaganda* (BNt), ICC-01/04-02/06, Chambre de 1ère instance VI, *Decision on adoption of a 'Protocol on the Handling of Confidential Information During Investigations and Contact Between a Party or Participant and Witnesses of the Opposing Party or a Participant',* ICC-01/04-02/06-412, 12 décembre 2014 ; Décision Ruto-Sang ICC-01/09-01/11-847-Corr, § 30 ; CPI, Situation en République centrafricaine, *Affaire le Procureur c. Jean-Pierre Bemba Gombo,* ICC-01/05-01/08, Chambre de 1ère instance III, Décision orale relative aux mesures de protection en faveur du témoin 0038, Transcription de l'audience du 22 novembre 2010, ICC-01/05-01/08-T-32-FRA ET WT, p. 63, L5 à p. 64, L23 ; voir aussi ICC-01/05-01/08-T-33-Red2-FRA WT 23-11-2010, p. 4, L7 à 22 ; p. 5, L17 à 28 ; ICC-01/05-01/08-T-40-Red2-FRA WT 30-11-2010, p. 4, L23 à p. 5, L22. CPI, Situation en République du Kenya, *Affaire le Procureur c. William Samoei Ruto et Joshua Arap Sang,* ICC-01/09-01/11, Chambre de 1ère instance V(A), Décision orale relative aux mesures de protection en faveur du témoin P-0326, Transcription de l'audience du 7 octobre 2013, ICC-01/09-01/11-T-43-Red2-FRA WT, p. 19, L20 à p. 20, L23 ; p. 22, L27 à p. 23, L20.

[48] *Affaire Bemba,* Chambre de 1ère instance III, mesures de protection en faveur du témoin 0022, Transcription de l'audience du 30 novembre 2010, ICC-01/05-01/08-T-39-FRA ET WT, p. 19, L19 à p. 20, L11 ; *Affaire Ruto-Sang*, Chambre de 1ère instance V(A), mesures de protection en faveur du témoin P-0536, Transcription de l'audience du 17 septembre 2013, ICC-01/09-01/11-T-29-Red3-FRA WT, p. 5, L5 à 13 ; *Affaire* Katanga-Ngudjolo, mesures de protection en faveur du témoin P-0250, Transcription de l'audience du 27 janvier 2010, ICC-01/04-01/07-T-91-Red-FRA WT, p. 1, L18 à p. 9, L9 ; mesures de protection en faveur du témoin P-0249, Transcription de l'audience du 4 mai 2010, ICC-01/04-01/07-T-135-Red-FRA WT, p. 14, L24 à p. 16, L6 ; mesures de protection en faveur du témoin P-0028, Transcription de l'audience du 15 novembre 2010, ICC-01/04-01/07-T-216-Red-FRA WT, p. 4, L5 à p. 6, L5 ; p. 18, L26 à p. 19, L27; mesures de protection en faveur du témoin D03-0963, Transcription de l'audience du 15 septembre 2011, ICC-01/04-01/07-T-312-Red2-FRA CT WT, p. 1, L24 à p. 3, L20.

suivant les directives fixées par les juges en la matière.[49] C'est ainsi que, par exemple, dans l'affaire Katanga-Ngudjolo, en application de la règle 88 du RPP, maître Marie-Louise Mbida Kanse Tah avait été désignée en qualité de conseil du témoin P-0028 qui avait exprimé des préoccupations pour sa sécurité.[50] De même, maître Ghislain Mabanga Monga Mabanga a été nommé par le greffe, le 1er mars 2011, comme conseil de permanence des témoins détenus DRC-D02-P-0228, DRC-D02-P-0236/D03-P-011, DRC-D02-P-0350 aux fins de leur notifier la règle 74 du RPP et de leur fournir une assistance juridique indépendante et qualifiée.[51] La chambre prenait le

---

[49] Voir, en guise d'illustration, Décision Ruto-Sang ICC-01/09-01/11-847-Corr, §29 : « *The Registry is directed to make all necessary arrangements to provide independent legal advice from a qualified lawyer to witnesses who do not participate in the proceedings as victims and who may incriminate themselves during their testimony. The party calling such witnesses are directed to notify, as soon as practicable, the Victims and Witnesses Unit (the 'VWU') and the Chamber if they believe that a witness may give self-incriminating statements during his or her testimony. If the witness considers that he or she requires assurance under Rule 74(3)(c) of the Rules, the advising lawyer shall seize the Chamber with a relevant application, notifying the Prosecution thereof. The Prosecution shall present to the Chamber its views on the matter in such time as to allow the Chamber to rule before the commencement of the witness's testimony.* »

[50] CPI, Situation en République démocratique du Congo, *Affaire le Procureur c. Germain Katanga et Mathieu Ngudjolo*, ICC-01/04-01/07, Chambre de 1ère instance II, Transcription de l'audience du 15 novembre 2010, ICC-01/04-01/07-T-216-Red-FRA WT, p. 6, L7 à p. 7, L3 ; p. 15, L2 à p. 16, L6.

[51] Voir, notamment, *Affaire Katanga-Ngudjolo*, ICC-01/04-01/07, Chambre de 1ère instance II, Décision sur une requête en amicus curiae et sur la « requête tendant à obtenir présentations des témoins DRC-D02-P-0350, DRC-D02-P-0236, DRC-D02-P-0228 aux autorités néerlandaises aux fins d'asile » (articles 68 et 93-7 du Statut), ICC-01/04-01/07-3003, 9 juin 2011, § 5. Voir aussi, *Affaire Thomas Lubanga Dyilo*, ICC-01/04-01/06, Chambre de 1ère instance I, OTP, *Prosecution's submission of list of witnesses who potentially face risk of self-incrimination*, ICC-01/04-01/06-1642, 23 janvier 2009; *Prosecution's submissions regarding issues related to potential selfincrimination at trial*, ICC-01/04-01/06-1658, 30 janvier 2009 ; Décision orale, Transcription de l'audience du 28 janvier 2009, ICC-01/04-01/06-T-110-FRA WT, p. 1, L12 à p. 5, L1. Affaire Ruto-Sang, Chambre de première instance V(A), *Reasons for the Decision on the Replacement of Duty Counsel for a Witness*, ICC-01/09-01/11-1749-Red, 10 décembre 2014; *Decision on Appointment of Duty Counsel for a Witness*, ICC-01/09-01/11-1775-Red, 14 janvier 2015; Counsel for Witness, *Public Redacted Version of "Request for Leave to Appeal the "Decision on Appointment of Duty Counsel for a Witness" (ICC-01/09-01/11-1775-Conf)" filed on 18 January 2015*, ICC-01/09-01/11-1784-Anx-Red, 23 février 2015. Lire également, Ghislain Mabanga, « Le rôle du conseil dans le cadre des témoignages incriminant leur auteur. Le cas de la Cour pénale internationale », in *La Revue des droits de l'homme,* 3 | 2013, mis en ligne le 01 décembre 2013, consulté le 22 février 2015. URL : *http://revdh.revues.org/237,* 29 pages.

temps de rassurer le témoin afin qu'il dépose sans crainte. L'extrait ci-dessous en est une illustration éclairante :

« [M. LE JUGE PRÉSIDENT COTTE]... Monsieur le témoin, je vais vous demander d'être attentif. Je dois me conformer à une obligation légale, qui est celle de vous donner les assurances prévues par l'article 93 du Statut et les garanties prévues par la règle 74. Ce qui me conduit à une lecture peut-être fastidieuse, mais indispensable. La Chambre, Monsieur le témoin, vous donne l'assurance prévue par l'article 93-2 du Statut de Rome - assurance que la Défense de Mathieu Ngudjolo a demandée en votre faveur le 19 juillet 2011. Préalablement consulté, en application de la règle 191 du Règlement de procédure et de preuve, M. le Procureur a fait savoir le 12 août 2011 qu'il ne voyait pas d'objection à ce que cette assurance vous soit donnée. Par ailleurs, et en application de ce même article 93-2, l'avocat que le Greffe vous a désigné, c'est-à-dire Me Mundere... Cikonza,... l'avocat, donc, que le Greffe vous a désigné, a recueilli vos observations et il nous a indiqué, le 24 août 2011, que vous souhaitiez bénéficier de cette assurance. Une demande de la Défense de Mathieu Ngudjolo, une demande de votre part, transmise par l'avocat désigné par le Greffe, conformément, donc, aux termes de l'article 93-2 du Statut, la Chambre, Monsieur, vous donne l'assurance que vous ne serez ni poursuivi, ni détenu, ni soumis par la Cour à une quelconque restriction de votre liberté personnelle pour un acte ou pour une omission antérieure à votre départ de la République démocratique du Congo. Vous avez donc cette assurance. La Chambre tient à présent à vous notifier les dispositions de la règle 74 du Règlement de procédure et de preuve. Votre avocat, Me Mundere Cikonza, a indiqué, le 24 août 2011, qu'il vous a rencontré le 22 août à La Haye. Il vous a alors expliqué le contenu et le sens des dispositions de cette règle, et il vous a fourni un avis juridique, en ce qui concerne le risque de vous incriminer lors de votre déposition. Il nous a ensuite confirmé que vous estimiez avoir besoin de toutes les garanties prévues par la règle 74-3-c du Règlement, et que vous vous engagiez à déclarer tout ce que vous saviez et d'écrire tout ce que vous aviez vécu sans crainte ni appréhension, de sorte que votre témoignage soit complet et utile à la manifestation de la vérité. Le Procureur a été consulté, en application du paragraphe 4 de la règle 74, et il nous a fait savoir le 12 août 2011 qu'il ne voyait pas d'objection à ce que ces garanties vous soient données. La règle 74 mentionne, de la manière la plus claire, que vous pouvez ne pas répondre aux questions qui vous sont posées si - je répète -, si les propos contenus dans votre réponse risquent de vous incriminer. Et vous pouvez user de cette possibilité à tout instant. Cette même règle indique également que, dans une telle hypothèse, si la Chambre estime devoir vous ordonner de répondre à la question en cause, elle pourra vous donner un certain nombre de garanties, que je vous rappelle, même si votre conseil vous les a déjà expliquées. La première garantie : les éléments de preuve contenus dans votre déposition resteront confidentiels et ne seront pas révélés au public ou à un État. Ils ne seront pas utilisés directement ou indirectement contre vous, dans le cadre de poursuites ultérieures devant la Cour, sauf s'il s'agit de poursuites exercées en application des articles 70 et 71 du Statut, qui prévoient des hypothèses de poursuites très particulières. Sur le plan purement procédural, la mise en œuvre de ces garanties, si elles devaient être mises en œuvre, conduira alors la Chambre à ordonner, notamment, comme le prévoit la règle 74-7, un, que cette partie de votre déposition se déroule à huis clos ; deux, que le contenu de la partie pertinente de votre déposition ne soit en aucune façon divulguée ; trois, que les transcriptions des audiences relatives à cette même partie de votre déposition soient mises sous scellés. La Chambre note qu'en tout état de cause, en acceptant de témoigner publiquement, sans mesures de protection de votre identité, vous avez renoncé à ce que la Chambre puisse interdire la divulgation de celle-ci, en application de la règle 74-7, afin de donner effet aux garanties précitées. Il reste encore un point, Monsieur le témoin, qu'il est important de vous exposer. En ce qui concerne les autorités de la République démocratique du Congo, la Chambre rappelle que dans une décision orale rendue le 13 avril 2011, elle a pris acte d'une lettre du ministre de la Justice de la RDC, adressée le 30 janvier 2009 au Procureur de la Cour, et dont les termes ont été confirmés le 7 mars 2011, tout récemment, par ce même ministre. Les autorités de la RDC se sont en effet engagées à ce que - et je cite les termes de leur lettre : "Les témoins appelés à déposer à charge comme à décharge devant la Cour, dans le cadre de l'enquête en cours sur la situation en RDC, ne seront pas poursuivis devant les juridictions congolaises pour les actes et faits infractionnels dont ils auront révélé la connaissance ou la participation à l'occasion de leur déposition devant cette Cour, ou pour des actes ou faits infractionnels commis par eux dont l'existence n'aurait pu être connue en l'absence de cette déposition." Fin de citation. Les autorités de la RDC se sont également référées à l'article 19-1-c de l'accord sur les privilèges et immunités de la Cour pénale internationale, dont elles sont signataires. Cet article dispose que les témoins jouissent de l'immunité absolue de juridiction pour leurs paroles et écrits ainsi que pour les actes accomplis par eux au cours de leur témoignage, et que cette immunité continue de leur être accordée, même après leur comparution et témoignage devant la Cour. La Chambre ne peut que prendre acte de cette position de la RDC, et vous donner, si nécessaire, les garanties qu'elle vient d'énoncer. Tout cela, Monsieur, votre avocat, Me Mundere Cikonza, vous l'a exposé, mais la Cour se devait de le réexposer à nouveau, vous, présent devant elle, au début de votre témoignage. Et c'est ce que je viens de faire, donc, au nom de la Chambre. »[52]

Il convient de souligner que tout acte posé pour empêcher l'avènement de la vérité peut être pénalement sanctionné comme atteinte à l'administration de la justice. Il en est ainsi, notamment, du faux témoignage, de la falsification, de la subornation de témoins, de représailles, intimidation ou corruption. En effet, selon les prévisions de l'article 70-1 du Statut, « La Cour a compétence pour connaître des atteintes suivantes à son administration de la justice lorsqu'elles sont commises intentionnellement :
a) Faux témoignage d'une personne qui a pris l'engagement de dire la vérité en application de l'article 69, paragraphe 1 ;

---

[52] CPI, Situation en République démocratique du Congo, *Affaire le Procureur c. Germain Katanga et Mathieu Ngudjolo*, ICC-01/04-01/07, Chambre de 1ère instance II, audition du témoin D03-0088, Transcription de l'audience du 26 août 2011, ICC-01/04-01/07-T-299-FRA ET WT, p. 4, L11 à p.7, L7.

b) Production d'éléments de preuve faux ou falsifiés en connaissance de cause ;
c) Subornation de témoin, manœuvres visant à empêcher un témoin de comparaître ou de déposer librement, représailles exercées contre un témoin en raison de sa déposition, destruction ou falsification d'éléments de preuve, ou entrave au rassemblement de tels éléments ;
d) Intimidation d'un membre ou agent de la Cour, entrave à son action ou trafic d'influence afin de l'amener, par la contrainte ou la persuasion, à ne pas exercer ses fonctions ou à ne pas les exercer comme il convient ;
e) Représailles contre un membre ou un agent de la Cour en raison des fonctions exercées par celui-ci ou par un autre membre ou agent ;
f) Sollicitation ou acceptation d'une rétribution illégale par un membre ou un agent de la Cour dans le cadre de ses fonctions officielles. »

Commentant cette disposition statutaire, Daphné Dreyssé a mis en évidence le lien existant entre l'importance du témoignage comme moyen de preuve dans les procès pénaux internationaux et la nécessité d'assurer le respect du serment de dire la vérité prêté par les témoins : « La première catégorie d'atteinte à l'administration de la justice, constate-t-elle, concerne les témoins. On le sait, l'établissement des faits par les témoignages est très fréquent dans la procédure pénale internationale et assurer la véracité des affirmations des témoins est essentiel. L'article 70-1-a incrimine le faux témoignage et constitue le pendant de l'article 69-1 qui énonce l'obligation pour chaque témoin de "dire la vérité", en prévoyant la sanction en cas de manquement à cette obligation. »[53]

En effet, lorsque l'un ou l'autre des faits visés dans l'article 70-1 est avéré, son auteur encourt une peine d'emprisonnement pouvant aller jusqu'à cinq ans, ou une peine d'amende ou les deux à la fois.[54] Aussi, la chambre de première instance V(A) a-t-elle rappelé, dans une instruction orale, que le non respect délibéré de mesures de protection constitue une « infraction à la justice, en vertu de l'article 70 du Statut de Rome » et peut donc entraîner des poursuites pénales pour subornation de témoin.[55]

---

[53] Daphné Dreyssé, « Article 70 - Atteintes à l'administration de la justice », in *Statut de Rome de la Cour pénale internationale, commentaire article par article, op. cit*, pp 1601 à 1607, spécialement la p. 1603.

[54] Article 70-3 du Statut : « En cas de condamnation, la Cour peut imposer une peine d'emprisonnement ne pouvant excéder cinq années, ou une amende prévue dans le Règlement de procédure et de preuve, ou les deux. »

[55] *Affaire Ruto-Sang*, Chambre de 1ère instance V(A), « instruction orale en tant que rappel spécial », Transcription de l'audience du 18 septembre 2013, ICC-01/09-01/11-T-32-Red-FRA WT, p. 3, L4 à p. 4, L7. Voir aussi débats sur la tenue des audiences à huis clos pour la déposition du témoin du procureur P-0536 et la nécessité du respect de la publicité de la procédure évoquée par les deux équipes de la défense, Transcription de l'audience du 24 septembre 2013, ICC-01/09-01/11-T-33-Red-FRA WT, p. 1, L13 à p. 10, L28 ; p. 11, L 5 à p. 12, L18.

C'est également en application de cette disposition que la chambre préliminaire II a examiné et confirmé, en partie, le 11 novembre 2014, les charges à l'encontre de Jean-Pierre Bemba Gombo, Aimé Kilolo Musamba, Jean-Jacques Mangenda Kabongo, Fidèle Babala Wandu et Narcisse Arido et a renvoyé les cinq suspects en procès pour des atteintes présumées à l'administration de la justice dans le contexte de l'affaire *le Procureur c. Jean-Pierre Bemba Gombo.*[56] Le 30 janvier 2015, la Présidence de la CPI a constitué la chambre de première instance VII pour connaître de cette cause.[57] De même, dans la situation en République du Kenya, monsieur Walter Osapiri Barasa est poursuivi pour trois chefs d'atteinte à l'administration de la justice consistant en la subornation ou en la tentative de subornation de trois témoins de la CPI.[58]

F- La décision de condamnation ou d'acquittement, basée sur l'appréciation de la vérité

C'est en analysant l'ensemble des éléments de preuve discutés tout au long du procès que les juges arrêtent leur conviction sur la vérité des faits, comme le prévoit l'article 74-2 du Statut : « La Chambre de première instance fonde sa décision sur son appréciation des preuves et sur l'ensemble des procédures. Sa décision ne peut aller au-delà des faits et des circonstances décrits dans les charges et les modifications apportées à celles-ci. Elle est fondée exclusivement sur les preuves produites et examinées au procès. » « La décision est présentée par écrit. Elle contient l'exposé complet et motivé des constatations de la Chambre de première instance sur les preuves et les conclusions. Il n'est prononcé qu'une seule décision. S'il n'y a pas unanimité, la décision contient les vues de la majorité et de la minorité. Il est donné lecture de la décision ou de son résumé en audience publique. »[59]

---

[56] CPI, situation en République centrafricaine, *Affaire le Procureur c. Jean-Pierre Bemba Gombo, Aimé Kilolo Musamba, Jean-Jacques Mangenda Kabongo, Fidèle Babala Wandu et Narcisse Arido,* ICC-01/05-01/13, Chambre préliminaire II, Décision rendue en application des alinéas a) et b) de l'article 61-7 du Statut de Rome, ICC-01/05-01/13-749-tFRA, 11 novembre 2014.

[57] *Idem*, Présidence, *Decision constituting Trial Chamber VII and referring to it the case of The Prosecutor v. Jean-Pierre Bemba Gombo, Aimé Kilolo Musamba, Jean-Jacques Mangenda Kabongo, Fidèle Babala Wandu and Narcisse Arido,* ICC-01/05-01/13-805, 30 janvier 2015.

[58] Situation en République du Kenya, *Affaire le Procureur c. Walter Osapiri Barasa,* ICC-01/09-01/13, Chambre préliminaire II, Mandat d'arrêt à l'encontre de Walter Osapiri Barasa, ICC-01/09-01/13-1-Red2-tFRA, 2 août 2013.

[59] Article 74-5 du Statut.

Il faut souligner qu'eu égard à ces dispositions pertinentes, conjuguées avec celles de l'article 69-4, le jugement rendu par la chambre de première instance en application de l'article 74 « doit être exclusivement fondé sur des preuves qui i) ont été produites ; ii) ont été examinées au procès, au sens où elles font partie intégrante du dossier de la procédure de première instance ; et iii) ont été jugées admissibles par la Chambre. »[60]

Ce jugement est, en réalité, l'aboutissement d'un long processus.

II- OBJET DE L'OUVRAGE

La procédure judicaire engagée par la CPI se déroule en plusieurs étapes : celles d'enquêtes, de confirmation ou d'infirmation des charges, du procès en première instance s'accomplissant en synergie régulière avec l'instance d'appel, et celle de l'examen du pourvoi en appel ou en révision prévu dans les articles 81 à 85 du Statut.[61] Laissant d'emblée de côté la phase d'appel et de révision pour nous limiter aux trois premières étapes où s'opère, à des degrés divers, l'examen au fond des faits et de leur imputabilité à tel ou tel individu déterminé, soulignons qu'à chacune de celles-ci correspond un critère spécifique d'évaluation de l'efficacité de la preuve.

En application des articles 15, 42-1, 53-1-a et 54-3 du Statut et des règles 48 et 104-1 du RPP, le procureur ouvre une enquête si, après avoir examiné le sérieux des renseignements en sa possession, il conclut qu'il y a *une base raisonnable* pour croire qu'un crime relevant de la compétence de la Cour a été ou est en voie d'être commis. Ordinairement, le procureur est le principal acteur de cette phase d'enquêtes. Il apprécie la pertinence des éléments de preuve qu'il a réunis. Pour obtenir la délivrance d'un mandat d'arrêt ou de comparution, il saisit la chambre préliminaire d'une requête dans laquelle il doit lui démontrer que ceux-ci établissent des *motifs raisonnables de croire* que la personne poursuivie a perpétré un ou plusieurs crimes relevant de la compétence de la Cour.[62] Par motifs raisonnables, il faut entendre des

---

[60] Jugement Lubanga, § 101.

[61] Sur les phases de la procédure devant la CPI, voir Karin N. Calvo-Goller, *La procédure et la jurisprudence de la Cour pénale internationale*, préface de Robert Badinter, Gazette du Palais, Paris, 2012, 392 pages, spécialement les pp 69 à 106.

[62] Articles 58-1-a, 58-2-d du Statut ; CPI, Situation en Ouganda, Chambre préliminaire II, Mandat d'arrêt de Dominic Ongwen, ICC-02/04-01/05-57-tFR, 8 juillet 2005, §§ 26 à 30 ; CPI, Situation en République démocratique du Congo, *Affaire le Procureur c. Thomas Lubanga Dyilo*, Chambre préliminaire I, Mandat d'arrêt, ICC-01/04-01/06-2-US, 10 février 2006, pp 2 à 5 ; *Affaire le Procureur c. Bosco Ntaganda,* Chambre préliminaire I, Mandat d'arrêt, ICC-01/04-02/06-2, 22 août 2006, pp 2 à 5 ; *Affaire le Procureur c. Germain Katanga,* Chambre préliminaire I, Mandat d'arrêt, ICC-01/04-01/07-1-US, 2 juillet 2007, pp 2 à 8 ; *Affaire le Procureur c. Mathieu Ngudjolo Chui,* Chambre préliminaire I, Mandat d'arrêt, ICC-01/04-02/07-1, 6 juillet 2007, pp 2 à 8 ; *Affaire le Procureur c. Callixte*

raisons réfléchies, basées sur le bon sens tiré de l'analyse des éléments de preuve présentés au juge, et permettant de tenir pour possible que la personne visée ait commis ces crimes. Ces motifs créent une suspicion et caractérisent sérieusement ledit individu comme un suspect qui doit être présenté devant la chambre préliminaire pour s'entendre notifier les crimes qui lui sont imputés et les droits que lui reconnaît le Statut.[63]

Après délivrance du mandat d'arrêt ou de comparution s'ouvre l'étape de l'audience de confirmation ou d'infirmation des charges durant laquelle le procureur ne peut plus agir seul devant le juge, mais trouve en face de lui la défense qui apporte la contradiction à la discussion des éléments de preuve produits, et qui peut, elle-même, présenter des éléments de disculpation pouvant aussi être contestés par le procureur, les débats portant notamment sur la pertinence, la fiabilité et la valeur probante des éléments soumis.[64] La chambre préliminaire ne confirmera les charges que si, à l'issue de ces débats, elle conclut qu'il existe des preuves suffisantes donnant des *motifs substantiels de croire* que la personne déférée devant elle a commis un ou des crimes qui lui sont imputés, rentrant dans la compétence de la Cour.[65] *Les motifs substantiels de croire* peuvent être définis comme des « motifs

---

Mbarushimana, Chambre préliminaire I, Mandat d'arrêt, ICC-01/04-01/10-2, 28 septembre 2010, pp 3 à 8 ; CPI, Situation en République de Côte d'Ivoire, Chambre préliminaire III, Mandat d'arrêt à l'encontre de Laurent Koudou Gbagbo, ICC-02/11-01/11-1-tFRA, 23 novembre 2011, pp 3 à 8 ; *Affaire le Procureur c. Blé Goudé,* Mandat d'arrêt, ICC-02/11-02/11-1-tFRA, 21 décembre 2011, §§ 2 à 17 ; CPI, Situation en République du Kenya, *Affaire le Procureur c. William Samoei Ruto, Henry Kiprono Kosgey et Joshua Arap Sang,* Chambre préliminaire II, Décision relative à la requête du Procureur aux fins de délivrance de citations à comparaître..., ICC-01/09-01/11-1-tFRA, 8 mars 2011, §§ 13 à 57 ; *Affaire le Procureur c. Francis Kirimi Muthaura, Uhuru Muigai Kenyatta et Mohammed Hussein Ali,* Décision relative à la requête du Procureur aux fins de délivrance de citations à comparaître..., ICC-01/09-02/11-1-tFRA, 8 mars 2011, §§ 13 à 57 ; *Affaire le Procureur c. Walter Osapiri Barasa,* ICC-01/09-01/13, Chambre préliminaire II, Mandat d'arrêt à l'encontre de Walter Osapiri Barasa, ICC-01/09-01/13-1-Red2-tFRA, 2 août 2013, § 21.

[63] Article 60-1 du Statut.

[64] Sur les débats relatifs à l'admissibilité des éléments de preuve et à leur valeur probante, voir, par exemple, CPI, Situation en République démocratique du Congo, *Affaire le Procureur c. Thomas Lubanga Dyilo,* Chambre préliminaire I, Décision sur la confirmation des charges, ICC-01/04-01/06-803, 29 janvier 2007, ci-après « Décision Lubanga ICC-01/04-01/06-803 », pp. 11-43 ; pp. 21-22, §§ 56 à 59 ; pp. 24-31, §§ 63 à 90 ; p. 40, § 131 ; p. 41, § 136 ; *Affaire le Procureur c. Germain Katanga et Mathieu Ngudjolo,* Chambre préliminaire I, Décision relative à la confirmation des charges, ICC-01/04-01/07-717-tFRA-Corr, 26 septembre 2008, ci-après « Décision Katanga-Ngudjolo ICC-01/04-01/07-717-tFRA-Corr », pp. 24 à 73 ; § 79 ; p. 33, §§ 98 et 99.

[65] Articles 61-5 et 61-7-a du Statut.

sérieux et avérés de croire », « des raisons solides de croire », des raisons consistantes d'admettre comme réel que ladite personne a perpétré ces crimes. Aussi a-t-il été jugé que « dans le contexte de l'audience de confirmation des charges, l'objectif se limite à renvoyer en jugement uniquement les personnes à l'encontre desquelles des charges suffisamment sérieuses ont été présentées et sans se limiter à de simples supputations ou soupçons. Ce mécanisme a pour but de protéger les droits de la Défense contre des accusations abusives et entièrement infondées. »[66] Par contraste, si les éléments de preuve présentés ne remplissent pas ce critère, la chambre préliminaire ne confirmera pas les charges, en application de l'article 61-7- b du Statut.[67] Ainsi donc, *les motifs substantiels de croire* sont constitués

---

[66] Décision Lubanga ICC-01/04-01/06-803, notamment §§ 37 à 39, 368 à 379, 406 à 4010 ; Décision Katanga-Ngudjolo ICC-01/04-01/07-717-tFRA-Corr, notamment §§ 61 à 71, 573 à 580 ; CPI, Situation en République démocratique du Congo, *Affaire le Procureur c. Bosco Ntaganda,* Chambre préliminaire II, *Decision Pursuant to Article 61(7)(a) and (b) of the Rome Statute on the Charges of the Prosecutor Against Bosco Ntaganda,* ICC-01/04-02/06-309, 9 juin 2014, notamment §§ 12, 31, 36, 74, 97 ; CPI, Situation en République du Kenya, *Affaire le Procureur c. Francis Kirimi Muthaura, Uhuru Muigai Kenyatta et Mohammed Hussein Ali,* Décision relative à la confirmation des charges rendue en application des alinéas a) et b) de l'article 61-7 du Statut de Rome, ICC-01/09-02/11-382-Red-tFRA, 23 janvier 2012, ci-après « Décision ICC-01/09-02/11-382-Red-tFRA », notamment §§ 398 à 417 ; CPI, Situation en République de Côte d'Ivoire, *Affaire le Procureur c. Laurent Gbagbo,* Décision relative à la confirmation des charges portées contre Laurent Gbagbo, ICC-02/11-01/11-656-Red-tFRA, 12 juin 2014, notamment §§ 19 à 23, 193 à 206, 266 à 278.

[67] Par exemple, pour cette raison, dans l'affaire Katanga-Ngudjolo, la chambre préliminaire I n'a pas confirmé les charges de traitements inhumains en tant que crime de guerre ; d'atteintes à la dignité des personnes en tant que crime de guerre et d'autres actes inhumains en tant que crime de guerre, Décision ICC-01/04-01/07-717-tFRA-Corr, § 581 et dispositif pp. 225 à 227 ; voir aussi CPI, Situation en République démocratique du Congo, *Affaire le Procureur c. Callixte Mbarushimana,* Chambre préliminaire I, Décision relative à la confirmation des charges, ICC-01/04-01/10-465-Red-tFRA, 16 décembre 2011, notamment §§ 291, 339, 340, dispositif : la majorité refuse de confirmer les charges ; Chambre d'appel, Arrêt relatif à l'appel interjeté par le Procureur contre la Décision relative à la confirmation des charges rendue par la Chambre préliminaire I le 16 décembre 2011, ICC-01/04-01/10-514-tFRA, 30 mai 2012, § 70 : la chambre d'appel confirme la décision attaquée ; CPI, Situation en République du Kenya, *Affaire le Procureur c.William Samoei Ruto, Henry Kiprono Kosgey et Joshua Arap Sang,* Chambre préliminaire II, Décision relative à la confirmation des charges rendue en application des alinéas a) et b) de l'article 61-7 du Statut de Rome, ICC-01/09-01/11-373-tFRA, 23 janvier 2012, p. 147 : refus de confirmation des charges contre Henry Kiprono Kosgey ; *Affaire le Procureur c. Francis Kirimi Muthaura, Uhuru Muigai Kenyatta et Mohammed Hussein Ali,* Chambre préliminaire II, Décision ICC-01/09-02/11-

d'éléments de preuve pertinents justifiant la transformation du suspect en accusé qui est alors déféré devant la chambre de première instance pour jugement.

À ce stade du procès en première instance, la discussion des éléments de preuve atteint son niveau crucial. L'enjeu ici est de rechercher la vérité sur la réalité des faits criminels déplorés et leur imputabilité à l'accusé. Tous les éléments de preuve présentés par le procureur, la défense, les représentants légaux des victimes, voire à l'initiative de la chambre elle-même, sont passés au peigne fin et débattus contradictoirement et loyalement. Pour être caractérisés, tous les éléments constitutifs des crimes et des modes de responsabilité retenus doivent être prouvés par le procureur au-delà de tout doute raisonnable.[68] La Cour ne condamne l'accusé que si elle est « *convaincue de sa culpabilité au-delà de tout doute raisonnable.* »[69] A contrario, la persistance d'un doute raisonnable entraîne et motive l'acquittement de ce dernier. Par *doute raisonnable,* il faut entendre un doute sensé, réfléchi, judicieux, conforme à la raison, basé sur des éléments de preuve produits durant le procès, sur des incertitudes, des contradictions, des incohérences, des zones d'ombre persistant dans le dossier de l'accusation.[70] « Un doute raisonnable n'est pas un doute imaginaire ou frivole, il ne doit pas être fondé sur la sympathie ou sur un préjugé. Il doit reposer plutôt sur la raison et le bon sens. Il doit logiquement découler de la preuve ou de l'absence de preuve… ».[71]

C'est à cette troisième étape que se situe le présent ouvrage. Il se propose d'examiner comment les dispositions-cadres rappelées dans le point I sont concrètement mises en œuvre par les acteurs participant au procès devant la

---

382-Red-tFRA, 23 janvier 2012, §§ 420 à 427, 480, Dispositif d) : refus de confirmation des charges contre Mohammed Hussein Ali .

[68] Jugement Lubanga, § 92 ; Jugement Ngudjolo, §§ 34 et 35.

[69] Article 66-3 du Statut.

[70] Jean-Pierre Fofé Djofia Malewa, « La preuve des faits similaires devant la Cour pénale internationale : mécanisme sous surveillance », in *Revue de science criminelle et de droit pénal comparé (RSC)*, N° 2, Dalloz, Paris, avril-juin 2011, pp343-369, spécialement p. 345.

[71] TPIR, Chambre de première instance III, *Affaire le Procureur c. Samuel Imanishimwe*, ICTR-99-46-T, Conclusions de la défense du Lieutenant Samuel Imanishimwe, Arusha 26 juin 2003, § 1197 ; Jean-Pierre Fofé Djofia Malewa, *La Question de la Preuve devant le Tribunal Pénal International pour le Rwanda. Le cas Cyangugu*, L'Harmattan, Paris, janvier 2006, 292 pages, spécialement pp 147-148 ; Principes généraux du Conseil canadien de la magistrature, point 9.3[2] Source :*http://www.cjcccm.gc.ca/french/lawyers_fr.asp?selMenu=lawyers_pmf_generalprinciples_fr.asp* ; lire aussi, Institut de formation continue du Barreau de Paris (éditeur scientifique), *Le doute et le droit*, (actes du colloque du 12 août 1991), Paris, Dalloz, 1994, 125 p.

chambre de première instance. Quels sont les problèmes qu'elles soulèvent et quelles sont les règles opérationnelles ou méthodologiques qui permettent de les résoudre pour que la procédure avance, en toute équité et loyauté, avec diligence mais sans précipitation, vers la manifestation de la vérité ?

Après plus de douze années de fonctionnement de la Cour, il est utile de réaliser le travail d'explication et de systématisation de ces règles, dont certaines sont complexes, pour, d'une part, par des réflexions nourries d'expériences vécues, contribuer à leur affinement progressif nécessaire, et pour, d'autre part, mettre à la disposition des praticiens, aussi bien de l'accusation, de la défense, que de la représentation légale des victimes, appelés à prester devant la CPI, un instrument de travail instructif et opérationnel.

III- MÉTHODE D'APPROCHE

La tâche d'explication et de systématisation dont nous venons de parler suppose l'accomplissement d'une œuvre d'analyse autant que de synthèse. Nous nous y sommes livré. En effet, ayant fixé l'objectif et la nature à la fois théorique et pratique de l'ouvrage, nous avons d'abord analysé toutes les dispositions des textes fondamentaux régissant la matière de la preuve : le Statut, le règlement de procédure et de preuve (RPP), le règlement de la cour (RC), le règlement du greffe (RG), le règlement du bureau du procureur (RBP) et le code de conduite professionnelle des conseils (CCPC). Cette analyse a permis de bien déceler le fil rouge directeur qu'est la recherche de la vérité.

Il a fallu ensuite voir comment concrètement ces dispositions pertinentes sont appliquées durant la phase juridictionnelle, notamment par les chambres de première instance I, II, III, V, V(A), VI, saisies respectivement des affaires Lubanga, Katanga-Ngudjolo, Bemba, Muthaura-Kenyatta, Ruto-Sang, et Ntaganda. L'examen des discussions qui se sont déroulées devant ces chambres et de certaines décisions qu'elles ont rendues met en lumière les difficultés rencontrées dans la mise en œuvre concrète de ces dispositions-cadres et les règles opérationnelles conçues pour les transcender. D'une manière générale, les juges ont adopté les mêmes règles, sauf à signaler quelques divergences sur certaines matières comme celles du récolement ou de la préparation des témoins, une fois arrivés au siège de la Cour à La Haye, et de l'utilisation ou de l'admission de leurs déclarations antérieures, au regard du principe de l'oralité des débats.

Afin de permettre leur meilleure compréhension, l'exposé explicatif de ces règles opérationnelles s'accompagne des cas concrets faisant entrer le lecteur dans le vif des discussions qu'elles ont suscitées. Compte tenu de la constance perçue dans leur application par les différentes chambres, à l'exception de quelques revirements qui seront présentés et expliqués chemin faisant ; et pour démontrer la pertinence et l'efficience de ces règles dans l'élucidation d'un ensemble factuel cohérent, tout en circonscrivant le volume de l'ouvrage, nous avons choisi de puiser des illustrations vivantes principalement dans les transcriptions des audiences publiques du procès auquel nous avons participé en qualité de co-conseil d'un des deux co-accusés, celui ayant opposé le procureur à Germain Katanga (GK) et Mathieu Ngudjolo (MN),[72] sans pour autant exclure des exemples éclairants tirés d'autres procès.

En guise d'historique procédurale de l'affaire retenue comme phare, notons que GK et MN ont été poursuivis pour sept crimes de guerre et trois crimes contre l'humanité qu'ils auraient commis le 24 février 2003 à Bogoro, en Ituri, en République démocratique du Congo (RDC).[73] Initialement, les deux affaires étaient distinctes, le premier accusé ayant été arrêté et transféré à La Haye avant le second.[74] C'est seulement le 10 mars 2008 que la chambre préliminaire I a décidé de les joindre[75], décision par la suite confirmée par la chambre d'appel.[76] Ce procès-joint a été riche en enseignements, notamment en matière d'administration de la preuve

[72] CPI, Situation en République démocratique du Congo, *Affaire le Procureur c. Germain Katanga et Mathieu Ngudjolo*, ICC-01/04-01/07. Les deux accusés étaient poursuivis pour des crimes de guerre et des crimes contre l'humanité.

[73] Décision Katanga-Ngudjolo ICC-01/04-01/07-717-tFRA-Corr, §§ 573 à 582. Sept crimes de guerre : homicide intentionnel (article 8-2-a-i du Statut), attaque dirigée contre une population civile (article 8-2-b-i), destruction de biens (article 8-2-b-xiii), pillage (article 8-2-b-xvi), utilisation d'enfants soldats (article 8-2-b-xxvi), réduction en esclavage sexuel (article 8-2-b-xxii), viol (article 8-2-b-xxii). Et trois crimes contre l'humanité : meurtre (article 7-1-a), réduction en esclavage sexuel (article 7-1-g), viol (article 7-1-g). Ces crimes auraient été perpétrés selon le mode de responsabilité prévue dans l'article 25-3-a du Statut. Cette affaire est également appelée « *affaire Bogoro* ».

[74] GK a été remis à la Cour par les autorités congolaises et transféré à La Haye le 17 octobre 2007. Son audience de première comparution a eu lieu le 22 octobre de la même année. De son côté, MN a été arrêté, remis à la Cour par les autorités congolaises et transféré à La Haye le 06 février 2008. Son audience de première comparution a eu lieu le 11 février 2008. Voir Décision relative à la confirmation des charges, §§ 42, 44, 45 et 47.

[75] CPI, Situation en République démocratique du Congo, *Affaire le Procureur c. Germain Katanga,* Chambre préliminaire I, Décision relative à la jonction des affaires concernant Germain Katanga et Mathieu Ngudjolo Chui, ICC-01/04-01/07-257-tFRA, 10 mars 2008.

[76] CPI, Situation en République démocratique du Congo, *Affaire le Procureur c. Germain Katanga et Mathieu Ngudjolo*, ICC-01/04-01/07, Chambre d'appel, Arrêt relatif à l'appel interjeté contre la décision de jonction des affaires concernant Germain Katanga et Mathieu Ngudjolo Chui rendue le 10 mars 2008 par la Chambre préliminaire, ICC-01/04-01/07-573-tFRA, 9 juin 2008.

testimoniale et documentaire. Il a débuté le 24 novembre 2009.[77] Quatre jours avant son démarrage, le juge président de la chambre de première instance II, constituée pour en connaître[78], a adopté des instructions organisant la conduite des débats, le déroulement de la procédure, ainsi que la présentation des moyens de preuve à charge et à décharge.[79] À l'ouverture du procès, après la lecture des charges retenues contre eux et en application de l'article 64-8-a du Statut,[80] les deux accusés ont déclaré qu'ils plaidaient non coupables. Dès lors, les débats étaient lancés et le procureur devait s'employer à apporter à la chambre la preuve de leur culpabilité au-delà de tout doute raisonnable.

La présentation des moyens de preuve s'est déroulée du 25 novembre 2009 au 11 novembre 2011. En 265 journées d'audience, ont comparu 54 témoins cités respectivement : 2 par la chambre, 24 par le procureur, 2 par le représentant légal du groupe principal des victimes, 17 par la défense de GK, 11 par la défense de MN, étant observé que trois témoins étaient communs aux deux défenses et que les 2 accusés ont également témoigné sous serment, chacun pour sa cause.[81] S'agissant de la preuve documentaire, 643 pièces ont été versées au dossier selon cette répartition : 261 par le procureur, 240 par la défense de GK, 132 par la défense de MN, 5 par les représentants légaux des victimes et 5 par la chambre elle-même.[82]

Avant de déclarer officiellement close la présentation des moyens de preuve[83], la chambre a effectué, les 18 et 19 janvier 2012, un transport judiciaire sur le terrain en RDC, en présence des parties, des participants et des représentants du greffe. Les parties et participants ont alors déposé leurs conclusions écrites, le procureur et les représentants légaux en février, les défenses en mars 2012. Ils ont présenté les plaidoiries orales au cours des audiences tenues du 15 au 23 mai de la même année et l'affaire a été prise en

---

[77] CPI, Situation en République démocratique du Congo, *Affaire le Procureur c. Germain Katanga et Mathieu Ngudjolo*, ICC-01/04-01/07, Chambre de 1ère instance II, Décision reportant la date d'ouverture des débats au fond (règle 132-1 du règlement de procédure et de preuve), ICC-01/04-01/07-1442, 31 août 2009.

[78] La Chambre de première instance II a été instituée le 24 octobre 2008 pour connaître de cette affaire Le Procureur c. GK et MN, dite affaire Bogoro.

[79] Instructions 1665.

[80] Article 64-8-a) : « À l'ouverture du procès, la Chambre de première instance fait donner lecture à l'accusé des charges préalablement confirmées par la Chambre préliminaire. La Chambre de première instance s'assure que l'accusé comprend la nature des charges. Elle donne à l'accusé la possibilité de plaider coupable selon ce qui est prévu à l'article 65, ou de plaider non coupable ». Voir aussi Transcription ICC-01/04-01/07-T-80, pp 11 à 21.

[81] Voir Jugement Ngudjolo, § 23.

[82] *Idem*, § 24.

[83] C'est le 7 février 2012 que la chambre a pris l'acte de *Déclaration de la clôture de la présentation des moyens de preuve*, ICC-01/04-01/07-3235.

délibéré. Le 21 novembre 2012, la chambre a rendu une importante décision relative à la mise en œuvre de la norme 55 du RC[84] en ce qui concerne GK, prononçant la disjonction des charges portées contre les deux accusés et fixant le prononcé du jugement de MN au 18 décembre 2012.[85] À cette date, la chambre, après avoir procédé à l'évaluation de l'ensemble des éléments de preuve discutés au cours du procès et versés au dossier de l'affaire, a rendu son jugement en application de l'article 74 du Statut : à l'unanimité, elle a déclaré MN non coupable de tous les dix crimes mis à sa charge, l'a acquitté et a ordonné sa libération immédiate.[86] Le 27 février 2015, la chambre d'appel, à la majorité de trois juges sur cinq, a confirmé ce jugement d'acquittement qui est donc devenu définitif.[87]

---

[84] Norme 55 du RC : « Pouvoir de la Chambre de première instance de modifier la qualification juridique des faits
1. Sans dépasser le cadre des faits et circonstances décrits dans les charges et dans toute modification qui y aurait été apportée, la chambre peut, dans la décision qu'elle rend aux termes de l'article 74, modifier la qualification juridique des faits afin qu'ils concordent avec les crimes prévus aux articles 6, 7 ou 8 ainsi qu'avec la forme de participation de l'accusé auxdits crimes prévue aux articles 25 et 28.
2. Si, à un moment quelconque du procès, la chambre se rend compte que la qualification juridique des faits peut être modifiée, elle informe les participants à la procédure d'une telle possibilité et, après avoir examiné les éléments de preuve, donne en temps opportun aux participants la possibilité de faire des observations orales ou écrites. Elle peut suspendre les débats afin de garantir que les participants disposent du temps et des facilités nécessaires pour se préparer de manière efficace, ou, en cas de besoin, convoquer une audience afin d'examiner toute question concernant la proposition de modification.
3. Aux fins de l'application de la disposition 2, la chambre garantit notamment à l'accusé : a) le temps et les facilités nécessaires pour préparer sa défense de manière efficace, conformément à l'alinéa b) du paragraphe 1er de l'article 67, et b) en cas de besoin, la possibilité d'interroger ou de faire interroger de nouveau tout témoin, de citer à comparaître tout nouveau témoin ou de présenter tout autre élément de preuve admissible, conformément à l'alinéa e) du paragraphe 1er de l'article 67. »

[85] CPI, Situation en République démocratique du Congo, *Affaire le Procureur c. Germain Katanga et Mathieu Ngudjolo*, ICC-01/04-01/07, Chambre de 1ère instance II, Décision relative à la mise en œuvre de la norme 55 du Règlement de la Cour et prononçant la disjonction des charges portées contre les accusés, ICC-01/04-01/07-3319, 21 novembre 2012.

[86] CPI, Situation en République démocratique du Congo, *Affaire le Procureur c.Mathieu Ngudjolo*, ICC-01/04-02/12, Chambre de 1ère instance II, Jugement rendu en application de l'article 74 du Statut, ICC-01/04-02/12-3, 18 décembre 2012 (Jugement Ngudjolo).

[87] *Idem*, Chambre d'Appel, Arrêt prononcé en audience publique le 27 février 2015, Transcription ICC-01/04-02/12-T-5-FRA ET WT, 34 pages ; ICC-01/04-02/12 A, *Judgment on the Prosecutor's appeal against the decision of Trial Chamber II entitled "Judgment pursuant to article 74 of the Statute"*, 117 pages ; Annex A,

Justement, pour percevoir la pertinence des dispositions-cadres régissant la présentation des moyens de preuve, voir à quelles difficultés se trouve parfois confrontée leur mise en œuvre concrète, et quelles sont les règles opérationnelles conçues pour permettre leur application efficace, nous avons examiné les transcriptions des audiences publiques[88] de ce procès riche en enseignements et analysé tous les débats procéduraux qui se sont déroulés devant les juges autour de la question de l'administration de la preuve.

Le présent ouvrage a précisément pour vocation d'énoncer, d'expliquer et de systématiser toutes ces règles qui, nous l'avons dit, ont également été adoptées par les autres chambres de première instance, hormis certaines divergences qui seront repérées et exposées. L'énoncé de chaque règle sera suivi d'un exposé de cas pratiques tirés des transcriptions des dépositions des témoins et des débats qui se sont déroulés devant les juges. Certains extraits cités sont longs, mais utiles et instructifs, car ils permettent de mieux comprendre le fondement des règles formulées ; de bien voir combien ces règles, en apparence évidentes et simples, sont difficiles à mettre en œuvre ; de voir à quels problèmes ces règles sont confrontées dans la pratique, comment ces problèmes surgissent, comment ils sont débattus contradictoirement et comment les juges motivent leurs décisions pour les résoudre équitablement ; de tremper ainsi dans les débats réellement vécus d'où se dégagent des leçons pertinentes à retenir. Sans ces extraits rigoureusement choisis pour leur éclairage, l'analyse des règles identifiées risquerait d'être purement théorique et leur compréhension totalement approximative ou incertaine.

Joint dissenting opinion of Judge Ekaterina Trendafilova and Judge Cuno Tarfusser, 25 pages.

[88] Le Greffier de la CPI établit et conserve les transcriptions des audiences conformément aux dispositions de l'article 64-10 du Statut, de la règle 137 du RPP, des normes 32-1-c), 50 et 51 du RG.

Article 64-10 du Statut : « La Chambre de première instance veille à ce que le Greffier établisse et conserve un procès-verbal intégral du procès relatant fidèlement les débats. »

Norme 50 du RG : « Le Greffe peut produire trois versions de la même transcription : a) une version confidentielle réalisée en temps réel et accessible pendant l'audience ; b) une version confidentielle, consistant en une copie corrigée, complétée et formatée de la version réalisée en temps réel ; ou c) une version publique, expurgée des débats à huis clos partiel et/ou total ainsi que de toute autre information considérée comme confidentielle aux termes d'une ordonnance de la chambre. » C'est cette version publique que nous avons utilisée comme support illustratif. Ces transcriptions publiques, de même que tous les actes de procédure cités, peuvent être consultés sur le site web de la CPI : *http://www.icc-cpi.int*.

IV- PLAN BIPARTITE

Il ressort des dispositions-cadres analysées que les moyens de preuve présentés devant la CPI pour l'établissement de la vérité sont essentiellement testimoniaux et documentaires. L'administration de chacune de ces deux grandes catégories est régie par des règles procédurales qu'il importe d'exposer distinctement et successivement pour leur meilleure intelligence. Ce qui motive la structuration de l'ouvrage en deux parties traitant, tour à tour, de règles organisant la production de la preuve testimoniale (première partie) ; et de celles régissant le versement de la preuve documentaire (deuxième partie).

PREMIÈRE PARTIE

RÈGLES ORGANISANT LA PRODUCTION DE LA PREUVE TESTIMONIALE

La présentation des témoins est une des parties essentielles du procès devant la CPI. C'est par leur biais que chaque partie soumet aux juges des éléments à l'appui de sa thèse ou de sa théorie, exposée au cours de l'audience solennelle d'ouverture du procès consacrée, justement, à l'audition des déclarations liminaires. Naturellement, c'est le procureur qui ouvre les joutes oratoires, en tant qu'accusateur, suivi, éventuellement, des représentants légaux des victimes. La défense intervient ensuite pour répondre à l'accusation. Ce débat contradictoire se déroule, principalement, par l'intermédiaire des témoins qui viennent déposer devant la chambre, celle-ci ayant également le pouvoir d'en citer.[89]

Concrètement, c'est à la partie qui produit le témoin qu'incombe la charge de faire parler celui-ci de façon cohérente, convaincante, pertinente et démonstrative. Elle le fait au travers d'un questionnaire qui doit être bien pensé, bien élaboré, bien structuré, et qui permette au témoin de fournir aux juges des éléments pertinents qu'il a vécus ou dont il a entendu parler, éléments qui soutiennent la théorie défendue par la partie citante. De là l'importance du questionnaire à l'élaboration duquel il convient d'accorder le temps et le soin qu'il mérite.

Ce travail d'élaboration du questionnaire suppose une maîtrise préalable des faits de l'espèce et des éléments que détient matériellement (écrits, vidéos, enregistrements sonores...) ou en mémoire (souvenirs des

[89] Article 69-3 du Statut.

évènements vécus ou appris...) tel témoin que l'on a appelé. C'est en fonction de ces connaissances que les questions sont conçues et ordonnancées. On serait dans l'erreur, si on croyait pouvoir réaliser d'un seul coup cette œuvre de conception et d'ordonnancement. Un questionnaire est rarement définitif dès sa première production. Le procès étant une réalité dynamique, on est souvent appelé à modifier, remanier ou réajuster les questions en fonction des objectifs poursuivis et pour mieux faire parler le témoin.

Nous en avons vécu l'expérience dans le procès Katanga-Ngudjolo. Dans ce dossier, maître Jean-Pierre Kilenda Kakengi Basila et moi-même, respectivement conseil principal et co-conseil du second accusé, nous sommes reparti le travail de façon telle que je devais présenter les huit premiers témoins[90], maître Kilenda se chargeant de quatre derniers, en ce compris l'accusé lui-même.[91] Parmi les huit dont la production m'incombait, les trois premiers étaient communs aux deux équipes de défense[92], les cinq autres s'étant succédé du 15 août au 13 septembre 2011. Conscient du rythme des audiences de la chambre de première instance II, j'avais anticipé la préparation des questionnaires de ces témoins depuis le mois de juin. À telle enseigne que lorsque le témoin D03-055 était en train de terminer sa déposition le 18 août 2011, je croyais être prêt avec le questionnaire du témoin suivant, D03-066, qui devait commencer sa déposition le lendemain, soit le 19 août 2011. Hélas, je me suis trompé ! En effet, en relisant le

---

[90] Il s'agit des témoins suivants, ayant déposé en dates en regard de leurs pseudonymes :

- DRC-D03-P-0011/DRC-D02-P-0236 : Floribert Ndjabu Ngabu qui a déposé en audience publique, à découvert, sans mesures de protection : le 30 mars ; les 5, 6, 8, 13, 14 et 15 avril 2011 ;
- DRC-D03-P-0236/DRC-D02-P-0147 : les 17, 18, 19 et 20 mai 2011 ;
- DRC-D03-P-0340/DRC-D02-P-0146 : les 20, 23 et 24 mai 2011 ;
- DRC-D03-P-0044 : les 15 et 16 août 2011 ;
- DRC-D03-P-0055 : les 16, 17 et 18 août 2011 ;
- DRC-D03-P-0066 : les 19, 23, 24 et 25 août 2011 ;
- DRC-D03-P-0088 : Ngabu Mandro Emmanuel, Chef Manu, qui, lui aussi, a déposé en audience publique, à découvert, sans mesures de protection : les 26, 29 et 30 août ; le 1er, les 5, 6, 7, 8, 9 et 12 septembre 2011 ;
- DRC-D03-P-0100 : les 12 et 13 septembre 2011.

[91] À savoir :

- DRC-D03-P-0410 : Pasteur Ngabu Gokpa Isakara, qui a également déposé en audience publique, à découvert, sans mesures de protection : le 14 septembre 2011 ;
- DRC-D03-P-0963 : le 15 septembre 2011 ;
- DRC-D03-P-0965 : les 15 et 16 septembre 2011 ;
- DRC-D03-P-0707 : MN : les 18, 19, 20, 27 et 28 octobre 2011.

[92] Ce sont les témoins DRC-D03-P-0011/DRC-D02-P-0236 ; DRC-D03-P-0236/DRC-D02-P-0147 et DRC-D03-P-0340/DRC-D02-P-0146 .

questionnaire de celui-ci préparé au mois de juin, je me suis rendu compte des insuffisances qu'il fallait corriger. Plusieurs questions étaient suggestives. Ce qui, on le verra, est interdit en interrogatoire principal. Par ailleurs, l'ancien questionnaire ne respectait pas rigoureusement l'approche méthodologique requise pour l'introduction des pièces par le canal d'un témoin. Ce constat douloureux a fait que j'ai dû retravailler ce questionnaire jusque tard la nuit pour pouvoir être prêt le 19 au matin.

La leçon à en retenir, c'est qu'il convient d'accorder une attention particulière et soutenue à l'élaboration du questionnaire, car celui-ci doit obéir à des règles dont certaines sont communes à tous les interrogatoires (interrogatoire principal, contre-interrogatoire, questions des représentants légaux, interrogatoire supplémentaire, questions ultimes de la défense), alors que d'autres sont spécifiques à chacun d'eux.

CHAPITRE PREMIER

RÈGLES COMMUNES À TOUS LES INTERROGATOIRES

Nous en avons dénombré quatre relatives respectivement à la pertinence (section 1ère), à la simplicité et précision des questions (section 2), à l'interdiction de la spéculation (section 3) et des commentaires des propos des témoins antérieurs de l'adversaire (section 4).

Section 1ère - *Première règle* : Obligation de poser des questions pertinentes ayant un lien avec l'objet de la saisine

Dans tous les interrogatoires, les questions que posent les parties et participants doivent tendre à l'élucidation des faits dont sont saisis les juges. Ceux-ci peuvent, à tout moment de la procédure, statuer sur la pertinence des questions posées aux témoins, de leur propre chef ou à la demande d'une partie. « Les questions posées par la partie qui cite le témoin à comparaître porteront donc uniquement sur les points pertinents et/ou contestés en l'espèce. »[93] Ne sont donc pas autorisées des questions inutilement « chronophages » se rapportant à des faits ou à des évènements qui ne rentrent pas dans la saisine.

S'agissant, par exemple, du procès servant de phare qui s'est déroulé devant la chambre de première instance II de la CPI du 24 novembre 2009 au 23 mai 2012, les questions posées par les parties et participants au cours de différents interrogatoires des témoins cités à comparaître devaient avoir un lien avec les faits et les crimes perpétrés lors de l'attaque de Bogoro du 24 février 2003, et décrits dans la décision confirmative des charges. La chambre de première instance II a bien rappelé et expliqué ce cadre factuel dans sa décision du 21 octobre 2009 enjoignant au procureur de préparer un résumé des charges.[94] Ce sont ces faits et crimes que celui-ci devait s'employer à établir au travers des interrogatoires principaux de ses témoins. S'il allait au-delà, il ne pouvait que s'attendre à des objections de la défense et au recadrage de la chambre.

---

[93] Décision Bemba ICC-01/05-01/08-1023-tFRA, § 12.

[94] CPI, Situation en République démocratique du Congo, *Affaire le Procureur c. Germain Katanga et Mathieu Ngudjolo*, ICC-01/04-01/07, Chambre de 1ère instance II, Décision relative au dépôt d'un résumé des charges par le Procureur, ICC-01/04-01/07-1547-tFRA, 21 octobre 2009. Voir aussi, Bureau du Procureur, Document résumant les charges, ICC-01/04-01/07-1588-tFRA, 3 novembre 2009.

En effet, tous les éléments de preuve étant discutés au cours du procès, les parties ont le pouvoir d'en contester la pertinence et de s'opposer à leur admission en suivant la procédure prévue dans la règle 64 du RPP qui dispose :

« 1.Toute question touchant à la pertinence ou à l'admissibilité des preuves doit être soulevée lors de la présentation de celles-ci à une Chambre. Exceptionnellement, une question qui n'était pas connue lors de cette présentation peut être soulevée dès le moment où elle est connue. La Chambre concernée peut exiger une requête écrite à cet effet. La Cour transmet la requête écrite à tous ceux qui participent à la procédure, sauf si elle en décide autrement.

2. Les décisions prises par les Chambres en matière d'administration de la preuve sont motivées ; les motifs sont consignés dans le procès verbal, s'ils ne l'ont pas été au cours du procès conformément au paragraphe 10 de l'article 64 et de la disposition 1 de la règle 137.

3. Les éléments de preuve déclarés non pertinents ou non admissibles ne sont pas pris en considération par les Chambres. »[95]

Certes, pour la caractérisation de crimes de guerre et de crimes contre l'humanité, l'accusation doit également établir l'élément *contexte* dans lequel sont venus se produire les faits, objets de la saisine : contexte de guerre pour les premiers, et d'attaque généralisée ou systématique pour les seconds. Cependant, dans ce travail, il doit précisément se limiter à poser des questions démontrant ce contexte, sans tomber dans un trop large ratissage englobant des faits qui n'ont pas de lien pertinent avec ceux de la saisine, en cherchant à les imputer, sans fondement, aux accusés, étant donné que ces faits étrangers à la saisine n'ont jamais été jugés.[96]

Un tel débordement a été dénoncé par la défense notamment durant l'interrogatoire principal du témoin de l'accusation P-250. En effet, formulant des observations sur des questions posées par le procureur à ce témoin au sujet de l'attaque de Mandro, autre que celle de Bogoro, le conseil de GK a relevé qu'il comprenait que le procureur ait le droit d'établir le contexte des crimes contre l'humanité visés dans la décision confirmative des charges. Cependant, il s'opposait à ce que le procureur cherchât à établir la présence et la participation de son client dans cette attaque de Mandro, car, disait-il, de tels éléments n'apportaient pas de contribution directe au débat en ce qui concerne Bogoro, objet de la saisine, alors qu'ils avaient un effet préjudiciable contre son client. Le conseil de GK a fait notamment référence à la règle 89-d du RPP du TPIY et du TPIR en vertu de laquelle les juges peuvent refuser d'admettre un élément de preuve si sa valeur probante

[95]Règle 64 du RPP : Procédure relative à la pertinence ou à l'admissibilité des preuves.

[96] Voir Jean-Pierre Fofé Djofia Malewa, « La preuve des faits similaires devant la Cour pénale internationale : mécanisme sous surveillance », *op. cit*, pp 343 à 369.

est largement inférieure à ses effets préjudiciables à l'accusé. Relevant qu'il n'y avait pas une « disposition similaire » dans le Statut ni dans le RPP de la CPI, il a néanmoins soutenu que les juges pouvaient, en l'occurrence, faire application de l'article 64 du Statut relatif à l'équité du procès.[97] Il a également évoqué l'opinion du juge Shahabudden dans l'arrêt de la chambre d'appel du TPIR dans l'affaire Médias, ainsi que les décisions 1491 et 1737 de la chambre de céans sur la participation des victimes.[98] Dans ces décisions, la chambre dit clairement que la question traitée dans la présente affaire est l'attaque de Bogoro du 24 février 2003 ainsi que les paramètres qui y sont directement liés.

Au cours de ses interrogatoires, le procureur peut donc essayer d'apporter des éléments de preuve établissant le contexte de crimes contre l'humanité, sans pour autant ajouter des charges nouvelles au compte des accusés, en s'employant à démontrer, par exemple, leur implication dans l'attaque de Mandro. Plus clairement, le procureur, à l'occasion de la caractérisation ou de la délimitation du contexte, ne doit pas poser des questions trop précises tendant à imputer aux personnes poursuivies des faits dont la chambre n'est pas saisie. Cela équivaudrait précisément à introduire des charges nouvelles contre les accusés ; ce que le procureur ne peut pas faire *proprio motu* au stade du procès. L'extrait des débats ci-dessous permet de circonscrire les enjeux et la pertinence de cette prescription.

> « Me O'SHEA[99]... : Je suis extrêmement conscient du fait que nous avons déjà passé beaucoup de temps en l'absence du témoin ces derniers jours. Mais on ne peut pas toujours prévoir quand telle ou telle question va se poser. Et j'ai pris bonne note du fait, Monsieur le Président, qu'hier, lorsque vous avez délivré votre décision orale, eh bien, que vous avez fait remarquer que les parties devaient soulever les problèmes au fur et à mesure qu'ils se posaient, ne pas attendre. Et je pense que le moment est opportun pour soulever... cette question particulière. Il s'agit des éléments de preuve apportés sur l'attaque contre

---

[97] Voir précisément l'article 64-2 du Statut : « La Chambre de première instance veille à ce que le procès soit conduit de façon équitable et avec diligence, dans le plein respect des droits de l'accusé et en ayant pleinement égard à la nécessité d'assurer la protection des victimes et des témoins. » Peut également être invoqué, l'article 69-4 : « La Cour peut se prononcer sur la pertinence et l'admissibilité de tout élément de preuve conformément au Règlement de procédure et de preuve, en tenant compte notamment de la valeur probante de cet élément de preuve et de la possibilité qu'il nuise à l'équité du procès ou à une évaluation équitable de la déposition d'un témoin. »

[98] CPI, Situation en République démocratique du Congo, *Affaire le Procureur c. Germain Katanga et Mathieu Ngudjolo*, ICC-01/04-01/07, Chambre de 1ère instance II, Motifs de la décision relative aux 345 demandes de participation de victimes à la procédure, ICC-01/04-01/07-1491-Red, 23 septembre 2009 ; Motifs de la deuxième décision relative aux demandes de participation de victimes à la procédure, ICC-01/04-01/07-1737, 22 décembre 2009.

[99] Co-conseil au sein de l'équipe de défense de Germain Katanga.

Mandro. Les questions et réponses que nous avons entendues, à la fin de l'audience d'hier, indiquent très clairement la direction... qu'emprunte mon honorable confrère. La dernière question a été la suivante : « Qui étaient les combattants qui venaient de la route directe ? » ; Réponse : « Il s'agissait de Mathieu Ngudjolo et Germain Katanga. Ils ont pris la même direction. » Et puis, ensuite, la réponse se poursuit, mais je ne lis que la partie pertinente de la réponse pertinente pour mon argumentation. S'agissant du Statut et des règles, nous savons tous que, au titre de l'article 64 alinéa 2, les juges doivent faire en sorte... que le procès soit équitable et diligent. S'agissant... du caractère diligent du procès, nous sommes en présence de charges pour une attaque contre Bogoro en la présente affaire. Nous avons constaté combien l'interrogatoire principal sur cette question s'est étendu pendant deux semaines et demie. Pour notre part, nous nous préoccupons de la question suivante : si nous commençons à parler de Mandro, nous nous préoccupons du fait que l'interrogatoire principal ne soit pas trop long sur cette question. Nous souhaiterions également que cela ne soit pas fait de telle sorte que cela nous contraigne à traiter de ce point de manière beaucoup plus étendue pendant le contre-interrogatoire que nous ne l'aurions fait autrement. Mesdames, Monsieur le juge, bien entendu, vous avez la possibilité de décider si ces éléments de preuve sont admissibles ou pas. Et je parle uniquement au nom de l'équipe de Germain Katanga. Je ne m'exprime pas au nom de l'équipe défendant M. Ngudjolo, son avocat peut prendre une position différente. Mais en ce qui concerne mon équipe, défendant M. Katanga, et l'attaque contre Mandro, nous ne voyons pas de problème à ce que mon honorable collègue parle de l'attaque contre Mandro avec ce témoin. De notre côté, nous ne voyons pas de problème non plus à ce qu'il fasse référence à des crimes commis à Mandro. Nous n'avons pas de difficulté non plus en ce qui concerne... le projet d'aller à Mandro, le plan de se rendre à Mandro qui a déjà été décrit dans la déposition. Et je dis cela en reconnaissant pleinement que, bien entendu, il y a un élément de contexte qui va dans le sens de la charge de crime contre l'humanité. Nous reconnaissons pleinement le fait que la définition de « systématique », en tout cas en ce qui concerne la jurisprudence préalable, eh bien, prend en compte la question de la planification et de la stratégie ; et que cela semble être le cas ici. Nous savons également que le terme « largement étendu », « *widespread* », eh bien, concerne effectivement le nombre de victimes qui ont été ciblées par les crimes. Et à cet égard, effectivement, c'est un élément contextuel en l'affaire, et nous ne le nions pas. Cependant, il est clair que la dernière question, et la réponse reçue par mon honorable collègue, montrent clairement qu'il souhaite évoquer la présence et la participation personnelle de mon client, M. Katanga lors de l'attaque à Mandro. Si tel est le cas, à part le fait que cela allonge nos débats, il va toucher à des domaines qui, de notre point de vue, ont très peu de valeur probante à l'égard des charges qui nous occupent ici. Je pense que ce que nous devons garder à l'esprit, de manière significative, c'est que l'attaque sur Mandro a eu lieu après l'attaque contre Bogoro. Et étant donné que cela intervient après l'attaque de Bogoro, c'est significatif, parce que lorsque nous prenons les crimes allégués contre M. Katanga, nous parlons de son *actus reus* et de son *mens rea* au moment de l'attaque contre Bogoro. Donc, lorsque nous parlons de questions - telles que son comportement ou son état mental, ses intentions, ou ce qu'il savait à ce moment-là -, quel que soit l'élément juridique

que nous examinons, nous le faisons au moment de l'attaque à Bogoro. Et les intentions d'une personne, ou ce qu'il savait à un moment donné, peut évoluer justement dans le temps. Donc, quelles qu'étaient ses intentions, ou son état d'information, son niveau d'information au moment de l'attaque à Mandro, il n'est pas contesté que l'attaque qui suit Bogoro n'a pas de pertinence aux fins de déterminer la *mens rea* de l'accusé par rapport à Bogoro. On pourrait dire qu'il y a une étincelle de valeur probante. Je puis accepter... cette étincelle de valeur probante. Mais lorsque l'on gère un procès, il faut voir où est-ce qu'on établit la frontière en ce qui concerne l'interrogatoire principal ; éviter de s'aventurer dans des domaines qui ne sont pas pertinents directement pour les charges. Il y a un principe que j'affirmerais, et qui est devenu un principe général de droit, c'est le principe repris à la règle 93 dans le statut du Tribunal pour l'ancienne Yougoslavie... et qui... figure aussi dans le statut du Tribunal pénal pour le Rwanda. C'est le principe que les juges peuvent - et c'est leur pouvoir d'appréciation -... refuser d'admettre des éléments de preuve si la valeur probante de cet élément est largement dépassée par les effets préjudiciables de cet élément. Et c'est un principe, par exemple, qui a été indiqué par le juge Shahabuddeen dans l'affaire dont il était chargé devant le Tribunal pénal international pour le Rwanda, la Chambre d'appel, ... l'affaire que l'on connaît généralement sous le titre de l'affaire *des médias*... Si la valeur probante de l'élément de preuve est très largement dépassée par l'effet préjudiciable que cela peut avoir sur le déroulement des débats, alors, les juges peuvent - et c'est à eux d'en apprécier la nécessité -... choisir de ne pas se diriger dans cette voie. Veuillez m'excuser. On vient de me rappeler que la disposition pertinente du TPIY et du TPIR c'est, en fait, la règle 89-d : « Une Chambre peut exclure un élément de preuve si sa valeur probante est largement dépassée par la nécessité de garantir un procès équitable ». Nous n'avons pas de disposition similaire dans le Statut de Rome. Mais, comme je l'ai indiqué, nous avons des dispositions qui vous permettent, Mesdames, Monsieur le juge, ... d'examiner le caractère équitable pour le procès, d'admettre tel ou tel élément de preuve, et de l'utiliser...
M. LE JUGE PRÉSIDENT COTTE : ... Maître O'Shea vous avez eu tout à fait raison de rappeler que la Chambre, à plusieurs reprises, avait manifesté son souhait de voir la procédure conduite en parfaite conformité avec l'article 64, qui impose à la Chambre de première instance de veiller à ce que le procès soit conduit de façon équitable et avec diligence... Vous avez eu raison de rappeler que nous devions tous avoir à cœur d'aller à l'essentiel. L'exigence de célérité passe par la recherche de l'essentiel, sans trop d'échappatoires, sans que l'on emprunte trop souvent des chemins de traverse. Vous avez eu raison de dire que, le moment venu, il appartiendra à la Chambre, au vu de tous les éléments qui auront été mis à sa disposition au cours des débats et au terme des débats, d'apprécier, avec le maximum d'exigence, ce qui relève de la valeur probante forte, et ce qui relève de ce qui peut préjudicier de manière importante à la Défense. C'est un équilibre qu'il nous faudra effectivement réaliser. En même temps, Me Kilenda n'a pas tort lorsqu'il indique que la saisine de la Chambre a été bien clairement définie par la Chambre préliminaire. Mais comme vous le disiez, vous aussi, Maître O'Shea, que le Procureur ne se voie pas interdire de poser, de définir, les éléments contextuels de ce dossier. L'important est qu'il le fasse avec rigueur, avec ce souci d'aller à l'essentiel que vous avez rappelé.

Mandro, effectivement, figurait dans l'annexe 4 dont nous avons parlé hier en fin d'après-midi. Le Procureur a estimé devoir s'étendre assez longuement sur cet épisode qui s'est produit après Bogoro ; c'est un fait. Nous ne savons pas exactement la manière dont il va aujourd'hui conduire la fin de son interrogatoire principal. Mais si vous êtes intervenus, c'est vraisemblablement pour l'alerter sur le fait que vous acceptez les éléments contextuels. Mais vous n'acceptez pas tout à fait n'importe quel type d'élément contextuel, lorsqu'à travers la définition d'élément contextuel, l'Accusation se trouve susceptible de focaliser peut-être un peu trop précisément sur tel ou tel des accusés. Une nouvelle fois : la Chambre appréciera le moment venu. Donc c'est un rappel dont nous prenons note, que nous ne prenons pas comme un rappel à l'ordre mais comme une manifestation de la part de la Défense, qui souhaite faire part de son point de vue. Le Procureur a entendu ce point de vue. La Chambre qui, elle, souhaite que l'on ne se disperse pas trop, ne peut que rappeler au Procureur que la suite de cet interrogatoire principal... et ses interrogatoires principaux à venir devront être très centrés sur ce qui nous apparaît à tous comme devant être la *recherche de la vérité*. Nous sommes persuadés que c'est ce qu'il a en tête, d'ailleurs, mais c'est l'occasion de le lui rappeler... *Nous sommes tous animés, chacun avec une mission différente, du souci d'arriver à la manifestation de la vérité*. Et je l'ai dit, il y a un instant, d'y parvenir au terme d'un procès équitable et conduit avec célérité... Donc, le Procureur a bien admis que vous ne vous opposiez pas à ce qu'il fasse référence à des événements qui peuvent être antérieurs ou postérieurs aux faits dont la Chambre est saisie, et cela pour établir le contexte de cette affaire... pour établir les éléments chapeau, aussi bien du crime contre l'humanité que du crime de guerre, puisque la Chambre est saisie de faits qui, s'ils sont établis et démontrés, pourraient être constitutifs de crimes contre l'humanité et de crimes de guerre. M. le Procureur a également compris que la Défense ne souhaitait pas qu'à l'occasion... de cette délimitation du contexte, des questions trop précises soient posées qui puissent, en quelque sorte, conduire à imputer - sans que la Chambre prenne parti en l'état - des faits à l'un ou l'autre des accusés ou aux deux - des faits dont la Chambre ne serait pas saisie. *Pour le Procureur, l'exercice est extrêmement difficile, car le contexte n'est pas totalement désincarné*, et pour dresser et définir un contexte, il est évidemment nécessaire de s'intéresser aux protagonistes, et à celles et à ceux qui sont parties prenantes d'événements qu'il a besoin de faire préciser au témoin, pour précisément poser ce contexte. Donc, la Chambre rappelle simplement au Procureur sur un plan général - mais il le sait, et il l'a redit - que la nécessaire célérité conduit maintenant à avancer. Sachant que, plus il y aura de questions contextuelles posant éventuellement problème, plus les contre-interrogatoires de la Défense devront porter sur ces éléments contextuels, et que là, nous nous engageons effectivement sur une durée qui risque d'être un peu longue. Donc, vous êtes attentif à cela, Monsieur le Procureur. Il n'est pas question de vous brider de manière mécanique et automatique dans la façon dont vous conduisez votre interrogatoire principal, mais je crois qu'il n'y a non pas une mise en garde mais simplement une manifestation d'opinion de la part des deux équipes de défense qui peut-être auraient pu vous en parler avant, pour que vous ne soyez pas pris de court. Vous réglerez cela entre vous à la sortie de l'audience, en *gentlemen*. À présent, vous continuez votre interrogatoire principal, avec ce souci, donc, de nous bâtir un contexte, mais de le bâtir dans l'esprit qui vient d'être défini jusqu'à présent... Mais je pense qu'il faut être bien clair : *resituer les faits dont la Chambre est saisie dans un contexte est une chose parfaitement admissible, légitime et même nécessaire pour la bonne compréhension des débats. Mais à l'occasion de cette insertion contextuelle, tenter d'imputer à tel ou tel des accusés des faits dont la Chambre n'est pas saisie peut peut-être - la Chambre l'appréciera le moment venu - préjudicier à la Défense.* Mais peut, plus certainement sans doute, être un facteur sans doute pas indispensable, nécessaire de gain de temps ... »[100]

Cet intéressant débat a donc permis de souligner qu'il est impératif de respecter l'objet de la saisine de la chambre. Le procureur ne doit pas, sous prétexte d'établir le contexte des crimes contre l'humanité et des crimes de guerre, imputer à l'accusé ou aux accusés, en l'occurrence, des crimes qui ne sont pas retenus dans la décision confirmative des charges. Cela conduirait la défense à produire des éléments à décharge non seulement pour les faits de la saisine, mais aussi pour les faits extérieurs à celle-ci, en l'espèce, ceux de Mandro. Ce qui, inévitablement, prolongerait considérablement le procès. Si le procureur avait entendu poursuivre les accusés également pour des faits qu'ils auraient commis à Mandro, il aurait dû les viser dans le mandat d'arrêt et apporter devant la chambre préliminaire des preuves établissant des motifs substantiels de croire que les accusés auraient commis ces crimes de Mandro. S'il en avait convaincu la chambre préliminaire, celle-ci aurait alors visé ces faits dans la décision confirmative des charges. Ne l'ayant pas fait, le procureur ne peut pas, devant la chambre de première instance, essayer d'ajouter, contre les accusés, des charges nouvelles, non visées dans la décision confirmative des charges. Cela équivaudrait à modifier, *proprio motu*, l'acte d'accusation au stade du procès ; pouvoir qu'il n'a pas.[101]

---

[100] CPI, Situation en République démocratique du Congo, *Affaire le Procureur c. Germain Katanga et Mathieu Ngudjolo*, ICC-01/04-01/07, Chambre de 1ère instance II, Transcription de l'audience du 10 février 2010, ICC-01/04-01/07-T-99-Red-FRA WT, de la p.1, L16 à la p.15, L12 ; passages relevés en italique par l'auteur.

[101] Avant l'audience de confirmation des charges, le procureur a le pouvoir de les modifier ou de les retirer en application de l'article 61-4 du Statut et de la règle 121-4 du RPP. Après la confirmation des charges et avant que le procès ne commence, le procureur ne peut modifier les charges qu'avec l'autorisation de la chambre préliminaire et après que l'accusé en ait été informé. Voir l'article 61-9 du Statut et la règle 128 du RPP. Après l'ouverture du procès, la question de la modification éventuelle des charges relève de la compétence de la chambre de première instance saisie de l'affaire. Voir notamment l'article 61-11 du Statut, la règle 130 du RPP et la norme 55 du RC qui traite précisément du « Pouvoir de la Chambre de première instance de modifier la qualification juridique des faits ».

Que l'on conduise l'interrogatoire principal, l'interrogatoire en tant que représentant légal des victimes, le contre-interrogatoire, l'interrogatoire supplémentaire ou les questions ultimes de la défense, les questions posées doivent être pertinentes en ce sens qu'elles doivent permettre au témoin de donner des éléments qui élucident la cause ou fassent avancer les débats vers la manifestation de la vérité. Les questions qui s'éloignent de cet objectif ne peuvent que susciter les objections de la partie adverse, comme le montre cet échange intervenu au cours du contre-interrogatoire par le procureur d'un témoin de la défense de MN.

> « Mme LUPING : Q. Monsieur le témoin, est-ce que vous pouvez nous apporter un éclaircissement en nous disant quand, pour la dernière fois, vous avez vu le pasteur Koli ? R. La dernière fois que j'ai vu pasteur Koli, c'était quand nous avons reçu un visiteur qui venait d'ici. À ce moment-là, il venait m'annoncer qu'un voyage était préparé pour que je puisse venir témoigner devant cette Cour et que je devrais m'y apprêter à propos ; c'est ainsi que j'ai accepté de venir ici.
> Q. Et est-ce que vous vous souvenez à peu près à quel moment cela était, c'est-à-dire le moment où le pasteur Koli est venu vous voir avec un visiteur, chez vous, pour évoquer votre voyage ici ? R. C'était au mois de mai, le 5. C'était à ce moment-là qu'il est venu me dire qu'un voyage était préparé, mais il y avait des difficultés. C'est ainsi que nous nous sommes rendus à Bunia. Par la suite, il est revenu vers moi ; c'était au mois de juillet. Nous avons attendu une semaine pour voyager. Donc le 20 juillet, nous nous sommes rendus à Kinshasa. C'est le dernier travail qu'il a fait. Nous sommes donc restés à Kinshasa pendant un mois. Et de Kinshasa, nous sommes venus ici ; nous sommes arrivés le 21 au matin - le 21 août.
> Q. Vous nous avez dit que vous étiez resté à Kinshasa un mois. Y avait-il quelqu'un avec vous ? Je ne vous demande pas forcément de donner le nom de cette personne, mais y avait-il quelqu'un avec vous, à Kinshasa ? R. À l'hôtel où nous résidions, il y avait deux autres personnes. Plus moi, cela fait trois.
> Pr FOFÉ : Monsieur le Président… Je me vois obligé d'intervenir, … parce que vous nous avez demandé instamment d'aller à l'essentiel au stade où nous sommes. Je me pose vraiment la question de savoir quelle est la pertinence de toutes ces questions. Si Mme le Procureur veut s'enquérir des conditions du voyage de M. le témoin, elle n'a qu'à s'adresser à VWU. Je me pose la question, Monsieur le Président : quelle est la pertinence de tout ceci ?
> M. LE JUGE PRÉSIDENT COTTE : Alors, Madame Luping, la Chambre croit avoir deviné quel était l'objectif que vous poursuivez depuis déjà un certain temps. Est-ce que vous souhaitez apporter au Pr Fofé quelques précisions en l'absence du témoin ? Oui ? Est-ce que ces précisions seront longues, car il ne nous reste que quatre minutes et demi ? Donc, c'est un peu juste.
> Mme LUPING… : Non, je n'ai pas besoin d'énormément de temps pour parler de la pertinence de ces questions, et il est vrai qu'il faudrait évoquer tout cela hors de la présence du témoin. Mais je puis peut-être poser une dernière question avant la pause, qui n'a pas trait à qui était à l'hôtel à Kinshasa, et qui vise simplement à compléter cet ensemble de questions.

M. LE JUGE PRÉSIDENT COTTE : Alors, posez cette dernière question, puis nous suspendrons. Et avant que le témoin n'entre, à 11h30, vous apporterez au Pr Fofé quelques précisions… Nous vous écoutons.
Mme LUPING… : Merci, Monsieur le Président.
Q. Monsieur le témoin, après le 20 juillet, quels autres contacts avez-vous eu avec l'équipe de la Défense de Mathieu Ngudjolo ? … R. Après cette date-là, quand je me trouvais à Kinshasa, je ne faisais qu'attendre mon voyage pour La Haye. On m'a demandé de patienter, d'attendre le voyage. À part cela, nous n'avons pas eu d'autres contacts. Nous… n'avions plus communiqué. Ils m'ont dit que tout ce que j'aurais à dire, je le dirais devant les juges… Me voici devant les juges pour dire ce que je sais.
Q. Et c'est là ma toute dernière question avant la pause, Monsieur le Président. Lorsqu'il y avait des discussions concernant le fait que vous alliez venir ici témoigner, y avait-il aussi des discussions quant à la nature de votre témoignage, le contenu de ce témoignage ? R. Non. Nous n'avons pas abordé le contenu de mon témoignage. C'était plutôt la préparation à mon voyage pour témoigner devant la Cour. Nous n'avons pas abordé d'autres sujets.
M. LE JUGE PRÉSIDENT COTTE : Madame Luping, nous allons en rester là pour l'instant. D'accord. Monsieur le témoin, vous allez vous reposer pendant les 30 minutes qui viennent. Mme le greffier va passer à huis clos total pour que vous puissiez quitter discrètement la salle d'audience…
M. LE JUGE PRÉSIDENT COTTE : Merci. Madame Luping, à la reprise, vous changez complètement de sujet ou est-ce que vous poursuivez dans des conditions telles qu'il vous faille apporter une réponse au Pr Fofé ?
Mme LUPING… : En fait, je vais passer à une autre ligne de questions, Monsieur le Président.
M. LE JUGE PRÉSIDENT COTTE : Parfait. »[102]

Madame la juge présidente de la chambre de première instance III avait eu également l'occasion de rappeler la nécessité de la pertinence des questions posées au témoin au regard de l'objet de la saisine. L'illustre cet extrait du contre-interrogatoire du témoin de l'accusation CAR-OTP-PPPP-0038 par le conseil de la défense de Jean-Pierre Bemba :

« [Me NKWEBE] Q. O.K. Comment alors comprendre les viols, les incendies des maisons, les meurtres qui se passent presque quotidiennement depuis bientôt 10-15 ans en Centrafrique ?
R. Je ne…
Q. Nous dirons aussi qu'ils sont bestiaux. J'ai pas besoin de réponse là-dessus, hein. Dans ce cas toujours, que pensez-vous alors du pillage systématique de Bangui par sa propre… population le 15 mars 2003 ?

---

[102] CPI, Situation en République démocratique du Congo, *Affaire le Procureur c. Germain Katanga et Mathieu Ngudjolo*, ICC-01/04-01/07, Chambre de 1ère instance II, Transcription de l'audience du 13 septembre 2011, ICC-01/04-01/07-T-310-Red-FRA CT WT, de la p. 26, L7 à la p. 29, L3.

Mme LA JUGE PRÉSIDENT STEINER ... : Maître, pouvez-vous expliquer la pertinence de ces questions dans notre affaire avec ce qui se passe aujourd'hui à Bangui ou bien en République centrafricaine ?
Me NKWEBE : Précisément, je veux dire que... le critère de bestialité ou de brutalité d'un peuple n'est pas un critère pertinent pour déterminer qui est l'agresseur. Par contre, il aurait pu - et c'est ça, la troisième question -, il aurait pu... dire que... les agresseurs étaient identifiés par le seul fait qu'ils étaient seuls sur le terrain. Ça, c'est un critère qui me paraît plus pertinent. Voilà.
Mme LA JUGE PRÉSIDENT STEINER ... : Madame Bensouda.
Mme BENSOUDA ... : Madame le Président, en fait, l'Accusation a été patiente avec ces arguments de clôture de Me Liriss au moment de poser les questions. Je ne crois pas que ces arguments soient pertinents maintenant. Je demande à la Cour que cette dernière remarque soit expurgée du procès-verbal car ceci n'est pas pertinent. Ces charges ne sont pas... ou la période couverte par les charges n'arrive pas jusqu'à aujourd'hui. Ça ne couvre pas 15 ans. C'est la période entre 2002 et 2003 qui nous concerne. Ces remarques de clôture, si je puis dire, ne sont pas pertinentes à ce point... à ce stade, et c'est pourquoi je demande que la Cour expurge cela du procès-verbal. Merci.
Mme LA JUGE PRÉSIDENT STEINER ... : Je ne crois pas que nous avons besoin d'aller au point de faire... des expurgations du procès-verbal, mais je suis tout à fait d'accord avec Mme le Procureur que ceci semble être des conclusions ou des remarques de la part de la Défense. Et je rappelle à la Défense qu'il nous reste 3 à 4 minutes. Par conséquent, la Défense devrait utiliser ces 3 à 4 minutes avec sagesse. »[103]

Peuvent aussi entraîner des objections, les questions posées en des termes et constructions syntaxiques difficilement saisissables.

Section 2 - *Deuxième règle* : Simplicité et précision des questions

Celle-ci permet d'éviter des écueils susceptibles de nuire à la qualité du témoignage. Avant d'exposer ces derniers (paragraphe II), examinons d'abord le contenu-même de cette règle (paragraphe I).

---

[103] CPI, Situation en République centrafricaine, *Affaire le Procureur c. Jean-Pierre Bemba Gombo*, ICC-01/05-01/08, Chambre de 1ère instance III, Transcription de l'audience du 29 novembre 2010, ICC-01/05-01/08-T-37-Red2-FRA WT, p. 27, L22 à p. 28, L25.

Paragraphe I : Contenu et explication du précepte

A- Les questions doivent être formulées de façon claire et précise, dans un style et avec des mots simples. Il convient que le témoin comprenne bien les questions qui lui sont posées afin qu'il y réponde aisément et clairement. À cet effet, dans la formulation des questions, il faut utiliser des termes simples, des mots simples et clairs, éviter des formules compliquées, en prenant en compte le niveau d'instruction du témoin déposant. Par exemple, peut susciter l'objection du procureur et subir la censure de la chambre, une question posée en ces termes à un témoin de l'accusation : « Pouvez-vous nous décrire les circonstances de votre rétention comme témoin du procureur ? » On peut atteindre l'objectif poursuivi en utilisant des mots simples et en formulant, par exemple, ainsi cette question : « Pouvez-vous nous dire dans quelles conditions vous êtes devenu témoin du procureur ? » Ou encore, simplement : « Pouvez-vous nous dire comment vous êtes devenu témoin du procureur ? »

B- Les questions doivent être succinctes et non complexes. Plutôt que de les formuler rhétoriquement en période, il faut en réduire la complexité en les décomposant. Une question est complexe lorsque, par exemple, elle mélange plusieurs notions, aborde, dans une longue phrase, plusieurs sujets, rendant ainsi difficile sa compréhension et compromettant gravement la réponse du témoin.

La chambre de première instance II a rappelé aux parties, en guise d'instruction générale, « l'importance de poser des questions succinctes et précises, facilement compréhensibles par la personne interrogée. Les questions longues et complexes sont à éviter. »[104]

Comme dit ci-dessus, cette règle est fondamentale car elle permet de s'assurer que le témoin comprend bien la question à laquelle il répond, étant bien noté qu'un témoin des faits diffère d'un témoin expert et n'a pas forcément la capacité d'accès à des formules ou des matières complexes. Autant la chambre que les parties veillent au respect de cette règle et se tiennent prêtes à la rappeler à l'interrogateur.

C- Il convient d'utiliser les mots dans leur sens propre et éviter des termes imagés ou des sens figurés. Parfois, c'est le témoin qui, dans ses réponses, utilisent des mots au sens figuré. Ce qui peut créer une certaine confusion dans la compréhension des éléments qu'il fournit dans sa déposition, surtout lorsqu'il parle dans une langue autre que les deux langues de travail de la Cour et que ses réponses sont alors interprétées ou traduites de celle-là vers celles-ci. Devant cette situation, le conseil qui interroge le

[104] Instructions 1665, § 60.

témoin doit être vigilant et s'efforcer de rendre intelligible les réponses du témoin en fonction du contexte. Encore faut-il que lui-même comprenne la langue utilisée par le témoin.

Cela est advenu lors de la déposition du témoin de la défense D03-088. En effet, parlant de leur voyage retour de Beni à Aveba, il a fait mention de la présence de munitions dans l'avion qui les transportait. À leur arrivée à Aveba, il en a demandé à GK pour la défense de son groupement, Bedu Ezekere. Seulement, plutôt que de faire usage du terme propre, il a eu recours au vocable swahili « mbegu ». Et les interprètes swahili-français ont traduit ce mot par « céréales ». En effet, « mbegu », en swahili, signifie, au sens propre, fruits, graines, céréales ; au sens figuré, munitions, balles, cartouches. Ce qui a créé une grande confusion dans les transcriptions de l'audience du 30 août 2011, comme le montrent les extraits ci-après.[105]

> « Pr FOFÉ : ... Monsieur le Président, il y a quelque chose de curieux à la page 77, ligne 20... Et puis à la ligne 16 aussi.
>
> M. LE JUGE PRÉSIDENT COTTE : Oui, ce sont des données d'ordre quantitatif qui vous posent problème. Q. Monsieur le témoin, vous allez simplement nous répondre pour clarifier cela. Vous avez indiqué : « On m'a juste donné... » Combien de sacs vous a-t-on donné ? Vous avez cité un chiffre, tout à l'heure, mais on peut s'interroger. « On m'a juste donné... sacs, et je suis parti avec ces... et un nombre de sac. » Pouvez-vous nous dire ce qu'il en est ? Nous préciser le nombre de sacs que l'on vous a donné. Vous nous avez donné un nombre, dans votre... Je crois que je vais vous relire la phrase, ce sera le plus simple. Nous lisons : On m'a juste donné les 12 sacs, et je suis parti avec les 12 sacs. Et puis, un peu plus bas, nous lisons : J'ai donc voulu avoir de l'aide, mais on ne m'a donné que 1200 kilos de céréales. Est-ce que les chiffres que vous avez donnés, vous les confirmez ? Nous voudrions être sûrs que tout ait bien été interprété. Douze sacs d'un côté, 1200 kilos de céréales de l'autre.
>
> LE TÉMOIN... : R. Non, Monsieur le juge, tel n'est pas le cas. Je pense qu'on ne m'a pas bien compris.
>
> M. LE JUGE PRÉSIDENT COTTE : Q. Alors, dites-nous ce qu'il en est.
>
> LE TÉMOIN... : R. Je parle d'une caisse. À l'intérieur d'une caisse, il y a des sachets. Donc, nous parlons d'une caisse, ou d'une boîte, où il y a des sachets ou des sacs. Et dans chaque sac... chaque sachet, il y a 100 balles, et on m'a donné 12 sachets. Donc, il s'agit de 1200 balles. Ce n'était pas un seul sac, c'était une boîte dans laquelle se trouvaient des petits sacs en plastique. Il y en avait 12. Et dans chaque petit sac, il y avait 1000... plutôt, 100 balles. Et donc, 12 sacs... petits sacs à l'intérieur d'une grande boîte, et à l'intérieur de chaque petit sac, il y avait 100 balles. Et vous avez un total de 1200. C'est le total.
>
> Pr FOFÉ : Merci, Monsieur le Président. Oui, donc, il s'agit bien de sachets. Le terme se dit, même en français - de sachets. Il ne s'agit pas de sacs... de sachets. Merci, Chef Manu. Q. Alors, ces cartouches que vous avez reçues, c'est des cartouches de quel type d'armes ?

---

105 Tirés de la Transcription ICC-01/04-01/07-T-301-Red2-FRA, 30 août 2011, pp 62 à 66.

LE TÉMOIN… : R. Cela s'appelle SMG, ou AK-47…
M. MacDONALD : Très brièvement, parce que le temps nous presse. Est-ce qu'il est possible, pour le *transcript* édité, qu'on vérifie bien… les réponses initiales du témoin par rapport au poids et le nombre, lorsqu'on parlait de 100 kilos, 100 balles. Juste pour qu'on… avant que la Chambre… avant votre intervention, Monsieur le Président, le témoin avait dit certaines choses. C'est ses réponses-là qui nous intéressent, pour savoir s'il y a pas eu une modification, suite à l'intervention de la Chambre. Est-ce qu'effectivement, avant cela, on parlait bien de kilos, lorsqu'on faisait référence aux balles. C'est juste pour vérifier. S'il vous plaît. Merci.
M. LE JUGE PRÉSIDENT COTTE : Alors, nous vérifierons. Mais ne nous trompons pas, l'intervention de la Chambre n'était ni incitative ni suggestive, elle avait pour seul objectif de s'assurer que les chiffres cités par le témoin correspondaient bien à quelque chose. Professeur, je vous en prie.
Pr FOFÉ : Je peux rassurer la Chambre, parce que je suis le témoin, je l'écoute en swahili. Je peux rassurer la Chambre que la réponse qu'il avait donnée, c'est bien celle qu'il a répétée. Je peux rassurer la Chambre. Je voudrais ajouter ceci, Monsieur le Président… évidemment, on va vérifier, je ne m'oppose pas à la vérification. Je voudrais ajouter ceci, Monsieur le Président : Le témoin a bien parlé d'une arme qu'on appelle *« Shigun » (phon.)* ; c'est bien cela ? Q. *« Shigun» (phon.)*, Chef Manu ?
LE TÉMOIN… : R. Oui.
Pr FOFÉ : Il s'agit bien de *« shigun »* *(phon.)*, à la page 79, ligne 12. On a parlé de *machine gun*, c'est différent. C'est différent. Donc, le témoin parle de « *Shigun* » *(phon.)*. Il ne s'agit pas de *machine gun* - page 79, ligne 12. Merci beaucoup, Monsieur le Président, Mesdames les juges.
M. LE JUGE PRÉSIDENT COTTE : Bien. Il est important que cette partie du *transcript* soit donc, avant d'avoir le label définitif, revue de très près. Monsieur le Procureur.
M. MacDONALD : Très, très rapidement… Je comprends. Je remercie mon collègue pour la question du poids, mais on a parlé aussi… de denrées, … et c'est là où l'Accusation est confuse en lisant le *transcript*. Alors, si c'est dans le *transcript*… s'il pouvait être clarifié, quitte à ce qu'on revienne en contre-interrogatoire s'il y a lieu, mais c'est la question des denrées. Merci.
M. LE JUGE PRÉSIDENT COTTE : Il y avait même le mot « céréales », si je ne me trompe. Donc, il est important que cette partie-là du *transcript*, que soit bien réécoutée… enfin, que la bande soit bien réécoutée, de manière à ce que nous puissions disposer d'un *transcript* très clair. Monsieur le témoin, nous nous quittons. Oui, vous souhaitiez dire… Alors, vous avez très, très peu de temps, car nous sommes arrivés au bout de la bande d'enregistrement de l'audience. Si vous avez quelque chose à dire, il faut que ça soit très, très bref, s'il vous plaît.
LE TÉMOIN… : Je n'ai pas parlé de denrées alimentaires, et je n'ai pas parlé de kilos.
M. LE JUGE PRÉSIDENT COTTE : Bien, voilà déjà une précision qui est importante. Et nous nous rendons compte que vous la faites avec une certaine vigueur, peut-être même un petit peu d'énervement, de manière à être bien compris. Nous avons compris, donc. Merci beaucoup, Chef Manu, … la journée

de demain n'ayant pas d'audience, nous nous retrouvons jeudi matin, à 9 h. Merci pour votre contribution tout au long de cette matinée. »[106]

À l'audience suivante, le conseil interrogeant D03-088 est revenu sur cette question et a demandé à ce témoin d'utiliser des termes propres et d'éviter des images, des mots compliqués, difficiles à interpréter avec précision en français.

« Pr FOFÉ : … Q. Chef Manu, en liminaire, je voudrais vous demander - et sous le contrôle de la Chambre -, lorsque vous répondez à mes questions, je vous prie d'utiliser des termes propres. Je veux dire qu'il faut éviter… je le dis sous le contrôle de la Chambre. Il faut éviter… des termes figurés ; … vous êtes en train de déposer devant la Chambre. Il faut… éviter des images, des termes figurés ; utilisez des termes propres. Lorsqu'il s'agit d'un chat, appelez-le « chat ». Un chat c'est un chat. Donc, il ne faut pas dire, par exemple, pour désigner un chat dire une grande souris ou autre nom. Donc, appelez un chat « un chat ». Pas de mots compliqués ; ça… rend la compréhension assez difficile. Je crois que vous m'avez compris. »[107]

Heureusement, ce matin du 1er septembre 2011, juste au début de l'interrogatoire, le témoin a donné une réponse qui a permis au conseil et au président de la chambre de souligner la nécessité d'utiliser des termes simples dans leur sens premier ; d'éviter d'utiliser des termes généraux ou imagés pouvant donner lieu à une variété d'interprétations. Cette illustration est éclairante :

« Q. [Pr FOFÉ] : Chef Manu, … le mardi 30 août, nous sommes arrivés au moment où vous étiez revenu à Zumbe, venant de Beni. Lorsque vous êtes arrivé… à Zumbe, après cette mission, qu'est-ce que vous avez fait, en… rapport avec la mission, bien sûr ? La question est ouverte mais limitée ; donc elle se réfère à la mission. Qu'est-ce que vous avez fait en rapport avec cette mission que vous veniez d'effectuer ?

LE TÉMOIN… : R. Oui. À mon retour, j'ai réuni les sages car j'avais dit aux jeunes qui se trouvaient chez moi que j'étais déjà de retour. Mais… je ne me trouvais pas dans ma maison car elle avait été brûlée. J'ai réuni les sages, je leur ai dit ce qui s'était passé pendant mon voyage à Beni. Je leur ai dit qu'on m'a remis une somme de 400 dollars et comment nous avions distribué cette somme d'argent, comment nous l'avions utilisée. Puis, les sages m'ont relaté comment les événements s'étaient produits au cinquième jour. Ils m'ont dit il y avait eu la guerre. Au cours de laquelle des gens avaient trouvé la mort. Ils m'ont parlé de

---

[106] CPI, Situation en République démocratique du Congo, *Affaire le Procureur c. Germain Katanga et Mathieu Ngudjolo*, ICC-01/04-01/07, Chambre de 1ère instance II, Transcription de l'audience du 30 août 2011, ICC-01/04-01/07-T-301-Red2-FRA CT WT 30, p. 62, L6 à 28 ; p. 63, L1 à 16 ; p. 64, L19 à 28 ; p. 65, L1 à 28 ; p. 66, L1 à 17.

[107] *Idem*, Chambre de 1ère instance II, Transcription de l'audience du 1er septembre 2011, ICC-01/04-01/07-T-302-Red-FRA WT, p. 2, L10 à 28.

mines antipersonnelles, et j'ai eu honte parce que nous étions retournés par avion et que je n'avais pas pu trouver *d'effets* dont nous avions besoin. J'ai dit qu'il fallait attendre. Nous avons donc attendu sans rien faire d'autre.

Pr FOFÉ : Monsieur le Président, je sollicite votre attention. En guise d'illustration : à la page 3, ligne 28 - la dernière ligne -, le témoin venait d'utiliser... je m'excuse devant le Procureur, mais le témoin a utilisé un terme... justement des termes qu'il faut éviter. Je le dis en swahili, sous le contrôle de l'interprète. Le témoin a utilisé le terme « *vifaa* » - *vifaa.* Est-ce que l'interprète peut traduire le terme « *vifaa* », s'il vous plaît, en français ?

L'INTERPRÈTE SWAHILI-FRANÇAIS : Tout à fait, Maître, la cabine swahili a été neutre et a traduit « *vifaa* » par « les effets », parce qu'on ne sait pas de quoi il s'agit. Il semble qu'il parle de matériel, mais nous n'avons pas de précision.

Pr FOFÉ : Q. Ce sont des termes comme ça qu'il faut éviter. En swahili « *vifaa* », c'est un terme qui est difficilement... qui peut être difficilement interprété en français. Dites-nous, quand vous dites « *vifaa* », vous voulez dire quoi ; vous voulez dire quoi ?

LE TÉMOIN... : R. Il s'agit, en fait, du matériel militaire, des armes avec lesquelles on peut combattre, tout ce qui est arsenal. Dois-je dire en français, par exemple, si vous me le permettez ? « Équipement militaire », c'est-à-dire des munitions, des armes à feu, des uniformes, des vivres, ainsi de suite : tout ce dont un militaire a besoin pour faire son travail.

M. LE JUGE PRÉSIDENT COTTE : Merci, Monsieur le témoin. Vous constatez, depuis le début de votre déposition, que pour vous, comme pour nous, l'obligation de passer par une interprétation nous impose, à vous comme à moi, comme aux autres ici... nous impose de n'utiliser effectivement que des termes très simples, les termes les plus concrets et les plus simples possible pour être sûr d'être bien compris par des interprètes, qui sont professionnels mais qui ont besoin de traduire votre langue en français, et puis le français est traduit en anglais, ensuite. Vous voyez, c'est... un procédé complexe. Et je sens les choses exactement comme vous. Lorsque je sais que je vais être traduit du français vers l'anglais, souvent j'utilise les termes qui ne sont pas ceux que j'aurais utilisés si je ne m'adressais qu'à des personnes de langue française, parce que je veux être certain d'être bien interprété, pour être bien compris. Donc, c'est un exercice qui est difficile et auquel vous devez vous plier, comme nous nous y plions également. Et là l'exemple est effectivement intéressant parce que vous souhaitiez nous faire passer un message qui était clair - matériel militaire - et en réalité - et ça n'est pas une critique pour les interprètes - mais le mot que vous aviez utilisé pouvait peut-être donner lieu à une interprète très, très générale et même trop général. Voilà. Allez, mais je vous en prie. Je vous en prie, vous voulez dire quelque chose, je vous écoute... nous vous écoutons.

LE TÉMOIN... : Monsieur le Président, moi aussi, je dois apprendre, car mon swahili que je parle en Ituri n'est pas le même qu'on parle ailleurs. Par exemple, l'interprète qui m'interprète la question française en swahili m'apprend des choses. Et c'est ainsi que j'ai eu, par exemple, à utiliser le terme que j'ai utilisé. L'autre jour, par exemple, lorsqu'on parlait de quatre points cardinaux - nord, sud, ouest, est - en swahili, eh bien, j'ai eu un petit peu de confusion, de difficulté, mais je l'ai appris, j'ai réfléchi et j'ai trouvé les équivalences en

swahili, et j'essaie de faire un effort d'apprendre selon ce que j'entends par mes écouteurs. Le swahili n'est pas une langue aussi facile, mais je fais des efforts.
M. LE JUGE PRÉSIDENT COTTE : Eh bien, merci, Monsieur le témoin. Professeur, nous poursuivons.
Pr FOFÉ : Merci beaucoup, Monsieur le Président. Je voudrais relever avec bonheur que, à la page 4, ligne 26, l'interprète, ce matin, a bien interprété les termes swahili utilisés par le témoin. Le témoin a parlé de *mbegu* et l'interprète a traduit ce terme par « munitions » - « munitions ». En effet, dans ce contexte, « *mbegu* » signifie « munitions », alors que, Monsieur le Président, Mesdames les juges, au sens propre, « *mbegu* » signifie « graine ». Je le dis en présence des interprètes. Ils me suivent... Donc, voyez-vous, Chef Manu, ... le terme « *mbegu* » peut être traduit par « graine », mais aujourd'hui il a été bien interprété. Quand vous parlez de « *mbegu* » dans le contexte, il s'agit bien de munitions. Merci beaucoup. Alors, là, je vais progresser, Monsieur le Président... Et je crois que c'était très important... »[108]

Aux interdictions d'utilisation des mots imagés ou des sens figurés, et de formulation des questions obscures et complexes s'ajoutent d'autres prohibitions visées par cette règle.

Paragraphe II : Écueils à éviter

A- Il faut éviter de poser des questions multiples. En effet, face à une interrogation comportant plusieurs questions, on ne peut pas savoir à laquelle de celles-ci répond précisément le témoin. Ce qui nuit à la clarté des débats.

L'extrait ci-dessous, tiré de l'interrogatoire principal du témoin-accusé GK, est une illustration de questions multiples ayant fondé les objections du procureur, et donné au président de la chambre l'occasion de rappeler au conseil prestant l'obligation de poser des questions de la manière la plus claire et la plus simple qui soit.

« Me Hooper[109] : Q. En dehors de la visite du chef Manu au mois de novembre 2002, y a-t-il jamais eu de délégation envoyée de Zumbe à Aveba, et plus particulièrement, y a-t-il eu... ou y avait-il une liaison entre Aveba et Zumbe ? J'ai dit Zumbe, et les populations de monts Bleus ; les monts Bleus concernant l'attaque de Bogoro.
M. MacDONALD : Monsieur...
M. LE JUGE PRÉSIDENT COTTE : Oui, Monsieur le Procureur...
M. MacDONALD : La nature quelque peu suggestive de la question, mais aussi le fait qu'il y a plusieurs questions dans une question. C'est une... en relisant les *transcripts*, c'est une chose qu'on a remarquée. Me Hooper pose souvent trois questions dans une. Et à ce moment-là, M. Katanga répond à l'une d'entre elles,

---

[108] Transcription ICC-01/04-01/07-T-302-Red-FRA WT 01-09-2011, de la p. 3, L1 à la p. 5, L22.
[109] Conseil principal de GK.

sans nécessairement répondre à toutes les questions. Alors... On va les décomposer.
M. LE JUGE PRÉSIDENT COTTE : On va les décomposer, car ce que Germain Katanga est invité à nous dire est important. Et dans l'immédiat, il va se borner à nous dire s'il y a eu, en dehors de la visite de chef Manu en novembre 2002, une délégation qui serait venue de Zumbe à Aveba. Et puis, Me Hooper décomposera ensuite sa question. Q. Donc, pour l'instant, elle est très claire, celle-ci : en dehors de la visite de chef Manu en novembre 2002, y a-t-il eu à Aveba la venue d'une délégation en provenance de Zumbe, pendant cette période, bien entendu, avant le 24 février 2003 ? Tel était, je pense, le sens de la question de Me Hooper. Nous vous écoutons.
LE TÉMOIN : R. Simplement, non.
Q. C'est un « non » sans commentaire. Non.
R. Absolu, M. le Président. »[110]

B- Il faut éviter des questions trop longues qui, elles non plus, ne permettent pas au témoin de donner des réponses précises à même d'éclairer la religion des juges et de les faire progresser vers la découverte de la vérité. Ainsi, par exemple, se sont vu reprocher ce défaut, les questions suivantes que le procureur a posées au témoin-accusé GK, lors de son contre-interrogatoire.

« Q. [du Procureur] Très bien, le conflit était permanent, justement, nous y reviendrons. Mais je comprends que vous avez mentionné, lors de votre témoignage, qu'il y avait au début un conflit qui opposait les Lendu, Ngiti à l'UPDF. Pour les besoins de ces admissions, je n'ai pas besoin d'entrer dans cet aspect-là immédiatement, on y reviendra plus tard. Mais durant la période qui nous occupe, juillet 2002-août 2003, ce conflit, qui au début pouvait impliquer l'UPDF, s'est développé. Et l'UPDF a été, en quelque sorte, selon votre témoignage, n'est-ce pas, remplacé par l'UPC. Et donc, durant la période qui nous occupe, ce conflit était UPC contre les Lendu, Ngiti. Êtes-vous d'accord avec cela ? Ce conflit que vous avez qualifié de permanent impliquait, durant la période qui nous occupe, l'UPC contre vous, les Lendu et Ngiti ?
R. Peut-être vous oubliez aussi l'APC...
Q. Alors, laissez-moi donc poursuivre. Je vois que vous n'êtes pas prêt à admettre que ce conflit vous opposait, vous, les combattants lendu et ngiti, aux combattants de l'UPC. On y reviendra, parce que vous ajoutez toujours, et c'est ce qu'on comprend comme étant un élément central de votre défense... de votre témoignage - pardon -, cette question de l'APC. Alors, c'est un thème central de votre témoignage, que chaque action que vous avez posée, chaque justification de vos actions est liée à une intervention de l'APC. Nous y reviendrons. Et nous allons... tenter de démontrer, et on s'en cache pas - donc, je suis très ouvert - que vous induisez la Chambre délibérément en erreur lorsque vous faites mention de

[110] CPI, Situation en République démocratique du Congo, *Affaire le Procureur c. Germain Katanga et Mathieu Ngudjolo*, ICC-01/04-01/07, Chambre de 1ère instance II, Transcription de l'audience du 6 octobre 2011, ICC-01/04-01/07-T-318-FRA CT WT, de la p.15, L14 à la p.16, L11.

l'APC. Monsieur Katanga, je vois que vous riez. Je vois que vous avez ri lorsque mon collègue vous posait des questions. Je vous soumets : il n'y a rien qui est drôle ici. C'est votre procès, et il y a plusieurs centaines de victimes qui sont mortes à Bogoro. Alors, par respect pour ces victimes, certains *(inaudible)*...
Me HOOPER... : Alors, d'abord, je crois que mon collègue aussi devrait faire preuve d'un certain respect. J'ai été critiqué à plusieurs reprises... pour avoir posé des questions plutôt longues, mais je dois dire qu'elles étaient courtes comparées aux cinq ou six affirmations que vient d'annoncer l'Accusation ce matin. Pourrions-nous avoir des questions directes ? »[111]

Comme on l'a vu, la dernière question du procureur qui a suscité l'objection du conseil de la défense était, en effet, trop longue. C'était, en réalité, une question-discours ou une question-plaidoirie, par ailleurs prohibée par les instructions 1665.[112] Le juge président est opportunément intervenu pour notamment demander au procureur de s'efforcer de poser au témoin des questions brèves.[113]

C- Sont également proscrites, des questions trop générales, trop éloignées des faits de la saisine, car loin d'aider à l'élucidation des ceux-ci, elles incitent, au contraire, le témoin à donner des réponses larges, et même à spéculer, avec comme conséquence l'allongement inutile du procès. Cet extrait, tiré de l'interrogatoire principal du témoin de l'accusation P-12, permet de bien percevoir cet écueil.

« Q. [du Procureur] : Déplaçons-nous maintenant, Monsieur le témoin, sur un autre sujet, un autre thème, celui des violences sexuelles. Et vous y avez fait allusion plus tôt ce matin dans le contexte bien particulier d'une attaque sur Kasenyi ou Tchomia, ... je ne me souviens plus - je crois que c'est Tchomia -, et vous aviez mentionné que... des femmes avaient été kidnappées. Excusez-moi, je vais me corriger. C'est mon erreur ; je ne veux pas induire la Chambre en erreur et surtout pas le témoin. Kasenyi au mois de juin... l'attaque de Kasenyi au mois de juin. Quelle était la situation durant... le conflit ? Quelle était la situation de la femme en Ituri à ce moment-là, lorsqu'on [se] replace en 2002, 2003, 2004 ?

---

[111] Transcription ICC-01/04-01/07-T-320-FRA CT WT 11-10-2011, de la p.19, L23 à la p.23, L24.

[112] Voir *infra*, Interdiction des discours camouflés.

[113] CPI, Situation en République démocratique du Congo, *Affaire le Procureur c. Germain Katanga et Mathieu Ngudjolo*, ICC-01/04-01/07, Chambre de 1ère instance II, Transcription de l'audience du 11 octobre 2011, ICC-01/04-01/07-T-320-FRA CT WT, p. 23, L14, 21-24 : « M. LE JUGE PRÉSIDENT COTTE : ... Il convient simplement que chacun, à travers la personne de Germain Katanga, qui a décidé de déposer comme témoin, *permette à la Chambre de progresser dans sa marche vers ce qui est la vérité de cette affaire. Alors, Monsieur le Procureur, efforcez-vous de poser des questions qui soient brèves...* » (Passages relevés en italique par l'auteur.)

Pr FOFÉ : Pardon, Monsieur le Président. Je vais évidemment m'en remettre à la Chambre, mais je trouve cette question trop générale. La Chambre en décidera. Je voudrais également solliciter l'attention de la Chambre sur le fait que nous avons laissé, cet avant-midi, M. le Procureur - et c'était plus exactement Mme le Procureur -, s'attarder longuement sur les attaques de Tchomia, de Kasenyi, datant de juin, de juillet 2003. Et là M. le Procureur vient d'annoncer une ligne de questions se rapportant à l'attaque de Kasenyi du mois de juin 2003. Nous de la Défense de Mathieu Ngudjolo, nous pensons que l'Accusation s'attarde trop sur des faits qui débordent largement l'objet de votre saisine. Nous nous posons la question de savoir jusqu'où le Procureur va aller dans son champ spatial et dans son champ temporel. Le ratissage est trop large. Je voudrais, Monsieur le Président, avec tout le respect que je vous dois, solliciter de votre Chambre... d'inviter M. le Procureur à recentrer son interrogatoire sur les faits dont vous êtes saisis. Merci, Monsieur le Président.
M. LE JUGE PRÉSIDENT COTTE : Professeur Fofé, nous vous avons bien entendu. Monsieur le Procureur et Professeur Fofé, vous vous souvenez qu'au tout début de cette audience la Chambre a invité M. le Procureur à s'efforcer, dans la mesure du possible, à mettre un terme à ce qui relevait du domaine strictement contextuel car la Chambre estimait avoir recueilli de la bouche de ce témoin, mais également de la bouche de témoins ayant précédé l'actuel témoin, des éléments d'information qui lui permettaient d'être à présent éclairée. On peut toujours l'être plus, mais elle a le sentiment de disposer déjà de beaucoup d'éléments d'information. Il a effectivement été question de Kasenyi, juin 2003 ; Tchomia, juillet 2003 ; et le témoin a donné un certain nombre d'éléments d'information. Donc, Monsieur le Procureur, il est vrai, recentrez-vous, dans la mesure du possible, sur ce que l'actuel témoin peut nous apporter d'indispensable car l'actuel témoin a vécu beaucoup d'événements et son témoignage est utile. Encore faut-il qu'il ne soit pas fait appel à des souvenirs qui temporellement débordent trop l'actuelle saisine de la Chambre. S'agissant du second point, qui était en réalité le premier point du Pr Fofé - la trop grande généralité de la question qui invitait le témoin, sauf erreur de ma part, à préciser ce qu'était la situation de la femme en Ituri de 2002 à 2004 -, la Chambre n'oublie pas que, parlant des événements de Kasenyi ce matin, le témoin s'est exprimé sur ce qu'étaient les enlèvements de certaines femmes et les conditions dans lesquelles elles pouvaient être amenées à s'unir de force avec les personnes qui les avaient enlevées. Obtenir de sa part quelques précisions complémentaires n'est pas impensable, mais à cet égard, le Pr Fofé a raison : *Monsieur le Procureur, lui demander de porter un regard aussi panoramique sur une période allant de 2002 à 2004 est incontestablement excessif.* Restons, voulez-vous, sur le premier semestre 2003, qui sur le plan contextuel apporte à la Chambre des éléments suffisants. Et, dans la mesure du possible, Monsieur le Procureur, donc, reformulez des questions qui d'ailleurs aideront le témoin car vous lui ouvrez un champ qui est extrêmement large et qui risque de le conduire à des réponses également trop larges.Voilà. Vous poursuivez, Monsieur le Procureur. »[114]

---

[114] CPI, Situation en République démocratique du Congo, *Affaire le Procureur c. Germain Katanga et Mathieu Ngudjolo*, ICC-01/04-01/07, Chambre de 1ère instance

Un second exemple de question générale est celle posée par le représentant légal des victimes-enfants soldats au même témoin de l'accusation P-12.

« Q. À ce que vous nous décrivez : ... la création de groupes où on emploie ces enfants - on parle d'enfants de moins de 15 ans - qui vivent... de pillage, qui massacrent des civils, des hommes, des femmes, ce que vous nous avez décrit. Comment est-ce qu'une société... l'Ituri, ce n'est pas la jungle. Comment une société comme celle-là a pu opérer... ce virage, oserais-je ce mot, ce dérapage ? Selon vous, ... quelles sont les bases qui peuvent nous permettre de comprendre comment cela a été rendu possible ?

Me HOOPER... : C'est une question intéressante, mais c'est une question trop générale, n'est-ce pas ?

M. LE JUGE PRÉSIDENT COTTE : Pour passionnante qu'elle soit, Maître Gilissen, elle est effectivement très, très générale. Nous avons, disons-le, avec intérêt, suivi tout le déroulement de ce passage de déposition. Peut-être ne peut-on pas demander au témoin plus qu'il ne peut donner ou alors par le biais de question plus classique, si cela vous paraît envisageable à ce stade de votre démarche.

Me GILISSEN : Je peux le tenter, Monsieur le Président. Q. L'Ituri, comme vous le disiez tout à l'heure, Monsieur le témoin, c'est une société complexe, avec une multiplicité... de groupes différents, avec beaucoup de gens qui travaillent dans les champs ; c'est une province, c'est un district calme, avec des autorités morales, religieuses ; avec une organisation sociale tout à fait réelle - nous ne sommes pas au pôle nord, sur la banquise, où personne ne vit -, et puis tout semble se déliter. Je ne vous demande pas d'analyse... politique. Comment peut-on en arriver à une guerre civile ? Tout ça, c'est très complexe, mais comment peut-on, dans une société comme celle-là, en arriver... à mettre ses propres enfants au feu, au feu de l'action - entendons-nous -, ses propres petits enfants au feu ?

Me HOOPER... : Encore une fois, c'est une question trop générale. Le témoin, on peut lui poser des questions relativement à sa propre expérience auprès des enfants soldats.

M. LE JUGE PRÉSIDENT COTTE : Maître Gilissen... Je pense que Me Hooper a raison : quel que soit le souhait d'obtenir de la part du témoin des réponses qui lui sont propres, eu égard à son parcours, une nouvelle fois, et à sa capacité d'analyse, je crois que pour l'équité des débats il convient de recentrer les questions. »[115]

On aura noté ici aussi qu'en plus d'être générales, ces questions du représentant légal des victimes-enfants soldats contenaient des discours en forme de mini-plaidoiries. Ce qui est interdit, les questions devant être simples, concises, précises et non spéculatives.

II, Transcription de l'audience du 30 septembre 2010, ICC-01/04-01/07-T-196-Red-FRA WT, de la p. 61, L17 à la p. 64, L21. Passages relevés en italique par l'auteur.

[115] *Idem*, Chambre de 1ère instance II, Transcription de l'audience du 6 octobre 2010, ICC-01/04-01/07-T-197-Red-FRA WT, de la p. 59, L22 à la p. 60, L27.

Section 3 - *Troisième règle* : Interdiction des questions spéculatives ou hypothétiques

Les témoins des faits diffèrent des témoins experts. Ceux-ci, intervenant dans un domaine relevant de leur compétence, peuvent émettre des hypothèses ou conjecturer. C'est ce qu'a fait, par exemple madame Adeyinka Akinsulure-Smith, docteur en psychologie, citée par le procureur en qualité de témoin expert portant le numéro CAR-OTP-PPPP-0221. Au cours de sa déposition devant la chambre de première instance III, elle a ainsi émis des opinions professionnelles à l'invitation de l'interrogateur principal :

> « [Mme KNEUER] Q. Docteur, selon votre opinion professionnelle et de par votre expérience, quel est l'impact de la violence sexuelle au cours de la guerre sur les victimes ? R. Très vaste. L'on pourrait envisager cela sur le plan individuel où l'on voit des conséquences médicales et psychologiques très vastes. Il y a des répercussions sur la communauté et la famille, ainsi qu'un impact social. Tout ceci a un impact sur l'individu et non pas seulement l'individu, mais les communautés et les familles, donc les réverbérations sont très larges.
>
> Q. Pouvez-vous, s'il vous plaît, expliquer plus en détail quelles sont ces conséquences psychologiques, physiques, médicales graves auxquelles vous venez juste de faire référence ? R. En matière de conséquences physiques, et comme c'est le sujet dont je parle, c'est ce que je sais à partir de la littérature des collègues avec lesquels j'ai travaillé dans le cadre du programme Bellevue/NYU pour les survivants de la torture, et à partir de mon travail avec les survivants de la torture, c'est très large comme cela est documenté ici : des déchirures vaginales, à la vessie, au rectum ; des blessures graves au système de reproduction y compris l'incontinence ; des complications dues aux fausses couches à cause des femmes qui tombent enceinte à cause de cela. Et pour les femmes qui ne veulent pas poursuivre à maturité... le fait d'être enceinte, et ceci... il pourrait y avoir des fausses couches. Il y a aussi le prolapsus utérin, ainsi que des problèmes de muscles, et cetera. En matière de conséquences psychologiques, tels sont les éléments que j'ai mentionnés ici qui sont les plus difficiles : de nombreuses victimes disent que les blessures morales demeurent alors que les blessures physiques guérissent peut-être. Nous pouvons voir donc... tous ces symptômes de troubles de stress post-traumatique, des dépressions, des symptômes reliés à l'anxiété. Pour résumer, telles étaient quelques manifestations de ces symptômes physiques et psychologiques. »[116]...
>
> « Q. Docteur, selon votre opinion professionnelle, y a-t-il des conséquences ou des effets psychologiques sur les enfants et les parents qui ont dû témoigner de ces violences sexuelles à l'encontre des autres membres de la famille ? R. Bien sûr. C'est déjà terrible de devoir observer une chose pareille arriver à un étranger, mais lorsqu'un individu est dans une position où il est obligé de voir un être aimé

[116] CPI, Situation en République centrafricaine, *Affaire le Procureur c. Jean-Pierre Bemba*, ICC-01/05-01/08, Chambre de 1ère instance III, Transcription de l'audience du 29 novembre 2010, ICC-01/05-01/08-T-38-FRA ET WT, p. 23, L17 à p. 24, L15.

violé de cette façon, de façon sexuelle, ceci est très traumatisant. Lorsque nous avons des situations où tout se transforme, où les parents doivent voir les enfants ou les enfants doivent voir les parents impliqués dans cette activité sexuelle, très souvent sous la menace des armes, bien sûr, ceci a un impact psychologique très grand. Si nous pensons aux enfants qui sont toujours en train… de se développer sur le plan cognitif, alors ceci les affecte grandement.

Q. Docteur, selon votre opinion professionnelle, est-il possible qu'une victime tente d'oublier totalement les événements les plus traumatiques et ne garder que les bons souvenirs ? R. Il est possible pour eux, encore… c'est ce phénomène de l'évitement, l'engourdissement, car lorsqu'ils font face à ces événements traumatisants, ce n'est pas seulement une question de mémoire, c'est tout ce qui s'accompagne avec la mémoire, ce sont les sensations, les sentiments, les réactions physiques qui peuvent inciter cette personne à tenter de tout oublier. Donc, ceci pourrait entraîner une tentative de se dissocier de ces souvenirs.

Q. Docteur, selon votre opinion professionnelle, est-il possible que ces victimes puissent se rappeler plus tard, c'est-à-dire dans le futur ? R. Ceci dépend des circonstances, du soutien et des ressources qui sont disponibles, le traitement, la façon ou le temps, peut-être, lorsque cette personne se sent plus en sécurité, tout ceci pourrait… lui permettrait de suivre cette direction, si je puis dire. »[117]

On voit donc qu'à un témoin expert, on peut poser des questions l'invitant à donner ses opinions sur certains points. En revanche, si pareilles questions étaient adressées à un témoin des faits, elles seraient qualifiées de spéculatives et justifieraient des objections de la partie adverse et la censure de la chambre. En effet, les témoins des faits ne peuvent être questionnés que sur ce qu'ils ont vécu, vu ou appris. Il est interdit de leur poser des questions qui les amènent à spéculer, ou à se lancer dans des vues hypothétiques, ou encore à donner des avis sur des faits dont ils n'ont pas connaissance. La chambre de première instance II de la CPI a formulé cette règle dans le paragraphe 71 des instructions 1665 dont le point a) est ainsi libellé : « Les questions doivent se rapporter à des points de fait dont on peut raisonnablement s'attendre à ce qu'ils soient connus du témoin. À moins que le témoin ne soit cité en qualité d'expert, les parties ne peuvent lui demander de se livrer à des spéculations ou de donner son avis sur des faits dont il n'a pas connaissance. »[118] La chambre a inséré cette règle dans la partie de ses instructions fixant la portée du contre-interrogatoire. En réalité, cette règle s'applique non seulement au contre-interrogatoire, mais à tout type d'interrogatoire : à l'interrogatoire principal (paragraphe I), au contre-interrogatoire (paragraphe II), aux questions des représentants légaux des victimes (paragraphe III) et aux questions supplémentaires du procureur ou de la défense (paragraphe IV).

---

[117] *Idem*, Transcription de l'audience du 30 novembre 2010, ICC-01/05-01/08-T-39-FRA ET WT, p. 9, L10 à p. 10, L6.

[118] Instructions 1665, pp 26-27, § 71, a).

Au cours de l'instruction juridictionnelle de l'affaire Katanga-Ngudjolo, dite *affaire Bogoro*, il est arrivé que soient posées des questions spéculatives ou hypothétiques. Elles ont systématiquement suscité des objections, comme le montrent ces extraits que nous avons retenus en guise d'exemplification.

Paragraphe I : Illustration tirée d'un interrogatoire principal

La première illustration d'une question spéculative est puisée dans la déposition suivante du témoin D03-100 lorsqu'il était questionné par le conseil de la défense le produisant.

« Pr FOFÉ : ... Q. ... Monsieur le témoin, nous sommes en audience publique... Vous venez de nous dire où se trouvait Baudouin et ce qu'il faisait pendant la période d'août 2002 jusque fin février... 2003. Ma question est celle-ci, Monsieur le témoin : pendant cette période-là, à part ses études, Baudouin faisait-il autre chose ?

LE TÉMOIN... : R. Non, en dehors de ses études et des activités des champs qui l'aidaient à payer ses études, il n'a pas fait autre chose.

Q. Pendant cette période-là, Monsieur le témoin, Baudouin était-il milicien ou combattant ? R. Non, Baudouin n'était pas combattant.

Q. Vous nous avez dit que vous, vous étiez à Zumbe, et Baudouin était à Kagaba. Est-ce que Baudouin pouvait être milicien ou être combattant sans que vous ne le sachiez - sans que vous ne le sachiez ?

Mme LUPING... : Objection, Monsieur le Président. Il s'agit là d'une question directive, et nous demanderions au Pr Fofé de bien vouloir faire en sorte que ses questions restent neutres.

M. LE JUGE PRÉSIDENT COTTE : Bien. Alors...

Pr FOFÉ : Dans tous les cas, ma question précédente était déjà neutre, donc je voulais un peu vous rendre service. Je retire la dernière question. Je m'en tiens... à l'avant-dernière question qui était neutre. Je lui ai posé la question de savoir si, à part les études, Baudouin faisait autre chose. La réponse du témoin a été «non». Eh bien, je m'en tiens à ça. Je m'en tiens à ça et je m'arrête là. C'est tout.

Mme LUPING... : Si vous me permettez de répondre et d'expliquer la position du Bureau du Procureur. Voilà... la dernière question, telle qu'elle a été formulée, quelle que soit et quelle qu'ait été la question précédente et la réponse qui a été donnée par le témoin... est que c'est une question... de nature extrêmement spéculative et... il aurait été impossible que vous sachiez si Baudouin était combattant... il vous aurait été impossible de ne pas savoir cela. Donc, il faut en rester aux faits, il faut en rester à ce que le témoin savait ou ne savait pas. Il ne faut pas poser des questions de manière suggestive et qui sont de nature à amener le témoin à spéculer sur ce qu'il aurait pu ou ne pas... savoir, et en particulier sachant ce qu'a dit le témoin et sachant là où se trouvait le témoin.

M. LE JUGE PRÉSIDENT COTTE : Madame Luping, merci. Je crois que le Pr Fofé est tout à fait convaincu et persuadé de ce que vous lui dites et de ce que vous nous dites. En l'occurrence, il est vrai que cette dernière question avait un caractère spéculatif. Le Pr Fofé aurait pu la reformuler ; il indique qu'il la retire. Et nous allons poursuivre dans le calme et la bonne humeur. Allez.

Pr FOFÉ : Merci beaucoup, Monsieur le Président. Q. Monsieur le témoin, je vous ai posé la question de savoir si, à part les études, Baudouin faisait autre chose. Vous avez... répondu par la négative. Je vous pose la question suivante : pendant que vous étiez à Zumbe, et Baudouin à Kagaba, Baudouin était-il venu vous voir à Zumbe pendant cette période-là, d'août 2002 à fin février 2003 ?
LE TÉMOIN... : R. Il était difficile à quiconque de quitter Kagaba et d'arriver à Zumbe. Non, Baudouin n'est jamais venu me voir parce qu'il était difficile de quitter Zumbe, de passer par la colline de Kasenyi, de passer par plusieurs collines. Il était très difficile de faire ce voyage pendant la nuit. Non, il n'est jamais arrivé, même pas une fois. »[119]

On voit bien que la question posée par le conseil de la défense à son témoin était inacceptable, car elle invitait celui-ci à spéculer. « *Est-ce que Baudouin pouvait être milicien ou être combattant sans que vous ne le sachiez ?* » est, en effet, une question spéculative, hypothétique. Elle ne repose pas sur un fait, mais sur une hypothèse qui pourrait être ainsi formulée : « Si Baudouin était milicien ou combattant, pouviez-vous l'ignorer ? » Une telle question hypothétique est inadmissible. Elle ne peut qu'appeler une objection de la partie adverse, en l'occurrence, le procureur. L'objectif poursuivi par le conseil de la défense était de démontrer que, contrairement à ce que soutenait le procureur, Baudouin n'était pas un combattant à Zumbe au moment des faits de la saisine ; qu'il n'était qu'élève poursuivant ses études à Kagaba, dans le groupement de Walendu-Bindi. La dernière question posée au témoin a permis d'atteindre cet objectif.

Paragraphe II : Exemples issus des contre-interrogatoires

Quatre exemples concrets suffiront à illustrer l'utilisation et la dénonciation des questions spéculatives au cours des contre-interrogatoires.

A- Le premier est tiré de l'audience de la chambre de première instance II du 1er décembre 2009 lorsque le conseil de la défense de GK contre-interrogeait le témoin du procureur P-233. Suivons ce court extrait :

« Q. [Me Hooper] : Une personne a-t-elle essayé de vous recruter au sein de l'UPC ?
R. Non.
Q. Pourquoi pas ?
M. LE JUGE PRÉSIDENT COTTE : Monsieur le Procureur.
M. MacDONALD : Excusez-moi, Monsieur le Président. C'est un vieux réflexe que je dois contrôler. L'Accusation s'objecte ; c'est une question totalement

[119] CPI, Situation en République démocratique du Congo, *Affaire le Procureur c. Germain Katanga et Mathieu Ngudjolo*, ICC-01/04-01/07, Chambre de 1ère instance II, Transcription de l'audience du 12 septembre 2011, ICC-01/04-01/07-T-309-Red3-FRA CT WT, de la p. 23, L25 à la p. 25, L21.

spéculative. Le témoin ne peut pas répondre à savoir pourquoi est-ce qu'on n'a pas tenté de le recruter. Il a répondu « non », c'est une question qui est totalement… il ne peut répondre à cette question.
M. LE JUGE PRÉSIDENT COTTE : Pardon. Objection acceptée. Maître Hooper, vous continuez. »[120]

En effet, la question « *pourquoi pas ?* » était une invitation à la spéculation, et par conséquent, inacceptable. Car le témoin ne pouvait pas savoir pourquoi personne n'avait essayé de le recruter au sein de l'UPC.

B- Un autre exemple est tiré du contre-interrogatoire, par le procureur, du témoin de la défense D03-055 :

« Q. Ai-je raison de dire que vous avez discuté du témoignage pour le compte de Mathieu Ngudjolo avec Mateso Lodja ?
R. Non, nous n'avons pas abordé le dossier concernant mon voyage ici.
Q. Peut-être pas avant votre voyage ici, mais ai-je raison de dire que vous avez discuté l'affaire, les poursuites contre Mathieu Ngudjolo ?
R. Cela n'est pas vrai.
Q. Monsieur le témoin, ai-je raison de dire que si quelqu'un dans votre famille est perçu comme un traître, comme ayant trahi Mathieu Ngudjolo, que la peur est que la famille de Mathieu Ngudjolo s'en prenne à votre famille ; ai-je raison ou pas ?
Pr FOFÉ : Monsieur le Président, … je suis désolé, mais je dois intervenir, parce que cette question-là est fondée sur des « si »… « si ». Je crois que nous avons eu déjà à relever cela - si quelqu'un avait fait ceci, est-ce qu'il n'y aurait pas ceci? On ne peut pas poser à un témoin des questions avec des « si », des questions hypothétiques. Non, il faut poser des questions sur base des faits. Voilà, Monsieur le Président.
M. LE JUGE PRÉSIDENT COTTE : Alors…
Mme LUPING… : Avec tout le respect que j'ai pour le Pr Fofé, il s'agit d'une question simple, et je crois que le témoin devrait avoir l'occasion d'y répondre. Il ne devrait pas être aidé à cet égard par l'intervention du Pr Fofé. Puis-je simplement répéter ma question ? Et laissons le témoin y répondre.
M. LE JUGE PRÉSIDENT COTTE : Bien. Madame Luping, efforçons-nous malgré tout de ne pas poser trop de questions fondées sur des hypothèses. Mais celle que vous êtes en train de poser est une question qui, nous l'avons compris, ou nous croyons le comprendre, fait appel à une réaction personnelle, que je dirais même basique, du témoin. Donc, posez-la. Mais, par la suite, évitons de trop se fonder sur des « si », effectivement. Alors, vous la reposez, et notre témoin va y répondre.
Mme LUPING… : Q. Monsieur le témoin, j'ai raison, n'est-ce pas, de dire que Monsieur D est perçu comme ayant trahi M. Mathieu Ngudjolo. Monsieur D est

[120] CPI, Situation en République démocratique du Congo, *Affaire le Procureur c. Germain Katanga et Mathieu Ngudjolo*, ICC-01/04-01/07, Chambre de 1ère instance II, Transcription de l'audience du 1er décembre 2009, ICC-01/04-01/07-T-88-Red-FRA WT, de la p.14, L24 à la p.15, L9.

membre de votre famille. Donc, ma question est la suivante : ai-je raison de dire que ce que vous craignez, et la raison pour laquelle vous êtes venu témoigner, est que vous craignez que la famille de Mathieu Ngudjolo s'en prenne à votre famille ? Ai-je raison ou pas, Monsieur le témoin ?
LE TÉMOIN... : R. Cela n'est pas vrai. Quelqu'un qui connaît... qui maîtrise un sujet ne peut pas parler de façon générale. Si mon cousin a un rapport avec Ngudjolo, cela ne me concerne pas personnellement.
Mme LUPING... : Merci, Monsieur le Président, nous n'avons pas d'autres questions pour ce témoin. »[121]

Il faut retenir qu'on ne peut pas poser à un témoin des faits des questions fondées sur des hypothèses, sur des « si ».

C- Le président de la chambre de première instance II a encore rappelé cette règle d'interdiction de questions spéculatives à l'issue d'un débat engagé à la suite d'une question posée par le procureur lors du contre-interrogatoire du témoin de la défense D03-066. Voici l'extrait pertinent de l'audience du 25.08.2011.

« Q. Et vous, Monsieur le témoin, je comprends que... vous avez été enseignant, vous avez été directeur. Mais n'est-il pas exact que durant cette période de la guerre, sûrement dans votre région et dans d'autres régions, que ça soit dans la collectivité Walendu-Bindi, en Ituri en général, il y a eu des nombreux cas où des écoles ont été détruites, et des archives également, qui se trouvaient dans ces écoles ou qui se trouvaient ailleurs. Est-ce que c'est exact ?
R. Non. Il y a d'autres écoles qui étaient construites en matériaux durables et qui n'ont pas été brûlées. La mienne, qui était en chaume, a été brûlée. Je ne peux pas vous donner le nombre exact d'écoles qui ont été brûlées.
Q. Alors, merci pour votre réponse, Monsieur le témoin. Si je comprends bien, tout dépendamment du genre d'école, il se pouvait que des archives... auraient survécu si ces archives se trouvaient dans des écoles qui étaient construites avec... d'autres matériaux que « de la » chaume. C'est exact ?
R. Il y a des écoles qui n'ont pas été brûlées mais dont les archives ont été pillées. S'agissant de mon école, eh bien, ces archives-là ont été brûlées, complètement.
Q. Alors, si je comprends bien, Monsieur le témoin, durant la guerre, non seulement est-ce que certaines écoles étaient brûlées, les archives également brûlées, mais également il y a eu des cas de pillage.
Me HOOPER... : Puis-je intervenir ? Il me semble qu'il y a un peu trop de spéculations pour ce qui est de ce témoin. Il peut parler de son école, certes, parce qu'il connaît son école, mais maintenant on lui demande des généralités sur toutes les écoles, sans préciser quelles écoles, d'ailleurs, et donc je soulève une objection en ce qui concerne ce type de question...

[121] CPI, Situation en République démocratique du Congo, *Affaire le Procureur c. Germain Katanga et Mathieu Ngudjolo*, ICC-01/04-01/07, Chambre de 1ère instance II, Transcription de l'audience du 18 août 2011, ICC-01/04-01/07-T-294-Red-FRA WT, de la p. 63, L7 à la p. 64, L16.

M. LE JUGE PRÉSIDENT COTTE : Merci, merci aux uns et aux autres. Ce que nous retiendrons, Monsieur le Procureur, c'est que *la question que vous posiez, plutôt que suggestive, avait un caractère spéculatif.* La seconde observation, c'est qu'il ne faut pas demander au témoin plus que ce qu'il peut nous donner et l'entraîner sur des sujets ou des hypothèses qu'il ne peut peut-être pas formuler, avec cette petite réserve que nous sommes en présence d'un directeur d'école qui a pu peut-être avoir des contacts avec d'autres directeurs d'écoles et être ainsi en mesure de connaître l'état des bâtiments scolaires à l'issue du conflit... qui a embrasé cette région pendant une certaine période. Alors, Monsieur le Procureur, vous poursuivez mais, à la lumière de ce qui vient d'être dit, une nouvelle fois *contre-interrogatoire, oui ; liberté, oui ; questions suggestives, oui ; questions spéculatives, non,* car le témoin n'est pas en mesure de trop spéculer - un peu peut-être ; pas beaucoup, certainement pas. »[122]

D- Le dernier exemple est épinglé par le juge président de la chambre de première instance V(A) qui a qualifié d'argumentative et interdit cette question spéculative posée par le conseil de la défense de monsieur Ruto au témoin de l'accusation KEN-OTP-P-0536 :

« [Me FAAL] Q. Bien. Madame le témoin, il est clair que vous n'étiez pas aux funérailles. Vous n'aviez pas été appelée à... (Expurgé). Si vous étiez un (Expurgé) aussi important que cela pour (Expurgé), ne pensez-vous pas qu'il vous aurait invitée pour (Expurgé) lors des funérailles ?

M. LE JUGE PRÉSIDENT EBOE-OSUJI... : C'est une question argumentative, Monsieur le conseil.

Me FAAL... : Bien. Je retire cette question, Monsieur le Président. Donc, je vais poursuivre. »[123]

Il convient donc de retenir qu'en contre-interrogatoire, on peut poser au témoin des questions suggestives mais pas spéculatives. Nul n'est autorisé à demander au témoin de spéculer sur des faits qu'il ne connaît pas ni à l'induire dans des hypothèses dont il n'a pas la maîtrise. Cette interdiction s'impose naturellement également aux représentants légaux des victimes en leur qualité de participants à la procédure.

---

[122] CPI, Situation en République démocratique du Congo, *Affaire le Procureur c. Germain Katanga et Mathieu Ngudjolo,* ICC-01/04-01/07, Chambre de 1ère instance II, Transcription de l'audience du 25 août 2011, ICC-01/04-01/07-T-298-Red-FRA WT, de la p. 4, L3 à la p. 7, L4. Passages mis en évidence, en italique, par l'auteur.

[123] CPI, Situation en République du Kenya, *Affaire le Procureur c. William Samoei Ruto et Joshua Arap Sang,* ICC-01/09-01/11, Chambre de 1ère instance V(A), Transcription de l'audience du 4 octobre 2013, ICC-01/09-01/11-T-42-Red3-FRA WT, p. 18, L13 à 21.

Paragraphe III : Cas vécus lors des questions des représentants légaux des victimes

Ceux-ci doivent veiller à poser aux témoins des questions sur ce qu'ils ont vécu, vu ou appris, et s'abstenir de les convier à des spéculations ou interprétations.

A- Ainsi, par exemple, le conseil de la défense a formulé une objection à une question posée par le représentant légal d'enfants soldats au témoin du procureur P-287, car cette question invitait le témoin à donner son sentiment ou ce qu'il pensait du rôle joué par les enfants durant la période conflictuelle. La chambre a fait droit à cette objection, tout en proposant une formulation plus orthodoxe de la question. Voici cette illustration :

« [Me GILISSEN] Q. Toujours avec l'autorisation du Siège et sous le contrôle de celui-ci, vous pouvez nous dire, Madame, le sentiment que vous avez ou, en tout cas, ce que vous pensez du rôle de ces enfants ? Ils ont été des assaillants, si je vous ai bien « compris », ils participaient, eux ou d'autres, également, aux pillages et éventuellement à des exécutions...
Pr FOFÉ : Pardon, Monsieur le Président.
M. LE JUGE PRÉSIDENT COTTE : Je vous en prie, Professeur Fofé.
Pr FOFÉ : Oui, je m'excuse de devoir interrompre Me Gilissen, mais cette question ne me paraît pas très convenable. Nous savons très bien que Mme le témoin peut penser - on ne peut pas lui interdire de penser -, mais seulement, en ce qui concerne sa déposition devant la Chambre, il est préférable, j'allais dire de règle, que l'on pose au témoin des questions sur ce qu'elle a vu ou sur ce qu'elle a entendu parler, et non pas sur ce qu'elle pense de faits qu'elle aurait vus, n'est-ce pas ? Le témoin ne peut pas interpréter. Voilà ce que je voulais dire.
M. LE JUGE PRÉSIDENT COTTE : Merci, Professeur Fofé. C'est certainement une maladresse de langage de Me Gilissen qui ne souhaitait pas - on peut l'espérer -, demander au témoin d'interpréter ou de penser. En revanche, il est important, Madame le témoin, que vous puissiez nous dire si vous avez vu ce que faisaient ces enfants ou ces jeunes combattants, et que vous nous indiquiez si vous avez vu ce qu'ils faisaient. Q. Que faisaient-ils ? À quelles activités se livraient-ils, que ce soit au camp ou que ce soit ensuite sur le trajet qui vous a conduit du camp jusqu'au magasin ? Vous nous avez dit avoir vu des jeunes gens qui étaient avec des armes diverses. Avez-vous vu leurs activités ? Et si vous avez vu leurs activités, quelles étaient ces activités ? Vous nous répondez sur ce point-là, s'il vous plaît... »[124]

B- Le conseil de la défense s'est également levé contre des questions hypothétiques ou conditionnelles commençant par « si ». Le cas retenu en

---

[124] CPI, Situation en République démocratique du Congo, *Affaire le Procureur c. Germain Katanga et Mathieu Ngudjolo*, ICC-01/04-01/07, Chambre de 1ère instance II, Transcription de l'audience du 20 avril 2010, ICC-01/04-01/07-T-130-Red-FRA WT, p. 29, L8 à p. 30, L9.

exemplification est tiré de l'audience du 13 juin 2011 au cours de la déposition du témoin de la défense D02-148. Ces questions hypothétiques ont d'abord été introduites par le procureur lors de son contre-interrogatoire, puis reprises par le représentant légal commun du groupe principal des victimes. Le conseil de la défense a soulevé l'objection par souci d'assurer l'orthodoxie de la procédure. Ci-dessous l'extrait pertinent, retraçant l'origine de la formulation querellée, depuis le contre-interrogatoire du procureur.

« Mme LUPING : Q. Et n'est-il pas exact, Monsieur le témoin, que si vous aviez découvert qu'elle n'était pas nande mais hema, elle aurait été tuée sur place ?
LE TÉMOIN... : R. Je ne peux rien dire là-dessus, parce que cela ne s'est pas produit. Si elle avait été hema, on aurait su quoi faire, mais peut-être qu'elle aurait été... elle aurait trouvé la mort ou qu'elle aurait survécu, même si elle est hema. C'est Dieu seul qui le sait. »[125]...
« Q. [Me NSITA] : Monsieur le témoin, je ne vais pas revenir sur des questions qui vous ont déjà été posées par Mme le Procureur, mais je voulais seulement vous [poser] quelques questions de précision sur la femme soi-disant nande. Pour mes confrères de la Défense, c'est le *transcript* du jour, à la page 51, de la ligne 10 à 17. Vous avez dit cet après-midi que « Si elle avait été hema, on aurait su quoi faire ». Qu'est-ce que vous voulez dire par là ? Qu'auriez-vous fait ?
R. Dans ce cas, on faisait ce que le commandant suprême disait. Si le commandant disait : « Faites ceci », on faisait cela. Moi, je n'avais pas l'autorité de dire à mes combattants de faire le contraire [de] ce que le commandant suprême avait dit. Si le commandant suprême ou mon chef hiérarchique avait dit de tuer ou de faire ceci ou cela, je n'avais pas le droit d'empêcher cela. Nous faisions ce que... notre commandant suprême disait. Si on devait arrêter quelqu'un... en tout cas, dans ce cas-là, on a demandé d'emmener cette femme à Kagaba, en prison.
L'INTERPRÈTE SWAHILI-FRANÇAIS : Est-ce qu'on peut demander au témoin de répéter la dernière partie de sa réponse, parce que l'interprète n'a pas [bien] compris ?
M. LE JUGE PRÉSIDENT COTTE : Professeur, je ne vous ai pas entendu. C'était peut-être... non. Allez-y, je vous en prie.
Mme LA JUGE DIARRA : L'interprète a parlé.
M. LE JUGE PRÉSIDENT COTTE : L'interprète, en tout cas, a eu de la peine, lui, à traduire la fin. Et c'est peut-être pour ça que vous vous leviez aussi. Bon, alors, le mieux, Monsieur le témoin, c'est de répéter... votre réponse. Vous vous rendez compte que c'est parfois très compliqué, si vous vouliez bien répéter la réponse que vous étiez en train de faire pour permettre une totale interprétation.
Pr FOFÉ : Pardon, Monsieur...
M. LE JUGE PRÉSIDENT COTTE : Ah, bien, je vous en prie. Alors, nous ne [nous] sommes pas compris.
Pr FOFÉ : Oui, peut-être... avant que le témoin n'intervienne ; il pourra le faire si M. le Président le souhaite. J'intervenais pour, comment dire, solliciter

---

[125] *Idem*, Chambre de 1ère instance II, Transcription de l'audience du 13 juin 2011, ICC-01/04-01/07-T-280-Red-FRA CT WT, p. 42, L17 à 23.

l'attention de la Chambre au sujet de ce type de questions. Tout à l'heure, quand Mme le Procureur avait posé la question à M. le témoin, nous avons laissé passer, mais en réalité, on ne pose pas au témoin des questions hypothétiques – « Si... Si jamais... Si... ». Ce type de questions, Monsieur le Président, avec tous mes respects, ... n'est pas autorisé. On pose des questions à M. le témoin sur des faits qu'il a vus ou qu'il a entendus, mais on ne formule pas des conditionnels : « Si jamais il y avait ceci, qu'est-ce qu'il y aurait eu ? » Ce n'est pas autorisé, Monsieur le Président. Je suis intervenu par principe, parce que nous aimerions bien que le travail qui se fait devant votre Chambre soit fait de façon orthodoxe. Voilà.
Me NSITA : S'il vous plaît, Monsieur le Président, avec votre permission, je pense que mon confrère... ou le Pr Fofé a raison. La faute vient de moi. J'ai mal formulé ma question. Je n'ai repris que la citation. Je n'ai fait que citer le témoin. Donc, en commençant par : « Si elle avait été hema, on aurait su quoi faire », c'était citer le témoin. Je n'ai pas, moi, voulu supposer quoi que ce soit.
Pr FOFÉ : Oui...
M. LE JUGE PRÉSIDENT COTTE : Je vous en prie.
Pr FOFÉ : Oui. Oui, Monsieur le Président, je voudrais rassurer mon confrère que... la faute est antérieure. Tout est parti de la question de Mme le Procureur, parce que c'est elle qui avait formulé cette question-là avec le « si ». Nous avons laissé passer, comme ce n'était pas très grave. Mais comme nous constatons que cela génère d'autres questions, c'est ainsi que j'interviens par souci de faire respecter les principes. Voilà, Monsieur le Président. Merci.
M. LE JUGE PRÉSIDENT COTTE : Alors, nous devons veiller à la parfaite orthodoxie de la procédure. En même temps, il n'est pas toujours aisé de, si je puis m'exprimer ainsi, rattraper une erreur qui aurait pu être commise par quelqu'un, mais plusieurs minutes, pour ne pas dire plusieurs quarts d'heure auparavant. Maître Luvengika, efforcez-vous de poser vos questions dans des conditions telles que vous puissiez obtenir satisfaction, sans que le Pr Fofé ne soit conduit à intervenir. Et prenez cinq minutes... enfin, pas cinq minutes, un instant pour reformuler la question si vous le souhaitez. »[126]

On aura vu, au départ, comment la question posée par madame le procureur a amené le témoin à spéculer sur des hypothèses. « C'est Dieu seul qui le sait », a-t-il conclu. La défense aurait dû se lever contre cette question. L'ayant tolérée, le représentant légal a cru pouvoir s'insérer dans la brèche ; ce qui ne pouvait laisser le banc adverse indifférent, étant donné les spéculations dans lesquelles était conduit le témoin.

[126] Transcription ICC-01/04-01/07-T-280-Red-FRA CT WT 13-06-2011, de la p. 59, L17 à la p. 62, L2.

Paragraphe IV : Exemple tiré des questions supplémentaires de la défense

En effet, la règle d'interdiction de questions spéculatives gouverne également les questions supplémentaires de la défense. C'est sur cette base que le procureur s'est opposé à cette question de la défense de GK au témoin de MN, D03-066 :

> « Q. [Me Hooper] : Êtes-vous d'accord avec moi si je vous dis que si vous étiez à Aveba où il y avait du savon que l'on pouvait acheter, il serait étrange quand même d'aller jusqu'au marché de Tatu pour obtenir du savon. Si vous étiez vraiment à Aveba, vous auriez pu obtenir le savon à Aveba même. Ce serait plus logique, n'est-ce pas ? Bien sûr, vous nous dites que vous n'étiez pas à Aveba ; vous étiez à Tatu. Mais si vous aviez été à Aveba, vous n'auriez pas eu besoin d'écrire une lettre pour le marché de Tatu, n'est-ce pas ?
> M. GARCIA : S'il vous plaît, Monsieur le Président, il s'agit de questions qui demandent au témoin de commencer à spéculer. Alors, c'est de la spéculation qu'on demande au témoin... s'engager dans ce genre de réponses.
> M. LE JUGE PRÉSIDENT COTTE : Alors, nous allons éviter tout ce qui est spéculatif et laisser Me Hooper poursuivre, dans la mesure où cette lettre est effectivement de nature à susciter de la part de la Défense de Germain Katanga des demandes de précision. Nous l'avions tous supposé dès hier ou, en tout cas, pressenti dès hier... »[127]

Il faut reconnaître que la question dénoncée était effectivement critiquable, car hypothétique. Fondée sur des « si », elle engageait, en effet, le témoin dans des spéculations. Ce qui est prohibé, comme le sont les invitations à des commentaires des déclarations des témoins de l'autre partie ayant précédemment déposé devant les juges.

Section 4 - *Quatrième règle* : Interdiction de demander à un témoin de commenter les propos d'un témoin antérieur de l'adversaire

Cette règle, dont il convient de préciser le fondement (paragraphe I), admet une souplesse nécessaire à son adaptation à la situation particulière du témoin-accusé (paragraphe II).

---

[127] Transcription ICC-01/04-01/07-T-298-Red-FRA WT 25-08-2011, p. 39, L5 à 19.

Paragraphe I : Énoncé et fondement de la règle

Le conseil qui produit un témoin ne peut pas lui soumettre la déclaration d'un témoin de la partie adverse ayant comparu antérieurement pour lui demander ce qu'il en pense. Ce serait accorder indûment à ce témoin le pouvoir d'évaluer la crédibilité de l'autre témoin, pouvoir qui n'est reconnu qu'aux seuls juges. Il peut formuler des questions de façon neutre, exposer à ce témoin la substance de la déclaration de l'autre témoin sans citer nommément ce dernier.

Cette règle a été rappelée par le procureur lorsque le conseil de la défense de MN questionnait, en interrogatoire principal, le témoin de la défense D03-88 et voulait requérir son appréciation sur une déclaration d'un témoin de l'accusation ayant comparu devant la chambre lors de la présentation de la preuve à charge. Le procureur a fait objection et la chambre lui a donné raison, obligeant, en toute équité, le conseil de la défense à reformuler sa question. L'extrait du *transcript* ci-dessous permet de mieux percevoir la portée et la pertinence de cette règle méthodologique.

> « Pr FOFÉ : ... Chef Manu, étiez-vous en contact avec monsieur T le jour de l'attaque de Bogoro du 24 février 2003 ?
>
> LE TÉMOIN... : R. Non.
>
> Q. Monsieur T a déclaré ici, devant les honorables juges...
>
> M. MacDONALD : Objection, Monsieur le Président. On ne peut pas mettre le témoignage antérieur d'un témoin à ce témoin-ci et lui demander de commenter. Ceci, je vous soumets, ne peut être permis. On peut lui mettre des faits. « Savez-vous où était-il ? », ou ainsi de suite. On peut lui poser des questions, mais on ne peut citer le témoin pour que le témoin commente et évalue la crédibilité, car c'est lui demander de commenter la crédibilité du témoin directement. Ce sera à la Chambre, à la fin, d'évaluer selon l'ensemble de la preuve la crédibilité des témoins, compte tenu des faits... sur lesquels les témoins auront déposé. Alors, on peut amener le fait, mais on ne peut demander au témoin de commenter un témoignage.
>
> M. LE JUGE PRÉSIDENT COTTE : Professeur, vous reformulez vos questions. Si vous n'êtes pas en mesure de les reformuler à l'instant, vous prenez une autre ligne de questions, mais vous ne demandez effectivement pas au témoin de commenter les propos d'un témoin antérieur. Allez.
>
> Pr FOFÉ : Oui Monsieur le Président. Je vais reformuler la question.
>
> M. LE JUGE PRÉSIDENT COTTE : Nous poursuivons.
>
> Pr FOFÉ : Merci, Monsieur le Président. Q. Chef Manu, étiez-vous en communication avec monsieur T pendant ou après l'attaque de Bogoro du 24 février 2003 ?
>
> LE TÉMOIN... : R. Ce jeune homme est un Lendu, il vit à Bunia. Il ne vit pas à Zumbe. Qu'est-ce que je veux parler avec lui ? Je n'ai aucun sujet de conversation avec lui. Je n'ai aucune envie de parler avec lui, parce qu'il ne fait

pas partie de ma communauté. Je n'ai pas parlé avec lui. (Expurgé). Je n'ai aucun sujet à parler avec lui. »[128]

Ainsi, par une question neutre, ouverte, le conseil de la défense a obtenu l'élément qu'il recherchait, à savoir que D03-88 n'était pas en communication avec monsieur T, qui avait témoigné antérieurement pour l'accusation. Dans son jugement rendu le 18 décembre 2012, la chambre de première instance II n'a accordé aucun crédit au témoignage de ce monsieur T, ou P-219. Elle « a estimé fort peu crédible le déplacement que P-219 aurait effectué à Bogoro le 25 février 2003, elle a exclu la conversation qu'il prétend avoir eu avec D03-88 au cours de cette visite. »[129] En conclusion de l'analyse de sa déposition, la chambre souligne que « les singularités, voire les contradictions, relevées dans le récit de P-219 mises en perspective avec les déclarations de cinq témoins à décharge précités[130] constituent autant d'éléments qui conduisent la chambre à considérer que P-219 n'est pas crédible lorsqu'il affirme être arrivé à Aveba avant l'attaque de Bogoro... »[131] « Pour toutes ces raisons, la chambre estime ne pas être en mesure de se fonder sur sa déposition dans la présente affaire. »[132]

Ainsi donc, pour rencontrer les propos d'un témoin de la partie adverse en vue de les controverser, de les renverser ou d'en démontrer la fausseté, il faut viser directement la substance de l'allégation sans nommer ce dernier. C'est dans les conclusions écrites et, si besoin, lors des plaidoiries, qu'il faudra alors clairement mettre en perspective les deux déclarations en présence, pour convaincre les juges de la fausseté ou de l'invraisemblance de celle du témoin adverse, et de la véracité de celle de son propre témoin.

Paragraphe II : Adaptation de la règle à la situation particulière du témoin-accusé

Au cours de la déposition du témoin-accusé MN, le procureur a encore soulevé cette même objection. Les débats qui s'en sont suivis, contenus dans l'extrait ci-bas, permettent de se rendre compte de la subtilité de cette règle et de sa nécessaire adaptation à la particularité du statut de l'accusé témoignant pour sa propre cause.

« [Me KILENDA] Q : Et quelle était la qualité de ces jeunes, la qualité des membres de ce comité de jeunes ?

---

[128] Transcription ICC-01/04-01/07-T-301-Red2-FRA CT WT 30-08-2011, de la p. 4, L 25 à la p. 6, L2.

[129] Jugement Ngudjolo, § 279.

[130] Ces témoins à décharge sont : D02-129, D02-134, D02-161, D02-228, D03-11. Voir Jugement Ngudjolo, §§ 273 à 276.

[131] *Idem*, § 281.

[132] *Idem*, § 283.

R. Par rapport à ces jeunes, je dirais ceci : toute personne qui était âgée de plus de 18 ans, une personne majeure, vaillante, capable de se battre. C'étaient là les conditions pour faire partie de ce groupe et défendre le territoire. Mais les vieillards, les femmes et les enfants devraient s'enfuir ; ils devraient être protégés.
Q. Mais un des témoins du Procureur qui porte le numéro DRC-OTP-...
M. MacDONALD : Objection, Monsieur le Président. La façon dont mon collègue formule sa question, ... il peut mettre le fait sans référer au témoin, car c'est la Chambre qui aura à évaluer la crédibilité de l'ensemble des témoins et des éléments de preuve, ou du poids, pardon. Mais je vous soumets que cette manière de procéder est quelque peu non orthodoxe.
M. LE JUGE PRÉSIDENT COTTE : Alors, Maître Kilenda, vous étiez au seuil même de votre question. Donc, efforcez-vous de la reformuler, si vous le voulez bien, ou bien passez à une autre question et donnez-vous le temps de la reformuler et de la poser ultérieurement.
Me KILENDA : Merci, Monsieur le Président. Je vais la reformuler, mais je tiens quand même à rappeler que la liste de sujets que nous vous avions transmise au point 40, comportait « Rencontre des allégations de tous les témoins du Procureur », mais je vais reformuler ma question. Q. Monsieur Ngudjolo, où vivaient les jeunes du comité de jeunes ; où vivaient-ils ?
LE TÉMOIN... : R. Chacun d'entre eux vivait chez lui.
Q. Mais on nous a dit ici qu'il y avait des camps militaires, que ces jeunes vivaient dans des camps militaires, que le village de Zumbe et le camp étaient extrêmement organisés. Quels sont vos commentaires à ce sujet ?
R. Maître, Monsieur le Président, Mesdames les juges, nous devons faire une différence entre un civil et un militaire. À Zumbe, il n'y avait pas de camp militaire. Dans le groupement de Bedu-Ezekere, il n'y avait pas de camp militaire; il n'y avait pas non plus [de] militaires. Nous ne devons pas confondre un civil qui s'auto-défend et les groupes politico-militaires ou l'armée. C'est deux choses différentes. Un civil peut être armé mais il reste civil, bien qu'il soit armé; il n'est pas militaire. Ici, en Europe, il y a des civils qui portent... qui ont... l'autorisation de port d'arme. Ils ne sont pas des militaires ; ils sont des civils. Un soldat, c'est un civil qui a été recruté, formé militairement, et à l'issue de cette formation, devient militaire. Donc, en bref, Maître, à Zumbe, il n'y avait pas de camp militaire ; il n'y avait pas de militaires non plus. »[133]

[133] CPI, Situation en République démocratique du Congo, *Affaire le Procureur c. Germain Katanga et Mathieu Ngudjolo*, ICC-01/04-01/07, Chambre de 1ère instance II, Transcription de l'audience du 27 octobre 2011, ICC-01/04-01/07-T-327-FRA CT2 WT, de la p. 61, L5 à la p. 62, L13.

Il importe de souligner que cette prescription prohibitive comporte le risque de ne pas permettre aux juges de voir sur-le-champ, facilement et clairement quelles sont les allégations de l'accusation qui sont controversées à tel instant précis par la défense ; cette clarté devant être immanquablement apportée, nous l'avons dit, dans les conclusions écrites et orales finales.

Cette interdiction peut se comprendre aisément lorsqu'on interroge un témoin autre que l'accusé lui-même. En revanche, elle perd quelque peu de sa pertinence lorsque le témoin interrogé est l'accusé en personne. En effet, ce dernier a assisté à la déposition de tous les témoins de l'accusation. Il sait que si telle question lui est posée, c'est pour lui permettre de répondre à telle ou telle allégation de tel ou tel témoin de l'accusation. Dès lors, interdire au conseil interrogeant de mentionner le pseudonyme du témoin visé du procureur ayant tenu tel propos, paraît quelque peu superficiel ou artificiel. Cela comporte, en tout cas, le risque ou l'inconvénient de ne pas faciliter à l'instant la compréhension de la déposition du témoin-accusé par les juges ou de les obliger à deviner ou aller ultérieurement mener des recherches pour savoir quelles allégations de l'accusation étaient visées par telle ou telle question posée au témoin-accusé. Cette recherche peut être laborieuse compte tenu de la longueur de la déposition de ce dernier, naturellement tenu de répondre à toutes les allégations portées contre lui, et du volume des transcriptions des dépositions des témoins de l'accusation.

Le président de la chambre de première instance II a souligné cet aspect de la réalité à l'occasion de la présentation d'une photo versée au dossier par un témoin du procureur et après que celui-ci ait lui-même révélé de quel témoin il s'agissait, allant ainsi *proprio motu* à l'encontre de l'objection qu'il avait soulevée quelques instants plus tôt. Suivons cet échange éclairant.

> « Me KILENDA : Q. Monsieur Ngudjolo, cette même personne qui avait comparu ici avait dit qu'il avait trouvé des enfants soldats à Zumbe ; que lui répondez-vous ?
> LE TÉMOIN... : R. Maître, il n'y avait pas d'enfants soldats à Zumbe.
> Q. Et pour quelles raisons les jeunes habitaient chez eux ?
> R. Les jeunes habitaient chez eux parce qu'ils étaient des civils.
> Me KILENDA : Monsieur le Président, je souhaite faire venir la pièce EVD-OTP-00084.
> M. LE JUGE PRÉSIDENT COTTE : ... vous pouvez me donner son numéro de classement, si vous l'avez en tête ?
> M. MacDONALD : Trente-quatre.
> M. LE JUGE PRÉSIDENT COTTE : Merci, merci, Monsieur le Procureur. Il s'agit donc bien d'une photographie ?
> Me KILENDA : Exactement, Monsieur le Président.
> M. LE JUGE PRÉSIDENT COTTE : Alors, Madame le greffier, je constate que M. le Procureur n'avait pas annoncé d'objection. Vous pouvez la faire apparaître sur l'écran, s'il vous plaît...
> Mme LA GREFFIÈRE : Monsieur le Président, le document peut être visionné sur « PC 1 ».

M. LE JUGE PRÉSIDENT COTTE : Merci, Madame. Maître Kilenda.
Me KILENDA : Merci, Monsieur le Président. Q. Monsieur Mathieu Ngudjolo, avez-vous déjà vu cette photo ?
LE TÉMOIN... : R. Maître, c'est la première fois pour moi de voir cette photo au sein de ce prétoire. *(Correction de l'interprète)* C'est ici, dans ce prétoire, que j'ai vu cette photo pour la première fois.
Q. Regardez bien cette photo... Connaissez-vous ces enfants ?
R. Non, je ne les connais pas.
Q. Puisque vous étiez à Zumbe, s'agit-il des enfants de Zumbe ?
M. MacDONALD : Un instant, Monsieur le Président, là, je vais formuler... une remarque, parce qu'il faut se référer à la date à laquelle cette photo a été prise, tel que relaté par le témoin qui a témoigné au sujet de ces photos que lui-même a prises. Alors, je n'aiderai pas mon collègue, mais à cette étape-ci, ... il faut être plus précis que... parce qu'il y a aussi d'autres témoins de la Défense, dont le témoin auquel on a fait référence plus tôt - chef Manu, pour le nommer - qui a dit certaines informations qui [sont] en contradiction avec la photo, et ainsi de suite. Alors, on ne peut pas aider M. Ngudjolo à ce moment-ci par une question aussi large. »[134]

Il convient de mettre particulièrement en évidence la position de la chambre, exprimée par son président pour souligner la nécessité d'assouplir cette règle au regard de la spécificité de la situation de l'accusé témoignant pour sa propre défense :

« M. LE JUGE PRÉSIDENT COTTE : Merci, Monsieur le Procureur, mais cela montre à quel point votre précédente objection, il y a un instant, rend la tâche de la Défense complexe. Nous avons un accusé qui a décidé de témoigner sous serment, comme témoin. Vous avez manifesté une certaine distance tout à l'heure, lorsque Me Kilenda voulait donner le numéro d'un témoin de l'Accusation. Or, il est bien certain que si Mathieu Ngudjolo est actuellement à cette place, c'est pour également apporter son point de vue sur certains témoignages effectués par des témoins de l'Accusation. Et à cet instant, vous souhaitez, à juste titre, que l'on date bien la période à laquelle cette photographie a été prise, dans la mesure où un autre témoin de votre Accusation a lui-même apporté des éléments d'information différents, contestait cette photographie. Donc, il va quand même falloir permettre à M. Ngudjolo de répondre à tout cela, et à sa Défense de poser des questions en faisant parfois quand même référence aux numéros de témoin, pour que nous nous y retrouvions tous, les uns et les autres. Sinon, les *transcript* seront complètement incompréhensibles. Au cas présent, s'agit-il bien d'une photographie émanant d'un témoin dont le nom... dont le nom est en tête, mais dont le numéro m'échappe.
M. MacDONALD : C'est M. Renault Kahn, Monsieur le Président...
M. LE JUGE PRÉSIDENT COTTE : C'est bien celui-là. D'accord.

---

[134] Transcription ICC-01/04-01/07-T-327-FRA CT2 WT 27-10-2011, de la p. 63, L10 à la p. 64, L22.

M. MacDONALD : Et l'on ne fait pas référence au même témoin que précédemment.
M. LE JUGE PRÉSIDENT COTTE : Non, non, je suis d'accord.
M. MacDONALD : Mais... mais, c'est juste pour...
M. LE JUGE PRÉSIDENT COTTE : Pardon. Pardon. Respectons... la règle des 5 secondes. Il s'agit donc bien de M. Renault, d'accord, Kahn, oui. Allez-y.
M. MacDONALD : Alors, M. Kahn, évidemment, a témoigné devant cette Chambre. C'est lui et c'est par lui que cette photo a été introduite. Ça va. Ça, il n'y a pas de problème à le mentionner. Mais c'est que selon la chronologie de M. Ngudjolo, et surtout à partir du 6 mars 2003, pour le dire encore plus explicite, sa vie a quelque peu changé, selon sa version. Alors, cette photo est... et il commente des événements entre août et mai 2003, en Bedu-Ezekere. C'était ça, la question, donc, qui a amené...
M. LE JUGE PRÉSIDENT COTTE : Oui. D'accord. Non, non. Mais je...
M. MacDONALD : Et donc, ici, il faut être un petit peu plus précis avec le témoin. Alors, cette photo et les photos de M. Kahn, elles ont été prises...
M. LE JUGE PRÉSIDENT COTTE : Nous le savons, nous le savons, mais vous n'avez...
M. MacDONALD : ... à des dates *(phon.)*...
M. LE JUGE PRÉSIDENT COTTE : ... simplement, Me Kilenda est en train de poser ses questions. Vous vous inquiétez à juste titre. Vous faites part de votre inquiétude. Personne ne sait si Me Kilenda se proposait ou non de dater exactement la période à laquelle ces photos ont été prises, même si nous, nous l'avons en tête. Donc, Maître Kilenda, vous poursuivez, en ayant le souci de faire en sorte qu'à l'issue de cette ligne de questions sur ces photographies, il soit bien clair que soit connue de tous la date à laquelle elles ont été prises, car il est vrai que sur la période août... pardon, 2002, août 2003, il faut être précis. Allez.
Me KILENDA : Merci, Monsieur le Président. Je dois vous avouer que les objections du Procureur, tendant à ce que nous ne citions pas le nom du témoin ou des témoins, tendent à compliquer notre tâche, parce que je me proposais justement de citer le nom de ces témoins et d'indiquer la période à laquelle il s'est rendu dans Bedu-Ezekere. Donc, j'ai été complètement bloqué par cette objection du Procureur.
M. LE JUGE PRÉSIDENT COTTE : Bon.
Me KILENDA : Bien plus, Monsieur le Président. Je voudrais dire qu'il nous faut un *modus vivendi* entre le Procureur et nous, parce que vous vous rappellerez que beaucoup de témoins du Procureur sont venus ici dire qu'ils ont été avec Mathieu Ngudjolo à tel endroit, qu'ils ont été avec Mathieu Ngudjolo à tel autre endroit. Il est de notre devoir, puisque Mathieu Ngudjolo est devant vous, qu'il vous donne des explications. Donc, il est tout à fait normal que nous lui posions des questions sur sa connaissance de ces témoins et sur les endroits cités par ces témoins. Si nous ne pouvons pas le faire, que le Procureur nous indique comment procéder.
M. LE JUGE PRÉSIDENT COTTE : Alors, Maître Kilenda, ... nous vous écoutons bien. Il y a là deux questions distinctes. Il est important que Mathieu Ngudjolo, témoin... accusé ayant décidé de témoigner, puisse être confronté à des déclarations faites dans cette salle d'audience par des témoins de l'Accusation. Donc, vous y procéderez. C'est pour nous extrêmement important,

sinon cette Chambre ne sert à rien, et cette déposition d'un accusé en qualité de témoin ... serait de peu d'importance. »[135]

On se rend ainsi compte que l'application rigoureuse de la règle invoquée par le procureur en appui de son objection peut porter préjudice à la clarté de la déposition d'un témoin-accusé qui, dans l'exercice de son droit à une défense pleine et entière, se doit de rencontrer toutes les allégations que les témoins de l'accusation ont portées contre lui. D'où nécessité de l'assouplir pour assurer l'équité du procès, équité qui, avec la loyauté, doit constituer le fondement des règles de conduite de tous les interrogatoires, en ce compris l'interrogatoire principal.

Section 5 - Autres règles

Dans ce chapitre qui se ferme, auraient pu être examinées d'autres règles qui s'appliquent à tous les interrogatoires. Il en est ainsi notamment du respect du principe de l'oralité et de l'interdiction de poser des questions répétitives. Cependant, pour permettre leur meilleure compréhension et nourrir leur étude des illustrations pratiques pertinentes issues du procès Bogoro qui nous sert de référence, nous avons choisi de les présenter et les expliquer respectivement dans le cadre des règles gouvernant l'interrogatoire principal et le contre-interrogatoire.

---

[135] Transcription ICC-01/04-01/07-T-327-FRA CT2 WT 27-10-2011, de la p. 64, L23 à la p. 67, L6.

CHAPITRE DEUX

RÈGLES GOUVERNANT L'INTERROGATOIRE PRINCIPAL

Aux termes de la règle 140-2-a du RPP, « toute partie qui, dans la présentation de ses moyens de preuve en vertu du paragraphe 3 de l'article 69, fait appel à un témoin, a le droit d'interroger ce témoin. »[136] C'est à cette partie que revient le droit d'interroger celui-ci en premier dans le cadre de ce qu'on appelle précisément l'interrogatoire principal, qui doit être conduit selon des règles méthodologiques précises se rapportant à la fixation du cadre thématique de chaque témoignage (section 1ère), organisant le traitement en une unité des questions relatives aux matières retenues (section 2), instituant le respect du principe de l'oralité (section 3) et imposant l'obligation de poser des questions neutres (section 4).

Section 1ère - *Première règle* : Respect du cadre thématique spécifique à chaque témoin

Avant de voir comment se déploie cette règle (paragraphe II) et les différents problèmes concrets qu'elle rencontre (paragraphes III à V), il convient d'abord d'en préciser la substance (paragraphe I).

Paragraphe I : Substance de la règle

Chaque partie opère le choix de témoins à produire en fonction de la démonstration qu'elle entend présenter aux juges en soutien de sa cause. Dès lors, tout témoin retenu l'est pour apporter un élément significatif appuyant la théorie défendue par la partie citante.

La présentation des éléments de preuve, en l'occurrence des témoignages, doit se dérouler en toute loyauté entre les parties, l'objectif poursuivi étant et devant être la manifestation de la vérité. Aucune surprise n'est autorisée.

---

[136] L'article 69-3 dispose : « Les parties peuvent présenter des éléments de preuve pertinents pour l'affaire, conformément à l'article 64. La Cour a le pouvoir de demander la présentation de tous les éléments de preuve qu'elle juge nécessaires à la manifestation de la vérité. » Voir aussi, entre autres décisions, CPI, situation en République du Kenya, *Affaire le Procureur c. William Samoei Ruto et Joshua Arap Sang,* ICC-01/09-01/11, Chambre de 1ère instance V(A), *Decision on the Conduct of Trial Proceedings (General Directions)*, ICC-01/09-01/11-847-Corr, 9 août 2013, § 13.

Aussi, est-il requis aux différents protagonistes de communiquer à la chambre, aux autres parties et participants un document écrit et détaillé reprenant :

- l'identité des témoins et/ou leurs pseudonymes, en respectant les mesures de protection prises par la chambre ;
- les thèmes sur lesquels ils sont appelés à déposer ;
- la durée estimée de l'interrogatoire principal ;
- les documents (écrits, extraits filmés ou vidéos, photos...) sur lesquels ils seront interrogés et qui pourront être versés au dossier comme éléments de preuve.

Les questions posées à chaque témoin doivent, en conséquence, se rapporter et se limiter aux thèmes retenus pour sa déposition.

Pour bien arrêter les thèmes à aborder avec les différents témoins, il est indispensable que le conseil qui les produit ait travaillé avec chacun d'eux, profondément, au cours des enquêtes. Même si on a un bon enquêteur, efficace, consciencieux, compétent..., il faut toujours, en tant que conseil, travailler avec le témoin pour vérifier :

- tout ce qu'il sait en rapport avec tous les sujets ayant un lien avec l'affaire en instance ;
- tout ce qu'il sait au sujet de la cause qu'on défend ;
- ses activités présentes et passées ;
- sa maîtrise ou non des dates des évènements essentiels pour sa déposition...

C'est en fonction de ces éléments qu'il sera possible d'arrêter, de façon efficiente, les thèmes sur lesquels déposera tel ou tel témoin et de préparer le questionnaire destiné à chaque témoin. On s'aperçoit aisément que la délimitation du cadre de la déposition se fonde également sur le souci de baliser l'instruction juridictionnelle de manière à éviter des dérapages ou des ballades de nature à allonger inutilement le procès. Il faut, en effet, se rappeler que l'accusé a droit non seulement à un procès public, équitable et impartial mais aussi à « être jugé sans retard excessif ».[137] Aussi, pour prévenir des dérapages chronophages, la chambre de première instance II a-t-elle décidé que « par principe, elle n'autorisera que des questions se rapportant clairement et directement aux points litigieux en l'espèce. Dans la mesure où chaque partie aura indiqué les thèmes qu'elle se propose d'aborder avec chaque témoin et sous réserve de toute instruction de la Chambre à cet égard, la partie concernée devra, dans le cadre de son interrogatoire principal, s'en tenir aux thèmes indiqués. »[138]

---

[137] Article 67-1-c) du Statut.
[138] Instructions 1665, § 62.

Paragraphe II : Un instrument-clé de respect du cadre thématique : le questionnaire

L'instrument, à la fois précieux et délicat, qui permet de respecter le cadre thématique spécifique à chaque témoin, et de le faire parler à bon escient, c'est évidemment le questionnaire. En effet, c'est par le jeu de questions-réponses que le témoin comparaissant verse des éléments de preuve au dossier. Il convient donc d'accorder un soin méticuleux à l'élaboration du questionnaire. Mieux on maîtrise les faits de l'espèce et les allégations contenues dans le dossier, mieux on est à même d'élaborer un questionnaire pertinent, percutant et efficient, qui permette à l'interrogateur de faire une démonstration devant les juges, au soutien de sa cause, autrement dit de développer sa théorie en montrant comment celle-ci est étayée par des faits exposés par le témoin dans ses réponses.

Il importe cependant de souligner que quelle que soit l'importance du questionnaire et quel qu'ait été le degré de soin apporté à son élaboration, cet instrument n'est qu'un fil conducteur indicatif. Il peut bouger au gré des réponses du témoin. Celui-ci peut, en effet, donner une réponse pouvant remettre ou remettant effectivement en cause une partie, voire l'ensemble de la suite du questionnaire. Le conseil interrogeant doit donc le savoir et avoir la capacité intellectuelle de vite réagir et s'adapter aux réponses du témoin, en ayant en tête les objectifs cardinaux qu'il poursuit. D'où précisément l'importance de la maîtrise du dossier, des faits, des allégations, des questions en discussion, des thèses en confrontation... D'où aussi nécessité de « spécialisation » des témoins, et de maintien en permanence présent à l'esprit de l'objectif poursuivi par la production de tel témoin. D'où, enfin, l'exigence d'encadrement de ce dernier par des questions simples, claires, concises, précises, cohérentes et bien ordonnancées qui, mieux, permettent au témoin de donner des réponses réunissant les mêmes qualités de clarté, de concision, de précision, de cohérence, d'ordonnancement facilitant une meilleure intelligence de la théorie soutenue par le questionnant.

Le choix de témoins à produire devant la chambre est une décision à laquelle il faut apporter beaucoup d'attention. Il ne faut pas prendre cette décision à la hâte, encore moins à la légère. Certains témoins sont très vulnérables. Ils peuvent être intéressants, bien connaître certains faits, être véritablement des témoins *insiders*, mais se révéler tellement vulnérables qu'il importe de leur accorder beaucoup de temps pour les rassurer. Il faut tenir compte de leur niveau d'études, du fait qu'ils risquent d'être trop impressionnés par le décorum de la salle d'audience, et limiter les questions à leur poser en fonction de ces circonstances. Il faut savoir qu'un témoin peut être tellement impressionné par le décorum et les acteurs présents dans la salle d'audience qu'il peut avoir du mal à répondre à des questions même élémentaires se rapportant, par exemple, à ses activités professionnelles passées.

Il convient également de fixer de façon raisonnée l'ordre de passage de ses témoins pour rendre intelligible et cohérente la démonstration que l'on veut faire devant les juges. Il faut éviter que cette démonstration ne soit trop hachée par des interférences nuisibles à la clarté de la démonstration.

Paragraphe III : Cas de révélation par le témoin d'éléments nouveaux débordant le cadre thématique

Rappelons pour le souligner que la règle imposant le respect du cadre thématique spécifique à chaque témoin repose sur la nécessité d'assurer la loyauté dans la procédure et l'équité dans le déroulement des débats. L'obligation imposée à toute partie ou participant de communiquer la liste des témoins et les thèmes sur lesquels chacun d'eux déposera permet, en effet, aux autres parties de se préparer en connaissance de cause, de mener éventuellement des enquêtes ou des recherches en prévision de leurs interrogatoires ou contre-interrogatoires. Le principe de loyauté n'autorise pas d'actions par surprise. Tout doit se dérouler dans la transparence. Cela étant, une question fondamentale se pose : qu'arrive-t-il si, lors d'un interrogatoire, particulièrement lors d'un interrogatoire principal d'un témoin de l'accusation, celui-ci porte à la connaissance des juges un élément de preuve nouveau qui n'avait pas été préalablement communiqué à la défense ? Pour répondre à cette question, il faut envisager deux hypothèses :

A- Première hypothèse : éléments connus de la partie citante

Si le procureur était au courant de cet élément de preuve et avait sciemment ou par négligence omis de le communiquer à la défense, celle-ci peut demander et obtenir de la chambre que ledit élément soit exclu du compte rendu de l'audience. Il doit être considéré comme non dit et les juges ne doivent pas en tenir compte, car il y a eu violation du principe de loyauté dans la procédure. Par équité, les juges ne doivent pas retenir cet élément connu d'une partie et inconnu de l'autre, l'administration de la preuve ne devant pas s'opérer par surprise ni par supercherie. Par respect du principe de la loyauté et du contradictoire, tous les éléments de preuve connus à l'avance par une des parties doivent être communiqués, à l'avance, à la partie adverse afin qu'ils soient débattus loyalement et contradictoirement.

La violation d'une obligation de divulgation d'un élément de preuve doit donc entraîner son rejet par les juges. C'est dans ce sens que, par exemple, s'est prononcée la chambre d'appel du TPIR en date du 18 septembre 2006 dans l'affaire Bagosora et consorts, dans une décision relative à une demande d'exclusion des éléments de preuve, rendue sur appel d'Aloys

Ntabakuze sur des questions de droit soulevées par la chambre de première instance I le 29 juin 2006.[139]

Au paragraphe 18 de cette décision, la chambre d'appel dit pour droit que lorsque la défense estime que l'accusation introduit des éléments de preuve relatifs à des faits matériels à propos desquels aucune notification n'a été faite, elle peut soulever une objection pour s'opposer au versement de tels éléments de preuve. Si la chambre de première instance reconnaît que la défense n'a pas été avisée comme il se devait, elle devrait exclure les éléments de preuve qui sont contestés, demander à l'accusation de solliciter la modification de l'acte d'accusation, accorder un ajournement de la procédure afin de permettre à la défense de disposer de suffisamment de temps pour répondre aux allégations supplémentaires, ou prendre d'autres mesures afin de préserver les droits de l'accusé à un procès équitable.[140]

Nul doute qu'en pareille occurrence, la défense subit un préjudice par la révélation à l'audience d'un élément de preuve connu de l'accusation et inconnu d'elle, préjudice dû au fait qu'elle (la défense) n'a pas pu effectuer des enquêtes au sujet de cet élément.

B- Deuxième hypothèse : *éléments non connus de la partie citante*

Si la partie citant le témoin n'était pas, elle non plus, au courant de l'élément de preuve que son témoin sort spontanément à l'audience, dans ce cas, cette partie n'a pas commis la faute de non divulgation. Cet élément, sorti spontanément, qu'il soit vrai ou faux, ou en tout cas controversable, ne peut pas être exclu du dossier. Il faut, en effet, savoir que le témoignage oral au prétoire peut déborder le cadre thématique en fournissant des réponses plus étendues que dans la déclaration antérieure écrite ou enregistrée. Certes, des questions courtes et précises peuvent réduire ce risque de débordement, mais elles ne peuvent pas l'annihiler totalement, le témoin répondant librement aux questions qui lui sont posées. On ne peut pas non plus museler le témoin au point d'étouffer l'éclosion de la vérité.

---

[139] TPIR, *Affaire le Procureur c. Théoneste Bagosora et consorts*, Chambre d'appel, « *Decision on Aloys Ntabakuze's Interlocutory Appeal on questions of Law raised by the 29 June 2006 Trial Chamber I Decision on Motion for exclusion of Evidence* », ICTR-98-41-AR73, Arrêt du 18 septembre 2006.

[140] « *18. When the Defence is of the view that the Prosecution introduces evidence of material facts of which it had no notice, it can make an objection to the admission of such evidence for lack of notice. If the Trial Chamber agrees with the Defence that insufficient notice has been given, it should exclude the challenged evidence in relation to the unpleaded material facts, require the Prosecution to amend the indictment, grant an adjournment to allow the Defence adequate time to respond to the additional allegations, or take other measures to preserve the rights of the accused to a fair trial.* »

C'est dans ce sens que s'est prononcée la chambre de première instance I dans l'affaire Lubanga. En effet, dans sa décision 1049, précisément en son paragraphe 52, cette chambre a souligné le caractère spontané du témoignage, qui « peut revêtir une importance capitale pour la capacité de la Cour d'aboutir à la vérité ». De même, au cours de la déposition du témoin 0298, le conseil de la défense a objecté que les questions posées au témoin entraînaient des réponses sortant du cadre de la déclaration écrite de ce dernier. Ce à quoi le juge Fulford a répondu en soulignant que « quelquefois, de manière légitime, lors d'interrogatoires menés par les deux parties, les témoins se retrouvent à répondre à des questions sur des sujets qui vont au-delà de ce qui figure dans la déclaration écrite qui a été donnée à la Cour à l'avance. »[141] Va également dans le même sens le Tribunal spécial pour la Sierra Leone qui, dans la décision *Norman*, a reconnu que « des éléments additionnels peuvent être ajoutés à la barre, et que cet état de fait est prévisible car c'est le propre du témoignage oral que de fournir des réponses plus étendues et plus complètes que dans une déclaration écrite ».[142]

Pour tout dire, si la partie citant le témoin est de bonne foi, c'est-à-dire si elle n'était pas, elle non plus, au courant de l'élément de preuve que son témoin sort spontanément à l'audience, on ne peut pas demander aux juges d'exclure cet élément du dossier ; ce serait une fiction inacceptable. Que l'allégation ou l'affirmation avancée spontanément par le témoin soit vraie ou fausse, elle est dite. Plutôt que de feindre de l'ignorer, mieux vaut la rencontrer, la controverser lors du contre-interrogatoire. Si cet élément sorti de façon spontanée est d'une importance capitale pour la partie adverse, celle-ci peut solliciter des juges le report du contre-interrogatoire et un temps suffisant pour mener des enquêtes au sujet de cet élément nouveau. De cette manière, seront sauvegardées l'équité et la loyauté de la procédure et pleinement assuré le principe du contradictoire.

Ce cas est survenu dans l'instruction juridictionnelle de l'affaire Katanga-Ngudjolo, au cours de la déposition du témoin du procureur P-161. Respectant ses obligations de divulgation, le procureur avait communiqué aux équipes de défense la déclaration écrite antérieurement faite par ce témoin aux enquêteurs de l'accusation. Dans cette déclaration, ce témoin n'avait nulle part parlé nommément des accusés GK et MN. Il parlait des attaques de Bogoro et des crimes perpétrés dans ce village d'une manière générale. Par contraste et de façon surprenante, au cours de sa déposition à l'audience, ce témoin a mis en cause nommément GK et MN, devenant ainsi éminemment incriminant. Ce qui a suscité une réaction vive des conseils de

---

[141] Cités par le procureur au cours d'un débat qui s'est déroulé devant la chambre de première instance II lors de la déposition du témoin de l'accusation P-161, Transcription ICC-01/04-01/07-T-110-Red-FRA WT 02-03-2010, p. 8, L24-25, à p.9, L1 à 11.

[142] TSSL, Décision *Norman*, 16 juillet 2004, § 25, cité par le procureur, in *idem* .

la défense qui ont décrit le préjudice subi précisément dans le fait que, alors que dans sa déclaration devant les enquêteurs du procureur communiquée aux équipes de défense et sur la base de laquelle celles-ci se sont préparées, ce témoin s'était limité à décrire ce qui était arrivé à sa famille et les événements survenus à Bogoro de manière générale, devant les juges au prétoire, il charge directement les accusés en les nommant expressément et en les désignant comme les responsables des crimes perpétrés dans ce village au cours de cette attaque. Ce préjudice a été bien circonscrit par le conseil de MN qui, en outre, a formulé une proposition de solution concrète à la chambre.

« M. LE JUGE PRÉSIDENT COTTE : Merci, Maître O'Shea. Merci. Professeur Fofé, c'est à votre tour. Nous vous écoutons. Vous avez la parole.

Pr FOFÉ : Merci beaucoup, Monsieur le Président. Monsieur le Président, Mesdames les juges, bonjour. Je vais essayer de rencontrer certains arguments développés par Mme le Procureur, avant de formuler quelques propositions concrètes pour nous permettre d'avancer. Je voudrais d'abord souligner le fait que la Défense ne se plaint pas du fait que le Procureur n'ait pas répondu à ses obligations de divulgation. Le Procureur a bien exécuté ses obligations de divulgation en ce qui concerne ce témoin 0161. Le problème qui se pose - et vous l'avez si bien résumé en introduction -, c'est que, dans les notes d'entretien que le Procureur a communiquées à la Défense, entretien avec ce témoin 0161, l'élément important soulevé par le témoin 0161, ici, au prétoire, ne figure pas. La Défense souligne qu'il ne s'agit pas, en l'occurrence, d'une quelconque information. Il s'agit d'une accusation, c'est-à-dire de l'imputation aux accusés de faits, alors que, comme l'a si bien relevé notre confrère Me O'Shea, alors qu'en lisant les notes d'entretien de ce témoin, celui-ci ne devait déposer que sur des crimes, de manière générale. En tout cas, dans ces notes d'entretien, le témoin n'a pas imputé des faits à Mathieu Ngudjolo. Il convient de relever que ce témoin avait été entendu par le Procureur le 4 février 2006... le 4 octobre 2006... Donc, je reprends. Ce témoin a été entendu par le Procureur le 4 février 2006, pendant une heure, 55 minutes ; le 4 octobre 2006, pendant quatre heures et 50 minutes ; et le 5 octobre 2006, pendant trois heures et 45 minutes. Soit une audition d'une durée totale de 10 heures, 30 minutes. Si le témoin avait des éléments aussi importants, il n'aurait certainement pas omis de les mentionner lors de ces entretiens aussi prolongés. Encore une fois, nous soulignons qu'il ne s'agit pas d'une information banale, mais d'une accusation directe visant notamment notre client. En ce qui concerne le principe de l'oralité, la Défense est consciente de l'importance du principe de l'oralité. Et Mme le Procureur a eu la présence d'esprit de nous citer, s'agissant précisément de ce principe de l'oralité qui est un principe essentiel, un principe pertinent que nous ne contestons pas. Néanmoins, il importe de ne pas oublier, s'agissant de la situation de la Défense, d'ajouter à ce principe de l'oralité un autre principe aussi important : celui d'information préalable et détaillée de l'accusé ; principe d'information préalable et détaillée qui est consacré par... l'article 67, paragraphe 1 du Statut. L'article 67, paragraphe 1, qui énumère les droits de l'accusé et qui mentionne, entre autres droits, celui d'être informé dans le plus court délai et de façon détaillée, etc., etc. Monsieur le Président, Honorables juges, si ces dispositions statutaires ne sont pas respectées, le préjudice subi par… la Défense est évident. Alors, quel est ce préjudice ? Vous nous avez posé la question. Pour ne pas nous étendre longuement là-dessus, ce préjudice consiste dans le défaut de préparation de la Défense s'agissant de cet élément important introduit par le témoin en pleine audience. Comme je l'ai dit tout à l'heure, le témoin a été appelé à parler des crimes, et là, il introduit un élément essentiel qui consiste en l'imputation de certains faits directement aux accusés, en l'occurrence à Mathieu Ngudjolo. Et c'est précisément ici qu'il faut percevoir la différence entre la situation de la Défense et la situation du Procureur. Lorsque, par exemple, comme l'a fait Mme le Procureur, on se réfère à ce qui est advenu au prétoire lors de la déposition du témoin 0250, eh bien, si le témoin 0250 qui est témoin du Procureur - il n'est pas témoin de la Défense… si le témoin 0250 donne des éléments qui déchargent les accusés, le Procureur ne subit aucun préjudice, car le Procureur instruit à charge et à décharge, conformément à l'article 54, paragraphe premier, a) du Statut. Le Procureur, donc, n'aura qu'à rechercher les vrais auteurs des crimes en poursuivant ses enquêtes. En tout cas, le Procureur ne subit pas le même préjudice que celui subi par la Défense, étant entendu qu'il s'agit de son témoin et que le Procureur n'a aucun intérêt à ce que les auteurs de ces crimes soient absolument Mathieu Ngudjolo ou Germain Katanga. En tant que ministère public, il recherche les auteurs et ça peut être d'autres personnes. Alors, quelle est notre position, Monsieur le Président, Mesdames les juges, pour répondre à votre deuxième question ? Quelle est notre position en ce qui concerne la situation dans laquelle nous nous trouvons ? La Défense de Mathieu Ngudjolo vous propose que Mme le Procureur poursuive son interrogatoire principal du témoin 0161. Après son interrogatoire principal, la Défense de Mathieu Ngudjolo va contre-interroger ce témoin immédiatement. Elle va contre-interroger ce témoin sur tous les aspects de sa déposition, sauf sur l'élément nouveau que le témoin a introduit de façon inopinée dans le débat. Au sujet de cet élément particulier, la Défense de Mathieu Ngudjolo sollicitera alors de la Chambre un temps pour mener des enquêtes supplémentaires et, éventuellement, solliciter de la Chambre le rappel de ce témoin, si toutefois les enquêtes supplémentaires menées démontrent la nécessité de rappeler ce témoin en ce qui concerne cet élément. »[143]

Avant de rendre sa décision, la chambre, par la voix de son président, a posé une double question pertinente à la défense : « Un témoin crime n'est-il pas toujours susceptible, en termes… au cours de sa déposition, n'est-il pas toujours susceptible de devenir, au hasard d'une réponse, également un témoin de la mise en cause - si je puis m'exprimer de meilleure façon : responsabilité ? »[144] « … La Défense, sur un plan général d'ailleurs, dans ce type de procédures, ne doit-elle pas toujours s'attendre à ce qu'un témoin

[143] CPI, Situation en République démocratique du Congo, *Affaire le Procureur c. Germain Katanga et Mathieu Ngudjolo*, ICC-01/04-01/07, Chambre de 1ère instance II, Transcription de l'audience du 2 mars 2010, ICC-01/04-01/07-T-110-Red2-FRA WT, de la p. 24, L3 à la p. 27, L 2.
[144] *Idem*, p. 30, L22-25.

crime puisse devenir, compte tenu de la spontanéité qui s'attache à l'oralité des débats, un témoin accusation ? Je schématise : témoin crime, témoin accusation. N'y a-t-il pas lieu, ne serait-ce que par sage précaution, et même si c'est un peu coûteux - mais la recherche de la vérité mérite sans doute quelques dépenses -, ne serait-il pas sage de toujours commencer par une enquête de crédibilité parce que, précisément, l'oralité des débats et la spontanéité qui s'y attache peut, à tout moment, conduire un témoin qui dépose sous serment à dire peut-être un peu plus que ce qu'il avait dit plusieurs années ou même quelques semaines auparavant ? »[145] A cette question, le conseil de GK a ainsi répondu :

> « Me O'SHEA... : Oui, effectivement. Monsieur et Mesdames les juges, la raison pour laquelle il existe des règles sur le préavis pour la Défense, la raison pour laquelle nous avons le droit de connaître les éléments du dossier avant le procès est précisément de nous donner la possibilité de nous préparer. Il serait injuste vis-à-vis d'un accusé, surtout dans une affaire aussi complexe qu'une affaire de crime de guerre, de s'attendre à ce que l'accusé spécule quant aux éléments qui risquent spontanément d'être exprimés par des témoins. J'ai déjà partiellement répondu à cette question. Mais l'idée selon laquelle nous devrions considérer tout témoin du Procureur et que nous devions enquêter sur les antécédents de ce témoin et sa crédibilité n'est pas réaliste, ni dans l'intérêt de la Cour ni dans l'intérêt de l'accusé. Lorsqu'un avocat se charge d'un dossier, avant la phase contentieuse, et a... un certain nombre de conférences de mise en état, on lui demande souvent de donner des indications sur quand ou sur le temps dont il a besoin pour préparer le procès, ... et pour démarrer le procès. Lorsque nous avons un procès ici à la Cour, à La Haye, pour des crimes commis sur un autre continent, les aspects logistiques de planification et d'exécution de missions en République démocratique du Congo, dans la pratique, sont plus complexes qu'on ne pourrait l'imaginer. Nous rencontrons des difficultés sur le terrain du fait du manque d'infrastructures. Nous rencontrons des difficultés à contacter les témoins, à rencontrer les témoins et à les rencontrer de nouveau si nécessaire. Mais toutes ces difficultés s'accumulent, tant et si bien que la situation est telle que notre devoir vis-à-vis de nous, de notre client et de la Cour est de nous assurer que nos enquêtes se concentrent sur le dossier présenté par l'Accusation, tel qu'il a été présenté. Sans quoi nous devrions demander des délais peu raisonnables pour mener nos enquêtes. Nous donnerions au Procureur la possibilité peu équitable de prolonger la procédure et l'accusé, notamment cet accusé, a toujours souhaité faire avancer le plus rapidement cette procédure. Et à mon avis, il faudrait accorder un pouvoir discrétionnaire au conseil de la Défense, discrétion professionnelle raisonnable de se concentrer sur le dossier présenté par l'Accusation tel qu'il a été présenté, plutôt que de procéder à des enquêtes qui, sur la base des éléments communiqués, ne seraient pas nécessaires pour l'accusé et seraient une ingérence dans la vie des témoins de l'Accusation. Donc, ma réponse, Monsieur et Mesdames les juges, à votre question, est la suivante : les avocats de la Défense doivent se voir accorder une certaine prérogative et discrétion quant à ce qu'ils doivent faire dans l'intérêt de leurs

---

[145] Transcription ICC-01/04-01/07-T-110-Red2-FRA WT 02-03-2010, p. 30, L6-12.

clients. Si ce qu'ils font se fait à l'aune du dossier du Procureur tel qu'il a été présenté, à ce moment-là, les avocats de la Défense ne peuvent être soumis à la critique parce que nous devons gérer au mieux nos ressources, notre temps. Et nous devons nous concentrer sur ces questions et ces témoins extrêmement difficiles et sur les témoins à charge, et qui mettent en cause l'accusé. En termes de relativité, la Chambre peut considérer que, dans certaines situations, un témoin peut présenter des éléments nouveaux que la Défense aurait pu prévoir ou anticiper. C'est toujours une question d'équilibre. Mais, lorsque dans le cas d'espèce, un témoin était un témoin qui ne mettait pas en cause l'accusé et, tout d'un coup, se met à incriminer ou à mettre en cause l'accusé, nous avons un changement de situation tout à fait important - un revirement de situation. Et dans ce cas, il ne serait pas équitable vis-à-vis de l'accusé de s'attendre à ce qu'il ait pressenti ou prévu cette situation à l'avance. »[146]

Et le conseil de MN de le compléter :

« Pr FOFÉ : ... Monsieur le Président, Mesdames les juges, la Défense est consciente... du fait que... tout peut arriver lors d'un procès - tout peut arriver. Et donc, il faut se préparer à toute éventualité. Néanmoins, la Défense voudrait solliciter l'attention de la Chambre sur le fait qu'avant le début du procès, le Procureur nous a communiqué un document qui précise les éléments sur lesquels chaque témoin viendra déposer devant le prétoire. Et la Défense se prépare en fonction de ce document... qui participe du respect de la loyauté de la procédure. Il est bien évident que quelque chose d'inopiné peut arriver, comme en l'espèce ; mais si cela arrive, je pense que la solution équitable, c'est d'accorder un temps à la Défense pour que celle-ci puisse réagir à cet élément survenu de façon inopinée. »[147]

A l'audience du 4 mars 2010, la chambre a rendu oralement sa décision sur cette requête des défenses. Elle a notamment rappelé l'importance du principe de l'oralité, mais aussi le droit des accusés à être pleinement informés de la nature des charges portées contre eux (article 67-1-a du Statut) et l'obligation qui lui incombe de veiller à l'équité du procès (article 64-2 du Statut). Ecoutons-la, dans ses motifs et dispositif :

« M. LE JUGE PRÉSIDENT COTTE : ... La Chambre est saisie d'une requête formulée oralement par les équipes de défense des deux accusés au cours de l'interrogatoire en chef du témoin 0161, le 26 février 2010. Elles font valoir que, lors de sa déposition orale, le témoin a fait état d'éléments nouveaux qui n'étaient pas contenus dans ses déclarations écrites recueillies au mois d'octobre 2006. Tout en reconnaissant que le témoin a tenu les propos constitutifs de ces éléments nouveaux de manière spontanée lors de l'audience du 26 février 2010, les équipes de défense considèrent qu'ils lui font subir un préjudice dont elles soulignent l'importance. Aussi estiment-elles, eu égard au contenu et à la nature de cette information nouvelle, qu'il y a lieu pour la Chambre d'ordonner : soit

---

[146] Transcription ICC-01/04-01/07-T-110-Red2-FRA WT 02-03-2010, de la p. 31, L5 à la p. 33, L4.

[147] *Idem*, p. 33, L14 à 25.

l'exclusion de la partie du compte rendu d'audience contenant l'information en question ; soit le report du contre-interrogatoire de ce témoin afin de leur permettre de disposer du temps nécessaire pour enquêter sur sa crédibilité ; soit la non prise en compte, dans son jugement, de la partie du compte rendu contesté. La Chambre relève que les équipes de défense reconnaissent que le Procureur n'a pas manqué à son obligation de divulgation. Elles admettent, toutes deux, s'être vu communiquer en temps utile la déclaration du témoin 0161, tout comme elles conviennent avoir été rendues destinataires de la part du Procureur d'un document énumérant les principaux thèmes sur lesquels il entend interroger chaque témoin lors du procès. La Chambre note, par ailleurs, que les équipes de défense ne contestent pas la part de spontanéité inhérente à toute déposition effectuée oralement au cours d'une audience ainsi que les effets de surprise qui peuvent en découler. Il demeure, selon les Défenses, qu'elles ont subi un préjudice eu égard au caractère totalement nouveau de l'information donnée par le témoin lors de sa déposition. La nouveauté de cette information devant être appréciée par elles, non seulement par rapport aux déclarations antérieures de ce témoin mais aussi en raison du fait qu'aucune autre déclaration de témoin à charge ne mentionne cette même information. Dans un courriel daté du 3 mars 2010, le Procureur a d'ailleurs confirmé qu'aucun autre témoin à charge n'a entendu des propos identiques à ceux rapportés par le témoin 0161 dans sa déposition. Le caractère inédit de ces éléments d'information, auxquels ne peuvent que s'ajouter les réponses apportées le 3 mars 2010 par le témoin aux questions que lui a posées la Chambre, ne leur permet donc pas, selon elles, ... de conduire sur ce point un contre-interrogatoire éclairé et efficace du témoin 0161. La Chambre note que les équipes de défense ont, en outre, rappelé qu'elles n'avaient pas estimé jusqu'ici devoir enquêter sur la crédibilité de ce témoin car, au vu des documents que leur avait communiqués le Procureur, elles s'attendaient à ce qu'il dépose essentiellement sur les crimes commis pendant l'attaque dirigée contre Bogoro et non sur des aspects de l'affaire relatifs à la responsabilité pénale des accusés. La Chambre relève également que les deux Défenses ont précisé qu'elles n'enquêtaient pas systématiquement sur la crédibilité des témoins et qu'il convenait de reconnaître, à leur bénéfice, la possibilité de décider, discrétionnairement, sur quels aspects essentiels du dossier présenté par le Procureur elles entendent se concentrer. La Chambre rappelle l'importance du principe de l'oralité des débats avec la part d'inévitable et nécessaire spontanéité qui en découle. Elle fait sienne, à cet égard, les propos tenus par la Chambre de première instance I le 2 avril 2009, cités hier à l'audience par Mme le Procureur. Elle rappelle aussi que, jusqu'à présent, les témoins n'ont pas fait l'objet d'un recollement (*witness proofing*) au sein de cette Cour. La Chambre tient toutefois à mettre également l'accent sur les termes de l'article 67-1-a du Statut et sur le droit des accusés à être informés de la nature des charges portées contre eux, tout comme sur les termes de l'article 64-2 qui lui fait obligation de veiller à ce que le procès soit conduit de façon équitable. Pour évaluer l'existence comme l'importance du préjudice éventuellement allégué par la Défense lorsqu'un élément nouveau apparaît lors d'une déposition orale, la Chambre considère qu'il convient, au cas par cas, de mettre en balance ces différents principes, et ce à la lumière et en fonction du contenu des informations nouvellement développées. En l'espèce, la Chambre relève que l'élément

> d'information nouveau porte sur le fait qu'à travers les propos tenus le 24 février 2003 par des femmes et des enfants au cours de l'attaque de Bogoro et que le témoin 0161 a rapportés à l'audience du 26 février 2010, ce dernier a nommément mis en cause Germain Katanga et Mathieu Ngudjolo. Elle constate que cette mise en cause ne résultait pas de ses déclarations antérieures et ne figurait donc pas parmi les thèmes que le Procureur avait indiqué qu'il aborderait. Elle considère que, dans ce cas précis, une mise en cause de cette importance émanant, à ce stade de la procédure, d'un témoin dont il était permis de penser qu'il ne déposerait que sur les crimes commis lors de l'attaque de Bogoro est susceptible de causer effectivement un préjudice à la Défense ; car il s'avère difficile, pour cette dernière, de conduire dès à présent un contre-interrogatoire approfondi et éclairé sur ces éléments nouveaux ; car la Défense n'a pas jusqu'ici effectué d'enquête sur la crédibilité de ce témoin eu égard, précisément, à ces éléments nouveaux. Dès lors, retenant une proposition formulée à l'audience du 2 mars 2010 par Mme le représentant du Bureau du Procureur et à laquelle les équipes de défense ont, à ses yeux, adhéré, la Chambre décide que les équipes de défense procéderont dès à présent à leurs contre-interrogatoires respectifs suivi de l'interrogatoire supplémentaire du Procureur puis des dernières observations de la Défense - contre-interrogatoires respectifs sur tous les aspects de la déposition du témoin 0161. Les équipes de défense apprécieront s'il y a lieu pour elles d'aborder dès aujourd'hui ce qui constitue les éléments nouveaux. La Chambre décide que les équipes de défense disposeront ensuite d'un délai leur permettant d'effectuer les enquêtes qu'elles jugeront nécessaires au vu des éléments nouveaux apportés aux débats le 26 février 2010, y compris les réponses qui ont été apportées aux questions [que] la Chambre a estimé devoir poser, hier, sur ce point précis. La Chambre souhaite obtenir des Défenses des précisions écrites sur l'état de ces enquêtes le 3 mai 2010 à 16 h... Si les équipes de défense estiment que la défense de leur client impose le rappel du témoin 0161, il leur appartiendra alors d'en saisir la Chambre par requête écrite. La Chambre appréciera alors, en fonction des exigences de sécurité propres à ce témoin, les modalités selon lesquelles il pourra être à nouveau contre-interrogé ; les dispositions de l'article 69-2 du Statut pouvant, le cas échéant, apporter une réponse aux préoccupations exprimées par Mme le Procureur. »[148]

Il convient de noter que les deux défenses ont contre-interrogé ce témoin et ont, par la suite, mené quelques enquêtes sur cette fameuse déclaration faite inopinément à l'audience par ce témoin. Rien de pertinent n'est ressorti de ces enquêtes et celui-ci n'a donc pas été rappelé. Dans le jugement rendu par la chambre le 18 décembre 2012 acquittant MN et ordonnant sa libération immédiate, les juges n'ont même pas fait mention de la déposition

---

[148] CPI, Situation en République démocratique du Congo, *Affaire le Procureur c. Germain Katanga et Mathieu Ngudjolo*, ICC-01/04-01/07, Chambre de 1ère instance II, Transcription de l'audience du 4 mars 2010, ICC-01/04-01/07-T-112-Red-FRA WT, de la p. 1, L17 à la p. 5, L11.

de ce témoin P-161. C'est dire donc qu'ils ne lui ont accordé aucun crédit, s'agissant en tout cas de M.N.

Paragraphe IV : Nécessaire mention d'éléments contextuels sur la liste des thèmes

Revenant à la portée du respect du cadre thématique spécifique à chaque témoin, relevons que même les éléments contextuels que l'on entend aborder au cours de la déposition d'un témoin doivent figurer parmi les thèmes retenus pour ce dernier de manière à aviser à temps la partie adverse afin qu'elle se prépare en pleine connaissance de cause. Le défaut d'avis préalable d'un sujet, même contextuel, peut appeler l'objection de l'autre partie. C'est ce qui est advenu, par exemple, lors de la déposition du témoin de l'accusation P-250. À un certain stade de l'interrogatoire principal de ce témoin, le procureur a ouvert une ligne de questions sur l'attaque de Nyankunde du 5 septembre 2002, alors que ce sujet ne figurait pas sur la liste des thèmes retenus pour P-250, liste que le procureur avait communiquée à la chambre et aux parties en annexe 4 de son écriture 1514. Cette surprise a suscité la réaction de la défense et l'intervention de la chambre à l'issue de ce débat dont voici l'extrait :

> « Me HOOPER... : L'Accusation a donné à la Cour et aux parties, aux participants - autant que je connaisse également les participants - un document qui est annexé à leur soumission 1514, annexe 4, le 7 octobre. C'est un document de trois pages qui contient toutes les questions... Je suis en train de parcourir ce document, et je ne vois pas que le mot « Nyankunde » soit mentionné dans ce document. Et c'est un document de l'Accusation. Un document principal de l'Accusation. Donc, c'est pour cela que je suis inquiet ; sinon, quel est l'objet de ce document ? Bien évidemment, nous nous préparons en consultant ce document, qui nous semble être là pour répondre à un objectif bien précis.
> M. LE JUGE PRÉSIDENT COTTE : Monsieur le Procureur, est-ce que ce document est suffisamment identifié, annexe 4, au document 1514 ? Il s'agit effectivement de documents que la Chambre vous avait demandé de produire témoin par témoin, pour que chacun sache quels étaient les grands thèmes que vous aborderiez et ce document, annexe 4, 1514, se présente d'ailleurs de la manière suivante : témoin 050, Background du témoin ; 12. Thèmes principaux sur lesquels le témoin P-250 témoignera. Il a effectivement trois pages. Et là, encore, ça n'est pas moi qui parle ; c'est Me Hooper. Me Hooper considère que vous n'aviez pas - au moment où vous avez rédigé ce document, qui est donc entre les mains des uns et des autres - évoqué des questions éventuelles sur Nyankunde. Je crois que, maintenant, nous sommes tous d'accord. Nous avons bien identifié ce qui est l'objet de l'interrogation que Me Hooper formule à votre égard. Donc, vous lui répondez, Monsieur le Procureur, et puis vous poursuivez ensuite votre interrogatoire en appréciant qu'il convient de le maintenir dans le cadre de Nyankunde ou s'il mérite de passer à un autre thème.
> M. MacDONALD : Je répondrais de la façon suivante, Monsieur le Président : il s'agit d'éléments contextuels qui, évidemment, vont au-delà de ce qui est indiqué

dans les thèmes principaux sur lesquels - comment dire - les éléments contextuels des crimes... s'appliquent à tous et chacun des témoins qui sont présentés ; ou qui seront entendus ; et raison de plus de la part de ce témoin, tel qu'indiqué également dans le tableau des éléments à charge, mais au-delà de tout ça, je dois vous mentionner que, effectivement, j'étais pour me déplacer - j'en terminais avec Nyankunde - pour justement aborder, toujours sur cette question, des éléments contextuels. J'étais pour revenir sur ce qui a été abordé brièvement comme étant Mandro, pour après continuer avec Bunia et Tchomia.
M. LE JUGE PRÉSIDENT COTTE : Nous sommes donc..., Maître Hooper, sur des éléments contextuels. Alors, Monsieur le Procureur, vous continuez ; ces éléments contextuels n'étant pas expressément évoqués dans l'annexe 4.
Me HOOPER... : Non, ça n'est pas mentionné expressément ; donc, nous devons en être informés, informés correctement. Ça n'est pas mentionné de façon expresse. On nous dit que c'est contextuel, mais tout est contextuel. Me O'Shea nous dit que pas mal de choses qu'on a entendues n' « est » pas du tout contextuel. Mais si j'ai bien compris, jusqu'à présent, le témoin a très peu parlé des différentes déclarations qu'il a faites sur ce sujet. Donc ici, il me semble qu'à la base nous avons un problème d'information de base, et nous avons le droit de pouvoir nous baser sur l'annexe 4, par rapport à ce témoin ; et que sur cette base, donc, l'Accusation devrait passer maintenant à un autre sujet.
M. LE JUGE PRÉSIDENT COTTE : Maître Hooper, il est vrai que le Procureur a transmis à la Chambre, sous le numéro 1514 - et ce devait être le 7 octobre 2009 - cette annexe 4, comme une annexe nous avait été adressée pour le témoin 233 et comme il y en a d'autres pour chacun des témoins. Il est également vrai que figure le mot ou plutôt le titre « thèmes principaux » sur lesquels le témoin P-0250 témoignera. Je ne pense pas que le Procureur soit totalement prisonnier des trois pages de cette annexe. S'il devait s'en sentir prisonnier, nous n'aurions pas trois pages mais nous aurions vraisemblablement 30 ou 300 pages. Car il voudrait à tout prix éviter de sortir du cadre qui a été pré-établi. Ce document était un document d'information, qui répondait à un double objectif, informer la Chambre des points qui feraient l'objet de l'interrogatoire principal du Procureur, pour avoir notamment une idée de la durée de chacun de ces interrogatoires principaux. Et au pied de la troisième page, figure d'ailleurs une évaluation de la durée. Et le second objet était effectivement d'informer les contradicteurs du Procureur, pour qu'ils puissent suivre mieux, et de façon plus utile pour eux, les débats dans la perspective du contre-interrogatoire. Donc, à cet égard, je ne pense pas que le Procureur soit tenu de suivre servilement ce qui figure dans ce document. Ceci étant, vous avez raison. Lorsque vous manifestez le souci d'être mieux informé afin de mieux comprendre, être mieux informé des terrains sur lesquels se situe successivement le Procureur. Donc, je me tourne vers M. MacDonald en lui demandant, dans la poursuite de cet interrogatoire principal, mais également dans les interrogatoires principaux à venir, lorsqu'il change en quelque sorte de thème, a fortiori lorsqu'il aborde des thèmes qui ne sont pas consignés dans l'annexe 4 ou dans les annexes qui correspondront à chacun des témoins qui seront interrogés, tout simplement de l'indiquer, de faire une très brève introduction pour expliquer en quoi il passe à un autre sujet, pourquoi il passe à cet autre sujet. De manière que la Défense puisse savoir où elle se trouve, où vous envisagez d'aller. Et puis vous posez vos questions. Nous sommes

d'accord ? Je ne pense pas qu'il y ait de réelles difficultés et vous vous efforcez, parce que c'est vrai que le temps et votre propre temps passe, mais vous avez là encore votre logique, votre tactique ou plutôt votre stratégie et votre tactique. Mais vous veillez donc à ce que tout cela soit aussi utile que possible. Il s'agit à la fois pour vous de remplir votre mission, de veiller à ce que la Défense et les participants puissent se retrouver clairement dans votre démarche. De veiller aussi à ce que le témoin, qui est soumis à deux heures de suite d'interrogatoire, s'y retrouve également. Vous avez la parole. »[149]

On voit donc que la chambre a adopté une position médiane en soulignant, d'un côté, que le procureur ne devait pas être considéré comme prisonnier du cadre thématique fixé pour informer la chambre et ses contradicteurs ; de l'autre, que la défense avait raison de manifester le souci d'être mieux informée des terrains sur lesquels évolue le procureur. Il s'est avéré par la suite qu'en réalité, en invoquant ce qu'il appelait éléments contextuels, le procureur voulait mettre en cause l'accusé GK. Suivons la suite du débat :

« M. MacDONALD : Une dernière question sur le sujet. Q. À votre connaissance, où se trouvait Germain Katanga au moment de l'attaque sur Nyankunde ?

Me HOOPER... : C'est une question tout à fait inappropriée. Et le témoin ne devrait même pas y répondre, maintenant. Ceci est une question totalement suggestive de la pire sorte qui soit et, dans le contexte du contexte, ... qu'est-ce qui est contextuel dans cette question ? Parce que si vous regardez l'annexe, je comprends et j'accepte tout à fait ce que vous avez dit, Monsieur le Président, par rapport aux questions, les questions qui peuvent entrer dans le cadre du contexte général dont on parle ici ; mais ça n'est pas le cas ici. On parle ici de preuves à charge ; et ceci est totalement en dehors de ce qu'on pourrait appeler la pertinence contextuelle. La pertinence contextuelle et la question sont totalement distinctes et séparées. Donc, c'est une question tout à fait inappropriée.

M. MacDONALD : Je suis en total désaccord avec mon collègue.

M. LE JUGE PRÉSIDENT COTTE : C'est donc à la Chambre d'arbitrer. C'est son rôle.

M. MacDONALD : Et si vous me permettez de présenter...

M. LE JUGE PRÉSIDENT COTTE : Allez-y brièvement.

M. MacDONALD : ... Où se trouvait Germain Katanga au moment ou lors de l'attaque sur Nyankunde ? Où, où, quand, comment, pourquoi ? Où, par rapport à un lieu, dans le temps et dans l'espace... Je ne fais référence... aucun lien. Quoi que ce soit. Je demande où il se trouvait en termes de lieu. Alors, je vous soumets respectueusement qu'il n'y a pas, ici, de question, de *liling (Phon.) question*, au même titre que j'ai demandé qui pouvaient être les autres commandants qui étaient présents ou ainsi de suite.

---

[149] CPI, Situation en République démocratique du Congo, *Affaire le Procureur c. Germain Katanga et Mathieu Ngudjolo*, ICC-01/04-01/07, Chambre de 1ère instance II, Transcription de l'audience du 9 février 2010, ICC-01/04-01/07-T-98-Red-FRA WT, de la p. 49, L9, à la p. 52, L22.

M. LE JUGE PRÉSIDENT COTTE : Bien. Monsieur le Procureur. La Chambre admet tout à fait que dans le cadre de votre interrogatoire, vous ayez le souci d'obtenir un certain nombre de réponses d'ordre contextuel, qui permettent, si je puis utiliser cette expression, de mieux « planter le décor » factuel et qui permettent, peut-être, dans votre esprit, de mieux cerner les éventuelles responsabilités des uns ou des autres, qui permettent, peut-être, aussi de mieux cerner - si vous l'estimez nécessaire - les conditions dans lesquelles un plan a pu être mis en place, etc., etc. Mais parler d'éléments contextuels ne veut pas pour autant dire, à notre sens, que puissent être posées des questions très précises, voire trop précises sur des faits et des événements différents de ceux dont nous sommes saisis. Je pense qu'il y a une marge entre le contexte et des questions très précises sur des faits dont la Chambre n'est pas saisie. Et, au cas présent, la Chambre accepte l'objection de Me Hooper. À présent, vous continuez. »[150]

Il faut donc retenir que l'accusation ne doit pas profiter de la délimitation du contexte pour imputer à l'accusé des faits dont la chambre n'est pas saisie et qui n'ont jamais été jugés. C'est pour éviter ce genre de surprise que nous sommes d'avis que même des points d'ordre contextuels doivent être mentionnés sur la liste des thèmes prévus pour chaque témoin afin de permettre à toutes les parties et à tous les participants de se préparer en pleine connaissance de cause.

Paragraphe V : Questions ouvertes et appréciation du risque de débordement du cadre thématique

Toujours à propos du respect du cadre thématique spécifique à chaque témoin, il faut savoir qu'une question ouverte telle que « *racontez-nous ce qui s'est passé…* », présente l'avantage de laisser au témoin la possibilité de rapporter aux juges tout ce qu'il sait sur le sujet. Cette spontanéité de réponse peut contribuer à augmenter la crédibilité du témoin s'il raconte son récit de façon tellement cohérente, sincère, naturelle qu'il apparaît difficile de remettre en cause sa déposition. Une belle illustration est donnée *infra* à l'occasion de l'examen de la troisième règle, dans l'extrait des transcriptions de l'audience du 26 août 2011, où le conseil de MN interroge le témoin de la défense D03-088, chef Manu.[151] Pareille question présente cependant un

---

[150] Transcription ICC-01/04-01/07-T-98-Red-FRA WT 09-02-2010, de la p. 52, L23 à la p. 54, L12.

[151] Voir *infra*, pp 143-144 : « Pr FOFÉ : … Q. Chef Manu, après les précisions que vient de donner notre confrère MacDonald, est-ce que vous pouvez brièvement, sans entrer dans les détails, brièvement, nous décrire votre rencontre à Zumbe avec le Procureur de la Cour pénale internationale ? Racontez-nous un peu comment ça s'est passé. Et puis, nous allons revenir sur le sujet des notabilités. Mais comme vous nous avez introduits dans la matière, nous y allons. Donc, racontez-nous votre

risque. En effet, si le conseil interrogeant n'avait pas suffisamment travaillé avec ledit témoin et qu'il ne sait pas tout ce que celui-ci détient comme renseignements sur le sujet abordé, il encourt le risque d'être surpris par certains éléments qui sont dans la tête du témoin et qui sortent naturellement. Il convient donc, pour se lancer avec sûreté dans une telle question trop ouverte, bien savoir ce que le témoin sait et va dire sur le sujet abordé et être à peu près certain qu'on ne sera pas dérouté par ses déclarations. Néanmoins, il faut toujours s'attendre à des surprises, car le témoin, ayant prêté serment de dire la vérité, toute la vérité et rien que la vérité, est libre de donner à la chambre les informations qu'il détient.

En guise d'exemplification peut être évoquée la surprise advenue au conseil de la défense de MN lorsqu'il interrogeait son témoin D03-100 au cours de l'audience de la chambre de première instance II du 13 septembre 2011.[152] Il convient de rappeler que la défense avait cité ce témoin à comparaître pour démontrer aux juges que l'un des témoins-clés du procureur, à savoir P-250, n'était membre d'aucune milice, ne se trouvait pas à Zumbe à l'époque des faits, mais était élève à Kagaba de 2001 à 2003. D03-100 a effectivement témoigné dans ce sens, confortant ainsi les bulletins scolaires de P-250 que la défense avait versés au dossier lors du contre-interrogatoire de ce dernier, bulletins reconnus par celui-ci.[153] Il s'est fait qu'au cours de l'interrogatoire principal, répondant à une question du conseil officiant, D03-100 a, de façon inattendue, parlé de tensions ayant existé entre sa famille et celle de Mathieu Ngudjolo. Voici l'échange pertinent :

> « [Pr FOFE] Q. O.K. Merci beaucoup. Monsieur le témoin, quand vous aviez appris la disparition de Baudouin, qu'est-ce que vous aviez ressenti ?
> R. Lorsque j'ai appris que Baudouin était parti, j'étais très inquiet. J'avais placé beaucoup d'espoir en cet enfant ; je voulais qu'il poursuive ses études. J'étais très préoccupé parce qu'il y a beaucoup de gens qui n'ont pas eu la chance de poursuivre leurs études. Je voulais qu'il fasse des études pour qu'il ait une meilleure vie et pour qu'il puisse également nous aider, nous ses parents. Lorsque j'ai appris qu'il était devenu témoin du Procureur de la Cour pénale internationale, cela m'a beaucoup tourmenté, perturbé. Et je n'avais pas peur de le dire à... tous ces émissaires qui sont venus me voir. Je voulais savoir où se trouvait mon enfant. Peut-être que nous pouvons poursuivre. Subitement, au mois de décembre... plutôt, au mois de septembre 2002... 2010, plutôt, le 29, j'ai appris que mon enfant était revenu. Alors, je me suis demandé d'où il venait et où il passait la nuit. Après avoir appris qu'il était revenu, je l'ai revu quatre jours

---

rencontre avec le Procureur de la Cour pénale internationale à Zumbe, en précisant la date, et cetera, et cetera, et cetera. Racontez-nous un peu cette rencontre. »

[152] Transcriptions ICC-01/04-01/07-T-309-Red-FRA CT WT 12-09-2011 ; et ICC-01/04-01/07-T-310-Red-FRA CT WT 13-09-2011.

[153] Ces bulletins ont été admis au dossier sous les cotes EVD-D03-00006 ; EVD-D03-00007 ; EVD-D03-00008 ; EVD-D03-00009.

plus tard. On m'a dit qu'il passait la nuit chez un certain (Expurgée) (Expurgée). Lorsque je l'ai appris, je suis allé le savoir, et on m'a dit qu'il avait passé la nuit là-bas, qu'il est allé à Geti, à Bukiringi, à Taba, à Kparangaza (phon.). Eh bien, j'ai passé de sérieuses épreuves pendant cette période. Mon enfant a souffert et m'a causé beaucoup de souffrance.
Q. Monsieur le témoin, étiez-vous le seul de votre famille à avoir souffert de la disparition de Baudouin ?
R. Moi-même et sa mère... avons souffert beaucoup plus que les autres. Mais les autres membres de la famille qui l'ont appris ont également souffert - tous les membres de ma famille. Et d'ailleurs un conflit est né entre les membres de ma famille et les membres de la famille de Ngudjolo. Il y a eu beaucoup de discussions. Je me suis dit qu'il fallait que je fasse quelque chose pour remédier à cette situation qui rendait les relations entre nos familles intenables. L'émissaire qui est venu le premier nous a beaucoup aidés. Il a dit à la famille adverse qu'il fallait qu'elle attende parce que quelque chose allait se faire pour calmer la situation. Et par la suite, la situation s'est d'ailleurs améliorée. Lorsque l'enfant est arrivé, je suis allé le voir. Il est arrivé chez moi ; je l'ai observé, et son état était mauvais, sa façon de parler était étrange. On dirait qu'il était devenu militaire. Il savait bien qu'il se trouvait chez ses parents, mais même pour demander à manger il était un peu virulent. Etant donné que c'était notre enfant, nous lui avons donné à manger mais il ne passait pas la nuit à la maison. Moi, en tant que le père de Baudouin, en vérité, je n'ai pas eu à discuter avec lui ; j'ai eu très peur de lui. On l'a encore une fois appelé pour qu'il regagne Kinshasa au mois de novembre de la même année. Il... a fourni tout son effort pour repartir à Kinshasa. Je dois poursuivre. Il n'est pas resté là pendant longtemps. Il est rentré le 9 décembre de Kinshasa. Et ce jour-là, il est venu en voiture. Je ne sais pas s'il est descendu à Butembo ou à Kisangani, mais il est arrivé en voiture. Il est arrivé à Dele. Nous n'étions pas loin de là. C'était le 9 décembre 2010. Il nous a donné son sac, et il a demandé de l'eau ; et il l'a fait furieusement. Et il s'est lavé, il s'est rhabillé et il est parti. Nous... ne l'avons plus vu comme il était avant ; il ne se comportait plus comme avant. Et un autre jour il est revenu au village. Il est revenu à la maison... le 16 du même mois de décembre. Je n'étais pas à la maison, mais sa mère y était. Sa mère lui a posé des questions à l'effet de savoir pourquoi il agissait ainsi. Et elle lui a dit : "Tu as disparu, mais quand tu rentres, tu dois rester avec nous." Et l'enfant s'est mal senti. Il a dit que quand il est parti à Takba, il était chez son frère. Et il avait dit qu'il allait incendier la maison de son frère. Et il a également dit que c'est seulement quand les parents vont décéder qu'il sera en paix. Et il nous a causé beaucoup de malheur cet enfant. J'ai donc compris qu'il était parti à la capitale de notre pays, et qu'il est parti chez les Blancs. Et je me disais qu'il avait peut-être un pistolet, qu'il pouvait nous tuer. Nous avions très peur. Et cela causait beaucoup de chagrin. Merci.
Pr FOFE : Merci beaucoup, Monsieur le témoin. Vous avez anticipé sur beaucoup de questions. Et vous l'avez fait librement. Et c'est bien. C'est bien ainsi. Et de cette façon, je n'ai plus d'autres questions à vous poser. Vous avez donné tous les éléments à la Chambre. Je vous remercie. Et vous allez maintenant vous mettre à la disposition d'autres collègues, pour répondre à leurs questions. Merci beaucoup, Monsieur le témoin. Merci Beaucoup. Merci, Monsieur le Président, Mesdames les juges.

M. LE JUGE PRESIDENT COTTE : Merci, Professeur Fofé. »[154]

Ainsi donc, ce témoin a sorti spontanément, devant les juges, l'existence d'un conflit entre les membres de sa famille et ceux de MN. Comme il fallait s'y attendre, lors de son contre-interrogatoire, le procureur est revenu et s'est attardé sur cet élément pour tenter de démontrer que le témoignage de D03-100 ne pouvait pas être pris en considération car, selon l'accusation, celui-ci est venu témoigner sous la contrainte, sous la menace proférée par la famille de MN. L'extrait ci-dessous illustre ce débat :

> « [Mme LUPING] Q. Et pouvez-vous nous dire avec précision ce qu'il vous a dit par rapport au fait que votre fils serait témoin du Bureau du Procureur ?
> R. Oui, je peux le dire. Quand il est arrivé pour m'informer que mon enfant était témoin, il m'a d'abord posé la question suivante : « Votre fils, Baudouin, où est-il ? » Je lui ai répondu : « Ce jeune homme... a été... enlevé par des Blancs..., et j'ai appris qu'il se trouve actuellement à Kinshasa ». Et il m'a dit : « C'est vrai ? » J'ai dit : « Oui, c'est vrai. Depuis 2006, il est parti et on me dit qu'il se trouverait à Kinshasa ». Sur ce il a dit : « Je ne vous pose pas cette question par hasard ; je vous la pose parce que j'ai appris que votre fils est témoin de M. le Procureur. » Alors, je lui dis : « Mais comment cela se fait-il ? » Il a répondu : « Ce jeune homme a déclaré que M. Mathieu l'a utilisé comme escorte ; est-ce que cela est vrai ? » Voilà la question qu'il m'a posée. Je lui ai dit : « Pendant toutes ces années, ces dernières années, ce jeune homme n'était pas avec nous ; il était dans la collectivité de Walendu-Bindi, à Kagaba, à l'école. D'ailleurs, au cours de ma discussion avec les vieux, nous nous sommes posé la question de savoir à quel moment il a fait partie d'une escorte. Je lui ai alors dit : est-ce que vous cherchez à me reprocher des choses ou à m'accuser de choses ? Il a eu peur et m'a dit « laissons la situation telle quelle, nous allons d'abord enquêter là-dessus. » C'était la fin de notre conversation.
> Q. Monsieur le témoin, en fait, vous avez appris que votre fils allait témoigner non seulement contre M. Ngudjolo Chui mais aussi contre Germain Katanga, n'est-ce pas ?
> R. Non. En ce qui concerne Germain Katanga, je ne le savais pas. Je savais seulement qu'il venait témoigner au sujet de Mathieu Ngudjolo.
> Q. En 2009, M. Jean Logo est venu vous voir avec le chef Manu. Vous... Comme vous l'avez expliqué, lorsqu'il est venu vous voir, il vous a également déclaré que votre fils allait témoigner et donner des informations concernant Germain Katanga ; est-ce exact ?
> R. Non, ce n'était pas en 2004. Il est arrivé chez moi en 2009.
> Q. Et lorsqu'il est venu vous voir, il vous a également indiqué que votre fils allait témoigner ou donner des informations contre Germain Katanga ; n'est-ce pas exact ?
> Me HOOPER... : Je vous interromps parce que c'est une question qui montre les choses d'une manière et qui n'est pas appropriée. C'est une déclaration de fait qui ne doit pas être faite.

---

[154] Transcription ICC-01/04-01/07-T-310-Red-FRA CT WT 13-09-2011, de la p. 6, L11 à la p. 8, L23.

Mme LUPING… : Je vais reformuler ma question, Monsieur le Président.
M. LE JUGE PRESIDENT COTTE : Reformulez-là, et n'oublions pas le temps d'arrêt. Allez, Madame Luping, reformulez votre question.
Mme LUPING… : Q. N'est-il pas exact de dire qu'on vous a posé des questions concernant votre fils et que c'est M. Jean Logo qui [vous] a posé ces questions ?
LE TEMOIN… : R. Oui, je vais vous répondre à cette question. Le jour où Logo est arrivé chez moi, il m'a dit que l'enfant a témoigné contre Mathieu et contre Katanga. Oui, cela m'a été dit le jour où il est arrivé chez moi. Par contre, avant cela, je savais qu'il témoignait contre Mathieu Ngudjolo…
Mme LUPING… : Merci, Monsieur le Président, Mesdames les juges. Q. Monsieur le témoin, revenons, si vous le voulez bien, à une autre partie de la transcription d'aujourd'hui. Je fais référence à la page 6, ligne 13, dans la transcription anglaise où vous dites ce qui suit : « On m'a dit que, en effet, il était témoin de ce Procureur, et j'ai pris peur… et j'ai eu très peur ». Alors, Monsieur le témoin, n'est-il pas exact de dire que vous avez eu très peur parce que votre fils témoignait contre Germain Katanga et votre chef Mathieu Ngudjolo ?
LE TEMOIN… : R. Oui, j'ai eu peur. J'ai vraiment eu peur parce que… parce que le fait de voir mon enfant arriver à une juridiction la plus haute du monde, cela m'a fait très peur. En tout cas, ça m'a fait peur de le voir même devenir un témoin du Procureur.
Q. *(Intervention non interprétée)*
M. LE JUGE PRESIDENT COTTE : Nous n'avons pas eu de, en réalité, d'interprétation de l'anglais vers le français. Donc, Madame Luping, si cela ne vous ennuie pas de reprendre votre question.
Mme LUPING… : Oui, Monsieur le Président. Q. N'est-il pas exact, Monsieur le témoin, de dire que la raison qui fait que vous aviez si peur était dû à la personne contre laquelle votre fils allait témoigner, à savoir votre chef Mathieu Ngudjolo ainsi que Germain Katanga ? C'est cela qui vous a fait très peur, n'est-ce pas Monsieur ?
LE TEMOIN… : R. Oui, j'avais peur, parce que… ils n'étaient pas mes chefs. La chose qui m'a [le] plus fait peur, c'est le fait qu'un petit enfant puisse se retrouver comme étant témoin du Procureur international ; cela m'a vraiment fait peur… »[155]

En ré-interrogatoire, le conseil de la défense est revenu sur cet élément pour défendre la crédibilité de son témoin :

« PAR Pr FOFE : Q. Monsieur le témoin, vous venez de nous parler de ce conflit potentiel qu'il y aurait eu entre votre famille et la famille de Ngudjolo à propos du fait que Baudouin était venu témoigner, ici, devant la Cour. Et vous venez de dire que pour apaiser ce conflit, vous avez accepté de venir témoigner devant la Cour. Monsieur le témoin, suivez bien ma question : ce que vous avez dit ici, devant les Honorables Juges, au sujet des activités de Baudouin, de 2002 à 2003, donc d'août 2002 à fin février 2003, ce que vous avez dit au sujet des activités de Baudouin durant cette période, est-il vrai ou faux ?

[155] Transcription ICC-01/04-01/07-T-310-Red-FRA CT WT 13-09-2011, de la p. 43, L6 à la p. 44, L20 ; et de la p. 46, L4 à la p. 48, L13.

LE TEMOIN... : R. En 2002 et en 2003, Baudouin était en train d'étudier. En 2004, il n'a pas étudié une année. Toutefois, en 2005, il a repris les études. Malheureusement, aujourd'hui, sa vie... sa vie est gâchée, et Baudouin n'est plus un garçon normal. Il n'a plus une intelligence normale ; je crois qu'on l'a tué intellectuellement. A ce sujet, je vous prie de bien vouloir m'aider, parce que mon enfant n'est plus normal. Il n'a plus aucune conscience sur sa propre vie. Il est en train d'errer par-ci par-là. C'est une question qui me fait très mal au cœur.
Q. Et... depuis quand est-ce que vous considérez que Baudouin s'est abîmé, depuis quand ?
R. Personnellement, je l'ai constaté en 2010 lorsque je l'ai vu ; j'ai vu qu'il était en très mauvais état, et cela continue jusqu'aujourd'hui... »[156]
« Q. Monsieur le témoin, je vous prie de répondre brièvement à ma question. Et peut-être qu'elle est la dernière.Vous avez parlé de ce conflit-là. Nous avons entendu. Ma question est celle-ci : est-ce que cette situation-là, ce conflit-là entre vos deux familles a une incidence, a eu une incidence, vous a entraîné, vous a influencé dans ce que vous avez dit au sujet de Baudouin, de ses activités, de sa scolarité entre 2002 et 2004, 2005, 2006 ?
R. Je n'ai rien dit de mal par rapport à Baudouin. En tant que parent, je me suis réservé de dire quelque chose de mal par rapport à mon fils. J'ai patienté ; j'ai voulu venir ici pour que tout le monde, les Blancs qui ont trompé mon fils, et que M. le Procureur sache qu'il m'a fait du mal et qu'il reconnaisse sa faute, qu'il puisse également aider mon fils dans sa vie.
Pr FOFE : Merci beaucoup, Monsieur le témoin. Merci beaucoup pour votre réponse. Je n'ai plus d'autres questions à vous poser... Merci, Monsieur le Président, Honorables Juges... »[157]

La chambre a posé cette dernière question pour clore ce débat :

« PAR M. LE JUGE PRESIDENT COTTE : Lorsque vous êtes entré en salle d'audience hier, et avant de commencer votre témoignage, vous avez donc pris l'engagement solennel de dire la vérité, toute la vérité et rien que la vérité. Q. La Chambre n'a qu'une question à vous poser à cet instant et elle redonnera la parole au Pr Fofé pour qu'il ait la parole en dernier. Nous avez-vous dit, Monsieur le témoin, toute la vérité ? C'est la seule question que nous vous posons. Au cours de votre témoignage, nous avez-vous dit la vérité ?
LE TEMOIN... : R. Tout ce que j'ai déclaré devant vous, c'est la vérité.
M. LE JUGE PRESIDENT COTTE : Je vous remercie Monsieur le témoin. Professeur Fofé, je souhaite que la Défense ait la parole en dernier.
Pr FOFE : Merci beaucoup pour votre question, Monsieur le Président. Nous n'avons rien à ajouter après cette question de sagesse. Nous vous remercions, Monsieur le Président.
M. LE JUGE PRESIDENT COTTE : Alors, Monsieur le témoin, votre témoignage s'achève... »[158]

---

[156] *Idem*, de la p. 49, L18 à la p. 50, L12.
[157] Transcription ICC-01/04-01/07-T-310-Red-FRA CT WT 13-09-2011, p. 55, L11 à 28.
[158] *Idem*, p. 56, L4 à 19.

Lors des conclusions écrites et des plaidoiries, la question a ressurgi. Le Procureur continuait à soutenir que le témoignage de D03-100 n'était pas crédible, car, selon lui, ce dernier a été contraint à venir déposer non pas pour dire la vérité mais pour éteindre les « menaces de mort » que sa famille subissait de la part de celle de Mathieu Ngudjolo.[159] En revanche, la défense persistait à souligner que D03-100 avait rapporté cette tension entre les deux familles tellement spontanément et naturellement que cet élément, postérieur à ce que le témoin devait contester, en l'occurrence les activités de P-250 durant la période infractionnelle, n'avait nullement porté atteinte à sa crédibilité ni à la fiabilité de sa déposition. Au contraire, cette spontanéité rehaussait-elle plutôt sa crédibilité.[160]

En analysant le jugement du 18 décembre 2012, on note que dans son évaluation de la crédibilité du témoignage de D03-100, la chambre a pris en compte cette spontanéité traduisant la volonté de transparence de ce dernier, autant que la corroboration de sa déposition avec celles d'autres témoins de MN et de GK. La chambre a ainsi argumenté :

> «148. La Défense de Mathieu Ngudjolo a demandé au témoin D03-100, un proche de P-250, de venir déposer en audience et elle l'a interrogé sur les activités de P-250 pendant l'année 2002-2003.
>
> 149. D03-100 a déclaré que P-250 était parti à Kagaba en 2000 ou en 2001 pour terminer sa première année secondaire et qu'il était resté ensuite dans cette localité pour effectuer successivement sa deuxième et sa troisième année. En raison des troubles causés à Kagaba, en 2003, par le commandant Yuda, P-250 aurait toutefois passé une partie de cette année scolaire à Gety avant de revenir de nouveau à Kagaba, lorsque Gety était, à son tour, devenue une localité dangereuse.
>
> 150. Lors des plaidoiries finales, le Procureur a affirmé, sans autres précisions, que les propos tenus par D03-100 sur le parcours scolaire de P-250 ne concordaient pas avec les bulletins présentés en audience. En comparant la déposition du témoin D03-100 avec les bulletins scolaires produits, la Chambre a également relevé que celui de l'année 2002-2003 ne faisait pas état du fait que cette année là, la scolarité de P-250 s'était partagée entre Gety et Kagaba. Pour autant, la Chambre estime qu'il appartenait au Procureur, s'il l'estimait nécessaire, de confronter le témoin avec les bulletins scolaires de P-250 afin de mettre en évidence toute éventuelle contradiction.

---

[159] CPI, Situation en République démocratique du Congo, *Affaire le Procureur c. Germain Katanga et Mathieu Ngudjolo*, ICC-01/04-01/07, Chambre de 1ère instance II, Bureau du Procureur, Corrigendum du mémoire final, ICC-01/04-01/07-3251-Corr-Red, 3 juillet 2012, § 778.

[160] CPI, Situation en République démocratique du Congo, *Affaire le Procureur c. Germain Katanga et Mathieu Ngudjolo*, ICC-01/04-01/07, Chambre de 1ère instance II, Equipe de Défense de Mathieu Ngudjolo, Deuxième corrigendum, Conclusions finales, ICC-01/04-01/07-3265-Corr2-Red, 8 novembre 2012, § 1061-1062.

151. Quel que soit l'objectif poursuivi par le Procureur, il apparaît certain qu'il entend remettre en cause la crédibilité du témoin D03-100 venu, selon lui, témoigner non pas pour dire la vérité mais pour mettre un terme à des « menaces de mort » que la famille de Mathieu Ngudjolo aurait proférées contre sa propre famille. Mais, comme l'a relevé la Défense de cet accusé, D03-100 a fait état, lui-même et spontanément, de « conflits » entre les deux familles au cours de son interrogatoire principal, en indiquant ultérieurement que celle de l'accusé avait « prononcé certaines mauvaises paroles ». Pour la Chambre, un tel constat traduit une volonté de transparence qui doit être prise en compte dans l'évaluation de sa crédibilité. Mais celle-ci ne la dispense pas pour autant de s'interroger sur le point de savoir si l'existence de ces menaces, évoquées par le témoin D03-100 lui-même, ne sont pas de nature à altérer son témoignage.

152. Dès lors, afin de mesurer l'impact, sur ce témoignage, d'éventuelles tensions ou menaces venant de la famille de Mathieu Ngudjolo, la Chambre a entendu mettre sa déposition en perspective avec celles d'autres témoins, disposant de renseignements utiles sur le parcours suivi par P-250 pendant l'année 2002-2003. Sur ce point, la Chambre a relevé que quatre témoins, deux ayant été appelés par la Défense de Mathieu Ngudjolo et les deux autres par celle de Germain Katanga, attestent de la présence de P-250 à Gety pendant l'année scolaire 2002-2003 :

- D03-66 affirme que le témoin P-250 était étudiant à Gety pendant la guerre et qu'il ne vivait pas en Bedu-Ezekere avec ses parents ;
- D03-55 prétend avoir vécu en Bedu-Ezekere à partir de 2002. Il soutient que P-250 est un membre de sa famille et qu'il était écolier à Gety au moment des faits ;
- D02-160 déclare avoir étudié à Gety entre 2002 et 2004 et il soutient que P-250 était élève à l'institut de Gety pendant l'année scolaire 2002-2003 ;
- D02-161 soutient que P-250 était scolarisé à Gety, qu'il venait régulièrement à Aveba pour rendre visite à des amis et qu'elle ne l'avait jamais vu en tenue militaire, ni porteur d'une arme pas plus qu'elle ne l'avait entendu parler d'un quelconque combat.

153. Ces quatre témoins appartiennent à des univers différents. Alors que, pendant cette période, les deux témoins de la Défense de Mathieu Ngudjolo vivaient dans le groupement de Bedu-Ezekere, ceux de la Défense de Germain Katanga étaient étudiants dans la collectivité de Walendu-Bindi. Cette diversité de situations donne à ces quatre témoignages, qui se corroborent, une dimension particulièrement convaincante et elle renforce la crédibilité de D03-100 lorsqu'il affirme que P-250 étudiait dans la collectivité de Walendu-Bindi à l'époque des faits. »[161]

La circonspection au regard de questions trop ouvertes dont nous venons de parler vaudrait surtout pour le conseil de la défense dont le client plaide non coupable. Elle ne devrait raisonnablement pas être une préoccupation majeure pour le procureur qui, aux fins d'établissement de la vérité, instruit tant à charge qu'à décharge, étant obligé d'étendre l'enquête à tous les faits

[161] Jugement Ngudjolo, §§ 148 à 153.

et éléments de preuve qui peuvent être utiles pour déterminer s'il y a responsabilité pénale de tel accusé ou pas.[162]

Section 2 - *Deuxième règle* : Obligation de poser en une unité toutes ses questions se rapportant aux thèmes retenus

Lors de son interrogatoire principal, la partie ayant cité le témoin doit lui poser toutes les questions utiles à sa cause et rentrant dans les différents thèmes retenus pour la déposition de celui-ci et communiqués aux juges ainsi qu'aux autres parties et participants. Dès lors, avant de déclarer clos son interrogatoire principal, il faut bien vérifier que tous ces thèmes ont été couverts, car on n'aura plus, après, l'occasion d'ouvrir un nouvel interrogatoire principal.

Comme on le verra, le reinterrogatoire ou les ultimes observations du conseil ayant appelé le témoin ne doivent porter que sur des points soulevés pour la première fois en contre-interrogatoire ou lors des interrogatoires des représentants légaux ou de la chambre. Ils n'autorisent pas l'ouverture d'un nouvel interrogatoire principal, sauf accord exceptionnel de la chambre face à une situation particulière et imprévue.

Ce cas est arrivé le mercredi 19 octobre 2011 dans l'affaire Bogoro, lors de la déposition de GK comme témoin assermenté. La défense de ce dernier a sollicité de la chambre de première instance II l'autorisation de questionner celui-ci sur un document qu'elle n'avait pas initialement retenu dans sa liste des pièces à utiliser lors de l'interrogatoire principal. Elle a justifié cette demande par le fait qu'au cours de son contre-interrogatoire, le procureur avait présenté audit témoin-accusé certaines pièces et que pour y répondre, la défense se devait de présenter ce document. Sur proposition du procureur, la chambre a autorisé la défense de GK à procéder à un nouvel interrogatoire principal limité à ce document et le procureur à contre-interroger à nouveau le témoin sur ledit document. Ecoutons l'argumentation du conseil de GK axée essentiellement sur la justification du recours tardif à ce document[163] :

> « M. LE JUGE PRÉSIDENT COTTE : ... Me O'Shea, hier, a manifesté le souhait, en tout cas, l'équipe de défense de Germain Katanga a manifesté le souhait - nous a-t-il semblé, en tout cas - d'utiliser un document sur lequel nous avons brièvement échangé, mais de manière purement formelle, hier ; nous ne sommes pas entrés dans le fond. Ce que nous souhaiterions, c'est que Me O'Shea nous dise pourquoi il envisage d'utiliser ce document, et que, Monsieur le

---

[162] Article 54-1-a du Statut.

[163] Comme on le verra dans la seconde partie, le versement des pièces par le biais d'un témoin est soumis à certaines règles dont l'obligation d'annonce et de communication préalables : voir *infra*, pp 378 à 406.

Procureur, vous fassiez part, le cas échéant, verbalement, des observations que cette utilisation appelle de votre part. Vous l'avez fait par message e-mail le 18 octobre à 9 h 47, mais vous ne connaissiez pas encore la motivation qui conduit Me O'Shea à souhaiter utiliser ce document. En fonction de vos propos respectifs, nous verrons ce que nous faisons, et si ce document peut être utilisé. Auquel cas, s'il l'est, Me O'Shea l'utilisera. Vous pourrez à ce moment-là répondre. Dans l'immédiat, nous ne savons pas exactement ce que Me O'Shea a en tête. Et l'aspect ultimes observations est réservé à l'issue de ce que nous allons entendre, pour rassurer Me Kilenda et le Pr Fofé. Allez, Maître O'Shea.
Me O'SHEA... : Oui, merci beaucoup, Monsieur le Président, Mesdames les juges. Il s'agit d'une requête visant essentiellement à ajouter à l'inventaire des éléments de preuve que la Défense a l'intention d'utiliser une lettre en date du 6 mars [2003], émanant de Oudo Mbafele, à Son Excellence PDG de Codeco. Il s'agit d'un document qui, selon nous, est significatif pour l'équité de la procédure, à la lumière du contre-interrogatoire mené par l'Accusation. Je pourrais même ajouter, à la lumière de l'importance que Monsieur, Mesdames les juges, vous avez accordé à la lettre du 9 février 2003 dans votre dernière question, Monsieur le Président. Le problème juridique qui se pose à ce stade, c'est le règlement 35... c'est la norme, pardon, 35-2, qui permet un allongement des délais dans certaines circonstances vis-à-vis d'échéances qui ont été fixées. Et l'échéance, en l'occurrence, est le 7 mars 2011, demandant à la Défense de divulguer la liste des documents qu'elle avait l'intention d'utiliser... pendant cet interrogatoire principal. J'ai insisté sur le fait que ce document, nous n'avons pas l'intention de l'utiliser pour l'interrogatoire principal. Nous n'avons pas du tout l'intention de rouvrir l'interrogatoire principal. Ce que nous souhaitons faire avec ce document, c'est de l'utiliser dans l'interrogatoire complémentaire, pour revenir sur des questions qui ont été invoquées... évoquées - pardon - pendant le contre-interrogatoire de l'Accusation. Voilà donc le contexte dans lequel est présentée cette requête. Et je crois que ce contexte est important. Avant le 7 mars 2011, la Défense de M. Katanga n'avait aucunement l'intention d'utiliser cette lettre. Et trois jours avant l'interrogatoire principal, la Défense de M. Katanga n'avait aucune intention d'utiliser cette lettre. Je vous rappelle, Monsieur le Président, Mesdames les juges, la décision 1665, au paragraphe 106, qui précise que les parties ne peuvent inclure dans la liste des documents qu'elle divulgue des documents qu'elle n'a pas l'intention d'utiliser. S'agissant de notre requête visant à demander l'autorisation d'inclure ce document dans la liste, eh bien, nous devons, je crois, nous ancrer sur l'article 69-4 du Statut, et la base... d'admissibilité des éléments de preuve. Et comme nous le savons, cet élément fait référence au principe de l'équité de la procédure... La norme 35-2 dit que «la Défense doit démontrer - en l'occurrence - que la Défense n'a pas été en mesure de déposer sa requête dans les limites fixées pour des raisons qui ne relèvent pas de son contrôle ». Votre décision précédente, s'agissant de la Défense, est en date du 27 septembre 2011, et peut être retrouvée dans la transcription 314. Il s'agissait d'une requête pour ajouter des documents aux fins de l'interrogatoire principal. Et vous aviez estimé, à ce moment-là, que la norme 35-2 n'avait pas été respectée, parce que les documents étaient en possession de la Défense bien avant le 7 mars 2011. Ce qui distingue cette circonstance précise de la situation... d'inscrire des documents dans la liste pour l'interrogatoire principal,

eh bien, c'est que cette fois-ci, nous sommes en présence de circonstances qui... ne sont pas du tout... entre les mains de la Défense ; il s'agit de l'interrogatoire par l'Accusation. Avant le 7 mars 2011, la Défense... ne savait pas du tout... comment le contre-interrogatoire de M. Katanga serait mené. Ce sont vraiment des circonstances qui ne dépendent pas du tout de nous. Et je pourrais ajouter qu'avant cette date, et à cette date, ... nous n'avions d'ailleurs pas du tout l'intention d'appeler M. Katanga à la barre. Donc, étant donné qu'il ne faudrait pas encourager le fait d'ajouter des documents dans la liste lorsqu'il n'est pas du tout prévu d'utiliser ces documents, cela ne doit pas être encouragé dans la procédure, dans cette situation, nous n'avons pas pu ajouter ce document dans notre liste. En d'autres termes, cette possibilité d'ajouter un document ne doit pas être simplement une possibilité physique, c'est-à-dire ajouter ce document. Il faut prendre en considération d'autres circonstances : quelles sont les intentions des parties et est-ce que ces intentions auraient pu être différentes. Étant donné que nous n'avions pas du tout l'intention d'utiliser ce document, nous n'étions pas en mesure, dans ce contexte, de procéder autrement. Si vous ne me suivez pas sur ce point, Monsieur le Président, c'est-à-dire l'application de la norme 35-2, vous avez autorisé la possibilité d'ajouter un document dans la liste des éléments de preuve. Et j'en reviens à la décision portant sur la Défense ; la décision du 27 septembre 2011. Si le document est considéré comme étant plus convaincant que d'autres documents ayant déjà fait l'objet d'une divulgation ou... - et j'utilise vos propres termes, Monsieur le Président, dans cette décision - ou met en lumière... un fait qui est significatif dans la cause, eh bien, s'agissant de ces deux critères que je viens de citer, il y a un certain nombre de questions qui font de cette lettre un élément significatif... »[164]

En réponse à cette requête de la défense de GK, le procureur a proposé une solution qui devait assurer l'équité de la procédure à l'égard de toutes les parties et tous les participants. Il a relevé, en effet, que l'option que semblait privilégier le requérant risquait de ne pas être équitable vis-à-vis des autres parties, et principalement vis-à-vis de l'accusation. En clair, autoriser le requérant à faire usage de ce document dans le cadre de ses questions supplémentaires priverait le procureur de la possibilité d'interroger à nouveau le témoin sur ledit document. Aussi, a-t-il soutenu et proposé que, pour assurer l'équité de la procédure, la chambre autorisât le conseil de GK à rouvrir son interrogatoire principal uniquement sur ce document. Ensuite, l'équipe de défense de MN, si elle le souhaitait, poserait des questions exclusivement sur ce document, et le procureur contre-interrogerait à nouveau le témoin uniquement sur ce document, sans oublier les représentants légaux des victimes et la chambre qui pourraient

[164] CPI, Situation en République démocratique du Congo, *Affaire le Procureur c. Germain Katanga et Mathieu Ngudjolo*, ICC-01/04-01/07, Chambre de 1ère instance II, Transcription de l'audience du 19 octobre 2011, ICC-01/04-01/07-T-325-FRA ET WT, de la p. 33, L19 à la p. 37, L4.

éventuellement questionner également le témoin sur ledit document. Ecoutons cette réponse pertinente du procureur :

> « M. MacDONALD : ... Ce que nous vous soumettons, c'est que... regarder les questions qui ont été posées par Me Hooper en interrogatoire principal sur les documents et l'autorité de M. Katanga. Ce document a été divulgué, était sur la liste des éléments à charge de l'Accusation dès mai 2009. Également, tenez compte du contenu du document. Il n'y a rien de nouveau. Mon collègue a abordé ces thèmes et ce contenu indirectement en interrogatoire principal. Là où je veux en venir : ... il s'agit d'une demande de réouverture de l'interrogatoire parce qu'on a oublié de vouloir discuter de ce document-là, on savait, [qu'il] existait et [qu'il] était présent. Là, ce qu'on veut éviter, c'est empêcher à l'Accusation la possibilité de contre-interroger à nouveau l'accusé sur ce document. Et si on veut respecter l'équité, il s'agit donc d'une réouverture ; ça va, ça arrive. On oublie, on a l'accusé ; ce sont des choses qui arrivent. Mon collègue pose ses questions en principe, l'Accusation compte... Me Kilenda aura l'opportunité de poser des questions, on contre-interrogera, les représentants légaux, la Chambre, et on revient, et la procédure est respectée sur l'unique utilisation... ou ce document-là, et c'est tout. On ne rouvre pas un interrogatoire *at large* ou un contre-interrogatoire *at large* ; on se limite à ce document-là. C'est ce que je vous soumets et la solution raisonnable qui respecte l'équité et qui permet de ne pas sombrer dans la construction d'une cathédrale. »[165]

Tranchant le débat, la chambre a rendu, le même jour, sa décision comportant deux volets :

- Sur le plan du fond, elle a reconnu l'intérêt que revêtait ce document daté du 6 mars 2003, potentiellement utile à la manifestation de la vérité et mettant en lumière un élément significatif jusqu'alors absent du dossier ;
- Sur le plan de la procédure, elle a autorisé la défense de GK à procéder à un interrogatoire supplémentaire limité à ce document, suivi d'un nouveau contre-interrogatoire du procureur sur ledit document. Ensuite, la procédure devait reprendre son cours normal avec les ultimes observations de la défense de MN sur l'ensemble des contre-interrogatoires et éventuellement sur l'échange intervenu autour de ce document, suivi des ultimes observations de la défense de GK sur l'ensemble des contre-interrogatoires du procureur. Suivons le raisonnement de la chambre :

> « Dans l'immédiat, donc, merci, tout d'abord, à Me O'Shea pour les explications qu'il nous a données en fin d'audience. Merci à M. le Procureur pour son intervention. Nous sommes en présence d'un document daté du 6 mars 2003, que l'équipe de défense de Germain Katanga souhaite utiliser. Ce document, en l'état, nous apparaît intéressant. Il est daté du 6 mars 2003, donc, temporellement, période qui nous concerne. Il mentionne Bogoro, ainsi que les noms de personnes dont nous parlons depuis longtemps. Il est potentiellement utile à la manifestation de la vérité. Et à cet égard, la Chambre entend se référer à ses précédentes décisions. Elle considère en effet que ce document met en lumière

[165] *Idem*, de la p. 38, L11 à la p. 39, L3.

un élément jusqu'alors inconnu, et qui est significatif pour la présente affaire. Le poids probatoire sera apprécié ultérieurement. La Chambre rappelle également que nous avons un accusé qui a accepté de déposer comme témoin, et qu'il ne faut pas perdre l'occasion qui nous est offerte de recueillir ses explications, s'il peut en donner, sur ce document. Reste la procédure à suivre. Une procédure dont nous avons bien compris qu'elle doit être, Me O'Shea a insisté, équitable, et qu'elle doit être, M. le Procureur a insisté, contradictoire. La Chambre autorise donc, à cet instant, l'équipe de défense de Germain Katanga à procéder à un interrogatoire supplémentaire, limité à ce seul document. Une fois que l'équipe de défense de Germain Katanga aura posé à ce dernier les questions qu'elle souhaite poser sur ce document, M. le Procureur pourra contre-interroger Germain Katanga sur ce document. Puis nous reviendrons à notre procédure habituelle. Et la procédure habituelle conduira à donner la parole à Me Kilenda, pour ses ultimes observations, qui porteront sur l'ensemble du contre-interrogatoire, mais également, s'il le souhaite, sur l'échange qui sera intervenu entre Me Hooper d'un côté et Germain Katanga, puis le Procureur et Germain Katanga. Et Me Hooper ou Me O'Shea, ou les deux, fermeront, si je puis dire, la marche, et feront leurs ultimes observations sur l'ensemble du contre-interrogatoire, en y incluant le document qui aura fait l'objet, peu avant, d'une discussion dans le cadre d'un interrogatoire principal et d'un contre-interrogatoire. Il nous est apparu en l'état que ce document ne devait pas a priori entrer dans le champ d'activité des représentants légaux, c'est pourquoi je ne les ai pas mentionnés… »[166]

Section 3 - *Troisième règle* : Respect du principe de l'oralité et interdiction d'utilisation des déclarations antérieures de son propre témoin

La compréhension de cette importante règle passe par l'exposé de son contenu (paragraphe I) et l'explication de quelques souplesses prévues pour la rendre plus efficace à la manifestation de la vérité (paragraphe II).

Paragraphe I : Substance de la règle

Le témoignage est guidé par le principe de l'oralité. Ce qui compte comme élément de preuve, c'est ce que le témoin déclare devant les juges au prétoire. Ce principe est porté par l'article 69-2 du Statut qui dispose : « Les témoins sont entendus en personne lors d'une audience, sous réserve des mesures prévues à l'article 68 ou dans le Règlement de procédure et de preuve. La Cour peut également autoriser un témoin à présenter une déposition orale ou un enregistrement vidéo ou audio, et à présenter des

166 Transcription ICC-01-04-01-07-T-325-FRA ET WT 19-10-2011, de la p. 40, L23 à la p. 42, L24.

documents ou des transcriptions écrites, sous réserve des dispositions du présent Statut et conformément au Règlement de procédure et de preuve. Ces mesures ne doivent être ni préjudiciables ni contraires aux droits de la défense. »

Dès lors, il est interdit au conseil ayant appelé tel témoin, de lui présenter, au cours de l'interrogatoire principal, les déclarations antérieures de celui-ci. Ces déclarations antérieures sont généralement consignées dans des notes d'entretiens avec ledit témoin, mais aussi dans des vidéos ou dans des enregistrements audio.

Ce principe de l'oralité est ainsi explicité dans le paragraphe 109 des instructions 1665 : « En principe, un témoin rapporte ce qu'il se rappelle avoir observé. Les témoins ne sont pas autorisés à simplement donner lecture des déclarations faites antérieurement ou d'autres documents. Cependant, étant donné le temps écoulé entre les évènements en l'espèce et la nature souvent traumatique des faits sur lesquels le témoin dépose, la chambre peut autoriser les témoins à consulter certains documents afin de se rafraîchir la mémoire, mais seulement dans la mesure où : a) les documents en question contiennent les souvenirs personnels du témoin ; et b) copie du document a été mise à la disposition de la partie adverse qui, au cours du contre-interrogatoire, peut se fonder sur les passages mentionnés par le témoin. »

On le voit, les deux premières phrases de ce paragraphe 109 posent clairement le principe de l'oralité. En effet, comme dit ci-dessus, la preuve testimoniale consiste en ce que le témoin déclare verbalement devant la chambre. Le témoin des faits ne doit pas se mettre à lire ses déclarations antérieures consignées par écrit. Notons, à ce sujet, que dans le système judiciaire de la CPI, les notes d'entretiens établies par le procureur, la défense ou, dans certains cas, le représentant légal de victimes au cours de leurs enquêtes respectives, ne sont pas automatiquement versées au dossier, n'en font donc pas partie, même si elles portent la signature du témoin entendu. C'est là un des points de différence avec le système judiciaire romano-germanique où les procès-verbaux d'audition des témoins établis par les officiers ou les inspecteurs de police judiciaire, et signés par ceux-là et ceux-ci, font partie du dossier.

Ce principe de l'oralité est respecté même lorsque le témoin dépose à distance, par liaison audio ou vidéo. En effet, « conformément au paragraphe 2 de l'article 69, les Chambres de la Cour peuvent autoriser un témoin à présenter une déposition orale par liaison audio ou vidéo, pour autant que la technique utilisée permette au Procureur, à la défense, ainsi qu'à la Chambre elle-même, d'interroger le témoin pendant qu'il dépose. »[167] Toutes les conditions doivent être réunies pour permettre au témoin de dire la vérité, sans crainte, sans interférence externe. Aussi, la chambre s'assure-t-elle, « avec le concours du Greffe, que le lieu choisi pour la présentation d'un

---

[167] Règle 67-1 du RPP.

témoignage par liaison audio ou vidéo se prête à une déposition franche et sincère ainsi qu'au respect de la sécurité, du bien-être physique et psychologique, de la dignité et de la vie privée du témoin. »[168] Cette déposition orale à distance se fait donc en respect du principe du contradictoire qui permet l'éclosion de la vérité. La chambre et les parties doivent être en mesure d'interroger et de contre-interroger le témoin pendant qu'il dépose.

La mise en œuvre du principe de l'oralité admet cependant quelques souplesses.

Paragraphe II : Souplesses admises

Celles-ci sont enchâssées dans la règle 68 du RPP (A) et dans la troisième phrase du paragraphe 109 des instructions 1665 (B).

A- Souplesse prévue par la règle 68 du RPP

En effet, la chambre peut autoriser la présentation des témoignages enregistrés sur supports écrit, audio ou vidéo, à condition que les parties aient la possibilité d'interroger l'auteur de ces déclarations, c'est-à-dire donc le témoin, soit au moment de leur enregistrement, si celui-ci ne comparaît pas devant la chambre, soit au prétoire, dans le cas inverse. C'est ce que prévoit la règle 68 qui organise ainsi les témoignages préalablement enregistrés : « Lorsque la Chambre préliminaire n'a pas pris les mesures prévues à l'article 56, la Chambre de première instance peut, conformément au paragraphe 2 de l'article 69, autoriser la présentation de témoignages déjà

---

[168] Règle 67-3 du RPP.
Norme 45 du RG (Règlement du Greffe) : « Organisation des témoignages en direct par liaison audio ou vidéo
1- Le Greffe prend les arrangements nécessaires quand la chambre ordonne l'audition d'un témoin par liaison audio ou vidéo, en vertu du paragraphe 2 de l'article 69 et de la règle 67.
2- Le participant qui souhaite l'audition d'un témoin par liaison audio ou vidéo en fait la demande au moins 15 jours calendaires à l'avance, en règle générale.
3- Pour choisir le lieu du témoignage par liaison audio ou vidéo conformément à la disposition 3 de la règle 67, le Greffier envisage en particulier les endroits suivants :
a) les bureaux de la Cour à l'étranger ;
b) un tribunal national ;
c) le bureau d'une organisation internationale ; ou
d) une ambassade ou un consulat. »
La norme 46 décrit, en détail, le « déroulement des témoignages en direct par liaison audio ou vidéo ».

enregistrés sur support audio ou vidéo, ainsi que de transcriptions ou d'autres preuves écrites de ces témoignages, pour autant que :
a) Si le témoin dont le témoignage a été enregistré ne comparaît pas en personne devant la Chambre de première instance, le Procureur et la défense aient eu la possibilité de l'interroger pendant l'enregistrement ; ou
b) Si le témoin dont le témoignage a été enregistré comparaît en personne devant la Chambre de première instance, il ne s'oppose pas à la présentation de son témoignage enregistré et que le Procureur, la défense, et la Chambre elle-même, aient eu la possibilité de l'interroger au cours de la procédure. »[169]

---

[169] Règle 68 du RPP. L'article 56 du Statut, auquel renvoie cette règle, décrit le « Rôle de la Chambre préliminaire dans le cas où l'occasion d'obtenir des renseignements ne se présentera plus » :
« 1. a) Lorsque le Procureur considère qu'une enquête offre l'occasion unique, qui peut ne plus se présenter par la suite, de recueillir un témoignage ou une déposition, ou d'examiner, recueillir ou vérifier des éléments de preuve aux fins d'un procès, il en avise la Chambre préliminaire ; b) La Chambre préliminaire peut alors, à la demande du Procureur, prendre toutes mesures propres à assurer l'efficacité et l'intégrité de la procédure et, en particulier, à protéger les droits de la défense ; c) Sauf ordonnance contraire de la Chambre préliminaire, le Procureur informe également de la circonstance visée à l'alinéa a) la personne qui a été arrêtée ou a comparu sur citation délivrée dans le cadre de l'enquête, afin que cette personne puisse être entendue.
2. Les mesures visées au paragraphe 1, alinéa b), peuvent consister : a) À faire des recommandations ou rendre des ordonnances concernant la marche à suivre ; b) À ordonner qu'il soit dressé procès-verbal de la procédure ; c) À nommer un expert ; d) À autoriser l'avocat d'une personne qui a été arrêtée, ou a comparu devant la Cour sur citation, à participer à la procédure ou, lorsque l'arrestation ou la comparution n'a pas encore eu lieu ou que l'avocat n'a pas encore été choisi, à désigner un avocat qui se chargera des intérêts de la défense et les représentera ; e) À charger un de ses membres ou, au besoin, un des juges disponibles de la Section préliminaire ou de la Section de première instance, de faire des recommandations ou de rendre des ordonnances concernant le rassemblement et la préservation des éléments de preuve et les auditions de personnes ; f) À prendre toute autre mesure nécessaire pour recueillir ou préserver les éléments de preuve.
3. a) Lorsque le Procureur n'a pas demandé les mesures visées au présent article, mais que la Chambre préliminaire est d'avis que ces mesures sont nécessaires pour préserver des éléments de preuve qu'elle juge essentiels pour la défense au cours du procès, elle consulte le Procureur pour savoir si celui-ci avait de bonnes raisons de ne pas demander les mesures en question. Si, après consultation, elle conclut que le fait de ne pas avoir demandé ces mesures n'est pas justifié, elle peut prendre des mesures de sa propre initiative ; b) Le Procureur peut faire appel de la décision de la Chambre préliminaire d'agir de sa propre initiative en vertu du présent paragraphe. Cet appel est examiné selon une procédure accélérée.
4. L'admissibilité des éléments de preuve préservés ou recueillis aux fins du procès en application du présent article, ou de l'enregistrement de ces éléments de preuve,

On voit donc qu'en réalité, cette souplesse, qui trouve son fondement dans le souci de faire avancer la procédure, ne remet pas en cause le principe de l'oralité ni celui du contradictoire qui restent de mise soit au moment de l'enregistrement, soit au prétoire si le témoin comparaît.

À l'occasion de l'examen du recours contre la décision ICC-01/05-01/08-1022-tFRA intervenue dans l'affaire Bemba, la chambre d'appel a souligné que les règles régissant l'oralité des débats sont plus souples durant la phase préliminaire que celle du procès. Dans son arrêt, elle s'est attaquée à la motivation présentée par la chambre de première instance, pour expliquer sa démarche ayant abouti à l'acceptation du versement au dossier des déclarations écrites antérieures des témoins du procureur, selon laquelle « la plupart des déclarations écrites de témoin et des documents connexes sur lesquels l'accusation se fondera au procès ont été recueillis, communiqués et utilisés en tant qu'éléments de preuve étayant la confirmation des charges au stade préliminaire… ; [que] la Décision relative à la confirmation des charges [étant le] principal document faisant autorité, la majorité des juges de la chambre de première instance a considéré qu'aucune raison impérieuse ne lui interdit d'employer au procès [lesdites] déclarations ».[170] La chambre d'appel a relevé, à juste titre, que « cet argument relatif au lien entre les phases préliminaire et de première instance n'est pas convaincant. S'il est vrai qu'il y a et doit y avoir un lien fort entre ces deux phases de la procédure, cela ne signifie pas pour autant que la même norme d'administration de la preuve s'applique aux deux. Loin s'en faut, puisque les règles touchant à l'oralité des débats sont bien plus souples durant la phase préliminaire qu'au procès. Aux fins de l'audience de confirmation des charges, l'article 61-5 du Statut dispose que le procureur "peut se fonder sur des éléments de preuve sous forme de documents ou de résumés et n'est pas tenu de faire comparaître les témoins qui doivent déposer au procès". Au procès en revanche, la chambre de première instance doit respecter l'article 69-2. Les déclarations de témoin ne peuvent être produites en vertu de la règle 68 du Règlement que si les conditions strictes que celle-ci énonce sont remplies. »[171]

---

est régie par l'article 69, leur valeur étant celle que leur donne la Chambre de première instance. »

[170] CPI, Situation en République centrafricain, *Affaire le Procureur c. Jean-Pierre Bemba Gombo,* ICC-01/05-01/08, Chambre de 1ère instance III, Décision relative à l'admission en preuve des documents figurant dans l'inventaire des preuves de l'Accusation, ICC-01/05-01/08-1022-tFRA, 19 novembre 2010, la version française datant du 15-03-2011, ci-après « Décision ICC-01/05-01/08-1022-tFRA », §27.

[171] CPI, Situation en République centrafricain, *Affaire le Procureur c. Jean-Pierre Bemba Gombo,* ICC-01/05-01/08, Chambre d'appel, Arrêt relatif aux appels interjetés par Jean-Pierre Bemba Gombo et le Procureur contre la décision relative à l'admission en tant que preuves des documents figurant dans l'inventaire des preuves de l'Accusation, rendue par la Chambre de première instance III, ICC-

Dans ses instructions relatives à la conduite de la procédure, la chambre de première instance V(A) a également fixé des directives précises en ce qui concerne le témoignage préalablement enregistré. Aussi a-t-elle décidé qu'une partie souhaitant introduire ce type d'élément conformément à l'article 68-b du RPP, doit la saisir d'une requête au moins 21 jours avant la comparution du témoin concerné. Cette requête doit être accompagnée d'une copie de la déclaration antérieure enregistrée de ce dernier et doit indiquer précisément les passages que la partie citante souhaite verser en preuve. Si ces passages contiennent des références à d'autres documents se trouvant entre les mains du requérant, ceux-ci doivent également être joints à la demande. La partie adverse et le représentant légal de victimes disposent d'un délai de dix jours, à compter de la notification de ladite requête, pour soulever des objections.[172]

B- Exception explicitée dans le paragraphe 109 des instructions 1665

En effet, tenant compte d'une part du temps écoulé entre les événements soumis aux juges et le moment d'intervention du procès, d'autre part de la nature traumatique des faits dont le témoin est appelé à parler, la chambre peut autoriser celui-ci à consulter certains documents pour se rafraîchir la mémoire si :

1°- les documents en question contiennent des souvenirs personnels du témoin ; et

2°- copie desdits documents avait été communiquée à la partie adverse.

Il appartient à la chambre de vérifier dans chaque cas si ces conditions sont réunies. La chambre a eu à le faire, par exemple, lors de la déposition du témoin de l'accusation P-233. En effet, au cours de l'interrogatoire principal, le procureur, non satisfait d'une réponse donnée par ce témoin, a sollicité de la chambre l'autorisation de rafraîchir la mémoire du témoin à l'aide de sa déclaration antérieure. Voici comment a surgi le problème.

> « Q. [M. MacDONALD] : J'aimerais poser la question suivante : outre les paroles… vous invitant à sortir de vos cachettes, y a-t-il eu d'autres paroles de prononcées - alors que vous vous cachiez soit dans les roseaux ou soit ce deuxième endroit - que vous avez entendu être prononcées ?

01/05-01/08-1386-tFRA, 3 mai 2011, la version française datant du 8 novembre 2011, ci-après « Arrêt ICC-01/05-01/08-1386-tFRA », § 80.

[172] Affaire Ruto-Sang, Chambre de première instance V(A), Décision ICC-01/09-01/11-847-Corr, § 28 ; *Idem*, *Decision on the Prosecution's Application for Admission of Documentary Evidence Related to the Testimony of Witness 13*, ICC-01/09-01/11-1804, 4 février 2015.

R. Peut-être il pouvait dire autre chose, peut-être à un autre groupe, mais en ce qui concerne notre groupe, ils n'ont pas dit autre chose en dehors de ça.
Q. Avez-vous entendu d'autres paroles de prononcées, peu importe les personnes qui pouvaient se trouver-là, au-delà de votre groupe, donc à la population civile en général ?
R. Non.
M. MacDONALD : Alors, à ce stade-ci, Monsieur le Président, cela va être une première, mais qui risque de se répéter lors de ce procès, je demanderais la permission à cette Chambre de pouvoir rafraîchir la mémoire du témoin à l'aide de sa déclaration antérieure. Pour ce faire, je me propose de lui poser des questions au sujet de sa rencontre avec le Bureau du Procureur, les personnes qui pouvaient être présentes, le contexte dans lequel cette déclaration a été prise, les étapes qui ont été suivies, brièvement, c'est des questions rapides ; et après... une fois tout dépendant des réponses du témoin par rapport à ces questions préliminaires, que l'on puisse lui présenter un paragraphe, qui est le paragraphe 76 de sa déclaration, qu'il puisse le relire dans son contenu en entier, pour quand même situer le témoin, il faut permettre au témoin de se situer dans le cadre de cette déclaration, et après, une fois qu'il s'est rafraîchi la mémoire, si la Chambre le permet, que je lui pose une question par rapport aux éléments que je viens de poser. C'est ce que je me propose de faire, Monsieur le Président. »[173]

Cette requête du procureur a suscité une objection de la défense et un long débat, commencé en présence du témoin, puis poursuivi en son absence, les parties ayant estimé que celui-ci risquait d'être influencé par les arguments des uns et des autres. Ces échanges sont tellement instructifs que certains extraits pertinents méritent d'être cités. C'est le conseil de GK qui a soulevé l'objection reposant sur trois arguments principaux :
1°- Le principe de l'oralité veut que le témoin fournisse son témoignage directement dans la salle d'audience et non en se servant des déclarations précédentes.
2°- Il est des documents que le témoin peut avoir sous les yeux durant sa déposition. Il doit s'agir des documents qu'il a écrits ou à l'établissement desquels il a participé au moment où étaient commis les faits de la saisine, c'est-à-dire des documents simultanés avec les faits de la saisine ; il ne doit pas s'agir des déclarations faites par le témoin aux enquêteurs du procureur, longtemps après la survenance des faits dont la chambre est saisie et sur lesquels doit porter précisément le témoignage à l'audience.
3°- On ne peut pas autoriser l'accusation à présenter à un témoin ses déclarations antérieures soit disant pour rafraîchir sa mémoire alors que ce dernier n'a pas déclaré spontanément qu'il avait un problème d'oubli. Ecoutons le conseil :

---

[173] CPI, Situation en République démocratique du Congo, *Affaire le Procureur c. Germain Katanga et Mathieu Ngudjolo*, ICC-01/04-01/07, Chambre de 1ère instance II, Transcription de l'audience du 27 novembre 2009, ICC-01/04-01/07-T-84-Red-FRA WT, de la p. 16, L 22 à la p. 17, L20.

« Me O'SHEA… : Il y a quelque chose qui m'a échappé dans ce qu'a dit M. MacDonald. Si je comprends bien, il souhaite placer la déclaration du témoin sous ses yeux de manière à lui rappeler certains aspects de son témoignage. C'est une procédure qui, si elle devait être adoptée, serait unique à cette Cour. Je sais qu'il y a un précédent dans l'affaire *Lubanga* et je sais également que dans vos instructions, Monsieur le Président, vous avez autorisé une telle manière de procéder. Mais vous avez dit clairement, également que le principe était que le témoin fournisse son témoignage directement dans la salle d'audience et non pas en se servant de déclarations précédentes. C'est donc là la règle fondamentale et l'élément de preuve, le témoignage doit être donné en direct, même si on peut faire référence à des documents précédents. Alors, il y a document et document. Nous savons qu'il peut y avoir d'autres documents que ce témoin peut produire, et à ce moment-là, effectivement, ce genre d'exercice peut être approprié. Si un document est produit de manière simultanée aux événements, eh bien, là, c'est un exemple pour moi du fait qu'effectivement, on peut autoriser le témoin à faire référence à des témoins *(sic)* précédents. Cependant, dans ce principe, l'Accusation ne devrait pas essayer d'amener des éléments de preuve à charge et de faire en sorte d'essayer d'arriver au fait que le témoin fasse référence à sa propre déclaration. C'est un principe. Dans la plupart des cours ça n'est pas autorisé, ça n'est jamais autorisé. Dans la plupart des cours lorsqu'un témoin fournit des éléments de preuve consistants… ou on ne l'autorise jamais à faire référence directement à sa déclaration précédente. Ça n'est pas autorisé dans d'autres cours. Si cela doit être autorisé ici, eh bien, je crois qu'il faut y appliquer des conditions très strictes… premièrement que la déclaration en tant que telle doit être relativement simultanée avec les événements ou contemporaine des événements, c'est la première condition que j'évoquerai. En l'occurrence cette déclaration remonte à février 2007 et elle porte sur des événements qui ont eu lieu en 2003, donc il y a d'ores et déjà une longue période de temps entre février 2003 et février 2007. Une période de temps plus longue qu'entre la période qui sépare le moment où la déclaration a été enregistrée et aujourd'hui. Dans ces circonstances, je suggère que le préjudice potentiel porté à la Défense dépasse le bénéfice potentiel de cet exercice, étant donnée la date de la déclaration. L'autre question est la suivante : dans l'affaire *Lubanga*, il a été suggéré que le témoin devrait identifier spécifiquement les domaines où le témoin estime que sa mémoire lui fait défaut. M. MacDonald fait une suggestion sur un point où le témoin… a dit : « Je me souviens. » Et puis, il a dit : « Non, finalement, je n'ai pas entendu d'autres mots. » Donc c'est la réponse qu'il a donnée et c'est à ce moment-là que l'Accusation essaie de mettre en place cet exercice… Si un témoin déclare : « Bon, voilà ce dont je me souviens. » Et puis ensuite l'Accusation place une déclaration sous les yeux du témoin pour l'aider à retrouver justement ses souvenirs. Eh bien, cela rend très difficile à la Défense l'exercice consistant à tester la crédibilité du témoin. Si le témoin dit : « Je ne me souviens pas très, très bien, mais au moment où j'ai fait ma déclaration, je m'en souvenais mieux », alors là, les choses sont différentes, parce que dans ce cas-là, la Défense est en quelque sorte protégée parce que la valeur probante des éléments de preuve donnés par le témoin lorsqu'il dit qu'il ne se souvient pas très clairement de ce qui est arrivé, eh bien, n'est pas très importante. Pour que le procès soit équitable, il faut que nous puissions remettre en cause la déposition du témoin et l'un des moyens pour ce faire, c'est justement les déclarations de ce témoin, sinon nous serons privés ou grandement privés de ce que l'Accusation peut faire en demandant au témoin ou en rappelant au témoin ce qu'il a dit à une occasion précédente, parce que l'Accusation n'obtient pas la réponse qu'elle souhaite. C'est la raison pour laquelle, sur le principe, nous risquons de nous heurter à plusieurs reprises à ce problème au cours du procès, et j'y reviendrai. »[174]

En réponse à cette objection, le procureur, tout en étant d'accord avec le propos du conseil de la défense, a souligné que l'objectif de la chambre est la recherche de la vérité, en plein respect des droits de la défense et de celui du témoin. Il a évoqué les difficultés à trouver des témoignages ou dépositions contemporains aux crimes, les effets psychologiques des évènements sur certains témoins et l'équité de reconnaître au témoin le droit de se rafraîchir la mémoire au cours de sa déposition en consultant sa déclaration écrite antérieure qui, contrairement à ce qui prévaut dans le système de la *civil law* (romano-germanique), n'est pas versée au dossier. Ecoutons le procureur :

« M. MacDONALD : Monsieur le Président. Je réfère cette Chambre à votre décision 1665, paragraphe 109. Et j'aimerais ajouter, je suis en désaccord avec mon collègue, car dans plusieurs juridictions, on a le droit de rafraîchir la mémoire de témoins. Cette Chambre doit tenir compte de la règle 69-4 également, de l'article - pardon - 69-4. Et l'objectif de cette Chambre est aussi la recherche de la vérité tout en respectant les droits de la Défense, mais également le droit au témoin de pouvoir rendre un récit complet. On parle d'événements importants, très sérieux, avec effets psychologiques certains, où l'Accusation enquête dans une zone de conflits, n'ayant pas accès nécessairement facilement au témoin, tel que mentionné par la responsable des enquêtes, et donc, jamais, est-ce que cette institution risque d'avoir la chance d'avoir des témoignages ou déclarations, dépositions contemporaines, comme dans la plupart des crimes, d'ailleurs - aussi au niveau national. On prend des dépositions, des déclarations pour justement qu'un témoin puisse se rafraîchir cette mémoire, surtout et encore plus, dans un système comme le nôtre devant cette Cour, dans un système purement civiliste, et certes que la déclaration est versée au dossier, et à ce moment-là, elle parle d'elle-même, mais ici, un témoin est sujet trois ans après avoir donné une déclaration, alors qu'il la relit pour la première fois dans une procédure de familiarisation à 8 000 kilomètres de chez lui. Un témoin, et pour être juste avec un témoin, il devrait avoir le droit, en audience, de pouvoir se rafraîchir la mémoire des éléments, aussi, qui sont importants. L'Accusation ne dépose pas la déclaration, ne demande pas le dépôt de la déclaration, l'Accusation demande simplement l'opportunité que le témoin puisse se rafraîchir la mémoire sur un point précis. Et après, la déclaration reste où elle se trouve dans le *e-court*, il n'y a pas un numéro EVD qui lui est donné. C'est la position de l'Accusation. »[175]

---

[174] Transcription ICC-01/04-01/07-T-84-Red-FRA WT 27-11-2009, de la p. 17, L23 à la p. 20, L4.

[175] *Idem*, de la p. 20, L15 à la p. 21, L15.

On voit donc que dans sa réponse, le procureur souligne bien que dans le système juridique de la CPI, les déclarations antérieures des témoins, consignées par écrit par les enquêteurs, en l'occurrence ceux de l'accusation, ne font pas partie du dossier. Bien plus, il est interdit à la partie ayant cité le témoin de rencontrer et d'organiser des séances de travail avec lui, une fois arrivé à La Haye. En revanche, le témoin est autorisé à relire toutes ses déclarations antérieures et tous les documents dont il est auteur au cours de ce qu'on appelle la procédure de familiarisation durant laquelle il visite également la salle d'audience et reçoit des courtes visites de courtoisie de toutes les parties et tous les participants en présence des responsables de l'Unité de protection des victimes et des témoins. Prenant part au débat, le conseil de MN s'est exprimé, notamment, en ces termes :

> « Pr FOFÉ : Merci beaucoup, Monsieur le Président... En ce qui concerne la manière dont... le Procureur voudrait procéder, nous sommes totalement d'accord avec l'objection présentée par notre confrère O'Shea. Le Procureur a, devant nous, son témoin ; il a eu le temps de travailler avec ce témoin. Et à l'issue de ce travail avec le témoin, il a établi une déclaration écrite, qu'il a communiquée à la Défense. Il n'appartient pas, à l'audience, au Procureur, de présenter la déclaration écrite au témoin ; le Procureur pose des questions au témoin. C'est à la Défense, au moment du contre-interrogatoire, d'utiliser la déclaration écrite pour essayer de tester la crédibilité du témoin notamment, et rechercher des contradictions éventuelles entre les déclarations du témoin au prétoire et les déclarations du témoin à l'écrit. Voyez-vous, c'est une question de loyauté dans les débats et de méthodologie. Merci, Monsieur le Président. »[176]

Et le représentant légal des victimes enfants soldats d'apporter sa contribution :

> « Me GILISSEN : Je remercie le siège de cette possibilité. Je suis un peu en questionnement, Monsieur le Président, Mesdames les juges, parce que je sens deux plateaux de la balance et j'ai le sentiment, pourtant, que les solutions devraient permettre de s'équilibrer. Je suis extrêmement sensible à l'objection de la Défense, je tiens à le dire, je pense qu'il faut être loyal et transparent. Je peux comprendre que, dans un système qui - on peut le qualifier de la sorte - met en avant à titre de preuve le témoignage, les réserves - et les réserves émanant tout d'abord de la Défense de M. Katanga qui est peut-être plus teintée de *common law* - soient extrêmement appuyées et je comprends ce que le Pr Fofé vient de nous dire dans le cadre de la défense de M. Ngudjolo. Si j'entends bien, la solution consisterait - même si on ne vous la donne pas et c'est normal dans le chef de la Défense - à permettre à M. le Procureur de réinterroger autrement, tenter sa chance si j'ose ainsi m'exprimer, par la formulation d'autres questions qui aboutiraient à ce qu'il espère trouver. »[177]

---

[176] Transcription ICC-01/04-01/07-T-84-Red-FRA WT 27-11-2009, p. 25, L22 ; p. 26, L8 à 19.

[177] *Idem*, p. 26, L 23, à p. 27, L11.

Après délibération, la chambre a rendu la décision suivante :

« M. LE JUGE PRÉSIDENT COTTE : … Avant de faire rentrer à nouveau le témoin, la Chambre saisit donc l'occasion qui lui est donnée d'apporter des précisions et des commentaires au paragraphe 109 de ses directives du 20 novembre 2009. Ce sont des commentaires que le déroulement des débats lui permet donc de faire, des commentaires qu'elle fait au vu de l'échange qui vient d'avoir lieu, échange intéressant sur le plan juridique, échange utile. La Chambre aimerait rappeler les termes de ce paragraphe 109. « En principe, un témoin doit témoigner de ce qu'il se souvient avoir observé ; … les témoins ne sont pas autorisés à tout simplement lire les déclarations antérieures ou d'autres documents. Toutefois, étant donné la longueur du temps qui s'est écoulé entre les faits relatifs à cette affaire et la nature des faits souvent traumatisants sur lesquels les témoins sont appelés à témoigner, la Chambre pourra permettre au témoin de se référer au document afin de se rafraîchir la mémoire… « Pour autant que le document en question contienne… les souvenirs personnels du témoin… des copies du document ont été mises à la disposition de la partie adverse qui pourra s'appuyer sur les éléments mentionnés par le témoin lors du contre-interrogatoire. » J'ai tenu à faire cette lecture pour qu'elle figure au *transcript* de l'audience, mais la Chambre est persuadée que chacun d'entre vous avait ce paragraphe 109 sous les yeux. Donc, l'énoncé d'un principe, un témoin doit témoigner de ce qu'il se souvient avoir observé et une exception qui est prévue. Pour apprécier si elle se trouve dans le cadre de cette exception, la Chambre prendra en considération un certain nombre d'éléments, et cela, au cas par cas. Elle s'intéressera au profil du témoin, elle s'intéressera à la maîtrise dont fait preuve le témoin, elle s'intéressera aux facilités d'expression et d'élocution du témoin, elle s'intéressera à sa capacité à se remémorer ce qu'il a vu ou ce qu'il a entendu, à sa capacité à nuancer ses propos. En l'occurrence, la Cour a pu constater que le témoin que nous entendons depuis hier a une grande maîtrise et une grande facilité d'expression, qu'il est apte à faire un travail personnel pour se remémorer des scènes qui sont déjà anciennes. C'est pourquoi, après en avoir délibéré, la Cour considère qu'elle n'est pas, au cas présent, dans le cadre de l'exception qui est énoncée au paragraphe 109. Elle vous invite donc, Monsieur le Procureur, à reformuler, si vous l'estimez utile, vos questions et elle ne doute pas qu'au vu de questions reformulées, vous parviendrez peut-être à obtenir les réponses qu'apparemment, vous souhaitez avoir… »[178]

Comme nous le verrons *infra*, lors de la déposition du témoin de l'accusation P-250, le procureur a encore voulu faire usage du paragraphe 109 des instructions 1665 pour rafraîchir la mémoire de son témoin. Il a d'abord tenté de le faire déclarer partiellement hostile pour le contre-interroger sur certains aspects de sa déposition.[179] Ne l'ayant pas obtenu, il a alors essayé de s'appuyer sur ce paragraphe 109, mais toujours sans succès, car la chambre a rejeté sa requête orale en soulignant que l'appréciation de l'opportunité ou de la nécessité de faire rafraîchir la mémoire du témoin en

---

[178] *Idem*, de la p. 30, L 8 à la p. 31, L23.

[179] Voir *infra*, pp 189 à 227.

application du paragraphe 109 se faisait au cas par cas. En l'espèce, le témoin P-250 ne montrait aucun signe qu'il avait besoin de se faire rafraîchir la mémoire. Et la chambre de préciser qu' « au cas par cas » ne signifie pas « question par question » concernant un même témoin, mais plutôt « témoin par témoin ».

> « M. LE JUGE PRÉSIDENT COTTE : Monsieur le Procureur, lorsque, le 27 novembre, je crois, nous avons clarifié, interprété, en réalité, le paragraphe 109 de la décision rendue quelques jours plus tôt et qui est relative à la règle 140, nous avons énoncé un certain nombre de critères qui constituent une règle du jeu, qui est actuellement communément applicable à l'ensemble des parties et des participants. Nous avons bien indiqué que nous statuerions sur des demandes d'application de cet article 109 et de rafraîchissements éventuels de mémoire au cas par cas. Au cas par cas, cela ne voulait pas dire question par question concernant un même témoin, mais témoin par témoin. Les critères étaient fondés sur la personnalité du témoin. Je ne les reprendrai pas tous, mais vous vous souvenez qu'ils tournaient autour de la manière dont il s'exprime, sa capacité à se remémorer des événements anciens, sa capacité à apporter des réponses précises à des questions. Et nous avons considéré il y a quelques jours que le témoin qui est en face de nous aujourd'hui était un témoin dont la mémoire était intacte, qu'il n'a que très rarement indiqué « je ne me souvenais pas » ou « je ne me souviens pas ». Donc, il faut arriver, ce qui n'est certainement pas simple, j'en conviens - et la Chambre se heurtera peut-être à son tour aux mêmes difficultés lorsqu'elle posera des questions -, il faut arriver à la formuler dans des conditions telles qu'il puisse y répondre, mais nous ne pouvons pas non plus, pour utiliser une formule familière, vous « tendre une perche » que la décision du 1er décembre relative à la règle 140 n'a entendu tendre que dans des conditions strictement définies. »[180]

C'est également dans ce sens que s'est prononcée la chambre dans sa décision orale du jeudi 25 août 2011, rendue lors de la déposition du témoin D03-088.[181] En effet, au cours de la déposition de ce témoin, le conseil de la défense a voulu faire projeter quelques extraits vidéos du film DRC-OTP-1063-002. Il s'agit d'un film réalisé lors de la visite du procureur de la CPI à Zumbe durant laquelle avaient été tenus des propos au sujet des co-accusés dans l'affaire Bogoro. La défense a été informée de l'existence de ce film au cours de sa dernière mission d'enquête sur le terrain, quelque temps seulement avant le début de la présentation de sa cause. Le procureur avait, en effet, omis de le lui transmettre. Sur demande pressante de la défense, le procureur a fini par lui communiquer cette vidéo, mais fort tardivement. Compte tenu de l'importance de cet élément qui était potentiellement à décharge, la défense a saisi la chambre d'une requête orale sollicitant l'autorisation de travailler avec son témoin D03-088 sur ce film. Dans sa réponse à cette requête orale, le procureur, tout en reconnaissant l'existence

---

[180] Transcription ICC-01/04-01/07-T-99-Red-FRA WT 10-02-2010, de la p. 56, L7, à la p. 57, L3.

[181] Transcription ICC-01/04-01/07-T-298-Red2-FRA 25-08-2011, pp 63 à 65.

de ce film, a notamment souligné que s'il devait y avoir rencontre à La Haye entre la défense et ce témoin D03-088, cette rencontre devait avoir lieu en présence d'un membre de l'Unité de protection de victimes et de témoins, pour, a-t-il insisté, éviter le *proofing*.

Accédant à cette requête, la chambre a accordé à la défense, à titre exceptionnel, l'autorisation de travailler avec le témoin D03-088 à La Haye, exclusivement sur cette vidéo, en présence d'un représentant du greffe et avec la collaboration d'un interprète swahili-français. Elle a ainsi motivé sa décision :

> « M. LE JUGE PRÉSIDENT COTTE : … La Chambre va donc rendre sa décision sur la requête formulée oralement en début d'audience, ce matin 18 août à 9 heures, par le Pr Fofé, parlant au nom de la Défense de Mathieu Ngudjolo. Il lui est apparu important de répondre rapidement afin de vous permettre, aux uns et aux autres, d'organiser convenablement vos journées de travail. Aussi cette décision qui est orale ne comportera-t-elle peut-être pas toutes les précisions que l'on trouve dans une décision écrite et dans les décisions orales classiques de la Chambre. Un préliminaire : la vidéo a été visionnée par deux des juristes de la Chambre qui ont pu en rendre compte pendant la suspension d'audience. Trois préalables : nous avons conscience, et nous avons entendu que telle était la perception des uns et des autres ce matin, d'être en présence de circonstances exceptionnelles. La Chambre insiste donc bien sur le caractère exceptionnel de la décision qui est rendue. La requête norme [35] aux fins d'adjonction d'une vidéo relative à un déplacement du Procureur de cette Cour à Zumbe et à sa rencontre avec le témoin 0088 appelé à déposer prochainement ; n'a été connue que tardivement par la Défense de Mathieu Ngudjolo, ce qui la conduit à saisir tardivement la Chambre d'une requête sur laquelle il a donc été statué hier matin 17 août. C'est le premier préliminaire. Nous sommes en présence d'une circonstance exceptionnelle, ce qui ne veut pas dire que la position prise aujourd'hui sera obligatoirement réitérée à l'avenir. Deuxième préliminaire : il existe un précédent, mais qui ne s'est pas déroulé dans des circonstances exactement analogues - plusieurs d'entre vous y ont fait référence ce matin -, c'est la rencontre que la Chambre a autorisée entre l'équipe de défense de Germain Katanga et le témoin de cette équipe de défense portant le numéro 0350 - circonstances un peu différentes, mais référence qui peut être effectuée. Troisième préliminaire : nous avons noté lors des débats qui ont eu lieu en tout début de matinée qu'il n'y avait pas d'objection de la part de M. le Procureur, pas d'objection de la part de la Défense de Germain Katanga, pas d'objection de la part de Me Gilissen et de Me Luvengika, mais que plusieurs d'entre vous ont tenu à insister avec une certaine force sur l'absolue nécessité de ne pas transformer une éventuelle rencontre en séance de *witness proofing* - tel est, je crois, la formule en usage. Et pour plusieurs d'entre vous, la théorie de l'apparence a été invoquée, ou plus exactement la nécessité de faire en sorte que l'on ne puisse pas penser, voire imaginer, que cette rencontre aura permis de prendre en quelque sorte en main ce témoin 0088. La Chambre en appelle donc tout spécialement sur ce point-là à la déontologie de l'équipe de défense de Mathieu Ngudjolo. Dès lors, la Chambre autorise une telle rencontre. Cette rencontre aura lieu lundi. Elle aura lieu dans les locaux de l'Unité de protection

des victimes et des témoins. Elle sera d'une durée de quatre heures. La manière d'utiliser ces quatre heures sera déterminée en liaison entre l'équipe de défense de Mathieu Ngudjolo et la direction des services de la Cour, afin de déterminer s'il est préférable pour vous et pour eux, pour des raisons purement matérielles, de prévoir une rencontre le matin de quatre heures, ou une rencontre le lundi après-midi de quatre heures, ou deux rencontres de deux heures, l'une le lundi matin, l'autre le lundi après-midi. La Chambre n'est pas en mesure d'entrer dans ces détails. C'est une rencontre dans les locaux de l'Unité d'une durée de quatre heures, la ventilation de ces quatre heures se faisant donc après contact dès cet après-midi ou demain avec la Direction des services de la Cour. La Chambre demande que cette rencontre ait lieu en présence d'un membre du Greffe connaissant le dossier. Il appartiendra donc au directeur des services de la Cour de déterminer s'il convient de désigner, par exemple, M. Pieter Vanaverbeke, notre greffier, Mme Jasmine Toumaj, ou toute autre personne qu'il estimera qualifiée. La personne que désignera le directeur des services de la Cour et dont le nom sera, dès qu'elle sera désignée, portée par mail à la connaissance de la Chambre, cette personne veillera, un, à ce que la durée de 4 heures ne soit pas dépassée ; deux, à ce que ne soient abordées que les questions strictement liées à la conversation échangée entre M. Luis Moreno-Ocampo, Procureur de la Cour, et le témoin 0088, ainsi qu'au croquis établi par ce dernier, croquis dont la référence est DRC-D03-0001-0347. Nous rappelons que cette rencontre a eu lieu à Zumbe courant 2009. Le représentant du Greffe désigné par le directeur des services de la Cour est habilité par la Chambre à faire toute remarque nécessaire à l'équipe de défense de Mathieu Ngudjolo, si ces limites, à la fois horaires et strictement matérielles quant à la portée de ce que peut être la rencontre, ne sont pas respectées. En cas de difficulté, le représentant qualifié du Greffe en référera lundi au juge Président. Enfin, un rapport devra être rédigé par le représentant du Greffe sur le déroulement de cette rencontre dès l'issue de celle-ci. Il ne s'agit, bien sûr, pas pour lui de retracer l'intégralité de la rencontre mais de faire connaître à la Chambre son sentiment sur les conditions dans lesquelles elle s'est déroulée, eu égard aux différentes exigences que je viens d'énumérer. Ce rapport devra être remis à la Chambre avant que le témoin 0088 entre en salle d'audience; c'est une évidence. »[182]

Il convient de mentionner que, sur observation de la défense de MN relative à la prise en compte de l'élongation possible du temps due à la nécessaire intervention de l'interprète swahili-français, le témoin D03-088 s'exprimant en swahili, la chambre avait consenti la possibilité de prolongation de la durée de cette séance de travail d'une heure, en plus du maximum de 4 heures fixé ; soit au total 5 heures. Cette séance de travail a bien eu lieu le lundi 22 août 2011, en présence de Mme Jasmine Toumaj, représentante du greffe, connaissant bien le dossier en sa qualité de greffière d'audience. Elle a duré finalement moins de 4 heures. La défense a scrupuleusement respecté les conditions fixées par la chambre qui en a fait

[182] Transcription ICC-01/04-01/07-T-294-Red-FRA WT 18-08-2011, de la p. 36, L 9 à la p. 38, L23.

état à l'audience publique du mardi 23 août 2011, ayant préalablement reçu le rapport de la représentante du greffe. A ce sujet, le juge président a eu ces mots :

> « M. LE JUGE PRÉSIDENT COTTE : Merci, Madame le greffier. Avant de vous rendre la parole, Professeur Fofé, et je m'en excuse auprès de vous et auprès du témoin, un très léger retour en arrière pour indiquer... aux parties et aux participants que le Greffe, comme nous le lui avions demandé, nous a fait parvenir, hier soir, le rapport relatant les conditions dans lesquelles s'était déroulée la séance de travail que la Chambre avait autorisée entre votre équipe et P-0088. Ce rapport, très précis, nous a permis de constater que vous n'aviez donc pas eu besoin de l'intégralité du temps qui vous avait été accordé, et que la façon dont l'entretien s'était déroulé répondait en tous points aux exigences de la Chambre. C'est important, car chacun avait pris la parole et avait manifesté le souhait que cet entretien se déroule dans un cadre très précis. C'est dans ce cadre très précis qu'il s'est déroulé. Il était bon, donc, que chacun le sache. Je ferme cette parenthèse, et vous reprenez.
> Pr FOFÉ : Merci beaucoup, Monsieur le Président. »[183]

Faisons observer que la chambre de première instance V a adopté une position différente au regard de la question de la préparation des témoins, dans une décision référencée ICC-01/09-02/11-588, rendue le 2 janvier 2013 et prenant en compte les spécificités des faits de l'espèce.[184] Dans cette décision, la chambre de première instance V utilise l'expression « *witness preparation* »[185] pour désigner une rencontre entre un témoin et la partie qui l'a cité, peu de temps avant le début de sa déposition, dans le but de discuter des questions relatives à son témoignage. Elle la distingue du terme « *witness familiarisation* » qui est employé pour décrire le soutien apporté par l'Unité des victimes et témoins (*VWU*) comme indiqué dans le protocole unifié du greffe sur les pratiques utilisées pour préparer et familiariser les témoins à la déposition du témoignage.[186]

---

[183] CPI, Situation en République démocratique du Congo, *Affaire le Procureur c. Germain Katanga et Mathieu Ngudjolo*, ICC-01/04-01/07, Chambre de 1ère instance II, Transcription de l'audience du 23 août 2011, ICC-01/04-01/07-T-296-Red-FRA WT, p. 6, L9 à 21.

[184] CPI, Situation en République du Kenya, *Affaire le Procureur c. Francis Kirimi Muthaura et Uhuru Muigai Kenyatta*, ICC-01/09-02/11, Chambre de 1ère instance V, *Decision on witness preparation*, ICC-01/09-02/11-588, 2 janvier 2013, ci-après « Décision ICC-01/09-02/11-588 », § 4.

[185] Préparation du témoin.

[186] *Unified Protocol on the practices used to prepare and familiarize witnesses for giving testimony*, ICC-01/09-02/11-260-Anx, ci-après «*Unified Protocol* ICC-01/09-02/11-260-Anx ». Sous réserve de la disponibilité des témoins et de questions logistiques de voyage, la partie ayant cité ces derniers s'efforce de terminer ses séances de préparation le plus tôt possible et en tout cas au moins 24 heures avant le

Cette décision a été rendue en réponse à une requête du procureur qui sollicitait précisément la modification du protocole de familiarisation antérieurement appliqué par les chambres de première instance I, II et III[187] afin de permettre à la partie ayant cité un témoin d'organiser une séance de travail avec lui à La Haye avant le début de sa comparution. Cette séance aurait pour objet : de rappeler au témoin son obligation de dire la vérité ; d'examiner les thèmes qui seront abordés lors de l'interrogatoire principal et les sujets probables qui pourraient être évoqués en contre-interrogatoire ; d'examiner ses déclarations antérieures afin qu'il les confirme, donne des éclaircissements supplémentaires sur certains points, apporte des ajouts ou opère des rétractations qu'il jugerait appropriés ; de présenter certains documents au témoin pour requérir ses commentaires ; et de répondre aux questions éventuelles du témoin, y compris celles se rapportant aux attentes de la Cour.[188]

Au soutien de sa requête, le procureur a, notamment, fait référence à la pratique suivie devant les tribunaux pénaux internationaux *ad hoc*.[189] Il a également souligné la spécificité des faits dans les affaires du Kenya. En effet, argue-t-il, étant donné le niveau élevé de l'interférence ou des pressions exercées sur les témoins dans ces affaires, il est important pour le

---

début de la comparution devant la chambre. C'est ce que précise le paragraphe 11 de ce protocole.

[187] A ce sujet, voir : CPI, Situation en République démocratique du Congo, *Affaire le Procureur c. Thomas Lubanga Dyilo,* ICC-01/04-01/06, Chambre préliminaire I, Décision relative à la préparation des témoins avant qu'ils ne déposent devant la Cour (*witness familiarisation and proofing*), ICC-01/04-01/06-679-tFR, 8 novembre 2006, la version française datant du 28 février 2007, ci-après « Décision Lubanga ICC-01/04-01/06-679-tFR » ; Chambre de 1ère instance I, Décision relative aux pratiques employées pour préparer et familiariser les témoins avant qu'ils ne déposent au procès, ICC-01/04-01/06-1049-tFRA, 30 novembre 2007, la version française datant du 7 mars 2008 ; Chambre de 1ère instance I, Décision relative au protocole pratique de préparation des témoins au procès, ICC-01/04-01/06-1351-tFRA, 23 mai 2008, la version française datant du 21 juillet 2008 ; CPI, Situation en République centrafricaine, *Affaire le Procureur c. Jean-Pierre Bemba Gombo,* ICC-01/05-01/08, Chambre de 1ère instance III, Décision relative au protocole unique de préparation et de familiarisation des témoins en vue de la déposition au procès, ICC-01/05-01/08-1016-tFRA, 18 novembre 2010, la version française datant du 11février 2011 ; Opinion partiellement dissidente de la juge Kuniko Ozaki sur la Décision relative au protocole unique de préparation et de familiarisation des témoins en vue de la déposition au procès, ICC-01/05-01/08-1039-tFRA, 24 novembre 2010, la version française datant du 21 juillet 2011.

[188] CPI, Situation en République du Kenya, *Affaire le Procureur c. Francis Kirimi Muthaura et Uhuru Muigai Kenyatta,* ICC-01/09-02/11, *Prosecution Motion Regarding the Scope of Witness Preparation,* 13 août 2012, ICC-01/09-02/11-462, § 5, ci-après « requête ICC-01/09-02/11-462 ».

[189] Requête ICC-0l/09-02/11-462, § 11.

conseil de l'accusation, en l'occurrence, de les rencontrer avant leur déposition pour dissiper toutes craintes qu'ils peuvent avoir et vérifier s'ils ont été contactés ou influencés depuis leur dernier entretien avec la partie citante.[190] Il a ajouté que dans les affaires précédentes, il avait plus d'opportunité de rencontrer les témoins en dehors de La Haye, alors qu'en l'espèce (situation au Kenya), il est possible que le conseil qui a la charge de questionner un témoin en interrogatoire principal ne le rencontre pour la première fois qu'après l'arrivée de ce dernier à La Haye[191]...

Les avocats des accusés se sont levés contre cette requête et ont demandé aux juges de la rejeter[192] ; sans succès, car dans leur analyse, ces derniers ont rencontré et successivement écarté les arguments présentés conjointement par les deux équipes de la défense.

Discutant d'abord du fondement légal de la préparation des témoins, les juges ont évoqué l'article 64 du Statut dont la formulation flexible est conçue de manière à leur laisser un degré significatif de discrétion dans l'adoption des procédures appropriées, à la seule condition que soient respectés les droits de l'accusé et assurée la protection des témoins et victimes.[193] Ils estiment que les articles 64-2 et 64-3-a donnent à la chambre le pouvoir d'adopter une approche spécifique au cas par cas pour régler la question de la préparation des témoins.[194] Ils font également référence à l'article 69-2 du Statut qui consacre le principe de la primauté de la preuve orale et soutiennent que la préparation des témoins présente l'avantage de faciliter un procès équitable, efficace et rapide, car elle permet de bien éclairer, de cibler et de ne produire devant la chambre que des témoignages pertinents, exacts et complets. A contrario, un témoin qui dépose de façon incomplète, confuse et mal structurée n'est pas en mesure d'aider le siège à accomplir efficacement sa mission de recherche de la vérité.[195]

Ensuite, la chambre, dans sa majorité, le juge Eboe-Osuji ayant exprimé une opinion partiellement dissidente sur ce point[196], a tenu à souligner la spécificité de la situation du Kenya. En effet, dans l'espèce dont elle est saisie, la préparation des témoins est particulièrement cruciale et s'imbrique avec le souci de leur protection contre des menaces éventuelles ou réelles. Etant donné que ces derniers ont exprimé de fortes préoccupations dans le

---

[190] Requête ICC-01/09-02/11-462, §§ 16 et 17.
[191] Requête ICC-01/09-02/11-462, §§ 18 et 19.
[192] CPI, Situation en République du Kenya, *Affaire le Procureur c. Francis Kirimi Muthaura et Uhuru Muigai Kenyatta*, ICC-01/09-02/11, *Defence Response to "Prosecution Motion Regarding the Scope of Witness Preparation"*, 3 septembre 2012, ICC-01/09-02/11-475-Red.
[193] Décision ICC-01/09-02/11-588, § 31.
[194] Décision ICC-01/09-02/11-588, § 33.
[195] Décision ICC-01/09-02/11-588, § 35.
[196] ICC-01/09-02/11-588, *Partly dissenting opinion of Judge Eboe-Osuji.*

cadre de leur témoignage, il convient qu'ils bénéficient, une fois arrivés à La Haye, d'une bonne séance de travail avec le conseil qui les a cités à comparaître. Le rôle de la *VWU*, quoique d'importance vitale pour le travail de la Cour, ne saurait se substituer à une telle rencontre.[197]

Dans sa motivation, la chambre a écarté les risques potentiels mis en exergue par les équipes de défense, en l'occurrence celui d'influencer indûment le témoignage ; de combler les lacunes des enquêtes préliminaires ; et de divulguer tardivement certains éléments.[198] En effet, dans leur réponse à la requête du procureur, les avocats de la défense ont souligné que la préparation des témoins est susceptible de déformer la vérité, de se transformer en une répétition de la déposition à l'audience, en une inculcation des réponses au témoin, et de réduire ainsi la spontanéité du témoignage.[199] Ces arguments n'ont pas convaincu la chambre qui soutient, d'une part, qu'au moment où un témoin vient témoigner au procès, il a déjà eu à raconter son histoire à une variété d'acteurs, y compris aux enquêteurs et conseils qui ont produit des déclarations écrites ; il n'y a donc pas lieu, selon elle, de parler d'une absolue spontanéité. D'autre part, il n'est pas acquis que l'interdiction de contact entre le témoin et la partie appelante serve au mieux l'accomplissement du mandat de recherche de la vérité incombant à la Cour. Aussi, après mûre réflexion, la chambre est-elle convaincue que toute spontanéité qui peut être perdue dans le cadre de la préparation des témoins est considérablement compensée par les avantages d'une telle préparation au regard de l'impératif de l'établissement de la vérité.[200]

La chambre est néanmoins consciente du caractère fondé de la préoccupation que cette préparation se transforme en une mauvaise pratique de répétition de la déposition avant l'audience et du risque que cela affecte négativement la fiabilité de la preuve présentée au procès. Voilà pourquoi des garanties appropriées et suffisantes doivent être prévues pour éviter pareils dérapages.[201] Parmi celles-ci figurent le contre-interrogatoire de la défense et l'interrogatoire mené par la chambre qui sont, d'après cette dernière, des instruments efficaces permettant de contrôler et de détecter d'éventuelles irrégularités commises ou des conduites répréhensibles adoptées durant la préparation des témoins.[202]

De l'avis de la chambre, le risque que cette réunion de travail soit transformée en une séance de coaching peut aussi être atténué par des lignes directrices claires sur les conduites autorisées et prohibées qu'elle a fixées

---

[197] Décision ICC-01/09-02/11-588, § 41.
[198] Décision ICC-01/09-02/11-588, § 42.
[199] ICC-01-09-02/11-475-Red, §§ 12 et 40. Les équipes de défense citent également les §§ 18 et 20, de la Décision Lubanga ICC-01/04-01/06-679-tFRA.
[200] Décision ICC-01/09-02/11-588, § 42.
[201] Décision ICC-01/09-02/11-588, § 47.
[202] Décision ICC-01/09-02/11-588, § 48.

dans le protocole annexé[203] à sa décision où elle rappelle, par ailleurs, les normes professionnelles imposant à tout conseil l'obligation d'agir de bonne foi en tout temps et de s'interdire toute interférence intentionnelle dans le témoignage.[204] Comme garantie supplémentaire, elle a prévu que les séances de préparation devront être enregistrées sur support vidéo. Ainsi, en cas d'allégations de coaching d'un témoin ou de toute autre manipulation indue de la preuve présentée par celui-ci, la partie adverse peut demander à la chambre d'ordonner la divulgation de ladite vidéo.[205]

On s'aperçoit donc que la chambre de première instance V a autorisé la préparation des témoins en prenant en compte les spécificités de l'affaire dont elle est saisie, en soulignant les avantages d'une telle séance dans la conduite efficace, équitable et diligente du procès, et en fixant clairement des garde-fous dans le protocole annexé à sa décision afin d'éviter tout dérapage préjudiciable à la manifestation de la vérité.[206]

Signalons que la question a également été soulevée devant la chambre de première instance VI, saisie de l'affaire Ntaganda. Le Procureur a, en effet, introduit une requête sollicitant l'autorisation de préparer les témoins, et demandant aux juges de publier des lignes directives pour l'accomplissement d'une telle préparation, en s'inscrivant précisément dans la même logique que celles édictées par la chambre de première instance V dans l'instruction judiciaire des affaires Kenyanes.[207] En réponse à cette requête, la défense, tout en affirmant ne pas être opposée à la pratique du « récolement » ou de la préparation des témoins, a néanmoins relevé quelques préoccupations en rapport avec le protocole proposé : la première, c'est que l'enregistrement vidéo des séances de récolement des témoins serait onéreux, si bien qu'à son avis, quelques-uns seulement devraient être enregistrés ; la deuxième, c'est qu'il n'est pas suffisamment précisé comment les parties pourraient avoir accès à l'usage de tels enregistrements ; la troisième, c'est qu'une « note de récolement » devrait être requise afin de fournir à la partie adverse toute

---

[203] *Unified Protocol* ICC-01/09-02/11-260-Anx. Voir l'illustration de la mise en œuvre de ce protocole relatif à la préparation des témoins avant sa déposition lors de la comparution du témoin-victime P-0536, bénéficiant de l'assistance d'un conseil, maître Nderuti, Transcription de l'audience de la chambre de première instance V(A) du 17 septembre 2013, ICC-01/09-01/11-T-29-Red3-FRA WT, p. 5, L 15 à p. 6, L11.

[204] Décision ICC-01/09-02/11-588, § 49.

[205] Décision ICC-01/09-02/11-588, § 49.

[206] Décision ICC-01/09-02/11-588, § 53 ; *Witness preparation protocol*, ICC-01/09-02/11-588-Anx, 7 février 2013; *Unified Protocol* ICC-01/09-02/11-260-Anx .

[207] CPI, Situation en République démocratique du Congo, *Affaire le Procureur c. Bosco Ntaganda*, ICC-01/04-02/06, Chambre de 1ère instance VI, Office of the Prosecutor, *Prosecution motion regarding witness preparation*, ICC-01/04-02/06-444, 5 février 2015; *Witness Preparation Protocol*, ICC-01/04-02/06-444-Anx1, 5 février 2015.

information pertinente issue des séances de préparation.[208] Au moment où nous couchons ces lignes, la chambre de première instance VI ne s'est pas encore prononcée sur cette requête du procureur.

En définitive, le fil rouge qui doit guider toute décision des juges autorisant ou interdisant la pratique du « récolement », en fonction des particularités de chaque affaire et des enquêtes pré-juridictionnelles accomplies, c'est le souci d'assurer l'intégrité du témoignage, d'écarter tout risque de manipulation malveillante, de garantir au témoin les conditions matérielles, psychologiques, intellectuelles lui permettant de déposer aisément devant les juges, de se sentir totalement libre de dire la vérité, de dire tout ce qu'il sait sur les sujets sur lesquels il sera questionné par les différents parties et participants au procès, et par la chambre elle-même.

Revenant au principe de l'oralité, soulignons que, le 25 août 2011, suite à l'objection formulée par le procureur, la chambre de première instance II n'a pas autorisé la défense à faire visionner, pendant son interrogatoire principal du témoin D03-088, des extraits de cette vidéo exposant les propos antérieurs de ce dernier.[209] Avant de livrer sa décision, elle a d'abord, comme il se devait, tenu à écouter les parties qui se sont ainsi exprimées, à l'invitation du juge président :

> « M. LE JUGE PRÉSIDENT COTTE : ... Bonjour, Mesdames. Bonjour, Monsieur le Procureur. Professeur Fofé, donc, vous avez, comme je l'ai indiqué tout à l'heure... ou Me Jean-Pierre Kilenda - pardon -, je ne sais pas quel est celui de vous deux qui va prendre la parole. Vous avez donc pris connaissance de l'écriture de M. MacDonald, du 23 août, 14h41, par laquelle il indique que l'Accusation s'objecte à la diffusion par vos soins de la vidéo dont il a été déjà à plusieurs reprises question. Nous souhaiterions avoir vos observations sur ce point, car vous êtes le principal intéressé, bien sûr - l'équipe de défense. Et la Chambre, ensuite, vous donnera son point de vue sur la production éventuelle, en audience, de cette vidéo. Il faut que nous ayons terminé cette question à 13h30. Nous vous écoutons.
>
> Pr FOFÉ : Merci beaucoup, Monsieur le Président. Monsieur le Président, je commencerais... par dire que nous ne sommes pas nés d'hier. Je veux dire que nous savons comment nous comptons utiliser cette vidéo. Nous aimerions utiliser cette vidéo non pas avant mais après avoir questionné le témoin sur différents sujets qui nous intéressent. Donc, nous commencerons par un interrogatoire principal, lui poser des questions sur les différents sujets. Le témoin répondra... Ça sera donc... nous respecterons donc le principe de l'oralité. C'est après

---

[208] *Idem*, Defence Team of Mr Bosco Ntaganda, *Response on Behalf of Mr Ntaganda to "Prosecution motion regarding witness preparation"*, ICC-01/04-02/06-484, 27 février 2015.

[209] Dans sa décision orale du 18 août 2011, la chambre l'a désigné par le pseudonyme « témoin 0088 ». Dans l'intervention du président du 23.08.2011, il l'appelle P-0088. Son pseudonyme complet est DRC-D03-P-0088, que nous abrégeons D03-088.

seulement que nous reviendrons sur cette vidéo pour lui poser quelques questions de précision s'agissant des points qui nous semblent essentiels pour la défense de Mathieu Ngudjolo. Donc, il n'est pas question pour nous de commencer l'interrogatoire par balancer cette vidéo, non. Nous procéderons d'abord de façon classique. Ensuite, nous en arriverons à la vidéo, parce que, Monsieur le Président, cette vidéo est une pièce importante pour la Défense de Mathieu Ngudjolo. Vous le savez certainement, ... je ne vous apprends rien, Monsieur le Président, la vidéo, c'est un peu comme l'écrit, ... c'est un document. Donc, vous aurez... la possibilité d'avoir et le témoignage à l'audience et ce document comme support du témoignage de P-0088. C'est exactement comme si on disposait d'un écrit qui viendrait alors à l'appui de déclarations de M. le témoin. Ceci dit, nous sommes quand même surpris un peu par la réaction, ou l'opposition, de M. le Procureur ; nous sommes surpris. Vous savez comment nous sommes parvenus à avoir ce document après insistance... après insistance. Si nous n'avions pas écrit à M. le Procureur, depuis le mois de juin, je crois - c'est depuis le 27 juin. Nous avons écrit, nous avons insisté. Si nous ne l'avions pas fait, nous n'aurions pas eu cette pièce, Monsieur le Président. Donc, nous sommes en droit d'utiliser cette pièce, que nous considérons comme étant capitale pour la défense de Mathieu Ngudjolo. L'autre fois, M. le Procureur avait dit : « Bon, la Défense dispose déjà d'un tableau, le croquis, la pièce que tout le monde connaît. » Après avoir visionné ce film, je crois que d'autres parties et participants l'ont fait aussi, nous sommes arrivés à la conclusion qu'il y a une différence énorme entre le tableau et le film, qui est quelque chose de vivant, et dans lequel le témoin donne... des explications, des illustrations. C'est une pièce capitale pour la Défense, Monsieur le Président. Voilà. J'ai dit et je vous remercie, Monsieur le Président, Mesdames les juges.
M. LE JUGE PRÉSIDENT COTTE : Une [brève] réplique, oui, de M. le Procureur. Je vous en prie.
M. MacDONALD : Très brièvement. Parce que... pour qu'on ait la chance de rétablir certains faits. Alors, dans un premier temps, je salue la Chambre. Une chose est la façon, et peut-être la tardivité à laquelle la pièce a été divulguée ; ça, c'est une chose, Monsieur le Président. Et n'entre pas dans la question d'ordre juridique comment on peut utiliser cette pièce, si on peut l'utiliser. Il ne peut pas avoir confusion des genres. Vous avez donné la possibilité à la Défense de se préparer et de rencontrer le témoin - mesures exceptionnelles. C'est ce qui a été fait. La vidéo n'est ni plus ni moins la même chose qu'une interview du Bureau du Procureur avec un témoin ; et c'est filmé. Il s'agit de propos antérieurs du témoin, filmés. Alors, ce n'est pas [des] propos antérieurs pris par écrit, mais bien capturés sur support audio-vidéo. Sans revenir sur la question de la tardivité, la question, maintenant, est de déterminer si la Défense veut faire usage de cette vidéo, comment peuvent-ils en faire usage ? C'est la procédure qu'il faut suivre. On nous propose une procédure, soit. Il est évident que c'est la procédure qu'il faut suivre dans un premier temps, indépendamment de l'utilisation qu'on va en faire, de cette vidéo. Il faut que le témoin puisse être interrogé et réponde. Maintenant, par la suite, et ceci vient donc au deuxième point, ce qu'on appelle en anglais ou en *common law* la théorie du *Self-serving evidence*, malheureusement, en français, malgré le fait que, pratiquant au Canada, on réfère toujours à cette expression, mais on utilise l'expression anglaise, c'est

essentiellement : une partie ne peut présenter des éléments de preuve antérieurs, qui viennent corroborer ce que le témoin dit en audience. Et sans rendre les choses compliquées, il y a des exceptions, certes. Sans compliquer les choses, le témoin est ici, le témoin doit être assermenté, le témoin doit témoigner et être questionné et dire ce qu'il a à dire. La Défense ne peut présenter par la suite cette vidéo, dans le but de venir appuyer ce que le témoin vient de vous dire sous serment, en voulant dire : « Mais, regardez, Monsieur le Président, le témoin a dit la même chose il y a deux ans. Donc aujourd'hui, il vous dit la vérité. » C'est ce qu'on appelle du *self-serving*. Ça ne... on ne peut rehausser la crédibilité de son témoin. La seule utilisation qu'il pourrait être faite de cette vidéo, je crois, selon les règles de votre décision 1665, c'est dans le but de rafraîchir la mémoire du témoin, mais dans la mesure où ils rencontrent - quand je dis « ils », l'équipe de défense -, rencontre les critères de votre décision 1665, telle qu'amendée à travers le temps... de cette affaire, des audiences qui étaient « la nôtre ». Et si c'est pour simplement montrer au témoin : « Vous venez de nous dire ça, c'est bien ce que vous avez dit en 2009 », la Chambre n'est pas intéressée d'entendre cela, car on perd du temps, de un. Et de deux, c'est juste rappeler ce que le témoin a dit antérieurement. Voilà. L'Accusation n'a pas nécessairement l'intention d'utiliser cette vidéo. Je soulève la question. Mais théoriquement, s'il s'agit d'une déclaration antérieure du témoin, et c'est sans équivoque, c'est ses propos... s'il dit les choses aujourd'hui sous serment, qui sont contradictoires à ce qu'il aurait dit antérieurement sur le même sujet, l'Accusation pourrait lui mettre cette vidéo sous les yeux pour lui rappeler ce qu'il a dit antérieurement. Au même titre que [D02-0228] est venu témoigner, et on lui a présenté une vidéo de ses propos qu'il a donnés à Kampala en mars 2003. C'est la même chose. C'était le même principe qui s'applique. Voilà ce que l'Accusation soumet, très rapidement, Monsieur le Président. Mais donc... les propos antérieurs qui soutiennent une version n'ont malheureusement pas une très grande valeur probante devant cette Chambre. Ce qui compte, c'est évidemment, toujours, ce qu'un témoin dit sous serment ici, devant cette Chambre.
M. LE JUGE PRÉSIDENT COTTE : Deux minutes, Professeur.
Pr FOFÉ : Deux minutes, Monsieur le Président. Premier point : M. le Procureur, lorsqu'il présentait ses témoins, lorsqu'il était en phase d'interrogatoire principal, nous a présenté des vidéos ici, Monsieur le Président. Vous vous rappelez, il était en phase d'interrogatoire principal, il a utilisé des vidéos ici. Deuxième chose, Monsieur le Président : vous vous rappelez la question que nous avions posée à M. le Procureur, en ce qui concerne l'intégralité de cette vidéo. Notre première série de questions se rapportera à cette question : l'intégralité de la vidéo. Ce que vient de développer M. le Procureur, ça ne tient pas, Monsieur le Président, parce qu'un témoin, après avoir déposé, il dépose, mais la partie qui présente le témoin peut appuyer la déposition du témoin par d'autres moyens de preuve, qui peuvent être des écrits ; qui peuvent être des vidéos, en l'occurrence. Je ne veux pas abuser de votre temps, Monsieur le Président, je m'arrête là. Merci beaucoup.»[210]

---

[210] Transcription ICC-01/04-01/07-T-298-Red2-FRA WT 25-08-2011, de la p. 60, L6 à la p. 64, L4.

Ayant écouté les deux parties, la chambre a rejeté la requête de la défense en fondant sa décision sur le respect de l'équité de la procédure, de la célérité du procès, du principe de l'oralité des débats, et en considérant les séquences de la vidéo en cause, sélectionnées par la défense, comme contenant des déclarations antérieures du témoin D03-88.[211] Se conformant à cette décision, le conseil de la défense a réorganisé son interrogatoire principal et a, par ses questions, amené le témoin à dire à la chambre tout ce qu'il avait déclaré au procureur lors de cette visite de 2009 et qui était rapporté dans cette vidéo. L'objectif poursuivi, à savoir celui de faire entendre aux juges ce qui s'était dit lors de cette visite du procureur de la CPI à Zumbe, a donc été

---

[211] Transcription ICC-01/04-01/07-T-298-Red2-FRA WT 25-08-2011, de la p. 64, L5 à la p. 66, L26 : « M. LE JUGE PRÉSIDENT COTTE : ... Après vous avoir écoutés, la Chambre est sensible à l'argument selon lequel cette vidéo peut être assimilée à une déclaration antérieure du témoin, dans la mesure où l'enregistrement de ces propos, lorsqu'il est question de faire un croquis puis de commenter ce croquis, rejoint à l'évidence les faits sur lesquels vont porter la déposition de ce témoin, déposition dont nous attendons tous beaucoup, car ce témoin devrait être un témoin utile à la Chambre et, nous l'espérons, intéressant. S'agissant précisément de l'assimilation à une déclaration antérieure du témoin, vous connaissez, et vous venez de le rappeler, la position de la Chambre sur l'utilisation de déclarations antérieures en interrogatoire principal et sur le fait que nous ne les admettons pas comme éléments de preuve, la règle étant celle de l'oralité des débats. Comme je viens de l'indiquer, la Chambre doit également, et nous savons que l'équipe de défense de Mathieu Ngudjolo y est très sensible et qu'elle en a d'ailleurs pleine conscience... la Chambre doit veiller à une bonne gestion du temps de l'audience. Or, la proposition écrite que vous avez faite tend à ce que soit d'abord visionnée toute la vidéo - 47 minutes environ -, puis des extraits qui, additionnés les uns aux autres, reviennent à la revoir une seconde fois, la même séquence étant parfois projetée plusieurs fois mais à quelques secondes près. Or, nous ne pouvons envisager une telle manière de procéder. Aussi, la Chambre n'autorisera pas la diffusion des extraits des propos tenus par le témoin en vue de le voir les commenter ou les confirmer. La Chambre estime, et ce sera tout l'intérêt de sa déposition, que le témoin, à partir vraisemblablement du croquis qui figure en document papier dans les pièces que vous nous avez données... la Chambre estime que le témoin pourra donc, à partir de ce croquis, commenter l'élaboration de ce croquis, celui qu'on le voit effectuer lorsque l'on examine la vidéo. Il pourra le commenter ; s'il le fallait, il pourrait le refaire. Vous pourrez le questionner. Il nous apportera oralement tout ce qu'il est en mesure de nous dire, voire de redire, par rapport à une vidéo tournée en 2009, qu'il a d'ailleurs eu l'occasion - je me répète - de revoir à deux reprises. Il demeure, Professeur Fofé, que la Chambre n'exclut pas toute projection de la vidéo. Si vous estimez que certains autres extraits peuvent être diffusés à d'autres fins, pour favoriser l'identification de lieux ou pour favoriser l'identification de personnes, nous n'y voyons pas, a priori, d'obstacle. La Chambre vous invite simplement à nous indiquer, préalablement à toute diffusion proposée, l'usage précis que vous entendez en faire, ce qui implique que vous resserriez considérablement votre programme de projection... »

atteint par le jeu de questions-réponses, le témoin ayant pratiquement exposé oralement les propos tenus et enregistrés dans cette vidéo. L'extrait de l'interrogatoire ci-dessous permet de mieux comprendre cette expérience :

> « [Pr FOFÉ] : Q. D'accord. Chef Manu, vous venez de dire que c'était à l'occasion de votre rencontre avec le Procureur à Entebbe. Est-ce que c'est l'unique fois que vous avez rencontré le Procureur de la Cour pénale internationale ?
> R. La première fois, j'ai rencontré les enquêteurs à Bunia. La seconde fois, j'ai rencontré le Procureur à Entebbe. La troisième fois, j'ai rencontré le Procureur à Zumbe.
> M. MacDONALD : Juste pour intervenir, parce que le terme « Procureur » est générique. Alors, effectivement, on a rencontré M. Manu à Bunia pour organiser - on pourra y revenir, sans dire davantage -, organiser l'entretien qui aura lieu à Entebbe le mois suivant. Et donc, M. Manu, comme on le sait, de par la vidéo, 1036-0002, a rerencontré le Procureur, M. Luis Moreno-Ocampo, et non son substitut que je suis…
> Pr FOFÉ : … Q. Chef Manu, après les précisions que vient de donner notre confrère MacDonald, est-ce que vous pouvez brièvement, sans entrer dans les détails, brièvement, nous décrire votre rencontre à Zumbe avec le Procureur de la Cour pénale internationale ? Racontez-nous un peu comment ça s'est passé. Et puis, nous allons revenir sur le sujet des notabilités. Mais comme vous nous avez introduits dans la matière, nous y allons. Donc, racontez-nous votre rencontre avec le Procureur de la Cour pénale internationale à Zumbe, en précisant la date, et cetera, et cetera, et cetera. Racontez-nous un peu cette rencontre.
> LE TÉMOIN… : R. D'accord. Le Procureur est arrivé à Bunia. Et là, nous avons reçu l'information selon laquelle le Procureur arrivera à Zumbe. Ensemble avec le chef Lokana Safari, le directeur de l'école de Zumbe, nous avons préparé une place à l'école de Zumbe pour l'accueillir, parce que nous avons reçu l'information selon laquelle il allait… arriver à bord d'un hélicoptère. Nous nous sommes préparés pour l'accueillir dans le terrain de football des écoliers. À 9 h du matin, le premier hélicoptère est descendu. À bord de cet hélicoptère, il y avait le personnel de sécurité ainsi que les photographes. À bord du deuxième hélicoptère, était arrivé le Procureur. Nous l'avons accueilli - le chef de groupement, Lokana Safari, ainsi que moi-même. Nous avons fait une petite cérémonie, au cours de laquelle nous lui avons expliqué que, pendant la guerre, Lokana Safari n'était pas là. Lokana Safari a confirmé à M. le Procureur qu'il n'était pas là au moment des combats, qu'il était loin de la zone. Il lui a expliqué qu'actuellement, c'était lui qui avait le pouvoir et la compétence de diriger le groupement. Il lui a encore dit qu'en ce moment-ci, il voulait remettre le pouvoir à celui qui le lui avait donné, et qu'il reviendrait à ce dernier de pouvoir présider la cérémonie d'aujourd'hui, parce qu'il était au courant de tout ce qui s'était passé dans le temps. Nous avons procédé de la sorte. Nous avons fait la cérémonie entre moi-même et M. le Procureur, en présence des différentes personnes qui étaient là, y compris les photographes et les cameramen. Nous avons fait des présentations. Après la présentation, nous l'avons accompagné au terrain de football de l'école. Et après cette cérémonie, j'ai remis le pouvoir au chef en fonction. C'était vers 11h30. Quelques temps après, je lui ai montré la mère de Ngudjolo, qui était présente. Je lui ai dit ceci : « Monsieur le Procureur,

M. Ngudjolo, dont nous avons parlé, voici sa mère. » Il a salué la mère de Ngudjolo. Il lui a dit que Ngudjolo est là. Il va passer les salutations de la mère à Ngudjolo. Après cela, le Procureur a dit ceci au directeur de l'école de Zumbe : « J'ai suivi tout ce que vous m'avez dit. Et je vais vous aider avec un peu de moyens pour que vous puissiez reconstruire votre école. » Nous les avons salués. Nous nous sommes dit au revoir, et ils sont retournés à Bunia - ville d'où ils sont venus. Voilà les explications détaillées que je vous ai données, parce que vous m'avez demandé d'être bref. Merci.

Q. Merci beaucoup, Chef Manu. Mais je vais quand même vous poser des questions, parce que vous venez d'introduire la matière. Vous venez de dire que vous avez parlé de Mathieu Ngudjolo avec M. le Procureur. Qu'est-ce que vous vous êtes dit au sujet de Mathieu Ngudjolo ? Qu'est-ce que le Procureur de la Cour pénale internationale a dit au sujet de Mathieu Ngudjolo ? Et qu'est-ce que vous lui avez répondu ?

M. MacDONALD : Je vais intervenir à cette étape-ci, Monsieur le Président…

Pr FOFÉ : Mais vous avez bien suivi que je ne faisais qu'introduire la… bon, vous savez ce dont il s'agit.

M. MacDONALD : Professeur, laissez-moi… laissez-moi m'exprimer.

Pr FOFÉ : Oui, oui. Mais, je m'explique d'abord. Parce que je me situe dans la suite de la réponse que vient de donner le témoin. Ce sont des questions qui viennent à la suite de la réponse de M. le témoin. Et je voudrais clarifier cela. Et je pense qu'il est bon que M. le témoin, à ce stade-ci, puisse nous donner des éclaircissements sur cette question précise, avant que nous puissions poursuivre.

M. LE JUGE PRÉSIDENT COTTE : Monsieur le Procureur.

M. MacDONALD : Mon observation… ou objection - pardon - se situe au niveau de la pertinence. Quelle est la pertinence de : le Procureur, dans le cadre de ses activités, qu'on qualifie d'*outreach*, se rend sur les lieux en Ituri. Et dans ce même voyage, il doit rencontrer tous les intervenants, toutes les parties qui étaient impliquées au conflit, et qui là, se rend [en] visite soit à Zumbe, qui est un lieu qui nous concerne dans cette affaire ? Mais quelle est la pertinence des propos du Procureur lui-même, alors que le témoin est ici pour nous rappeler ce qu'il sait d'une certaine période qu'on situe, de par le Pr Fofé, en 2001 et 2003. Donc, le Procureur n'était pas présent lors du conflit, n'était pas sur les lieux en 2001-2003. Et ce qu'il peut dire ne fait pas avancer le débat pour la recherche de la vérité dans la présente affaire. Alors, voilà notre intervention. On n'a rien à cacher, là n'est pas la question, sinon qu'on donne la réponse, soit. Mais il faut… revenir à l'objectif et la mission de cette Chambre dans cette affaire. Voilà.

M. LE JUGE PRÉSIDENT COTTE : Monsieur le Procureur, vous n'oubliez pas que la Chambre, hier, a renoncé à la production et à l'utilisation de la partie de la vidéo qui concerne les propos tenus par chef Manu le jour de cette rencontre à Zumbe. La Chambre a insisté sur la nécessité de revenir à ce principe fondamental de l'oralité des débats. Ce qui, incontestablement, va conduire le Pr Fofé, après des préliminaires, peut-être un peu long, sur des problèmes d'état civil et d'études, à se recentrer sur ce qui est, comme vous le dites, pertinent. Mais ne projetant plus la vidéo, la Défense de Mathieu Ngudjolo va souhaiter savoir, par l'expression orale du témoin, ce qui s'est passé ce jour-là. Il va de soi que ce n'est pas un récit détaillé que nous souhaitons, et d'ailleurs, nous venons d'en avoir un bref et sobre. Mais nous ne pouvons pas non plus ne pas noter qu'à

la page 26 du *transcript* provisoire, et à la ligne 8, le témoin nous indique : « Quelque temps après, je lui ai montré la mère de Ngudjolo qui était présente. Je lui ai dit ceci : "Monsieur le Procureur, M. Ngudjolo, dont nous avons parlé, voici sa mère." » Que la défense de Mathieu Ngudjolo souhaite, malgré tout, savoir à cet instant si le témoin se souvient des propos qui ont été échangés entre lui et le Procureur de cette Cour sur l'un des deux accusés peut intéresser la Cour. Nous ne savons pas si, au bout du compte, cette information sera utile. Mais que le Pr Fofé cherche à l'obtenir n'est pas totalement déroutant. C'était prévisible. Donc, Professeur, posez votre question, mais en ayant à l'esprit que le Procureur Moreno-Ocampo n'était pas, apparemment, dans une visite d'enquête, mais dans une visite à la fois protocolaire, et si j'ai bien compris, d'*outreach* - sensibilisation sur le terrain. Donc, c'est au hasard de cette visite qu'un entretien a eu lieu. Vous souhaitez savoir ce qui s'est dit. Nous écoutons.
Pr FOFÉ : Merci beaucoup, Monsieur le Président. Merci beaucoup. Q. Alors, Chef Manu, donc, ne soyez pas perturbé par les discussions qu'il y a... entre juristes. Donc, restez calme. Ma question est celle-ci, comme M. le Président vient de le rappeler, donc, vous avez fait allusion à des entretiens que vous auriez eus avec M. le Procureur au sujet de Mathieu Ngudjolo... Est-ce que vous vous rappelez ces entretiens ? Qu'est-ce que vous vous êtes dit ? Racontez-nous les entretiens que vous avez eus au sujet de Mathieu Ngudjolo. Vous avez la parole. Et, s'il vous plaît, parlez lentement. Lentement, s'il vous plaît.
LE TÉMOIN... : R. Merci. Au moment où le Procureur est arrivé à Zumbe, je lui ai souhaité la bienvenue. Et puis après, le chef l'a salué, et nous lui avons demandé de parler. C'est le Procureur qui a commencé à parler. Il a dit ceci : Lui, il est arrivé ici parce qu'ici, il s'est passé des massacres. À cause de ces tueries qui se sont passées ici, et en Ituri, il avait d'abord mis aux arrêts Thomas Lubanga, à cause de certains crimes qu'il a faits, qui ne sont pas acceptés par la justice. Et puis après, il a dit qu'il a aussi arrêté Germain Katanga, à cause des massacres de Bogoro. « Et à cause de ces massacres, vous, également, habitants de Zumbe, vous vous y êtes impliqués. Et Ngudjolo avait aussi tué les gens à Bogoro. » Après avoir prononcé son discours, moi, j'étais content de lui présenter la situation dans laquelle nous nous trouvions ici, à Zumbe. Je lui ai expliqué lentement, lentement, lentement. Et j'ai fini mes explications. Et puis après, je lui ai dit : « Monsieur le Procureur, je vous parle en tant que chef de ce village, ou de cette localité. Mon rôle, c'est de protéger les gens qui vivent ici - leurs animaux, leurs biens. C'est ça mon travail. Et je vous affirme que M. Ngudjolo n'était pas à Bogoro. Je lui ai expliqué, lui, M. le Procureur. Je lui ai dit : « Les gens qui sont ici devant vous peuvent vous affirmer que M. Ngudjolo n'était pas à Bogoro. Et je le dis devant le bon Dieu. » Et j'ai encore dit au Procureur : « Le jour de la guerre, de la bataille de Bogoro, les nuages étaient... il y avait des nuages, on ne pouvait pas voir. Les gens parlaient. Certains disaient que c'était à Lakpa, les autres disaient que ce serait à Kagaba, les autres disaient que ce serait peut-être à Bogoro. » Nous avons parlé de tout cela. Et lui, il m'a dit que je le trompais. Et moi, je lui ai dit : « Quel intérêt ai-je à vous tromper, alors que vous avez effectué ce voyage pour venir ici, à Zumbe ? Je sais que vous venez ici, vous voulez avoir la vérité. Vous voulez savoir, parce que vous savez que Ngudjolo est arrêté à cause de la guerre qui a eu lieu à Bogoro. Si ce n'est pas moi qui doit vous le dire, qui d'autre peut vous le dire ? Moi, en tant

que dirigeant, protecteur de la population, je vous affirme qu'il n'était pas à Bogoro. » Et nous avons continué à discuter de la situation. En ce moment-là, les nuages nous ont enfermés. Je lui ai dit : « Vous voyez, Monsieur le Procureur, ça, c'est une bénédiction, parce que l'autre, le même jour, il y avait des nuages comme ça, et nous ne pouvions pas sortir, parce qu'il faisait sombre. » Nous avons parlé des choses comme ça à propos de Ngudjolo. Et même, d'autres personnes ont dit la même chose que nous ne… ils ont dit : « Nous ne sommes pas allés à Bogoro. Ngudjolo non plus n'est pas allé à Bogoro. » Ils ont même prêté serment devant Dieu. Et même les gens de l'église, les gens qui dirigent différentes églises y étaient présents, et ils ont dit la même chose. Voilà les propos qui ont été tenus quand il a dit que Ngudjolo et Germain Katanga ont tué les gens à Bogoro. Et moi, je lui ai dit « Non, ce n'était pas comme ça. Nous ne sommes pas sortis ». Voilà ce que nous avons dit à propos de Ngudjolo.
Q. Merci, Monsieur le témoin. »[212]

Il convient donc de retenir comme règle, l'interdiction de présenter à son témoin, lors de l'interrogatoire principal, ses déclarations antérieures, le film vidéo comptant parmi les supports possibles de celles-ci. Il appartient au conseil prestant de poser au témoin des questions qui lui permettent, dans ses réponses, de donner aux juges des renseignements pertinents qu'il détient en mémoire. L'occasion est ainsi laissée aux autres parties, de vérifier la constance des propos de ce témoin, en confrontant sa déposition au prétoire avec ses déclarations antérieures. Toute contradiction sera relevée lors du contre-interrogatoire et servira, le cas échéant, à jeter du discrédit sur ce témoin.

Cette règle admet cependant quelques assouplissements. En effet, à titre exceptionnel, sur requête motivée de la partie appelant le témoin, les juges peuvent autoriser le versement, avant sa comparution, de ses déclarations écrites antérieures. C'est ainsi que, par exemple, dans l'affaire Bogoro, le procureur avait sollicité de la chambre l'admission au dossier de la déclaration écrite antérieure du témoin photographe DRC-OTP-P-0373, avant sa déposition, afin de favoriser une conduite diligente et efficace du procès. La chambre a accédé partiellement à cette requête en motivant sa décision.[213]

Il importe de souligner qu'un tel versement préalable à la comparution ne signifie pas que cette déclaration revêt une valeur probante certaine. La partie adverse, en l'occurrence la défense, a le droit, lors de son contre-

[212] CPI, Situation en République démocratique du Congo, *Affaire le Procureur c. Germain Katanga et Mathieu Ngudjolo*, ICC-01/04-01/07, Chambre de 1ère instance II, Transcription de l'audience du 26 août 2011, ICC-01/04-01/07-T-299-FRA ET WT, de la p.19, L14 à la p. 26, L3.

[213] Voir développements sur cette possibilité, son fondement légal et la décision de la chambre, *infra* pp 468 à 472.

interrogatoire, de poser des questions au témoin pour ôter du crédit à cette déclaration et minimiser ou annihiler son poids probant.

On ne peut clore ces développements consacrés au principe de l'oralité sans évoquer les discussions qui se sont déroulées devant la chambre de première instance III saisie de l'affaire le procureur contre Jean-Pierre Bemba Gombo. En effet, dans sa « décision relative à l'admission en preuve des documents figurant dans l'inventaire des preuves de l'accusation », cette chambre, à la majorité, a décidé d'admettre de prime abord, avant le début de la présentation des éléments de preuve, toutes les déclarations des témoins devant être appelés à déposer au procès.[214] Cette décision a suscité un débat intéressant, dont nous rapportons ci-dessous quelques idées maîtresses, les arguments de la majorité ayant été pertinemment controversés par l'opinion dissidente de madame la juge Kuniko Ozaki.

Justifiant sa position, la majorité a souligné l'importance de la distinction qu'il faut opérer entre l'*admissibilité de prime abord* de tous les éléments, dont les déclarations de témoins, figurant dans l'inventaire des preuves à charge, et la *détermination de la valeur probante* à accorder à ces éléments. C'est, dit-elle, « au moment de rendre son jugement final que la chambre évaluera, conformément à la règle 63-2 du Règlement, la valeur probante et le poids qu'il convient d'accorder à l'élément dans son ensemble. C'est à ce moment là qu'elle déterminera si la valeur probante de l'élément l'emporte sur l'effet préjudiciable qu'il pourrait avoir. Par valeur probante, la majorité entend notamment la fiabilité et le poids à accorder à l'élément concerné ».[215] Elle considère que « se prononcer sur l'admissibilité des éléments de preuve n'est pas une condition préalable à l'admission de ces éléments car il s'agit simplement d'évaluer de prime abord la pertinence d'éléments a priori pertinents en l'espèce. »[216] Elle « réitère que le fait d'admettre de prime abord, en tant qu'éléments de preuve, les déclarations écrites de témoins et les documents connexes figurant dans l'inventaire n'empêche pas les parties de contester leur recevabilité, ni n'empêche la chambre de statuer de sa propre initiative sur leur admissibilité, conformément à l'article 69-7 du Statut. La Défense a ainsi, conformément aux règles 63-3 et 64-1 du Règlement, toute latitude pour contester l'admissibilité des éléments de preuve »[217], leur admission de prime abord ne visant pas à remplacer les dépositions faites à l'oral, ni ne privant la défense

---

[214] CPI, Situation en République centrafricaine, *Affaire le Procureur c. Jean-Pierre Bemba Gombo,* ICC-01/05-01/08, Chambre de 1ère instance III, Décision relative à l'admission en preuve des documents figurant dans l'inventaire des preuves de l'Accusation, ICC-01/05-01/08-1022-tFRA, 19 novembre 2010, la version française datant du 15-03-2011 (ci-après « Décision ICC-01/05-01/08-1022-tFRA »), § 8.

[215] Décision ICC-01/05-01/08-1022-tFRA, § 9.

[216] Décision ICC-01/05-01/08-1022-tFRA, § 10.

[217] Décision ICC-01/05-01/08-1022-tFRA, § 19.

de son droit de contre-interroger les témoins de l'accusation ;[218] mais contribuant, en revanche, à la célérité du procès en ce qu'elle permet de réduire la durée des interrogatoires.[219] Il n'y a donc pas violation des droits de l'accusé.

Se prononçant sur le principe de l'oralité, la majorité soutient que « le Statut n'indique qu'une présomption favorable à un témoignage oral et non pas la primauté de *l'oralité* pour l'ensemble de la procédure. Bien que l'on puisse arguer qu'une telle primauté de *l'oralité* peut être déduite de la première phrase de l'article 69-2 du Statut, la majorité souligne que cette règle a plusieurs exceptions, et que le même article donne à la Cour le pouvoir discrétionnaire… d'autoriser la présentation de témoignages enregistrés ou de documents ou transcriptions écrites. »[220]

De l'avis de madame la juge Kuniko Ozaki, le concept d'*admissibilité de prime abord* [des éléments de preuve par la chambre de première instance] n'existe ni dans le Statut de la CPI, ni dans son RPP.[221] Le Statut, argue-t-elle, ne prévoit pas d'étape intermédiaire d'admissibilité des éléments de prime abord. En son article 64-9, il donne plutôt à la chambre le pouvoir de se prononcer sur l'admissibilité des éléments de preuve. Cette détermination est définitive et ne variera que dans des circonstances exceptionnelles, lorsque, par exemple, la chambre découvre que des éléments qu'elle a admis en preuve ont été obtenus en violation de l'article 69-7, auquel cas elle doit revenir sur sa décision et exclure ces éléments.[222] Par ailleurs, la méthode consistant à renvoyer à la fin du procès l'appréciation de la valeur probante des éléments prétendument admis de prime abord est désavantageuse pour la défense qui a le droit de savoir avec exactitude, dès l'ouverture de l'instruction juridictionnelle, quels sont les éléments de preuve à charge. « Le principe de la certitude judiciaire veut que lui soient communiqués des éléments précis et bien circonscrits de sorte qu'elle puisse exercer ses droits dès le début du procès, et non pas seulement à la fin de celui-ci. »[223]

S'agissant du principe de l'oralité, la juge Kuniko Ozaki affirme, avec raison, que « l'article 69-2 du Statut impose clairement le principe de la primauté de l'oralité des procédures devant la Cour. Il fixe comme règle

---

[218] Décision ICC-01/05-01/08-1022-tFRA, §§ 20 et 21.

[219] Décision ICC-01/05-01/08-1022-tFRA, §§ 23 et 24.

[220] Décision ICC-01/05-01/08-1022-tFRA, § 14.

[221] CPI, Situation en République centrafricaine, *Affaire le Procureur c. Jean-Pierre Bemba Gombo,* ICC-01/05-01/08, Chambre de 1ère instance III, Opinion dissidente de Mme la juge Kuniko Ozaki concernant la Décision relative à l'admission en preuve des documents figurant dans l'inventaire des preuves de l'Accusation, ICC-01/05-01/08-1028-tFRA, 23 novembre 2010, la version française datant du 17-03-2011 (ci-après « Opinion dissidente ICC-01/05-01/08-1028-tFRA »), § 4.

[222] Opinion dissidente ICC-01/05-01/08-1028-tFRA, § 5.

[223] Opinion dissidente ICC-01/05-01/08-1028-tFRA, § 16.

générale que “[l]es témoins sont entendus en personne lors d'une audience“. Le Statut et le Règlement prévoient également un nombre restreint d'exceptions à ce principe général.[224] Ainsi, la règle 68 du Règlement autorise, sous certaines conditions, la présentation de témoignages déjà enregistrés, et il est admis que cette règle, effectivement, “permet la présentation de déclarations écrites“ ».[225] Soulignant le bien-fondé de l'oralité, elle relève que « la déposition en personne à l'audience est sans doute la meilleure façon pour la chambre d'évaluer la crédibilité, car le comportement, les hésitations, l'expression du visage du témoin, etc., permettent à la chambre de jauger la fiabilité du témoignage. Cela est particulièrement vrai dans les affaires dont connaît la Cour, dans lesquelles des témoins viennent pour la plupart de régions reculées et d'horizons culturels complètement différents pour déposer dans le cadre d'une affaire pénale d'une extrême complexité. Il n'est donc pas surprenant que les chambres de première instance de la Cour aient systématiquement appliqué le principe de la primauté de l'oralité, comme c'est notamment le cas de la présente chambre, qui a toujours considéré comme une exception à la règle l'admission en preuve de déclarations de témoin et d'autres témoignages préalablement enregistrés, et a examiné ces demandes d'admission au cas par cas[226]. La présente chambre a récemment suivi cette approche, précisant que l'introduction de témoignages préalablement enregistrés reste une option

---

[224] En NBP 9, la juge cite l'article 69-2 du Statut et les règles 68, 87-3-c et 88-1 du RPP.

[225] Opinion dissidente ICC-01/05-01/08-1028-tFRA, § 6. En NBP 10, la juge cite la Décision relative à la requête de l'Accusation aux fins d'admission des déclarations préalablement enregistrées de deux témoins, ICC-01/04-01/06-1603-tFRA, 15 janvier 2009, § 18. Elle précise que cette conclusion a été approuvée par la Chambre de première instance III, voir *Decision on the « Prosecution Application for Leave to Submit in Writing Prior-Recorded Testimonies by CAR-OTP-WWWW-0032, CAR-OTP-WWWW-0080, and CAR-OTP-WWWW-0108 »*, ICC-01/05-01/08-886, 16 septembre 2010, §§ 5 et 6.

[226] En NBP 11, la juge cite : ICC-01/05-01/08-886, § 7 ; ICC-01-04-01/06-2595-Red, §§ 39 et 42 ; ICC-01/04-01/06-1603, §§ 18 à 21 ; Décision relative à l'admissibilité de quatre documents, 13 juin 2008, ICC-01/04-01/06-1399-tFRA, §§ 22, 26 et 32 ; Décision relative à diverses questions concernant la présentation de témoignages pendant le procès, ICC-01/04-01/06-1140-tFRA, 29 janvier 2008, § 41 ; Rectificatif à la Décision relative à la requête de l'Accusation aux fins d'admission du témoignage préalablement enregistré du témoin P-02 et des extraits d'enregistrements vidéo y afférents, ICC-01/04-01/07-2289-Corr-Red-tFRA, 27 août 2010, § 14 ; Décision relative à la requête du Procureur aux fins d'admission des témoignages préalablement enregistrés de P 166 et P 219, ICC-01/04-01/07-2362-tFRA, 3 septembre 2009, §§ 14, 15 et 19 ; Transcription anglaise de l'audience du 4 mars 2010, ICC-01/04-01/07-T-112-Red-ENG, p. 3, L20 à 24.

qui ne devrait être adoptée que dans des circonstances bien particulières et exceptionnelles ».[227] Dès lors, selon la juge Kuniko Ozaki, la décision prise par la majorité de permettre au procureur de déposer en preuve l'ensemble des déclarations de témoins, sans avoir préalablement statué sur l'admission de chacune d'elles, constitue « une atteinte au principe de l'oralité, qui est une des pierres angulaires de la procédure prévue par le Statut de Rome. »[228]

En réponse à l'argument de célérité, la juge rappelle que le droit de l'accusé à un procès rapide doit être respecté sans sacrifier d'autres droits de la défense prévus dans l'article 67 du Statut ni porter atteinte au principe de la primauté de l'oralité.[229] Le droit à l'équité de la procédure impose l'évaluation de la crédibilité de tout témoin. Or, « ... il n'est possible d'évaluer la crédibilité d'un témoin que lors d'une déposition orale faite en personne, ce qui permet aux juges d'observer le témoin et d'entendre ce qu'il a à dire. La lecture d'une déclaration de témoin ne peut en aucun cas se substituer à une observation et une évaluation directes. Si l'accusation raccourcissait son interrogatoire du témoin du fait que le contenu de son témoignage se trouve dans la déclaration écrite, la chambre perdrait l'avantage procuré par une déposition faite en personne et oralement... »[230]

Cette nécessité d'entendre oralement le témoin ne contrarie pas l'objectif de célérité du procès, car la chambre a le pouvoir de donner des directives aux parties et participants pour interdire des questions ou des témoignages répétitifs et ainsi faire accélérer la procédure sans forcément admettre le versement des déclarations écrites antérieures de témoins.[231]

Madame la juge relève d'ailleurs opportunément que loin de raccourcir la procédure, l'admission en preuve des déclarations de témoins pourrait plutôt la prolonger. En effet, « vu le peu de faits admis par les parties en l'espèce et comme elles ne semblent guère désireuses de s'entendre sur un certain nombre de questions, admettre des déclarations en preuve peut amener les parties à contester chaque fait potentiellement litigieux figurant dans les déclarations de témoin de l'autre partie. Là où normalement certains faits ne seraient pas abordés à l'audience et ne seraient donc pas consignés, l'admission en preuve de toutes les déclarations peut faire que la partie qui n'est pas d'accord avec le contenu de la déclaration relève et remette en question chaque fait y figurant, ce qui donnerait lieu à un interrogatoire prolongé du témoin. Un tel interrogatoire pourrait alors inciter la partie qui a cité le témoin à le réinterroger. »[232]

---

[227] Opinion dissidente ICC-01/05-01/08-1028-tFRA, § 7. En NBP 13, la juge cite : ICC-01/05-01/08-886, § 7.
[228] Opinion dissidente ICC-01/05-01/08-1028-tFRA, § 8.
[229] *Idem*, § 22.
[230] *Idem*, § 23.
[231] *Idem*, § 23.
[232] *Idem*, § 24.

Pour toutes les raisons qu'elle a brillamment exposées et qui nous paraissent fondées, la juge Kuniko Ozaki a exprimé son désaccord avec l'intégralité de la décision de la majorité et a recommandé que la chambre dont elle fait partie suive les pratiques établies par les chambres de première instance I et II et « entreprenne une analyse au cas par cas afin de déterminer quels déclarations et autres documents sont admissibles en preuve. »[233]

La défense et le procureur ont respectivement interjeté appel contre cette décision de la majorité.[234] À l'issue de son analyse de ces deux recours, la chambre d'appel a rendu son arrêt dans lequel elle a infirmé la décision attaquée, au motif qu'elle est sérieusement entachée d'erreur[235], et confirmé le principe de l'oralité des débats consacré dans l'article 69-2 du Statut. Elle dit pour droit que :

« 1. Un élément de preuve est "produit" s'il est présenté à la chambre de première instance par les parties de leur propre initiative ou à la demande de la chambre pour prouver ou infirmer les faits considérés, et conformément aux instructions données par le juge président ou aux modalités convenues par les parties. Les pièces figurant dans l'inventaire révisé, que la chambre de première instance a admis en tant que preuves, ne constituent pas des preuves produites au sens de l'article 74-2 du Statut et de la règle 64-1 du Règlement de procédure et de preuve.

2. En admettant en tant que preuves toutes les pièces figurant dans l'inventaire révisé "parce qu'elle avait de prime abord conclu qu'elles étaient admissibles" sans avoir procédé à un examen au cas par cas ni motivé sa décision, la chambre de première instance a agi en dehors du cadre juridique de la Cour.

3. L'admission par la chambre de première instance des déclarations écrites de témoin sans un examen attentif des différentes pièces au cas par cas et sans tenir compte des conditions énoncées à la règle 68 du Règlement de

---

[233] Opinion dissidente ICC-01/05-01/08-1028-tFRA, § 32.

[234] CPI, Situation en République centrafricaine, *Affaire le Procureur c. Jean-Pierre Bemba Gombo,* ICC-01/05-01/08, Chambre de 1ère instance III, OTP, *Prosecution's Document in Support of Appeal against Trial Chamber III's "Decision on the admission into evidence of materials contained in the prosecution's list of evidence" (ICC-01/05-01/08-1022)*, ICC-01/05-01/08-1194, 7 février 2011 ; Defence Team of Mr Jean-Pierre Bemba Gombo, *Defence appeal against the "Decision on the admission into evidence of material contained in the Prosecution's list of evidence" of 19 November 2010*, ICC-01/05-01/08-1191, 7 février 2011.

[235] CPI, Situation en République centrafricaine, *Affaire le Procureur c. Jean-Pierre Bemba Gombo,* ICC-01/05-01/08, Chambre d'appel, Arrêt relatif aux appels interjetés par Jean-Pierre Bemba Gombo et le Procureur contre la décision relative à l'admission en tant que preuves des documents figurant dans l'inventaire des preuves de l'Accusation, rendue par la Chambre de première instance III, ICC-01/05-01/08-1386-tFRA, 3 mai 2011, la version française datant du 8 novembre 2011, (ci-après « arrêt ICC-01/05-01/08-1386-tFRA »), V. Mesure appropriée, § 82.

procédure et de preuve était contraire au principe de l'oralité des débats consacré à l'article 69-2 du Statut. »[236] En effet, motive la chambre, « la première phrase de cet article signifie littéralement que les témoins doivent comparaître en personne et déposer oralement devant la chambre de première instance. Les témoignages en personne à l'audience sont donc la règle, donnant ainsi effet au principe de l'oralité des débats. La déposition en personne à l'audience est importante du fait que le témoin dépose sous serment, sous l'observation et la surveillance générale de la chambre. Celle-ci entend la déposition directement de la bouche du témoin et peut observer son comportement et ses expressions ; elle peut également demander des éclaircissements sur certains aspects de la déposition lorsque celle-ci est imprécise, de sorte que les propos du témoin puissent être correctement enregistrés. »[237]

Ainsi, tout en rappelant l'existence de quelques exceptions prévues dans le même article 69-2 du Statut et dans la règle 68 du RPP, la chambre d'appel a réaffirmé le principe de l'oralité[238] qui gouverne le témoignage. Les parties ayant cité les témoins se doivent donc de les amener à déposer de façon efficiente, en leur posant des questions pertinentes, sans chercher à influencer ou à orienter leurs réponses.

Section 4 - *Quatrième règle* : Obligation de poser des questions neutres

Cette règle gouvernant l'interrogatoire principal peut générer beaucoup de débats au cours de l'instruction juridictionnelle. On comprend bien son importance à travers sa définition, son fondement et ses multiples applications (paragraphe I). Néanmoins, cette importance n'interdit pas certains assouplissements dictés par la nécessité de faire avancer la procédure ou de tenir compte de situations parfois inattendues survenant pendant la déposition de certains témoins (paragraphe II).

Paragraphe I : Définition, bien-fondé et applications de la règle

Par questions neutres, il faut entendre des questions qui n'orientent pas le témoin vers une réponse prédéterminée ; des questions qui ne sont pas suggestives ou directives. Ce n'est pas, en effet, le questionnant qui dépose, mais bien le témoin.

---

[236] Arrêt ICC-01/05-01/08-1386-tFRA, I- Conclusions principales, §§ 1, 2 et 3.
[237] Arrêt ICC-01/05-01/08-1386-tFRA, § 76.
[238] Arrêt ICC-01/05-01/08-1386-tFRA, § 77.

Cette prescription est ainsi libellée dans le paragraphe 66 des instructions 1665 : « En règle générale, seules des questions neutres seront autorisées lors de l'interrogatoire principal. La partie citant le témoin à comparaître n'est donc pas autorisée à lui poser des questions directives ou fermées, à moins qu'elles se rapportent à un point non litigieux. »[239] Une question est directive lorsqu'elle est « formulée de manière à suggérer au témoin la réponse recherchée ou à lui faire présumer l'existence de faits encore à établir. »[240] Elle est fermée, lorsqu'elle est « formulée de telle manière que la réponse ne peut être que binaire (oui ou non). »[241]

Le conseil ayant cité le témoin et le questionnant en interrogatoire principal s'expose à des objections de la partie adverse s'il pose ses questions de façon directive, orientée, fermée ou suggestive. Il appartient, en effet, à celle-ci de s'élever contre ce type de questions.[242] La décision de soulever ou pas une objection doit être prise rapidement en fonction de l'enjeu. C'est une question de secondes. Si l'enjeu n'est pas très important, la partie adverse peut laisser passer certaines questions suggestives sans faire objection pour ne pas donner l'impression de vouloir obstruer l'interrogatoire principal. Mais l'appréciation est parfois risquée. En laissant au témoin l'occasion de répondre à certaines questions suggestives, on peut avoir la chance d'avoir des réponses qui mettent mal à l'aise la thèse du questionnant. Mais c'est un vrai risque à évaluer rapidement.

L'extrait ci-dessous de la déposition du témoin de l'accusation P-250 permet de bien comprendre cette situation délicate dont la gestion requiert non seulement la maîtrise de la science du droit mais aussi du droit comme art. En effet, P-250 était un des témoins clés de l'accusation. Au travers de sa déposition, le procureur voulait établir l'allégation qui constituait le pilier central de sa théorie, à savoir que MN était le plus haut commandant du FNI à Zumbe au moment des faits, c'est-à-dire entre août 2002 et mars 2003, spécialement le 24 février 2003, jour de l'attaque de Bogoro dont était saisie la chambre de première instance II. C'est en cette qualité que celui-ci aurait perpétré, conjointement avec GK de la FRPI, soit individuellement, soit par l'intermédiaire d'autres personnes, les crimes mis à sa charge. Au soutien de cette énorme allégation qui induit des débats argumentés, notamment sur le

---

[239] Voir aussi Décision Bemba ICC-01/05-01/08-1023-tFRA § 15 : « Concernant le mode d'interrogation, la chambre attend de toutes les parties et des participants qu'ils posent aux témoins des questions neutres… »

[240] Instructions 1665, p. 25, § 66, NBP 32.

[241] *Idem*, NBP 33.

[242] La règle d'interdiction de questions suggestives est observée devant toutes les chambres de la CPI. Voir, par exemple, parmi tant d'autres applications, l'objection formulée par le conseil de Jean-Pierre Bemba au cours de l'interrogatoire principal du témoin de l'accusation CAR-OTP-PPPP-0038, Transcription de l'audience du 24 novembre 2010, ICC-01/05-01/08-T-34-Red2-FRA WT, p. 41, L17 à p. 42, L7.

FNI, la FRPI, la situation sécuritaire à Zumbe, les forces en conflit ouvert en Ituri, singulièrement à Bunia et à Bogoro, les enjeux militaro-politico-économico-stratégiques en présence, le plan d'attaque de Bogoro comme étape pour la reconquête de Bunia et de l'Ituri etc., le procureur a produit devant la chambre P-250 qui formait avec P-279 et P-280 ses témoins clés.[243] De tous les trois, P-250 est apparu comme la colonne de soutènement de la théorie du procureur. L'atteste, la durée de sa déposition qui s'est étalée sur 15 journées d'audience,[244] et particulièrement de son interrogatoire principal qui a battu le record de longévité, car il s'est déroulé du 27 janvier au 10 février 2010, soit en 9 journées d'audience.

Lors de la déposition de ce témoin, ont eu lieu beaucoup de débats intéressants d'ordre procédural. L'analyse de cette déposition explique, en grande partie, la conclusion à laquelle a abouti la chambre dans son jugement du 18 décembre 2012 acquittant MN. Parmi ces débats de nature procédurale figurent précisément des discussions sur la manière dont le procureur a conduit l'interrogatoire principal de ce témoin. Au cours de cet interrogatoire, en effet, le procureur voulait obtenir de ce dernier des éléments de preuve pouvant faire prospérer la théorie de l'accusation. Pour ce faire, il a parfois posé des questions suggestives auxquelles les conseils de la défense auraient pu faire objection.

La première série de questions suggestives était celle qui suit. Pour la clarté de la démonstration, nous commençons par exposer l'intégralité de l'extrait, pour, ensuite, en ressortir successivement des questions suggestives, mises en italique par nous, et normalement prohibées en interrogatoire principal :

> « Q. Lorsque vous arrivez à Zumbe, que faites-vous ? R. Dès que je suis arrivé à Zumbe, nous avons fini de combattre.
>
> Q. Qu'est-ce que vous voulez dire par : « Nous avons fini de combattre » ? R. Je n'ai... Je n'ai pas dit le combat de la guerre. C'était le combat de la vie. Nous étions en train de combattre pour survivre.
>
> Q. D'accord. Au village de Zumbe, à ce moment-là, êtes-vous en mesure de nous décrire l'organisation... du village, à ce moment-là, et nous décrire comment ce village était protégé - s'il l'était ? R. Dans ce village, il y avait les églises catholiques, protestantes. Il y avait aussi un marché. C'est de cette façon qu'était organisé ce village, au moment où je suis arrivé.
>
> Q. Laissez-moi... permettez-moi juste une question de précision. Connaissez-vous la distance entre Bunia... Non, je... je reviendrai. Pardon, excusez-moi. Lorsque vous arrivez au village de Zumbe, vous dites que l'objectif est de survivre, si j'ai bien compris votre témoignage ? R. C'est exact.
>
> Q. *Comment, donc, était organisée cette défense* ou cette survie ? R. Il y avait les jours tels que le lundi, le mercredi et le vendredi - c'était le jour de marché. Il y

[243] Voir Jugement Ngudjolo, §§ 7 à 12, et 124.

[244] Du 27 janvier au 23 février 2010.

avait des ennemis qui venaient dans ce marché, alors nous nous sommes organisés pour nous défendre.
Q. Comment vous êtes-vous organisés ? R. Lorsque nous sommes arrivés, il n'y avait pas un ordre dans lequel nous pouvions nous organiser : c'était un combat pour survivre, seulement.
Q. Et avec le temps, que s'est-il produit ? R. Après, le combat venait en provenance de Bunia et le combat venait vers Bunia... vers... vers Zumbe et nous « pouvons » apercevoir les... les combattants dans le village.
Q. Et que faisiez-vous, à ce moment-là ? R. C'était le combat de la vie. Nous n'avions pas un bon travail pour survivre.
Q. *Qui organisait les défenses*, à ce moment-là, ou la survie - comme vous dites? R. Au début, c'était n'importe qui. C'était d'une manière individuelle : une maman ou n'importe... un enfant. Tout le monde s'organisait de sa façon pour défendre la cité. Au début, c'était un devoir de tout le monde de s'organiser pour se défendre.
Q. Est-ce que ceci a changé avec le temps ? *Est-ce qu'il s'est développé une organisation pour défendre Zumbe ?* R. Oui. Avec la continuité des combats, il... il s'est passé quelque chose dans ce sens-là. »[245]

Comme on le voit, la première suggestion flagrante a été formulée dans la question : « Comment, donc, était organisée cette défense ou cette survie ? »[246] En effet, dans ses réponses aux questions précédentes, le témoin n'a pas parlé de « défense » ; il a dit qu'ils se battaient pour survivre ; c'était le combat pour la vie : « *R. ... Je n'ai pas dit le combat de la guerre. C'était le combat de la vie. Nous étions en train de combattre pour survivre.* »[247] Plus loin, le procureur répète cette suggestion comme pour inviter le témoin à adopter le terme « défense » alors que ce dernier ne parlait jusqu'alors que de survie : « Q. Qui organisait les défenses, à ce moment-là, ou la survie - comme vous dites ? R. Au début, c'était n'importe qui. C'était d'une manière individuelle : une maman ou n'importe... un enfant. Tout le monde s'organisait de sa façon pour défendre la cité. Au début, c'était un devoir de tout le monde de s'organiser pour se défendre. »[248] A la suite de cette réponse du témoin, le procureur pose encore une question très suggestive introduisant, de façon inappropriée, la notion d' « organisation pour défendre Zumbe. » : « Q. Est-ce que ceci a changé avec le temps ? Est-ce qu'il s'est développé une organisation pour défendre Zumbe ? R. Oui. Avec la continuité des combats, il... il s'est passé quelque chose dans ce sens-là. »[249]

---

[245] CPI, Situation en République démocratique du Congo, *Affaire le Procureur c. Germain Katanga et Mathieu Ngudjolo*, ICC-01/04-01/07, Chambre de 1ère instance II, Transcription de l'audience du 27 janvier 2010, ICC-01/04-01/07-T-91-Red-FRA WT, de la p. 21, L25 à la p. 25, L8.
[246] *Idem*, p. 22, L3-4.
[247] *Idem*, p. 22, L18.
[248] *Idem*, p. 23, L6-7, et L8 à 11.
[249] *Idem*, p. 23, L12 à 15.

Puis l'échange se poursuit. Suivons :

« Q. Pourriez-vous expliquer à la Chambre ce qui s'est produit à ce niveau-là ? R. Lorsque l'insécurité continuait, que les ennemis attaquaient Zumbe, il y avait un groupe de défense qui était mis en place.
Q. Qui a mis en place ce groupe de défense ? R. Au village, il y avait des chefs coutumiers, des chefs de collectivité qui s'étaient organisés dans ce sens-là ; cela a continué de cette manière-là.
Q. Donc, les chefs de localité se sont regroupés pour organiser, donc, la défense de Zumbe ? R. Oui.
Q. *Quelle sorte de structure a été mise en place* ? Êtes-vous en mesure de nous décrire la structure qu'il y avait en place, à ce moment-là ? R. Comme il y avait des ennemis qui étaient arrêtés ; et ces ennemis étaient armés. Il était important, alors, de s'organiser, d'être armés de notre côté, pour pouvoir faire face à des gens qui étaient eux aussi armés.
Q. Vous vous défendiez à ce moment-là contre qui ? R. Il y avait des militaires de l'UPC.
Q. Alors, vous dites que pour, donc, repousser les… vu que les attaquants étaient armés, pardon, vous deviez vous-même être armés. Qui a organisé, donc, cet armement ? R. Au début, ça s'est passé de la manière suivante : quelqu'un pouvait être arrêté n'importe où, et être attaqué. Nous nous défendions au début avec des pierres. À la suite, nous nous sommes organisés en groupes de cinq personnes.
Q. Et qui organisait ces groupes-là ? R. Ce sont des personnes parmi deux ou trois qui ont été victimes de ces attaques et qui ont tué ces personnes-là.
Q. Lorsque vous arrivez à Zumbe suite à la chute du gouvernement de Lompondo…
Mme LA JUGE DIARRA: « Le Procureur », je m'excuse, j'ai pas compris la réponse de votre témoin. Quand il dit que « ce sont les personnes parmi deux ou trois qui ont été victimes de ces attaques, et qui ont tué ces personnes-là. » Sont-ils les tueurs ou les victimes ? Je n'ai pas du tout compris la réponse. Si vous voulez bien reprendre la question et qu'il revienne sur sa réponse. C'est très important. Merci.
M. MacDONALD: Q. Alors, pourriez-vous clarifier, Monsieur le témoin, votre dernière réponse, s'il vous plaît, au sujet de cet incident où trois personnes auraient répliqué pour tuer leurs attaquants ?
LE TÉMOIN P-0250… : R. … c'est un exemple, il pouvait y avoir deux ou trois personnes qui pouvaient être attaquées, et si cette personne pouvait s'enfuir, il y a eu des… beaucoup de cas, de problèmes dans ce sens-là, et les informations étaient données au chef de localité. Nous faisions rapport au chef de localité. Et lui, le chef de localité en tant que responsable du village, devait prendre des dispositions dans ce sens-là. C'est dans cet objectif qu'est née l'organisation du mouvement. »[250]

[250] Transcription ICC-01/04-01/07-T-91-Red-FRA WT 27-01-2010, de la p. 23, L16 à la p. 25, L8.

Visiblement, ces réponses du témoin ne donnaient pas satisfaction au procureur qui, sans doute, voulait entendre ce dernier mentionner le nom de Ngudjolo comme étant l'organisateur du mouvement d'auto-défense. Hélas ! Le témoin a dit ce qui, à sa connaissance, se passait à l'époque, à savoir que tout était organisé par le chef de collectivité. À un certain moment, le procureur a introduit la notion de structure qui aurait été mise en place, et invité le témoin à en parler, en vain : « Q. Quelle sorte de structure a été mise en place ? Êtes-vous en mesure de nous décrire la structure qu'il y avait en place, à ce moment-là ? R. Comme il y avait des ennemis qui étaient arrêtés ; et ces ennemis étaient armés. Il était important, alors, de s'organiser, d'être armés de notre côté, pour pouvoir faire face à des gens qui étaient eux aussi armés. Q. Vous vous défendiez à ce moment-là contre qui ? R. Il y avait des militaires de l'UPC. »[251] Donc, selon P-250, l'ennemi, c'était bien l'UPC et non les Hema, comme le soutenait l'accusation.

Après la dernière réponse du témoin, le procureur, probablement insatisfait, a posé une autre question plus suggestive encore qui a introduit de façon non orthodoxe la notion de « camp militaire » et qui aurait dû faire lever le conseil de la défense. Après une rapide appréciation, celui-ci n'a pas formulé d'objection, préférant ne pas hacher le déroulement de l'interrogatoire qui s'est donc poursuivi ainsi :

> « Q. Lorsque vous êtes arrivé dans le groupement de Bedu-Ezekere, donc, sortant de Zumbe, mais allant au niveau du groupement, *y avait-il un camp militaire* ? R. Non, il n'y avait pas de camp militaire à cette époque. Mais après quelques jours, il y avait des militaires de Lompondo de l'APC qui ont été encerclés au niveau du... du lac. Et ils ont cherché comment s'enfuir. C'est de cette façon-là qu'ils sont venus.
>
> Q. Donc, lorsque vous arrivez à Zumbe, vous dites que ce n'est que quelques jours plus tard qu'il y aurait donc la formation d'un camp militaire ; est-ce que je comprends bien votre témoignage ?
>
> R. Oui, ce ne sont pas les gens de Zumbe qui ont créé ce camp militaire, ce sont les militaires qui s'étaient enfuis lorsqu'ils se sont retrouvés à cet endroit, ils ont mis en place un camp militaire.
>
> Q. Et je comprends que vous dites que c'est les militaires qui se sont enfuis. Vous avez dit dans votre réponse précédente qu'il s'agissait de militaires de l'APC qui se trouvaient au niveau du lac. Alors, on va se concentrer juste sur cela pour le moment, s'il vous plaît. Quand vous dites qu'il y avait des militaires de l'APC qui étaient encerclés au niveau du lac, qu'est-ce que vous voulez dire au juste ?
>
> R. C'étaient des militaires qui avaient quitté Bunia. Ils n'avaient pas... Ils n'avaient pas un endroit où ils pouvaient fuir. Comme ils étaient des Congolais, ils ne pouvaient pas aller au-delà du lac Albert. On leur a donné un petit endroit où ils pouvaient se réfugier. »[252]

---

[251] Transcription ICC-01/04-01/07-T-91-Red-FRA WT 27-01-2010, p. 23, L25 à p. 24, L6.

[252] *Idem*, de la p. 25, L9 à la p. 26, L5.

On voit bien, à la lecture de cet extrait, que c'est le procureur qui a introduit au débat la notion de camp militaire. Il l'a fait de façon irrégulière dans sa question[253] alors que le témoin n'avait jamais, depuis le début de sa déposition, parlé de camp militaire. Heureusement pour la défense, la réponse du témoin a été : « Non, il n'y avait pas de camp militaire à cette époque ».[254] Plus loin, le procureur revient sur la même question de camp à Zumbe et reçoit encore une réponse claire du témoin :

> « Q. Alors, je vais revenir à la question que j'ai posée tout à l'heure. Lorsque vous êtes arrivé, vous avez mentionné qu'il n'y avait pas de camp à Zumbe.
> R. Non, il n'y avait pas de camp à Zumbe. Toutefois, ces éléments de l'APC, c'étaient des militaires. On ne pouvait pas les loger à l'église. C'est la raison pour laquelle on leur a donné un terrain. Ils se sont installés sur ce terrain-là.
> Q. Et ce terrain se trouvait à quel endroit ? R. Ce terrain était à l'école primaire de Zumbe. Et ils ont construit un camp dans le terrain de cette école. »[255]

Comme on vient de le constater, les questions suggestives posées par le procureur au premier jour de la déposition de P-250 n'ont pas causé de dégât à la défense. Ainsi, l'attitude abstentionniste du conseil a plutôt permis à l'interrogatoire de se dérouler sans discontinuité, le témoin donnant des réponses qui, de l'avis de la défense, étaient conformes à la réalité. Mais, il faut savoir que la décision de faire ou ne pas faire objection est à prendre rapidement, après une prompte évaluation de deux risques en présence.

D'un côté, il convient d'avoir présent à l'esprit qu'une fois posée, la question est sortie, le témoin l'a entendue ; et qu'en faisant objection sans tact, il y a risque d'enfoncer le clou. C'est pourquoi, il arrive parfois qu'on reste vague dans l'objection pour éviter justement de reprendre le terme introduit de façon suggestive ou directive dans la question incriminée. Cela s'est produit, de façon claire, par exemple, lors de l'interrogatoire principal de P-12, comme le montre cet extrait.

> « M. LE JUGE PRÉSIDENT COTTE : Monsieur le Procureur, merci. Vous savez que cette Chambre, et en tout cas son Président -à coup sûr, son Président-, est ce que nous appelons une conversion tardive aux subtilités et aux délices d'une procédure qui, pendant les 40 années qui ont précédé, ne lui étaient pas familières. Donc, chaque fois que vous parlez de respect réciproque, vous avez bien entendu un allié en la personne du Président et de la Chambre. Mais, nous avons le sentiment que depuis le début de nos débats, sauf peut-être par instants, mais dans le feu de l'action, cette règle du respect réciproque guide vos attitudes respectives. Nous sommes tout à fait d'accord avec vous pour que la question puisse se développer avant qu'il n'y ait immédiatement une main levée et une prise de parole, mais il faut en même temps veiller à ce que la question une fois

253 *Idem,*p. 25, L9-10.
254 *Idem,*p. 25, L11 à 14.
255 *Idem,* p. 27, L12 à 20.

développée, le mal ne soit pas déjà fait, et que le témoin ne soit pas déjà - j'utilise un verbe un peu fort - prédéterminé à la réponse ou conditionné à la réponse. Ce sont donc des subtilités ou des techniques que la plupart d'entre vous maîtrisent depuis longtemps et auxquelles vous êtes parfaitement aguerris. Il est vrai aussi que - je m'en suis rendu compte, nous nous en sommes rendu compte -, d'un côté comme de l'autre de cette salle d'audience, il y a par moment des seuils de tolérance différents selon, comme vous le dites, ... le caractère plus ou moins significatif du témoin. Il est également vrai que, parfois, l'objection qui est formulée n'implique pas pour la Chambre la nécessité absolue d'une réplique car elle considère, peut-être parfois à tort, mais que l'objection est fondée et qu'il est important de poursuivre. Ceci dit, il était bon que vous puissiez vous exprimer sur ce point, faire part de votre point [de vue]. Est-ce que l'une ou l'autre des équipes de défense veut prendre la parole ? Oui, le Professeur Fofé, je vous en prie.
Pr FOFÉ : Merci beaucoup, Monsieur le Président. À ce stade, je voudrais quand même solliciter également l'attention de M. le Procureur sur le fait qu'il est nécessaire d'éviter des questions orientées. Nous avons parfois l'impression que cela est fait sciemment parce que, comme vous venez de le dire, si la question est déjà sortie, le témoin l'a déjà écoutée et le mal est fait. Et vous aurez remarqué, pour prendre le cas d'hier, quand je me suis levé pour faire une objection hier, j'ai évité de reprendre le terme utilisé par M. le Procureur, justement pour éviter d'enfoncer le clou. Et parfois, on peut donc faire une objection de cette façon-là et ne pas paraître très clair, mais nous, nous sommes d'avis que M. le Procureur comprend notre souci. Donc, de grâce, il faut formuler des questions de façon neutre. Compte tenu de l'importance du témoin, il donne des éléments très importants, mais il faut que ces éléments viennent du témoin et ne soient pas suggérés par M. le Procureur. Voilà, Monsieur le Président. Merci. »[256]

De l'autre côté, l'abstention de soulever une objection est une décision à ne pas prendre à la légère. Car, la responsabilité de s'opposer aux questions suggestives incombe à la partie adverse à celle qui produit et questionne le témoin en interrogatoire principal. Si cette partie adverse ne fait pas objection, il est possible que les juges ne se rendent pas compte du caractère directif de certaines questions ou qu'ils laissent faire. Nous avons fait ce constat à l'audience du 28 janvier 2010, au deuxième jour de l'interrogatoire principal du témoin P-250. En effet, comme démontré plus haut, le procureur avait procédé par des questions suggestives au premier jour d'audition de ce témoin. Hélas ! Le 28 janvier 2010, dès le début de la reprise de l'interrogatoire principal, le procureur a continué à poser des questions suggestives en introduisant lui-même des concepts dont n'avait pas encore

[256] CPI, Situation en République démocratique du Congo, *Affaire le Procureur c. Germain Katanga et Mathieu Ngudjolo*, ICC-01/04-01/07, Chambre de 1ère instance II, Transcription de l'audience du 29 septembre 2010, ICC-01/04-01/07-T-195-Red-FRA WT, de la p. 21, L13 à la p. 22, L25. Passages mis en relief en italique par nous.

parlé le témoin, notamment la structure militaire « brigade ». Là, le conseil de la défense s'est levé pour faire objection :

> « PAR M. MacDONALD : Q. Monsieur le témoin, hier, nous nous sommes laissés au moment où vous décriviez, disons, l'organisation hiérarchique des soldats eux-mêmes, à savoir les différents rangs qu'il pouvait y avoir pour les groupes de soldats. Et vous nous avez mentionné qu'il y avait des sections, pelotons, compagnies, bataillons. Maintenant, j'aimerais vous demander : est-ce qu'il y avait une appellation plus élevée ? Est-ce qu'il y avait quelque chose au-dessus de... commandant de bataillon ?
> LE TÉMOIN P-0250... : R. Je dois vous dire qu'il y avait un état-major, dirigé par un responsable, un chef.
> Q. D'accord. Et je comprends qu'hier, vous nous avez indiqué que ce chef était Mathieu Ngudjolo, n'est-ce pas ? R. C'est exact.
> Q. *Y avait-il des commandants de brigade ?*
> Pr FOFÉ : Pardon, Monsieur le Président.
> M. LE JUGE PRÉSIDENT COTTE : Je vous en prie, Professeur Fofé.
> Pr FOFÉ : Monsieur le Président, je vous assure qu'hier, déjà, nous avions fait des efforts pour ne pas interrompre M. le Procureur. Il avait déjà commencé à procéder de cette façon, par des suggestions. Il a bien demandé au témoin si, au-dessus de bataillon... de commandant de bataillon, il y avait quelque chose. Le témoin a répondu qu'il y avait un état-major, dirigé par un chef. Maintenant, dans sa question, le Procureur vient d'ajouter, d'introduire un échelon sur le plan militaire, dont le témoin n'a pas parlé, et je ne voudrais pas le répéter. Il a introduit une notion militaire, un échelon, dont le témoin n'a pas parlé. Je souhaiterais vraiment que M. le Procureur ne procède pas de cette façon. Merci, Monsieur le Président. »[257]

De la réponse du président de la chambre, on peut inférer qu'il n'avait peut-être perçu, la veille, que peu de questions suggestives parmi celles que la défense avait délibérément laissé passer, heureusement sans dommages pour elle. Ecoutons le président :

> « M. LE JUGE PRÉSIDENT COTTE : Professeur Fofé, le déroulement de l'audience d'hier - s'agissant des questions posées par M. le Procureur -, est apparu à la Chambre comme répondant à 98 pour cent - m'a-t-il semblé en tout cas -, aux canons, aux règles, aux prescriptions de ce que doit être un interrogatoire principal. Il est vrai qu'à... dans 2 pour cent peut-être des cas, je m'attendais un peu à ce qu'il y ait une réaction de la part de la Défense, car peut-être y avait-il une amorce de suggestion. Mais, étant très attentif au déroulement des débats, il m'était apparu que l'amorce de suggestion ne faisait en réalité que concrétiser une réponse qui avait été apportée préalablement. Vous avez sans doute raison, vous avez même raison - au tout début de cette audience -, de rappeler qu'il faut être très attentif à tout ce qui pourrait être question suggestive,

---

257 CPI, Situation en République démocratique du Congo, *Affaire le Procureur c. Germain Katanga et Mathieu Ngudjolo*, ICC-01/04-01/07, Chambre de 1ère instance II, Transcription de l'audience du 28 janvier 2010, ICC-01/04-01/07-T-92-Red2-FRA WT, de la p.14, L8 à la p.15, L9.

même si, au cas présent, M. le Procureur pensait peut-être qu'il ne s'agissait que de confirmer des propos déjà tenus hier. En tout état de cause, Monsieur le Procureur, vous prenez donc bien note de la réaction, là encore pleine de tact, de l'équipe de défense de Mathieu Ngudjolo, qui est particulièrement sensible à ce témoignage et nous comprenons pourquoi. Et nous vous demandons de poursuivre, en veillant à ce que vos questions soient aussi précises, concises et neutres qu'elles l'étaient hier. »[258]

Ce débat a ressurgi dans la suite de l'interrogatoire de ce témoin P-250. Il apparaissait clairement, au travers de la formulation de ses questions et de sa tactique de va-et-vient, que le procureur voulait orienter ce témoin vers les réponses qu'il souhaitait. Cela a été tellement visible au moment où il abordait la question de « kadogo »[259] que sont intervenus, l'un à la suite de l'autre, les deux conseils de la défense, suscitant ainsi l'arbitrage du président de la chambre. En effet, le procureur a questionné le témoin sur le concept de « kadogo » et la problématique d'évaluation de l'âge des combattants. Peut-être parce que les réponses du témoin ne lui avaient pas donné satisfaction, le procureur a voulu faire suspendre le débat quinze minutes avant l'heure de la pause en prétextant la nécessité pour le témoin de se reposer. Ce contre quoi s'est levé le conseil de MN et le président de la chambre a ordonné au procureur de poursuivre son interrogatoire, après avoir consulté le témoin lui-même. Suivons cet extrait :

« Q. Très bien. Déplaçons-nous ou revenons vers l'entraînement, s'il vous plaît. Nous avons discuté de cela hier. Quel âge avaient les combattants qui étaient entraînés ? Quel… était leur âge en partant… de l'âge du plus jeune que vous auriez pu voir et l'âge du plus vieux ? R. L'âge variait. Dans la partie de l'est, il y avait des pygmées ; en les regardant, vous pouvez vous tromper sur leur âge. C'était difficile pour moi de déterminer l'âge des autres combattants.

Q. Revenons et concentrons-nous… à la région de Bedu-Ezekere. Selon votre évaluation, quel âge avait le plus jeune soldat que vous avez vu s'entraîner avant l'attaque sur le village de Bogoro ? R. C'est difficile de dire l'âge de la personne. C'est mieux que la personne le dise elle-même, son âge. Vous pouvez rencontrer quelqu'un qui est déjà très âgé et vous estimez que la personne a un âge inférieur par rapport à son aspect physique. C'était… c'est ainsi qu'on surnommait les gens *kadogo,* mais pour des gens qui connaissaient bien cette personne et… elle savait très bien l'âge qu'elle pouvait avoir.

Q. Alors, vous venez de nous indiquer une expression, à savoir « *kadogo* ». K*adogo*, qu'est-ce que ça veut dire au juste, pour que la Chambre comprenne bien ? R. Quand on appelait quelqu'un *kadogo*, c'était souvent quand un supérieur avait connu quelqu'un bien avant, et quand il rencontrait cette personne dans un autre camp, il appelait cette personne-là *kadogo* ; c'est-à-dire un petit.

---

[258] Transcription ICC-01/04-01/07-T-92-Red2-FRA WT 28-01-2010, de la p.15, L10 à la p.16, L 12.

[259] *Kadogo* est un mot swahili qui signifie « petit ».

On les appelait *kadogo*, mais si vous vouliez bien savoir leur âge, peut-être, c'est des machines qui pouvaient bien évaluer quel âge ils avaient.
Q. Donc, lorsqu'on faisait référence aux petits, on faisait référence aux *kadogo* ; est-ce cela ? R. Oui. Je peux le dire, un *kadogo*, c'était quelqu'un qui faisait la honte à un supérieur. Si vous le voyez de taille, il était petit, mais il pouvait avoir un âge qui n'est pas le même que son âge... que sa taille. Il y en avait qui avaient des enfants, mais on les appelait *kadogo* puisqu'ils n'ont pas eu la possibilité de croître physiquement.
M. MacDONALD : Est-ce que... quelque problème - et je m'adresse, peut-être, à Me Fofé -, Monsieur le Président, est-ce qu'il y a quelque problème avec la traduction swahili à ce sujet ?
Pr FOFÉ : Il n'y a pas de problème. Mais, Monsieur le Président, si vous pouvez encore demander au témoin de ralentir, parce que je constate que l'interprète continue à avoir des difficultés pour la traduction. S'il peut ralentir, parce qu'il est en train de dire des choses très importantes. Merci.
M. LE JUGE PRÉSIDENT COTTE : Alors, Monsieur le témoin... si vous pouviez me regarder. Voilà. Vous avez un travail très difficile parce que vous parlez dans une langue qui doit être traduite en français, et qui doit être traduite ensuite en anglais. Donc, votre travail est difficile. Celui des interprètes l'est aussi, et tous les participants à cette audience doivent bien comprendre ce que vous dites, parce que c'est très important. Et c'est pourquoi, au risque de vous lasser un peu, je vous demande, une nouvelle fois, de parler lentement ; que cela ne vous pose pas de problème, même si vous avez l'impression d'avancer comme une tortue, ce n'est pas grave du tout. Au contraire, cela nous permettra de beaucoup mieux comprendre. Monsieur le Procureur, vous pouvez continuer.
M. MacDONALD : Avec votre... permission, Monsieur le Président... je me demandais... Je vais vous suggérer une pause maintenant, je crois qu'il serait peut-être bénéfique que, justement... que le témoin puisse se reposer à cette étape-ci, et justement qu'on prenne la pause peut-être un peu plus tôt. Il y a quand même beaucoup d'informations qui sont données et c'est un exercice certainement intellectuel difficile aussi.
M. LE JUGE PRÉSIDENT COTTE : Bon. Professeur Fofé, je vous en prie.
Pr FOFÉ : Monsieur le Président, je ne sais pas, je ne connais pas le contenu du questionnaire de M. le Procureur mais là, il est sur une ligne de questions, et on abordait une question importante. Le témoin n'est pas du tout fatigué. Je ne comprends pas cette requête de M. le Procureur. Le témoin n'est pas fatigué. Donc, je pense que, comme nous sommes en train d'aborder des choses fondamentales, c'est mieux de passer jusqu'à 11 h ; donc nous sommes à 15 minutes de 11 h. Merci.
M. LE JUGE PRÉSIDENT COTTE : Merci, Professeur Fofé. Merci le Procureur. Merci, Monsieur le Procureur - pardon. La personne qui est la mieux placée pour nous dire si elle est fatiguée ou non est encore le témoin lui-même. Monsieur le témoin, regardez-moi, s'il vous plaît. Je viens de vous dire que votre travail n'était pas facile. Nous avons encore un quart d'heure avant la suspension de cette audience. Estimez-vous pouvoir continuer à répondre aux questions de M. le Procureur, en vous exprimant lentement pendant les 15 minutes qui viennent, ou estimez-vous que la longue période d'interrogatoire qui vient de s'écouler a été, pour vous, fatigante - auquel cas, nous pourrions interrompre

l'audience tout de suite ? C'est vous, vous l'avez bien compris, qui êtes au cœur de cette audience pour l'instant. Donc, la Chambre souhaite avoir en face d'elle un témoin qui soit en pleine possession de ses moyens. Donc, pensez-vous que nous puissions continuer pendant les 15 minutes qui viennent et après, il y aura une demi-heure de repos ?
LE TÉMOIN P-0250… : Je pense que nous pouvons continuer.
M. LE JUGE PRÉSIDENT COTTE : Très bien. Alors, Monsieur le Procureur, donc, en avançant lentement, nous continuons jusqu'à 11 h. Merci, Monsieur le témoin, pour votre réponse très claire. »[260]

Curieusement, à la reprise de son interrogatoire, alors que tout le monde s'attendait à ce qu'il poursuive ses questions sur les « kadogo » et l'évaluation de leur âge et que le juge président l'invitait à revenir sur ces thèmes, le procureur a changé de sujet pour ouvrir, de façon directive, des questions notamment sur la manière dont MN communiquait avec les commandants[261], sur les ordres qu'il donnait aux combattants[262] et sur l'existence d'un tribunal militaire à Zumbe.[263] Lorqu'il a enfin rejoint le sujet de « kadogo », il a introduit sa question de façon tellement orientée qu'il a suscité l'objection de la défense et la mise au point de la Chambre, après les explications du procureur :

« [McDONALD] Q. Avant de… J'aimerais revenir avec une question, sur *la question des... des kadogo ou des enfants.* Alors, Monsieur le témoin, on comprend de votre réponse que, évidemment, *vous avez mentionné qu'il y avait des petits, et que ces... des petits pouvaient faire référence à leur grandeur physique…*
Me HOOPER… : Pardonnez-moi de vous interrompre, mais il s'agit d'un point essentiel. Est-ce que le témoin pourrait retirer ses écouteurs, s'il vous plaît ? Sinon il entendra ce que je suis sur le point de dire. Il vaudrait mieux, ce serait plus sûr, qu'il retire ses écouteurs.
M. LE JUGE PRÉSIDENT COTTE : En quoi est-il ennuyeux qu'il entende ce que vous voulez dire ?
Me HOOPER… : Eh bien… dans ce cas, puis-je soulever un point en l'absence du témoin ? Il s'agit d'une préoccupation d'ordre général, qui porte sur un certain nombre de questions, la manière dont elles sont formulées par l'Accusation depuis ce matin. Et je pense que l'on peut dire que nous n'avons… nous ne l'avons pas interrompue, afin de ne pas « le » perturber, et nous sommes persuadés que la Chambre appréciera cela.
M. LE JUGE PRÉSIDENT COTTE : Parfait. Avant de donner suite à votre demande, il me fallait simplement un minimum d'explications. Monsieur le témoin, s'il vous plaît, veuillez retirer vos écouteurs. *(Le témoin s'exécute)* Merci. Maître Hooper, nous vous écoutons… »

---

[260]Transcription ICC-01/04-01/07-T-92-Red2-FRA WT 28-01-2010, de la p. 35, L 6 à la p. 38, L10.
[261]*Idem*, de la p. 38, L 24 à la p. 39, L3.
[262] *Idem*, de la p. 40, L8 à la p. 41, L9.
[263] *Idem*, de la p. 43, L4 à la p. 45, L22.

Me HOOPER... : Eh bien, je suis préoccupé du fait que de temps à autre, l'Accusation, en la personne de M. MacDonald, fait référence ou présente les choses d'une certaine manière qui pourrait diriger le témoin et le guider de manière à ce qu'il donne une réponse qu'il n'aurait pas donnée autrement. Nous avons eu un exemple ce matin, tout au début, lors de la présentation des bataillons, et de la manière dont sont organisées les structures. Et je crois que les questions ont été posées dans cet ordre. Ça a été posé en tant que question, l'intention étant d'obtenir une réponse « oui » ou « non ». Il ne fait aucun doute que, plus tard, lorsque nous serons en train d'examiner la déposition de ce témoin, et bien, cela pourrait créer des difficultés. Il est extrêmement difficile de résumer ce que dit le témoin, en particulier lorsque c'est votre témoin... Ce matin, lorsque nous sommes revenus de la pause, M. MacDonald lui a posé une question assez précise sur la phonie. Nous n'avions pas eu ce terme utilisé dans le cadre de cette affaire, pour autant que je sache, lors de ce matin. Alors, une fois de plus, si je me trompe, corrigez-moi. Nous avons maintenant une question relative à un point sur lequel, Monsieur le Président, vous avez invité M. MacDonald à s'exprimer avant la pause. C'était une question relative au terme *kadogo*. Et là, la question a été posée de telle sorte que *kadogo* indiquait... porte sur des enfants. Cela n'a pas été dit ce matin. Alors, je comprends très bien, ce que cherche à faire M. MacDonald. Ce que je dis, c'est que ce n'est... pas une bonne manière de procéder, notamment dans les domaines qui sont particulièrement et de façon évidente, importants, comme l'a dit mon collègue ce matin. C'est donc dans ce contexte que je soulève une objection. Il ne s'agit pas uniquement d'un cas isolé. C'est une tentative répétée, d'après nous, qui consiste à amener le témoin dans une position qu'il n'a pas encore assumée. Cela est fait de manière... enfin, en résumant les réponses ou en introduisant certains... termes qu'il n'a pas utilisés. Et mon confrère comprend très bien pourquoi, donc, il procède de la sorte, et c'est pour cela que nous avons certaines préoccupations. Alors, je suis désolé de ne pas avoir été plus précis lorsque j'ai demandé au témoin de bien vouloir retirer ses écouteurs. Ce n'était pas par manque de respect, c'était simplement que je faisais part d'une préoccupation par rapport à la manière dont les questions sont posées par le Procureur. Et il a été interrogé pendant 50 heures, 50 heures et demie, ce qui est extrêmement long. Et, pendant toute la durée de l'entretien, ces questions n'étaient pas des questions d'un enquêteur, mais les questions de M. MacDonald. Donc, nous avons des préoccupations pour ce qui est des liens qui, de façon inévitable, s'établissent dans ce type de situation. Il vaudrait mieux qu'un autre membre de l'Accusation, eh bien, interroge le témoin, afin de préserver, peut-être, la neutralité de cette position. Nous avons vu ce qui [se] passait. Nous devons absolument y mettre un terme... Je vous remercie.
M. LE JUGE PRÉSIDENT COTTE : Une brève réplique, Monsieur le Procureur. Brève, s'il vous plaît, mais elle est importante. Nous vous écoutons, et puis, la Chambre vous dira ce qu'elle pense de tout cela.
M. MacDONALD : Brièvement, Monsieur le Président. Le témoin comprend le français. Je dois le dire. Alors, je m'adresse toujours envers la Chambre en français, mais je n'ai pas l'intention de donner des informations qu'il n'a pas déjà mentionnées. Je crois que le témoin, il est clair, a mentionné le terme « phonie » de la... tel que ça nous a été présenté ou traduit dans nos écouteurs et, si je ne

m'abuse, ça apparaît également au transcrit - français, à tout le moins. Il est vrai, qu'hier, le témoin a mentionné… je lui ai posé la question « un titre ». Je n'avais aucune idée de ce qu'il était pour répondre, moi, quand je cherchais cette réponse. Et comme il l'a dit : « J'étais un soldat, et après ça, j'ai assumé un intérim. » Il est vrai que j'ai mentionné que le témoin avait mentionné d'une compagnie. Et ce matin, j'ai utilisé le terme « camp ». C'est mon erreur, mais le témoin a bien corrigé le tir, et a mentionné le terme « compagnie ». Ma… Le témoin tout à l'heure, lorsqu'il a décrit pour lui la signification du terme « k*adogo* », a donné certains exemples. Et c'est là-dessus que je revenais, mais je ne le ferai pas. Et je vais poser des questions ouvertes, sur ce point, pour éviter toute influence. Troisièmement, il est vrai que j'ai… j'étais présent lors de l'interrogatoire des… ou lors des déclarations qui ont été données par ce témoin : la première source par audio, la deuxième en version écrite, et la quatrième *(sic.)* en version audio. Mais, à chaque fois, évidemment, je n'étais pas seul. Il y avait d'autres personnes, d'autres personnes du Bureau du Procureur, enquêteurs. Et l'Accusation a une obligation d'enquêter à charge et à décharge. Et on n'est pas là pour influencer les réponses du témoin, ou la Cour, de quelque manière que ce soit. Nous sommes ici tous pour la recherche de la vérité. Dernier point. Il est vrai que sur certains sujets, je peux amener le témoin à… dans une certaine direction, lorsqu'il s'agit évidemment de sujets qui ne sont pas controversés ou plus généraux. Je comprends que sur des sujets plus importants aux yeux de la Défense, certainement, il faut faire attention. Mais je crois aussi qu'on… nous sommes tous conscients que, sur des points non contentieux et dans le but d'avancer, compte tenu du nombre imparti d'heures que la Chambre nous impose, il faut aller de l'avant et procéder rondement. Alors, dans certains… sur certains sujets, c'est ce que nous tentons de faire. Mais en gros, … je comprends très bien l'intervention de mon collègue, Me Hooper, et il est clair que l'Accusation veut s'en tenir à ces mêmes règles du jeu.
M. LE JUGE PRÉSIDENT COTTE : Bien, la Chambre vous remercie, Monsieur le Procureur. Il est clair que l'Accusation n'est pas mise en accusation. Ce que le Pr Fofé, ce matin, ce que Me Hooper vient de nous dire à présent constitue à nos yeux des mises au point, des mises au point utiles, alors que nous n'en sommes encore qu'au début de nos débats, que de nombreux témoins viendront, que de nombreux interrogatoires et de nombreux contre-interrogatoires auront lieu. Ceci dit, la Chambre s'est efforcée, dans sa décision sur la règle 140, de bien rappeler les conditions dans lesquelles doivent être posées les questions. Elle y est attentive avec, en même temps, le souci, bien sûr, de ne pas hacher les débats, de ne pas interférer de manière excessive dans la conduite des interrogatoires - ou peut-être même dans la stratégie d'un interrogatoire ou d'un contre-interrogatoire. N'ayons pas peur des mots, car je crois que tel est le cas. Il demeure - et la Chambre vous remercie de l'avoir admis, Monsieur le Procureur - que, lorsque vous faites un bref résumé de questions que vous avez antérieurement posées ou de réponses que le témoin a apportées à vos questions, il peut y avoir parfois une incitation à la rapidité qui vous conduit à anticiper la réponse que vous attendez de la future question. Donc, nous en prenons acte. Il faut être encore plus rigoureux. Et le souci d'être relativement rapide, compte tenu du nombre d'heures alloué, ne doit pas nous conduire à nous départir de ce souci de rigueur. De la même manière, Monsieur le Procureur, sans nous immiscer - car la

Chambre entend respecter, dans la mesure du possible, la conduite de vos interrogatoires, aux uns et aux autres... Donc, sans nous immiscer dans vos méthodes, nous avons pu constater, à l'occasion de l'interrogatoire de ce témoin, de fréquents va-et-vient - un sujet succédant très rapidement à un autre sujet pour revenir au sujet précédent. C'est quelque chose que vous pouvez, je pense, adopter si vous le souhaitez, mais mesurez bien que ça vous impose encore plus de rigueur, car il faut que le témoin se retrouve dans cette méthode. Et, comme vous l'avez vous-même indiqué il y a un instant, il y a dans toutes les questions que vous abordez, et qu'il faut aborder... certaines de ces questions qui sont beaucoup plus sensibles que d'autres, beaucoup plus importantes que d'autres. Donc, pour celles-ci... mais, bien entendu, c'est votre manière de faire, mais enfin, il faut y être encore plus attentif : pour celles-ci, veillez vraiment de très près à ce que les questions... Je vais trop vite ? ... Veillez donc, pour ces questions, à être aussi proche de nos directives figurant dans la décision, règle 140, que possible. Ce qui permettra donc au déroulement de ces débats de se poursuivre dans l'atmosphère de travail sereine que nous souhaitons. Je tiens toutefois à indiquer un petit élément de surprise : je ne suis pas intervenu à onze heures moins le quart, dans la mesure où le Pr Fofé n'est pas intervenu. Mais, à partir du moment où notre témoin considérait que nous pouvions continuer pendant encore un quart d'heure, vous avez compris, dans une remarque un peu allusive que j'ai faite, que la Chambre aurait souhaité que vous poursuiviez sur les questions relatives aux *Kadogo* plutôt que de changer de sujet. Donc, Maître Hooper, nous vous avons bien entendu. Professeur Fofé, nous vous avons bien entendu. La réponse qu'a faite M. le Procureur est une réponse qui, à mon sens, doit vous donner satisfaction. La Chambre sera aussi attentive que possible à ce que les questions soient bien neutres, à ce que les résumés précédents des questions, lorsque ces résumés reprennent et synthétisent des propos antérieurs, ne... j'utilise des guillemets, ne « travestissent » pas ce qui a peut être... ce qui a pu être dit avant. Mais tel n'est pas le souci, j'en suis bien certain... »[264]

Malgré cette mise au point, la formulation de questions suggestives s'est poursuivie le 29 janvier 2010. En effet, le procureur voulait obtenir des précisions sur ceux qui avaient attaqué Bogoro. Après une longue série de questions sans succès, il est tombé dans une suggestion dénoncée par la défense. Mais le mal avait déjà été fait, car le témoin avait effectivement été influencé par cette question orientée. Un élément obtenu dans ces conditions ne doit normalement pas avoir une valeur probante significative. Voici l'extrait pertinent.

« M. MacDONALD : Q. Monsieur le témoin, avant la pause - et je réfère à vos réponses que vous avez données -, je vais vous citer, à la page 35, ligne 17... de la transcription française ; alors, à la ligne 14, je vous pose une question... et la question était la suivante : « Par la suite, que faites-vous lorsque vous êtes de retour dans le groupement ? » Et la réponse, votre réponse était la suivante : « Nous sommes allés contrôler pour récupérer la route de Bogoro. » Ma question

---

[264] Transcription ICC-01/04-01/07-T-92-Red2-FRA WT 28-01-2010, de la p. 46, L13 à la p. 55, L24.

est donc la suivante : « nous ». Il s'agit de qui ça « nous », « nous sommes allés récupérer »… « nous sommes allés contrôler ou récupérer », c'est qui ?
LE TÉMOIN P-0250… : R. C'était nous qui voulions être libres. Il fallait libérer la route Bogoro-Bindi-Tatsi. Bogoro était menacée ainsi que l'autre collectivité, il fallait donc trouver une solution et c'est ainsi que nous sommes descendus à Bogoro.
Q. Quand vous dites « nous étions menacés », vous faites référence à qui, à ce moment-là, précisément ? R. Au Congo, il y avait l'ethnie lendu qui ne se sentait pas à l'aise. Et ce sont ces lendu qui ont pris cette décision d'essayer de reconquérir Bogoro.
Q. Et comment s'appelaient-ils ces gens ? Vous faites référence à des Lendu, mais est-ce que vous faites… êtes-vous capable de nous dire qui, parmi cette communauté lendu, plus spécifiquement ? R. C'étaient des gens de la communauté lendu, notamment des gens sans emploi.
Q. Et comment ont-ils fait pour libérer ou contrôler Bogoro ? Qu'est-ce que qu'ils ont fait ? R. En général, ils vivaient là-bas et certains d'entre eux avaient été baptisés, et ils ont essayé de chasser des gens armés de cet endroit-là.
Q. Alors, vous avez dit que Bogoro était une forteresse car, notamment l'UPC était bien armée, alors comment ces lendu ont fait pour chasser ? R. En général, il fallait essayer tout pour ne pas être vaincu et prendre le dessus.
Q. Alors, justement comment vous avez fait pour prendre le dessus sur une forteresse ? R. On ne pouvait pas dire qu'on allait réussir, une fois à Bogoro il fallait prendre les dispositions. S'il y a un combat armé, il fallait être armé.
Q. Comment étaient-ils armés, les Lendu qui se sont… qui sont descendus à Bogoro ? R. Certains ne faisaient que chanter.
Q. Oui. Continuez. R. Donc, certains chantaient, d'autres portaient des armes à feu, et s'en sont servi. Il y avait donc des combats.
Q. *Est-ce que ces lendu - vous avez fait référence précédemment au FNI, si je comprends bien - qui étaient à Bedu-Ezekere, et vous avez fait référence au FRPI qui semblait être positionnée dans la collectivité Walendu-Bindi* ?
Me O'SHEA… : Je crois que ce n'est pas exactement ce qui a été dit, il y a un instant. C'est [pas] exactement ce que vous, Monsieur le Président disiez il y a un instant, à savoir que le Procureur avait tendance à résumer certains témoignages en essayant d'obtenir des informations ou des réponses du témoin, réponses qu'il n'a pas obtenues par d'autres moyens.
M. LE JUGE PRÉSIDENT COTTE : Monsieur le Procureur, je pense que Me O'Shea n'a pas tort dans son intervention. La Chambre a une nouvelle fois parfaitement conscience de la difficulté de l'exercice, exercice auquel vous êtes aguerri, mais il faut éviter, dans la mesure du possible, des résumés qui ne peuvent que vous conduire, sauf extrême prudence, à inciter le témoin à répondre ou à lui suggérer des réponses. Donc, la balance entre la demande de précision légitime et l'absence d'incitation qu'il faut à tout prix prohiber - je parle de l'incitation, bien sûr - est sans doute difficile à réaliser mais il faut y parvenir, sinon je crains que nos débats ne soient très hachés. Vous avez la parole, Monsieur le Procureur.
M. MacDONALD : Q. Ces lendu qui sont descendus sur…
LE TÉMOIN P-0250… : R. *Excusez-moi, en général, ce n'étaient pas des Lendu, c'étaient plutôt des membres du FNI et du FRPI.*

Q. *Donc, ce sont les membres du FNI et du FRPI qui sont descendus sur Bogoro*? R. *Ce sont eux qui ont trouvé la solution, ce sont eux qui ont repris le contrôle ou l'axe menant à Bogoro.*
Q. Les combattants du FNI venaient de quel endroit ? R. Les combattants du FNI, qui sont descendus vers Bogoro, étaient venus du groupement de Bedu-Ezekere et d'une partie du groupement Beni. Ces deux groupes se sont rassemblés et sont descendus à Bogoro. Les éléments du FRPI sont descendus de Bindi pour aller à Bogoro. »[265]

On aura vu que la question mise en italique était très suggestive. Et le témoin, ayant vraisemblablement perçu ce que voulait le procureur, a répondu dans le sens indiqué. De là, la suite, relevée en italique par nous. Ainsi donc, c'est le procureur qui a mis dans la bouche du témoin ces organisations FNI et FRPI qui rentraient dans sa théorie. Hélas ! Dans ses conclusions finales, face à plusieurs témoignages ayant établi qu'à l'époque des faits le FNI n'existait pas à Bedu Ezekere, le procureur a fini par abandonner l'évocation de cette structure pour adopter le concept « milice Lendu ».[266] Ce qui a, sans doute, contribué au discrédit de son propre témoin et d'autres qui formaient les piliers de l'accusation dont P-279 et P-280.

Le 1er février 2010, le procureur est retombé dans la même erreur méthodologique lorsqu'il voulait obtenir que le témoin P-250 mentionnât la présence de civils à Bogoro au moment de l'attaque du 24 février 2003. En effet, à l'audience précédente, P-250 avait déjà répondu qu'il n'y avait pas de civils à Bogoro au moment de cette attaque, précisant que Bogoro était une forteresse où le nombre des militaires de l'UPC et de UPDF, armée ougandaise, était plus élevé que celui des arbres.[267] Malgré ces réponses claires du témoin, le procureur est revenu sur le sujet le 1er février 2010 dans une ligne de questions émaillée de suggestions.[268]

Il faut souligner que des éléments obtenus du témoin à la suite des questions suggestives encourent le risque de ne pas se voir attribuer une valeur probante suffisante par les juges. Le président de la chambre de

---

265 CPI, Situation en République démocratique du Congo, *Affaire le Procureur c. Germain Katanga et Mathieu Ngudjolo*, ICC-01/04-01/07, Chambre de 1ère instance II, Transcription de l'audience du 29 janvier 2010, ICC-01/04-01/07-T-93-Red2-FRA WT, de la p. 40, L12 à la p. 43, L6.

266 Voir notamment les dépositions de D03-11, président fondateur du FNI, Transcription ICC-01/04-01/07-T-243-FRA, p. 9, L18-19 et T-244-FRA, p. 5, L7-16 ; D03-88, Chef du groupement Bedu-Ezekere, Transcription ICC-01/04-01/07-T-301-FRA, p. 11 ; P-12, témoin propre du procureur, Transcription ICC-01/04-01/07-T-195-FRA, p.18, L5-6. Voir aussi, Jugement Ngudjolo, §§ 345 à 352.

267 Transcription ICC-01/04-01/07-T-93-Red2-FRA WT 29-01-2010, de la p. 34, L20 à la p. 38, L11.

268 Transcription ICC-01/04-01/07-T-94-Red2-FRA WT 01-02-2010, de la p. 69, L25 à la p. 74, L21.

première instance II de la CPI a eu à le souligner en s'adressant, en l'occurrence, au conseil de la défense de MN.[269]

Somme toute, il est significatif de noter que, dans son jugement rendu le 18 décembre 2012, la chambre de première II a décidé de ne pas se fonder sur le témoignage de P-250. En effet, dans son analyse de ce témoignage, la chambre a constaté le caractère parfois imprécis, contradictoire et singulier des propos tenus par ce témoin.[270] « Estimant en outre peu vraisemblable que P-250 ait pu être simultanément milicien à Zumbe et étudiant à Kagaba, et dès lors que c'est précisément sur cette qualité de milicien que reposait son témoignage, la chambre considère qu'elle n'est pas en mesure de se fonder sur sa déposition dans la présente affaire. »[271]

Il va de soi que la règle d'interdiction de poser des questions suggestives en interrogatoire principal s'impose également au conseil de la défense lorsqu'arrive son tour de présenter ses propres témoins. A cette étape, la responsabilité de formuler des objections incombe à la partie adverse, en l'occurrence au procureur. L'échange ci-dessous, qui s'est déroulé entre le procureur et le conseil de GK lors de la déposition du témoin de la défense D02-148, en est une illustration.

> « Q.[Me Hooper]: Vous avez dit qu'il y avait des APC chez les Walendu Bindi. Savez-vous si l'APC a participé d'une façon ou d'une autre à l'attaque contre Bogoro, à la... cinquième attaque contre Bogoro?
> Mme LUPING... : Objection. Il y a eu un certain nombre de questions suggestives concernant l'attaque contre Bogoro jusqu'à présent. Nous demanderions à ce que le conseil, Me Hooper, fasse en sorte que ses questions ne soient pas suggestives. Concernant l'attaque sur Bogoro, il devrait poser des questions ouvertes et non pas des questions suggestives telles que la dernière concernant l'APC.
> M. LE JUGE PRÉSIDENT COTTE : Merci, Madame le Procureur. Maître Hooper, vous poursuivez, en veillant à ce que l'APC arrive... dans le débat... Oui?
> Mme LUPING... : Excusez-moi, je vous prie, de vous avoir interrompu. Nous suggérons, par exemple, une question telle que « Qui a participé à l'attaque ? » Ceci serait beaucoup plus adapté.
> M. LE JUGE PRÉSIDENT COTTE : Merci, Madame le Procureur. Je sens que Me Hooper va être sensible à votre suggestion. Maître Hooper, vous poursuivez.
> Me HOOPER... : Q. Qui a participé à l'attaque ? Quels combattants ou quelles troupes ont participé à l'attaque ? R. Ce sont les groupes qui se sont coalisés pour

---

[269] Transcription ICC-01/04-01/07-T-301-Red2-FRA CT WT 30-08-2011, de la p. 14, L 28 à la p.15, L3. M. Le juge président Cotte : «... Il faut simplement que vous ayez pleinement conscience que les réponses qui seront apportées à des questions trop suggestives ne pourront pas avoir pour la Chambre le poids que ces mêmes réponses auraient si elles intervenaient au terme d'un processus plus orthodoxe. »

[270] Jugement Ngudjolo, § 138 à 141, § 157.

[271] *Idem*, § 159.

attaquer Bogoro. Et j'ai également cité quelques noms des membres de ces groupes. »[272]

Comme nous l'avons dit supra, les objections doivent être soulevées avec diligence pour éviter que les réponses du témoin ne soient influencées ou orientées par des questions suggestives. Mais, cela doit se faire également avec suffisamment d'intelligence pour ne pas non plus tomber dans les excès qui risqueraient de gêner le déroulement de l'interrogatoire. Ainsi, par exemple, lors de l'interrogatoire principal du témoin de la défense D03-100, celui-ci avait déclaré que X était dans un village Y, autre que Zumbe. Voulant poursuivre en reprenant la substance de cette réponse du témoin, le conseil de la défense s'est buté contre l'objection du procureur qui tenait à ce que cette réponse fût reprise mot à mot. Le président de la chambre est intervenu pour en appeler à l'ouverture d'esprit de chacun afin de ne pas tomber dans l'excès. Il convient, en effet, de reconnaître que si X vivait dans le village Y, qui est différent de Zumbe, c'est qu'il ne vivait pas à Zumbe. L'extrait ci-dessous permet d'illustrer ce cas de figure.

« Pr FOFÉ : Q. Monsieur le témoin, vous venez de nous dire, en audience à huis clos, que Baudouin n'était pas avec vous à Zumbe durant votre refuge.

Mme LUPING… : Objection, Monsieur le Président. Je regarde ce qu'a dit M. le témoin exactement à huis clos. Or, ce ne sont pas les propos tenus par le témoin. Je demande donc au Pr Fofé d'être très prudent et de citer exactement le témoin. Il faut qu'il comprenne qu'il s'agit de points qui sont essentiels pour que nous comprenions exactement ce qu'a dit le témoin. Il ne faut pas être suggestif dans la synthèse des propos du témoin.

M. LE JUGE PRÉSIDENT COTTE : Certes, Madame le Procureur, le Pr Fofé va être très attentif, mais il ne faut pas non plus [tomber] dans l'excès inverse. Donc, que chacun joue sa partition mais s'efforce de la jouer avec quand même le maximum d'intelligence et d'ouverture d'esprit. Professeur Fofé, vous poursuivez, s'il vous plaît.

Pr FOFÉ : Merci, Monsieur le Président. Q. Monsieur le témoin, où était Baudouin durant les années 2002, donc depuis août 2002 à fin février 2003. Sans entrer dans le détail de sa scolarité, dites-nous simplement où il se trouvait entre août 2002 et fin février 2003 ?

LE TÉMOIN… : R. Je vous remercie de la question. À partir de l'année 2002, jusqu'en 2003, voire 2004, il se trouvait dans le secteur des Walendu-Bindi, chez les Ngiti ; il ne vivait pas avec nous. »[273]

---

[272] CPI, Situation en République démocratique du Congo, *Affaire le Procureur c. Germain Katanga et Mathieu Ngudjolo*, ICC-01/04-01/07, Chambre de 1ère instance II, Transcription de l'audience du 10 juin 2011, ICC-01/04-01/07-T-279-Red-FRA WT, de la p. 16, L28 à la p. 17, L21.

[273] Transcription ICC-01/04-01/07-T-309-Red3-FRA CT WT 12-09-2011, de la p.19, L11, à la p. 20, L 4.

Un autre extrait de cet interrogatoire montre combien le fait de tomber dans l'excès d'objection prématurée risque de hacher le déroulement de la déposition d'un témoin. Suivons cette illustration édifiante :

« Q. Monsieur le témoin, connaissez-vous M. Mathieu Ngudjolo ? Et si oui, est-ce que vous pouvez nous l'indiquer ici dans la salle ? *(Le témoin se lève)*

R. Oui, je le vois au « fond fin ». Il était notre infirmier. Le voici.

Pr FOFÉ : Merci beaucoup. Donc, c'est bien acté que le témoin a reconnu Mathieu Ngudjolo. Q. Monsieur le témoin, durant cette période-là, d'août 2002 à fin février...

M. LE JUGE PRÉSIDENT COTTE : Madame Luping.

Mme LUPING... : Monsieur le Président, nous n'avons pas porté d'objection précédemment à cette manière assez directive de poser des questions concernant une période délimitée de temps qui pourrait nous intéresser. Et manifestement, nous comprenons que notre éminent collègue va poser des questions concernant « son » question... nous n'avons pas d'objection à cela. Et nous demandons tout simplement que lorsque ces questions seront posées, concernant M. Ngudjolo, que les questions soient posées de manière plus neutre, sans diriger le témoin dans une période de temps précise. Nous comprenons le fait que le Pr Fofé souhaite aller rapidement en besogne, mais nous lui demandons qu'il agisse de manière plus lente, d'une manière neutre, sans pour autant diriger le témoin s'il y a des questions à lui poser, par exemple, concernant ce que faisait M. Ngudjolo à un moment donné.

Pr FOFÉ : Monsieur le Président.

M. LE JUGE PRÉSIDENT COTTE : Oui.

Mme LUPING... : Et donc, nous demandons que ce soit le témoin lui-même qui donne les dates, en fonction de ce qu'il en sait, pour dire quelles étaient les activités de M. Ngudjolo, si telle était la question qui lui était posée.

Pr FOFÉ : Monsieur le Président.

M. LE JUGE PRÉSIDENT COTTE : Professeur.

Pr FOFÉ : Mme le Procureur est à côté. Ceci ne rentre pas dans mes intentions. Et je voudrais lui dire que, lorsqu'elle va revenir en contre-interrogatoire, elle pourra élargir sa période temporelle comme elle veut. Moi, je réponds à vos instructions, Monsieur le Président. Je vais à l'essentiel et je pose des questions sur la période infractionnelle, la période pertinente. Donc, dans tous les cas, je demande à mes confrères de se calmer. Je ne poserai pas de question au témoin en ce qui concerne les activités de Mathieu Ngudjolo. Laissez-moi d'abord poursuivre. Voyez-vous, vous, vous venez...

M. GARCIA : Je suis désolé, Monsieur...

Pr FOFÉ : S'il vous plaît, s'il vous plaît...

M. LE JUGE PRÉSIDENT COTTE : Non, écoutez, non. Je vous en prie. Je vous en prie. Bon, manifestement, la tension monte, et de manière totalement inutile. Nous avons, pour d'autres témoins, accepté que des questions soient posées sur des périodes temporellement bien délimitées, car nous pourrions aussi parler de 1996 jusqu'à 2009. Là, nous sommes sur une période relativement circonscrite, qui, comme pour d'autres témoins, va de la chute de Lompondo, qui est acquise pour tous, août 2002, jusqu'à une date qui se trouve être au cœur des débats, le 24 février 2003. Et c'est ce qui explique que pour d'autres témoins, les questions ont été posées avec le cadre temporel, pendant la période d'août 2002 à mars

2003. Nous n'allons pas nous départir de cette manière de travailler, qui a l'avantage de permettre au témoin, aux parties et aux participants et à la Chambre de savoir à peu près de quoi l'on parle, et de ne pas se disperser dans des discussions qui, pour nous, ne présentent aucun intérêt. Bien, alors, Monsieur Garcia, nous vous écoutons. Mais, s'il vous plaît, j'ai indiqué tout à l'heure qu'il nous fallait avancer, sans doute de manière procéduralement rigoureuse, mais avec un peu d'intelligence, essayons d'avancer avec une lecture intelligente des règles de procédure. Je vous écoute. Nous vous écoutons.

M. GARCIA : Alors, Monsieur le Président, tout brièvement. Je ne voulais pas interrompre mon confrère, le Pr Fofé. Mais il s'agit d'un... d'une question et d'un sujet qui est très important.

M. LE JUGE PRÉSIDENT COTTE : Nous nous en doutons, Monsieur le Procureur. Nous sommes là depuis 3 ans, nous nous en doutons.

M. GARCIA : Alors, le Pr Fofé va aborder évidemment la question des fonctions de Mathieu Ngudjolo pendant une certaine période de temps.

M. LE JUGE PRÉSIDENT COTTE : Mais vous n'en savez rien.

Pr FOFÉ : Comment vous le savez ?

M. LE JUGE PRÉSIDENT COTTE : Mais vous n'en savez rien. Laissez poser les questions, s'il vous plaît. Je veux bien... Non, s'il vous plaît. Je veux bien qu'on anticipe beaucoup de choses, mais là, il y a des interruptions trop fréquentes qui ne nous permettent pas... le début de cette déposition de témoin est d'une lenteur extrême. Je crois que nous n'avons jamais été aussi lents. Je ne sais pas ce qu'en pensent mes collègues. Nous n'avons jamais été aussi lents. Bon, alors, essayons d'avancer de manière, je le redis, procéduralement rigoureuse, mais, si possible, intelligente. Nous mesurons tous l'enjeu de la déposition de ce témoin. S'il vous plaît. Allez, Monsieur Garcia.

M. GARCIA : Alors, c'est simplement, Monsieur le président, si on allait aborder ce sujet, qu'on puisse permettre au témoin, qui est ici pour témoigner, de nous donner l'information pertinente quant à... les fonctions, ce que faisait Mathieu Ngudjolo...

M. LE JUGE PRÉSIDENT COTTE : Mais nous ne savons même pas encore les questions que va poser le Pr Fofé. Qui vous permet de penser qu'il va interroger à cet instant le témoin sur les fonctions de Mathieu Ngudjolo ? Je ne sais pas si vous vous êtes concertés avant l'audience pour échanger sur ce qui allait être le déroulement de cet interrogatoire principal. Nous, en tout cas, nous essayons de suivre, au fur et à mesure, les questions posées dans le cadre de l'interrogatoire principal. S'il vous plaît. Enfin, je... je suis, je vous l'avoue, très déconcerté.

M. GARCIA : Je suis désolé, Monsieur le Président, si j'ai... si on a mal interprété les questions qui allaient suivre de la part du Pr Fofé. Mais c'est simplement pour ne pas l'interrompre. Si c'est le cas, on voulait simplement que les questions soient posées... des questions neutres. Et si le témoin a affirmé une certaine date, qu'il les donne en salle d'audience, qu'il nous dise à quelle date certaines fonctions Mathieu Ngudjolo auraient pu les occuper...

M. LE JUGE PRÉSIDENT COTTE : Ne posez pas les questions avant même que le Pr Fofé les pose. Je veux dire, le témoin est au milieu de cette salle d'audience, il vous entend poser des questions au lieu et place du Pr Fofé. Professeur Fofé, vous vous êtes fait dire à quatre ou cinq reprises qu'il vous fallait éviter de poser des questions suggestives. Je pense que vous le savez

désormais. Nous, nous [ne] savons pas ce que vous entendez poser comme questions à cet instant. Soyez vigilant dans les questions que vous poserez, qu'elles ne soient pas suggestives, ne dites pas au témoin, avant d'avoir obtenu sa réponse, ce que vous souhaitez l'entendre dire. Mais nous pensons que vous le savez. Et c'est dans cet esprit-là qu'il vous faut continuer votre interrogatoire principal. Allez, il nous reste 10 petites minutes, nous vous écoutons.
Pr FOFÉ : Merci beaucoup, Monsieur le Président... J'ai juste deux questions à la suite de la désignation par le témoin de Mathieu Ngudjolo. Q. Monsieur le témoin, durant la période qui nous intéresse, d'août 2002 à fin février, ou mars 2003, d'une manière ou d'une autre, Baudouin avait-il travaillé avec Mathieu Ngudjolo ?
LE TÉMOIN... : R. Non.
Q. Avec cette réponse, Monsieur le Président, la deuxième question tombe ; et c'était tout. »[274]

Il convient donc de retenir que la formulation d'objections est un exercice procédural délicat qu'il convient d'accomplir avec beaucoup d'intelligence. Certes, il faut choisir un bon moment pour anticiper et éviter, si possible, que le mal ne soit fait par l'exposé intégral de la question incriminée. Pour autant, il faut se garder de tomber dans l'excès inverse d'anticipation trop prématurée qui risque d'entrecouper de manière abusive l'interrogatoire et d'énerver les juges.

Par ailleurs, il faut reconnaître que cette règle d'interdiction de questions suggestives en interrogatoire principal, en apparence facile, se révèle parfois difficile à respecter dans la pratique. Aussi, au moment de l'élaboration du questionnaire, on peut être sûr d'avoir évité des questions suggestives, et se retrouver surpris par l'objection de la partie adverse au prétoire. C'est l'expérience que nous avons vécue au cours de la présentation du témoin de la défense D03-66. En effet, à l'audience du mardi 23 août 2011, le conseil de la défense a posé, en interrogatoire principal, la série de questions suivantes dont la dernière a suscité l'objection du procureur et l'intervention du président de la chambre, le conseil étant ainsi, très justement, contraint à la reformuler :

« Pr FOFÉ : ... Q. Bien. Monsieur le témoin, nous allons changer de sujet, abandonner ce sujet-là momentanément. On pourra y revenir plus tard. Est-ce que, à un moment donné, durant cette période trouble de 2002 à 2003, vous avez reçu... au groupement Bedu-Ezekere des éléments de l'APC ?
LE TÉMOIN... : R. Je ne me rappelle plus la date exacte. Les éléments de l'APC se trouvaient dans la plaine de Kasenyi. À ce moment-là, le chef de groupement est allé à leur rencontre, il est allé rencontrer les responsables de ces

---

[274] Transcription ICC-01/04-01/07-T-309-Red3-FRA CT WT 12-09-2011, de la p. 26, L5 à la p. 30, L2.

mouvements et les a amenés jusqu'à Zumbe. Mais moi, je ne faisais pas partie de la délégation.
Q. Où est-ce qu'ils étaient installés à Zumbe ? Vous vous rappelez ? R. Oui. Ils se sont installés à l'école primaire de Zumbe, ils y ont construit un camp. Un énorme camp.
Q. Et combien de temps sont-ils restés à Zumbe ? R. Je ne me rappelle plus, mais je pense que c'était plus d'une semaine.
Q. De Zumbe, où sont-ils partis ? R. De Zumbe, ils se sont dirigés vers Nyakeru, et ensuite vers Songolo.
Q. *Pour autant que vous vous en souvenez, Monsieur le témoin, avant qu'ils ne quittent Zumbe, ces éléments de l'APC, avaient-ils lancé des attaques à partir de Zumbe ? Avaient-ils mené quelques attaques à partir de Zumbe* ? Si...
M. GARCIA : Monsieur le Président, alors, je me lève encore, c'est la deuxième fois que je me lève pour cette même objection. C'est tout à fait suggestif dans les circonstances. Pr Fofé est en interrogatoire en chef, [qu'il] pose des questions qui sont neutres. Qu'ont-ils fait l'APC alors qu'ils étaient à Zumbe ? Qu'est-ce qu'ils ont fait ? Déjà, j'ai laissé passer certaines questions qui étaient suggestives, à savoir quand ils ont quitté ou où ils ont quitté. D'accord, sur certains points je ne vais pas m'objecter à chaque fois. Mais ce que je constate, c'est que lorsque je ne m'objecte pas, le Pr Fofé continue dans la même ligne, et il commence à poser des questions qui sont tout à fait suggestives au témoin. Alors, qu'on pose des questions qui sont neutres, ouvertes au témoin. C'est au témoin de verser la preuve et pas au Pr Fofé.
M. LE JUGE PRÉSIDENT COTTE : Alors, s'agissant de la question qui est à la ligne 23 de la page 16 d'un *transcript* provisoire, nous avons effectivement : « Pour autant que vous vous en souvenez, Monsieur le témoin, avant qu'ils ne quittent Zumbe, ces éléments de l'APC avaient-ils lancé des attaques à partir de Zumbe ? » Il y a là effectivement déjà une suggestion. Donc, il faut, selon toute vraisemblance, et même nécessairement, pratiquer de manière beaucoup plus concentrique pour revenir vers le centre de la question. Nous poursuivons donc. Professeur, vous avez la parole.
Pr FOFÉ : Merci, Monsieur le Président. Q. Monsieur le témoin, est-ce que vous pouvez nous dire ce que les éléments de l'APC avaient fait à partir de Zumbe... avaient fait avant de... de quitter Zumbe et de se diriger vers Songolo ? »[275]

La question incriminée, mise en italique, était, en effet, suggestive, malgré les précautions que nous avions prises au moment de l'élaboration du questionnaire.

Spécialement, cette règle d'interdiction de questions suggestives, fondée sur le fait que les éléments de preuve doivent être versés par le témoin et non point par l'agent questionnant, peut apparaître comme contraignante au regard d'un conseil de la défense soucieux de rencontrer des allégations précises de l'accusation. Quelque légitime que soit ce souci, cette prescription doit être respectée car elle garantit l'intégrité des éléments de

[275] Transcription ICC-01-04-01-07-T-296-Red2-FRA WT 23-08-2011, de la p.13, L13 à la p.14, L26.

preuve versés au dossier au travers des réponses du témoin. En effet, les éléments obtenus suite à des questions suggestives perdent significativement de leur valeur probante. Il faut donc s'employer à rencontrer les allégations du procureur par des questions neutres, ouvertes, en sachant qu'une réponse donnée à une question ouverte peut suffire à contrer ou à mettre à mal un ensemble d'allégations de la partie adverse. L'extrait du débat suivant est instructif à cet égard :

> « [Pr FOFÉ] Q. ... Monsieur le témoin, est-ce que vous vous rappelez un des voyages que vous aviez... vous auriez effectué... à Walendu-Bindi, et précisément à Gety, avec Martin Banga ? R. Oui, je m'en souviens. Avec Martin Banga, nous ne sommes pas arrivés au centre de Gety, comme vous venez de le dire. Vous savez, Gety, c'est le chef-lieu de la collectivité de Walendu-Bindi. Nous avons fait un déplacement avec Martin au marché de Tatu. Vous vous souviendrez que je vous ai dit que c'est le marché le plus proche.
>
> Q. Est-ce que vous pouvez vous rappeler, ne serait-ce qu'approximativement, la date de ce voyage - ne serait-ce qu'approximativement - le mois, l'année, de ce voyage avec Martin Banga au marché de Tatu?
>
> R. Non, ma mémoire est très faible ; il m'est difficile de me souvenir de la date.
>
> Q. Lors de ce voyage-là, avec Martin Banga, est-ce que vous pouvez vous rappeler s'il y avait d'autres personnes avec vous... d'autres personnes qui auraient voyagé avec vous ce jour-là ? R. Non, nous n'étions qu'à deux, Martin et moi-même. Nous sommes partis au marché, nous nous sommes ravitaillés en produits. Nous avons visité nos familles, et nous sommes retournés.
>
> Q. Monsieur le témoin, est-ce que vous connaissez quelqu'un qui s'appelle Ngabu Mateso Martin... Ngabu Mateso, alias Boba Boba ? R. Si je ne me trompe pas, Boba Boba, c'est un militaire, et il se trouve actuellement à Kinshasa.
>
> Q. D'accord. Est-ce que Boba Boba était avec vous dans... ce voyage-là, pour aller chercher du ravitaillement au marché ? Boba Boba était-il avec vous ?
>
> R. Boba Boba vit à Ezekere ; c'était un homme du groupe d'autodéfense dans cette zone. Nous ne sommes partis qu'avec Martin pour nous ravitailler ; nous n'étions pas avec Boba Boba.
>
> Q. Une autre personne... qui s'appellerait Cobra... était-il avec vous dans ce voyage ? D'abord vous le connaissez ? Est-ce qu'il était avec vous dans ce voyage ? ... R. J'ai un peu souri parce que Cobra est à Bavi. Comment est-ce que je peux voyager avec lui ? J'ai oublié son nom de famille. Cobra, c'est un commandant à Bavi. J'ai oublié son nom. Oui, il s'appelle Matata.
>
> Q. Par quel moyen de transport avez-vous effectué ce voyage-là pour aller au marché ? R. Pour arriver à la collectivité de Walendu-Bindi, vous devez passer par Bogoro. C'est la seule route qui existe. Je vous avais dit que c'était un voyage difficile. Vous devrez voyager la nuit et à pied, en passant par la brousse. C'est la raison pour laquelle je vous ai dit que nous passions par un endroit... passer Mbugo *(phon.)*, nous passions par Lakpa, et nous entrions par la collectivité, parce que nous avons l'habitude d'y acheter la nourriture.
>
> Q. J'espère que M. le Procureur ne se lèvera pas si je dis que, d'après ce que vous venez de dire, vous y êtes allés à pied ; c'est bien cela ? R. Oui, à pied ; c'était un voyage à pied.

Q. Alors, qui est-ce qui avait décidé que vous et Martin, ... vous deviez effectuer... ce voyage-là pour aller chercher le ravitaillement ? R. Pour aller dans un marché, nous ne devions pas attendre l'autorisation de qui que ce soit. Nous sommes partis alors que notre chef ne le savait pas. Nous avons pris la décision de notre propre initiative. Je crois l'avoir dit avant.
Q. Voyez-vous, Monsieur le témoin, si je vous pose ces questions, qui peuvent effectivement vous paraître impertinentes, c'est parce que l'Accusation fait des allégations, et nous sommes en train... de vérifier ces allégations. C'est pourquoi je vous pose des questions comme celles-là, qui vous paraissent évidentes, voyez-vous, mais je suis... j'ai l'obligation... de vous poser ces questions-là. Et vous verrez pourquoi tout à l'heure. C'est ainsi que malgré la réponse que vous venez de donner, je vous pose quand même la question suivante : *est-ce que c'est Mathieu Ngudjolo qui vous avait envoyé là-bas, au groupement ou à la collectivité de Walendu-Bindi* ? Est-ce que c'est Mathieu Ngudjolo qui vous avait envoyé là-bas ?
M. GARCIA : Je vais m'objecter, Monsieur le Président. La question a déjà été posée au témoin dans des termes assez clairs et le témoin a déjà répondu de façon très claire également. Pr Fofé n'est pas en contre-interrogatoire de son propre témoin. C'était le but de mon objection.
M. LE JUGE PRÉSIDENT COTTE : Q. Monsieur le témoin, vous maintenez donc votre précédente réponse, qui était « Nous avons décidé de nous rendre de notre propre initiative dans cette collectivité pour aller chercher du ravitaillement» ? C'est bien cela votre réponse ?
LE TÉMOIN... : R. Oui, c'est ce que j'ai dit. Nous sommes allés là-bas avec Martin. Nous sommes allés là-bas pour chercher du sel, de l'huile, du savon. Et puis le prix des vivres était abordable. Ce n'était pas seulement moi, presque tout le monde de notre groupement y allait pour se ravitailler dans cette collectivité. Et beaucoup de gens, presque 90 % en ce moment-là vivaient dans cette collectivité. Ces gens ont été des déplacés dans cette collectivité de Walendu-Bindi. Donc de temps en temps, tout le monde... allait à ce marché de la collectivité de Walendu-Bindi pour s'y ravitailler.
M. LE JUGE PRÉSIDENT COTTE : Merci, Monsieur. Professeur, nous poursuivons donc.
Pr FOFÉ : Merci, Monsieur le Président. L'intervention, la dernière intervention de M. le Procureur m'amène à abandonner une série de questions concrètes. Nous connaissons la théorie du Procureur en ce qui concerne le plan d'attaque. Nous connaissons la théorie du Procureur. Et je voulais poser à ce témoin des questions précises sur cette fameuse délégation. Alors, si M. le Procureur m'empêche de le faire, ça veut dire donc qu'il doit en tirer toutes les conséquences. Parce que là, ce sont des questions concrètes qui rencontrent les allégations du Procureur, qui rencontrent la théorie de l'Accusation. Et c'est avec ce témoin que nous pouvons vérifier les allégations s'agissant de la délégation, Monsieur le Président, Honorables Juges, la délégation là où vous savez.
M. LE JUGE PRÉSIDENT COTTE : Professeur, nous ne pouvons a priori exclure que certaines des questions que vous avez en tête soient des questions qui méritent d'être posées. Cette objection de M. Garcia portait uniquement sur la question, qui pouvait apparaître répétitive même si elle était beaucoup plus ciblée, que vous avez posée s'agissant du point de savoir si les deux personnes

dont il est question, Martin et notre témoin, étaient parties sur ordre de quelqu'un ou d'initiative. Le témoin nous répète deux fois de suite qu'ils sont partis d'initiative. Reste à savoir à présent si l'autre batterie de questions ne peut pas être posée. Enfin, vous seul pouvez apprécier car nous ne les connaissons pas, mais elles ne sont pas a priori à écarter. Monsieur Garcia, vous les connaissez, ces questions ?
M. GARCIA : Non, effectivement, Monsieur le Président, je ne les connais pas mais d'après les commentaires du Pr Fofé - il peut me corriger si j'ai tort -, je crois que ce qu'il demande, c'est pouvoir poser des questions plus suggestives sur la question du voyage de ce témoin dans la direction de Gety. Et je vais déjà, d'ores et déjà, affirmer au Pr Fofé et à la Chambre que s'il y a des questions suggestives sur cette matière, l'Accusation va s'objecter. C'est le témoin du Pr Fofé. Le témoin a déjà répondu de façon assez claire par rapport au voyage qu'il se rappelle, les personnes qui l'accompagnaient, les personnes qui ne l'accompagnaient pas. Et donc il s'est déjà prononcé, il nous a raconté son histoire, selon lui, ce qui est arrivé. Alors, s'il y a des questions plus suggestives que celles-là, il est évident que l'Accusation va s'objecter. Ce qui est prioritaire, ici dans le témoignage en interrogatoire en chef, c'est l'oralité des témoignages. Le témoin s'est déjà prononcé sur cette question. Alors, c'est le seul commentaire que j'avais à faire... en réponse, évidemment, en réplique aux commentaires du Pr Fofé.
M. LE JUGE PRÉSIDENT COTTE : Très bien. Mais nous savons donc tous, et je pense que le Pr Fofé l'a bien en tête, que les questions suggestives sont prohibées en interrogatoire principal. Donc lui seul est en mesure d'apprécier à cet instant si les questions qu'il envisage de poser sont suggestives ou non. Si elles le sont, il ne faut pas les poser. Si elles ne le sont pas, c'est lui qui apprécie. Allez, Professeur.
Pr FOFÉ : Merci beaucoup, Monsieur le Président. Q. Monsieur le témoin, je commencerais par vous poser la question suivante : est-ce qu'à part le ravitaillement en produits, que vous avez cités notamment l'huile, le sel, est-ce que vous aviez un autre objectif, une autre mission à effectuer dans la collectivité des Walendu-Bindi ?
LE TÉMOIN... : R. À part cela, il n'y avait pas d'autre mission que nous pouvions faire là-bas. Nous allions là-bas seulement pour nous ravitailler ; quelle mission est-ce qu'on allait faire là-bas ? Il n'y avait pas d'autre mission que nous allions faire là-bas.
Q. *À part ce marché-là, aviez-vous pour mission d'aller rencontrer des gens, des personnes, dans cette collectivité-là, pour négocier des plans d'attaques, des choses comme ça* ?
M. GARCIA : Alors, je vais m'objecter, Monsieur le Président.
Pr FOFÉ : Alors, ... Monsieur le Président, M. le Procureur peut m'aider à poser cette question pour vérifier si le témoin était allé négocier quelque chose ou pas. Et nous savons tous de quoi il s'agit.
M. LE JUGE PRÉSIDENT COTTE : Il demeure qu'à la réponse à la question précédente, « Y-avait-il une autre mission que celle qui consistait à apporter du ravitaillement ? », le témoin répond « non », si je lis bien. Je me reporte au *transcript* : « À part cela, il n'y avait pas d'autre mission que nous pouvions faire là-bas. Nous allions là-bas seulement pour nous ravitailler. Il n'y avait pas d'autre

mission que nous allions faire là-bas. » Donc, Professeur, tout en comprenant votre souci d'essayer, à travers des réponses du témoin, peut-être de mieux aider la Chambre dans la démarche qu'il lui appartiendra de faire, force est de constater que le témoin nous répond : non, nous partions pour du ravitaillement. Donc je crois qu'il faut prendre cette réponse d'un témoin qui nous a dit qu'il disait la vérité, toute la vérité, rien que la vérité, qui nous a rappelé tout à l'heure son souci de le faire. Il apporte ses réponses. Vous aimeriez qu'elles soient peut-être plus précises, ou peut-être même autres, dans un souci de clarté. Disons que, sur ce plan-là, entre guillemets, il ne vous aide pas - si tant est qu'il ait à aider qui que ce soit, d'ailleurs. Voilà. Il donne sa version des faits.
Pr FOFÉ : Monsieur le Président, le témoin nous a beaucoup aidés. Cette réponse-là, que le témoin a donnée, elle nous est totalement satisfaisante. Donc comme M. le Procureur lève des objections pour que nous rencontrions des allégations précises de l'Accusation, nous ne pouvons qu'abandonner cette ligne de questions en prenant donc acte de la réponse que M. le témoin vient de donner. Voilà, Monsieur le Président.
M. LE JUGE PRÉSIDENT COTTE : C'est entendu, Professeur Fofé. Nous avons donc tous bien en tête les réponses que le témoin a apportées, tant en ce qui concerne l'initiative du déplacement que l'objectif du déplacement.
Pr FOFÉ : Merci, Monsieur le Président. »[276]

Toute la difficulté réside donc dans cette équation : comment arriver à mettre à l'épreuve telle allégation spécifique sans pour autant la soumettre frontalement au témoin ? C'est encore à ce type de difficulté qu'a été confronté, au cours de l'audience du 30 août 2011, le conseil de la défense de MN qui voulait soumettre directement à son témoin une des allégations fondamentales de la théorie de l'accusation. Il a essayé de justifier sa question en arguant que celle-ci était certes directe mais non directive. La chambre ne l'a pas suivi et a fait droit à l'objection du procureur. L'extrait ci-dessous illustre à la fois l'intérêt et la difficulté de l'exercice.

« [Pr FOFÉ] Q. Je reviens à ma question qui visait la période d'août 2002 à février 2003 - cette période-là. Ce que vous venez de dire, nous le savons. Mais durant cette période-là, d'août 2002 à février 2003, Mathieu Ngudjolo était-il le plus haut commandant du FNI à Zumbe ? R. Non.
Q. Chef Manu, connaissez-vous un certain monsieur qu'on appelle Boba Boba ? Vous répondez simplement. R. Oui.
Q. Connaissez-vous un certain monsieur portant le nom de Bukpa Kalongo ?
R. Oui.
Q. Connaissez-vous un certain monsieur portant le nom de Martin Banga ?
R. Banga Dheji Martin, je le connais.
Q. *Alors, du mois d'août 2002 au mois de février 2003, aviez-vous vu ou appris que Mathieu Ngudjolo avait envoyé à Aveba, Boba Boba, accompagné notamment de Bukpa Kalongo et de Martin Banga, pour aller négocier avec Germain Katanga le plan d'attaque de Bogoro du 24 février 2003* ?

[276] Transcription ICC-01-04-01-07-T-296-Red2-FRA WT 23-08-2011, de la p. 23, L26 à la p. 29, L16.

M. MacDONALD : Monsieur le Président, je... je me lève. Je comprends... je comprends mon collègue. Mais... c'est la question la plus suggestive qui a été posée jusqu'à maintenant, dans le cadre de cet interrogatoire du témoin. Et au risque, Monsieur le Président, de me lever - car je ne me suis pas levé pour les questions précédentes au sujet de Mathieu Ngudjolo -, je comprends que la Chambre veut avancer, ainsi de suite. Mais mon collègue en interrogatoire principal, au terme de votre décision 1665, ne peut procéder de cette façon. Je comprends qu'il veut répondre aux allégations ou, à tout le moins, aux faits sur lesquels les témoins de l'Accusation ont déposé, mais ce n'est pas de la façon d'introduire... la question. Alors, si c'était possible qu'on... lorsqu'on touche évidemment à des points centraux, pour éviter que je me lève à chaque fois pour interrompre, ... qu'on ne pose pas des questions aussi suggestives de « n'est-il pas déjà ? » Déjà, en commençant, c'est « n'était-il pas exact que », c'est comme si je posais la question en contre-interrogatoire.
M. LE JUGE PRÉSIDENT COTTE : Merci, Monsieur le Procureur. Bon, effectivement, le Pr Fofé est pris entre deux feu : le désir que nous avons exprimé hier de le voir avancer, de manière peut-être plus rapide qu'au cours de l'après-midi de lundi, c'est-à-dire d'hier, et en même temps, l'obligation de ne pas poser de questions suggestives ou trop suggestives ; de préférence, pas suggestives du tout. Donc, nous sommes arrivés à un point, à l'évidence, important de son interrogatoire principal, et il est important que, même si cela nous prend plus de temps, les questions soient d'une orthodoxie parfaite. Donc, Professeur Fofé, repartez un peu en arrière, reformulez ces questions, et grâce à vos questions, aidez la Chambre à mieux comprendre ce qu'a pu être l'itinéraire de Mathieu Ngudjolo pendant cette période. Aidez la Chambre à comprendre comment, puisque nous écoutons bien le témoin, Mathieu Ngudjolo a pu du statut d'infirmier généraliste qu'il était à une certaine époque, se retrouver quelques mois plus tard à la tête d'un groupement qui s'appelait le FNI. Il y a là toute une série de choses que nous devons comprendre, mais avec des questions non suggestives. Nous vous écoutons.
Pr FOFÉ : Merci beaucoup, Monsieur le Président. Je voudrais d'abord souligner que je n'ai pas posé ma question de la façon dont le Procureur l'a dit. C'est lui qui formule ses questions de cette façon-là - « n'est-il pas exact que... » Je n'ai pas dit ça.
M. LE JUGE PRÉSIDENT COTTE : C'est vrai. C'est vrai...
Pr FOFÉ : Je lui ai posé une question, j'ai dit : « Entre le mois d'août 2002 jusque février 2003, avez-vous vu ou appris... ». Bon, Monsieur le Président, comme je vous l'ai dit hier, nous voulons rencontrer les allégations de l'Accusation. Est-ce que M. le Procureur peut nous dire comment rencontrer ces allégations ? Nous savons que telle est l'allégation de l'Accusation. Alors, qu'il nous dise comment rencontrer cette allégation précise. Parce que ça... c'est ma démarche... Et je ne sais pas comment... je vais procéder pour rencontrer des allégations précises. Il arrive souvent, Monsieur le Président, que le Procureur prenne ses allégations pour des faits. Je l'ai déjà souligné. Les allégations de l'Accusation ne sont pas des faits. Ce sont ses prétentions. Alors, comment puis-je procéder pour rencontrer cette allégation précise ? Voilà, Monsieur le Président. Parce que c'est ça ma démarche pour l'instant.

M. LE JUGE PRÉSIDENT COTTE : Professeur Fofé, nous le comprenons très bien. Simplement, d'évidence, sur des sujets qu'il considère comme étant sensibles, le Procureur souhaite que vous partiez de loin pour arriver au plus près. Mais que vous ne parveniez pas par une question trop télescopée directement au plus près. C'est la difficulté de l'exercice, que nous mesurons bien. C'est propre à cette procédure, un peu inhabituelle pour certains d'entre nous, mais à laquelle nous devons tous nous plier, et c'est ce qui rend votre travail à la fois passionnant, mais difficile. Alors, vous reprenez la parole.
Me KILENDA : S'il vous plaît, Monsieur le Président.
M. LE JUGE PRÉSIDENT COTTE : Oui, Maître Kilenda.
Me KILENDA : Comme vous le savez, je ne vais pas répéter, des faits précis ont été imputés à notre client. Nous avons le devoir de les rencontrer. Alors, puisque nous ne voulons pas hacher les débats devant la Chambre, puisque nous ne voulons pas jouer au cache-cache, que le Procureur nous dise, par votre entreprise, comment nous devons poser nos questions, parce que pour nous, il y a des allégations précises qui ont été avancées ici, nous devons les vérifier, même lorsque notre propre client comparaîtra, nous devrons vérifier ses allégations, puisque nous tenons au respect de la Chambre, au respect de vos décisions. Que le Procureur nous dise comment nous allons procéder, parce que là, nous ne savons plus qu'est-ce que nous allons faire. Que le Procureur nous dise clairement comment nous allons procéder.
M. MacDONALD : Monsieur le Président, avec votre permission, j'ai peut-être une voie de solution.
M. LE JUGE PRÉSIDENT COTTE : Oui. Alors, je vais vous donner immédiatement la parole, mais je voudrais surtout que la Défense de Mathieu Ngudjolo ne voit pas, en tout cas dans l'attitude et les propos que je tiens au nom de la Chambre, une manifestation de... comment dire ? Une manifestation tendant à vous rendre la vie plus compliquée qu'elle n'est. *Il faut simplement que vous ayez pleinement conscience que les réponses qui seront apportées à des questions trop suggestives ne pourront pas avoir pour la Chambre le poids que ces mêmes réponses auraient si elles intervenaient au terme d'un processus plus orthodoxe.* Alors, Monsieur le Procureur, vous n'avez pas à vous substituer à là Défense de Mathieu Ngudjolo, sinon nous y perdrions tous notre latin. Mais si vous avez des suggestions à faire à Me Kilenda, faites-les. Nous vous écoutons.
M. MacDONALD : Je crois que, Monsieur le Président, votre dernière remarque est... tout à fait à propos, et résume effectivement la conséquence - et envoie message -, donc la conséquence de questions dites suggestives en interrogatoire principal. Je crois que le Pr Fofé ou Me Kilenda font très bien leur travail de poser des questions. Il est clair qu'ils ont préparé... ils se sont préparés, ils ont identifié les points. On débat peut-être de ce qui est un fait et une allégation. Tout est allégation. Et les faits seront choisis, ou ces allégations, la Chambre en décidera ce qu'elle retient comme étant des faits à la fin de la procédure, certes. Mais entre-temps, pour avancer sur des points qui sont au centre du débat, il faut revenir à des questions dites ouvertes, les termes mêmes de la décision 1665 - le paragraphe m'échappe. Mais où, comment, pourquoi, que faisait-il, où était-il, avec qui était-il - pour qu'on avance, et qu'on établisse une base factuelle. Et après, on peut arriver à cette question qui était posée, comme peut-être finalité, mais qui devient une conséquence logique des questions précédentes. Ici, ce que

l'Accusation dit tout simplement, et je pense que la Chambre l'a noté, c'est que vous allez trop vite à la conclusion. Il faut revenir en arrière. Alors, je ne suis pas là évidemment pour vous dire comment faire votre travail, parce que je crois que vous le faites très bien, mais il faut juste être moins suggestif. Voilà.
M. LE JUGE PRÉSIDENT COTTE : Alors, Professeur Fofé, nous poursuivons. Une nouvelle fois, vous avez bien compris que vous êtes coincé entre deux exigences - pas de question suggestive, et ne pas faire perdre trop de temps. Mais vous ne faites pas perdre de temps. Actuellement, nous avons, parce que vous l'avez cité, un témoin qui a exercé des responsabilités à la période des faits, à la tête de son groupement de Bedu-Ezekere. Vous avez à assurer loyalement la défense de Mathieu Ngudjolo. Vous ne pouvez pas poser de questions suggestives. Il vous faut partir de plus loin, et puis vous concentrer. Et comme vient de le dire M. le Procureur, arriver, au bout de la démarche, à la question que vous avez peut-être, au cas présent, posée trop rapidement sans, si je puis m'exprimer ainsi, préliminaires suffisants. Voilà. Donc, prenez votre temps, car la défense doit s'exercer normalement. Nous vous écoutons.
Pr FOFÉ : Merci, Monsieur le Président. Q. Chef Manu, pendant tout le temps, donc depuis... jusqu'au 24 février 2003, parce que tout le monde connaît cette date-là, jusque fin février 2003, pendant tout ce temps-là, Mathieu Ngudjolo était avec vous dans votre groupement Bedu-Ezekere. Que faisait-il ?...
LE TÉMOIN... : R. Il était avec nous. Il soignait les malades.
Q. À part ses activités en tant qu'infirmier, faisait-il autre chose ?
R. Non. Qu'aurait-il pu faire pendant la guerre ?
Q. Les personnes que je vous ai citées, Boba Boba, Bukpa, Banga, travaillaient-ils avec Mathieu Ngudjolo? Avaient-ils quelques rapports que ce soient avec Mathieu Ngudjolo, pendant cette période-là ?
R. J'étais présent, je ne les ai pas vus collaborer. Mathieu Ngudjolo, ce n'est pas lui qui a organisé le comité, c'est moi-même et les notables. Mathieu Ngudjolo ne pouvait pas travailler avec eux alors qu'ils n'étaient pas infirmiers. Mathieu Ngudjolo travaillait comme infirmier et soignait les gens. Il nous a quittés lorsque le FNI est arrivé à Bunia.
Q. Chef Manu, savez-vous si ces trois personnes-là que je vise, Boba Boba, Bukpa Kalongo, Martin Banga, pendant cette période-là, d'août 2002 à... fin février 2003, ces personnes-là avaient-elles eu à effectuer un voyage quelque part? R. Devant Dieu, je l'ignore. Je sais que Bukpa Kalongo était mon secrétaire particulier. À côté du greffier. Banda Dheji Martin était le leader ou président des jeunes. C'est ce que je sais. Boba Boba, quant à lui... d'ailleurs, il porte un autre nom, il s'appelle Ngabu. Nous le connaissons beaucoup plus sous le nom de Ngabu. Et si on l'appelle Boba Boba, c'est parce que lorsque FNI est arrivé il l'a intégré. Et c'est lui-même qui s'est donné ce nom-là. Il s'est même donné le grade de colonel - colonel Boba Boba, alors qu'il s'appelle Ngabu. Un beau matin, nous avons appris qu'il devenait colonel Boba Boba. Eh bien, Boba Boba, ce n'est pas un terme ou un nom lendu. Si vous demandez les gens de chez nous, ils vous diront qu'il s'appelle Ngabu. Je ne sais pas d'où il a tiré ce nom. C'est lui-même qui sait ce que cela signifie. Et il est toujours en vie. Il faudrait qu'on lui demande ce que signifie ce nom-là - Boba-Boba. Vous parlez d'un voyage qu'il aurait entrepris à mon insu. Peut-être que ce voyage a eu lieu, mais moi, je n'étais pas présent. J'étais hors de Zumbe peut-être.

Q. Cinq secondes. R. Plutôt un voyage hors de Zumbe. Eh bien, je l'ignore. Je ne sais pas s'il l'a entrepris.
Q. Donc, vous venez de dire que Boba Boba lui-même s'est octroyé le grade de colonel ; c'est bien ça ? C'est lui-même qui s'était octroyé le grade de colonel ? R. C'est cela, parce que nous n'en savons rien ; nous ne savons pas la signification de Boba Boba. Mais j'ai un beau matin appris qu'il était colonel Boba Boba. Et Boba Boba n'est [-ce] pas une expression lendu...
Q. ... Chef Manu, pendant cette période-là, 2002... à fin février 2003, en tant que chef du groupement Bedu-Ezekere, savez-vous s'il y avait eu une délégation partie de Zumbe pour Aveba, pendant cette période ? R. Je ne sais pas.
Pr FOFÉ : Bien, Monsieur le Président, à ce stade, je voudrais revenir à ma question directe. Je considère que cette question-là n'est pas suggestive ; c'est une question directe mais elle n'est pas directive. La question que j'ai posée, je voudrais y revenir pour que les choses soient claires. Est-ce que vous m'autorisez, Monsieur le Président ?
M. LE JUGE PRÉSIDENT COTTE : Je relis votre question, et je remonte à la page 14, ligne 13. Vous n'avez aucune autre manière de préparer plus complètement cette question, Professeur ?
Pr FOFÉ : Je... je pense que je l'ai suffisamment préparée. Je l'ai suffisamment préparée à partir de l'endroit où chef Manu nous parle de l'arrivée de Mathieu Ngudjolo... à Zumbe, de ses activités, et à partir des questions que je viens de... poser au sujet de ces trois personnes. Donc, ces trois personnes sont visées par la question qui est en discussion, mais qui présente l'avantage de rencontrer directement l'allégation de l'Accusation.
M. LE JUGE PRÉSIDENT COTTE : Monsieur le Procureur, nous vous écoutons.
M. MacDONALD : Très brièvement, Monsieur le Président. Je crois qu'à la lumière de la réponse claire qu'il a... le témoin a répétée deux fois, dont la deuxième fois, à la page 22, ligne 22 : « Je viens de dire non, je ne sais pas. » Alors, partant de cette réponse, je ne crois pas qu'on puisse aller à la question initialement prévue, compte tenu de l'ensemble des composantes qui forment cette question, car sur une des composantes principales et essentielles, à savoir « Y a-t-il eu un voyage d'effectué par ce groupe ? », le témoin dit : « Je viens dire non, je ne sais pas. » Alors, partant de là, la base factuelle et la seule réponse que le témoin pourrait donner à la question initialement posée devrait être « Je ne sais pas » car il ne sait pas si une délégation est allée. Je vous remercie.
M. LE JUGE PRÉSIDENT COTTE : Professeur, la chute de votre question initialement posée et que vous souhaitez poser à nouveau maintenant, en d'autres termes, les derniers termes de cette question n'apparaissent pas comme ayant été suffisamment préparés. Le témoin a répondu à des questions relatives à sa connaissance ou à son ignorance de l'existence d'une délégation qui aurait pu quitter Zumbe pour se rendre à Aveba. Une telle délégation pourrait avoir des objets forts différents. Et vous vous souvenez que, à l'occasion de précédents témoignages, il a été question de délégation qui, aux dires de précédents témoins, avaient des objectifs tout autres que ceux qui sont envisagés dans les derniers mots de la question que vous envisagez de poser actuellement. Donc, je pense qu'il vous faut progresser encore avant de poser aussi nettement cette question. Si vous avez besoin d'un temps minimal pour reformuler quelques questions qui

permettent de se concentrer sur ce que vous souhaitez poser comme question au témoin, prenez-le ; prenez, à ce moment-là, une autre ligne de questions pendant que certains de vos collaborateurs travaillent sur ce point, mais poser cette question aussi rapidement et frontalement risque de rendre la réponse, une nouvelle fois, fragile, ce qui n'est pas l'intérêt de Mathieu Ngudjolo et ce qui n'est surtout pas l'intérêt de la Chambre, qui a tout intérêt, elle, à bien comprendre - et qui comprend très bien - votre motivation en posant cette question. Donc, je vous propose de continuer pour l'instant.

Pr FOFÉ : Merci, Monsieur le Président. Q. Chef Manu, d'une manière ou d'une autre, vous ou les personnes que je venais de nommer, vous qui étiez à Bedu-Ezekere à cette époque-là, étiez-vous d'une manière ou d'une autre impliqué dans la préparation de l'attaque de Bogoro du 24 février 2003 ?

LE TÉMOIN... : R. Non, je n'étais pas impliqué, et j'ignore où cela a été préparé. Et si jamais cela a été préparé, je ne suis pas au courant.

Q. Est-ce que vous, en tant que chef de groupement, aviez-vous pu savoir ou savez-vous si Boba Boba ou Bukpa Kalongo, Martin Banga, sont partis de Zumbe pendant cette période-là pour Aveba, pour une mission quelconque ?

R. Je ne sais pas. À Zumbe, avant que quelqu'un ne quitte le lieu, nous nous rencontrions pour parler. Bukpa Kalongo était mon secrétaire. C'est un directeur; son français est meilleur par rapport au mien. Comment se fait-il qu'il allait quitter la localité à mon insu ? C'est pour dire que je ne sais pas s'il y a des gens qui ont quitté la localité. Mais s'il y en a eu, c'est que c'était à mon insu. C'étaient deux territoires différents. C'est-à-dire, il s'agissait de Djugu et Irumu. Donc, on ne peut pas laisser les gens de Djugu se rendre à Irumu à notre insu. C'est deux territoires différents. Aveba se trouve à une longue distance de chez nous. Et pour que quelqu'un puisse s'y rendre, je dois être au courant. C'est le cas aussi avec mon secrétaire particulier. S'il devrait se déplacer, je devrais le savoir. Voilà pourquoi je vous dis : « Je ne sais pas. »

Q. Du mois d'août 2002 à fin février 2003, je crois que vous l'avez déjà dit, qui dirigeait les jeunes qui faisaient l'autodéfense à Zumbe ? R. Le président des jeunes, Banga Dheji Martin... Je viens donc de parler des dirigeants. Chaque groupe avait son dirigeant parmi les jeunes, parce qu'ils avaient différentes positions. Chaque équipe de jeunes avait son responsable ou son dirigeant, et chaque groupe devrait dresser son organigramme. Banga Martin Dheji et Banga Mande Jacques étaient les deux responsables. Ce dernier est décédé, mais Martin est encore en vie.

Pr FOFÉ : Q. Chef Manu, nous allons parler de Banga Martin, pour l'instant. À cette époque-là, ... donc août 2002 à fin février 2003, Banga Martin pouvait-il quitter Zumbe, se déplacer, s'absenter de Zumbe sans que vous ne fussiez au courant ?

LE TÉMOIN... : R. Je viens de le confirmer : c'était moi et les sages qui dirigions à cette époque-là. Banga Martin et son groupe pouvait se déplacer de Zumbe, soit à mon absence ou à mon insu. Je ne sais pas s'ils ont quitté Zumbe. Peut-être qu'ils l'ont fait, à leur propre chef, mais je ne sais pas...

Q. Chef Manu, pendant cette période-là, d'août 2002, fin février 2003, vous êtes-vous absenté de votre groupement Bedu-Ezekere ?

LE TÉMOIN... : R. Je me suis déplacé pour me rendre à Loga, mais je ne pouvais pas passer plus de trois jours. Et je revenais chez moi. Mon absence à

Bedu-Ezekere était rare. Les sages me disaient ce qu'ils devaient dire à la population, en passant par moi. C'est pour dire que je m'absentais très peu de fois de Bedu-Ezekere.
Q. Chef Manu, toujours pendant cette période-là, donc, nous sommes entre août 2002 et fin février 2003, dans le cadre de votre organisation, ... dont vous avez parlé, Banga Martin et Bukpa Kalongo recevaient-ils... des ordres de Mathieu Ngudjolo ? R. Je venais de dire ceci : Mathieu Ngudjolo, qui se trouve ici, n'était pas mon chef. C'était moi le chef coutumier. C'est moi qui donnais des ordres. Les jeunes se déplaçaient pour aller chercher un blessé, par exemple, mais Ngudjolo ne donnait pas des ordres à ma place. Depuis octobre... septembre 2002 jusqu'en mars 2003, il y a eu les éléments de l'APC qui sont arrivés chez nous. Nous ne nous sommes pas déplacés. Je me rappelle, une fois, je me suis rendu à Beni avec Martin Banga. Mais je suis revenu avant lui par avion. Martin et Adolphe m'ont suivi par la suite. Mais je ne sais pas si c'est à cet endroit qu'ils ont eu une réunion. Ça, je ne sais pas. Banga et Adolphe sont arrivés à Zumbe après moi. Nous nous sommes rendus à Beni au nombre de quatre. Banga Martin et Adolphe sont arrivés avant. Bahati Talika est resté ; il est venu par la suite. Je ne sais pas s'ils ont parlé de quelque chose en mon absence, mais je n'ai rien appris... je n'ai rien vu. Je ne sais rien, Maître.
Q. Merci, Chef Manu. Nous reviendrons sur votre voyage de Beni. Donc, présentement, il ne s'agit pas... de cela. Chef Manu, est-ce que, pendant cette période-là, Mathieu Ngudjolo pouvait envoyer en mission de trois ou quatre semaines Bukpa Kalongo et Martin Banga ? Je m'arrête d'abord là. Est-ce que pendant cette période-là, Mathieu Ngudjolo pouvait envoyer, en une mission de trois à quatre semaines, Bukpa Kalongo et Martin Banga ? En avait-il le pouvoir?
R. Monsieur le Président, je vous demande une chose. Dites au Pr Fofé que Mathieu Ngudjolo n'était pas mon supérieur à cette époque-là. C'est moi qui avais le pouvoir - moi et les sages. Mathieu Ngudjolo Kimbi ne pouvait pas donner des ordres à la population ; c'était un infirmier. Excusez-moi, Monsieur le Professeur. C'était un infirmier, comment cela se fait-il qu'il pouvait donner des ordres ? Comment voulez-vous que je puisse m'exprimer ? Vous dites que je dois dire la vérité. Comment se fait-il qu'un infirmier puisse donner des ordres à mon secrétaire particulier ? Vous venez de me dire que je dois dire la vérité, alors, c'est moi qui dois dire ce que je sais. Excusez-moi, Professeur Fofé, je ne comprends pas comment un infirmier peut donner des ordres à mon secrétaire particulier.
M. LE JUGE PRÉSIDENT COTTE : Chef Manu, il n'appartient pas à la Chambre de vous expliquer les intentions du Pr Fofé. Mais la Chambre, en même temps, croit comprendre qu'il souhaite savoir si, dans cette période de troubles, et le mot « troubles » est un mot très faible, votre autorité de chef pouvait éventuellement être mise en échec de temps à autre. Et c'est pour cela qu'il essaye de comprendre avec vous. Et c'est difficile pour le chef que vous étiez de vous poser même la question de savoir si vous... votre autorité pouvait être tenue en échec. Il essaye de savoir si des déplacements ont pu se produire sans que vous le sachiez, notamment, s'il était possible que quand vous étiez vous-même absent, certains de vos collaborateurs quittent le groupement. Voilà, c'est ce qu'il essaye de comprendre, tout simplement. Peut-être estimez-vous que les questions

sont un peu répétitives, mais dans son esprit, et c'est une question que nous pouvons, nous, vous poser aussi, était-il possible que l'autorité d'un chef de groupement, dans une période de troubles, puisse être éventuellement contournée? Pour vous, apparemment, c'est impensable. Mais le professeur se pose la question, et il vous la pose. Il vous la pose. Nous sommes plusieurs années après. Et il essaye, dans le cadre de la défense qu'il assume, de bien comprendre tout ce qui aurait pu se passer, et peut-être tout ce qui a pu se passer. Voilà. Alors, nous poursuivons.
Pr FOFÉ : Merci beaucoup, Monsieur le Président. Monsieur le Président, en ce qui me concerne, sur ce sujet, je... je vais m'arrêter là. Je comprends la réaction... du chef Manu, mais je crois qu'avec ces questions, nous sommes suffisamment édifiés. Monsieur le Président, je voudrais, par votre intermédiaire, par votre entremise, demander au Procureur que lui-même, le Procureur... s'il vous plaît, Monsieur le Président, ... c'est une suggestion. Je souhaiterais que lors de son contre-interrogatoire, le Procureur puisse revenir sur ma question et confronter cela - confronter son allégation avec les réponses du témoin. Compte tenu de ses objections, donc, je propose cela. Donc, pendant son contre-interrogatoire, je voudrais que le Procureur rencontre les réponses que vient de donner chef Manu, en lui soumettant son allégation, que nous ne pouvons pas rencontrer directement, compte tenu de ses objections. Mais en ce qui nous concerne, nous sommes édifiés, Monsieur le Président.
M. LE JUGE PRÉSIDENT COTTE : Compte tenu des objections que le Procureur a formulées, mais aussi et surtout compte tenu des réponses que vous fait le témoin. M. le Procureur appréciera comment il conduira son contre-interrogatoire, mais si nous constatons... si nous prenons connaissance de la liste des pièces qu'il envisage de produire, on peut penser -mais ce sera son job à lui-, on peut penser qu'il s'intéressera à ces questions de délégation.
M. MacDONALD : Monsieur le Président, juste sur ce point-là. Et peut-être qu'à ce moment-là, parce qu'il n'y avait une pièce... je crois que c'est... OTP-EVD-0025...
M. LE JUGE PRÉSIDENT COTTE : C'est à celle-ci que je pensais.
M. MacDONALD : Je sais. Et il y a une objection, Monsieur le Président, de la part de mes collègues, à ce qu'on puisse se référer à cette pièce, si on le désirait, si on le souhaitait. Alors, j'invite peut-être mon collègue à revoir sa position. Et puis, à ce moment-là, évidemment, nous verrons si nous reviendrons, compte tenu des dernières réponses du témoin, mais il y a cet obstacle préliminaire qui reste... qui demeure. Merci.
M. LE JUGE PRÉSIDENT COTTE : Alors, Professeur Fofé, vous reprendrez effectivement la liste des objections que vous avez formulée par un mail du 24 août, à 18h18. Il en est une qui porte effectivement sur cet EVD-OTP-0025, que nous appelons communément entre nous « lettre, demande d'aide ». Et peut-être qu'à partir de tout cela, le vœu que vous venez d'exprimer pourra être satisfait. Nous n'en sommes pas encore-là, mais je constate que nous pensions tous à la même chose. Alors, nous poursuivons, si vous le voulez bien.
Pr FOFÉ : Merci beaucoup, Monsieur le Président. »[277]

[277] Transcription ICC-01/04-01/07-T-301-Red2-FRA CT WT 30.08.2011, de la p. 11, L18 à la p. 26, L7.

De ces vifs débats, deux leçons à retenir :
- La première, c'est qu'il convient de prendre le temps d'amener progressivement le témoin à donner des éléments qui rencontrent les prétentions de la partie adverse. On a vu qu'une question, mais suggestive, s'est décomposée en une multitude de questions tendant progressivement vers l'objectif visé. Il ressort du jugement d'acquittement rendu le 18 décembre 2012 que la chambre n'a pas retenu l'allégation qu'entendait, en l'occurrence, rencontrer la défense par le biais de son témoin D03-88, allégation avancée par l'accusation au travers de la déposition de P-250. La chambre a, en effet, jugé que les propos de ce dernier « sur la délégation dirigée par le commandant Boba Boba que Mathieu Ngudjolo aurait envoyée à Aveba sont contradictoires lorsqu'on les met en regard avec ses déclarations antérieures. Car, P-250 a soutenu, au cours de sa déposition en audience, que le commandant Bahati de Zumbe était le chef de mission de la délégation et qu'il avait servi de guide jusqu'à Aveba, alors que, dans sa déclaration du mois de décembre 2006, il avait indiqué que le commandant Bahati faisait partie des officiers que cette délégation avait rencontrés à Aveba. »[278]
- La seconde, c'est que le souci majeur à avoir présent à l'esprit, c'est de ne point compromettre les éléments de preuve fournis par le témoin. En effet, si le conseil qui interroge pose des questions suggestives, orientées, directives, il porte atteinte à la valeur probante des réponses reçues du témoin. Le juge président l'a bien rappelé et nous l'avons relevé en italique dans l'extrait cité.

Il faut noter que la même préoccupation de la défense de vouloir rencontrer concrètement les prétentions de l'accusation a soulevé des discussions lors de la déposition sous serment de MN lui-même, en tant que témoin. Son conseil l'interrogeant voulait lui soumettre quelques allégations précises de certains témoins à charge. Le procureur s'y est opposé en formulant des objections. La chambre a estimé qu'il fallait faire preuve d'une certaine souplesse en ce qui concerne le témoin-accusé, étant donné que celui-ci avait assisté à toutes les dépositions des témoins de l'accusation et qu'il était en droit d'y répondre pour assurer pleinement sa défense.[279]

Paragraphe II : Exceptions admises par la règle

Cette règle interdisant des questions directives ou fermées lors de l'interrogatoire principal admet quelques exceptions lorsque ces questions portent sur un point non controversé (A) ou quand le témoin comparaissant se révèle hostile à l'égard de la partie appelante (B).

[278] Jugement Ngudjolo, § 139.
[279] Voir *supra*, pp 87 à 92.

A- Questions portant sur des points non contentieux

En effet, la chambre peut autoriser des questions directives ou fermées lorsqu'elles « se rapportent à un point non litigieux. »[280] Il en est ainsi, par exemple, de questions portant sur l'identité ou la scolarité du témoin, si la partie adverse ne les conteste pas. Il en est de même de questions relatives à des faits sur lesquels les parties se sont accordées. En effet, conformément à la règle 69 du RPP, « le procureur et la défense peuvent convenir que des faits invoqués dans les charges, la teneur d'un document, le témoignage attendu d'un témoin ou d'autres éléments de preuve ne sont pas contestés ; les chambres peuvent alors considérer les faits allégués comme établis, à moins qu'elles n'estiment qu'ils doivent être exposés de façon plus complète dans l'intérêt de la justice et, en particulier, dans l'intérêt des victimes. »[281] Dans le cadre de l'affaire Bogoro, les parties se sont mises d'accord sur un nombre limité de faits[282] et la chambre saisie les a considérés comme établis.[283] Pour faire avancer la procédure, les questions portant sur ces faits, en interrogatoire principal, pouvaient donc être suggestives sans que cela n'entraînât d'objections de la partie adverse.

En ce qui concerne des points considérés comme non contentieux, il arrive dans la pratique que leur appréciation suscite débat, chaque partie ayant ses propres « lunettes » ou sa vision spécifique en fonction des enjeux en présence. Ainsi, par exemple, dans l'affaire Ruto-Sang, au cours de l'interrogatoire principal du témoin de l'accusation KEN-OTP-P-0326, le conseil de la défense s'est levé contre une série de questions qu'il considérait comme directives. Le président de la chambre, a rappelé que les questions directives pouvaient être tolérées si elles portaient sur des points non contentieux. Dans ses explications, le conseil a souligné que les questions controversées avaient trait à la crédibilité du témoin et étaient donc des questions de fond qui ne devraient pas être directives. Suivons ces échanges édifiants :

> « [M. OMOFADE] Q. Vous nous avez dit précédemment que le Mouvement Orange avait fait campagne pour le « non », lors de la campagne référendaire de 2005. Là, je parle du Mouvement Orange. Mais j'aimerais savoir si M. William Samoei Ruto faisait aussi partie de cette campagne.
>
> R. Oui, il faisait partie de la campagne, il participait à la campagne.
>
> Q. Peut-on dire, donc, que lorsque ODM est devenu un parti politique, en 2007… non, 2006, puisque vous nous avez dit 2006, est-ce que M. William

---

[280] Instructions 1665, § 66.

[281] Voir aussi, Jugement Ngudjolo, § 38.

[282] CPI, Situation en République démocratique du Congo, *Affaire le Procureur c. Germain Katanga et Mathieu Ngudjolo*, ICC-01/04-01/07, Chambre de 1ère instance II, Decision on Agreements as to Evidence, ICC-01/04-01/07-2681, 3 février 2011 ; Décision orale, 5 avril 2011, Transcription ICC-01/04-01/07-T-243.

[283] Jugement Ngudjolo, § 39.

Samoei Ruto a-t-il fait… est-ce qu'il a fait partie de ce parti politique depuis sa création ?
R. Non. En fait, à l'époque, M. Ruto était encore membre du Kanu, mais au cours de la campagne, pendant le mouvement, avant, donc, que ce soit un parti politique, lorsque c'était encore un mouvement en vue d'obtenir une nouvelle Constitution, il était…
Me KHAN QC… : Bon, la réponse a été donnée. J'aimerais soulever une de mes préoccupations. Ce n'est pas parce que l'Accusation n'a pas obtenu la réponse qu'elle voulait qu'elle… l'Accusation peut maintenant être très directrice dans ses questions. Non. J'aimerais donc que mon éminent confrère fasse attention à la façon dont il pose des questions.
M. LE JUGE PRÉSIDENT EBOE-OSUJI… : Écoutez, en ce qui concerne la règle concernant l'autorisation ou la non autorisation des questions directrices, c'est surtout à propos de points contestés ou à propos de points pour lesquels vous avez des raisons sérieuses de penser qu'il y a un problème de crédibilité de témoin, par exemple. Mais, bon, il faut quand même que l'on autorise certaines questions directrices sur les questions qui ne sont pas contestées.
Me KHAN QC… : Non, non, non, nous considérons qu'il s'agit bel et bien d'une question de fond, parce que, là, la crédibilité du témoin, c'est de savoir s'il est bel et bien quelqu'un qui connaît l'ODM ou pas. C'est sa crédibilité ici qui est en… question. Donc, … nous voulons voir ce qu'il donne, lorsqu'il répond à des questions qui ne sont pas directives.
M. OMOFADE… : Oui, enfin, nous avons quand même… il y avait des faits convenus… qui ont été convenus entre nous, … entre les deux parties… camps de cette affaire le 3 septembre de l'an dernier.
Me KHAN QC… : On ne parle pas de faits convenus ou pas, ici. Je ne veux pas dire grand-chose, mais sachez que vous allez… devoir évaluer l'étendue des connaissances du témoin. Et pour savoir quelle est la fiabilité de son témoignage, et il faut quand même que… vous ne pouvez tirer de conclusion que s'il répond à des questions qui ne sont pas directives. Enfin, je ne veux pas faire de l'obstruction systématique, mais vous allez voir. Donc, je veux m'assurer que les questions suggestives ou directives ne sont pas posées tout de suite. Vous voyez, de toute façon, l'Accusation est revenue à la charge. Et le… témoin a toujours répondu de la même façon. Donc, quand l'Accusation n'obtient pas la réponse qu'elle souhaite, je considère qu'il n'est pas normal… qu'on autorise, maintenant, en deuxième recours à poser une question directive pour risquer d'obtenir la réponse qu'ils veulent. Non. Ensuite, … la deuxième question, bien sûr, … a été reformulée pour être un petit peu différente de la question posée la première fois. Enfin, … je n'en dis pas plus.
M. LE JUGE PRÉSIDENT EBOE-OSUJI… : Écoutez, voici comment nous allons procéder. Les règles… normales s'appliquent, donc, en interrogatoire principal. On n'a pas le droit de poser de questions directrices. C'est la règle… C'est le principe. Et nous allons suivre le principe. Il est vrai que, parfois, il faut rafraîchir la mémoire du témoin, mais il y a… manière de le faire qui est autorisée. Et l'Accusation ne doit pas aller au-delà. »[284]

---

[284] CPI, Situation en République du Kenya, *Affaire le Procureur c. William Samoei Ruto et Joshua Arap Sang,* ICC-01/09-01/11, Chambre de 1ère instance V(A),

Ainsi donc, face au débat sur le caractère contentieux ou non des points abordés, il est juste de revenir au respect de la règle d'interdiction de questions directives en interrogatoire principal, comme l'a fait la chambre de première instance V(A) dans cette séquence.

B- Hypothèse d'un témoin devenu hostile

Le conseil ayant cité le témoin peut être autorisé à le contre-interroger, en lui posant des questions directives ou fermées, si, à un moment donné de l'interrogatoire principal, ce témoin se révèle hostile. Ce cas de figure est prévu dans le paragraphe 67 des instructions 1665 qui dispose : « Cependant, si une partie déclare que le témoin qu'elle a cité lui est devenu hostile et que la Chambre l'autorise à continuer de lui poser des questions, il pourrait être approprié que cette partie procède à un contre-interrogatoire. En pareil cas, le contre-interrogatoire doit se limiter aux points abordés au cours de la première phase de l'interrogatoire ou dans les déclarations antérieures du témoin. »

Comme on le voit, cette possibilité n'est ouverte que si la partie ayant cité le témoin déclare que celui-ci lui est devenu hostile. Si cette hostilité est établie, cette partie se voit reconnaître le droit de contre-interroger ce témoin sur les points traités dans la première étape de l'interrogatoire ou dans les déclarations antérieures dudit témoin. Dans le cadre de ce contre-interrogatoire, elle peut lui poser des questions directives, suggestives ou fermées.

Mais la partie ayant cité le témoin à comparaître ne peut pas, sans avoir préalablement déclaré celui-ci hostile, demander l'autorisation de le contre-interroger en lui posant des questions directives ou fermées. Un tel incident est advenu dans l'affaire Bogoro, au moment où le procureur présentait son témoin P-250. Après cinq journées d'interrogatoire principal de son propre témoin, vu les réponses peu satisfaisantes qu'il recevait de ce dernier, le procureur a sollicité de la chambre de première instance II l'autorisation de le contre-interroger sur certains points, en le faisant confronter à ses déclarations écrites antérieures, sans préalablement l'avoir déclaré hostile. Il a évoqué, à l'appui de sa requête, notamment les paragraphes 67 et 109 des instructions 1665 prises en application de la règle 140 du RPP, ainsi que l'article 9-2 de la loi canadienne sur la preuve.

Nous venons de voir que le paragraphe 67 prévoit une exception à la règle formulée dans le paragraphe 66 qui pose le principe de la neutralité des questions en interrogatoire principal et l'interdiction des questions directives

---

Transcription de l'audience du 7 octobre 2013, ICC-01/09-01/11-T-43-Red2-FRA WT 07-10-2013, p. 47, L6 à p. 49, L4.

ou fermées.[285] Pour bénéficier de cette exception et avoir la possibilité de contre-interroger son propre témoin, la partie l'ayant cité à comparaître doit donc d'abord déclarer clairement que celui-ci lui est devenu hostile, démontrer en quoi consiste cette hostilité et convaincre les juges de son existence. De son côté, le paragraphe 109, déjà rencontré[286], pose le principe de l'oralité, examiné supra, en vertu duquel la preuve testimoniale consiste en ce que le témoin déclare verbalement devant les juges. Cela étant, le témoin des faits, qui diffère des témoins experts, ne doit pas se servir des documents pour se rafraîchir la mémoire, sauf autorisation exceptionnelle et motivée de la chambre qui apprécie la situation de chaque témoin au cas par cas et vérifie que soient remplies les conditions prévues dans ce paragraphe.

A cet ensemble normatif, le procureur a ajouté l'article 9-2 de la loi canadienne sur la preuve qui est ainsi libellé : « Lorsque la partie qui produit un témoin invoque qu'il a fait à d'autres moments une déclaration par écrit, qui a été prise par écrit, ou qui a été enregistrée sur bande audio ou vidéo, ou autrement, et qui est incompatible avec sa présente déposition, le tribunal peut, sans que la preuve soit établie que le témoin est opposé à la partie en cause, accorder à cette partie la permission de le contre-interroger quant à la déclaration, et le tribunal peut tenir compte de ce contre-interrogatoire pour décider si, à son avis, il est opposé à la partie en cause. »

Dans sa requête, le procureur, s'inspirant de cet article 9-2 de la loi canadienne sur la preuve, a voulu amener la chambre à introduire une étape intermédiaire, non prévue dans les textes régissant la CPI, entre, d'une part le moment du constat d'incohérences ou de contradictions entre les réponses du témoin au prétoire et ses déclarations antérieures, et d'autre part le moment de le déclarer hostile. Ce moment intermédiaire consisterait en un rafraîchissement de la mémoire du témoin en lui présentant ses réponses faites devant les enquêteurs du procureur pour lui montrer qu'elles diffèrent de celles qu'il vient de donner au prétoire devant les juges. Voici comment a été articulée la requête orale du procureur :

---

[285] « En règle générale, seules des questions neutres seront autorisées lors de l'interrogatoire principal. La partie citant le témoin à comparaître n'est donc pas autorisée à lui poser des questions directives ou fermées, à moins qu'elles se rapportent à un point non litigieux. »

[286] Pour une meilleure compréhension des débats qui vont suivre, citons-le à nouveau :« En principe, un témoin rapporte ce qu'il se rappelle avoir observé. Les témoins ne sont pas autorisés à simplement donner lecture des déclarations faites antérieurement ou d'autres documents. Cependant, étant donné le temps écoulé entre les évènements en l'espèce et la nature souvent traumatique des faits sur lesquels le témoin dépose, la chambre peut autoriser les témoins à consulter certains documents afin de se rafraîchir la mémoire, mais seulement dans la mesure où : a) les documents en question contiennent les souvenirs personnels du témoin ; et b) copie du document a été mise à la disposition de la partie adverse qui, au cours du contre-interrogatoire, peut se fonder sur les passages mentionnés par le témoin. »

« M. MacDONALD : Merci, Monsieur le Président. Avec votre permission, l'Accusation, à ce stade-ci, aimerait présenter ou... soumettre que le témoin, antérieurement, a fait des déclarations incompatibles avec sa déposition devant le tribunal. En d'autres mots, sur certains sujets, le témoin aurait fait des déclarations au Bureau... le Bureau du Procureur a pris des déclarations du témoin en 2006 et en 2007 qui sont différentes, sur certains points précis, de ce qu'il a dit, ou n'a pas complété, si on veut, à certains termes des questions de l'Accusation - qu'il n'a pas complétés, donc, devant cette Chambre. D'entrée de jeu, l'Accusation ne veut pas que la Chambre déclare ce témoin hostile, et on ne vous demande pas à ce que le témoin soit déclaré hostile. Mais nous demandons la permission de revenir sur ces sujets précis, que je peux préciser à la Chambre ; et lui poser des questions qui, dans un premier temps, s'apparentent plus à une démarche de rafraîchissement, si on veut, de la mémoire. Et tout dépendant de la réponse ou des réponses du témoin, qui peuvent mener, avant même qu'un témoin soit déclaré hostile, à ce que l'Accusation ait la possibilité de lui poser des questions dites directives ou des questions fermées, donc, sur ces sujets ou ces thèmes précis. Alors, je me réfère, comme je l'ai mentionné d'entrée de jeu, à votre décision 1665 et, évidemment, son paragraphe 66 et 67, où la Chambre utilise l'expression « hostile » ou, encore une fois, « opposé ». Et c'est donc l'objet de notre intervention. Je réfère la Chambre également à la règle 142-b[287] du Règlement de procédure et de preuve qui dit la chose suivante : « Le Procureur et la Défense ont le droit d'interroger ce témoin sur des points pertinents concernant son témoignage et la fiabilité de celui-ci, ainsi que sur sa propre crédibilité et d'autres questions pertinentes. » Alors, on voit que le Procureur et la Défense peuvent... donc nous vous soumettons, à l'égard même de leur propre témoin, revenir avec des questions qui pourraient être ou s'avérer plus suggestives ou fermées, lorsque le témoin aurait antérieurement fait des déclarations différentes ou donné des déclarations différentes que la déposition en audience. Également, j'attire votre attention, Monsieur le Président, sur l'article 69-3, et vous savez très bien que la Cour a le pouvoir de demander la présentation de tous les éléments de preuve qu'elle juge nécessaires à la manifestation non pas, comme vous l'avez si bien dit précédemment, d'une vérité mais de la vérité. Nous sommes, ici, en présence d'un système de droit à la Cour pénale internationale qui, certes, se veut mixte, donc d'inspiration de droit civil et de *common law*. Mais je crois qu'il est clair, tel que la Chambre l'a observé, qu'au niveau de la présentation des éléments de preuve, ceci se fait généralement par la présentation de témoins et, donc, nous sommes peut-être plus près, lorsque nous entendons des témoins et de la façon dont le Statut et ses règles sont définies, nous nous apparentons un petit peu plus à un système dit *adversarial* ou de *common law*. Il est clair, selon votre décision 1665, que l'Accusation, ou la Défense lorsqu'elle présente ses propres témoins - une partie donc ne peut poser des questions suggestives à ses propres témoins. Nous vous soumettons toutefois qu'il y a certes en *common law* une... des exceptions à cette règle, entre autres, pour amener un sujet, amener un thème. Soit, ça ce sont peut-être les cas les plus connus, mais il y a également des exceptions lorsqu'un témoin aurait antérieurement donné des déclarations ou signé des déclarations, ou encore

[287] Il s'agit, en réalité, de la règle 140-2-b du RPP.

donné des déclarations sur support audio ou vidéo, ou les deux, qui sont différentes ou incompatibles avec la déposition qu'il a... qu'un témoin donne devant la Chambre. Je vais citer certaines jurisprudences. Nous en avons des copies à remettre à tous, à la Chambre... Le premier arrêt est un arrêt de la Chambre d'appel du Tribunal pour l'ex-Yougoslavie, c'est l'arrêt *Popović* et sa décision du 1er février 2008... La deuxième décision..., décision du 5 juillet 2005, toujours du TPIY : l'arrêt *Alilovic*... L'autre décision, Monsieur le Président, que nous aimerions distribuer également à nouveau, c'est l'arrêt *Krajnic*... du 23 novembre 2004, toujours du TPIY, dans sa version française et anglaise. Je dois... il s'agit d'une... décision orale, donc nous avons une transcription des audiences qui ont eu lieu à cette date... Et, dernière décision, Monsieur le Président : décision du 21 février 2003, toujours au TPIY. Il s'agit d'une décision dans le dossier *Milosevic*... Alors, ... Monsieur le Président, je suis convaincu que la Chambre avait certainement cette jurisprudence à l'esprit lorsqu'elle a rendu sa décision 1665 et son paragraphe 66 et 67. Et évidemment, cette procédure, telle que vous l'avez définie, ... et disons, cette procédure est une procédure qui existe en *common law*, qui existe devant le tribunal pour l'ex-Yougoslavie... le tribunal pour l'ex-Yougoslavie, dans ses décisions que je viens de citer, s'est beaucoup inspiré de ce qui se fait donc dans les pays de tradition anglo-saxonne comme, entre autres, le Canada, les États-Unis, l'Angleterre évidemment et aussi l'Australie. Et, dans ces juridictions, je vous soumets qu'il y a une étape antérieure. Alors je fais une parenthèse : la Chambre est venue préciser sa décision et son paragraphe 109 pour ce qui est du rafraîchissement de la mémoire d'un témoin. Notre démarche s'inscrit donc, je crois, dans la même veine, à savoir que la Chambre a la possibilité de définir, ou de détailler peut-être, par... des critères additionnels certainement son paragraphe 67. Dans les juridictions anglo-saxonnes, il existe une étape antérieure, et je vais citer en français l'article 9-2 de la loi de la preuve au Canada. Il y a donc l'article... à son article 9 il y a deux paragraphes, le paragraphe 1 traite du fait qu'un juge peut, à la demande de l'Accusation, lorsque les faits ont été établis en ce sens, reconnaître un témoin hostile. Mais généralement, dans une tradition anglo-saxonne, lorsqu'on déclare un témoin hostile, il devient à ce moment-là l'objet... il peut faire l'objet d'un contre-interrogatoire au sens large, sur l'ensemble de son témoignage, l'ensemble du témoignage où, là, tout ce qu'il aurait dit peut faire l'objet d'un contre-interrogatoire. Ce n'est pas ce que l'Accusation, devant vous aujourd'hui, recherche. Mais en droit canadien, il y a également une étape antérieure donc, au paragraphe 9-2, qui se lit comme suit : « Lorsque la partie qui produit un témoin invoque qu'il a fait à d'autres moments une déclaration par écrit, qui a été prise par écrit, ou qui a été enregistrée sur bande audio ou vidéo, ou autrement, et qui est incompatible avec sa présente déposition, le tribunal peut, sans que la preuve soit établie que le témoin est opposé à la partie en cause, accorder à cette partie la permission de le contre-interroger quant à la déclaration, et le tribunal peut tenir compte de ce contre-interrogatoire pour décider si, à son avis, il est opposé à la partie en cause. » Essentiellement, Monsieur le Président, il s'agit donc d'une étape antérieure. Cette étape antérieure consiste... Après avoir présenté la déclaration au témoin, le témoin reconnaît avoir fait cette déclaration antérieure. La partie qui l'interroge - dans ce cas, l'Accusation - a la possibilité de poser des questions dites « suggestives » ou « fermées » sur les seuls points sur lesquels le témoin aurait fait des déclarations ou donné des déclarations antérieures incompatibles - tout dépendant de ses réponses, et de la façon dont il répond. À ce moment-là... L'Accusation, comme deuxième étape, peut revenir et demander à la Chambre que, à ce moment-là, le témoin soit déclaré hostile, et donc, ouvert à un contre-interrogatoire sur l'ensemble de son témoignage ou de... pardon, de ses déclarations antérieures sur tous les sujets sur lesquels il aurait pu donner une déclaration à l'Accusation... Je vais citer l'arrêt *Popović*, à son paragraphe 24 et 25... La Chambre d'appel dit la chose suivante... : « Le tribunal n'est en aucune manière lié par les règles du *common law*. Et les règles ne fournissent pas d'orientation claire sur la question de savoir si l'on peut empêcher un témoin d'une partie. Les règles 85 et 90 reflètent malgré tout largement le système du *common law*. » On reconnaît que les règles de procédure et de preuve sont d'inspiration de *common law*. « Ce sont les parties qui convoquent et interrogent leurs témoins tour à tour, et... qui sont ensuite contre-interrogés par la partie opposée. En conséquence, reconnaître que la procédure pour l'audition de témoins au tribunal s'ancre dans le processus contradictoire... Il est important d'être prudent avant de lever les sauvegardes qui appartiennent à ce processus pour des raisons d'équité vis-à-vis des parties et pour vérifier la vérité. En l'occurrence, laisser la détermination de l'hostilité et le feu vert à contre-interroger le témoin à la partie qui appelle, plutôt qu'à la Chambre de première instance. » Au paragraphe 25... : « Pour être certain, une procédure alternative raisonnable pour récuser son propre témoin existe. La Chambre de première instance peut, par exemple, décider d'octroyer à la partie qui a appelé le témoin l'autorisation de contre-interroger son propre témoin au sujet d'une déclaration incohérente, sans que celui-ci ait été déclaré au préalable hostile. L'on pourra ensuite se déterminer sur la base de ce contre-interrogatoire... Monsieur le Président, je vais terminer en vous indiquant les sujets sur lesquels l'Accusation aimerait poser des questions suggestives, ou ce que la décision *Popović* indique comme étant des *« leading questions »*. Le premier sujet, c'est la question... des civils - des personnes civiles qui sont décédées lors de l'attaque sur le village de Bogoro. L'Accusation allègue... et a présenté déjà un témoin en ce sens, et d'autres, certainement, viendront. Mais ici, je crois, pour cette recherche de la vérité et cette évaluation de la crédibilité, il est important de poser des questions sur les déclarations antérieures au témoin - déclarations antérieures qu'il a «fait» sur ce sujet... Autre sujet sur lequel l'Accusation veut revenir : la question des chants. Les chansons, les chants qui ont été entonnés par les combattants au moment où les combattants descendent de Zumbe sur Bogoro - quand je dis « Zumbe », j'utilise le groupement. Autre sujet d'intérêt, malgré le fait que le témoin a peut-être donné un début de réponse : la question des munitions obtenues à Aveba. Et donc, revenir sur la quantité, et également : où cet approvisionnement aurait-il eu lieu ? Nous vous soumettons évidemment que, selon les déclarations antérieures, le témoin a également mentionné « de » voyage que Germain Katanga aurait pu faire. Et après, relater : les munitions, pour quel type d'armes ? Et comment ces munitions et à qui ont-elles été distribuées ? Dernier sujet - et certes non le moindre : la question des enfants de moins de 15 ans lors des combats. Le témoin et la Défense avaient noté l'importance du sujet. Alors, dans cette recherche de la vérité, je crois qu'il est important que l'Accusation puisse revenir avec les déclarations antérieures du témoin, et ce qu'il a dit, la description qu'il en a « fait ». Entre autres, en donnant des âges précis, et même leur nombre dans chacun des camps, à Zumbe, ou encore au niveau de ces mêmes effectifs d'enfants soldats lors de l'attaque même. Malgré le fait que l'Accusation n'a peut-être pas posé de questions à ce sujet encore, nous avons l'intention de revenir - avant même, si la Chambre nous le permettait, de poser des questions dites « suggestives » -, de poser des questions quant à l'utilisation d'enfants de moins de 15 ans lors de l'attaque, soit par... le FNI ou le FRPI. Et, évidemment, tout dépendant des réponses que le témoin donnera, mais l'Accusation présuppose à ce moment-ci qu'il est fort probable que le témoin répondra de la même façon qu'il l'a fait jusqu'à maintenant au sujet de la présence d'enfants soldats dans les camps à Zumbe... L'Accusation, également, veut revenir sur la question, évidemment, du pillage et de la destruction, qui sont deux des charges devant cette Chambre. Et j'ai bien précisé également la question du... ou, si on veut, la question... de la solution et le fait de vouloir effacer Bogoro. J'aimerais préciser dans un premier temps, Monsieur le Président, que, des fois, il n'est pas impossible que si on prend plutôt une première voie, qui est celle de votre paragraphe 109 - tenter de rafraîchir la mémoire du témoin dans un premier temps, en lui présentant ses déclarations antérieures -, que ceci puisse... remémorer... ce dernier peut se remémorer ce qu'il a dit antérieurement et de... reconnaître que, effectivement, ceci lui rafraîchit la mémoire. Et donc, il peut donner des réponses ; et l'interrogatoire continue de manière non suggestive. Si jamais le témoin ne reconnaissait pas, ou donnait des réponses qui ne sont pas nécessairement dans le sens de sa déclaration antérieure, là, à ce moment-là, l'Accusation vous demanderait la permission de pouvoir contre-interroger par des questions, donc, suggestives - on utilise le terme « contre-interrogatoire » car il s'agit donc de questions suggestives. Mais uniquement sur les sujets mentionnés... »[288]

Les deux équipes de défense se sont levées contre cette requête du procureur. La défense de GK a notamment dénoncé le fait que le procureur veuille introduire dans le processus judiciaire une étape intermédiaire entre l'interrogatoire principal et la déclaration de l'hostilité de son propre témoin. Cette étape, contenue dans l'article 9-2 de la loi canadienne sur la preuve qui relève du système de la Common Law, n'est pas prévue dans l'ordonnancement juridique de la CPI qui est un système mixte dans lequel le procureur enquête tant à charge qu'à décharge, en respect de la prescription de l'article 54-1-a du Statut, et où les juges ont le droit de poser aux témoins comparaissant devant eux toutes les questions qu'ils estiment utiles à la manifestation de la vérité. Le conseil de GK a ainsi argumenté :

« Me O'SHEA... : ... Monsieur et Mesdames les juges, ... l'essentiel des conclusions de l'Accusation peut être résumé de la façon suivante : le témoin... a

[288] CPI, Situation en République démocratique du Congo, *Affaire le Procureur c. Germain Katanga et Mathieu Ngudjolo*, ICC-01/04-01/07, Chambre de 1ère instance II, Transcription de l'audience du 4 février 2010, ICC-01/04-01/07-T-96-Red-FRA WT, de la p. 36, L12, à la p. 52, L11.

fait des affirmations qui ne sont pas... ou, du moins, d'une façon qui n'est pas compatible avec les déclarations qu'il avait faites précédemment devant l'Accusation, au cours des entretiens qui ont eu lieu avant le procès. M. MacDonald nous dit qu'à partir de là, il doit être autorisé à utiliser l'outil du contre-interrogatoire et, en particulier, à poser des questions dirigées à son propre témoin. À l'appui de cette thèse, il cite une loi canadienne et dit qu'il existe une phase avant la détermination des hostilités qui, d'après cette loi, devrait lui permettre de poser de telles questions. M. MacDonald et moi-même sommes d'accord sur un point, à savoir que le principe concernant l'impossibilité d'accuser son propre témoin sont des principes qui sont particuliers au système contradictoire. Et dans ce sens, il faut les définir en prenant en compte le cadre qui est celui du système du contradictoire ; alors que la Cour pénale internationale est une juridiction internationale, une juridiction qui mélange le *Common Law* et le *Civil Law*, certains aspects relevant de la procédure sont de toute évidence... relèvent du contradictoire, de par leur nature même. Et je voudrais ajouter à ce que nous a dit M. MacDonald à ce sujet, que ces principes fondamentaux - bien sûr, il y a des différences d'un pays à l'autre -, mais l'essence même de ces principes remonte à quelque trois siècles de cela ; les premiers jugements rendus en Angleterre en la matière remontant à 1690, ces années-là. La question donc... donne la possibilité de mettre en accusation son propre témoin, et non pas de contre-interroger son propre témoin, « ont » été soumis à la sagesse d'un nombre incalculable de « juges » qui se sont déroulés dans des centaines d'affaires, dans des centaines de pays différents au fil des siècles. Ce que M. MacDonald s'efforce de faire au nom de l'Accusation - du moins, c'est la thèse que je défends - consiste à mettre l'Accusation dans la meilleure position possible, pour s'autoriser lui-même à sélectionner les éléments de preuve que donnera son témoin. Vous remarquez, d'ailleurs, le moment auquel il dépose cette requête. Les sujets auxquels il est fait référence dans la déposition du témoin sont des sujets qui ont été évoqués dès le premier jour. Jour un, deuxième jour, le troisième jour, on a commencé à voir poindre ces sujets, auxquels d'ailleurs M. MacDonald est revenu à plusieurs reprises. Alors, il a attendu quelque deux semaines. Ayant commencé à voir les effets qui étaient produits sur le témoin, il a attendu deux semaines pour poursuivre son interrogatoire principal. Et c'est à mi-parcours... qu'il vient trouver la Cour et dit: « Puisque maintenant la Cour m'autorise à utiliser les outils qui sont ceux de l'interrogatoire principal, sur ces points je voudrais revenir en arrière et faire ce que la Défense est autorisée à faire, c'est-à-dire utiliser les outils du contre-interrogatoire. Certes pas sur tous les aspects de la déposition du témoin, mais sur certains points particuliers, les points dont je n'ai pas aimé la réponse qui a été faite. Et de plus, je ne définis pas les paramètres exacts de ce dont je me plains. Je ne vais pas vous dire quelles sont les lignes de ces déclarations antérieures et je ne vais pas non plus vous dire les lignes de sa déposition concernées. » M. MacDonald, à cet égard, reste vague. En outre, nous dirait M. MacDonald : « Je vais vous dire, je ne veux pas traiter mon témoin comme un témoin hostile. Ça n'est pas nécessaire. Pas à cette étape, à ce stade. » Alors, c'est... l'Accusation qui continue à traiter son témoin comme un témoin crédible à tous égards, et qui cherche à le traiter comme un témoin en sa faveur et sollicite maintenant l'autorisation de la Cour d'utiliser les outils du contre-interrogatoire.

Voilà, foncièrement, les grands paramètres de ce que le conseil demande à la Chambre de dire et de faire, me semble-t-il. Quels sont les effets que ceux-ci emporteraient sur la présente procédure et sur la Défense ? Potentiellement, ces effets seraient très profonds, je pense. D'une certaine façon, c'est le premier témoin à caractère véritablement contentieux dans cette affaire. On en a eu, marginalement contentieux, qui est venu, en gros, pour nous exposer la géographie et les conditions de l'attaque de Bogoro. Mais ça, c'est vraiment le seul ou le premier témoin véritablement contentieux. Il y a encore beaucoup d'autres témoins qui vont déposer. Mais c'est la première fois que moi-même, en tant qu'avocat… première fois en 17 ans, je m'exprime au nom d'un témoin hostile ; et en sa faveur. Mais… j'ai vu passer des centaines de témoins, et les occasions où les témoins s'écartent de leur déposition initiale, de leur déclaration initiale, sont… sur la base de ma propre expérience, sont extrêmement fréquentes. Dans des juridictions internationales, elles sont même parfois plus fréquentes que dans l'ordre national. Ceci étant dû, probablement, à la complexité des questions… Il faut faire preuve d'un certain réalisme en la matière. Les effets comportent le fait de mettre la barre si haute sur des questions telles que celles-ci. L'effet primaire que ceci entraîne, c'est de rallonger et d'encombrer le tribunal et le procès… Alors, en termes de stratégie, Monsieur le Président, Mesdames les juges, vous comprendrez que la Défense peut fort bien esquiver l'examen de toutes ces quantités de dépositions faites par les témoins antérieurs pour de multiples raisons. Mais lorsque l'Accusation entre sur ce terrain-là, alors, là, la chasse est ouverte. Ceci aurait un effet très profond sur le temps que prendrait l'audition de chacun des témoins dans la présente affaire ; si les témoins ultérieurs, comme celui-ci, font des dépositions qui seront incompatibles avec leurs premières déclarations, comme je pense que ce sera probablement le cas des proportions qu'on ne peut pas donner à ce stade. Mon confrère et ami a créé une situation où, en fin de compte, en fin d'analyse, s'il obtient gain de cause, seront appelés non pas simplement le témoignage qui aurait été fait devant cette Cour, mais les milliers de pages qui nous ont été fournies avant ce procès. Mais si vous vous engagez dans la voie que l'Accusation vous demande d'ouvrir, ça veut dire que dans nos plaidoyers, dans toutes nos pièces, nous allons nous retrouver encombrés par une surabondance de pièces. Et l'accusé - comme vous le savez probablement, c'est l'article 67-c), a le droit… d'avoir un procès qui ne soit pas retardé. Et j'invite votre Honneur, à prendre ceci en ligne de compte au moment de déterminer à quel endroit il faut mettre la barre quant à l'application du paragraphe 67 de la décision que vous avez rendue… Mon collègue et ami cite à juste titre ce paragraphe, le porte à votre attention ; mais il le fait en attirant votre attention également sur une loi de législation canadienne… à titre d'exemple de la façon dont un conseil peut interroger son propre témoin, dans le cadre d'un contre-interrogatoire, sans avoir d'abord déterminé que ce témoin était hostile. Notre conclusion est que la requête de M. MacDonald tombe dès le premier obstacle, parce que la loi applicable, ça n'est pas une loi canadienne. Le droit applicable, c'est le paragraphe 67 de votre décision. Et ce paragraphe 67 est suffisamment clair pour exclure les parties qui disent : « Je ne souhaite pas que mon témoin soit traité comme un témoin hostile ou adverse. » Il est dit - je cite : « Toutefois, si une partie déclare que le témoin qu'il fait comparaître est devenu hostile et qu'on autorise la poursuite de l'interrogatoire, il peut être nécessaire que la partie interroge le témoin. » Le premier problème, c'est que M. MacDonald n'est pas prêt à dire, à déclarer, que son témoin est hostile à l'Accusation. Il va simplement jusqu'à dire que le témoin fait des déclarations qui sont incompatibles avec des déclarations qu'il avait faites précédemment. Et, à mon sens, ceci ne suffit pas. Monsieur le Président, Mesdames, je sais qu'il n'est [pas] nécessaire que je vous rappelle ce qu'il en est ; mais la Cour n'applique pas une loi nationale, ou tel ou tel élément du droit national ici. Sauf dans la mesure où la Cour applique l'article 21 alinéa 1, petit alinéa, c) du Statut qui autorise votre Cour, comme elle autoriserait d'autres juridictions internationales, à appliquer comme une source de droit les principes généraux du droit. D'après moi, les principes généraux du droit sont aussi... essentiellement, comme la chose est dite dans votre propre décision, ... une partie ne saurait pratiquer le contre-interrogatoire de son propre témoin, sauf dans des circonstances exceptionnelles. Et le principe général suivant, c'est qu'une partie ne peut mettre en accusation son propre témoin, sauf si ce témoin est adverse ou hostile à son propre dossier. Dans la mesure où les dispositions de la loi canadienne s'écartent, ne serait-ce que marginalement, de ce principe général ; c'est un écart, mais ceci n'affecte en rien le principe général tel qu'il a été consacré... au fil des siècles, plus de 100 ans au Canada avant que cette loi n'entre en vigueur. M. MacDonald a fait référence à une jurisprudence du Tribunal pénal pour l'ex-Yougoslavie à l'appui de sa thèse. Et voici ce que je souhaiterais en dire : ... la question centrale qui était portée devant la chambre d'appel dans l'arrêt *Popović*, ça n'est pas la question dont vous êtes saisis aujourd'hui. La question portée devant la Chambre d'appel consistait à savoir s'il est possible, ou non, à une partie de rendre sa propre décision quant à savoir si elle peut pratiquer le contre-interrogatoire de son propre témoin ; ou bien est-ce que cette décision ne peut être prise que par la Cour ou la Chambre ? ... Mon collègue cite également l'affaire... *Limaï (Phon.)*, veuillez m'excuser, dont on sait que c'est une décision à laquelle a participé le juge Van den Wyngaert... Et dans cette affaire, il n'y a pas eu qu'une demande de traiter un témoin comme témoin hostile. L'arrêt auquel mon collègue et ami vous renvoie, c'est une question dont il nous dit qu'il ne veut pas traiter, à savoir le renvoi aux déclarations précédentes. Et dans cette décision, il est dit qu'en fait la Cour avait donné la possibilité de traiter un témoin comme hostile. Et c'est intéressant de faire remarquer qu'il y a eu... un arrêt rendu précédemment, [en] date du 18 janvier 2005, qui lui aussi traite d'une telle requête, demande de traiter un témoin comme hostile. Et ce [qui] ... me paraît intéressant, à la lecture de la transcription concernant cet arrêt-là, c'est l'argumentaire des parties elles-mêmes. Et en particulier, ce qui est remarquable, c'est ce que l'Accusation a fait valoir quant à son propre témoin dans cet arrêt-là. L'Accusation, dans cet arrêt, fait valoir que le témoin s'était aligné sur la partie adverse. L'Accusation déclare ouvertement qu'il n'a pas voulu se présenter devant nous. L'Accusation a déclaré: « Le témoin a refusé d'être un témoin de l'Accusation » ... Et, indépendamment de ces circonstances, la Chambre n'a pas conclu dans le cas de ce témoin-là - et bien sûr, nous ne connaissons pas tous les détails de ce dossier - n'a pas conclu, dans le cas de ce témoin-là, que le seuil ou la barre avait été atteinte, qui permettrait de traiter ce témoin comme hostile. Et on remarquera également que c'est la question qui a été posée : est-ce que ce témoin doit ou pas être traité comme hostile ? Et voilà pour la première décision, ... pièce n°1... Le principe général de droit est contenu dans le deuxième document que je vous ai soumis. Il s'agit d'un extrait de *Modern Law of Evidence* de Adrian Keane de 1985... À la page 117, il y a un chapitre qui concerne les témoins hostiles et défavorables. Et c'est un ouvrage sur le droit moderne en matière de preuve qui est largement utilisé en Angleterre et au Pays de Galles... Et puis, ... il y a un texte qui fait autorité, qui est cité ici. Un texte de Ambrose, chapitre 3. Et là, l'on voit : ...« Un témoin hostile peut être défini comme un témoin qui, selon l'opinion du juge, ne montre aucun souhait de dire la vérité à la demande de la partie qui l'appelle, vis-à-vis de laquelle il montre une attitude hostile. » En *common Law*, un juge peut autoriser le contre-interrogatoire d'un témoin hostile par une partie qui l'a appelé... Voilà donc les principes généraux qui, à mon avis, constituent la base [du] paragraphe 67 de votre décision. Si vous me le permettez, j'ajouterais que lorsque l'on interprète une disposition en droit international, il faut prendre la signification ordinaire des termes dans leur contexte, à la lumière de l'objectif... recherché - comme on l'indique dans la convention de Vienne sur le droit des traités. Nous avons des dispositions supplémentaires dans nos propres textes de la Cour pénale internationale qui sont également intéressantes... Je dis tout cela parce que dans un procès pénal, à mon avis, lorsqu'on fait une interprétation des dispositions, il faut être très prudent ; et faire en sorte que l'accusé ne se retrouve pas dans une situation où il est pris par surprise. Il y a... la maxime latine générale qui vaut : *In dubio pro reo*... En d'autres termes, il faut que le... doute profite à l'accusé. Et ce qu'essaie de faire M. MacDonald, selon moi, c'est soit de détourner... la signification du paragraphe 67 de votre décision, ou il essaie d'aller au-delà... de ce paragraphe. Mais même s'il avait de bonnes raisons... d'aller au-delà de ce paragraphe, ça n'est pas quelque chose qui pourrait être appliqué à cet accusé, car cet accusé s'appuie sur votre décision - décision qui a été prise au début du procès. Et, selon votre décision, il doit y avoir une déclaration de la part de l'Accusation, selon laquelle le témoin est hostile... M. MacDonald fait référence à sa source CPI, la règle 140 paragraphe 2-b, qui dit la chose suivante : « Le Procureur et la Défense ont le droit d'interroger ce témoin sur des points pertinents concernant son témoignage et la [fiabilité] de celui-ci, ainsi que sur sa propre crédibilité et d'autres questions pertinentes. » C'est pour cela que j'attire votre attention sur la distinction à faire entre le principe qui consiste à mettre en accusation... votre propre témoin, c'est-à-dire contester... la crédibilité, d'une part, et le principe qui veut qu'on ne puisse pas contre-interroger son témoin. Car l'argument de M. MacDonald qui se base sur 140-2-b, ne peut avoir d'incidence directe... que sur le premier principe. Il n'a pas forcément d'incidence sur le deuxième principe - à savoir : est-ce qu'il peut contre-interroger son propre témoin ? C'est-à-dire que 140-2-b traite des sujets qui peuvent faire l'objet d'un interrogatoire d'un témoin, et non pas de la méthode d'interrogatoire d'un témoin. Nonobstant cette analyse, nous estimons que, quoi qu'il en soit, cette disposition n'est pas synonyme d'une autorisation de mettre son propre témoin en accusation. Parce que si les auteurs de ce texte avaient voulu la chose - ce qui serait tellement incompatible avec le droit appliqué par les autres juridictions et le droit contradictoire -, ils l'auraient dit de façon explicite, me semble-t-il. Alors, 140-2-b doit bien sûr être compris comme signifiant que toute partie peut poser des questions quant à la crédibilité ou à la fiabilité d'un témoin. Mais il faut comprendre - c'est dit entre les lignes - que, normalement, la partie qui appelle le témoin va essayer de renforcer la crédibilité de son témoin. Il peut y avoir des circonstances où la partie essayera d'attaquer la crédibilité de son propre témoin. Mais 140-2-b n'exclut pas d'éventuelles sauvegardes procédurales pour qu'un procès se déroule de façon juste et équitable, le cas échéant. M. MacDonald fait valoir l'argument suivant : ce qui est important, c'est d'établir la vérité. Je ne le conteste pas. La chose est dite dans les documents de votre Cour. Mais en tant qu'êtres humains, nous devons nous montrer humbles sur ce point. Lorsqu'on parle de l'établissement ou l'évaluation de la vérité, que veut-on dire ? On veut dire que nous devons faire de notre mieux pour arriver le plus près possible de la vérité en utilisant les outils juridiques à notre disposition. Aucun de nous ne peut prétendre que nous soyons des maîtres absolus de la vérité. Dans un événement... dans le cadre d'un événement auquel nous n'avons pas été témoin. Et c'est là qu'il faut bien comprendre ce qu'on entend par le principe du contradictoire. C'est important. Il a été dit dans *Wigmore's evidence (Phon.)* 1367 que le contre-interrogatoire est la meilleure invention, ou la plus grande invention juridique qui permette de faire la lumière sur la vérité. Je me félicite que ce soit *Wigmore (Phon.)* qui ait dit cela, et non pas moi - Britannique m'exprimant devant un juge français. Mais ce que je veux dire, c'est que le contre-interrogatoire a été conçu comme un outil qui doit permettre de s'approcher le plus près possible de la vérité et je crois que M. MacDonald et moi-même sommes d'accord sur cette affirmation. Mais là où il y a problème, c'est que le contre-interrogatoire peut être utilisé de différentes façons. Tout dépend de la personne qui l'utilise. Si vous êtes la partie adverse et que vous êtes en train de contre-interroger un témoin, bien sûr, c'est un outil extrêmement efficace qui permet de s'approcher de la vérité - au sens où vous allez, dans toute votre compétence d'expert juridique, interroger le témoin. Supposons... que vous constatiez qu'une chose que le témoin dit pendant son interrogatoire principal est incompatible avec quelque chose qu'il a dit dans une déclaration écrite dans le passé. Si vous êtes la partie adverse, vous allez être extrêmement vigilant sur la façon dont vous allez utiliser cela - la façon dont vous parlez au témoin. Et, si vous êtes très vigilant, vous allez tester la preuve pour voir si c'est vraiment la vérité. Vous allez poser quelques questions de façon à ce que le témoin s'engage à faire certaines réponses, avant qu'il ait même la possibilité de comprendre qu'il vient de dire quelque chose qui est éventuellement incompatible avec ce qu'il aurait dit dans le passé. Si la partie le fait avec toute la compétence nécessaire, en fermant certaines portes, quelle que soit la réponse - les réponses que donneront les témoins -, il sera plus facile aux juges de se faire une idée sur la situation : dit-il la vérité, ou est-il en train de mentir ? Si vous êtes la partie qui appelait le témoin, que vous utilisez la technique du contre-interrogatoire, votre objectif sera différent. M. MacDonald en tout cas, lui, aura un objectif différent parce qu'il ne veut pas traiter son témoin comme un témoin hostile. Vous allez poser vos questions de façon à donner au témoin le plus de liberté possible, de se débarrasser de ses mensonges, de les esquiver. La façon dont M. MacDonald va poser les questions sera très différente de la façon dont mon ami, M. Hooper, va interroger son témoin. Et la chose va bien sûr devenir évidente aux yeux de tous. Ce que je veux dire, c'est que vous êtes la partie adverse et que vous êtes en train de tester la preuve du témoin. C'est là que l'outil du contre-interrogatoire révèle tout son poids. C'est là qu'il permet de faire valoir la vérité. Et s'il est entre les mains de la partie qui appelle le témoin, alors, là, c'est la liberté totale. On sélectionne ce qu'on veut retenir, et on obtient du témoin ce qu'on veut en obtenir. Mais s'il y a des dangers... M. MacDonald a passé quelque 50 heures avec ce témoin. Il connaît le témoin mieux que quiconque d'entre nous dans ce prétoire. Il sait quels sont les boutons sur lesquels il faut appuyer, quelles sont les questions qu'il faut poser, quelles sont celles qu'il faut s'abstenir de poser, de façon à déclencher les réponses les plus efficaces - les solliciter de son propre témoin. En tout cas, il est certainement mieux placé que nous ne le sommes pour le faire. Le témoin connaît très bien M. MacDonald alors qu'il ne nous a jamais rencontrés, nous. Naturellement, il va avoir tendance à aider M. MacDonald, à aller dans le sens où il veut aller. Et nous n'avons rien vu au cours de cette déposition qui permette d'affirmer qu'il en va... qu'il en aille autrement. Le fait qu'il ait dit des choses qui sont incompatibles avec des déclarations antérieures, le fait qu'il n'ait pas pu prouver un certain nombre d'éléments - autant d'aspects qui ne démontrent pas que ce témoin n'est pas, avant tout, un témoin de l'Accusation souhaitant aider l'Accusation dans la mesure où c'est nécessaire. »[289]

À son tour, le conseil de MN a insisté sur le caractère mixte de l'ordonnancement juridique de la CPI et sur la nécessité d'appliquer les dispositions statutaires et réglementaires spécifiques régissant cette cour, en l'occurrence les paragraphes 66 et 67 des instructions 1665 qui sont complémentaires et qui régissent le cas de témoin hostile. Ces dispositions cohérentes, fixées antérieurement et de façon impersonnelle, définissent les règles du jeu qui perdraient leur neutralité si elles étaient modifiées, sans motif plausible, au moment précis où, plutôt que de les remettre en cause, il convient de leur donner pleine application. La mise en œuvre de ces règles ne peut être obstruée ni par le paragraphe 109 qui ne saurait s'appliquer en l'espèce, le témoin répondant aisément aux questions du procureur et ne souffrant d'aucun trou de mémoire ; ni par la jurisprudence évoquée par le requérant qui ne peut s'imposer à la chambre, ni influencer sa décision. Voici l'argumentation développée :

« Pr FOFÉ : ... Monsieur le Président, Honorables juges, la Défense de Mathieu Ngudjolo soutient que la requête de M. le Procureur doit être rejetée pour des raisons que je vais essayer de systématiser. Le point fondamental sur lequel je voudrais insister, c'est le caractère mixte de l'ordonnancement juridique de la Cour pénale internationale. La première erreur que commet M. le Procureur, consiste à vouloir transposer, ici, à la CPI, une législation nationale qui ne concorde pas avec les textes fondamentaux de la Cour. La deuxième erreur qui

---

[289] CPI, Situation en République démocratique du Congo, *Affaire le Procureur c. Germain Katanga et Mathieu Ngudjolo*, ICC-01/04-01/07, Chambre de 1ère instance II, Transcription de l'audience du 8 février 2010, ICC-01/04-01/07-T-97-Red-FRA WT, de la p. 10, L1 à la p. 28, L1.

affecte son raisonnement réside dans l'évocation d'une jurisprudence qui ne peut nullement influencer les décisions des Honorables juges de la Cour pénale internationale. Il est, en effet, primordial que nous nous rappelions tous le prescrit de l'article 21 du Statut de Rome, qui fixe les droits applicables et requiert que la Cour applique en premier lieu son Statut, les éléments de crimes, et son Règlement de procédure et de preuve. Le Greffe s'est employé avec bonheur à rassembler dans un volume... ces textes juridiques fondamentaux de la Cour pénale internationale. C'est dire que devant tout problème qui surgit, les juges doivent d'abord rechercher la solution à l'intérieur de ces textes fondamentaux qui fixent un système juridique qui ne se réclame ni totalement de la *Common Law*, ni entièrement de la *Civil Law*, mais qui est plutôt une symbiose réunissant les meilleurs mécanismes choisis dans les deux systèmes ; symbiose formant un tout cohérent... Les Honorables juges complètent cet ordonnancement juridique harmonieux par des instructions pertinentes appelées à assurer la mise en œuvre intelligente des principes consacrés dans le Statut de la Cour pénale internationale. Justement, un des principes fondamentaux prévus dans ce Statut, c'est l'obligation faite au Procureur d'enquêter tant à charge qu'à décharge, pour l'établissement de la vérité, obligation prévue par l'article 54, paragraphe 1 a) du Statut. Nous avons essayé de mener des recherches, pour vérifier si ce principe est consacré dans la législation évoquée par M. le Procureur, en l'occurrence la législation canadienne. Nous n'y avons pas trouvé la consécration de ce principe. Mais, M. le Procureur pourrait, peut-être, nous citer l'article de la loi canadienne qui prévoit cette règle fondamentale. En droit pénal de la Cour pénale internationale, ce principe est moteur. Il commande la neutralité, et mieux, l'impartialité du Procureur dans la conduite de ses enquêtes, et l'obligation pour lui de n'être mû que par le souci de l'établissement de la vérité. Bien plus, l'esprit de ce principe gouverne toutes les phases de l'instruction de l'affaire, aussi bien la phase des enquêtes que celle de l'instruction à l'audience devant la Chambre de première instance. Le Procureur près la Cour pénale internationale ne devrait donc pas s'acharner sur un témoin pour, à tout prix, obtenir de lui des éléments à charge des accusés. Ceci, d'autant plus que le choix des personnes qu'il a décidé de produire comme témoins est pour le moins curieux. Choix laissant de côté des personnages clés, qui sont pourtant en vie, et à sa portée. La Défense a eu à le souligner dans sa déclaration liminaire et lors du contre-interrogatoire du responsable des enquêtes du Bureau du Procureur. Un autre principe fondamental, qui caractérise le système pénal de la Cour pénale internationale, est celui de la publicité du procès, consacré par les articles 67, paragraphe 1er et 64, paragraphe 7 du Statut. Cette publicité a comme corollaire le principe de l'oralité des débats, qui se traduit, s'agissant précisément de la preuve testimoniale, par la déposition orale du témoin à l'audience. Les témoins sont entendus en personne lors d'une audience. Tel est le prescrit de l'article 69, paragraphe 2 du Statut.[290] Certes, l'article 56 du même texte et la

[290] Il dispose, en effet : « Les témoins sont entendus en personne lors d'une audience, sous réserve des mesures prévues à l'article 68 ou dans le Règlement de procédure et de preuve. La Cour peut également autoriser un témoin à présenter une déposition orale ou un enregistrement vidéo ou audio, et à présenter des documents ou des transcriptions écrites, sous réserve des dispositions du présent Statut et

règle 68 du Règlement de procédure et de preuve envisagent des exceptions à ce principe, dans des circonstances strictement limitées, notamment lorsqu'il est estimé que l'occasion d'obtenir des renseignements ne se présentera plus ; ou lorsque le témoin ne peut comparaître en personne ; ou encore, lorsqu'il est établi que la Défense avait pu exercer ses droits lors du relevé de la déclaration préalable dudit témoin. Or, en l'espèce, nous ne nous trouvons... dans aucun de ces cas de figure. Dès lors, toute référence à la jurisprudence du Tribunal pénal pour l'ex-Yougoslavie, en la matière, n'est pas du tout pertinente et ne peut être transposée devant la Cour pénale internationale. Il convient de souligner que l'article 69, paragraphe 2, précise *expressis verbis* que toute exception au principe de l'oralité des débats doit être respectueuse des dispositions du Statut de la Cour et du Règlement de procédure et de preuve. Elles ne doivent être ni préjudiciables ni contraires aux droits de la Défense. De même, l'article 69, paragraphe 4 du Statut prévoit que la Cour peut se prononcer sur la pertinence et l'admissibilité de tout élément de preuve, en tenant compte notamment de la valeur probante de cet élément de preuve et de la possibilité qu'il nuise à l'équité du procès ou à une évaluation équitable de la déposition d'un témoin. Justement, lorsque, comme en l'espèce, une déclaration antérieure avait été actée en l'absence de la Défense, celle-ci n'a pas eu l'occasion de contester effectivement la preuve apportée pendant cet enregistrement ou saisie. Par conséquent, admettre une telle déclaration violerait immanquablement les droits de la Défense. Toute jurisprudence nationale, ou des tribunaux pénaux internationaux ad hoc, contraire à ces dispositions du Statut de Rome ne saurait s'imposer à la Cour pénale internationale. Ceci nous rappelle l'éminent juriste Portalis qui, déjà, à son époque, avait eu ces mots devenus célèbres - je les cite : « En matière criminelle, où il n'y a qu'un texte formel préexistant qui puisse fonder l'action du juge, il faut des lois précises et point de jurisprudence... Quand la loi est claire, il faut la suivre. »[291] Fin de citation. Certes, il ne faut pas dédaigner la jurisprudence qui renseigne sur l'application de la loi aux espèces qui sont aussi diverses que variées. Mais quand la loi est claire, il faut la suivre, c'est-à-dire il faut l'appliquer. Le principe de la publicité et de l'oralité dont nous parlons et qui, on le sait, ont un lien étroit avec le principe du contradictoire, sont consacrés par la plupart des droits pénaux nationaux, notamment le droit espagnol, le droit péruvien, le droit équatorien, le droit allemand, le droit congolais - c'est-à-dire le droit de la République démocratique du Congo - et le droit français. Pour ne pas nous étendre, citons deux décisions respectivement espagnole et française. En 1995, le tribunal des garanties constitutionnelles espagnol a confirmé que le principe de l'oralité des débats était de rigueur, que toutes les preuves devaient être présentées en audience et que si des exceptions étaient admises et que des déclarations préalables étaient produites, celles-ci devaient avoir été prises en

---

conformément au Règlement de procédure et de preuve. Ces mesures ne doivent être ni préjudiciables ni contraires aux droits de la défense. »

[291] Nous citions Portalis : Discours préliminaire sur le projet du code civil (Extrait de ce discours présenté le 1er pluviôse an IX).

présence de l'avocat de la Défense.[292] De même, la Chambre criminelle de la Cour de cassation française n'accepte pas que le procès-verbal d'audition d'un témoin soit lu en audience avant que celui-ci n'ait fini de déposer oralement, car cela constituerait une violation du principe d'oralité des débats. Aussi, a-t-elle jugé qu'« *aux termes de l'article 331, alinéa 4 in fine, du Code de procédure pénale, les témoins déposent oralement ; ce qui implique l'interdiction pour eux de lire une déposition écrite. Fait l'exacte application de la loi le président qui, après s'être aperçu que le témoin s'aidait de notes manuscrites, l'invite à prêter de nouveau serment et à recommencer sa déposition* ».[293] Les principes de la publicité du procès, du contradictoire et de l'oralité sont également consacrés dans l'article 6, paragraphe 1er et paragraphe 3-d de la Convention européenne de sauvegarde des droits de l'homme et des libertés fondamentales. Dans le cas qui nous occupe, la mise en œuvre du principe de la publicité des débats et de l'oralité des témoignages a ceci comme résultante : lorsqu'il y a contradiction entre les déclarations faites par le témoin devant le Procureur et sa déposition orale devant la Chambre, c'est cette dernière déposition - c'est-à-dire la déposition orale devant la Chambre - qui prévaut et qui doit être retenue comme le témoignage du déposant. En effet, c'est devant la Chambre que le témoin, avant de déposer, prend l'engagement solennel et public de dire la vérité, toute la vérité et rien que la vérité, conformément à l'article 69, paragraphe 1er du Statut et à la règle 66 paragraphes 1er et 3 du Règlement de procédure et de preuve. Le témoin 0250 a accompli cette formalité substantielle à l'audience publique du 27 janvier 2010. Et M. le Président a appelé l'attention du témoin 0250, avant qu'il ne commence sa déposition, sur l'infraction de faux témoignage définie au paragraphe 1er-a de l'article 70 du Statut. Je peux vous renvoyer au *transcript* de l'audience du 27 janvier 2010, page 13, lignes 22 à 25 ; et page 14, lignes 1 à 21. Cette formalité de prestation de serment est substantielle, en ce sens que si elle n'est pas accomplie, la déposition du témoin… ne peut pas valoir comme preuve. Par contraste, devant le Procureur ou devant les enquêteurs du Procureur, le témoin 0250 n'a pas prêté solennellement ni publiquement le serment de dire la vérité, toute la vérité et rien que la vérité. Dès lors, le seul fait que les déclarations antérieures du témoin diffèrent de celles faites à l'audience devant les Honorables juges ne peut pas donner au Procureur le droit de le contre-interroger. Le Procureur ne doit pas chercher à créer une situation ambiguë pour essayer de couper l'herbe sous le pied de la Défense. Monsieur le Président, Honorables juges, à bien analyser le cas qui se présente devant nous, … il n'y a aucune difficulté réelle. À cette étape de son interrogatoire principal, le Procureur doit simplement opérer un choix clair : ou il poursuit son interrogatoire principal et laisse à la Défense la charge de contre-interroger son témoin ; ou il le déclare hostile, et sollicite alors de la Chambre le droit de le contre-interroger. Auquel cas se posera la question suivante : qui contre-interrogera le témoin 0250 le premier ? Qui commencera le contre-interrogatoire? Est-ce le Procureur ? Est-ce la Défense ? Mais avant d'en arriver

---

[292] Tribunal of Constitutional Guarantees (Tribunal Constitucional) 51/1995, Published in the BOE (Boletín Oficial del Estado) : 31/3/1995, para. 2 of the Legal Foundations. [www.boe.es].

[293] Cass. Crim. 25 juin 1980 : Bull. 207.

à ce débat, il faut d'abord que le Procureur nous fasse connaître clairement son choix. Le Procureur ne peut pas, en l'espèce, invoquer le paragraphe 109 de vos instructions 1665[294], car le témoin 0250 n'a nullement montré qu'il avait oublié quoi que ce soit - nullement. Le témoin 0250 répond aux questions du Procureur aisément. Il n'a pas besoin d'avoir sous ses yeux ses déclarations antérieures faites devant le Procureur ou ses enquêteurs. Le témoin 0250 répond même avec une telle aisance et une telle rapidité qu'à plusieurs reprises, le Président, M. le Président, et le Procureur en personne, lui rappellent de ralentir, de réduire le débit de sa locution. Le témoin 0250 donne, avec moindres détails, avec précision, des réponses aussi pointues que celles se rapportant au nombre de jours passés à Aveba : la délégation avait passée à Aveba 1 mois, 1 semaine et 4 jours ; quelle précision ! Il a donné également des précisions s'agissant du nombre de munitions qu'il avait reçues. Il a donné des précisions s'agissant de la composition de la délégation à Aveba. Le témoin n'a donc fait preuve... n'a fait signe d'aucune difficulté de mémoire. Le témoin 0250 n'est pas du tout amnésique. Il est également utile de rappeler qu'à l'audience du 27 janvier 2010, avant que le témoin 0250 ne commence à déposer, M. le Président lui avait clairement dit ceci - ... je cite : « Monsieur le témoin, il faut que vous compreniez bien que personne ici ne cherche à vous mettre en difficulté. La seule chose qui vous est demandée est de répondre aux questions qui vous sont posées. Si vous avez des moments de fatigue, vous nous le dites. La Cour a également ordonné qu'un psychologue soit présent dans la salle. Ce psychologue est à la gauche de la Cour. Il n'est pas à côté de vous, mais il n'est pas très éloigné de vous. Et ce psychologue, s'il se rendait compte que vous éprouviez, à un moment ou à un autre, des difficultés, le fera savoir à la Cour par l'intermédiaire du greffier. » Fin de citation. Voir *transcript* de l'audience du 27 janvier 2010, page 10, lignes 24, 25 ; et page 11, lignes 1 à 7. Jusqu'au jour d'aujourd'hui, ce psychologue n'a rien signalé de particulier dans l'attitude du témoin 0250 à l'audience. Quand le témoin a eu un besoin à soulager, il s'est adressé et a obtenu l'autorisation de la Chambre. Le témoin 0250 continue à bien répondre aux questions qui lui sont posées. Le problème ne se pose donc pas au niveau du témoin, mais bien au niveau du Procureur lui-même qui a à faire un choix : soit poursuivre son interrogatoire principal, soit déclarer son témoin hostile. C'est au Procureur de choisir. Le témoin n'a pas de difficultés. La Défense sait que dans le procès *Lubanga,* la Chambre de première instance I a accordé à certains témoins particulièrement vulnérables - en l'occurrence des anciens enfants soldats - l'autorisation de se rafraîchir la mémoire à l'aide de la déclaration faite devant les enquêteurs du Procureur ; mais uniquement lorsque le témoin lui-

[294] Ce paragraphe 109 dispose : « En principe, un témoin rapporte ce qu'il se rappelle avoir observé. Les témoins ne sont pas autorisés à simplement donner lecture des déclarations faites antérieurement ou d'autres documents. Cependant, étant donné le temps écoulé entre les événements en l'espèce et la nature souvent traumatique des faits sur lesquels le témoin dépose, la Chambre peut autoriser les témoins à consulter certains documents afin de se rafraîchir la mémoire, mais seulement dans la mesure où : a) les documents en question contiennent les souvenirs personnels du témoin ; et b) copie du document a été mise à la disposition de la partie adverse qui, au cours du contre-interrogatoire, peut se fonder sur les passages mentionnés par le témoin. »

même en avait fait la demande à la Chambre...[295] Dans notre espèce, le témoin 0250 n'est pas un ancien enfant soldat... ; car même s'il est né en 1986 - ce que d'ailleurs conteste la Défense -, il avait 17 ans au moment des faits dont est saisie la Chambre. Il n'est donc pas un ancien enfant soldat. La Défense apportera d'ailleurs la preuve que le témoin 0250 est né avant 1986. Bien plus, le témoin 0250 n'a pas demandé à la Chambre la possibilité de revoir une partie ou l'ensemble de ses déclarations antérieures faites devant les enquêteurs du Procureur, ou devant le Procureur lui-même. T 0250, ne vous a pas soumis une telle requête, Monsieur le Président, Honorables juges. Il convient également de rappeler la décision orale de votre Chambre du 27 novembre 2009, qui souligne pertinemment que le fait que le témoin semble bien se souvenir des événements sur lesquels il dépose est un élément décisif pour refuser de lui accorder de se rafraîchir la mémoire.[296] Monsieur le Président, Honorables juges, les textes pénaux, légaux ou réglementaires de fond ou de procédure doivent être impersonnels, neutres. Ce caractère impersonnel et neutre est garanti par l'antériorité de ces textes... Vous avez fixé les instructions 1665 antérieurement au procès de façon impersonnelle, de façon neutre. Aucune partie n'est allée en appel contre... ces instructions 1665, lesquelles instructions fixent les règles du jeu, les déroulements des joutes devant la Chambre. Aujourd'hui, il est question de les appliquer. La situation dans laquelle semble se trouver le Procureur est bel et bien prévue dans ces instructions 1665, en son paragraphe 67. En effet, la normale des choses est visée dans le paragraphe 66. Alors que le paragraphe 67 vise une situation exceptionnelle. Souffrez que je cite ces deux paragraphes. Voici ce que dit le paragraphe 66 de vos instructions 1665... : « En règle générale, seules des questions neutres seront autorisées lors de l'interrogatoire principal. La partie citant le témoin à comparaître n'est donc pas autorisée à lui poser des questions directives ou fermées, à moins qu'elles se rapportent à un point non litigieux. » Fin de citation... Et le paragraphe 67 d'ajouter - je le cite : « Cependant, si une partie déclare que le témoin qu'elle a cité lui est devenu hostile et que la Chambre l'autorise à continuer de lui poser des questions, il pourrait être approprié que cette partie procède à un contre-interrogatoire. En pareil cas, le contre-interrogatoire doit se limiter aux points abordés au cours de la première phase de l'interrogatoire ou dans les déclarations antérieures du témoin. » Fin de citation. Monsieur le Président, Honorables juges, ces deux paragraphes sont clairs et complémentaires. Il appartient au Procureur de nous

---

[295] CPI, Situation en République démocratique du Congo, *Affaire le Procureur c. Thomas Lubanga Dyilo*, ICC-01/04-01/06, Chambre de 1ère instance I, Transcription de l'audience du 20 février 2009, ICC-01/04-01/06-T-132-Red3-FRA CT WT, de la p. 16, L7 à la p. 20, L20 ; 19 mars 2009, Transcription ICC-01/04-01/06-T-151-Red2-FRA CT WT, p. 2, L2 à 17 ; 7 juillet 2009, Transcription ICC-01/04-01/06-T-205-Red2-FRA WT, p. 1, L12 à 23 ; puis de la p. 7, L11 à la p. 8, L1.

[296] *(v) If the witness appears to have a strong recollection then a Chamber should be cautious in granting an application to refresh memory.* If a witness appears to have a good mastery of events to which he/she testifies, then this is a relevant factor for the Chamber not to grant a request to refresh the witness' memory: - K & N, *Trial Chamber* II, Oral decision, 27 November 2009, ICC-01/04-01/07-T-84-Red-ENG, p. 26, lines 20-25.

dire dans quelle situation il croit se trouver aujourd'hui. S'il se trouve dans la situation normale, alors il poursuit son interrogatoire principal, en respectant le paragraphe 66, et en laissant à la Défense le soin de contre-interroger ce témoin 0250. Si, en revanche, il se croit dans le cas de figure prévu dans le paragraphe 67, alors, qu'il le dise. Il ne doit pas chercher à créer une situation confuse, ambiguë alors que les choses sont très claires. Monsieur le Président, Honorables juges, avec tous mes respects, je voudrais solliciter votre attention sur le fait que si vous modifiez le paragraphe 67 à la suite de la demande non fondée du Procureur, vous risquez de saper tout le crédit accordé à vos instructions 1665. Si vous ajoutez... une autre règle, maintenant, si vous ajoutez maintenant, une autre règle, à la suite de cette demande non fondée du Procureur, cette nouvelle règle n'aura pas le crédit de l'antériorité, ni de la neutralité, ni du caractère impersonnel. Elle serait regardée comme du sur mesure. Étant souligné - et nous l'avons fait -, que les conditions de la mise en œuvre du paragraphe 109 ne sont pas réunies en l'espèce. Car le témoin 0250 n'a nullement montré qu'il avait oublié quoi que ce soit, et n'a formulé aucune demande de recourir à ses déclarations faites devant le Procureur ou devant ses enquêteurs. Pour paraphraser le sage que nous connaissons : « il ne faut point des règles inutiles ; elles affaiblissent des règles nécessaires. » Monsieur le Président, Honorables juges, pour toutes ces raisons, la Défense de Mathieu Ngudjolo requiert qu'il plaise à votre Chambre, à votre Auguste Chambre, de dire non fondée la requête du Procureur, et de la rejeter purement et simplement. Je vous remercie.
M. LE JUGE PRÉSIDENT COTTE: La Chambre vous remercie, Professeur Fofé, pour votre intervention et l'argumentation que vous avez développée. »[297]

À la suite des plaidoiries des parties, le représentant légal des victimes, enfants soldats, est intervenu pour souligner, en substance :
- que le problème auquel on se trouvait confronté consistait, selon lui, en la présence, dans le témoignage de P-250, non pas de simples divergences, mais des contradictions entre sa déposition à l'audience et ses déclarations antérieures devant les enquêteurs du procureur ;
- que, selon son entendement, le procureur souhaitait non pas en réalité contre-interroger mais soumettre au témoin ses déclarations pour lui permettre de s'expliquer ;
- qu'il partage entièrement le point de vue de la défense selon lequel il est impossible d'offrir au procureur une session de rattrapage via un contre-interrogatoire qui viendrait récurer ce qui n'aurait pas été suffisamment efficient dans un premier temps ;
- qu'il convient, à tous, de signaler à ce témoin l'existence de ce problème rencontré et de lui demander de s'expliquer ; et s'il a un problème, de dire lequel.
Il a ainsi articulé son apport :

[297] Transcription ICC-01/04-01/07-T-97-Red-FRA WT 08-02-2010, de la p. 40, L21 à la p. 51, L5. Sur le caractère *sui generis* du système juridique de la CPI, voir Karin N. Calvo-Goller, *op. cit*, pp 17 à 22.

« M. GILISSEN : ... Nous rencontrons à l'évidence un problème. C'est une certitude, nous rencontrons un problème. Et j'ai envie de dire : nous rencontrons tous un problème. Puisque nous avons eu l'occasion de nous rendre compte que M. le Procureur se trouvait dans une situation où il devait affronter un ensemble de divergences entre ce que nous connaissons - la Défense, le Procureur, évidemment, et les représentants légaux -, c'est-à-dire les déclarations au sens de déclarations manuscrites, déclarations faites aux représentants du Bureau de M. le Procureur, et aux enquêteurs, et puis, sur des points précis, sur des points tout à fait particuliers des déclarations différentes faites à l'audience. Et, M. le Procureur de nous dire nous n'avons pas, en fait, affaire qu'à de simples divergences, qui ne seraient pas - j'attire l'attention de la Cour là-dessus, et je me permets d'attirer l'attention de M. le Procureur lui-même - qui ne seraient pas problématiques, c'est le propre, sans doute, de la fragilité du témoignage, phénomène judiciaire bien connu, phénomène connu de la psychologie expérimentale, que d'avoir des déclarations et puis, à l'audience, des déclarations divergentes. Mais ce n'est pas cela, et nous le savons tous, ce que nous devons affronter. Ce que nous rencontrons, c'est évidemment un problème de difficultés particulières où, tout d'un coup, les déclarations écrites d'une part, les déclarations verbales faites à l'audience, le témoignage fait à l'audience, ne convergent pas du tout sur certains points. Ce que... nous rencontrons, ce ne sont pas de simples divergences, ce sont des contradictions, ce qui est bien différent. Ce n'est pas donc une différence - ça, c'est la convergence - c'est la contradiction. Vous me passerez l'expression, on passe du noir au blanc, et selon les goûts, du blanc au noir. Et, de plus, certaines des déclarations faites à l'audience qui peuvent paraître avoir tout leur sens, sont totalement incohérentes par rapport à ce que nous avons pu lire dans ses déclarations, ou, là aussi, les déclarations telles qu'elles sont reprises de manière manuscrite, présentaient pourtant elles aussi toute une cohérence. Et nous avons donc affaire à un véritable problème, qui dépasse, qui dépasse le problème de variation dans les déclarations du témoin. Ce n'est pas qu'elles ne concordent pas, ça je le dis, et c'est l'objectivité qui m'oblige à le dire, ce serait le problème du Procureur. Il faudrait, comme on l'a tout à l'heure plaidé avec brio, que M. le Procureur s'y prenne autrement. J'ai entendu dire tout à l'heure que le problème serait d'ailleurs M. le Procureur. Et je pense que c'est se tromper de débat. Le problème n'est évidemment pas M. le Procureur ou son équipe ou ses enquêteurs. Personne ne prétend que les déclarations écrites seraient inexactes, seraient mal traduites, en fait, ou mal lues par M. le Procureur. Le problème, il est dans ce que nous dit le témoin, dans ses déclarations antérieures, et dans ses déclarations actuelles. Ce qui veut dire, Mesdames et Monsieur de la Cour, que le problème que nous rencontrons va devoir être rencontré par vos recours, va devoir être affronté par votre Cour. Puisque, de toute façon, ... votre Chambre va être appelée à évaluer le témoignage dans sa crédibilité, dans sa fiabilité, dans sa pertinence, et je m'étonne un peu, tout à l'heure, que l'on ait laissé entendre qu'il y aurait une sorte de religion des déclarations faites à l'audience au motif qu'elles auraient été faites sous serment. Il n'y a pas plus de religion des déclarations faites sous serment, que de religion des aveux devant cette Cour. Vous pouvez, vous devez et vous ferez, c'est là votre travail, une appréciation mais une appréciation du témoignage et de la qualité de ce témoignage, au vu d'un principe fondamental, qui est un principe fondamental complexe : celui de la recherche de la vérité mais celui de la recherche de la vérité dans le respect d'une procédure équitable ; et équitable pour tous, ce n'est l'apanage de personne, et c'est tellement vrai que c'est dans le respect d'une procédure équitable et des droits de la Défense. C'est donc bien deux choses totalement distinctes. Et cette recherche de la vérité, Monsieur le Président, Mesdames de la Cour, eh bien, je pense qu'elle passe nécessairement, c'est une absolue nécessité, pour chacun d'entre nous, parce que chacun d'entre nous a pu prendre la mesure de véritables problèmes ; j'irais jusqu'à dire d'errements. Lorsque… et je remercie Me O'Shea pour les exemples qu'il a pris, il a pointé des exemples qui, effectivement, sont à l'évidence problématiques. Lorsqu'on nous dit qu'il n'y avait que des civils à Bogoro, qui, dans cette Chambre, peut lever le doigt pour dire qu'il n'y a pas là de difficultés par rapport aux déclarations que nous avons *tempore non suspecto*, ces fameuses déclarations antérieures du témoin ? Qui peut lever le doigt pour dire qu'il n'y a là pas de problème ? Lorsque le témoin vient nous dire qu'il n'est pas facile d'évaluer un âge, mais qu'il complète sa déclaration en nous disant qu'un enfant, c'est… c'est la personne qui n'a pas d'enfant, du tout. Une fois que l'on a un enfant, on n'est plus un enfant – je reprends les termes du témoin - qu'il est difficile de dire s'il y avait des – ouvrez les guillemets - « *kadogo*, parce qu'au Congo, il y a des Pygmées », je dis : attendez, ou bien le témoin a raison lorsqu'il nous dit cela, il fait bien de nous le dire, mais alors, il… il a une bien curieuse position lorsqu'il a été entendu par les enquêteurs du Procureur. Car là, il ne fait application d'aucun de ces trois critères. Il ne fait des déclarations qu'il ne m'appartient pas de donner à l'audience, faut-il le dire, mais nous sommes tous d'accord pour dire qu'ils sont difficilement compatibles avec ce que nous avons entendu à l'audience. Et j'ai donc le sentiment, j'ai donc le sentiment, Mesdames et Monsieur de la Cour, qu'il faut, un, il faut que nous comprenions ce qui est vrai dans notre chef, à nous les représentants légaux, est évidemment vrai dans le chef de la Défense, et sûrement vrai dans le chef de M. le Procureur, et je n'oserais pas dire sûrement vrai dans le chef du siège de ce côté-là de la barre, je ne me permets pas d'apprécier, ou d'une manière ou d'une autre, de faire des évaluations, mais je ne serais pas étonné que ce soit également une nécessité. Il faut que nous comprenions ce qui se passe. Il faut surtout que nous comprenions les raisons de ce qui se passe. J'ajoute, Monsieur le Président, Mesdames de la Cour, il [nous] faut permettre loyalement au témoin de s'expliquer, car ce serait aller bien vite en musique que de supputer que ce qu'il dit aujourd'hui n'est pas la vérité, ou que [ce] qu'il a dit auparavant serait la vérité. Nous connaissons tous le choc des cultures. Quand je me retrouve dans le grand Nord, chez les Esquimaux, c'est une curieuse manière de faire, et lorsqu'ils se retrouvent chez moi, c'est une curieuse manière de faire à leurs yeux. Là où nous voyons, nous, d'évidents problèmes non pas de variations mais de contradictions, le témoin va peut-être nous les expliquer, et ce serait parfait pour tous. J'ai le sentiment, Mesdames, Monsieur de la Cour… Monsieur le Président, Mesdames, qu'il existe à ce niveau-là un malentendu. Ce qui est souhaité par M. le Procureur, c'est ce que j'ai compris ce vendredi, c'est de permettre au témoin de s'expliquer. Pas en soi de le contre-interroger, c'est de lui soumettre, sous les yeux, ses déclarations mais entendons-nous, si j'entends bien, et ça m'apparaîtrait d'ailleurs être la seule manière loyale et équitable de le faire. C'est de soumettre à ce témoin une partie de ses déclarations, évidemment, que ce qui, à tort ou à raison pour M. le Procureur, sont ou seraient des passages qui posent ce type de problème. Moi, je partage tout à fait l'avis de la Défense, en disant qu'il est impossible d'offrir une session de rattrapage via un contre-interrogatoire qui viendrait balayer, nettoyer, récurer ou que sais-je encore, ce qui n'aurait pas été suffisamment efficient dans un premier temps. Non, il faut bien cibler ce que nous cherchons et ce que nous cherchons tous, la recherche de la vérité, en comprenant, en comprenant effectivement ce qu'il en est. J'ai donc entendu, Mesdames et Monsieur de la Cour, tout comme vous, mais moi avec beaucoup de fruits, car j'ai beaucoup appris, les pratiques de *common Law*. Mais cette Cour n'est pas une Cour de *common Law*. Et je partage l'avis de Me Fofé, il ne faudrait surtout pas qu'elle le devienne, pas plus d'ailleurs qu'elle ne doit devenir... une Cour de droit romano-germanique. J'ai entendu M. le Procureur nous parler de son beau pays le Canada ; j'ai entendu Me O'Shea nous parler de son beau pays, aussi, le Royaume Uni. Je n'ai pas entendu Me Fofé nous parler de son très beau pays, le Congo, je vais... mais en quelques mots, Monsieur le Président, Mesdames, Monsieur de la Cour, je vais vous parler de mon pays qui n'est pas plus moche qu'un autre, et qui s'appelle la Belgique. Et en Belgique, nous avons effectivement, nous avons un article 318 du Code d'instruction criminelle. Et cet article est intéressant et je dois dire que le droit belge, ben, n'est peut-être pas le meilleur, mais il vaut bien sans doute le droit des autres, la « roule » du Rhin qui se déverse dans la Mer du Nord vaut bien celle du Saint-Laurent dans l'Atlantique, Monsieur le Président. 318 du code d'instruction criminelle, cela s'appelle chez les praticiens, le « faire tenir note »... Lorsqu'il existe devant la cour d'assises - c'est notre juridiction criminelle - lorsqu'il existe devant cette juridiction criminelle supérieure, une variation de dépositions, une variation de propos entre ce qui est dit à l'audience et ce qui se trouve au dossier, les déclarations écrites dont tout le monde a communication, mais tout le monde notera, sauf le juge, car dans ce système-là, le juge c'est le jury, ce sont les jurés. Et dans cette déclaration... dans cette procédure, excusez-moi, dans cette procédure orale, [où] le juge n'a pas les déclarations, le 318 du code d'instruction criminelle, le « faire tenir note » permet d'autorité au président de la cour d'assises ou au Procureur, ou à l'accusé de faire prendre note, de faire acter, si vous préférez, les divergences entre les déclarations. Et c'est un droit, nous dit la cour de cassation, c'est un droit que de lire, que de donner lecture devant les juges qui n'ont pas accès à ces pièces, des premières déclarations, de rappeler les nouvelles déclarations, et de faire prendre note de l'articulation impossible, si vous me passez l'expression, entre ces deux types de déclarations. Et nous retrouvons là un système qui, dans un autre... dans une autre logique, eh bien, se rapproche terriblement de ce que nous disait M. le Procureur, ce vendredi, de ce qu'il existait dans son pays. Je me suis laissé dire, ce midi, par des avocats congolais, mais pas ceux de la Défense de Monsieur Ngudjolo, qu'il existe dans le système du droit congolais. C'est intéressant parce que l'article 21 du Statut, il faut le lire complètement. Que nous dit-il ? Que les principes généraux du droit dégagés par la Cour à partir des lois nationales représentant les différents systèmes juridiques du monde peuvent servir à définir le droit applicable devant cette Cour. Et que nous dit-il, cet article ? Y compris, selon qu'il convient, les lois nationales des États sous la juridiction desquels tomberait normalement le crime. Je vous dis qu'en droit congolais -et je ne serais sans doute pas contredit-, il n'existe non pas un article 318 du Code d'instruction criminelle et une prise de notes, mais par contre, me dit-on, un donner acte. Et je regarde, particulièrement, mes confrères et amis de la Défense de M. Ngudjolo, puisqu'on m'explique que le procédé est *grosso modo* le même que... le faire tenir notes belge - on ne s'en étonnera pas trop. Et une avocate congolaise bien connue dans la Cour me disait, vu sa pratique du droit militaire - je ne citerai pas son nom, mais vous l'aurez reconnue -, que, effectivement, c'était notamment une disposition de la loi devant les juridictions militaires, mais que ce n'était qu'une application de ce qui se fait de manière générique. Et puis je ne peux pas ne pas entendre, Mesdames et Messieurs de la Cour, qu'il existe un précédent international, *mutadis mutandis*... Le Tribunal pénal international pour l'ex-Yougoslavie est ce qu'il est, et il est respectable. On sait quel merveilleux outil il est et il a été notamment pour permettre à cette Cour d'exister. Ce véritable laboratoire actif juridique a permis de trouver des solutions, eh bien, des solutions telles que celles qui nous semblent, à nous, les représentants légaux, être nécessaires en vue de permettre une recherche active de la vérité, dans le cadre d'une procédure équitable pour tous. Et évidemment, c'est important, parce qu'il n'y a pas de justice sans cela, dans le cadre du respect des droits de la Défense, et d'un respect scrupuleux des droits de la Défense, que dans un cadre contradictoire. Tous ceux qui ont assisté, depuis le début de ce procès, aux déclarations de ce témoin, que les mêmes qui possèdent les déclarations du témoin depuis le début puissent voir la réaction du témoin lorsqu'il sera mis devant ses propres déclarations et qu'il nous expliquera sans pression, sans menace, sous contrôle de la Cour, qui doit évidemment tenir... maintenir - oserais-je dire -, Monsieur le Président, Mesdames, « *driver* » - et vous me passez l'expression puisque nous sommes dans un système mixte -, c'est-à-dire conduire le procédé, le processus, et s'assurer que le témoin nous explique ce qu'il en est. Étant entendu Mesdames, Messieurs de la Cour, mes chers confrères, que si le témoin n'a pas d'explication à nous apporter, ce serait une information qui, à elle seule, aura une valeur certaine. Voilà, Mesdames et Messieurs de la Cour, ce que je souhaitais vous développer. En l'état, on pourrait dire évidemment que les observations, les directives à propos de la règle 140 pourraient être interprétées sur base de l'article 69-3. Est-ce que je dois faire un dessin à tout le monde ? Sur base de l'article 64-5-b, d, f. Je sais que la Cour..., si elle considère qu'il y a dans ce paragraphe, dont nous discutons depuis tout à l'heure, place pour... une place médiante entre le principe général qui se doit d'être respecté, la situation extraordinairement caractérisée par un témoin hostile, si votre Chambre considère qu'il y a entre ces... ces deux excès potentiels de la balance, ces deux situations, une situation tierce, une situation médiane, eh bien, je pense que, dans l'intérêt de tous, vous adopterez avec prudence une règle complémentaire propre à cette situation, à laquelle nous n'avions pas songé. Et ça honore toujours les participants à un processus judiciaire de dire « Tiens, quelque chose de nouveau », et de trouver une sorte d'arbitrage, à travers les explications extrêmement intéressantes de *common Law* que nous avons eues, les quelques mots que, maladroitement, je viens de vous dire dans le romano-germanique, et de trouver un système que, sous le contrôle... - et je sais que je me répète, mais il faut savoir se répéter pour ne pas se tromper -, sous le contrôle - et j'insiste - de la Cour, nous permettra d'avoir cette information essentielle pour tous, et qui ne

saurait porter aucune, aucunement atteinte aux droits de la Défense. Cela se passe dans la contradiction. Et la Défense sera mieux armée que jamais lorsque, par son contre-interrogatoire, elle aura pu observer l'ensemble du processus et revenir là où il lui plaira de revenir, la première déclaration, au témoignage fait à l'audience, aux explications, peut-être au revirement, peut-être... que sais-je ? Moi, je ne vais pas tirer des plans sur la comète. Il me suffit de dire : La Défense sera plus que jamais mieux armée pour pouvoir préparer ce contre-interrogatoire. Je prends un exemple, puisque cela semble de mode. Mais en somme, Monsieur le Président, imaginez que les explications du témoin nous donnent une troisième version. Quel bonheur pour la Défense. Je fus assis au banc de la Défense pendant des années. Ce serait, évidemment, de la crème fraîche - si j'ose ainsi m'exprimer. Voilà, Monsieur le Président, Mesdames, Messieurs de la Cour. J'espère ne pas avoir été trop long. J'ai surtout le sentiment que c'est maintenant... c'est maintenant qu'il faut agir, et non pas attendre que les choses pourrissent au pied ou empirent. Je me mets à la place de ce garçon qui vient du fond de son pays, après avoir subi des événements qui sont quand même assez extraordinaires, et qui manifestement doivent marquer une personnalité. Qui aurait envie de l'enfoncer un petit peu plus avec la main ou avec le pied ? Je pense que tous, nous nous devons, à ce témoin, de lui signaler l'existence de ce problème que nous éprouvons, de lui demander de s'expliquer. Et s'il a un problème, nous dire lequel. Nous devons cette loyauté-là au témoin. Je pense, Monsieur le Président, Mesdames, Messieurs de la Cour, que si j'étais plus long, cela pourrait m'être reproché. J'ai dit. Et je vous remercie.
M. LE JUGE PRÉSIDENT COTTE : Merci, Maître Gilissen... »[298]

La chambre est intervenue à l'issue de ces débats qu'elle a jugés certes longs, mais utiles à la recherche de la vérité et à la bonne conduite de la procédure. Répondant aux différents chefs de demande du procureur, elle a estimé que le paragraphe 109 des instructions 1665 ne pouvait pas trouver application en l'occurrence, car le témoin, qui avait eu l'occasion de lire ses déclarations antérieures au cours de la phase de familiarisation, s'exprimait clairement et ne souffrait pas de défauts de mémoire. Elle a également écarté la possibilité de se référer à l'article 9-2 de la loi canadienne sur la preuve, puisqu'elle avait déjà visé la situation dans le paragraphe 67 de ses instructions 1665 qui doit donc trouver application et qui concorde avec le principe de l'oralité appliqué devant la CPI. La chambre a alors demandé au procureur, au cas où il persévérait dans sa position, de lui dire, le lendemain, en quoi son témoin lui était devenu hostile et de lui en faire la démonstration. C'est seulement si elle était convaincue de l'argumentation du procureur que la chambre pourrait alors déclarer l'hostilité de ce témoin et autoriser le procureur à le contre-interroger conformément aux prévisions du paragraphe 67 des instructions 1665. La chambre n'a pas manqué de rappeler ce qui est

[298] Transcription ICC-01/04-01/07-T-97-Red-FRA WT 08-02-2010 51/69 NB T, p. 51, L15 à p. 60, L19.

l'apport de la *civil law* à la CPI, à savoir que les juges, eux-mêmes, ont le pouvoir de poser au témoin des questions pouvant lui permettre de surmonter certaines contradictions, questions des juges qui, elles, peuvent être fermées, ouvertes ou suggestives pour autant qu'elles soient motivées par la recherche de l'éclosion de la vérité. Suivons le raisonnement de la Chambre :

> « M. LE JUGE PRÉSIDENT COTTE : ... Monsieur le Procureur, jeudi, en fin de matinée, vous avez donc posé un certain nombre de questions. Vous avez formulé des propositions de réponses qui, comme je l'indiquais tout à l'heure, de manière très schématique, portaient sur une éventuelle application - première étape - du paragraphe 109 de notre décision du 1er décembre dernier, relative à la règle 140, qui - dans une deuxième étape - invitait la Chambre à s'interroger sur une lecture peut-être plus ouverte ou repensée du paragraphe 67 de cette même décision. Et vous avez, à cette occasion, apporté aux débats l'article 9-2 de la loi du Canada sur la preuve. Et puis, il y avait encore une *ultima ratio*, une troisième possibilité, qui pouvait consister à introduire, en quelque sorte, dans nos débats les déclarations du témoin lui-même. Mais c'est une troisième solution - une nouvelle fois, je schématise beaucoup vos propos - que vous n'entendiez pas retenir dans l'immédiat. La Chambre a cru comprendre… Et il semble, après avoir entendu les différents intervenants de cette journée, qu'elle a bien compris. La Chambre a cru comprendre que c'était, en fait, cette solution intermédiaire conduisant à étoffer ou à lire un peu différemment notre paragraphe 67 qui avait votre préférence. La Chambre a souhaité - comme vous l'avez, d'ailleurs, tous reconnu - que chacun puisse s'exprimer longuement, mais pas trop longuement. À l'avenir, il nous faudra, peut-être, sur les questions de principe essayer d'être un peu plus brefs. Mais nous ne regrettons pas, je crois, les uns les autres, de nous être écoutés mutuellement ; pour certains d'entre nous, d'avoir découvert, d'avoir appris ou d'avoir mieux compris des procédures ou des notions juridiques avec lesquelles nous ne sommes pas tous très familiers. Donc, nous ne regrettons pas le temps passé à nous écouter mutuellement. La Cour n'est pas certaine que les accusés aient, eux, trouvé leur compte à ce long débat qui n'était peut-être pas très vivant, mais il faut - et leurs équipes de défense le leur diront, bien sûr - qu'ils aient conscience que ce n'était pas du temps perdu. Monsieur Katanga, Monsieur Ngudjolo, nous avons, jeudi, en fin de matinée, et aujourd'hui, fait du droit, mais c'est un droit qui est utile à la recherche de la vérité et à la bonne conduite de nos débats. Il fallait que vous le sachiez. La Chambre a également constaté que les démarches pouvaient être différentes du côté des équipes de défense, également, peut-être, du côté des représentants légaux des victimes, mais que ces démarches avaient quand même quelque chose de convergeant au bout du compte, même si les solutions proposées ne sont pas tout à fait les mêmes ou ne sont pas forcément présentées dans le même ordre de priorité. Monsieur le Procureur, nous vous avons donc écouté et entendu jeudi dernier. Les équipes de défense se sont exprimées. Les représentants légaux des victimes se sont exprimés. S'agissant de votre première étape, la première étape qui avait donc pour objectif de nous inviter à réfléchir à l'application du paragraphe 109 de notre décision, règle 140, la Chambre ne pense pas pouvoir faire application de ce paragraphe 109. Je serais bref, car beaucoup de choses ont été dites. Notre témoin est un témoin qui s'exprime clairement, qui, lorsqu'il veut répondre de la

manière la plus précise qui soit, répond de la manière la plus précise qui soit ; qui, par moments, sans doute, choisit d'autres types de réponses, mais la Chambre a véritablement le sentiment que les modalités de réponses auxquelles il a recours ne tiennent pas à des défauts de mémoire, mais à un souci qui lui est personnel de s'exprimer de telle ou telle manière. Souvenez-vous, les uns et les autres, que - je ne sais plus quel jour, mais en tout cas, bien après sa prestation de serment - je lui ai rappelé un jour qu'il parlait sous serment. C'est quelque chose qui, je pense, a bien été intégré dans son esprit. D'autre part, la Chambre rappelle que, préalablement à l'audience, dans la phase dite de familiarisation telle qu'elle est conçue au sein de la Cour pénale internationale, le témoin a eu la possibilité de se référer à ses déclarations. Donc, il n'est plus temps maintenant de l'autoriser à revenir se pencher sur ses déclarations. S'agissant de votre deuxième étape, et de la référence à l'article 9-2 de la loi du Canada sur la preuve, la Chambre a examiné cet article 9 dans son tiret 1 et dans son tiret 2 ; elle a compris, Monsieur le Procureur, que pour vous, donc, il s'agissait de clarifier ou de compléter le paragraphe 67, afin, conformément à cet article 9-2, d'obtenir de nous, l'autorisation de contre-interroger le témoin sur la ou les déclarations qu'il a faites au stade de l'enquête. Ce qui nous permettrait, au vu de ce contre-interrogatoire, d'apprécier s'il y a ou non hostilité. C'est exactement, en réalité, ce à quoi aboutit cet article 9, paragraphe 2. Le recours au droit canadien est une possibilité parfaitement honorable qui pourrait être envisageable, mais qui ne pourrait être envisageable que si la Chambre n'avait pas déjà pris parti. Et, en réalité, cela a, d'ailleurs, été rappelé : la Chambre a entendu prendre partie dans le paragraphe 67 de sa décision du 1er décembre. Elle a souhaité que les choses soient aussi claires et simples que possible. D'où la disposition figurant dans ce paragraphe 67 qui, comme l'indiquait le Pr Fofé tout à l'heure, est une manière pour la Chambre non pas de dire « c'est un système de pur *common law* qui s'applique au cours de nos débats » mais qui était une manière pour elle de rappeler que ce système, comme d'ailleurs le système de *civil law*, mais que ce système de *common law* imprégnait quand même dans une large mesure le statut et le Règlement de procédure et de preuve que nous devons appliquer. Qui rappelle également que l'oralité des débats est la règle ici. Ayant donc arrêté les dispositions du paragraphe 67, la Chambre peut difficilement ne pas s'y tenir. Il est important, à présent, qu'elle le fasse appliquer - ce paragraphe ; qu'elle fasse appliquer les dispositions de ce paragraphe. Ce qui revient à dire, Monsieur le Procureur, et c'est sur ce point-là qu'il faudra que, demain, à 14 h, vous puissiez nous donner votre position car, bien sûr, il faudra que vous ayez à nouveau la parole, ce qui revient à dire que pour cette Chambre, les choses doivent être aussi clairement que possible posées. Ou un témoin est considéré comme hostile et il vous appartient de nous le démontrer ; ou ce témoin ne vous apparaît pas hostile et il convient que vous poursuiviez votre interrogatoire principal. Sans être simpliste, la Chambre - et elle a bien écouté Me O'Shea tout à l'heure - sans être simpliste, la Chambre a le sentiment que pour apprécier si un témoin est hostile, il ne s'agit que de piste bien sûr, il convient de s'interroger sur le point de savoir si ce témoin répond à des questions posées oralement au cours des débats de manière diamétralement opposée à ce qu'il a affirmé lors d'une déclaration devant l'un de vos enquêteurs. Il convient d'apprécier si ce témoin refuse de répondre à une question alors qu'il avait parfaitement répondu à la même

question… parfaitement, pardon, alors qu'il avait répondu à la même question lors d'une déposition devant l'un de vos enquêteurs ; ou s'il répond de manière totalement différente. Donc, Monsieur le Procureur, il est important que, demain à 14 h, vous puissiez dire à cette Chambre si vous considérez que ce témoin est hostile… vous est hostile. Il faut que si tel est… le parti que vous prenez, vous nous indiquiez très clairement, non pas les exemples mais quels sont les points qui, dans les réponses qui ont été apportées vous le font considérer comme étant hostile. La Chambre se retirera ensuite pour examiner donc les réponses que vous nous aurez apportées. Si elle considère que le témoin est effectivement hostile, elle vous autorisera à procéder au contre-interrogatoire, tel [qu'elle] l'a prévu au paragraphe 67 de sa décision. Si en revanche vous preniez le parti de ne pas déclarer ce témoin hostile, vous continuerez… votre interrogatoire principal… La Chambre tient enfin à rappeler, car elle l'a noté avec intérêt dans les propos de Me O'Shea, comme dans les propos de Me Gilissen, et c'est l'apport de la *civil law* dans nos règles, qu'elle dispose de la possibilité de poser des questions qui, elles, peuvent être fermées, peuvent être ouvertes, peuvent être suggestives dès lors qu'elles sont dictées par la recherche de la manifestation de la vérité ; la Chambre dispose de la possibilité de poser des questions qui, peut-être, Me Gilissen, permettront au témoin soit de surmonter des contradictions qui pour lui ne sont peut-être pas des contradictions - vous avez raison ; soit de lui faire toucher du doigt qu'il est peut-être en contradiction avec lui-même. Bref, la Chambre dispose de la possibilité de poser des questions qui permettront de continuer à cheminer ensemble vers la recherche de la vérité et ces questions pourront parfaitement porter le cas échéant sur ce qui a été évoqué d'un côté ou l'autre de la barre, la présence ou non de civils le jour où il se trouvait à Bogoro. Mais il y a d'autres questions qui peuvent être envisagées. Voilà, au terme d'une longue journée de débats juridiques qui avaient été entamés dès jeudi matin, ce que nous souhaitions tous les trois, donc, vous indiquer. Nous restons sur ce paragraphe 67 que nous avons souhaité donc insérer dans notre décision du 1er décembre. Dont nous ne pensions pas qu'il serait si rapidement mis en œuvre et en même temps la longueur de nos discussions était justifiée par le fait qu'il nous faut être au clair alors que beaucoup d'autres témoins vont venir ; d'autres témoins qui sont peut-être dans des états d'esprit ou dans des situations de plus ou moins grande vulnérabilité qui pourront les conduire à apporter des réponses qui pourraient sembler contradictoires ou qui le seront peut-être effectivement. En tout état de cause, Monsieur le Procureur, si je peux utiliser cette formule, la balle est à présent dans votre camp ; demain, à 14 h, vous nous direz si vous considérez que ce témoin vous est hostile ; si tel est le cas, vous nous direz en quoi et pourquoi et nous apprécierons. Et s'il est effectivement déclaré hostile par cette Cour, vous procéderez à votre contre-interrogatoire sur les questions, bien sûr, qui font jaillir les éventuelles contradictions et qui sont génératrices d'hostilité ; le contre-interrogatoire ne saurait porter sur des questions nouvelles. Si vous prenez le parti, en revanche, de ne pas le considérer comme hostile vous continuerez, bien entendu, vos questions classiques dans le cadre de l'interrogatoire principal. Il est 18 h 29, Monsieur le Procureur vous avez une minute. Nous vous écoutons.
M. MacDONALD : Et si le témoin était déclaré hostile donc ça pourrait se limiter au point précis sur lesquels… je soulèverais et préciserais à la Chambre et

ma question donc que je vous relance c'est : si vous nous permettez de contre-interroger sur ces points, est-ce qu'après nous pouvons revenir et interroger sur d'autres points sans contre-interroger ?
M. LE JUGE PRÉSIDENT COTTE : ... Dans l'immédiat, il vous appartient de choisir, vous l'avez bien compris. Il nous est apparu que le contre-interrogatoire ne peut porter que sur ce qui justifie l'hostilité si la Chambre considère que le témoin est effectivement hostile. Ce que nous n'avons pas encore décidé. C'est à vous de le démontrer, d'apporter tous les éléments à partir d'exemples précis. Une fois que ce contre-interrogatoire qui vous ouvre des possibilités de questions beaucoup plus larges sera achevé, la Chambre considère que vous pourrez poursuivre votre interrogatoire principal sur les questions que vous n'avez pas encore abordées. Mais, attention, il vous appartiendra de ne pas mélanger les genres et de bien cloisonner vos questions pour que, là encore, il n'y ait pas d'effet surprise ce que nous ne souhaitons bien sûr, pas. »[299]

Le 9 février 2010, exécutant l'instruction que la chambre lui avait donnée la veille, le procureur a expliqué en quoi, selon lui, il considérait son témoin P-250 comme devenu hostile. Il a alors énuméré les points au sujet desquels il avait constaté des contradictions entre la déposition du témoin à l'audience et ses déclarations antérieures devant les enquêteurs de l'accusation. Ces points énumérés sont relatifs à la mort des civils pendant l'attaque de Bogoro du 24 février 2003 ; à la présence d'enfants de moins de 15 ans à cette attaque, à la définition et à la détermination de l'âge de « kadogo » ; aux paroles de chansons entonnées par les combattants ; à leur approvisionnement en armes et munitions ; à la destruction des biens. Ecoutons le procureur précisant sa requête à la demande de la chambre.

« M. MacDONALD : ... L'Accusation va se prévaloir, cet après-midi, ... de la disposition ou du paragraphe 67 de votre décision 1665. Nous avons préparé la documentation tel que requis par la Chambre. Si donc, nous descendions ce chemin établi par la Chambre et se limitant à déclarer le témoin hostile, s'il y a lieu, après les représentations que je ferai ; et hostilité donc limitée, si acceptée par la Chambre, à ces points. Et, par la suite, l'Accusation comprend donc qu'elle pourra revenir à un interrogatoire sur d'autres sujets qui n'auraient pas été nécessairement abordés jusqu'à présent, mais évidemment, à la lumière de la façon dont le témoin se comportera. Ces cinq thèmes, je les avais déjà mentionnés au préalable lorsque nous avions présenté notre requête orale. Ils traitent de la question de morts de civils à Bogoro. Ils traitent également de la question de l'approvisionnement en munitions par le FRPI à la délégation du FNI, alors qu'ils ... rentrent ou retournent vers Zumbe. Et, également lié à cette question d'approvisionnement, un voyage de Germain Katanga à Beni, où il revient dans un avion petit porteur avec, justement, munitions. Troisième point : la question de la destruction, à savoir s'il y a eu destruction de maisons et ou... d'un véhicule automobile - véhicule ou ... camionnette. Et le dernier point : la question ... des chansons ou des chants avant de descendre du groupement

[299] Transcription ICC-01/04-01/07-T-97-Red-FRA WT 08-02-2010, de la p. 61, L20 à la p. 68, L7.

Bedu-Ezekere, pour se rendre… attaquer à Bogoro. Ce que je vous propose et… avec votre permission, nous avons … le nombre de copies requises. Je peux aborder en détail, maintenant, la version donnée lors du témoignage ici, devant vous, et également les extraits des déclarations antérieures dans lesquelles le témoin fait référence aux sujets que je viens de mentionner. Si vous me le permettez, Monsieur le Président.

M. LE JUGE PRÉSIDENT COTTE : Monsieur le Procureur, il faut à la fois que la Chambre soit informée de ce qui vous conduit à considérer le témoin comme hostile ; il ne faut pas non plus nous lancer dans une démonstration de deux heures. Il convient que vous nous indiquiez en quoi vous considérez que le témoin est hostile, quels sont les éléments essentiels qui vous conduisent à cette déduction ; pour nous permettre ensuite, donc, d'apprécier exactement ce qu'il en est. Voilà le contexte, me semble-t-il, et les conditions dans lesquelles doit se dérouler ce début d'audience.

M. MacDONALD : Il y a un dernier thème - pardon - que j'ai oublié de mentionner. C'est la question des enfants de moins de 15 ans ou la question des enfants soldats, et je m'en excuse. Alors, fort de vos instructions, Monsieur le Président, je vous mentionnerai la chose suivante : … Je crois que selon… ce que le témoin a mentionné devant cette Chambre, il ressort que, selon le témoignage, toutes les personnes qui seraient mortes, toutes les personnes décédées, tous les cadavres rencontrés étaient des militaires. Nous vous soumettons que, tant dans sa première déclaration que dans sa troisième déclaration… Et ce qui nous intéresse, c'est la déclaration de juin 2007 signée le 16 juin 2007 et ses paragraphes 106, 107 et 108 plus spécifiquement… Alors, … Je vous soumets respectueusement, Monsieur le Président, que de ces deux déclarations antérieures - celle du mois de décembre 2006, l'enregistrement audio vidéo, et cette troisième de juin 2007 -, que le témoin a clairement indiqué ou précisé qu'il y avait eu mort de civils. Il en donne des exemples… il est clair que le témoin, ici, pour une raison que nous ignorons, ne donne pas la même version. Nous demandons donc la permission de pouvoir contre-interroger ou, si vous le voulez, à tout le moins poser des questions dites suggestives ou fermées sur ce point précis de la mort de civils… L'autre thème que nous pouvons aborder immédiatement… : la question des enfants soldats de moins de 15 ans. Alors nous vous soumettons là également que le témoin a dit certaines choses devant la Chambre qui sont en contradiction avec ce qu'il a mentionné précédemment au Bureau du Procureur lorsqu'il a … donné ses déclarations. Sur ce point précis, j'ai également des documents à remettre à la Chambre… Le témoin a donné une définition de ce qu'était un *kadogo*, que nous vous soumettons, [est] contraire à ce qu'il a… déjà dit antérieurement. Antérieurement, il a également mentionné même l'âge de ces *kadogo*… Alors, l'Accusation aimerait poser des questions, dites suggestives, sur ce sujet-là… Troisième point, troisième thème, Monsieur le Président, les chants ou chansons. J'ai également à nouveau la documentation nécessaire sur ce point à remettre à la Chambre… Alors, je reviens à la question des chants, Monsieur le Président, vous avez le *transcript* de l'audience du 1er février 2010, et également vous avez les extraits de la… troisième déclaration de ce témoin, celle de juin 2007, et plus spécifiquement… son paragraphe 121. Spécifiquement, le témoin… a témoigné à ce sujet et je vous soumets que, … il est clair que le témoin ne voulait pas s'aventurer sur la question des autres chants qu'il aurait pu entendre, en limitant... sa réponse en disant qu'il s'agissait de bruit. Vous remarquerez que dans le paragraphe 121, il mentionne des éléments beaucoup plus précis et certainement additionnels... Alors, restons donc sur la question... des munitions - approvisionnement en munitions. Essentiellement dans son témoignage, Monsieur le Président, le témoin avait... une mémoire sélective sur la question de l'approvisionnement en munitions... en indiquant la façon par laquelle il réussissait à obtenir soit des munitions ou des sortes d'armes qu'il pouvait avoir, et comment ces armes ont été acquises par les troupes de Bedu-Ezekere, c'est-à-dire les troupes du FNI. Il ressort qu'antérieurement, Monsieur le Président, le témoin, tel que je l'ai mentionné en introduction, dans sa déclaration antérieure, soit du mois de décembre 2006, et également juin 2007, il parle des trois vagues qui retournent - les trois groupes qui retournent à Zumbe. Dans son témoignage, il mentionne que seulement le dernier groupe avait quelques munitions. Nous soumettons que dans ses déclarations antérieures, il mentionne que chacun des groupes qui est retourné vers Zumbe transportait des munitions, ... non seulement pour l'arme dite le FALO - ou aussi arme belge connue sous le nom de FAL - ... également des munitions pour SMG. Donc, les trois groupes retournent avec des munitions. Et également, ... pour ce qui est du dernier groupe, il en minimise le nombre de balles, tel qu'il... apparaît, pardon, dans... ses déclarations antérieures. Un autre point d'importance. Dans ses déclarations antérieures, certainement sa troisième déclaration, où il parle du voyage de Germain Katanga à Beni, au paragraphe 72, donc, de cette troisième déclaration où il est fait référence que Germain Katanga revient de Beni avec... des munitions. Et le témoin est à même de nous expliquer sa connaissance de tout cela, car il a participé au déchargement et [au] stockage de ces armes. Et il fait référence également au fait qu'on ramène les munitions, et également des radios Motorola. Dans... son témoignage, le témoin, sur ce point, se limite à mentionner que : « oui, il y avait des petits porteurs qui revenaient, mais ils revenaient avec des médicaments. » Par la suite, on lui pose des questions au sujet de l'approvisionnement en armes. Et il revient à ce moment-là sur l'histoire de soit l'Ouganda soit... d'ennemis ou... autres..., et si Monsieur l'huissier... si je pouvais remettre le dernier groupe de documents... a trait au pillage... pardon, à la destruction. Je dis bien destruction, car la question du pillage n'a pas été abordée avec le témoin. Pourquoi ? ... On lui a... demandé l'état des lieux, l'état des maisons à Bogoro. Et le témoin a répondu... de la façon dont il a répondu, et vous retrouvez ça le 1er février 2010, ... Dans sa déclaration antérieure du mois de décembre 2006, ... le témoin a mentionné... certaines choses, certains faits - pardon. Il a mentionné entre autres qu'on avait brûlé, qu'on avait tué beaucoup de gens. On les avait brûlés dans leurs maisons. Donc, par le fait même, il y a destruction de maisons. Qu'au centre, on avait beaucoup tué de civils. On avait brûlé deux véhicules de commerce. Il lit les deux réponses. Le témoin sait cela parce qu'il était présent. Et il revient toujours dans sa première déclaration, encore une fois, sur la question des véhicules brûlés, et comment il a appris cela. Il donne des détails. Alors, l'Accusation vous soumet respectueusement que sur ce point, antérieurement, le témoin mentionne qu'il y a des civils qui ont été brûlés dans leurs maisons, et également deux camions qui ont été incendiés. Donc, ceci réfère - soit, peut-être de façon plus limitée - mais certainement touche à la question de la destruction, et à la question évidemment... de ce qui s'est produit ou ... les conséquences de cette attaque pour la population civile...»[300]

Ces développements du procureur ont suscité trois réactions :

- D'abord, celle de maître Kilenda qui a relevé que la défense de Mathieu Ngudjolo ne voyait aucune raison plausible pouvant justifier la caractérisation de ce témoin comme témoin hostile au procureur.

« Me KILENDA : Merci, Monsieur le Président. Je ne voudrais pas ressasser ce que le Pr Fofé a déjà si brillamment développé la semaine dernière, lorsque vous suspendiez la même audience. Et hier, si j'avais un petit mot à glisser, je dirais simplement qu'au vu du développement qui vient d'être fait par le Procureur, la Défense de Mathieu Ngudjolo ne voit aucune raison plausible pour que ce témoin puisse être déclaré hostile. (Expurgée)... Le témoin a aussi déclaré certaines choses devant le Procureur qu'il n'a pas réitérées ici. Et ce témoin répondant à toutes vos questions - et vous avez eu le loisir de le rappeler hier -, répondait clairement. Il n'est pas amnésique. Donc, nous ne voyons pas, au jour d'aujourd'hui, pour quelle raison ce témoin devrait être déclaré hostile. Nous pensons plutôt qu'il y a lieu que le Procureur poursuive son interrogatoire principal, puisque la Chambre - votre Chambre - a tous les pouvoirs d'interroger le témoin sur le même thème. »[301]

- Ensuite, celle de maître O'Shea qui a souligné que des contradictions repérées dans la déposition du témoin au prétoire et dans ses déclarations antérieures devant les enquêteurs du procureur, replacées dans le contexte de l'intégralité du témoignage de P-250, ne démontraient nullement l'intention de ce dernier d'aller à l'encontre des intérêts du procureur, P-250 ne faisant que répondre aux questions qui lui étaient posées.

« Me O'SHEA... : ... Je ne vais pas entrer dans les principes juridiques mais je voudrais replacer dans son contexte... les points que M. MacDonald vient de porter à l'attention de la Cour. Je ne suis pas entré dans ces détails auparavant parce que la requête n'avait pas été clarifiée, elle l'est maintenant. Je vais tout d'abord, à titre liminaire, poser la chose suivante : la question qui est portée devant vous, Monsieur et Mesdames les juges, c'est de savoir si ce témoin est hostile à l'Accusation ou pas. À notre avis, pour trancher cette question, il ne suffit pas de regarder simplement les extraits qui ont été fournis par M. MacDonald sans les replacer dans le contexte de l'intégralité de l'interrogatoire principal. La question de savoir si le témoin est hostile doit être tranchée, me semble-t-il, sur la base de la totalité de son comportement, de ce qu'il est dit et des questions et réponses qui sont intervenues. Voilà une remarque générale que je souhaitais faire. J'en arrive au sujet spécifique... Hier, M. Gilissen nous a dit que ce dont il s'agit ici, ce sont des contradictions. Certaines des déclarations faites par le témoin que vous retrouverez dans ce document peuvent être

---

300 Transcription ICC-01/04-01/07-T-98-Red-FRA WT 09-02-2010, de la p. 1, L19 à la p. 10, L 22.

301 *Idem*, de la p. 11, L5 à la p. 12, L2.

interprétées comme des contradictions. Mais les contradictions, en soi, ça n'est pas ça le problème. À supposer que ce soit le problème, eh bien, nous nous trouverions dans la même position à l'égard de tous les témoins. La question est de savoir si ces contradictions, dans le contexte de l'intégralité de la déposition, sont d'un caractère aussi fondamental qu'elles démontrent de la part du témoin une intention d'aller à l'encontre des intérêts du Procureur. Alors, ... commençons par le plus simple : les chants. Vous constaterez, Monsieur, Mesdames les juges, que, dans les extraits des déclarations du témoin que M. MacDonald nous a fournis - la réponse qui a été faite par le témoin au cours de sa déposition, au moment où il a parlé des chants sur l'ange qui vole dans l'air - je ne me rappelle pas les termes, mais vous « le » trouverez répété dans la déclaration du témoin... Et, dans cette déclaration du témoin... Cela dit... : « Quand on chante cette chanson, cela a comme résultat que l'ennemi tire en l'air. Cette chanson se chante en lendu. Elle dit notamment : “Si j'avais les ailes comme un ange, blablabla”. » De toute évidence, le témoin avait ce chant présent clairement à son esprit - c'était vraiment le chant. Ensuite, il poursuit et dit : « Il y avait d'autres chants pour maintenir le moral - ça, c'est la déclaration du témoin-, des chants qu'on chantait à Lagora. » Ce n'est pas Bogoro, c'est Lagora. Alors, si l'on regarde de près cette déclaration sur les chants, et que l'on voit ce que cela donne, lu en parallèle avec la déposition du témoin, on peut dire peut-être qu'il y a contradiction. Mais il ne s'agit pas d'une contradiction flagrante. C'est tout simplement le fait qu'un chant a été mentionné dans une déclaration, alors que d'autres chants sont cités pendant la [déposition]. Et, dans les deux versions de sa déposition, ce chant - le chant central, celui qui occupe son esprit -, c'est bien celui-là qui est présent. Alors, ... passons à la destruction. Vous constaterez que, à la première page, ligne 18, la question posée au témoin est... : « Pourriez-vous nous décrire, une fois que Bogoro est tombé, l'état des maisons qu'il y avait à Bogoro - des habitations de Bogoro ? » Et ensuite, le témoin dit : « Non, rien de particulier. » Il parle ensuite de la présence des soldats, des militaires. Alors, cette réponse, il faut la replacer dans le contexte de la question qui est adressée au témoin. Pour ce qui est de la question des armes, il me semble qu'il y a des points qui n'ont pas été mentionnés par le témoin dans sa déposition qui sont mentionnés dans sa déclaration. Ça ne veut pas dire qu'il refusait de répondre aux questions du Procureur... Il y a répondu. Il a parlé, dans une certaine mesure, d'armes. Il a fourni des réponses aux questions posées par M. le Procureur, mais il n'a pas collé à la logique du récit que le Procureur voulait lui faire emprunter. Là, encore, on ne peut pas dire qu'il y ait de contradiction flagrante. Mais, ceci est peut-être dû en partie à la façon dont la question a été posée, comme je l'ai dit hier - le fait qu'on soit passé d'une question à une autre au cours de l'interrogatoire principal. Je ne parlerai pas des enfants soldats. Je crois en avoir amplement parlé hier. Pour ce qui est des civils, je comprends totalement la position de M. MacDonald quant aux civils. De toute évidence, il y a une certaine gêne quant à la divergence entre ce que le témoin dit à la barre et ce qu'il a dit dans ses déclarations. Mais cette gêne, ça ne suffit pas. Les contradictions que nous avons ici - dans la mesure où il s'agit de contradictions - doivent être, une fois encore, replacées dans leur contexte. Le témoin a dit, pour répondre... à la question : « Qui étaient les membres, les personnes qui étaient à Bogoro... - point d'interrogation ? » ... Si cette question m'était posée à moi, je ne comprendrais pas très bien ce que M. MacDonald attend de moi. Et la réponse : « Ceux qui étaient à Bogoro, c'étaient les militaires. » Je ne vois pas là de contradiction claire. Alors, c'est vrai qu'il y a peut-être une certaine contradiction par rapport à la déclaration, si on prend tous les morceaux. Mais, ici encore, il ne faut pas perdre de vue la façon dont l'interrogatoire a été mené par le Procureur... Alors, s'il s'agit là de contradictions, elles ne sont pas aussi flagrantes que voudrait nous le dire le Procureur. Elles se réfèrent à des questions précises, qui ont été posées au cours de l'interrogatoire et doivent être replacées dans ce contexte de l'interrogatoire principal. Et il convient de prendre en compte les preuves à charge qui ont été énoncées par ce témoin. Ceci, à notre avis, n'atteint pas le niveau, le seuil de l'hostilité du témoin. Tout simplement parce qu'il y a certaines incohérences... ne veut pas dire que nous ayons là un témoin hostile. Je vous remercie. »[302]

- Enfin, nous sommes intervenu pour poser une question fondamentale, celle de savoir si un témoin pouvait être déclaré partiellement hostile, et pour souligner que le travail d'élucidation de l'affaire, objet de la saisine, n'incombait pas exclusivement au procureur, mais aussi à la défense, aux représentants légaux des victimes et aux juges, chacun devant jouer sa partition.

« Pr FOFÉ : Merci beaucoup, Monsieur le Président. Avant que vous vous retiriez pour la délibération, je voudrais poser une question. Et je trouve que la question est pertinente - sinon, je n'allais pas la poser. La question est celle-ci : ... Un témoin peut-il être déclaré hostile partiellement ? En d'autres termes, un témoin peut-il être déclaré hostile au Procureur sur certains points et non hostile sur d'autres points ? La même question, formulée autrement - toujours par souci de précision : lorsqu'un témoin est déclaré hostile au Procureur, et que le Procureur le contre-interroge, est-ce qu'après ce contre-interrogatoire, le Procureur peut encore reprendre son interrogatoire principal du même témoin ? C'est une seule question, plusieurs fois formulée par souci de clarté... La deuxième chose que je voudrais vous dire, Monsieur le Président, Honorables juges, est la suivante : le Procureur n'est pas la seule partie engagée dans l'élucidation de cette affaire. Le Procureur fait son travail ; il l'a d'ailleurs commencé depuis des années. Il convient que le Procureur laisse... aux autres parties [l'occasion] de faire également leur travail. Il ne faut pas qu'il fasse tout. Il y a la Défense. S'il y a des points à clarifier, la Défense est là. Elle le fera au moment du contre-interrogatoire. Mais il y a aussi les Honorables juges. Merci, Monsieur le Président.

M. LE JUGE PRÉSIDENT COTTE : Merci, Professeur Fofé. »[303]

C'est alors que la chambre a pris le temps de délibérer pour rendre sa décision. Elle y a souligné qu'elle statuerait sur la question de déclaration d'hostilité de témoins au cas par cas et qu'au cas présent, elle ne pouvait pas

[302] Transcription ICC-01/04-01/07-T-98-Red-FRA WT 09-02-2010, de la p. 13, L21 à la p. 18, L4.

[303] *Idem*, de la p. 18, L11 à la p. 19, L7.

accéder à la requête du procureur eu égard à l'ensemble des réponses du témoin aux questions de celui-ci et à son comportement vis-à-vis de ce dernier tout au long des débats. Elle a également répondu à notre question en disant pour droit qu'une fois déclarée, l'hostilité d'un témoin l'est en totalité. Ecoutons la chambre dans ses motifs et dispositif :

> « M. LE JUGE PRÉSIDENT COTTE : … Monsieur le Procureur, hier au soir, au terme de son audience, la Chambre vous a invité à opérer un choix et à nous dire soit que vous estimiez que le témoin 0250 ne vous est pas hostile - auquel cas vous auriez poursuivi votre interrogatoire principal -, soit que vous considériez qu'il vous est hostile, ce qui suppose alors - ce qui supposait alors -, que vous précisiez en quoi il vous était hostile, laissant ensuite à la Chambre le soin d'apprécier si, à ses yeux, ce qualificatif pouvait ou non lui être attribué. Vous venez de nous dire que vous considériez ce témoin hostile, en raison des déclarations qu'il a faites, ou qu'il n'aurait pas faites, sur les points suivants : présence de civils à Bogoro, présence d'enfants soldats de moins de 15 ans, existence et contenu de chants, existence de munitions, approvisionnement en munitions et en armes, destruction. Et vous nous avez indiqué que vous souhaitiez pouvoir contre-interroger librement le témoin sur ces différents points. Après en avoir délibéré, la Chambre indique, tout d'abord, qu'elle entend statuer au cas par cas, sur les demandes tendant à voir déclarer un témoin hostile par la partie qui l'a appelé. À cet égard, et au cas présent, elle considère, au vu de l'ensemble des réponses, que le témoin 0250 a apportées aux questions posées par l'Accusation depuis le début de sa déposition, que ce témoin ne peut en l'espèce se voir qualifier d'hostile. Elle note, en effet, que le témoin a apporté, jusqu'ici, des réponses précises à la grande majorité des questions qui lui ont été posées, certaines ayant d'ailleurs été réitérées. Elle note également que les réponses plus évasives, ou non totalement concordantes, apportées à d'autres questions que les réponses minimisant de précédentes déclarations sur le même sujet ou des réponses qui ne seraient pas aussi complètes que de précédentes déclarations ne sauraient à elles seules permettre de déclarer le témoin 0250 hostile, et cela *a fortiori* eu égard au comportement que ce témoin a adopté à l'égard du Procureur, jusqu'ici, tout au long des débats. La Chambre souligne que le simple fait d'apporter parfois des réponses défavorables ne suffit pas à faire d'un témoin un témoin hostile. La Chambre note que c'est tardivement, après plusieurs journées d'interrogatoire principal, que le Procureur a invoqué l'éventuelle hostilité du témoin. Et sur ce plan, de manière générale, elle demande à chacune des parties d'être à l'avenir extrêmement « attentif » à la nécessité de se manifester beaucoup plus rapidement si l'une ou l'autre d'entre elles estime qu'il y a lieu de soumettre à la Chambre l'éventuelle hostilité d'un témoin. La Chambre demande donc au Procureur de poursuivre à présent son interrogatoire principal et d'aborder les questions qu'il n'a pas encore posées. Elle estime toutefois nécessaire de clarifier certains points qui, pour elle, demeurent obscurs ou insuffisamment précis, qui sont, en tout cas, sujets à tentative de clarification. Soucieuse de parvenir à la manifestation de la vérité, elle se réserve donc la possibilité de poser elle-même des questions qui, pour certaines, seront susceptibles de couvrir les domaines sur lesquels le Procureur entendait lui-même revenir dans le cadre de la démarche qu'il sollicitait de la Chambre. J'en viens à présent à l'ultime intervention du Professeur Fofé avant la

suspension de l'audience - ultime intervention qui a d'ailleurs suscité de la part de M. le Procureur une remarque selon laquelle la question posée avait hier en fin d'audience, à 18 h 29, fait l'objet d'une réponse de la part de la Chambre ou, plus exactement, de ma part. Vous vous souvenez de quoi il était question ?[304] Est-il possible, après qu'un témoin ait été déclaré hostile, de poursuivre, une fois le contre-interrogatoire sur les faits objet de l'hostilité achevé, de poursuivre l'interrogatoire principal sur d'autres points non encore abordés jusqu'ici ? La Chambre, pendant la suspension qui vient de se produire, a estimé nécessaire de redélibérer sur ce point - point qui, hier, a été tranché par moi-même en fin d'audience. Elle estime qu'une fois déclarée l'hostilité d'un témoin, cette hostilité est indivisible, et que le témoin devient hostile, si l'on peut utiliser cette expression, dans sa totalité, ce qui ne permet pas de poursuivre l'interrogatoire principal - le témoin étant en quelque sorte enrobé dans cette hostilité. Il s'agit donc, Monsieur le Procureur, d'une réponse qui revient sur celle qui a été apportée hier soir, et qui est le résultat de notre délibéré d'aujourd'hui. C'est, donc, une précision qui vous est apportée aussi rapidement que possible, après la première réponse qui vous avait été apportée, et qui aura le mérite de guider nos débats à venir, afin que pour toutes et tous, les choses soient aussi claires que possible. La Chambre tient enfin à préciser que la documentation que M. le Procureur a apportée il y a un instant, et qu'il a utilisée au soutien de son intervention, sera enregistrée au dossier sous la rubrique MFI, et non pas comme EVD - MFI. S'agissant d'une documentation assez volumineuse, comme constituée à partir d'extraits de différentes pièces, déclarations ou *transcripts*, nous laissons à Mme le greffier le temps suffisant pour préparer, de la manière la plus complète possible, l'enregistrement de ces pièces, et les numéros qui seront donnés à ces différentes pièces seront portés à votre connaissance demain, en début d'audience. »[305]

De cette importante décision se dégagent des leçons suivantes à retenir :
1°- Il appartient à la partie qui a appelé le témoin de dire clairement si son témoin lui est devenu hostile.
2°- Si cette partie déclare que son témoin lui est devenu hostile, elle doit préciser en quoi consiste cette hostilité ; elle doit en faire la démonstration aux juges.
3°- C'est à la chambre d'apprécier, sans doute après avoir entendu toutes les parties et tous les participants, si ce témoin peut être qualifié d'hostile à la partie citante.

---

[304] La chambre fait allusion à ce que monsieur le juge président avait dit, la veille, 08 février 2010 : Transcription ICC-01/04-01/07-T-97-Red-FRA WT 08-02-2010, p. 68, L1-4 : « *Une fois que ce contre-interrogatoire qui vous ouvre des possibilités de questions beaucoup plus larges sera achevé, la Chambre considère que vous pourrez poursuivre votre interrogatoire principal sur les questions que vous n'avez pas encore abordées.* »

[305] Transcription ICC-01/04-01/07-T-98-Red-FRA WT 09-02-2010, de la p. 20, L2 à la p. 22, L21.

4°- Cette appréciation se fait au cas par cas, c'est-à-dire témoin par témoin, et non question par question, s'agissant d'un même témoin.
5°- Cette appréciation doit être faite en tenant compte de l'ensemble des réponses que le témoin mis en cause a apportées à la partie appelante.
6°- Cette appréciation doit également être faite en prenant en compte le comportement dudit témoin vis-à-vis de la partie qui l'a cité et qui lui a posé des questions en interrogatoire principal.
7°- Des réponses non totalement concordantes ou pas aussi complètes que les déclarations antérieures du témoin ne sauraient suffire à qualifier d'hostile un témoin.
8°- Le simple fait pour le témoin d'apporter parfois des réponses défavorables à l'interrogateur principal ne suffit pas, non plus, à faire de lui un témoin hostile.
9°- La partie ayant cité le témoin doit, au plus tôt, manifester à la chambre son intention de déclarer son témoin hostile, et ne pas attendre de le faire après plusieurs journées de l'interrogatoire principal.
10°- La chambre se réserve le droit de poser, elle-même, au témoin mis en cause, des questions de clarification de certains points si elle estime que ces derniers sont demeurés obscurs ou insuffisamment précis.
11°- Une fois qu'un témoin est déclaré hostile, cette hostilité est indivisible, globale ; dès lors, il n'est pas concevable qu'après avoir déclaré hostile un témoin, la partie qui l'a cité le contre-interroge sur certains points jugés litigieux, pour ensuite reprendre l'interrogatoire principal normal sur des points qui n'avaient pas encore été abordés jusque là. Autrement dit, dès que la chambre admet les arguments présentés par la partie ayant cité le témoin et déclare celui-ci hostile à cette partie, cette dernière arrête son interrogatoire principal et contre-interroge son propre témoin sur ses réponses qu'elle conteste. Elle ne peut plus, après avoir contre-interrogé ce témoin déclaré hostile, le retransformer en « témoin ami » et reprendre un interrogatoire principal normal. Le témoin est enrobé dans l'hostilité une fois que celle-ci est déclarée.
12°- La chambre a rejeté, avec raison, la proposition formulée par le procureur de recourir à l'article 9-2 de la loi canadienne sur la preuve pour introduire une étape intermédiaire entre le principe émis au paragraphe 66 et l'exception prévue au paragraphe 67 des instructions 1665. Elle s'est, sans doute, rappelé la règle 63-5 du RPP aux termes de laquelle « les Chambres n'appliquent pas les règles de droit interne régissant l'administration de la preuve, si ce n'est au sens de l'article 21. »[306]

---

[306] Article 21 Droit applicable
« 1. La Cour applique : a) En premier lieu, le présent Statut, les éléments des crimes et le Règlement de procédure et de preuve ; b) En second lieu, selon qu'il convient, les traités applicables et les principes et règles du droit international, y compris les principes établis du droit international des conflits armés ; c) À défaut, les principes

Dans son arrêt rendu le 27 février 2015, la chambre d'appel a reproché à la chambre de première instance II le fait de n'avoir pas donné au procureur l'occasion de rafraîchir la mémoire de son témoin P-0250 et de lui poser des questions directives sur les contradictions constatées entre ses déclarations antérieurement données aux enquêteurs de l'accusation et sa déposition sous serment devant les juges. Elle a néanmoins confirmé, à la majorité, la décision d'acquittement attaquée, estimant que les erreurs commises par la chambre de première instance n'étaient pas de nature à remettre en cause cette décision. Suivons l'argumentation de la chambre d'appel :

> « S'agissant du troisième argument voulant que la Chambre de première instance a indûment empêché l'Accusation de demander des explications au témoin P-0250 concernant des incohérences dans sa déposition, le Procureur soutient que, pendant sa déposition, le témoin P-0250 ... "avait réfuté plusieurs déclarations limitées mais cruciales contenues dans ses déclarations avant le procès, dont la présence et la mort de civils lors de l'attaque sur Bogoro, la présence d'enfants soldats de moins de 15 ans, l'existence et les paroles de chansons que le groupe de Bedu-Ezekere chantaient avant l'attaque sur Bogoro ainsi que la destruction de biens lors de l'attaque de Bogoro"... Le Procureur rappelle que l'Accusation avait demandé l'autorisation de rafraîchir la mémoire du témoin et de lui opposer ses déclarations antérieures afin qu'il puisse expliquer les incohérences contenues dans sa déposition mais que la Chambre de première instance avait rejeté sa requête. À une autre occasion, la Chambre de première instance a de nouveau refusé de faire droit à la requête de l'Accusation au prétexte que le témoin ne pouvait être qualifié d'hostile étant donné qu'il avait répondu de manière précise à la vaste majorité des questions qui lui avaient été posées par l'Accusation, et que les réponses évasives ou les réponses minimisant des déclarations précédentes ne justifiaient pas de déclarer le témoin hostile. Le Procureur soutient qu'en conséquence de ces décisions, dont elle a demandé en vain l'autorisation d'interjeter appel, la ... "Chambre de première instance a indûment empêché l'Accusation de montrer au témoin P-0250 ses déclarations antérieures ou de lui poser des questions directrices sans le déclarer hostile, afin de lui donner l'occasion d'expliquer les raisons sous-tendant ses incohérences, si ses rétractions ... étaient une erreur des changements justifiés de sa version des faits

---

généraux du droit dégagés par la Cour à partir des lois nationales représentant les différents systèmes juridiques du monde, y compris, selon qu'il convient, les lois nationales des États sous la juridiction desquels tomberait normalement le crime, si ces principes ne sont pas incompatibles avec le présent Statut ni avec le droit international et les règles et normes internationales reconnues.
2. La Cour peut appliquer les principes et règles de droit tels qu'elle les a interprétés dans ses décisions antérieures.
3. L'application et l'interprétation du droit prévues au présent article doivent être compatibles avec les droits de l'homme internationalement reconnus et exemptes de toute discrimination fondée sur des considérations telles que l'appartenance à l'un ou l'autre sexe tel que défini à l'article 7, paragraphe 3, l'âge, la race, la couleur, la langue, la religion ou la conviction, les opinions politiques ou autres, l'origine nationale, ethnique ou sociale, la fortune, la naissance ou toute autre qualité. »

ou le résultat de menaces ou d'autres pressions indues exercées sur lui et sur sa famille“… La Chambre d'appel accrédite l'argument du Procureur dans la mesure où [celui-ci] fait valoir que si le témoin P-0250 avait exprimé des craintes pour la sécurité de sa famille, la Chambre de première instance aurait dû, à tout le moins, autoriser l'interrogatoire du témoin par l'Accusation afin de déterminer si son comportement et ses rétractations étaient attribuables à des menaces ou à des pressions indues exercées sur lui ou sur sa famille. À cet égard, la Chambre d'appel observe que pendant le procès et pendant le contre-interrogatoire du conseil de la Défense, le témoin P-0250 a déclaré avoir dit au Procureur dans des déclarations précédentes que des personnes proches de lui étaient mortes parce qu'[elles] craignaient pour leurs vies. Le témoin a en outre expliqué qu'il avait tenu ses propos uniquement afin d'éviter que des personnes soient envoyées plus tard pour les tuer. La Chambre d'appel note que le témoin n'a pas développé la raison pour laquelle il croyait que sa famille pourrait être en danger, mais qu'il a toutefois fourni une explication pour les contradictions dans ses déclarations précédentes. Dans ces circonstances, la Chambre d'appel considère que si la Chambre de première instance avait permis au Procureur de poser des questions directrices au témoin P-0250, la Chambre de première instance aurait, somme toute, été éclairée sur les divergences entre les déclarations préalables du témoin et sa déposition orale … attribuable comme l'a d'ailleurs affirmé la Chambre de première instance à … “des facteurs comme le manque de familiarité avec les procédures suivies par les parties à la Cour, le déplacement du témoin à La Haye, la formalité des audiences et les preuves du contre-interrogatoire“… , ou éventuellement la durée écoulée entre la déposition ou encore d'autres facteurs qui pourraient justifier ces divergences. En conséquence, la Chambre d'appel conclut que la Chambre de première instance aurait dû donner à l'Accusation l'occasion de présenter au témoin P-0250 ses déclarations précédentes et de poser des questions directrices au témoin pour établir, le cas échéant, si celui-ci avait subi des tentatives de subornation ou des pressions. En manquant de le faire la Chambre de première instance a exercé son pouvoir discrétionnaire de manière déraisonnable, donc erronée. La Chambre d'appel rappelle que pour infirmer ou modifier un jugement rendu en application de l'article 74 du Statut, ou pour ordonner un nouveau procès devant une Chambre de première instance différente, il ne suffit pas au requérant d'établir qu'une erreur a eu lieu. Conformément à l'article 83-2 du Statut, il doit être démontré que la décision faisant l'objet de l'appel est sérieusement entachée de cette erreur. À cet égard, la Chambre d'appel a déclaré précédemment… qu'entre autres motifs à l'appui d'un moyen d'appel, le requérant doit non seulement établir l'erreur alléguée, mais aussi démontrer avec suffisamment de précision comment cette erreur aurait sérieusement entaché la décision attaquée. De l'avis de la Chambre d'appel, ce critère se justifie du fait qu'un jugement rendu par une Chambre de première instance, à la fin de ce qui est souvent un long procès, ne doit pas être modifié à la légère. En particulier, en cas d'acquittement, il n'est justifié de soumettre la personne concernée à l'épreuve d'un nouveau procès ou même de renverser l'acquittement au profit d'une condamnation, à moins qu'il ne soit démontré que l'erreur a sérieusement entaché la décision faisant l'objet de la révision. La Chambre d'appel note que cette norme est élevée, il doit en effet, être démontré que si la Chambre de première instance n'avait pas commis une erreur de procédure, le jugement en application de l'article 74 du Statut aurait été, par opposition à "aurait pu [être]" substantiellement... différent. Au vu des circonstances de l'espèce, il doit être démontré qu'il est très probable que la Chambre de première instance n'aurait pas acquitté Mathieu Ngudjolo si elle n'avait pas commis une erreur de procédure. »[307]... « S'agissant de l'erreur concernant le témoin P-0250, le Procureur fait valoir que le jugement d'acquittement a été sérieusement entaché par la décision de la Chambre de première instance de rejeter la déposition du témoin P-0250 jugée non crédible, sans tenir compte de la possibilité que le témoin et/ou sa famille, aient fait l'objet de menaces ou de pressions ni de l'effet d'une telle pression sur sa déposition. La Chambre d'appel considère que le refus par la Chambre de première instance de permettre à l'Accusation d'obtenir des réponses sur l'effet d'une subornation ou d'une pression éventuelle sur le témoin P-0250 a pu effectivement sérieusement entacher les observations de la Chambre de première instance quant au comportement du témoin et aux nombreuses contradictions contenues dans sa déposition. Ceci étant, la Chambre d'appel note qu'en définitive la décision de la Chambre de première instance de rejeter la déposition du témoin P-0250, parce que non fiable, était en fait fondée sur d'autres constatations de la Chambre de première instance, lesquelles étaient indépendantes de ses observations relatives au comportement du témoin. À cet égard, La Chambre d'appel observe que la Chambre de première instance, tout en prenant acte des incohérences dans la déposition du témoin P-0250 a néanmoins rejeté sa déposition sur la base d'autres éléments de preuve qui suscitaient des doutes concernant l'appartenance éventuelle du témoin à la milice entre septembre 2002 et juillet 2003. En particulier la Chambre de première instance a conclu que le témoin n'aurait pas pu être ... "simultanément membre d'une milice à Zumbe et étudiant à Kagaba" ... La déposition du témoin a donc été jugée non fiable pour cette raison et non en raison du comportement du témoin. Donc, la Chambre d'appel considère que la conclusion de la Chambre de première instance s'agissant du manque de crédibilité du témoin n'aurait pas été différente puisque sa décision de ne pas se fonder sur ce témoin était basée sur d'autres éléments de preuve. En conséquence la Chambre ... d'appel conclut que les erreurs de la Chambre de première instance n'ont pas sérieusement entaché la décision d'acquittement. En conclusion : La Chambre d'appel, à la majorité - les juges Tarfusser et Trendafilova marquant leur dissidence - confirme le jugement d'acquittement et rejette donc l'appel. »[308]

Nous fondant sur les extraits des débats cités supra, nous sommes d'avis que la chambre de première instance a agi conformément au droit. Elle devait mettre en œuvre les instructions qu'elle avait arrêtées avant le début

---

[307] CPI, Situation en République démocratique du Congo, *Affaire le Procureur c. Mathieu Ngudjolo Chui,* ICC-01/04-02/12, Chambre d'Appel, Audience du prononcé de l'Arrêt, 27 février 2015, Transcription ICC-01/04-02/12-T-5-FRA ET WT, p. 26, L4 à 28 ; p. 27, L1 à 28 ; p. 28, L 1 à 25.

[308] *Idem*, p. 30, L10 à 28 ; p. 31, L1 à 13.

du procès, en application de la règle 140 du RPP, en l'occurrence leurs paragraphes 66 et 67. Il appartenait au procureur de dire clairement s'il considérait que son témoin P-0250 lui était devenu hostile. Quoiqu'il ait choisi de ne pas le faire, il avait néanmoins la possibilité de poser à ce dernier des questions tendant à déterminer si son comportement et ses rétractations étaient attribuables à des menaces ou à des pressions indues exercées sur lui ou sur sa famille, sans forcément lui tendre ses déclarations antérieures, le témoin n'ayant pas déclaré avoir de problème de mémoire.

La chambre de première instance II a fait œuvre de justice en s'en tenant aux dispositions des paragraphes 66 et 67 de ses instructions 1665 qui sont claires, complémentaires, conformes à l'esprit et à la nature mixte de l'ordonnancement juridique spécifique de la CPI. Elle a bien jugé en donnant plein effet à ces dispositions antérieures, neutres, impartiales et impersonnelles qui ne demandaient qu'à être appliquées, et en laissant à la défense le soin d'accomplir le contre-interrogatoire du témoin comparaissant, conformément aux règles régissant cette phase du procès.

CHAPITRE TROIS

RÈGLES SPÉCIFIQUES AU CONTRE-INTERROGATOIRE

En application du principe du contradictoire et pour assurer l'équité de la procédure, « la partie opposée à la partie citant un témoin a le droit de poser des questions à celui-ci par voie de contre-interrogatoire, conformément à la règle 140-2-b ».[309] Ce droit appartient donc aux deux parties au procès, à savoir le procureur et la défense qui, chacun, a le droit de contre-interroger le témoin cité par l'autre, « sur des points pertinents concernant son témoignage et la fiabilité de celui-ci, ainsi que sur sa propre crédibilité et d'autres questions pertinentes. »[310]

Ce contre-interrogatoire ne doit cependant pas être perçu par l'autre partie comme étant une occasion de créer inutilement ou cyniquement des difficultés au témoin comparaissant. Il doit être conduit de façon à « contribuer à la manifestation de la vérité et ne doit pas être utilisé afin de compliquer ou de ralentir le processus d'établissement des faits. »[311] Aussi obéit-il aux règles méthodologiques ci-après examinées.

Section 1ère - *Première règle* : Obligation de limiter les questions aux points abordés dans l'interrogatoire principal ou à des aspects liés à la crédibilité du témoin

S'inscrivant, comme nous l'avons dit, dans le cadre de la mise en œuvre du principe du contradictoire, le contre-interrogatoire vise à soumettre à l'épreuve les réponses du témoin aux questions posées en interrogatoire principal. Il doit donc se limiter aux points examinés durant l'interrogatoire

---

[309] § 68 des instructions 1665. Rappelons que l'interrogatoire principal est mené par la partie citant le témoin, en application de la règle 140-2-a du RPP : « Toute partie qui, dans la présentation de ses moyens de preuve en vertu du paragraphe 3 de l'article 69, fait appel à un témoin, a le droit d'interroger ce témoin. » Voir aussi, Décision Ruto-Sang ICC-01/09-01/11-847-Corr, § 13.

[310] Règle 140-2-b) du RPP. Voir aussi, Décision Bemba ICC-01/05-01/08-1023-tFRA, § 13 : « … [La] partie qui ne cite pas le témoin pourra poser des questions sur la crédibilité d'un témoin, la fiabilité des éléments de preuve présentés ainsi que les circonstances atténuantes et/ou aggravantes… » ; CPI, Situation en République du Kenya, *Affaire le Procureur c. William Samoei Ruto et Joshua Arap Sang,* ICC-01/09-01/11, Chambre de 1ère instance V(A), *Decision No. 2 on the Conduct of Trial Proceedings (General Directions)*, ICC-01/09-01/11-900, 3 septembre 2013, § 19.

[311] Voir § 71 des instructions 1665.

principal et à des questions susceptibles de remettre en cause la crédibilité du témoin.[312] Celle-ci peut, en effet, être mise à mal, lorsque, par exemple, des réponses du témoin aux questions qui lui sont posées, il ressort des contre-vérités flagrantes ou des contradictions entre ses déclarations faites devant la chambre, à des moments différents de sa déposition ; ou encore entre ses déclarations au prétoire et celles qu'il avait tenues antérieurement et qui sont consignées soit dans des notes d'entretien, soit dans des supports audio ou vidéo. Il appartient à la partie adverse de faire ressortir ces contre-vérités ou ces contradictions au cours du contre-interrogatoire. C'est une tâche d'importance capitale car elle contribue à établir si le témoin déposant dit ou non la vérité. Au moment de l'évaluation finale des éléments de preuve versés au dossier, les juges prennent en compte ces contre-vérités, imprécisions, inconsistances, invraisemblances ou contradictions dans la détermination de la crédibilité à accorder à chaque témoin.

En analysant le jugement rendu le 18 décembre 2012 par la chambre de première instance II dans l'affaire Ngudjolo, on note précisément que parmi les motifs ayant fondé la mise à l'écart des témoins clés du procureur, P-250, P-279 et P-280, figurent notamment les imprécisions, les singularités, les contradictions et les invraisemblances ayant émaillé leurs propos.[313]

Paragraphe I : Illustration tirée du témoignage de P-250

Il convient de rappeler que P-250 est apparu comme le témoin clé sur la base duquel le procureur entendait bâtir sa thèse. Cela ressort clairement de l'examen recoupé, d'un côté, de la décision confirmative des charges, assise sur le document modifié de notification des charges présenté par l'accusation ;[314] et, de l'autre, des dépositions des autres témoins à charge. Cette analyse permet, en effet, de constater que P-250 a déposé quasiment sur tous les thèmes qui fondaient la théorie du procureur : l'existence alléguée du FNI, des camps militaires et d'un état-major de ce mouvement à Zumbe dirigé par MN ; le recrutement et l'entraînement des miliciens dont des enfants soldats appelés « kadogo » ; sa participation à une délégation envoyée à Aveba ; la planification et sa participation à l'attaque de Bogoro du 24 février 2003 ; les moyens de communications et l'autodéfense à

---

[312] § 69 des instructions 1665 : « Le contre-interrogatoire se limite aux points abordés au cours de l'interrogatoire principal et à des questions liées à la crédibilité du témoin… »

[313] Voir notamment les §§ 157, 159, 189 et 218 du jugement Ngudjolo.

[314] CPI, Situation en République démocratique du Congo, *Affaire le Procureur c. Germain Katanga et Mathieu Ngudjolo*, ICC-01/04-01/07, Chambre préliminaire I, Traduction par le Bureau du Procureur du Document modifié de notification des charges en application de l'article 61-3-a du Statut, ICC-01/04-01/07-649-Anx2A, 26 juin 2008.

Zumbe; les pillages, les cadavres et leur enterrement; l'attaque de Mandro, la guerre de Bunia etc.

Dans le contre-interrogatoire de ce témoin, la défense de MN a pu démontrer que ses déclarations n'étaient pas crédibles, car truffées de contre-vérités et des contradictions ; qu'au moment des faits, P-250 n'était pas à Bedu-Ezekere, qu'il n'avait jamais été dans une quelconque milice ; qu'il poursuivait sa scolarité dans un autre groupement ; qu'il n'avait jamais participé à la guerre de Bogoro du 24 février 2003 ; qu'il n'existait pas de FNI à Zumbe à l'époque des faits de la saisine etc.

Dans son jugement rendu le 18 décembre 2012, analysant la déposition de P-250, la chambre s'est justement posé la question centrale, opposant l'accusation à la défense, celle de savoir si celui-ci « était, entre les mois de septembre 2002 et de juillet 2003, un milicien posté à Zumbe, un étudiant partageant sa vie entre Kagaba et Gety ou s'il menait de front ces deux activités. » Au cours de son analyse, la chambre a pu relever, notamment, que « les propos qu'il [P-250] tient sur l'autorité dont aurait disposé MN au sein de la milice apparaissent... singulièrement hésitants. À peu de temps d'intervalle, au cours de l'audience, il a ainsi déclaré qu'aucun militaire n'avait le droit d'aller rencontrer de lui-même MN avant de dire ensuite, ce qui semble être contradictoire ou, à tout le moins, improvisé, qu'un simple soldat pouvait aller donner des informations ou faire rapport à l'accusé. De même, la chambre a-t-elle trouvé P-250 très imprécis lorsqu'il a évoqué l'existence d'une phonie permettant de relier Zumbe (groupement de Bedu-Ezekere) et Chyekele (collectivité de Walendu-Bindi). À cet égard, elle relève que la déposition du témoin sur le rayon d'action de l'appareil en question contredit ses propres dires selon lesquels il n'existait pas de moyens de communications modernes pour joindre des positions se trouvant à l'extérieur du groupement de Bedu-Ezekere. »[315] « De surcroît, les propos du témoin sur la délégation dirigée par le commandant Boba Boba que Mathieu Ngudjolo aurait envoyée à Aveba sont contradictoires lorsqu'on les met en regard avec ses déclarations antérieures. P-250 a en effet soutenu, au cours de sa déposition en audience, que le commandant Bahati de Zumbe était le 'chef de mission' de la délégation et qu'il avait servi de guide jusqu'à Aveba, alors que, dans sa déclaration du mois de décembre 2006, il avait indiqué que le commandant Bahati faisait partie des officiers que cette délégation avait rencontrés à Aveba. »[316] « Il en est de même des propos de P-250 sur les derniers préparatifs de l'attaque de Bogoro qui se seraient déroulés à Ladile. Lors de son interrogatoire principal, P-250 a affirmé qu'il s'était rendu à Ladile où il aurait participé à une parade exécutée devant l'état major de Mathieu Ngudjolo et où il aurait pris connaissance du plan d'attaque de Bogoro. Il s'est cependant rétracté au cours du contre-

[315] Jugement Ngudjolo, § 138.
[316] *Idem*, § 139.

interrogatoire en affirmant qu'il n'était pas lui-même présent mais que seul son commandant de compagnie, Lone Nunye, s'était rendu à Ladile pour recevoir ce plan. »[317]

Lors de son contre-interrogatoire et pour démontrer que P-250 n'était pas milicien et ne se trouvait pas à Bedu Ezekere à l'époque des faits, la défense de MN a présenté à ce témoin et versé au dossier ses bulletins scolaires qu'il a reconnus et établissant qu'il étudiait à Kagaba à cette époque. « Parmi ces bulletins, il convient d'isoler l'EVD-D03-00008, document de loin le plus important, puisqu'il atteste que P-250 était élève à l'Institut de Kagaba pendant l'année scolaire 2002-2003, soit durant la période au cours de laquelle il aurait, selon lui, également servi dans les rangs d'une milice de Bedu-Ezekere. Pour la Chambre, la production d'une série complète de bulletins, qui couvrent l'ensemble de la scolarité du témoin à l'Institut de Kagaba, permet d'opérer toutes comparaisons nécessaires pour s'assurer de l'authenticité du document précité. »[318]

En conclusion de l'analyse du témoignage de P-250 dont elle a « souligné le caractère parfois imprécis, contradictoire et singulier, la Chambre constate qu'elle dispose de bulletins scolaires qui démontrent que P-250 était étudiant à Kagaba, de la déposition de quatre témoins qui affirment qu'il était étudiant à Gety et du témoignage de D03-100 qui soutient que le témoin a partagé son année scolaire 2002-2003 entre Kagaba et Gety. »[319] « Tout en ayant conscience que ces bulletins scolaires ne reflètent pas avec précision les déplacements que le témoin aurait effectués entre Kagaba et Gety, la Chambre considère que l'ensemble de ces éléments de preuve forme un tout suffisamment cohérent pour jeter un doute certain sur l'appartenance de P-250 à la milice du groupement de Bedu-Ezekere. »[320] « Estimant en outre peu vraisemblable que P-250 ait pu être simultanément milicien à Zumbe et étudiant à Kagaba, et dès lors que c'est précisément sur cette qualité de milicien que reposait son témoignage, la Chambre considère qu'elle n'est pas en mesure de se fonder sur sa déposition dans la présente affaire. »[321]

C'est donc à partir des contradictions, imprécisions, incohérences mises en exergue lors du contre-interrogatoire mené par la défense, complétées par d'autres éléments de preuve testimoniale et documentaire, que la chambre a procédé à l'évaluation du témoignage de P-250. Il en a été de même de celui de P-279.

---

[317] *Idem*, § 140.
[318] *Idem*, § 144.
[319] *Idem*, § 157.
[320] *Idem*, § 158.
[321] *Idem*, § 159.

Paragraphe II : Leçons tirées de la déposition de P-279

Dans son interrogatoire principal, le procureur a présenté P-279 comme un enfant soldat, ayant été enlevé pour faire partie de la milice lendu de Bedu Ezekere. Son témoignage a porté notamment sur son âge, son enlèvement, sur MN présenté comme responsable du FNI à Zumbe, sur sa prétendue formation militaire à Zumbe, sur sa connaissance de P-280, sur la préparation et sur l'attaque de Bogoro du 24 février 2003 etc.

Au cours du contre-interrogatoire, la défense a pu établir, notamment par des documents authentiques dont certains provenaient du procureur lui-même, l'âge réel de ce témoin qui ne permettait pas son classement dans la catégorie d'enfants soldats au sens des articles 8-2-b-xxvi et 8-2-c-vii du Statut de la CPI.[322] S'agissant de P-280, P-279 a prétendu ne pas le connaître alors que les deux vivaient aux domiciles de leurs parents situés dans le même quartier. Sur ce point comme sur d'autres, la déposition de P-279 a été marquée par de longs silences qui démontraient son malaise et établissaient qu'il parlait des évènements qu'il n'avait vraisemblablement pas vécus.

Dans son analyse de ce témoignage, la chambre a précisément relevé des contradictions mises en évidence lors des contre-interrogatoires, contradictions notamment au sujet du prétendu enlèvement de ce témoin,[323] au sujet de fonctions qu'il aurait exercées auprès du commandant Boba Boba,[324] à propos de la venue de GK à Zumbe et de la manière dont il avait reconnu ce dernier,[325] à propos de sa date de naissance et de sa dénégation de la connaissance de P-280.[326] La chambre a noté aussi de longs silences dans lesquels était sombré ce témoin lors des contre-interrogatoires des équipes de la défense.[327] « Pour la chambre, l'attitude de déni manifestée en audience par P-279 explique les difficultés qu'il a éprouvées pour répondre aux questions des équipes de la Défense et qui sont sans aucune mesure avec celles qu'ont pu rencontrer les autres témoins à charge. À cet égard, elle relève que les transcrits d'audience font état de plus de soixante-dix silences prolongés du témoin. Sans minimiser le fait, comme l'a souligné le procureur, que ce témoin avait été jugé vulnérable, force est de constater qu'il s'est trouvé le plus souvent silencieux lorsqu'il a été placé face à ses propres contradictions qu'il ne parvenait pas à surmonter. »[328]

---

[322] Dans son mémoire final, le procureur a fini par admettre cette vérité et a informé la chambre qu'il ne s'appuyait plus sur P-279 en tant qu'enfant soldat : ICC-01/04-01/07-3251-Corr-Red, 03-07-2012, § 788.

[323] Jugement Ngudjolo, § 171.

[324] *Idem*, § 175.

[325] *Idem*, § 175.

[326] *Idem*, §§ 177 et 180.

[327] *Idem*, § 178.

[328] *Idem*, § 183.

En conclusion, la chambre considère que « les propos du témoin P-279 relatifs à sa présence dans les rangs des combattants de Zumbe au moment de l'attaque de Bogoro sont… par trop imprécis et contradictoires. En outre, l'attitude de déni qu'il a adoptée tant sur son âge exact que sur ses liens avec P-280 affecte la crédibilité générale de son témoignage. Au surplus, la Chambre constate que les propos de D03-236, bien que d'une valeur probante relative, contribuent à alimenter les doutes qu'elle nourrit sur l'aptitude du témoin à déposer sur les faits de l'affaire. »[329] « Pour toutes ces raisons, la Chambre estime ne pas pouvoir se fonder sur la déposition de P-279 dans la présente affaire. »[330] Le témoignage de P-280 a subi le même sort.

Paragraphe III : Leçons tirées de la déposition de P-280

Comme il l'a fait pour P-279, le procureur a, au cours de son interrogatoire principal, présenté P-280 comme un enfant soldat. Sa déposition traitait également de mêmes thèmes que ceux abordés par P-279 : enlèvement, fonction de MN à Zumbe, camps et formation militaire à Zumbe, moyens de communication, préparation et attaque de Bogoro du 24 février 2003, enlèvements des femmes, pillages, enterrement de cadavres.

Dans leurs contre-interrogatoires, les équipes de défense ont relevé des ressemblances troublantes dans les déclarations de ces deux témoins, P-279 et P-280. Les deux ont été contactés par le même intermédiaire, P-143,[331] et sont devenus témoins du procureur dans des circonstances similaires. Ces contre-interrogatoires ont permis de mettre en évidence des faussetés, contradictions, imprécisions et singularités retenues par la chambre dans l'évaluation de la crédibilité de ce témoin.

Aussi, la chambre a-t-elle jugé qu' « au vu des contradictions et des imprécisions relevées dans son témoignage… qui font fortement douter qu'il ait été présent à Zumbe et plus encore à Bogoro le jour des faits, elle n'estime pas pouvoir considérer comme acquis les propos qu'il tient sur ces différents points. »[332] De même, la chambre dit ne pas pouvoir « passer sous silence un certain nombre de singularités voire de contradictions qui émaillent la déposition de P-280 », notamment sur son incapacité à se souvenir du nom de son commandant, ni des discours adressés aux combattants au cours des parades, et sur son récit « extrêmement confus de sa démobilisation ».[333] « La chambre constate surtout qu'il existe d'importantes contradictions entre ses déclarations antérieures et sa

[329] *Idem*, § 189.
[330] *Idem*, § 190.
[331] *Idem*, § 180, NBP 406.
[332] *Idem*, § 202.
[333] *Idem*, § 204.

déposition en audience en ce qui concerne le récit qu'il a fait de la bataille de Bogoro. »[334] La chambre note également et s'étonne « du silence que P-280 a observé sur P-279 compte tenu de la relation qui aurait existée entre eux »[335], et qui a été mise en exergue par les contre-interrogatoires des défenses. « Elle ne peut, là encore, que s'interroger sur l'existence d'une possible collusion entre les deux hommes… »[336]

Dans son évaluation, la chambre a aussi pris en compte une contre-vérité contenue dans la déposition de P-280 qui a affirmé la présence d'un aéroport à Zumbe, alors qu'il n'existe pas d'aéroport dans ce petit village. À ce sujet, au cours de son contre-interrogatoire, le conseil de MN avait demandé à ce témoin de dessiner un plan de Zumbe sur lequel il a mentionné l'emplacement de l'aéroport dont il parlait, du camp, de la maison de MN, et de l'église.[337] « Lors du transport judiciaire qu'elle a effectué en RDC, la Chambre a pu confronter ce croquis avec la réalité du terrain. Il lui est alors apparu qu'il était difficile de confirmer la présence d'un aéroport à l'emplacement mentionné par le témoin. Après lecture des conclusions écrites des parties, il apparaît à la Chambre que P-280 s'est avéré peu fiable en affirmant qu'il existait un aéroport à Zumbe. »[338]

La chambre a, en effet, mis en balance, les arguments avancés par le procureur et par la défense, au sujet de cet élément mentionné par P-280 dans sa déposition. Alors que le premier a tenté de le minimiser en le traitant d'un « point périphérique », la seconde l'a plutôt considéré comme un mensonge majeur visant à gonfler l'importance de Zumbe et de son prétendu commandant, MN. Pour la chambre, cet élément a eu, à juste titre, un impact négatif sur la crédibilité de ce témoin. Elle a ainsi argumenté à ce sujet :

> « Dans ses Conclusions écrites, le Procureur concède que la Chambre devra tenir compte du caractère très approximatif des propos tenus sur ce point par P-280 pour évaluer sa crédibilité. Il précise néanmoins qu'il ne s'agit là que d'un « point périphérique » de son témoignage et que le témoin s'était borné à déclarer qu'il avait entendu dire que cette piste faisait office d'aéroport. La Défense de Mathieu Ngudjolo voit pourtant là, de sa part, un mensonge majeur destiné à exagérer l'importance du camp de Zumbe pour mieux incriminer l'accusé et retenir l'attention du Procureur en vue d'être admis dans le programme de protection de la Cour. »[339]
>
> « La Chambre rappelle que P-280 a soutenu avoir vécu à Zumbe avant de quitter le groupement de Bedu-Ezekere. La Chambre était donc en droit d'attendre de sa part une bonne connaissance de cette localité et, pour elle, la description qu'il en a faite constitue un élément qui mérite d'être pris en compte dans l'évaluation de

[334] *Idem*, § 205.
[335] *Idem*, § 207.
[336] *Idem*, § 207.
[337] *Idem*, § 208.
[338] *Idem*, § 209.
[339] *Idem*, § 210.

sa crédibilité. Par ailleurs, l'erreur commise par P-280 en ce qui concerne l'existence d'un aéroport s'avère plus préoccupante que ne veut le reconnaître le Procureur si on la rapproche du passage de sa déclaration de 2007, lu en audience, dans lequel il précise qu'un "groupe de l'aéroport de Zumbe" avait attaqué Bogoro aux côtés du sien. La référence ainsi faite à l'existence d'un "groupe de l'aéroport de Zumbe" parmi les attaquants de Bogoro ne permet en effet plus de considérer que l'absence d'aéroport à Zumbe ne serait qu'un "point périphérique" de ce témoignage. »[340]

En conclusion, compte tenu précisément, notamment, du fait que « les propos du témoin P-280 relatifs à sa présence dans les rangs des combattants de Zumbe au moment de l'attaque de Bogoro s'avèrent par trop imprécis et contradictoires »,[341] et que les doutes qu'elle nourrit sur l'aptitude de ce témoin à déposer sur les faits de la saisine sont alimentés par les déclarations du témoin à décharge D03-340 malgré la valeur probante relative de celles-ci,[342] « la Chambre estime ne pas pouvoir se fonder sur la déposition de P-280 dans la présente affaire. »[343]

Ainsi donc, grâce aux contre-interrogatoires professionnellement et méthodiquement menés par les conseils de défense, ont été mises à jour, des contre-vérités, incohérences, imprécisions, contradictions émaillant les dépositions des témoins clés de l'accusation P-250, P-279 et P-280, autant des défauts que la chambre a, en toute justice et équité, pris en compte dans l'évaluation de la crédibilité de ces derniers et dans sa décision d'écarter leurs témoignages.

À son tour, contre-interrogeant les témoins à décharge, le procureur, tout en restant dans le cadre de l'interrogatoire principal, s'est employé à jeter une suspicion sur la véracité de leurs propos. Il est parfois allé au-delà de ce cadre pour, légitimement, essayer de mettre à mal leur crédibilité. C'est ce qu'il a fait, par exemple, lors des contre-interrogatoires des témoins de la défense de MN pseudonymés D03-44, D03-55, D03-963, D03-965 et D03-88.

Paragraphe IV : Leçons tirées des témoignages de D03-44, D03-55, D03-963, D03-965

La défense a produit ces témoins essentiellement pour démontrer que durant la période infractionnelle (août 2002 - début mars 2003), MN n'était pas chef d'état-major du FNI à Zumbe ; que ce mouvement n'existait pas à Bedu Ezekere à cette époque, et que MN n'exerçait que ses activités

340 *Idem*, § 211.
341 *Idem*, § 218.
342 *Idem*, § 218.
343 *Idem*, § 219.

d'infirmier au centre de santé de Kambutso. Au cours de leurs dépositions, ils ont affirmé, notamment, que durant toute la journée du 24 février 2003, jour de l'attaque de Bogoro, MN avait travaillé au poste de santé de Kambutso où il avait procédé à un accouchement difficile d'une femme.[344]

Lors de ses contre-interrogatoires, le procureur s'en est pris à ce qu'il a estimé être, « dans l'esprit de l'accusé », une défense d'alibi. Il s'est attaqué à la crédibilité des témoins ayant présenté cet élément qui, à ses yeux, ne correspondait pas à la vérité. Il s'est employé à présenter des contradictions existant entre les propos de ces différents témoins, dont deux n'ont, selon lui, été annoncés qu'à la toute dernière minute ;[345] autant des prétentions naturellement contestées par la défense.[346]

La chambre a, évidemment, pris en ligne de compte, tous les aspects de la déposition de ces témoins, ressortis des interrogatoires principaux et des contre-interrogatoires. Dans son analyse, elle a jugé que « les témoins présentés par la Défense ne sont... pas crédibles lorsqu'ils avancent que Mathieu Ngudjolo aurait travaillé toute la journée du 24 février 2003 au centre de santé de Kambutso. Il lui est en effet apparu qu'en dehors de cette journée, qu'ils décrivent avec précision, D03-963 et D03-965 se sont souvent trouvés incapables de se souvenir d'autres aspects de la vie de Bedu-Ezekere... Pour la Chambre, la déposition de ces deux témoins souffre donc d'un manque de crédibilité qui ne permet pas de les prendre en compte. »[347] « S'agissant du témoin D03-44, la Chambre constate qu'il a déclaré devoir beaucoup à Mathieu Ngudjolo et qu'il a pu se souvenir de la date du 24 février parce que l'accusé l'a beaucoup aidé dans sa vie. Une telle déclaration ne peut que conduire la Chambre à faire preuve de la plus grande prudence vis-à-vis de la partie de son témoignage relative aux activités de Mathieu Ngudjolo le 24 février 2003, en raison précisément de l'intérêt qu'il peut avoir à défendre la cause de l'accusé. »[348]

---

[344] Voir Equipe de Défense de Mathieu Ngudjolo, Deuxième corrigendum, Conclusions finales, ICC-01/04-01/07-3265-Corr2-Red, 8 novembre 2012, §§ 241 à 256, 466 à 469, 585 ; Jugement Ngudjolo, §§ 414, 416, 417, 419.

[345] Voir Bureau du Procureur, Corrigendum du mémoire final, ICC-01/04-01/07-3251-Corr-Red, 03-07-2012, §§ 460, 461, 468, 470, 474 ; Jugement Ngudjolo, §§ 418, 422.

[346] Voir Equipe de Défense de Mathieu Ngudjolo, Deuxième corrigendum, Conclusions finales, ICC-01/04-01/07-3265-Corr2-Red, 8 novembre 2012, §§ 885 à 894 ; CPI, Situation en République démocratique du Congo, *Affaire le Procureur c. Germain Katanga et Mathieu Ngudjolo*, ICC-01/04-01/07, Chambre de 1ère instance II, Transcription de l'audience du 22 mai 2012, Conclusions orales, Plaidoiries de la Défense de Mathieu Ngudjolo, ICC-01/04-01/07-T-339-FRA ET WT, spécialement p. 45.

[347] Jugement Ngudjolo, § 420.

[348] *Idem*, § 421.

C'est en confrontant les dépositions de D03-44, D03-963 et D03-965 avec celles de D03-55 que la chambre a constaté des contradictions et a été amenée à ne pas considérer comme crédible la partie du témoignage de ce dernier se rapportant aux activités de MN durant la période infractionnelle. Telle a été son évaluation : « En ce qui concerne le témoin D03-55, la Chambre relève de nombreuses contradictions, d'ailleurs rappelées par le Procureur, entre ses propos et les dépositions des témoins précités. Elle constate en outre, là encore, que le témoin confond de nombreuses dates ayant trait à sa vie personnelle alors qu'il a été en mesure de décrire avec précision la journée du 24 février. Ces contradictions et la confusion ainsi relevée n'autorisent dès lors pas la Chambre à considérer cette partie de son témoignage comme crédible. »[349]

Il faut donc noter que dans leur évaluation globale des témoignages et d'autres éléments de preuve, les juges ne se limitent pas à relever des contradictions au sein de la déposition d'un seul et même témoin, mais aussi celles existant entre les déclarations de deux ou plusieurs témoins de la même partie sur un même sujet. Autrement dit, la chambre peut juger non crédibles les déclarations d'un témoin sur un point précis, si celles-ci sont en contradiction avec la déposition d'un autre témoin de la même partie, jugé plus fiable, sur le même thème.

Paragraphe V : Leçons tirées du témoignage de D03-88

D03-88 était le chef du groupement de Bedu Ezekere au moment des faits de la saisine. La défense l'a cité pour qu'il témoigne notamment sur la situation sécuritaire ayant prévalu au sein de son groupement, sur l'attaque de Bogoro du 24 février 2003 et sur les activités de MN à Zumbe durant la période infractionnelle.[350]

Dans son témoignage, D03-88 a déclaré, entre autres, que MN ne dirigeait pas le groupe de jeunes à Zumbe ;[351] qu'il n'était pas un personnage particulièrement important dans le groupement, même s'il inspirait un certain respect dû à son niveau d'études et à ses fonctions d'infirmier ;[352] que lui, D03-88, en sa qualité de chef du groupement, avait interdit à la population de son groupement, et donc de Zumbe, de prendre part à l'attaque

---

[349] *Idem*, § 422.
[350] *Idem*, §§ 297 à 304.
[351] CPI, Situation en République démocratique du Congo, *Affaire le Procureur c. Germain Katanga et Mathieu Ngudjolo*, ICC-01/04-01/07, Chambre de 1ère instance II, Transcription de l'audience du 8 septembre 2011, déposition du témoin D03-88, ICC-01/04-01/07-T-306-Red-FRA CT WT, p. 70 ; Jugement Ngudjolo, § 301.
[352] Déposition du témoin D03-88, Transcription ICC-01/04-01/07-T-305-Red-FRA WT 07-09-2011, pp 65 à 68 ; Jugement Ngudjolo, § 301.

de Bogoro du 24 février 2003 ;[353] que MN n'avait pas participé à cette attaque…[354]

Lors de son contre-interrogatoire, le procureur a tenu à étaler les faiblesses qui, selon lui, affectaient ce témoignage. Il a, notamment, mis l'accent sur le fait que D03-88 connaissait très bien MN ; qu'il le défendait ouvertement ; qu'il avait eu, d'après lui (le procureur), un contact téléphonique avec MN depuis le centre de détention ; que son objectif était de le protéger ; et qu'en conséquence, en ce qui concerne la responsabilité de ce dernier, sa déposition n'était pas fiable, car partiale.[355]

Dans son évaluation, la chambre a naturellement mis en balance les points forts et faibles de ce témoignage de D03-88. Elle l'a jugé crédible dans l'ensemble mais a estimé que les passages relatifs à la responsabilité de MN devaient être traités avec beaucoup de prudence. Elle argumente, en effet, « qu'au cours de sa déposition, D03-88 s'est montré plutôt spontané, cohérent et précis, en fixant rapidement les limites de ses connaissances lorsqu'il s'agissait de répondre aux questions ne touchant pas directement à la responsabilité de Mathieu Ngudjolo ou à la position qu'il occupait pendant la période précédant le 24 février 2003. Tel était ainsi le cas, par exemple, des questions relatives à son voyage à Beni, aux structures existantes en Walendu-Bindi et à Bedu-Ezekere ainsi qu'à la dynamique des relations entre les Lendu et les Hema. »[356] « En revanche, D03-88 s'est montré beaucoup plus évasif, répondant souvent sous forme de questions, et parfois même défensif lorsqu'il s'est agi de répondre aux questions impliquant directement Mathieu Ngudjolo ou simplement lui-même. Ainsi a-t-il directement exprimé à la Chambre son impression d'être jugé au cours de sa déposition… »[357] « Plus fondamentalement, D03-88 a souhaité rappeler que, lors du déplacement du Procureur de la Cour à Zumbe, l'un de ses objectifs était de dire au Procureur, en présence de toute la population, que Ngudjolo n'était pas à Bogoro, affirmation qu'il a répétée, à de nombreuses reprises et en démontrant une forte volonté de convaincre, dans le cadre de sa déposition. »[358] Sur le point développé par le procureur relatif au contact régulier que D03-88 aurait entretenu avec MN depuis le centre de détention de la Haye, « la chambre tient à souligner l'attitude défensive qu'il a adoptée

---

[353]Déposition du témoin D03-88, Transcription ICC-01/04-01/07-T-300-FRA ET WT 29-08-2011, pp 62-63 ; Transcription ICC-01/04-01/07-T-306-Red-FRA CT WT 08-09-2011, pp 25 à 29 ; Jugement Ngudjolo, § 304.

[354] Déposition du témoin D03-88, Transcription ICC-01/04-01/07-T-305-Red-FRA WT 07-09-2011, pp 61-62 ; Jugement Ngudjolo, § 304.

[355] Bureau du Procureur, Corrigendum du mémoire final, ICC-01/04-01/07-3251-Corr-Red, 03-07-2012, § 363 ; Jugement Ngudjolo, § 306.

[356] Jugement Ngudjolo, § 308.

[357] *Idem*, § 309.

[358] *Idem*, § 310.

lorsqu'il a affirmé ne jamais plus avoir de contact avec Mathieu Ngudjolo. Interrogé sur le même sujet, Mathieu Ngudjolo a lui aussi admis avoir eu un échange téléphonique avec le témoin dans le courant de l'année 2009 puis il a précisé qu'il ne se souvenait pas avoir eu d'autres conversations avec lui. La Chambre a toutefois pu constater que l'accusé avait également répondu sur un ton agacé au Procureur lorsque celui-ci l'interrogeait sur ses échanges avec le témoin D03-88. Pour elle, le comportement dont ont alors fait preuve tant le témoin que l'accusé incite donc à la prudence. »[359] En conclusion, « la Chambre considère que la déposition de D03-88 est dans l'ensemble crédible ; elle estime toutefois que les passages impliquant directement la responsabilité de Mathieu Ngudjolo doivent être traités avec beaucoup de prudence. »[360]

On voit donc que le contre-interrogatoire, qui doit, en principe, se limiter aux thèmes abordés au cours de l'interrogatoire principal et aux questions liées à la crédibilité du témoin, permet à la chambre d'avancer vers la découverte de la vérité. C'est surtout lors du contre-interrogatoire que l'on peut se rendre compte si le témoin dit ou non la vérité. En effet, il n'a jamais eu l'occasion de s'entretenir avec le conseil le contre-interrogeant et ne sait donc pas quelles sont les questions que celui-ci lui posera. S'il verse dans le mensonge, il court le risque de s'empêtrer dans des contradictions, des imprécisions, des incohérences, des énervements, des silences longs, des attitudes singulières etc. Les juges en prennent note et en tiendront compte au moment de l'évaluation globale des éléments de preuve versés au dossier.[361] Au cours de cette évaluation, ils peuvent estimer un témoignage

---

[359] *Idem*, § 311.

[360] *Idem*, § 313.

[361] Voir aussi, Jugement Lubanga, §§ 102 à 106.

« 102. Pour apprécier la déposition orale d'un témoin, la Chambre a pris en considération l'intégralité du récit livré, la façon dont l'intéressé a témoigné, la vraisemblance du témoignage et la cohérence de celui-ci, y compris par rapport à d'autres éléments de preuve présentés en l'espèce. La Chambre s'est demandé si le témoignage à l'audience contredisait des déclarations faites antérieurement par le témoin, pour autant que les parties pertinentes de telles déclarations aient été versées aux débats. Dans chaque cas, la Chambre a apprécié l'ampleur et la gravité des incohérences, et l'incidence de celles-ci sur la fiabilité générale du témoin.

103. La Chambre a gardé à l'esprit qu'en raison du contexte général de l'affaire et de la situation de chacun des témoins, les témoignages pouvaient présenter certaines imprécisions, invraisemblances ou incohérences. Ainsi, les charges se rapportent à des événements qui ont eu lieu en 2002 et 2003. Les souvenirs s'estompent et les témoins qui étaient enfants à l'époque considérée, ou qui ont été traumatisés, peuvent avoir eu du mal à restituer les faits de manière cohérente, complète et logique. D'autres raisons peuvent avoir causé des distorsions dans les dépositions de certains témoins et la Chambre en a tenu compte dans son appréciation globale des récits en question.

crédible sur certains points, non crédible sur d'autres, totalement crédible ou totalement non crédible sur l'ensemble des thèmes abordés. C'est donc de cette évaluation que dépend le poids probatoire accordé à chaque témoignage.

De l'analyse du jugement Lubanga, il ressort que les juges de la chambre de première instance I ont également, au moment des délibérations, été attentifs aux contradictions et faiblesses ayant émaillé les dépositions de certains témoins. Ainsi, par exemple, ont-ils estimé que la fiabilité des témoignages de P-0007 et P-0008 était « compromise par les faiblesses et les contradictions relevées dans leurs déclarations (en particulier concernant leur âge et leur véritable identité), ainsi que par le témoignage de D-0012. Leurs craintes pour leur sécurité et celle de leur famille ne suffisent pas à expliquer de manière satisfaisante les difficultés que soulèvent les récits qu'ils ont livrés. Dans ces circonstances, la Chambre n'est en mesure de se fonder ni sur le témoignage de l'un ni sur celui de l'autre. »[362] De même, les contradictions internes relevées dans les propos de P-0010, « et notamment les différences inexpliquées entre la date de naissance qu'elle a donnée à l'audience et celles figurant dans les preuves documentaires, conjuguées à la solidité des autres preuves la contredisant, font que la Chambre ne saurait trouver ce témoin fiable sur de nombreux aspects du récit qu'elle a livré. »[363] Elle a abouti à une conclusion similaire s'agissant du témoignage de P-0011.[364] Dans son évaluation, la chambre a tenu compte du fait que ces quatre témoins (P-0007, P-0008, P-0010, P-0011) avaient été présentés au

---

104. Il est arrivé que la Chambre ne tienne pas compte d'une partie du récit d'un témoin tout en acceptant d'autres aspects de son témoignage, reconnaissant en cela qu'un témoin peut livrer un récit exact sur certains points mais indigne de foi sur d'autres. Néanmoins, lorsque la Chambre a rejeté une partie de la déposition d'un témoin, elle a toujours examiné les effets que cette décision pouvait avoir sur la fiabilité du reste de la déposition considérée…

106. La Chambre a examiné la situation de chacun des témoins, notamment sa relation avec l'accusé, son âge, sa vulnérabilité, toute participation aux événements considérés, le risque qu'il s'incrimine lui-même, ses éventuels préjugés favorables ou défavorables à l'accusé et les raisons qui pourraient le pousser à dire la vérité ou à faire un faux témoignage. »

[362] Jugement Lubanga, § 247.

[363] *Idem*, § 268.

[364] En effet, au sujet de P-0011, la Chambre a également conclu qu'étant donné les contradictions internes et la confusion qui caractérisent son témoignage, et tenant compte du témoignage de D-0024, elle « doute sérieusement que P-0011 ait été enfant soldat au sein de l'UPC dans les circonstances qu'il a décrites, à savoir qu'il avait moins de 15 ans durant la période visée par les charges. Les contradictions internes constatées dans ses déclarations, … et les autres preuves contredisant son témoignage font que la Chambre ne saurait trouver ce témoin fiable sur de nombreux détails du récit qu'il a livré. » - *Idem*, § 288.

procureur par l'intermédiaire 143 révélé, au vu des éléments de preuve présentés au cours du procès, comme ayant « joué un rôle dans les témoignages nettement viciés que ces témoins ont présentés au Bureau du Procureur et à la Cour. Vu le défaut systématique de crédibilité des témoins qu'il a présentés aux enquêteurs, et vu notamment l'effet cumulé des récits que chacun de ces témoins a livrés, il est probable qu'en tant que point de contact commun auxdits témoins, l'intermédiaire 143 a convaincu, encouragé ou aidé certains d'entre eux, sinon tous, à donner un faux témoignage. Tout en reconnaissant que les récits livrés par P-0007, P-0008, P-0010 et P-0011 étaient ou peuvent avoir été en partie sincères et exacts, la Chambre a néanmoins de sérieux doutes quant à certains aspects essentiels de ces témoignages, en particulier l'âge des intéressés à l'époque considérée. Il pourrait y avoir d'autres explications, mais on ne saurait écarter sans risque la possibilité réelle que l'intermédiaire 143 ait corrompu les témoignages de ces quatre personnes. »[365] La chambre a opéré le même constat à l'encontre des intermédiaires 0316 et 0321.[366] Aussi a-t-elle, dans son dispositif et conformément à l'article 70 du Statut et à la règle 165 du RPP, notifié au procureur « ses conclusions selon lesquelles il se peut que P-0143, P-0316 et P-0321 aient persuadé, encouragé ou aidé des témoins à présenter de faux témoignages. »[367] À la suite de ce constat, la majorité de la chambre a décidé de retirer « à P-0007, P-0008, P-0010, P-0011, P-0298 et

---

[365] Jugement Lubanga, § 291.

[366] *Idem*, §§ 292 à 296 ; 339 ; 356 ; 358 ; 365 ; 366 à 368 ; 372 ; 373 : « Compte tenu en particulier du manque de crédibilité de P-0316, la Chambre juge qu'il y a de fortes raisons de conclure qu'il a persuadé des témoins de mentir concernant leur appartenance à l'UPC en tant qu'enfants soldats. » § 374 : « Cette conclusion peut affecter le jugement que portera la Chambre sur les témoins cités à comparaître par l'Accusation et avec lesquels P-0316 a été en contact (P-0015 et P-0038)… » §§ 375 à 377 ; 406 ; 415 ; 430 ; 441 ; 448 à 450.

[367] *Idem*, § 1361. Au § 483, la chambre a ainsi précisé sa motivation et ce qu'elle attend du procureur : « Comme on l'a vu plus haut, il existe un risque que P-0143 ait persuadé, encouragé ou aidé des témoins à faire de faux témoignages ; il y a de fortes raisons de penser que P-0316 a persuadé des témoins de mentir quant à leur situation d'enfant soldat dans les rangs de l'UPC ; et il existe une réelle possibilité que P-0321 ait encouragé et aidé des témoins à livrer de faux témoignages. Il semble que ces personnes se soient rendues coupables d'infractions visées à l'article 70 du Statut. Comme prévu à la règle 165 du Règlement, c'est à l'Accusation qu'il incombe d'engager et de conduire des enquêtes en pareilles circonstances. Des enquêtes peuvent être engagées sur la base d'informations communiquées par une chambre ou par toute source fiable. La Chambre communique les informations exposées ci-dessus au Bureau du Procureur, à charge pour celui-ci d'éviter tout risque de conflit dans le cadre de toute enquête ouverte à cet égard. » Voir aussi, Chambre de première instance II, *Affaire le Procureur c. Germain Katanga et Mathieu Ngudjolo, Decision on the Prosecution's renunciation of the testimony of witness P-159*, 24 février 2011, ICC-01/04-01/07-2731, § 18.

P-0299, témoins ayant également la qualité de victime, le droit de participer aux procédures en tant que victimes. »[368]

Pour conclure, en prescrivant le recentrage du contre-interrogatoire sur les points abordés au cours de l'interrogatoire principal et sur des questions liées à la crédibilité du témoin, la règle procédurale qui vient d'être expliquée permet la pleine mise en œuvre du principe du contradictoire, l'isolation des contre-vérités, mensonges, montages, contradictions, incohérences, invraisemblances, et finalement l'avancement progressif vers la découverte de la vérité. Elle produit ces heureux effets sans se révéler sclérosante, car elle laisse place aux questions pertinentes de la partie adverse autorisée à nourrir légitimement sa théorie pour l'édification des juges.

Section 2 - *Deuxième règle* : Droit de poser des questions pouvant amener le témoin à étayer sa cause

En effet, lors du contre-interrogatoire mené par la partie adverse, celle-ci a le droit, s'il s'avère que le témoin peut fournir des éléments étayant sa théorie, de lui poser des questions sur ces derniers, même s'ils n'avaient pas été abordés dans l'interrogatoire principal, pourvu qu'ils contribuent à la manifestation de la vérité. Cette ouverture est prévue dans le paragraphe 69 des instructions 1665 qui est ainsi libellé : « Le contre-interrogatoire se limite aux points abordés au cours de l'interrogatoire principal et à des questions liées à la crédibilité du témoin. *En outre, lorsque le témoin est en mesure de fournir des éléments de preuve se rapportant à la cause de la partie procédant au contre-interrogatoire, celle-ci peut lui poser des questions sur ces points, même s'ils n'ont pas été abordés au cours de l'interrogatoire principal.* »[369]

Ces débats se déroulent et doivent se dérouler de façon rationnelle et en toute loyauté. Ainsi, par exemple, « lorsque la thèse de la partie procédant au contre-interrogatoire est en contradiction avec les éléments de preuve fournis par le témoin au cours de l'interrogatoire principal, cette partie l'indique clairement au témoin avant de lui poser des questions à ce sujet. »[370] Comme le dit le paragraphe 73 des instructions 1665, « le contre-interrogatoire permet à la partie qui n'a pas cité le témoin d'obtenir de lui tous autres éléments de preuve pertinents qui pourraient être utiles à sa cause ou nécessaires à la manifestation de la vérité. » Ce droit doit être exercé avec parcimonie. La partie contre-interrogeant doit s'assurer et démontrer à

[368] Jugement Lubanga, § 1362. Voir aussi § 1363 : « La Chambre retire aux victimes a/0229/06, a/0225/06 et a/0270/07 le droit de participer aux procédures. »

[369] Passage relevé en italique par nous.

[370] § 70 des instructions 1665.

l'attention des juges que les sujets qu'il aborde sont non seulement utiles à sa cause, mais aussi pertinents pour l'élucidation de l'affaire et connus du témoin déposant. Elle doit toujours avoir présent à l'esprit que les juges, soumis à l'obligation de diligence, mettent constamment en balance le temps consacré à la présentation de tels éléments et leur valeur probante. En d'autres termes, il faut gérer le temps avec rigueur et ne s'attarder que sur des éléments pertinents. De même, il importe de se limiter à des éléments connus du témoin pour les avoir vus ou entendus, sachant qu'un témoin des faits diffère d'un témoin expert.

Pour donner une illustration concrète, lors du contre-interrogatoire du témoin du procureur P-30, le conseil de la défense a été interpelé par la chambre qui voulait savoir où celui-ci se dirigeait dans une série des questions rentrant dans le cadre de cette ouverture du paragraphe 73 des instructions 1665. Voici cet échange édifiant :

> « M. LE JUGE PRÉSIDENT COTTE : ... Avant de faire entrer le témoin, et avant de donner la parole au Pr Fofé qui, vraisemblablement, a pressenti que la Chambre était soucieuse... la Chambre aimerait, justement, simplement... vous faire part de ses motifs de préoccupation. Le paragraphe 73 de notre décision 1665 du 1er décembre dernier dispose, je le cite, « que le contre-interrogatoire permet à la partie qui n'a pas cité le témoin d'obtenir de lui tous autres éléments de preuve pertinents qui pourraient être utiles à sa cause, ou nécessaires à la manifestation de la vérité. Par conséquent, il incombe à la partie procédant au contre-interrogatoire de soulever, à cette occasion, l'ensemble des questions qu'elle souhaite poser au témoin. » Fin de citation. Encore faut-il que la Chambre puisse être certaine que les sujets que vous estimez utiles à la Défense de votre client sont réellement pertinents et suffisamment en lien avec ce que le témoin a pu voir, entendre, ou constater lui-même. Et si tel n'était pas le cas, il vous appartiendrait, le moment venu, de citer vous-mêmes des témoins dans le cadre de la présentation de votre propre cause. Or, à ce stade de nos débats, même si nous le pressentons, ou nous le devinons, nous ne savons toujours pas où vous souhaitez exactement aller, ni ce que vous souhaitez exactement démontrer. Au cours de notre dernière heure d'audience, hier après-midi, vous avez en effet lu au témoin des parties de déclarations qu'il a faites devant le Bureau du Procureur. Vous lui avez présenté (Expurgée)... son audition par le Bureau du Procureur, mais vous ne l'avez pas questionné, et c'est notamment ce qui nous a surpris. Et par là même, nous ne sommes pas en mesure de bien apprécier la pertinence de la démonstration que vous faites, et par voie de conséquence, nous ne sommes pas non plus parfaitement en mesure d'apprécier s'il y a lieu, ou non, d'attribuer d'éventuels numéros EVD. Alors, vous le savez, je n'ai pas besoin... de le rappeler longtemps, et vous en êtes parfaitement conscients, la Chambre est soumise à son obligation de diligence et elle se doit de mettre constamment en balance le temps passé à la présentation d'éléments de preuve et leur valeur probante, le temps utilisé ne devant pas être disproportionné avec la valeur probante attendue ou espérée. Donc, et vous vous proposiez de le faire - les grands esprits se rencontrent -, il est indispensable... d'éclaircir un peu... notre horizon commun, et c'est ce que nous attendons de vous avant de reprendre nos débats avec le témoin 0030. Vous avez la parole, Professeur Fofé.

Pr FOFÉ : Merci beaucoup, Monsieur le Président. Monsieur le Président, Honorables Juges, bonjour. La Défense de Mathieu Ngudjolo voudrait brièvement répondre à la préoccupation de la Chambre relative au lien existant entre les paragraphes de la déclaration écrite du témoin qui comparait actuellement et les extraits vidéo qu'elle, la Défense, a sélectionnés. Dans les paragraphes dont nous donnons lecture, ce témoin explique l'événement, la date et le contexte de sa survenance, ainsi que les personnages présents. Il y a donc un lien étroit entre ces paragraphes de la déclaration écrite, et les extraits des vidéos que nous avons sélectionnés. Ces paragraphes, autant que ces extraits vidéo, sont très importants pour la Défense de Mathieu Ngudjolo. Plaise à la Chambre de se rappeler notre déclaration liminaire du 24 novembre 2009 qui trace la ligne de défense de Mathieu Ngudjolo. Tous les éléments que nous versons au dossier rentrent dans cette ligne qui est la thèse de la Défense. Les éléments contenus dans les paragraphes lus et dans les extraits vidéo que nous avons et allons visionner sont très pertinents pour la Défense de Mathieu Ngudjolo pour des raisons suivantes : Premièrement, ces éléments tracent le contexte politico-militaire dans lequel est venu se produire l'attaque de Bogoro qui ne relève pas d'un conflit interethnique, mais d'un conflit de haute intensité ayant impliqué des puissances étatiques. Deuxièmement, ces éléments datent de janvier, février 2003, temps voisin à l'attaque de Bogoro du 24 février 2003. Troisièmement, ces éléments montrent les enjeux en présence. Quatrièmement, ces éléments désignent les protagonistes en présence : d'un côté l'UPC, de l'autre le gouvernement ougandais avec son armée - UPDF -, le gouvernement congolais avec son armée - les FAC - devenue FARDC, le RCD/KML avec son armée - l'APC. Cinquièmement, ces éléments permettent de répondre à la cruciale question suivante : qui avait intérêt à déloger l'UPC de Bogoro ? ... La Défense de Mathieu Ngudjolo estime qu'il peut verser au dossier également les éléments tirés du site de l'UPC par le biais de ce témoin, car la plupart des éléments publiés par l'UPC dans son site sont (Expurgée)... Pour terminer, Monsieur le Président, Honorables Juges, la Défense de Mathieu Ngudjolo est consciente que le temps judiciaire est très précieux. Elle utilise avec parcimonie son temps de parole. À la date du 16 juillet 2010, le tableau du temps de parole utilisé par le Procureur pour son interrogatoire principal et par les deux équipes de défense pour leurs contre-interrogatoires respectifs se présentait comme suit : le Procureur, 69 heures 10 minutes ; l'équipe Katanga, 53 heures 30 minutes ; l'équipe Ngudjolo, 24 heures 57 minutes. L'équipe Ngudjolo croit donc avoir un crédit de temps de parole. Vous aurez remarqué, Monsieur le Président, Honorables Juges, qu'à deux reprises la Défense de Mathieu Ngudjolo a décidé de ne pas contre-interroger deux témoins du Procureur. Elle gère avec rigueur son temps de parole. Aujourd'hui, elle estime important d'utiliser sa petite réserve de temps de parole avec le témoin 0030 pour verser au dossier les éléments essentiels qui étayent la thèse de Mathieu Ngudjolo. Monsieur le Président, Honorables Juges, je vous remercie.
M. LE JUGE PRÉSIDENT COTTE : Merci, Professeur Fofé, pour toutes ces précisions. En ce qui concerne le dernier point de votre intervention, la Chambre vous donne parfaitement acte de la gestion rigoureuse de votre temps de parole. Elle n'avait pas oublié que vous avez à deux reprises, effectivement, décidé de ne pas contre-interroger. S'agissant maintenant du fond même de votre propos,

comme je le disais il y a un instant, nous pressentions, ou nous devinions - car nous n'avons pas oublié votre déclaration liminaire... mais tout cela va encore mieux en l'écoutant. Vous l'avez dit. Nous savons donc où vous allez. Vous avez conscience, donc, de la proportion qui doit exister entre temps et valeur probante. Nous avons conscience de l'importance que vous attachez à cette partie de nos débats et à la présence de ce témoin. Il faut également que vous ayez pleine conscience de la nécessité de bien cerner ses qualifications exactes et son aptitude à répondre à un certain nombre de vos questions. Donc, vous devez sur ce plan-là avancer non pas avec prudence mais avec, simplement, discernement. Nous avons à plusieurs reprises utilisé, les uns et les autres, hier - et vous-même, d'ailleurs, je crois -, la formule selon laquelle il n'était pas un analyste politique. Nous allons donc poursuivre nos débats. »[371]

Il faut reconnaître que la mise en œuvre de ce paragraphe 73 est très délicate car non seulement il accorde un droit, mais aussi impose-t-il à la partie qui contre-interroge, l'obligation de poser, en cette occurrence, toutes les questions utiles à sa cause, en respectant évidemment les exigences qui viennent d'être soulignées. En termes clairs, la partie qui contre-interroge un témoin doit saisir l'opportunité qui lui est offerte pour obtenir de celui-ci tous les éléments de preuve pertinents étayant sa cause ou permettant la manifestation de la vérité. Elle doit poser à ce dernier toutes les questions pertinentes à ces fins. S'il en omet, il ne pourra pas, plus tard, prétendre au droit de le rappeler. C'est le lieu de citer l'intégralité de ce paragraphe 73 des instructions 1665 qui énonce cette règle en ces termes : « Le contre-interrogatoire permet à la partie qui n'a pas cité le témoin d'obtenir de lui tous autres éléments de preuve pertinents qui pourraient être utiles à sa cause ou nécessaires à la manifestation de la vérité. Par conséquent, il incombe à la partie procédant au contre-interrogatoire de soulever à cette occasion l'ensemble des questions qu'elle souhaite poser au témoin. En principe, la Chambre n'autorisera pas une partie à rappeler un témoin si elle a déjà eu la possibilité de le contre-interroger. »

Cette règle s'harmonise donc avec la prescription contenue dans le paragraphe 69 qui, tout en limitant le contre-interrogatoire aux points abordés au cours de l'interrogatoire principal et à des questions liées à la crédibilité du témoin, ouvre à la partie contre-interrogeant la possibilité de poser à celui-ci, s'il est en mesure de fournir des éléments de preuve appuyant sa cause, des questions pour obtenir ces éléments. Dès lors, le champ du contre-interrogatoire apparaît très vaste, n'étant en réalité limité que par la pertinence des questions posées au regard de l'objet de la saisine, par leur aptitude à faire avancer la chambre vers la découverte de la vérité et

---

[371] CPI, Situation en République démocratique du Congo, *Affaire le Procureur c. Germain Katanga et Mathieu Ngudjolo*, ICC-01/04-01/07, Chambre de 1ère instance II, Transcription de l'audience du 31 août 2010, ICC-01/04-01/07-T-181-Red2-FRA WT, de la p. 1, L16 à la p. 5, L16.

par le périmètre des faits connus par le témoin. Car, les questions posées doivent absolument « se rapporter à des points de fait dont on peut raisonnablement s'attendre à ce qu'ils soient connus du témoin. »[372] Elles sont naturellement également limitées par l'interdiction des répétitions nuisibles à la célérité du procès.

Section 3 - *Troisième règle* : Interdiction de poser des questions répétitives

Le conseil contre-interrogeant le témoin doit éviter de répéter exactement les mêmes questions que celles déjà posées à celui-ci par un confrère intervenu antérieurement. Ce cas est surtout envisageable dans un procès joint où chaque accusé a sa propre équipe de défense. En pareille occurrence, le conseil qui interroge le même témoin en second lieu doit être attentif aux questions posées par son collègue ayant contre-interrogé ledit témoin en premier pour éviter de répéter les mêmes questions. Le paragraphe 72 des instructions 1665 explicite ainsi cette règle : « Les deux équipes de la Défense peuvent décider ensemble si elles souhaitent changer l'ordre dans lequel elles vont contre-interroger un témoin. Dans la mesure du possible, la Chambre les encourage à se concerter afin qu'une seule des deux équipes procède au contre-interrogatoire. Cependant, si les deux équipes de la Défense insistent pour procéder chacune à leur (sic !) propre contre-interrogatoire du témoin, la Chambre entend strictement interdire les questions répétitives et limiter le deuxième contre-interrogatoire à des questions portant sur des points se rapportant directement et exclusivement à l'accusé concerné. En principe, les questions mettant en cause la crédibilité du témoin et l'exactitude de sa déposition ne devraient être posées que par la première des équipes de la Défense qui procède au contre-interrogatoire. »

On aperçoit aisément le bien-fondé de cette prescription qui veut que les débats se déroulent de façon rationnelle, sans entraîner une élongation inadmissible du procès. Il faut, néanmoins, reconnaître que le vœu exprimé par la chambre de voir, dans un procès joint, les deux équipes de défense se concerter afin qu'une seule d'entre elles procède au contre-interrogatoire, est difficile à être exaucé. En effet, dans un procès joint, chaque accusé jouit pleinement des droits qui lui sont reconnus notamment par l'article 67 du Statut de la CPI, entre autres celui d'interroger ou faire interroger les témoins à charge. Cet article porte ce qui suit, dans son paragraphe 1er, e) : « 1. Lors de l'examen des charges portées contre lui, l'accusé a droit à ce que sa cause soit entendue publiquement, compte tenu des dispositions du présent Statut, équitablement et de façon impartiale. Il a droit, en pleine

---

372 Paragraphe 71, a), Instructions 1665.

égalité, au moins aux garanties suivantes : … e) Interroger ou faire interroger les témoins à charge et obtenir la comparution et l'interrogatoire des témoins à décharge dans les mêmes conditions que les témoins à charge. L'accusé a également le droit de faire valoir des moyens de défense et de présenter d'autres éléments de preuve admissibles en vertu du présent Statut. »

La difficulté de conduire un seul contre-interrogatoire tient au fait que chaque accusé a sa ligne de défense et développe une démonstration qui, sans nuire à l'autre co-accusé, ne rentre pas forcément dans les préoccupations de ce dernier. Les intérêts spécifiques des deux accusés peuvent être divergents, chacun poursuivant ses objectifs précis. C'est ainsi que dans la pratique des procès joints, chaque équipe de défense conduit généralement son propre contre-interrogatoire. Elle le fait en ayant évidemment à l'esprit cette interdiction de répétition des questions déjà posées. Cela étant, il peut donc arriver que l'équipe devant intervenir en second lieu s'abstienne volontairement de contre-interroger un témoin si elle constate raisonnablement que la première équipe a épuisé toutes les questions pertinentes ou si la déposition du témoin concerné ne porte nullement atteinte aux intérêts de son client.

Les derniers termes du paragraphe 72 ci-haut sont également difficiles à observer rigoureusement. Dans la pratique, chaque défense conçoit son questionnaire de contre-interrogatoire de façon autonome. À telle enseigne que la seconde équipe peut rationnellement et légitimement mettre en cause la crédibilité du témoin et l'exactitude de sa déposition. La règle qu'il importe de respecter strictement, c'est l'interdiction des questions répétitives qui a également été rappelée par la chambre de première instance V(A), saisie de l'affaire jointe Ruto-Sang.[373] La partie ayant cité le témoin est, à coup sûr, aux aguets pour dénoncer toute répétition chronophage. Aussi, madame le procureur l'a-t-elle fait le 13 octobre 2010 lorsque le conseil de MN contre-interrogeait, à son tour, le témoin de l'accusation P-12, après la prestation de l'avocat de GK. Suivons le débat :

« Mme FROLICH… : Bonjour, Monsieur le Président, Mesdames les juges. Ce n'est pas une véritable objection que je formule mais plutôt un commentaire, à ce stade, et ce, aux fins de la célérité des procédures, si vous vous en souvenez - je suis sûre que tout le monde s'en souvient -, ce sujet, par exemple ce dernier sujet soulevé par le Pr Fofé a d'ores et déjà été présenté par Me Hooper au témoin lors du contre-interrogatoire précédent. Donc, je ne vois pas bien l'intérêt de reprendre l'ensemble des sujets depuis le début avec le témoin. Je peux comprendre qu'il y ait des détails supplémentaires que l'on recherche du témoin mais il faudrait peut-être garder cela en tête afin d'essayer d'avancer le plus vite possible lors de ces contre-interrogatoires. Merci.

Pr FOFÉ : Monsieur le Président.

M. LE JUGE PRÉSIDENT COTTE : Oui.

Pr FOFÉ : Je vais répondre.

---

[373] Décision ICC-01/09-01/11-847-Corr , § 14.

M. LE JUGE PRÉSIDENT COTTE : Oui.

Pr FOFÉ : ... Chaque jour, après le contre-interrogatoire de notre confrère, je relis le *transcript*, je fais une confrontation entre... les questions posées par les confrères et nos propres questions et notre propre démonstration. Cette nuit encore, je suis allé au lit à 1 heure du matin pour réaliser cette confrontation. Et je peux vous donner les références des *transcripts* relatives aux questions posées par notre confrère Hooper et les réponses données par le témoin. De cette confrontation rigoureuse, il ressort qu'il y a beaucoup de choses qui sont obscures, qui restent obscures. Nous pensons qu'avec notre démarche... car nous estimons que le présent témoin, c'est un témoin du contexte important, et nous aimerions saisir cette opportunité pour clarifier les choses. Car, si le Procureur a sa théorie, si notre confrère Hooper a sa théorie, nous avons la nôtre, et donc, nous prions instamment la Chambre de nous laisser poursuivre, nous savons ce que nous faisons et nous sommes guidés par notre ligne de défense. Voilà, Monsieur le Président.

M. LE JUGE PRÉSIDENT COTTE : Professeur Fofé, la Chambre saisit... cette occasion pour aborder avec vous des problèmes... de méthode. Sachez tout d'abord que nous avons parfaitement conscience de la somme de travail qu'il faut fournir, qu'il vous faut fournir compte tenu des délais d'impression des *transcripts*. Chacun s'efforce d'aller vite, les sténotypistes pour que nous puissions disposer en temps utile, les uns et les autres, d'une transcription qui soit définitive. Mais pour vous, le délai est bref, et il [est] donc nécessaire de consacrer du temps, et peut-être des bouts de nuits, à la relecture pour, comme la Chambre l'avait effectivement demandé hier, et comme le rappelait Mme le Procureur Frolic, s'efforcer de ne pas faire de répétitions par rapport aux champs qu'a déjà couverts Me Hooper. Mais comme vous le dites, vous pouvez poursuivre des objectifs différents et désirer obtenir des clarifications plus importantes encore que celles que Me Hooper était parvenu à obtenir. »[374]

Cette règle logique d'interdiction de questions répétitives, adoptée par toutes les chambres de première instance, a également régi l'interrogatoire des témoins ayant comparu devant les juges au cours de l'instruction de l'affaire Bemba. Ainsi, par exemple, lors du contre-interrogatoire du témoin de l'accusation P-0038 successivement par le co-conseil et le conseil principal de l'accusé, madame le procureur s'est levée contre la répétition des questions sur le même sujet et a requis l'arbitrage de la chambre. Voici ces échanges :

« Me NKWEBE : ... Q. Le deuxième paragraphe. Si vous... le permettez, je vais le lire pour vous : « Est-ce que ça arrivait en même temps ? » - on parle de viol. Vous répondez : « Non. Non, pas en même temps. (Expurgé)... Maintenant, en rapport avec la page 290. Voilà. Ce qui nous intéresse, je sais que mon confrère a

---

[374] CPI, Situation en République démocratique du Congo, *Affaire le Procureur c. Germain Katanga et Mathieu Ngudjolo*, ICC-01/04-01/07, Chambre de 1ère instance II, Transcription de l'audience du 13 octobre 2010, ICC-01/04-01/07-T-202-Red2-FRA WT, de la p.17, L27 à la p.19, L12.

déjà posé la question, c'est ceci - je vous lis : « S'ils entraient en fracassant la maison et ils trouvaient une fille ou 2 filles, ils les séquestraient. Et s'ils étaient 2 ou 3, ils les séquestraient et les violaient... Ils tenaient peut-être le père ou la mère en joue, et puis, les autres passaient, chacun donc, c'était un viol collectif. Ça, c'est un cas. Les cas de viols publics, c'est vrai que cela se faisait pas au grand jour mais vers 17 et 18h, quand le soleil commençait à baisser. Au niveau de l'école de Begoua - et ça, c'est important -, une fille qui se hasardait à passer était violée. » Donc c'était systématiquement - je crois que c'est ce qu'on veut dire. Le plus important, c'est ceci : « La victime, c'est, par exemple, du premier cas... de viol que moi, j'ai vu. » Vous dites : vous avez vu. Or, voici comment vous avez vu : « La victime, c'était une petite fille d'entre 8 et 9 ans. Quand ils l'ont envoyée, sa maman a couru et (Expurgé). » C'est la fille que vous avez vue après le viol, ou c'est le viol que vous avez vu ?
LE TÉMOIN : R. C'est la fille.
Q. C'est la fille. R. C'est l'esprit, justement, de...
Q. Excusez-moi. R. Donc, oui, c'est la fille.
Q. C'est la question que je voulais savoir. R. Oui, oui.
Q. C'est la fille que vous avez vue ? R. Oui, oui.
Q. C'est bon. Maintenant...
Mme LA JUGE PRÉSIDENT STEINER... : Maître Liriss, Mme Bensouda est debout.
Mme BENSOUDA... : Je commence par présenter mes excuses à la Chambre. Je ne voudrais vraiment pas devoir interrompre, mais je dois demander les lumières de la Chambre. Cette Chambre a un devoir, au titre de l'article 68, de protéger le témoin. Le mode d'interrogatoire, par différents conseils, sur des questions qui se chevauchent, pendant plusieurs heures... va harceler le témoin et je demande des instructions de la part de cette Chambre. Nous devons savoir précisément lorsque les conseils... principal et coconseil[s] sont présents et qu'ils se donnent le tour pour contre-interroger le témoin pendant plusieurs heures sur des questions qui se chevauchent, je ne sais pas si nous allons continuer à adopter cette procédure devant cette Chambre ou non. En tout cas, nous avons besoin d'éclaircissements sur ce point. Si nous poursuivons avec cette procédure, je pense que cela peut être une cause de traumatisme pour le témoin. Et je pense que si la Chambre préfère que nous fassions faire une évaluation par un professionnel sur ce mode... l'impact que cette procédure peut avoir sur le témoin... que les 2 conseils contre-interrogent le témoin sur les mêmes questions pendant plusieurs heures d'affilée. Merci, Madame le Président.
Mme LA JUGE PRÉSIDENT STEINER ... : Merci, Madame Bensouda. Eh bien, tout d'abord... il est 16h30. Il faut que nous levions la séance... Maître Liriss, votre interrogatoire du témoin se poursuivra quoi qu'il en soit lundi. Je voudrais saisir cette occasion pour préciser l'objection présentée par Mme le Procureur à l'adresse du public sur ce mode d'interrogatoire d'un témoin par 2 conseils différents sur les mêmes domaines, avec des questions qui se chevauchent, et que cela peut être très traumatisant pour le témoin... pendant autant d'heures d'affilée - demander au témoin de répéter, et répéter, et répéter encore les mêmes choses. S'agissant de la question de savoir si l'on peut avoir 2 conseils posant les questions, la Chambre a déjà pris une décision à ce sujet. C'est à l'équipe de la Défense et à l'équipe de l'Accusation, à l'équipe, donc, de

gérer son temps. La Chambre a déjà réitéré à plusieurs reprises... qu'elle pouvait faire preuve de souplesse en ce qui concerne l'allocation de temps aux parties, ... qu'elle n'allait pas être très stricte. Mais la Chambre, quoi qu'il en soit, ne va pas tolérer d'abus. Et si à un moment donné l'équipe de la Défense ne peut pas aller plus loin et insiste à poser des questions qui ont déjà fait l'objet de réponses par le témoin à 2, 3, ou 4 reprises, la Chambre devra intervenir. La Chambre évite de le faire pour donner à la Défense... pour que la Défense se sente plus à l'aise dans son interrogatoire. Mais à un moment donné, ... Mme le Procureur a raison, il faut que nous protégions le témoin contre un tel stress. Nous aimerions informer M. le témoin 0038 qu'en tout état de cause nous allons demander à l'Unité des victimes de prendre contact avec vous pour effectuer une évaluation en ce qui concerne votre état d'esprit, savoir si vous êtes à l'aise, si vous pouvez continuer à être interrogé après le week-end. Donc nous allons faire faire une évaluation par l'Unité... par [la] VWU pour voir effectivement ce qu'il en est, ... à la requête de l'Accusation. Avez-vous quelque chose à ajouter, Maître Liriss, avant que nous ne levions la séance ?
Me NKWEBE : Bien sûr, Madame. Vous vous rappelez, dès le début, nous avions dit que nous allions laisser notre confrère faire l'interrogatoire jusqu'au bout, mais sur des questions sur lesquelles les précisions ne nous ont pas satisfaits, nous nous ferons l'obligation d'y revenir. Et c'était précisément le cas de cette question-ci. Et vous savez, la question, elle est fondamentale puisqu'il s'agit de voir... de savoir si le témoin peut témoigner personnellement du viol. Et la réponse qui nous avait été donnée ne nous paraissait pas satisfaisante. C'est pour cela nous sommes revenus. Et il me semble qu'il devait y répondre ; c'était très simple. Et il y a répondu en disant que ce qu'il a vu, c'est la victime, ce qui signifie pas qu'il a témoigné. Je vous remercie, Madame.
Mme LA JUGE PRÉSIDENT STEINER ... : Merci, Maître.
Ma collègue, ... le juge Aluoch a quelque chose à ajouter.
Mme LA JUGE ALUOCH ... : Maître Liriss, je comprendrais si vous [demandiez] un éclaircissement. Mais la manière dont vous avez posé la question, c'était comme si vous alliez recommencer à zéro. Si vous aviez reposé une question sur la réponse qui avait été donnée par le témoin, alors j'aurais compris, oui.
Me NKWEBE : Je vous remercie, Madame. J'en tiendrai compte, désormais. »[375]

Ainsi donc, lorsqu'on contre-interroge un témoin en seconde position, on doit suivre attentivement le premier contre-interrogatoire pour supprimer de son canevas, toutes les questions déjà posées et ne retenir que celles qui sont susceptibles d'apporter des éléments nouveaux, des clarifications ou des

[375] CPI, Situation en République centrafricaine, *Affaire le Procureur c. Jean-Pierre Bemba Gombo*, ICC-01/05-01/08, Chambre de 1ère instance III, Transcription de l'audience du 26 novembre 2010, ICC-01/05-01/08-T-36-Red2-FRA WT, p. 56, L2 à p. 59, L24.

précisions des réponses antérieurement données. Dans le but de faire avancer les débats, le questionnant peut procéder par des suggestions en contre-interrogatoire.

Section 4 - *Quatrième règle* : Autorisation de poser des questions suggestives

En quoi consiste-t-elle et quelles en sont les limites ?

Paragraphe I : La règle

La partie qui contre-interroge un témoin peut lui poser des questions orientées, directives, suggestives ou fermées. En pratique, ces questions sont conçues de manière à conforter la théorie de celui qui les pose. Cette ouverture doit cependant être utilisée de façon professionnelle, sans excès préjudiciables à l'équité de la procédure. Le paragraphe 74 des instructions 1665 l'énonce de façon édifiante : « La partie procédant au contre-interrogatoire d'un témoin peut lui poser des questions directives et fermées. La Chambre insiste pour que les contre-interrogatoires soient bien délimités et menés de manière professionnelle. Elle n'autorisera pas d'insinuations infondées ni de discours prononcés sous le couvert de questions. » On s'aperçoit donc que cette autorisation de poser des questions directives est assortie des limites.

Paragraphe II : Les limites

Nous en avons dénombré cinq.

A- Respect du principe de l'oralité

Comme nous l'avons dit plus haut, conformément aux prescrits de l'article 69-2 du Statut et du paragraphe 109 des instructions 1665, ce qui vaut comme élément de preuve, c'est ce que le témoin déclare devant les juges à l'audience. Ses déclarations antérieures, écrites ou audio-visuelles, ne font pas partie du dossier et ne constituent donc pas la preuve. Si elles existent, la partie citant le témoin doit les communiquer préalablement aux autres parties et participants pour que soient assurés la loyauté, la transparence, l'équité du procès et le respect du principe du contradictoire et d'égalité des armes. Pour nous limiter aux déclarations antérieures écrites, celles-ci peuvent être regroupées en deux catégories : d'un côté, les déclarations non signées ; de l'autre, celles signées par le témoin.

a) Les déclarations écrites antérieures non signées par le témoin ne constituent pas la preuve testimoniale.

Le conseil qui contre-interroge un témoin appelé par la partie adverse ne peut pas s'autoriser à transgresser le principe de l'oralité en cherchant à verser dans le débat des extraits des déclarations antérieures dudit témoin contenues dans des notes d'entretiens non signées par ce dernier. S'il est en droit de formuler des questions suggestives en puisant dans ces notes, il ne peut cependant pas donner lecture in extenso des extraits de celles-ci, car, précisément, elles ne sont pas signées par le témoin.[376]

Un exemple concret permet de mieux comprendre cette limitation fondée sur la nécessité d'assurer l'équité de la procédure. Il est tiré de la déposition du témoin de la défense D03-88. En effet, ce témoin avait d'abord été approché par le procureur qui voulait en faire un témoin de l'accusation. Les enquêteurs du procureur l'avaient auditionné durant trois jours, du 19 au 21 mars 2009, et les notes de ces entretiens totalisent 484 pages.[377] Cependant, ces notes n'avaient pas été signées par ledit témoin. Au fil de l'évolution des enquêtes, le procureur a abandonné ce dernier. Comme le prévoient les articles 64-3-c et 67-2 du Statut, il a divulgué ces notes d'entretien aux deux équipes de défense. Après leur analyse, la défense de MN a décidé de retenir ce témoin comme témoin à décharge. Celui-ci a été cité et a déposé, en cette qualité, en août et septembre 2011.[378] Au cours de son contre-interrogatoire de ce témoin de la défense, le procureur a voulu donner lecture de certains passages de notes d'entretiens qu'il avait eus antérieurement avec celui-ci, notes que ce dernier n'avait ni relues, ni signées. Ce à quoi les conseils de la défense ont opposé une objection retenue par la chambre. Ce débat est si instructif qu'il mérite d'être cité :

> « [M. MacDONALD] Q. Chef Manu, revenons à votre déclaration que vous avez donnée au Bureau du Procureur. Revenons à cet amour que vous montrez pour… le commandant Faustin et les combattants de l'APC. Alors, je réfère tous et chacun, et je vais lire le *transcript* à la page DRC-OTP-1043-0207, c'est la première page du *transcript*, et plus spécifiquement…
>
> Pr FOFÉ : S'il vous plaît… Je m'excuse, Monsieur le Procureur, je suis un peu surpris par la façon dont vous voulez procéder avec l'utilisation de ce *transcript*. Il s'agit des notes d'entretien avec chef Manu.

---

[376] On peut logiquement soutenir que la lecture des extraits de la déclaration antérieure du témoin, pour démontrer une ou des contradictions entre sa réponse à l'audience et celle contenue dans sa déclaration écrite antérieure, n'est possible que si celle-ci porte la signature dudit témoin.

[377] Voir Equipe de Défense de Mathieu Ngudjolo, Deuxième corrigendum, Conclusions finales, ICC-01/04-01/07-3265-Corr2-Red, 8 novembre 2012, p. 342, § 1184.

[378] Voir témoignage de D03-088, Transcriptions des audiences des 26, 29, 30 août ; 1er, 5, 6, 7, 8, 9, 12 septembre 2011.

M. MacDONALD : De verbatim, Monsieur le Président. Et la procédure est la même qu'on a toujours suivie pour tous et chacun des témoins que nous avons contre-interrogés, que ça soit à l'aide des déclarations du Procureur ou fournies par Me Hooper, ou comme mes collègues l'ont fait lors du contre-interrogatoire des témoins de l'Accusation.
Pr FOFÉ : Je voudrais simplement mentionner, Monsieur le Président, et souligner qu'à notre connaissance ces notes d'entretien n'avaient pas été signées par chef Manu, à moins que je ne me trompe. Donc, si ces notes n'avaient pas été signées par chef Manu, je ne vois pas comment M. le Procureur peut donner lecture de passages de ces notes d'entretien. Ce qu'il peut faire, c'est, à partir de là, sans lire *in extenso* des passages de ces notes d'entretien, mais il peut les exploiter et formuler des questions à partir de là, sans en donner lecture. Voilà ce que j'avais à dire, Monsieur le Président, Mesdames les juges. Je vous remercie.
M. MacDONALD : Très brièvement, Monsieur le Président.
M. LE JUGE PRÉSIDENT COTTE : Alors, on va peut-être laisser la parole à Me O'Shea, et puis vous répondrez, Monsieur le Procureur.
Me O'SHEA… : Monsieur le Président, Mesdames les juges, je pense que ce que suggère mon confrère de la Défense est une façon de faire tout à fait acceptable et sage dans les circonstances. Je peux notifier à la Chambre que s'il y a tentative, au moyen d'informations contenues dans ces transcriptions, pour incriminer M. Katanga, il y aura certainement une objection de ce côté-ci. Il serait beaucoup plus facile pour nous tous, dans de telles circonstances, étant donné la nature controversée de ces transcriptions, que le Procureur pose des questions d'abord avant de lire des passages de transcription. Pour ces raisons, j'appuie la proposition… du Pr Fofé.
M. LE JUGE PRÉSIDENT COTTE : Merci, Maître O'Shea. Alors, Monsieur le Procureur, nous avons donc constaté que vous souhaitiez utiliser le *transcript* DRC-OTP-143-0207 qui, sauf erreur de ma part, est la pièce n° 18, c'est bien cela, de votre présentation. Bien. Vous avez entendu les objections qui avaient été formulées par écrit, s'agissant de Me O'Shea, de manière, à l'époque, relativement allusive, qui viennent d'être maintenant précisées. Vous n'entendez pas, et il ne serait pas opportun de le faire, bien sûr, vous n'entendez pas partir d'emblée de ces transcriptions. Vous souhaitez, si nous l'avons bien compris, simplement confronter en quelque sorte les déclarations que fait actuellement le témoin avec des propos qu'il aurait pu tenir à des enquêteurs du Procureur ou à vous-même lorsque vous l'avez rencontré en 2009 ; c'est bien cela ?
M. MacDONALD : Tout à fait, Monsieur le Président. Tout à fait.
M. LE JUGE PRÉSIDENT COTTE : C'est bien cela. Bien, vous avez constaté que, de ce côté-ci de la barre, les deux équipes de défense souhaitent vous voir avancer avec prudence et ne pas donner d'emblée peut-être des lectures de propos sans avoir préalablement essayé d'obtenir du témoin des précisions complémentaires. Vous êtes trop professionnel pour ne pas avoir compris ce qui était souhaité. C'est vraisemblablement de cette façon-là que vous allez procéder. Et nous vous laissons le soin, donc, de continuer, en ayant bien en tête que toute incrimination potentielle de Germain Katanga suscitera immédiatement une levée de Me O'Shea. Alors, nous abordons donc ce moment un tout petit peu plus délicat de votre contre-interrogatoire. Faites en sorte que tout cela se passe aussi bien que possible. Et nous prenons la pièce 18, pour ceux qui l'ont entre les

mains, pour pouvoir suivre mieux la poursuite de ce contre-interrogatoire. Monsieur le Procureur, vous poursuivez.
M.MacDONALD : Merci, Monsieur le Président, mais je dois répondre quand même immédiatement…
M. LE JUGE PRÉSIDENT COTTE : Oui.
M. MacDONALD : … à l'intervention de Me O'Shea, dans un premier temps. Ce passage ne concerne absolument pas son client, dans un premier temps. Dans un deuxième temps, nous reviendrons en temps et lieu, s'il y a lieu, à cette question qu'il a soulevée car elle ne s'applique pas à l'instant présent. Dans le cas de la réponse du Pr Fofé, je ramène la Chambre évidemment à la règle 112 du Règlement. Alors, il s'agit d'un enregistrement audio vidéo dans lequel le dernier *transcript*, et tout au long de cet entretien, le témoin avait constamment l'opportunité, et d'ailleurs il l'a fait, de corriger, modifier, ajouter quelque réponse que ce soit. Et la règle 112 ne mandate aucunement l'obligation d'un… ce n'est pas un procès-verbal d'audition au terme du droit civil, mais bien un enregistrement audio et vidéo, selon l'article 55-2 et la règle 112. Partant de là, nous avons divulgué ce qu'il y avait à être divulgué, et c'est tout. Alors, je vais… tenter de m'astreindre, Monsieur le Président, à être bref, peut-être aller droit au but, mais il est clair que si je dois tenter de contredire le témoin avec cette déclaration antérieure, il faut que je lui lise des passages, car la pratique, votre pratique telle que définie entre autre tout au long de ce procès, et rappelée dans la décision 1665, il faut que je puisse lire les passages pour qu'ils soient donc au *transcript*, au lieu de déposer, donner un EVD à ce passage du *transcript*. Alors, c'est les réponses du témoin aujourd'hui qui comptent, et ce qu'il va adopter ou non aujourd'hui.
M. LE JUGE PRÉSIDENT COTTE : Alors, bien entendu, nous vous avons bien entendu, Monsieur le Procureur, vous allez procéder comme vous l'indiquez. Vous veillez très attentivement, bien que vous soyez en contre-interrogatoire, à ne pas poser de questions suggestives sur des points qui n'auraient pas été abordés lors de l'interrogatoire principal conduit par le Pr Fofé, et dans l'immédiat, vous poursuivez donc. »[379]

De cet extrait, il faut noter qu'en réalité, le président de la chambre attirait l'attention du procureur sur la nécessité de ne pas poser au témoin de l'accusé MN des questions suggestives sur des points incriminant le co-accusé GK, non abordés en interrogatoire principal. Nous y reviendrons infra.

À l'audience du 7 septembre 2011, répondant à une question du procureur qui faisait référence à ces notes d'entretien, le témoin lui-même a relevé qu'il n'était pas présent lorsque ces notes étaient établies et qu'il ne les avait pas relues. Ecoutons-le :

---

[379] CPI, Situation en République démocratique du Congo, *Affaire le Procureur c. Germain Katanga et Mathieu Ngudjolo*, ICC-01/04-01/07, Chambre de 1ère instance II, Transcription de l'audience du 6 septembre 2011, ICC-01/04-01/07-T-304-Red-FRA WT, de la p.16, L20 à la p.19, L23.

« [M. MacDONALD] Q. Toujours dans le même *transcript*, à la page 0557, lorsque je vous suggère qu'effectivement, il est un très grand personnage dans le groupement de Bedu-Ezekere, vous avez répondu : « Ça, je le sais ». Et par la suite, je pose une autre question suggestive et je dis « même plus grand que vous dans le fond ; plus important que vous » et je vous dis encore et je vous suggère « et c'est vrai, ça, n'est-ce pas ? » Et là, vous répondez « parce qu'il est... que lui est colonel ». Et là, je dis « mais oui, donc dans la région de Zumbe » et je continue. Alors, chef Manu, chef Manu, n'est-il pas exact que vous avez dit antérieurement lors de votre rencontre avec le Bureau du Procureur à une question suggestive, vous avez ajouté l'information « parce que lui, il est colonel » pour indiquer qu'il était un plus grand personnage que vous. Vous vous rappelez d'avoir dit cela, chef Manu ?
R. Hier, vous m'avez posé la question de savoir pourquoi j'ai signé le document qui était préparé à Bolo sans le lire. Et moi, je vous dis ceci pourquoi...
Q. Chef Manu, chef Manu, vous ne répondez pas...
M. LE JUGE PRÉSIDENT COTTE : Monsieur le Procureur, Monsieur le Procureur, pardon. Laissez quand même répondre le témoin. Monsieur le témoin, vous avez compris que nous ne souhaitons pas de réponses trop longues et que nous souhaitons que, dans la mesure du possible, ... vous répondiez aussi directement que possible au Procureur, ... mais vous êtes là pour vous exprimer, donc exprimez-vous. Allez, répondez-nous.
LE TÉMOIN... : Si je suis sorti du cadre, c'est parce que je me suis souvenu qu'au moment où le Procureur a établi son document, je n'étais pas là et je ne l'ai pas lu. Parce qu'il pouvait écrire n'importe quoi sur ce document, c'est la raison pour laquelle je lui ai posé la question de savoir où se trouvait son interprète. Alors, revenons à la question. Ngabu Mandro Emmanuel a dit que Ngudjolo Kimbi n'est pas colonel de Zumbe. Il était colonel du FNI. Combien de fois vais-je le dire, Monsieur le juge Président ? Il était colonel du FNI et un colonel du FNI n'est pas nécessairement un colonel de Zumbe ! Où se trouve votre interprète, Monsieur le Procureur ? Combien de fois vais-je le dire ? Tout le monde savait qu'il était colonel du FNI. Il n'était pas colonel de Zumbe. Zumbe n'avait pas de colonel.
M. MacDONALD : Q. Qu'est-ce que... qu'est-ce que vous trouvez drôle ?
LE TÉMOIN... : R. Parce que vous revenez à une question [à laquelle] j'ai déjà répondu. Ça m'a fait rire. Je peux manifester cela par le rire. »[380]

b) Les déclarations écrites antérieures signées par le témoin ne constituent pas non plus la preuve testimoniale.

Contrairement à ce qui prévaut dans le système romano-germanique, les déclarations antérieures signées par le témoin, communément appelés

---

[380] CPI, Situation en République démocratique du Congo, *Affaire le Procureur c. Germain Katanga et Mathieu Ngudjolo*, ICC-01/04-01/07, Chambre de 1ère instance II, Transcription de l'audience du 7 septembre 2011, ICC-01/04-01/07-T-305-Red-FRA WT, de la p. 70, L13 à la p. 71, L21.

procès-verbaux d'audition, ne font pas partie du dossier judiciaire ; ne constituent donc pas des éléments de preuve. Le conseil contre-interrogeant le témoin cité par l'autre partie peut poser des questions à celui-ci en ayant comme base de référence les déclarations écrites antérieures de ce témoin. Cependant, par respect du principe de l'oralité, il ne peut pas commencer par citer de longs paragraphes de cette déclaration antérieure pour demander au témoin de simplement les confirmer. Il doit d'abord poser ses questions. Si les réponses du témoin sont en contradiction avec ses déclarations antérieures, alors il peut citer certains extraits de celles-ci pour confondre le témoin.

Les règles régissant l'utilisation des déclarations antérieures signées par un témoin lors de son contre-interrogatoire peuvent donc être ainsi systématisées :

1) En citant le contenu de la déclaration antérieure du témoin, ce qui compte comme témoignage ce sont les réponses que ce dernier donne à l'audience. C'est l'application du principe de l'oralité.

2) Le contre-interrogatoire doit être bâti sur un échange de questions-réponses et ne pas consister en une lecture systématique des déclarations antérieures du témoin.

3) La citation d'un extrait de la déclaration antérieure ne doit être faite que pour relever une ou des contradictions entre ce que le témoin a dit antérieurement et ce qu'il vient d'affirmer au prétoire.

Cet exercice a été bien accompli lors de la déposition du témoin du procureur P-30. En effet, au cours de son contre-interrogatoire, le conseil de MN a demandé au témoin si, durant la période des faits de la saisine, il était de notoriété publique que Thomas Lubanga était accusé de vouloir créer une république autonome d'Ituri. À cette question, le témoin a répondu par la négative, contredisant ainsi ce qu'il avait affirmé devant les enquêteurs du procureur. Pour le confondre, le conseil a donné lecture d'un extrait de la déclaration antérieure de ce témoin. Voici cet échange édifiant :

> « [Pr FOFÉ] Q. Monsieur le témoin, dans cet extrait que nous venons de visionner, Thomas Lubanga dit, entre autres choses, qu'il était accusé de créer une République de l'Ituri. Est-ce que cette accusation était de notoriété publique à l'époque ? Est-ce que tout le monde était au courant de cette accusation selon laquelle Thomas Lubanga voulait créer une République de l'Ituri ?
>
> R. Non, ce n'est pas tout le monde qui était au courant de cette information. Peut-être qu'il y avait certaines personnes qui étaient au courant. Par exemple, un homme comme moi n'était pas au courant de cette information.
>
> Q. Alors, si vous avez encore votre déclaration écrite, je vais solliciter l'indulgence de M. le Président pour qu'on vide cette question. Monsieur le témoin, je vous prie de voir à la page 10 de votre déclaration écrite ; vous l'avez encore ? Oui, en bas de la page, je commence donc par le paragraphe 70 ; vous y êtes ? Je vous... lis le paragraphe 70 et je lirai aussi 71 et 72. Je vous cite : « Dans les discours, le représentant de l'UPC mentionne à plusieurs reprises la relation avec le gouvernement de Kinshasa. » Paragraphe 71, la page suivante,

> ... - et je vous cite : « À mon avis, Thomas Lubanga voulait être reconnu par Kinshasa comme les autres qui étaient passés avant lui, comme Mbusa ou Wamba, dans le but de participer aux négociations et obtenir des postes dans le gouvernement. » Paragraphe 72, je vous cite : « Dans la rue, il y avait même des rumeurs selon lesquelles Thomas Lubanga voulait obtenir la sécession de la République démocratique du Congo, et faire de l'Ituri un État indépendant auquel il serait à la tête. De cela, Thomas Lubanga ne parlait pas en public. » Fin de citation. Q. Ce sont bien là vos déclarations, Monsieur le témoin ?
> R. Oui.
> Pr FOFÉ : Merci beaucoup, Monsieur le témoin. Monsieur le Président, je crois qu'on peut s'arrêter là pour poursuivre pendant quelques instants le lundi. Merci beaucoup.
> M. LE JUGE PRÉSIDENT COTTE : Merci, Professeur. »[381]

Ainsi donc, placé devant ses déclarations antérieures, le témoin a fini par reconnaître ce qu'il voulait d'abord nier : il était de notoriété publique que Thomas Lubanga était accusé de vouloir faire de l'Ituri un État indépendant. Et, contrairement à ce qu'il venait juste de déclarer aux juges, lui-même, P-30, en était aussi au courant à l'époque. N'avait-il pas bien compris la question du conseil ? En tout cas, le recours aux déclarations écrites antérieures a permis d'établir cet élément précis.

Lors du contre-interrogatoire de P-12, le conseil de MN a tenté de procéder autrement, en violation de règles méthodologiques qui viennent d'être systématisées. En effet, P-12 était un des témoins importants du contexte.

Dans sa déclaration antérieure faite devant les enquêteurs du procureur, il avait donné plusieurs éléments qui confortaient la théorie de la défense de MN. Comme le conseil officiant voulait absolument que tous ces éléments soient versés au dossier en tant que preuve, il a cru pouvoir gagner du temps en donnant lecture de plusieurs extraits de cette déclaration antérieure et en demandant ensuite au témoin de les confirmer. Cette façon peu orthodoxe de procéder n'a évidemment pas prospéré, car elle s'est heurtée à l'objection pertinente du procureur et à la juste censure de la chambre. L'extrait ci-dessous présente ce contre-exemple et les débats qu'il a pu susciter.

> « Pr FOFÉ : Merci beaucoup, Monsieur le Président. Je voudrais informer la Chambre que nous avons pris la précaution - je crois c'était avant-hier -, nous avons envoyé par courriel confidentiel à Mme le Greffier d'audience un message dans lequel nous reprenions les paragraphes que nous allions citer en audience. Nous l'avons fait pour permettre à nos interprètes et aux sténotypistes de se préparer. Donc, je crois que ces derniers sont préparés à notre

[381] CPI, Situation en République démocratique du Congo, *Affaire le Procureur c. Germain Katanga et Mathieu Ngudjolo*, ICC-01/04-01/07, Chambre de 1ère instance II, Transcription de l'audience du 1er septembre 2010, ICC-01/04-01/07-T-182-Red2-FRA CT WT, de la p.71, L8 à la p.72, L11.

contre-interrogatoire parce que nous considérons que les paragraphes que nous citons sont très importants parce qu'ils donnent des détails. Ils... ces paragraphes ne parlent pas que des événements, ... ne donnent pas que des enjeux mais également citent des acteurs. Il est très difficile de ramasser les contenus des paragraphes aussi pertinents sans laisser de détails qui sont importants, notamment en ce qui concerne les acteurs. Voilà, Monsieur le Président.
M. LE JUGE PRÉSIDENT COTTE : La Chambre se pose une question de méthode, une nouvelle fois. Lorsqu'il s'agit de citer plusieurs paragraphes d'une déclaration, si cela s'avère absolument indispensable, ne pourrait-on concevoir que la personne qui prend la parole à cet instant indique clairement qu'elle va citer les paragraphes 104, mettons, à 107, qu'elle les lise à un rythme normal et que la sténotypie dans sa version définitive intègre les paragraphes eux-mêmes, dès lors qu'ils ne sont pas contestés - ils viennent d'une déclaration que tout le monde a entre les mains ? Car lire trois ou quatre paragraphes à un rythme normal - le témoin les ayant sous les yeux - ne fera pas perdre de temps. Est-ce quelque chose qui pose problème aux parties et aux participants ?
M. MacDONALD : Non. Non, Monsieur le Président, ça ne cause pas de problème. Vous êtes... je laisse le tout à votre discrétion. C'est plus de la gestion, donc, du temps. Mais il y a une chose... juste un petit commentaire pour éviter tout malentendu. Lorsque Me Fofé cite une déclaration antérieure du témoin, le contenu de la déclaration ne fait plus... ne fait pas partie de la preuve ; le contenu de la déclaration, à ce moment-là, ne peut être utilisé. C'est la réponse du témoin qui compte et non le contenu. Et on pourra y revenir s'il le faut. Mais, également, lorsqu'on utilise une déclaration en contre-interrogatoire et qu'on veut mettre le témoin en contradiction, en utilisant, donc, cette déclaration antérieure, le contenu dans ce contexte ne fait plus partie du dossier, c'est les réponses du témoin qui comptent ; et la Chambre pourra se référer évidemment à ces passages du *transcript* pour évaluer la crédibilité du témoin. Si on se place dans une perspective adversariale, toujours, alors c'est pour ça aussi que si on est pour lire des *transcripts* avec l'objectif qu'après on va pouvoir dire : « Mais regardez, c'est en preuve tout ce qui a été lu », je suis désolé, on a peut-être un problème de procédure important. Car, sinon, aussi bien de déposer les déclarations carrément et on n'est pas obligés de faire venir des témoins.
M. LE JUGE PRÉSIDENT COTTE : Merci, Monsieur le Procureur. Professeur Fofé, c'est précisément pour cette raison que, il y a un instant, j'indiquais que la lecture d'un long passage ne pouvait être que l'exception, et que le principe du contre-interrogatoire est un principe fondé sur un jeu de questions-réponses. Donc, je pense que nous nous sommes bien compris à cet égard. Le contre-interrogatoire... mais ça n'est pas votre objectif, nous le savons bien car ça fait maintenant plusieurs témoins qui viennent de défiler. Le principe du contre-interrogatoire n'est pas de relire au témoin ses déclarations. Peut-être qu'à certains moments vous tenez à l'interroger sur le contenu des déclarations, mais tout cela, donc, conduit soit à scinder, j'utiliserais le verbe extrêmement trivial, saucissonner, les passages que vous souhaitez lire. Mais il ne saurait être question de lectures de trop longs passages. M. MacDonald a raison sur ce point. Et vous poursuivez.
Pr FOFÉ : Merci, Monsieur le Président. Je rassure la Chambre, le passage que je viens de lire, c'était le plus long passage, c'était la plus longue citation. Mais je

voudrais quand même rencontrer M. le Procureur en ce qu'il vient de dire. Après avoir lu le paragraphe de la déclaration antérieure du témoin, je lui pose la question de savoir s'il confirme ses déclarations. Moi, je pense que quand on a lu... les déclarations antérieures du témoin et que ces déclarations sont actées dans les *transcript*, mais ce sont ces déclarations qui nous intéressent, pour autant que le témoin confirme que ce sont là ses déclarations. Je ne pense pas qu'il y ait de problème à ce sujet-là. Ce ne sont pas mes déclarations, ce sont les déclarations du témoin et il les confirme. Si nous avons adopté... cette méthode, c'était pour gagner du temps. Et nous avons pris la précaution, comme je l'ai dit, d'envoyer à Mme le Greffier ces messages pour que les interprètes et sténotypistes s'y préparent en conséquence. On a pris des précautions.
M. LE JUGE PRÉSIDENT COTTE : Entendu, Professeur Fofé. Mais une nouvelle fois, il ne faut pas partir de l'idée que le contenu de déclarations peut être versé tel quel au dossier. L'intérêt de l'oralité de nos débats est... de permettre au témoin de donner des précisions, des clarifications, éventuellement des confirmations. Cela peut se concevoir à l'occasion de la lecture de un ou deux paragraphes qui vont nourrir les questions auxquelles le témoin répondra, et ce sont ses réponses qu'ensuite, la Chambre, le moment venu, exploitera. Allez, je pense que nous sommes d'accord et vous poursuivez à présent, avec ce souci, là encore, constant de ne procéder qu'au minimum de lecture, ou en tout cas, qu'à des lectures brèves générant un véritable jeu de questions et de réponses. Vous avez la parole, Professeur.
Pr FOFÉ : Merci beaucoup, Monsieur le Président. Je vais essayer de faire un effort... »[382]
« Q. Merci beaucoup. Alors, compte tenu de l'importance pour nous du paragraphe 121, je vais vous en donner lecture... il n'est pas long - je vous cite...
M. LE JUGE PRÉSIDENT COTTE : Mais nous sommes bien d'accord, Professeur Fofé, les lectures de déclarations paraissent à la Chambre devoir s'imposer lorsque, répondant à des questions, le témoin se contredit avec, précisément, les déclarations qu'il aurait accordées, il y a déjà quelque temps, au Bureau du Procureur. Je pense qu'il y a une certaine difficulté à se contenter de lire pour dire « Êtes-vous toujours d'accord ? » Il me semble que... le recours à la déclaration s'impose beaucoup plus lorsqu'il s'avère que, dans une réponse, le témoin dit quelque chose qui est contraire à ce qu'il avait dit plusieurs années plus tôt. Et à ce moment-là, il est bon de se référer à la déclaration et de lui dire « Mais, Monsieur le témoin, vous aviez pourtant dit quelque chose qui ne correspond pas. » Je... pense que, dans la démarche d'un contre-interrogatoire, c'est beaucoup plus dans cette optique qu'une lecture de déclaration doit être envisagée - c'est même certainement dans cette optique qu'une lecture de déclaration doit être envisagée. Donc, vous poursuivez, parce que telle est actuellement... la démarche que vous avez entendue adopter jusqu'à 11 heures, mais il faudra certainement reconsidérer un peu... votre manière de faire. Monsieur MacDonald, brièvement...
M. MacDONALD : Très brièvement...

---

[382] Transcription ICC-01/04-01/07-T-202-Red2-FRA WT 13-10-2010, de la p. 20, L6 à la p. 22, L25.

M. LE JUGE PRÉSIDENT COTTE : Nous... nous n'ouvrons pas une joute procédurale à cet instant.
M. MacDONALD : Tout à fait. Je crois que ce que la Chambre également essaie tout simplement... de mentionner, c'est qu'on peut être suggestif en contre-interrogatoire, on peut suggérer des choses. C'est là, justement, toute la beauté, je crois, du contre-interrogatoire, c'est de pouvoir suggérer des choses.
M. LE JUGE PRÉSIDENT COTTE : Professeur, vous poursuivez.
Pr FOFÉ : Merci, Monsieur le Président... »[383]

On voit bien que le conseil de la défense voulait procéder à rebours, mettant ainsi à mal le principe de l'oralité. Il devait d'abord poser ses questions au témoin. C'est seulement en cas de contradictions entre les réponses de ce dernier et ses déclarations antérieures faites aux enquêteurs du procureur qu'il devait alors procéder à la lecture de certains paragraphes de ces déclarations pour confondre le témoin. Le conseil de la défense est allé même plus loin. Il a présenté une requête orale à la chambre pour solliciter le versement au dossier de certains paragraphes de ces déclarations écrites antérieures du témoin P-12. La chambre a, avec raison, rejeté cette requête en soulignant la nécessité du respect du principe de l'oralité. La preuve, c'est celle que le témoin apporte oralement à la chambre à travers le jeu de questions-réponses, la règle 68 étant une exception, soumise à l'appréciation de la chambre.

« Pr FOFÉ : Monsieur le Président, avant de poursuivre notre contre-interrogatoire, nous aimerions vous adresser une brève requête orale, sur base notamment des articles 67-1-e et 69-3-4 du Statut, notamment. Monsieur le Président, Honorables Juges, vous vous rappelez que M. le Procureur a déjà eu à vous adresser une requête pour solliciter le versement, comme éléments de preuve dans notre présent dossier, de certains paragraphes de déclarations antérieures de témoins... Monsieur le Président, Honorables juges, le témoin P-0012, c'est un témoin important de contexte, à notre avis. Nous le considérons comme - en ce qui nous concerne, en tout cas - le dernier témoin de contexte du Procureur. Ce témoin connaît beaucoup de choses, est au courant de beaucoup de choses, et les informations qu'il donne dans sa déclaration de mai, juillet 2005 sont des informations pertinentes qui peuvent éclairer pleinement la Chambre en ce qui concerne le contexte. Et vous aurez remarqué, Monsieur le Président, Honorables Juges, que nous avons pris la précaution de bien cadrer ce contexte et de nous limiter à la période allant... du mois d'août 2002 au mois de mars 2003. Et nous considérons que c'est là la période temporelle, le champ temporel pertinent pour l'affaire dont vous êtes saisis. Pour ces raisons, la Défense de Mathieu Ngudjolo sollicite le versement dans le dossier des paragraphes suivants de la déclaration du témoin... P-0012... ; et ceci en présence de M. le témoin qui peut nous confirmer si ces paragraphes contiennent bien ses déclarations. Je fais référence au document DRC-OTP-0105-0085, déclaration du P-0012 de mai et

[383] Transcription ICC-01/04-01/07-T-202-Red2-FRA WT 13-10-2010, de la p. 26, L12 à la p. 27, L11.

juillet 2005, les paragraphes suivants : 102, 105, 106, 110, 111, 112, 113, 114, 115, 116, 117, 118, 119, 120, 121, 139, 140, 176, 178, 184, 185, 186, 189, 194, 195, 196, 201, 202, 207, 208, 211, 213, 225, 226, 227, 228, 229, 234, 235, 236, 241, 243, 244, 255, 256, 259, 261, 313, 317, 318, 380, 381, 382. Sans oublier la page 33 - le croquis de la page 33 : 187, 214. En plus de ces paragraphes de ce document, nous sollicitons également le versement dans le dossier de deux extraits du document DRC-OTP-1034-0230. Il s'agit de la déclaration du P-0012 du 13 janvier 2009 ; les extraits suivants : page 2, numérotée DRC-OTP-1034-0232, lignes 53 à 86 ; et page 3, numérotée DRC-OTP-1034-0233, lignes 87 à 97 et lignes 108 à 133. Monsieur le Président, Mesdames les juges, entre-temps, nous avons pu obtenir les références de requêtes du Procureur, pour faire admettre en preuve certaines parties des déclarations. Il s'agit, pour le témoin P-0373, requête n° 1955 du 10 mars 2010 ; pour le témoin P-0030, requête n° 2161 du 4 juin 2010 ; pour le témoin P-0002, requête n° 2196 du 15 juin 2010 ; pour le témoin P-0166, requête n° 2020 du 6 avril 2010 ; et pour le témoin P-0219, requête n° 2022 du 13 avril 2010. Nous vous prions donc, Monsieur le Président, de bien vouloir accéder à notre requête. Nous vous en remercions.

M. LE JUGE PRÉSIDENT COTTE : Merci, Professeur Fofé. Bon, la Chambre s'adresse à l'équipe de défense de Mathieu Ngudjolo. Vous savez à quel point, depuis le début de ces débats, nous sommes attentifs au respect des droits de la Défense, et comme nous souhaitons que chacune des équipes puisse s'exprimer aussi librement que possible, aussi complètement que possible, tout en fixant des contraintes horaires car c'est une obligation pour nous. La Chambre doit veiller à ce que le procès se déroule de manière équitable et diligente. Professeur Fofé, Maître Kilenda, vous avez pendant la suspension consenti un gros effort pour nous soumettre, comme vous venez de le faire à l'instant, une demande d'admission d'un certain nombre de paragraphes d'une déclaration du témoin. Mais la Chambre se doit de rappeler que la règle est celle de l'oralité des débats. M. le Procureur nous a, effectivement, à plusieurs reprises - quand je dis « nous », c'est la Chambre - saisis de requêtes aux fins d'admissions qui étaient fondées sur la règle 68 du Règlement de procédure et de preuve, qui donne à la Chambre la possibilité d'admettre. Vous vous êtes, les uns et les autres, exprimés sur chacune des requêtes de M. le Procureur et vous avez, très légitimement, les uns et les autres, rappelé que l'oralité des débats et l'émergence orale d'éléments de preuve était la règle. En revanche, le corpus procédural prévu par la règle 68 du Règlement de procédure et de preuve ne peut être vécu que comme une exception. Et c'est dans cet esprit que la Chambre, statuant sur les requêtes du Procureur, s'est montrée très restrictive. Elle en a rejeté certaines, purement et simplement ; elle en a admis d'autres, mais de manière extrêmement partielle. Et il convient de rappeler que ces requêtes avaient été, chaque fois, présentées avant que le témoin ne comparaisse à l'audience. Si nous devons faire ou plus exactement prendre un exemple, vous vous rappellerez que s'agissant (expurgée)… mais que très rarement il y a eu admission sur des problèmes de fond. Donc, l'oralité des débats dicte la conduite de ces mêmes débats. La vraie preuve est celle que le témoin apporte oralement à l'audience, dans le cadre de ce jeu - si tant est qu'on puisse utiliser cette expression - de questions et de réponses ; questions qui sont, comme je l'ai dit tout à l'heure, nourries, le cas échéant, par des documents que vous présentez ou par des déclarations que vous opposez au témoin. Mais en tant que telles, les déclarations du témoin prises il y a plusieurs années ne nous paraissent pas pouvoir être insérées telles qu'elles dans notre dossier. Et c'est pourquoi, tout en comprenant le sens de votre démarche, qui est dictée, vous nous l'avez dit et nous vous en remercions, par le souci majeur de contribuer à la célérité de nos travaux, mais malgré cela nous ne pouvons pas... lui réserver une suite favorable. Il vous appartient, comme vous l'avez d'ailleurs parfaitement bien fait, lors des contre-interrogatoires d'un certain nombre des témoins qui ont précédé celui qui est avec nous aujourd'hui... il vous appartient, vous appuyant sur ses déclarations, de lui dire : « Monsieur le témoin, vous avez dit en 2005 que... que... ». Le cas échéant, vous pouvez lire un bref extrait de cette déclaration : « Vous nous avez dit que... que... Nous vous demandons à cet instant de préciser tel point. Nous vous demandons de confirmer tel point. Nous vous demandons de nous apporter, à la lumière de réponses qui ont été données par le témoin à l'interrogatoire du Procureur ou au contre-interrogatoire de Me Hooper, nous vous demandons de nous apporter cette petite précision complémentaire qui nous manque. » Mais pour respecter le principe de l'oralité des débats, il n'y a que comme cela que nous pouvons avancer. Et le versement d'un nombre aussi élevé de passages des déclarations antérieures du témoin ne peut être envisagé. Donc, Professeur Fofé et Maître Kilenda, vous savez à quel point la Chambre respecte votre travail et elle ne veut surtout pas que vous preniez en mauvaise part ce que je dis à cet instant - ce que je dis bien sûr, au nom... de la Chambre... dans son entier - mais il vous faut reprendre votre contre-interrogatoire tel que vous les avez toujours conduits jusqu'à présent, en vous appuyant, si vous l'estimez indispensable, sur des passages des déclarations antérieures du témoin mais, une nouvelle fois, en vous y référant et non pas en les versant intégralement, de manière globale, à l'intérieur de notre dossier. Voilà ce que nous voulions vous dire, c'est une question... de méthode dont il est bon que nous débattions ensemble, car nous sommes je ne dirais pas condamnés mais invités à vivre ensemble pendant plusieurs mois. Vous poursuivez, Professeur Fofé. Et M. le témoin assiste à nos déclarations et à nos observations juridiques avec attention. Merci pour votre patience, Monsieur le témoin. Mais vous voyez, le témoignage de quelqu'un qui vient de loin, comme vous, ne se fait pas de manière simple ; et c'est pourquoi les réponses que vous donnez sont si importantes. Professeur, vous avez la parole. »[384]

Après cette tentative infructueuse, le conseil de la défense est revenu à l'orthodoxie méthodologique en restructurant son questionnaire de manière à obtenir du témoin, à travers ses réponses aux questions posées, qu'il reprenne oralement devant les juges l'intégralité substantielle de ce que contenaient ses déclarations antérieures faites devant les enquêteurs du procureur et qui alimentaient significativement la thèse de la défense. Ce faisant, il a donné plein effet au principe de l'oralité en recourant, comme

[384] Transcription ICC-01/04-01/07-T-202-Red2-FRA WT du 13-10-2010, de la p. 34, L18 à la p. 38, L23.

cela est autorisé en contre-interrogatoire, à des questions suggestives. L'extrait ci-dessous montre comment s'est déroulée la suite de ce contre-interrogatoire et l'importance des éléments du témoignage de P-12 que le conseil tenait absolument à faire verser au dossier pour l'édification des juges, éléments qui décrivent bien le contexte dans lequel est venue se produire l'attaque de Bogoro du 24 février 2003, objet de la saisine, les acteurs nationaux et étrangers en présence, les puissances étatiques impliquées, les armes utilisées et leur provenance, les enjeux politiques, militaires et économiques etc.

> « Pr FOFÉ : Merci beaucoup, Monsieur le Président. Q. Monsieur le témoin, vous rappelez-vous avoir exposé aux enquêteurs du Procureur des renseignements, ... des informations ayant conduit à l'élaboration de ce que vous avez appelé « chaîne de commandement au sein de l'UPC » ; est-ce que vous vous rappelez ?
>
> LE TÉMOIN DRC-OTP-P-0012 : R. Oui.
>
> Q. Alors, je vais vous inviter à la page 33 de votre déclaration, pour faciliter les choses, et je vais vous poser une question. Est-ce que vous êtes à cette page 33 ?
>
> M. LE JUGE PRÉSIDENT COTTE : L'avez-vous sous les yeux, Monsieur le témoin ? C'est une page qui comporte un...
>
> LE TÉMOIN DRC-OTP-P-0012 : Oui, je l'ai.
>
> M. LE JUGE PRÉSIDENT COTTE : Parfait.
>
> Pr FOFÉ : Q. En haut de cette page 33, nous voyons un schéma ; ce schéma a bien été élaboré sur base... des informations que vous aviez données, Monsieur le témoin ?
>
> LE TÉMOIN DRC-OTP-P-0012 : R. Oui, c'est moi qui avais dessiné ce croquis.
>
> Q. Merci beaucoup. Alors, c'est... c'est encore mieux. Est-ce que vous pouvez nous expliquer ce croquis brièvement, avec... les flèches ? Est-ce que vous pouvez nous expliquer brièvement ?
>
> R. Oui. La... question était de savoir comment les ordres parvenaient à l'armée, ou bien... les responsables qui donnaient les ordres à l'armée de l'UPC. Mon témoignage est basé sur le témoignage de Floribert Kisembo, qui était le chef d'état-major de l'UPC, et aussi basé sur la réponse que M. Akobi, qui était vice-président de l'UPC, m'avait donnée quand je lui avais posé la question pourquoi lui, en tant que professeur et vice-président de l'UPC, il n'avait pas trouvé ce risque d'engager ses troupes se battre avec une armée nationale telle que l'UPDF. Et le professeur Akobi m'avait dit : « Mon ami, ce jour-là M. Lubanga m'avait téléphoné et m'avait dit : "Cher Akobi, demain, on va attaquer l'UPDF, pas que je le veuille mais il y a les ordres qu'on m'a communiqués que ça doit être ainsi". » Mais quand j'avais discuté avec Kisembo Floribert lui-même... non, d'abord, Kisembo Floribert avec chef Manu de Zumbe, nous avions visité ensemble le commandant de l'UPDF à Kampala -colonel Chimboa- et Kisembo s'excusait auprès du colonel puisqu'il avait dirigé les opérations pour attaquer son armée. Et il avait dit ceci : « J'avais reçu deux ordres contradictoires. D'une part, il y avait des ordres qui venaient de Kigali et de l'autre côté, les ordres venaient de Lubanga. » Alors, dans ce schéma, après avoir parlé longuement avec le général Kisembo Floribert, nous avons... j'ai réalisé que les ordres que l'armée de l'UPC recevait ne venaient pas seulement de

Lubanga. Il y avait la communauté hema qui pouvait donner son mot. Ça va s'expliquer quand l'UPC avait attaqué les troupes du Pusic le 31 octobre : les ordres que Kisembo avait reçus des chefs coutumiers, il avait démobilisé ses troupes malgré l'ordre de Bosco Ntaganda et... qui était déjà nommé... et Bosco Ntaganda et Lubanga d'attaquer Tchomia ; mais lui, il avait reçu les ordres des chefs coutumiers de ne pas le faire puisque c'est une guerre entre les deux frères hema, il n'a pas fait. Donc, il y a la communauté hema, les notables, Lubanga lui-même, et une injonction venant... de Kigali pouvait donner les opérations. Et Kigali donnait des injonctions directement à Kisembo, ou bien... non, directement à Bosco Ntaganda ou bien à Lubanga lui-même ou bien au service de renseignements militaires, dont Rafai, qui est... qui est rwandophone et il parle la langue kinyarwanda aussi. Ce sont des personnes qui restaient en contact permanent avec le Rwanda. Plus tard, Kisembo m'avait dit qu'ils avaient la responsabilité de protéger les armes, surtout les armes lourdes, que Kigali avait envoyées à l'UPC. Donc, ces chaînes de commandement pour qu'il puisse y avoir des actions de l'armée... de l'UPC, les Hema, les notables et surtout les commerçants, Thomas Lubanga lui-même et Kigali à travers les deux chefs militaires, Bosco Ntaganda pouvait ordonner une attaque malgré qu'il était seulement commandant des opérations ; ou bien Kisembo Floribert pouvait déclencher les opérations militaires, les attaques militaires en tant que chef d'état-major général. C'est comme ça que ce schéma explique.
Pr FOFÉ : Merci beaucoup. Monsieur le Président, nous avons une préoccupation particulière en ce qui concerne ce schéma, juste ce schéma. Nous aimerions avoir ce schéma dans le dossier comme pièce. Si possible, est-il possible de donner un EVD juste à ce schéma ? Est-il possible ?
M. MacDONALD : Nous consentons. Si on peut saisir peut-être la page...
M. LE JUGE PRÉSIDENT COTTE : Je pense qu'il serait, à ce moment-là, sage de sortir le schéma de la page elle-même de manière à ce que ne figurent pas les paragraphes 173 à 176. Madame le greffier, s'il vous apparaît possible, donc, d'ici demain - ça n'est pas à faire à la seconde - d'extraire donc le schéma, de le faire apparaître sur une feuille blanche et, si j'ai bien compris, vous souhaiteriez qu'un numéro EVD soit donné à ce schéma.
Pr FOFÉ : Oui, Monsieur le Président.
M. MacDONALD : Sinon, l'Accusation peut le faire, c'est juste un exercice de copie, de...
M. LE JUGE PRÉSIDENT COTTE : Exactement. Mais je pense que le Greffe s'en chargera.
M. MacDONALD : D'accord.
M. LE JUGE PRÉSIDENT COTTE : Ce sera plus simple.
M. MacDONALD : Sans le nom du témoin, évidemment.
M. LE JUGE PRÉSIDENT COTTE : Sans le nom du témoin qui apparaît en haut et qui devra donc disparaître. Madame le greffier, le schéma, copier, coller, seul sur une feuille blanche, et le numéro EVD sera donné demain.
Mme LA GREFFIÈRE... : Alors, elle portera, Monsieur le Président, la cote EVD-D03-00064.
M. LE JUGE PRÉSIDENT COTTE : Parfait, nous avons donc déjà la cote EVD avant même que le document soit définitivement mis au point. Merci, Madame le greffier. Professeur...

Pr FOFÉ : Q. Monsieur le témoin, quelles sont les fonctions que Bosco Ntaganda exerçait au sein de l'UPC ?
LE TÉMOIN DRC-OTP-P-0012 : R. Officiellement, je dis bien « officiellement », Bosco Ntaganda était chef d'état-major chargé des opérations militaires. Mais, Kisembo Floribert m'avait dit que c'est lui qui jouait, en fait, qui avait la responsabilité de chef d'état-major, puisqu'il pouvait donner des ordres à sa place, lui en tant que chef d'état-major général. Mais sur papier, et officiellement sur le terrain, c'était Ntaganda qui était chargé des opérations militaires seulement. Mais dans la réalité, ce n'était pas ça.
Q. Donc, ... disons, sur papier, Bosco Ntaganda était chef d'état-major chargé des opérations, mais en réalité c'était lui le chef d'état-major, c'était lui le chef de l'armée ; c'est ce que vous voulez dire ?
R. Oui, puisque Kisembo Floribert m'avait dit que la personne qui était nommée comme chef d'état-major général de l'UPC, c'était Bosco Ntaganda. Mais, pour des raisons intérieures, Kigali avait préféré à ce que plutôt Ntaganda s'occupe seulement des opérations militaires et lui, Floribert dit avoir été formé par Ntaganda. Il était à l'époque garde du corps de Ntaganda. Avec tout le respect... qu'il devait à Ntaganda, et il ne lui donnait pas des ordres puisqu'il se sentait qu'il était formé par lui, et c'est lui qui avait demandé qu'on le mette à cette place puisque lui ne voulait pas. Alors, pratiquement, c'est lui qui donnait la grande partie des décisions sur les démarches que l'armée devait prendre.
Q. Donc, ce sont les autorités rwandaises qui avaient demandé que Bosco Ntaganda ne soit pas chef d'état-major général, mais plutôt chef d'état-major adjoint chargé des opérations ; c'est bien cela ?
R. Oui. C'est ça.
Q. Et vous nous avez dit que l'UPC avait reçu des armes du Rwanda ; est-ce que vous pouvez nous rappeler quel type d'armes l'UPC avait reçu... du Rwanda ? Quel type d'armes, juste... avant qu'on avance pour que je ne me trompe pas ?
R. Comme j'avais dit la fois passée, je n'étais pas là quand on leur avait largué les armes. Mais je me rappelle vous avoir dit que j'avais visité le camp de Kyaligonza et j'avais trouvé les armes qui étaient avec Kyaligonza. Les armes que j'avais vues, moi, c'étaient... il y avait des mortiers - si j'ai bonne mémoire - 60 millimètres, 81 millimètres ; des armes ordinaires, d'assaut, AK-47. Ils avaient des lance-roquettes RPG-7. Et ils avaient des mines antipersonnelles et puis des mines antichars ; je les avais vues. Et je me rappelle à ce sujet avoir demandé à Kyaligonza pourquoi il n'avait pas tout remis, puisque ça c'était dangereux... à leur remettre toutes ces histoires quand la Monuc avait demandé pour qu'on puisse brûler. Mais je pense je n'ai pas vu cette arme-là, mais ils avaient utilisé une autre arme pour abattre l'avion... du Pr Ntumba Luaba. Et c'est... je ne sais plus comment on appelait cette arme-là. Je ne l'ai pas vue, mais ils en avaient puisqu'ils ont utilisé ça pour abattre l'avion qui devait atterrir. Dieu merci, seulement un moteur était touché, et l'avion est rentré, est allé atterrir... à Kampala. Je ne sais pas. On appelait cette arme si c'est... c'est un « contre-avion » qu'ils avaient utilisé, mais je n'avais pas vu cette arme personnellement. Mais ils en avaient puisque la Monuc est allée là-bas pour demander à Kyaligonza d'enlever ces armes-là, et de quitter, de se déplacer d'un kilomètre de l'aéroport, sinon la Monuc se verra obligée de les attaquer. Ils s'étaient retirés de trois kilomètres. Et Kyaligonza a dit : « C'est vrai, c'est nous

qui avions abattu cet avion avec l'arme que nous avions. » Mais cette arme, je n'ai pas vue, mais ils en avaient.
Q. Monsieur le témoin, qui est-ce qui décidait de l'utilisation de ces armes lourdes qui étaient reçues des autorités rwandaises ? Qui décidait de l'utilisation de ces armes lourdes ?
R. Je pense il y avait 12… je pense 12 ou bien 45 jeunes Hema qui étaient partis en formation au Rwanda pour recevoir la formation d'utiliser les armes lourdes. Je pense 12 personnes ou bien 45 ; j'ai oublié entre les deux. Et c'est Bosco Ntaganda qui commandait tout ce qui était utilisation de ces armes. Il y avait un autre spécialiste. Son nom exact, je ne connais pas, mais il y a un sobriquet qu'il avait et… Six One Sierra - Six One Sierra. « Six One Sierra », ça c'était le nom qu'il avait. Et malheureusement, il était abattu. Il était abattu à Tchomia lors de la bataille entre l'UPC et Pusic. Et la Monuc avait transporté son corps jusqu'à… Bunia. Six One Sierra était le spécialiste pour ces armes lourdes. J'avais oublié de mettre parmi les armes : il y avait des mitrailleuses ; des mitrailleuses qu'il avait… qu'ils avaient aussi ces armes-là. Je veux vous rappeler que Six One Sierra était aussi rwandophone.
Q. Merci, Monsieur le témoin. Et pour autant que vous le sachiez, les armes lourdes, là, étaient utilisées à quelle fin, à quel moment, pour quels intérêts ?
R. Je n'ai pas participé dans une bataille de l'UPC ou bien assisté quand ils se battaient. Je ne saurais pas quand est-ce qu'ils ont utilisé ces armes. Mais est-il que le chef Kahwa m'avait dit qu'une des raisons qui l'avait inquiété de rester dans l'UPC, c'est quand ils commençaient à recevoir des armes qui dépassaient ce qu'ils avaient demandé. Et ils avaient demandé des armes d'assaut pour se protéger avec. Mais la quantité d'armes qu'on les avait envoyées et… lui donnait des soupçons que le Rwanda voulait autre chose à la place puisqu'il ne trouvait pas de raisons pourquoi on devait [leur] donner des mines antichars, puisque les Lendu qui semblaient être leurs antagonistes n'avaient pas de char. Il ne trouvait pas pourquoi on va nous donner des armes antiaériennes puisque les Lendu n'avaient pas d'avion. Il y a eu beaucoup de grandes armes qu'on leur avait fournies et qu'ils trouvaient que ça… ça ne correspondait pas exactement à ce qu'ils avaient demandé ; c'était trop. Et une grande partie de ces armes, surtout des armes non conventionnelles, étaient arrachées par la Monuc. Et la Monuc avait brûlé ça publiquement. Et des spécialistes pour faire sauter les mines étaient venus ; ils ont fait ça. Cela ne dit pas qu'ils avaient remis toutes les armes puisqu'ils avaient fui en brousse avec les armes. Et partout où Bosco allait, circulait avec ces armes, et il est sorti encore avec ces armes pour les ramener au Rwanda ; il est sorti avec.
Q. Est-ce que c'est au moment où Kahwa s'interrogeait sur le type d'armement, les grosses armes fournies par le Rwanda… c'est à ce moment-là que Kahwa avait été écarté de ce circuit de fourniture d'armes par le Rwanda ?
R. Ça, je ne sais pas. Je ne sais pas les raisons qui ont fait… qu'il soit écarté. Et lui, il a toujours soutenu que c'était l'influence de l'évêque hema qui se trouvait à Goma - j'ai oublié son nom, mais je vais me rappeler. C'est celui-là qui avait influencé puisqu'il semblait dire qu'il était parenté avec Thomas Lubanga. Et il voulait que ça soit Thomas Lubanga qui prenne ce contact. Et il a toujours accusé cet évêque-là d'avoir joué ce rôle. Mais… quant à savoir pourquoi on l'avait écarté pour ces suppositions d'armes, il ne m'a jamais dit.

Q. Monsieur le témoin, je vais sur ce point vous inviter au paragraphe 189 de votre déclaration - sur ce point précis. Dans ce paragraphe, vous dites vous souvenir d'une conversation entre Gad Ngabu et Kahwa. Et Gad Ngabu demandait… se demandait si Kahwa… non, demandait à Kahwa si celui-ci savait ce que Kigali pensait de son départ de l'UPC. Et vous dites ceci - je vous cite… la deuxième phrase : « Il - ça veut dire Kahwa - lui avait répondu avoir réalisé que les objectifs de Kigali lui étaient obscurs et que l'aide militaire fournie par Kigali cachait quelque chose. » Et vous poursuivez - je vous cite : « C'est au cours de cette conversation à laquelle j'assistais que Kahwa va dire qu'il avait négocié avec les autorités de Kigali la fourniture d'armes et de munitions pour protéger sa communauté - j'imagine qu'il entendait par là la communauté hema. Outre les armes et munitions d'infanterie qui avaient été fournies par Kigali, il avait expliqué avoir été ensuite étonné de voir les Rwandais fournir également des mines antichars, des mines antipersonnelles, des armes antiaériennes, des mortiers et d'autres types d'armes lourdes. Il nous avait expliqué son étonnement en disant qu'aucun des groupes que l'UPC et les Hema combattaient ne possédait de chars, de véhicules blindés ou d'aviation, et de ce fait ne comprenait pas pourquoi les Rwandais avaient livré de telles armes. À partir du moment où il avait voulu savoir à quoi tout cet armement lourd allait servir, il avait été écarté du système de liaison et de réception des armes provenant de Kigali. » Fin de citation. C'est bien cela votre déclaration, Monsieur le témoin ?
R. Oui. Je me rappelle maintenant… je pense que vous avez raison ; exactement, c'est ce qu'il avait dit.
Q. Merci beaucoup. Et s'agissant de l'utilisation de ces armements lourds, je vous ai posé la question et vous nous avez donné des explications. Peut-être que ma question n'était pas très claire, et je la répète : Bosco Ntaganda décidait de l'utilisation des armes lourdes quand il s'agissait de quel type d'opérations ?
R. Je ne saurais pas distinguer les opérations, quelles sortes d'opérations ils opéraient, mais je pense toute opération militaire où on doit utiliser les armes lourdes, c'est Bosco Ntaganda qui devait en décider.
Q. Merci. Alors pour vous aider, je vous invite au paragraphe 176. Et je vais vous faire une suggestion à partir de ce que vous avez dit au paragraphe 176, mais vers la fin, c'est-à-dire, donc, à la page 34, dernière phrase du paragraphe 176, qui commence par « Licha » ; vous y êtes ? Je cite cette phrase : « Licha avait ajouté qu'au cours des opérations militaires, c'était Bosco qui décidait de l'utilisation des armes lourdes. Il avait cité comme exemple que lorsqu'il y avait des opérations favorables aux intérêts du Rwanda, il utilisait… pardon, il autorisait facilement l'utilisation des armes lourdes ; ce qui n'était pas le cas lors des opérations ne représentant aucun intérêt pour le Rwanda. » Fin de citation. Est-ce bien cela votre déclaration, Monsieur le témoin ?
R. Oui. C'est Licha qui avait dit ça. Licha m'avait dit… Licha Daniel.
Q. Et Licha Daniel était qui ?
R. À cette époque-là, il était secrétaire général de l'UPC.
Q. Nous allons progresser.
M. LE JUGE PRÉSIDENT COTTE : Tout en restant bien centré sur ce dont nous sommes saisis. C'est un témoin contextuel, nous avons déjà beaucoup d'éléments contextuels. Vous poursuivez, Professeur Fofé.

Pr FOFÉ : Merci, Monsieur le Président. Q. Monsieur le témoin, comment est-ce que l'UPC payait le Rwanda pour ces armes et munitions reçues du Rwanda ?
LE TÉMOIN DRC-OTP-P-0012 : R. En tout cas, les arrangements, comment ils s'étaient entendus, je ne sais pas, mais j'avais posé cette question à Floribert Kisembo à Kinshasa quand il était nommé général, et je lui avais dit : « Maintenant, toi, tu vas partir et il y a la dette que vous avez des armes. » Et il a dit : « Nous ne devons rien à Kigali puisque Kigali nous avait trompés. On nous avait dit... d'envahir l'Ouganda et si, pendant une heure, nous tenons la ville, Kigali va envoyer des gens. Maintenant, ils n'avaient rien envoyé. Nous avons perdu des gens, on a tué nos gens et, je pense, le sang de nos troupes a déjà payé la facture. » C'est comme ça que Kisembo... général Kisembo Floribert m'avait répondu. Mais, les procédures qu'ils utilisaient pour payer, je ne... je n'ai pas vraiment d'idée sur ça. Je sais qu'une grande partie de leurs armes venait de l'Afrique du Sud. Et l'idée, c'était de prendre les terrains où il y avait les minerais, et spécialement Mabanga, Mongbwalu, et c'est pourquoi on va trouver beaucoup « des » opérations militaires menées par Bosco Ntaganda, toujours, dans ce... ce secteur-là de Mongbwalu et de Mabanga. Mais Floribert, lui, m'avait dit que la dette était terminée par le sang de leurs troupes qui étaient « morts » le 6 mars.
Q. Est-ce que, en citant Mongbwalu, Mabanga, Kisembo ne vous a pas parlé également de Lipri, de Kobu et de Bambu ?
R. Oui, je ne me rappelle plus, mais je connais que tous ces petits villages sont presque au même endroit. Et, les opérations militaires de l'UPC s'étaient passées dans presque tous ces villages-là, puisque ces villages sont aurifères, et il y avait eu beaucoup de... d'incursions, d'une part certaines fois les Lendu ripostaient, faisaient aussi des massacres, et de l'autre côté l'UPC, mais surtout, surtout, c'est Bosco Ntaganda qui allait dans ces secteurs-là.
Q. Et lorsque Bosco Ntaganda allait dans ces secteurs-là, c'est à cette occasion-là qu'il utilisait le... les armes lourdes, n'est-ce pas ?
R. Les armes lourdes étaient utilisées dans tous les combats. Je ne sais pas où est-ce que vous vous limitez avec les armes lourdes. Quand on est au-delà de AK-47, les autres armes que l'on va utiliser à distance pour faire beaucoup plus de dégâts, nous appelons ça les armes lourdes. Et à tout moment, on peut utiliser ça pour paniquer l'adversaire de loin. On lance cette arme, quand ça tombe, déjà les gens ont peur, ils peuvent se sauver. À tout moment, ils pouvaient utiliser ces armes, à tout moment. Tous les... je pense, presque tous les groupes armés en avaient... avaient des armes lourdes que les gens ne transportaient pas facilement, mais dans une opération, toutes les opérations où on utilise un véhicule, ils allaient toujours avec les armes lourdes.
Q. Oui. Et lorsque Bosco Ntaganda est allé dans ces endroits pour ce type d'opération, il y avait certainement des morts parmi la population civile, n'est-ce pas ?
R. Je n'ai pas vraiment de détails sur les morts. Mais quand on annonce qu'il y a une guerre quelque part, ... les gens sont passés, les groupes armés sont passés, il y a toujours eu des morts. Mais je ne sais pas... je n'ai pas des détails, ... dans ma connaissance, combien il en avait tué, qui était mort. Avant, je m'intéressais à ça, j'avais... ma mémoire était encore fraîche, mais je n'ai plus de, réellement, de mémoire, qui était mort, combien... Je sais seulement que, quand on annonce

qu'il y a eu massacre ou il y a eu attaque à tel endroit, il y a toujours des morts. Il y a toujours des morts, absolument. C'est les signes qui nous montraient qu'il y avait attaque quelque part.
Q. Monsieur le témoin, Mongbwalu est une localité majoritairement habitée par qui ?
R. Je ne sais pas la population majoritaire, mais je connais que presque… tous ces territoires aurifères appartenaient aux Lendu. Ce sont les populations lendu qui habitaient dans le milieu où il y avait de l'or. Et, je n'ai plus… Après, comme des grandes cités comme Mongbwalu, il y a beaucoup de population, les gens qui viennent de passer. Beaucoup de collectivités envoient leurs personnes, beaucoup d'ethnies pouvaient se mélanger là où il y a un centre commercial. Mais presque toutes ces localités minières, où il y avait de l'or, la grande partie, c'était pour les Lendu.
Q. Donc, quand vous parlez de toutes ces localités, vous visez notamment Lipri, Kobu et Bambu ?
R. Bambu, Mongbwalu, … toutes ces localités étaient pour les Lendu.
Q. Merci beaucoup, Monsieur le témoin. Et dans leurs stratégies, notamment de Bosco et autres, avaient-ils aussi comme préoccupation, comme objectif, l'occupation des localités où il y avait des aéroports ?
R. Oui, je me rappelle que oui, puisque là où il y avait… presque dans toutes les localités où il y avait des petits aéroports… étaient toujours troublées puisque… j'ai oublié les deux derniers aéroports qu'ils avaient… l'UPC avait occupé pour permettre l'atterrissage d'avions qui emmenaient des armes. C'est pourquoi ils prenaient partout où il y avait des aéroports. Je n'étais pas préparé pour ça, mais il y avait un document qui précisait partout où il y avait des aéroports… et le nombre d'attaques qui étaient menées dans ces endroits-là. Mais je sais qu'il y en avait. Les aéroports étaient réellement importants pour… l'UPC, puisque c'est quand ils n'habitaient… ils n'étaient plus au centre de Kinshasa… et surtout quand ils n'étaient plus à Bunia. En tout cas, les petits aéroports leur avaient beaucoup servi pour se ravitailler.
Q. Monsieur le témoin, est-ce que vous avez ces documents avec vous, ici, à La Haye, les documents dans lesquels vous parlez des aéroports et des attaques qu'il y a eu dans ces aéroports ? Est-ce que vous avez ces documents, ici, à La Haye ?
R. Non, … je n'en ai pas, mais si je peux prendre mon temps aujourd'hui, et demain, je peux essayer d'élaborer une maquette de l'Ituri et me remémorer là où se trouvent les villes et localités. Et je vais essayer de voir si je peux reconstituer quelque chose… ce soir.
Q. D'avance, merci beaucoup, Monsieur le témoin, si vous pouvez faire ça pour nous. Si vous pouvez nous les remettre, demain matin, nous vous en saurions gré. Merci beaucoup d'avance. Bon, en attendant ces documents, est-ce que, à Mongbwalu et à Bambu, il y avait bien un aéroport ?
R. Je me rappelle pas très bien, mais à Mongbwalu, c'est vrai, il y avait un aéroport, à Mongbwalu. Mais à Bambu, je ne me rappelle plus très bien.
Q. Merci beaucoup. Nous allons donc attendre ces documents-là. Est-ce bien à Bambu que se trouve la direction générale de l'usine d'or de Kilo-Moto ?
R. Franchement, je ne me rappelle plus.

Q. D'accord. Merci. Oui, Monsieur le témoin, tout à l'heure, vous avez parlé de l'attaque de l'UPC contre le Pusic à Tchomia ; confirmez-vous donc que les éléments de l'UPC avaient bien attaqué les éléments du Pusic à Tchomia ?
R. Oui. C'était le 31 octobre 2003.
Q. Et Tchomia est une localité majoritairement habitée par quelle ethnie ?
R. Hema.
Q... vous nous avez expliqué comment le Fipi était né et qui était à l'origine de cette création. Est-ce que, en résumé, vous pouvez nous rappeler quels sont les moyens que le Fipi a reçus du gouvernement de Kinshasa ?
R. Quand... les présidents... des composantes des Fipi, je veux parler de Kahwa, Ndjabu Floribert et Unencan, chacun d'eux était accompagné avec une autre personne, son secrétaire. Quand ils sont arrivés à Kinshasa, le président leur avait remis 10 000 dollars chacun. Mais le chef Kahwa avait dit que le président leur avait promis un peu plus de support militaire et financier. Mais à cet état-là, nous n'avions rien vu. Mais je me rappelle, à un moment, il y a le chauffeur de chef Kahwa, Ali Dumba, qui m'avait dit qu'on l'avait appelé par le CMI pour une information urgente... qui concernait le Pusic. Et il m'avait demandé de l'accompagner. Nous sommes allés ensemble. On lui a remis des cartons de munitions qu'il devait amener dans la résidence du chef Kahwa. Et... ils avaient dit : « ... ça, c'est les derniers lots de ce que votre président avait envoyé ... C'est les derniers lots de ce que votre président avait envoyé. » Alors c'est à ce moment-là que j'avais commencé à réaliser que c'est possible que le président ait envoyé l'armement qu'il avait promis au Fipi mais qui, apparemment, n'avait pas servi à toutes les composantes mais, plutôt, seulement à Pusic.
Q. Oui, Monsieur le témoin, pour la clarté, quand vous dites « notre président » ; il s'agit de qui ?
R. Oui. Je veux parler du président Joseph Kabila, du Congo.
Q. Merci beaucoup. Et avant cette aide envoyée par le président Kabila au Fipi, lorsque Kahwa avait créé le Pusic, n'avait-il pas aussi reçu une aide de la part du président Kabila ?
R. Avant que le chef Kahwa ne fonde Pusic, il était parti à Kinshasa, quand il avait quitté l'UPC, sur invitation du chef de l'État - donc, président Kabila -, et on lui avait remis l'argent. Nous n'avions jamais vu cet argent. Mais si j'ai bonne mémoire, je crois, il nous avait dit qu'on lui avait donné 250 000 dollars américains. Et il avait même ajouté, quand Fipi était en formation, il avait dit qu'il était prêt à supporter toutes les dépenses de Fipi s'il était nommé président de Fipi ; il était prêt à le faire. Mais l'argent qu'on lui avait donné, on n'avait jamais vu. Mais seulement, c'est vrai, il avait acheté des voitures et il avait équipé sa maison. Bon, il avait tout le temps un peu d'argent avec lui quand il commençait à recruter les membres pour Pusic. Donc 250000 dollars américains, c'est l'argent qu'il avait dit... si j'ai bonne mémoire, qu'il avait reçu de Kinshasa pour commencer le nouveau parti.
Q. C'est tout à fait cela, Monsieur le témoin, et vous le dites bien au paragraphe 194 de votre déclaration. Et quel objectif poursuivait le président Kabila en remettant ce moyen au chef Kahwa pour soutenir le Pusic ?
R. Je pense que... ça, c'est mon point de vue. Au mois de juin... juin 2000... 2002, à travers... non, le président Kabila avait signé l'accord avec Heritage Oil pour l'exploitation du pétrole qui se trouvait dans la plaine... de Kasenyi. Et ce

sont les Ougandais avec Mbusa qui avaient introduit ce dossier auprès du président Kabila. Je pense que les Ougandais avaient convaincu le président Kabila qu'il ne pouvait réussir cette opération que si l'UPC n'est plus... à Bunia. Puisqu'il savait qu'il y a les Rwandais aussi qui voulaient occuper cette place. Et comme vous connaissez, certaines fois, les groupes rebelles dans notre pays signent des accords pour permettre l'exploitation d'une partie du pays. Et je pense le président était convaincu que s'il pouvait armer le Fipi, pas le chef Kahwa, c'est ça l'image qu'on lui avait donnée, qu'il pouvait faire partir Lubanga, et il pouvait organiser les Ituriens à vivre ensemble, et il pouvait avoir la possibilité de commencer l'exploitation de ce qu'il avait signé avec Heritage Oil. Ces documents, vous pouvez même les chercher à l'Internet, vous allez trouver que ça existe.
Pr FOFÉ : Merci beaucoup, Monsieur le témoin. »[385]

En posant ces questions au témoin, le conseil avait en mains ses déclarations écrites antérieures et s'est rendu compte, avec bonheur, de la concordance de celles-ci avec les propos tenus au prétoire. Ainsi, de façon plus orthodoxe, le témoin a-t-il versé oralement au dossier tous les éléments pertinents visés par le conseil dans sa requête à la chambre. Cet échange de questions-réponses a été tellement bien mené qu'il a justifié l'appréciation publique de la chambre :

« M. LE JUGE PRÉSIDENT COTTE : Merci, Madame le greffier. Monsieur le témoin, nous nous retrouvons donc pour la poursuite du contre-interrogatoire du Pr Fofé. Professeur Fofé, la fin de notre première partie d'audience, je l'espère, ne vous a pas déconcentré et, en tout cas, la Chambre saisit cette occasion pour vous remercier, ainsi que l'équipe de défense de Mathieu Ngudjolo, pour avoir, en un temps record, vraisemblablement restructuré votre contre-interrogatoire dans les conditions que nous avions évoquées ensemble hier, et nous l'apprécions beaucoup. Vous avez la parole.
Pr FOFÉ : Merci beaucoup, Monsieur le Président. »[386]

Il faut donc retenir que l'autorisation de poser des questions suggestives au cours du contre-interrogatoire ne dispense pas le conseil de la défense ou de l'accusation officiant de l'obligation du respect du principe de l'oralité. Elle ne lui ouvre pas non plus la voie pour verser dans des assertions dénuées de tout fondement.

---

[385] Transcription ICC-01/04-01/07-T-202-Red2-FRA WT 13-10-2010, de la p. 38, L 24 à la p. 52, L 26.

[386] CPI, Situation en République démocratique du Congo, *Affaire le Procureur c. Germain Katanga et Mathieu Ngudjolo*, ICC-01/04-01/07, Chambre de 1ère instance II, Transcription de l'audience du 14 octobre 2010, ICC-01/04-01/07-T-203-Red-FRA WT, p. 34, L4 à 14.

B- Interdiction des insinuations infondées

En effet, le professionnalisme du conseil menant le contre-interrogatoire est requis pour qu'il ne tombe pas dans des excès. Les questions posées, si directives puissent-elles être, doivent cependant avoir une base réelle, un fondement vérifiable. Elles ne doivent pas uniquement reposer sur l'imagination de l'interrogateur ; elles constitueraient, dans cette hypothèse, des insinuations infondées ou spéculatives. Ce qui est précisément prohibé par le paragraphe 74 des instructions 1665 qui dispose : « *La partie procédant au contre-interrogatoire d'un témoin peut lui poser des questions directives et fermées. La Chambre insiste pour que les contre-interrogatoires soient bien délimités et menés de manière professionnelle. Elle n'autorisera pas d'insinuations infondées ni de discours prononcés sous le couvert de questions.* »

a) Les questions suggestives diffèrent des questions spéculatives ou hypothétiques qui demeurent interdites.

Une question suggestive ou directive, revêtant ordinairement la forme d'une proposition soumise au témoin, doit reposer sur un fondement réel et non simplement sur une supposition. À cet égard, il convient d'être vigilant vis-à-vis de certaines tournures de questions, comme l'interrogation « *n'est-il pas exact que... ?* » En effet, avec l'usage abusif de cette formule « n'est-il pas exact que... », l'interrogateur peut donner au témoin contre-interrogé l'impression que lui, l'interrogateur, détient la vérité, connaît tous les faits, et que ce que le témoin dit est forcément faux. Il importe donc d'être attentif pour éviter ce risque. Si le fait évoqué dans la question est vrai, alors la formule passe. En revanche, celle-ci est inacceptable si le fait vanté est faux, ou s'il n'est qu'une allégation infondée, une conjecture, une supposition, un fruit de l'imagination sans aucune assise réelle. La défense s'est levée, à plusieurs reprises, contre cette expression, notamment lors des épisodes suivants du contre-interrogatoire par le procureur du témoin à décharge D03-88.

> « [M. MacDONALD] Q. Chef Manu, chef Manu, *n'est-il pas exact que* lors de cette réunion que vous avez eue, vous avez inévitablement discuté des faits de la cause avec Bukpa Kalongo, avec Martin Banga, avec Zulo Vili, avec le chef Kitoko, les mêmes personnes qui étaient là lors de la visite du Procureur et où vous avez fait... un plaidoyer en faveur de la Défense de Mathieu Ngudjolo ? Chef Manu...
> Pr FOFÉ : Quel est... quel est le fondement factuel de cette allégation ? Quel est le fondement ?
> M. MacDONALD : Q. Chef Manu, *n'est-il pas exact que* vous avez discuté et rédigé ce document dans le but d'exonérer Mathieu Ngudjolo, dans le but de vous assurer qu'il ne soit jamais condamné par la Cour pénale internationale ?

LE TÉMOIN... : R. Monsieur le Procureur, je ne partage pas votre opinion. Vous allez très loin de nos propres... opinions. Il s'agit là d'une opinion propre à vous. Vous-même, vous avez reçu le document. Nous aurions pu refuser de donner un document... quiconque était venu nous demander. D'ailleurs, ce document n'a pas été rédigé pendant tout un mois... On a demandé au secrétaire d'extraire la partie qui était intéressante, à partir du document original. Lorsque j'ai voulu signé ce document, ce papier ne se retrouvait pas dans le document. Et c'est ainsi que j'ai dû l'écrire à la main pour l'inclure dans ce qu'il fallait donner. Et puis, j'ai signé, je suis reparti. Donc, ce n'est pas un groupe qui s'est réuni pendant un temps assez long pour s'entendre sur quoi écrire. Nous avons dit qu'il fallait juste extraire la partie intéressante et de la remettre, mais je ne sais pas la personne qui a transmis le document. »[387]

On peut comprendre que le procureur, conduisant un contre-interrogatoire, ait voulu faire des suggestions au témoin. Tout le problème est de savoir si une suggestion peut être basée sur des pures conjectures, des suppositions n'ayant aucun fondement factuel. Pour faire une comparaison avec ce qui s'est passé avec le témoin P-12, nous avons vu que les suggestions qui ont pu lui être faites dans le cadre du contre-interrogatoire, étaient basées sur ses déclarations antérieures consignées dans les notes d'entretien que tous les parties et participants, ainsi que les juges avaient entre leurs mains. Ces suggestions avaient donc une assise vérifiable par tous. Ce qui ne semble pas être le cas ici, les questions formulées par le procureur étant simplement basées sur des suppositions, sur son imagination. Car, s'il avait un autre support, une autre source, il l'aurait indiqué aux autres parties et participants, et aux juges, si pas *proprio motu*, - ce qui aurait été une omission au regard de l'obligation légale de communication des pièces -, en tout cas en réponse aux objections de la défense. C'est ce qu'a tenté d'expliquer le conseil de MN dans la suite de ce contre-interrogatoire.

« [M. MacDONALD] Q. Chef Manu... , *n'est-il pas exact*, ... comme vous l'avez mentionné, qu'il y a une rencontre pour préparer ce document, il y a une rencontre pour préparer l'arrivée du Procureur et le message qu'on était pour livrer au Procureur ? *N'est-il pas exact*, chef Manu, que dans le groupement de Bedu-Ezekere, on échange des informations entre les personnes qui viennent témoigner ici pour le compte de Mathieu Ngudjolo et qu'on discute des éléments de preuve qui seront présentés devant cette Chambre ?

R. Et ce document est différent de la rencontre de Zumbe. Pourquoi ? À Zumbe, nous avons discuté de trois points. Et ces points concernaient ce que nous allions dire au Procureur, mais nous n'avons pas discuté du document que nous allions envoyer ici. Ce document a été rédigé sur votre demande. Mais s'agissant de ce que nous allions dire au Procureur, nous en avons discuté à Zumbe. Mais ce document, nous n'en avons pas discuté à Zumbe. Pour ce qui est de ce document,

[387] Transcription ICC-01/04-01/07-T-305-Red-FRA WT 07-09-2011, de la p. 57, L24 à la p. 58, L20.

nous en avons discuté dans une rencontre à Masu... Ce qui concerne la rencontre avec le Procureur concernait Ngudjolo.
Pr FOFÉ : Monsieur le Président.
M. MacDONALD : On n'est pas là pour aider le témoin. On n'est pas là pour aider le témoin, et je me rassois.
Pr FOFÉ : S'il vous plait, Monsieur le Président.
M. LE JUGE PRÉSIDENT COTTE : Professeur.
Pr FOFÉ : Nous revenons toujours... aux questions hypothétiques. Je n'aide pas le témoin, Monsieur le Procureur, je nous invite, nous tous, à être orthodoxes. Vous êtes en train de formuler vos questions... je vais m'adresser à M. le Président. Monsieur le Président, M. le Procureur formule des questions sur base d'hypothèses. Vous voyez, j'ai laissé le témoin répondre à la dernière question. Si vous reprenez cette dernière question, elle est basée sur quoi ? Lorsque le Procureur avance... vous voyez, la dernière question, Monsieur le Président, lorsque le Procureur avance cela, cette allégation-là, elle est basée sur quoi ? Si M. le Procureur a cet élément factuel, alors, il aurait dû nous le communiquer. Voyez-vous, ... c'est ce contre quoi je me dresse, par principe, voyez-vous, par principe. Parce que si nous nous lançons dans des questions hypothétiques, mais nous pouvons ne pas terminer ce procès, Monsieur le Président, parce que l'imagination n'a pas de limites. Vous voyez ? Voilà, c'est ça, Monsieur le Président. Je vous remercie.
M. LE JUGE PRÉSIDENT COTTE : Merci, Professeur Fofé. Nous vous avons bien écouté. Monsieur le Procureur, vous allez poursuivre, avec le souci évident d'obtenir du témoin des précisions sur les conditions exactes dans lesquelles a été rédigé ce document, mais effectivement sans utiliser trop de suppositions, car vous risquez fort de ne pas arriver au résultat que vous souhaitez. Donc, plus vos questions seront simples, ce qui n'est pas facile du tout, plus vous aurez des réponses rapides, claires et précises. Allez, vous avez la parole, vous poursuivez.
M. MacDONALD : Je ne fais que reprendre, Monsieur le Président, les réponses que le témoin a données antérieurement, et je les insère et je lui soumets, je lui soumets.
M. LE JUGE PRÉSIDENT COTTE : Alors, faites-le par petites touches, que les questions ne soient pas trop volumineuses. Mais c'est vous qui avez la parole et vous poursuivez, Monsieur le Procureur. »[388]

Il faut noter que lorsque ce même type de débat avait eu lieu lors du contre-interrogatoire du témoin de la défense D03-055, le procureur avait bien réagi à l'objection du conseil de la défense en soulignant qu'effectivement il formulait des suggestions au témoin, comme de règle, et surtout en indiquant la base de ces suggestions qui se trouvaient être les déclarations d'un autre témoin divulguées aux parties et participants. À cette occurrence, les conseils de la défense avaient épinglé la formule utilisée par le procureur dans sa question et relevé que dès lors que D03-055 avait

---

[388] Transcription ICC-01/04-01/07-T-305-Red-FRA WT 07-09-2011, de la p. 59, L12 à la p. 61, L4.

répondu à la suggestion formulée, en indiquant qu'il ignorait le fait allégué, méthodologiquement, le procureur devait se satisfaire de la réponse de ce dernier plutôt que de persévérer, comme si l'allégation fondant la suggestion était une certitude. Suivons ces échanges instructifs.

« [Mme LUPING] Q. Monsieur le témoin, vous nous avez expliqué en quoi consistait votre rôle au sein du comité de la santé. Nous n'allons pas le répéter parce que nous sommes en audience publique. Je ne vais donc pas vous demander de répéter cela. Nous savons tous quel était votre rôle. *N'est-il pas exact que* vous avez dû apprendre qu'un groupe était allé à Kpandroma pour obtenir des médicaments, c'était une période de guerre, ce n'était pas quelque chose qui se produisait tous les jours ?

R. Je ne comprends pas où vous voulez en venir avec votre question. Je ne sais pas si vous voulez dire qu'ils sont venus récupérer des médicaments chez nous, ou que nous, nous sommes allés chez eux prendre des médicaments. Cela n'est pas clair pour moi.

Q. Je vais répéter ma question, Monsieur le témoin : *n'est-il pas exact* qu'un groupe a quitté Zumbe pour se rendre à Kpandroma afin d'obtenir des médicaments ?

R. Je ne le sais pas.

Pr FOFÉ : Pardon, Monsieur le Président. Bon, nous espérons que Mme le Procureur a un fondement neutre, vérifié, avéré, de ces faits. Je le dis simplement pour que nous puissions éviter que je ne me lève à plusieurs reprises dans la suite du contre-interrogatoire, parce qu'il s'agit là d'un fait qui ne nous semble pas avéré, en ce qui nous concerne. Est-ce que ce fait rentre dans l'hypothèse de travail de Mme le Procureur, ça, je ne sais pas. Enfin, bref, il conviendra que dans la suite, Mme le Procureur pose ses questions sur base des faits que toutes les parties connaissent... enfin, des faits qui apparaissent comme avérés et acceptés par toutes les parties. Merci, Monsieur le Président.

M. LE JUGE PRÉSIDENT COTTE : Bien.

M. MacDONALD : Je vois... je vois que mon collègue, Me Hooper, s'était penché vers le Pr Fofé. Et, à ce moment-là, l'Accusation ne se base que sur des faits divulgués. Et oui, cette information est dans la divulgation de l'Accusation, dans un entretien, plus spécifiquement, témoin P-0270. Je vous remercie, Monsieur le Président.

M. LE JUGE PRÉSIDENT COTTE : Merci pour cette précision... Oui.

Pr FOFÉ : Oui, Monsieur le Président...

M. LE JUGE PRÉSIDENT COTTE : Doucement, pour que les interprètes nous suivent. Allez-y.

Pr FOFÉ : Oui, Monsieur le Président. Il convient que M. le Procureur fasse bien une différence entre un fait et une allégation. Mme le Procureur a posé au témoin la question sur cette allégation, et M. le témoin a dit qu'il ignore cette allégation. Et quand le témoin répond qu'il ignore une allégation, je pense que ça ne sert à rien d'insister, d'insister. Voilà, donc, il convient de faire une différence entre un fait avéré et une allégation donnée par un témoin, quel qu'il soit. Voilà, Monsieur le Président, merci.

M. LE JUGE PRÉSIDENT COTTE : Alors, Monsieur le Procureur, brièvement.

M. MacDONALD : ... Monsieur le Président, je crois que le témoin comprend très bien les questions qui sont posées, est capable de... et c'est ça l'objet d'un

contre-interrogatoire. Et depuis le début qu'on contre-interroge des témoins de la Défense, soit fin mars à plusieurs reprises est revenue cette question-là, mais il est clair que l'Accusation se base sur des faits divulgués, et donc par le fait même allègue certaines choses. Si le témoin les adopte, elles font partie du dossier, s'il ne les adopte pas, elles ne font plus partie du dossier, voilà l'objet du contre-interrogatoire. Et le témoin a très bien compris jusqu'à maintenant cela parce que, que se soit des noms, il connaît certaines personnes, il connaît pas d'autres, et ainsi de suite. Il est capable, il est assez grand, le témoin, pour répondre. Alors, voilà ce qui depuis le début fait l'objet du contre-interrogatoire.
Pr FOFÉ : Monsieur le Président, s'il vous plaît.
M. LE JUGE PRÉSIDENT COTTE : Alors, très, très brièvement, Professeur Fofé...
Pr FOFÉ : Très brièvement, Monsieur le...
M. LE JUGE PRÉSIDENT COTTE : Sinon nous allons proposer à un des stagiaires de la Cour un nouveau sujet de thèse.
Pr FOFÉ : Monsieur le Président, je crois que vous comprenez, bon, je suis un peu versé aussi dans ce genre de choses, mais je... je me contrôle. Je ne me trompe pas d'auditoire, ni de salle, mais lorsque Mme le Procureur pose une question au témoin, une question portant sur une allégation et non pas sur un fait, et que le témoin dit : « Non, je ne sais pas », il faut qu'on s'arrête. Parce que si on poursuit, c'est comme si on voulait montrer que le témoin ment. Voilà le danger. Donc, il faut pas... il faut être juste vis-à-vis du témoin et accepter sa réponse, car il s'agit d'une allégation qu'il peut ignorer. Voilà, Monsieur le Président, je crois que c'est très important. Merci beaucoup.
M. LE JUGE PRÉSIDENT COTTE : Voilà. Maître Hooper, votre contribution.
Me HOOPER... : C'est un point fort intéressant et qui mériterait bien une thèse en temps utile. La question de savoir si le témoin était au courant de... du fait que la délégation est allée d'un endroit à l'autre, c'est une chose. La question lui a été posée plusieurs fois. L'objection porte sur l'approche, la technique : « vous avez dû savoir » ; en donnant l'impression au témoin que c'est lui qui se trompe, c'est une technique qui vise à induire en erreur ou à mener le témoin, lui suggérer quelque chose qu'il a dit ou pas. Et je pense que la Chambre a déjà souligné le fait que ces interruptions sont souvent fondées sur des objections, non pas au sujet ou au thème abordé mais à la façon dont c'est abordé. C'est une question... c'est une technique que mon contradicteur de l'Accusation a utilisée plusieurs fois : « Vous avez dû savoir ; vous avez dû être au courant du fait que la délégation ; vous ne pouviez ignorer » ; et lorsque M. MacDonald s'est levé pour contribuer à cette question, il a évoqué que c'était fondé sur un fait en relation avec le témoin P-0270. Eh bien, moi, je ne sais pas qui est le 0250, 0290, enfin, je ne sais pas qui il est. Je crois qu'il y a une incohérence dans la transcription. Enfin, quoi qu'il en soit, le problème est que nous sommes arrivés à une heure importante de la journée, c'est un problème de techniques, disons que ce n'est pas une critique, mais c'est ce qui provoque une certaine anxiété, à tort ou à raison.
M. LE JUGE PRÉSIDENT COTTE : Merci, Maître Hooper, pour votre contribution. Voilà, nous sommes sur un problème de technique, effectivement, d'interrogatoire, je ne dirais pas que nous sommes à la frontière du professionnalisme avéré et de l'habileté toujours possible, la marge est parfois étroite. Il faut veiller et la vigilance s'impose en fonction du témoin que l'on a en

face de soi où, là, nous avons actuellement, depuis quelques heures avec nous, un témoin… qui a de l'aplomb et qui sait répondre quand il sait et qui sait dire qu'il ne sait pas quand il ne sait pas. S'agissant de ce point précis, du fait ou allégation, d'évidence, à une question réitérée, le témoin a répondu avec flegme qu'il ne savait pas. Alors, nous allons le laisser se reposer. Nous allons travailler à d'autres questions pendant la demi-heure qui vient. »[389]

b) Un fait diffère d'une allégation qui ne saurait justifier l'usage répété de la formule « *n'est-il pas un fait que* ».

En effet, un fait est une réalité avérée, alors qu'une allégation est une affirmation, une assertion, une interprétation qui peut ne pas être conforme à la réalité. Dès lors, doit être utilisée avec beaucoup de circonspection l'interrogation : « N'est-il pas un fait que… ? » Cette formule ne peut être admise que si ce qui est évoqué est véritablement un fait, et non simplement une supposition ou une allégation qu'il reste à prouver. Une illustration de la nécessité de distinguer entre fait et allégation a été offerte par le débat au sujet du grade de colonel qu'aurait revêtu MN au sein de l'armée de Mobutu. Le point de départ a été une série de questions posées par le procureur au témoin de la défense D03-055 ayant suscité l'objection de la défense. Voici les extraits pertinents :

« [Mme LUPING] Q. Monsieur le témoin, vous nous avez expliqué à quel point vous connaissez Mathieu Ngudjolo et sa famille. N'est-ce pas exact qu'avant de suivre des études pour devenir infirmier, à Bunia, il était dans l'armée de Mobutu?

R. Je n'en ai pas été témoin oculaire. J'en ai entendu parler simplement.

Q. Il était colonel au sein de l'armée de Mobutu, n'est-ce pas ?

R. Relativement au grade militaire, je n'en sais rien.

Pr FOFÉ : Monsieur le Président, j'ai laissé le témoin répondre à cette question, mais cette question revient encore à ce que nous avons dit tout à l'heure : Mme le Procureur attribue à Mathieu Ngudjolo le grade de colonel, au sein de l'armée de Mobutu. Est-ce que Mme le Procureur peut nous donner la preuve de l'existence de ce fait ? Où est-ce que… quelle est sa base ? Mathieu Ngudjolo était-il colonel au sein de l'armée de Mobutu ? Est-ce que l'Accusation peut nous donner la preuve de ce fait, s'il vous plaît, Monsieur le Président ? Merci beaucoup.

M. LE JUGE PRÉSIDENT COTTE : Alors, si nous n'avons aucun doute, les uns et les autres, en ce qui concerne le grade de Mathieu Ngudjolo au moment de son arrestation et de son transfert à la Cour, il y a, en tout cas pour nous tous et pour la Chambre, une ignorance du grade qu'il pouvait avoir lorsqu'il était dans l'armée du président Mobutu. Donc, sur ce point, et sans revenir sur les échanges fort intéressants que nous avons eus tout à l'heure en termes de techniques d'interrogatoire, ou de contre-interrogatoire, Monsieur MacDonald, apportez-nous, puisque vous êtes debout cette précision. Il est vrai qu'en ce qui

---

389 Transcription ICC-01/04-01/07-T-294-Red-FRA WT 18-08-2011, de la p. 31, L16 à la p. 35, L5.

nous concerne, mais peut-être puis-je me tromper, c'est la première fois que j'entends parler du grade de colonel pour M. Ngudjolo, à l'époque de Mobutu. On vous écoute.
M. MacDONALD : C'est une question qui fait suite à la divulgation des documents récemment ajoutés sur la liste des éléments de preuve de la Défense. *Nous avions interprété certaines informations qui apparaissent dans ces documents comme indiquant un grade. Nous avons pu être dans l'erreur.* Mais une chose est certaine, Monsieur... Monsieur le Président - pardon -, le témoin on lui pose la question s'il était colonel, et il dit qu'il ne connaît pas son grade. Je pense qu'on peut continuer avec nos prochaines questions. Voilà. »[390]...
« Pr FOFÉ : Pardon, Monsieur le Président, est-ce que M. le Procureur peut nous donner la référence du document dont il vient de parler - *document qu'il a interprété et qui l'a conduit à...*
M. LE JUGE PRÉSIDENT COTTE : Alors, il la cherche, et il vous la communique dans le courant de l'audience. Tout à fait.
Pr FOFÉ : Merci beaucoup. »[391]

Cette question relative au prétendu grade de colonel de MN à l'époque du président Mobutu nous a donné une excellente occasion d'illustrer la différence entre un fait et une allégation factuelle. En effet, les documents auxquels le procureur faisait allusion le 18 août 2011, ce sont les pièces EVD-D03-00087 et 00090. Celles-ci avaient été versées par la défense pour prouver la qualité d'infirmier de MN et ses activités durant les années 2001 à 2003. Sur ces pièces figure la mention manuscrite « cl ». D'après le procureur, « cl » est l'abréviation du grade de colonel, alors qu'en réalité, dans l'administration congolaise ou zaïroise à l'époque, le sigle « cl » signifie plutôt classement. Voici un extrait pertinent de cette mise au point :

« [M. LE JUGE PRÉSIDENT COTTE] Vous aviez une seconde intervention à faire, Professeur Fofé. Vous nous avez indiqué qu'elle porterait sur la question du grade, brièvement évoqué hier avec Mme Luping, que pouvait avoir M. Ngudjolo lorsqu'il était militaire dans les rangs de l'armée du président Mobutu. Soyez bref, s'il vous plaît. Nous n'entamons pas une plaidoirie sur ce point-là, à cet instant.
Pr FOFÉ : Merci, Monsieur le Président. Monsieur le Président, Mesdames les juges, la Défense de Mathieu Ngudjolo voudrait faire une brève mise au point en rapport avec le prétendu grade de colonel qu'aurait, selon l'Accusation, porté Mathieu Ngudjolo au sein de l'armée du président Mobutu, car il s'agit quand même là d'un point important de la présentation de la cause de l'Accusation. Vous vous rappellerez, Monsieur le Président, Mesdames les juges, que lors de

[390] Transcription ICC-01/04-01/07-T-294-Red-FRA WT 18-08-2011, de la p. 44, L10 à la p. 45, L12.
[391] Transcription ICC-01/04-01/07-T-294-Red-FRA WT 18-08-2011, de la p. 45, L24 à la p. 46, L1. Passages mis en italique par l'auteur pour souligner la caractérisation d'allégation comme étant une interprétation d'un fait, interprétation qui, en l'occurrence, est erronée, comme expliqué dans la suite des développements.

son contre-interrogatoire du témoin de la Défense [D03-055], en audience publique d'hier, 18 août 2011, Mme Luping, qui représentait le Bureau du Procureur, a allégué plusieurs fois le fait que Mathieu Ngudjolo était revêtu du grade de colonel au sein de l'armée du président Mobutu. Invitée à présenter le fondement de cette allégation, l'Accusation - par la bouche de M. MacDonald Éric - a renvoyé la Défense à ses propres pièces, divulguées tout récemment. Votre auguste Chambre est alors intervenue pour demander à l'Accusation de fournir à la Défense, après recherche, des indications sur les pièces à partir desquelles serait tirée cette allégation. Au courant de l'après-midi, l'Accusation a saisi la Défense par courriel pour lui indiquer les pièces DRC-D03-0001-0695, 0696, 0697, 0698 et 0699, comme fondements de cette allégation. Comme vous le constaterez, ou que vous l'aurez certainement déjà constaté, Monsieur le Président, Mesdames les juges, ces pièces, qui ont toutes trait aux activités paramédicales et pédagogiques de Mathieu Ngudjolo, ne comportent à l'actif de ce dernier aucune mention du grade de colonel ni un quelconque grade militaire. Dans son e-mail, le Procureur se fonde sur la mention « CL », reprise à la marge de ces 18 pièces pour alléguer que Mathieu Ngudjolo était colonel au sein de l'armée du président Mobutu. La Défense voudrait souligner... et ceci est important parce que tout ce que le Procureur a dit hier est consigné dans le *transcript* d'hier à la page 44, lignes 10 à 28, jusqu'à la page 45, lignes 1 à 18, *transcript* 294 du 18 août 2011. La Défense précise que l'abréviation « CL » signifie classement, et non colonel. En effet, dans aucune administration militaire, et surtout pas dans l'administration à laquelle l'Accusation rattache à tort Mathieu Ngudjolo à un grade dont il n'était pas revêtu et qu'il n'a jamais revendiqué, le mot colonel s'abrège de la sorte. Non, colonel s'abrège « COL ». En tout cas, dans l'administration de Mobutu, c'était ça. Et je pense que dans... bon, je peux me tromper. Dans plusieurs administrations militaires, le grade de colonel s'abrège « COL ». Et classement dans la plupart... en tout cas, dans l'administration de Mobutu, classement s'abrégeait « CL ». À telle enseigne que nous tous, Me Kilenda, ... ainsi que moi-même, même dans nos documents privés à la maison, lorsqu'il s'agit de classer un document, nous mettons « CL ». Ceci dit, ... permettez-moi, Monsieur le Président, de saisir cette occasion pour dire que nous sommes là devant une illustration de la différence qu'il y a entre faits et allégations. « CL » égale classement, ça c'est un fait. Lorsque le Procureur dit « CL » égale colonel, ça, c'est une allégation - une allégation découlant d'une interprétation, interprétation qui s'avère fausse. Voilà une illustration, Monsieur le Président. Et je voudrais donc clore en invitant toutes les parties, tous les participants, lorsque vous vous trouvez devant un document qui porte une mention qui n'est pas claire, plutôt que de venir tenir pareils propos en audience publique, il serait mieux d'approcher d'abord l'autre partie pour avoir des éclaircissements nécessaires. Dans tous les cas, et je vais terminer par cela, Mathieu Ngudjolo est retenu sur la liste des témoins de la Défense, il déposera devant la Chambre, notamment sur son cursus scolaire et professionnel. Merci beaucoup, Monsieur le Président, Mesdames les juges.
M. LE JUGE PRÉSIDENT COTTE : Merci, Professeur Fofé. »[392]

---

[392] CPI, Situation en République démocratique du Congo, *Affaire le Procureur c. Germain Katanga et Mathieu Ngudjolo*, ICC-01/04-01/07, Chambre de 1ère instance

Autant il est interdit de formuler des insinuations infondées, autant il n'est pas autorisé de discourir ou de plaider au travers du questionnaire.[393]

C- Interdiction des discours camouflés et de modification ultérieure de la déposition d'un témoin

Comme il a été dit supra, les questions posées doivent être simples, claires et concises. Les périodes, les questions longues et complexes ne sont pas autorisées. De même, l'interrogateur ne doit pas profiter de la circonstance pour tenir des discours, présenter des plaidoiries en soutenance de sa théorie. Voici, par exemple, une question-plaidoirie contre laquelle le conseil de la défense aurait pu opposer une objection. Il s'en est abstenu volontairement pour ne pas hacher les débats :

> « [M. MacDONALD] Q. Monsieur Ngudjolo, n'est-il pas exact qu'il n'y avait aucun Hema au sein du groupe du major Faustin à ce moment-là ? C'était impossible. Pourquoi ? Rappelez-vous ce qui s'est... ce qui vous est arrivé à vous, à Bunia. Vous avez pris la fuite ; les Hema essayent de vous tuer. Les Hema de Thomas Lubanga ont chassé Lompondo et l'APC de Bunia le 9 août 2002. On a même décrit qu'il avait été nu-pieds, humilié, nu-pieds, en fuite. C'est pas exact que tout Hema qui était dans l'APC a sauvé sa peau avant, justement, de se faire exécuter, parce qu'il y a eu une purge au sein de l'APC ?
>
> R. Non, ce n'est pas ainsi, le deuxième vice-président du RCD/K-ML, M. Tibasima Mbogema Atene *(phon.)*, est un Hema de Bogoro. »[394]

De même il est interdit d'essayer de modifier la déposition d'un témoin après sa comparution. Illustratif de cette prescription est ce passage du *transcript* de l'audience de la chambre de première instance II du 10 novembre 2011 où une tentative du procureur d'expliquer longuement et de modifier le contenu de la déposition du témoin de l'accusation P-12 a suscité une objection du conseil de la défense de MN. Voici ces échanges édifiants :

> « M. MacDONALD : Q. Voyez-vous, Monsieur Ngudjolo, la raison pour laquelle je vous pose cette question-là, c'est que le témoin qui nous a remis ce document, c'est le témoin P-0012. Maintenant, P-0012 est venu témoigner. Il est venu témoigner qu'il vous a rencontré. Et effectivement, le témoin s'est trompé

II, Transcription de l'audience du 19 août 2011, ICC-01/04-01/07-T-295-Red2-FRA CT WT, de la p. 5, L17 à la p. 7, L19.

[393] Voir § 74 des instructions 1665 intégralement cité supra : « ... Elle [La Chambre] n'autorisera pas d'insinuations infondées ni de discours prononcés sous le couvert de questions. »

[394] CPI, Situation en République démocratique du Congo, *Affaire le Procureur c. Germain Katanga et Mathieu Ngudjolo*, ICC-01/04-01/07, Chambre de 1ère instance II, Transcription de l'audience du 10 novembre 2011, déposition du témoin-accusé D03-0707, ICC-01/04-01/07-T-332-Red-FRA CT WT, de la p. 27, L21 à la p. 28, L1.

quant à la date. Et je vais être juste avec vous, et je vais vous lire tel qu'il vous a été lu par Me Kilenda. Alors, je fais référence au *transcript* 197-Conf-ET, donc la version éditée. Mais je peux citer ce passage en audience publique, avec la permission de la Chambre, ... Mais je ne sais pas si ce passage était à huis clos partiel ou non, je ne crois pas, mais indépendamment de ça, avec votre permission, Monsieur le Président, je peux vous affirmer qu'aujourd'hui il n'y aurait pas de problème à le faire publiquement.
M. LE JUGE PRÉSIDENT COTTE : Alors, citez.
M. MacDONALD : Q. Alors, M. P-0012, n'est-ce pas, lui, affirme vous avoir rencontré avec d'autres personnes, effectivement, à Kampala. Et ... à la ligne 3, donc, de la page 37 de ce *transcript* 197, je lui pose la question suivante : « Est-ce que vous pourriez nous indiquer..., et nous reviendrons peut-être avec les noms, mais pourriez-vous nous indiquer à quel moment Ngudjolo... a dit ça à cet hôtel ? On se trouve quel mois, quelle année ? » Et la réponse de P-0012 est : « Je pense que ça se situait entre le mois de mai et juin 2004, alors qu'il venait de créer le Mouvement de révolutionnaires congolais, MRC. » Question, ligne 9 : « Alors, c'est donc au début de la création... du MRC - pardon -, cela ? » Réponse : « Oui. » Voyez-vous, avec le temps, l'erreur est humaine, la mémoire est effectivement une faculté qui oublie, le témoin 0012 s'est trompé et indique l'année 2004, mais il situe ça au mois de mai-juin 2004.
M. LE JUGE PRÉSIDENT COTTE : Maître Kilenda, je vous en prie.
Me KILENDA : Merci, Monsieur le Président. Il est de coutume, depuis que nous siégeons dans cette affaire, chaque fois qu'un témoin comparaît ici et qu'il semble avancer une inexactitude, de passer par la Chambre pour lui demander de repréciser son propos ou de lui poser directement, avec l'autorisation de la Chambre, la question afin qu'il puisse donner toutes les clarifications. L'exercice auquel le Procureur est en train de s'adonner pour l'instant est un exercice qui me semble procéduralement périlleux. Ce témoin P-0012 avait comparu ici. J'entends à l'instant que c'est ce même témoin-là qui lui avait remis ce document. Et donc, le Procureur détient ce document depuis plusieurs années. À l'heure où cette question lui avait été posée, si le Procureur s'était rendu compte que le témoin avait commis un lapsus, c'était à ce moment-là qu'il fallait faire corriger le propos du témoin. Il nous semble procéduralement malvenu de la part du Procureur de vouloir corriger le propos d'un témoin qui a déposé devant la Chambre sous serment. Je pense, nous pensons que c'est une question de principe.
M. LE JUGE PRÉSIDENT COTTE : Merci, Maître Kilenda. *Monsieur le Procureur, vous réalisez donc que votre démarche est hasardeuse. Soyez donc prudent dans la formulation de la question que nous attendons, puisque c'est une question que vous allez poser, et ce n'est pas a priori une démonstration que vous êtes en train de faire. Donc, une question, s'il vous plaît.*
M. MacDONALD : Tout à fait, Monsieur le Président, mais je situe bien M. Ngudjolo... Q. Car, Monsieur Ngudjolo, la question est effectivement la suivante: vous avez témoigné au *transcript* 329, page 28, ligne 24, à page 29, ligne 20, vous avez nié avoir rencontré P-0012 au mois de mai-juin 2004 parce que vous étiez détenu. Et là, vous avez donné « toute » votre pedigree de détention, et je suis tout à fait d'accord avec vous. Mais la question la plus fondamentale, vous n'y avez pas répondu. N'est-il pas exact, Monsieur Ngudjolo,

que vous avez rencontré dans ce voyage à Kampala que vous placez, vous, à la fin juin, début juillet 2005, pour le dépôt du mémorandum du MRC, vous avez effectivement rencontré P-0012, n'est-ce pas ? Et ça, voyez-vous, c'est maintenant appuyé avec la preuve. Alors, il faut vous amener des éléments de preuve ; je vous en amène. Qu'avez-vous à répondre, Monsieur Ngudjolo?
LE TÉMOIN... : R. Monsieur le Procureur, vous voyez, j'ai dit ceci : quand nous nous sommes rendus à Kampala, nous avons été arrêtés. Ils nous ont mis dans un bâtiment appelé *safe house*. A la fin du mois d'août 2005, nous étions déclarés personnes *non grata*, Monsieur le juge Président. Nous étions expulsés officiellement de *safe house*. Ils nous ont donné 48 heures. Nous avons été amenés chez le ministre de la Défense ougandais, Ababa Banzi *(phon.)*, qui nous a dit : « Vous allez quitter ce pays pour retourner chez vous, mais vous avez deux possibilités, prendre l'exil ou retourner au Congo, mais vous ne pouvez pas rester ici, en Ouganda. Pourquoi ? Puisque votre gouvernement demande votre extradition, votre gouvernement *(répète le témoin)* demande votre extradition à Kinshasa. » C'était officiel. On nous a expulsés, en nous donnant de l'argent de transport, 200 000 shillings ougandais, l'équivalent de 100 dollars américains. Nous avons été placés dans un véhicule qui nous a amenés jusqu'à la frontière. Nous avons traversé la rivière Semiliki et nous avons rejoint le Congo. Vous voyez, dans ce document, toutes ces personnes... dont les noms sont inscrits ici, n'étaient pas tous à *safe house*. Nous y étions qu'au nombre de cinq. Il y avait moi, Kakolele, Dido, Mbuna et Sambidhu. C'est nous cinq qui étions arrêtés à *safe house*. Le reste n'était pas avec nous. Ils ne savaient pas où nous étions, et nous ne pouvions communiqué que par téléphone. Donc, Monsieur le Procureur, je n'ai pas eu de contact avec P-0012. Vous avez des moyens pour vous rendre en Ouganda pour vérifier si nous n'y étions pas déclarés des *persona non grata*.
Q. Monsieur Ngudjolo, là n'est pas la question. Vous ne répondez pas à la question. La question que je vous pose : avant votre arrestation, votre refoulement, vous êtes à Kampala ; n'est-il pas exact que vous avez rencontré P-0012 ? Lui, il dit vous avoir rencontré, il dit les personnes avec qui vous êtes, il explique le contexte dans lequel cette rencontre a eu lieu, pour le dépôt du mémorandum. Vous confirmez que vous êtes à Kampala. N'est-il pas exact que vous l'avez rencontré ? Alors, est-ce que c'est « oui » ou c'est « non » ?
R. Nous ne nous sommes pas rencontrés...
Pr FOFÉ : ... Je pense que M. le Procureur ferait quand même un peu attention, parce que le témoin a bien répondu... à la fin de sa réponse, page 87, lignes 5 à 6 : « Donc, Monsieur le Procureur, je n'ai pas eu de contact avec... P-0012 ». Donc, il a bien répondu... à la question, Monsieur le Procureur.
M. MacDONALD : Très bien, alors, ceci termine les questions que [j'avais] pour aujourd'hui... »[395]

Cette tentative du procureur d'expliquer a posteriori une erreur qu'aurait commise, selon lui, son témoin P-012, ne pouvait évidemment pas prospérer. Le président de la chambre, ayant accueilli favorablement l'objection du

[395] Transcription ICC-01/04-01/07-T-332-Red-FRA CT WT 10-11-2011, de la p. 71, L17 à la p. 74, L28.

conseil de la défense, a attiré, par ces mots que nous avons relevés en italique, l'attention du procureur sur le caractère hasardeux de sa démarche et sur la nécessité de poser une question plutôt que de se lancer dans une plaidoirie : « *Monsieur le Procureur, vous réalisez donc que votre démarche est hasardeuse. Soyez donc prudent dans la formulation de la question que nous attendons, puisque c'est une question que vous allez poser, et ce n'est pas a priori une démonstration que vous êtes en train de faire. Donc, une question, s'il vous plaît.* »[396]

Peut également être évoqué ce passage du *transcript* de l'audience de la chambre de première instance II du 14 octobre 2011 où une longue et complexe question du procureur à GK a suscité une objection de la part du conseil de ce dernier.

> « [M. MacDONALD] Q. Monsieur Katanga, vous dites que l'objectif du RCD-K-ML et de l'APC, au mois de février, c'est la prise de Bunia, mais quand Bunia est tombé, tous ces APC qui sont à Aveba, Kagaba, Bogoro maintenant, Bunia tombe, ils ne sont pas rentrés... en triomphant dans Bunia. Lompondo n'est pas revenu pour administrer. L'APC n'a été là pour gérer, sécuriser militairement Bunia. Pourquoi... pourquoi rentrent-ils *undercover* ?
>
> R. Quelle est votre question, Monsieur le Procureur, soyez clair, s'il vous plaît.
>
> Q. Ma question, Monsieur Katanga, est fort simple : vous dites qu'il y avait un grand plan pour prendre Bunia. Bunia est effectivement tombé. L'APC était là, elle n'est pas rentrée triomphalement dans Bunia. Alors, n'est-il pas un fait que c'est les hommes de Zumbe, les combattants de Zumbe, les combattants de la Walendu-Bindi qui ont fait tomber Bunia ?
>
> Me HOOPER... : Je vous prie de m'excuser, mais que mon contradicteur regarde ses questions. Comment un témoin peut-il répondre à ses questions ? Il devrait tout simplement décomposer ces questions et attendre une réponse.
>
> M. MacDONALD : Je vais... la limiter à ma dernière question. Effectivement, je vais décomposer.
>
> M. LE JUGE PRESIDENT COTTE : Parfait. »[397]

L'inconvénient de questions-discours ou questions-plaidoiries réside dans le fait qu'elles abordent à la fois plusieurs aspects ou renferment plusieurs questions, nuisant ainsi à la clarté des débats. Même le témoin s'y perd, car il ne voit pas exactement quelle est la question qui lui est posée.

D- Limite aux questions directives du procureur contre le co-accusé

Dans un procès joint, lorsque le procureur contre-interroge un témoin d'un co-accusé, il a le droit de poser des questions suggestives sur des sujets qui

---

[396] *Idem*, p. 73, L6 à 9.

[397] CPI, Situation en République démocratique du Congo, *Affaire le Procureur c. Germain Katanga et Mathieu Ngudjolo*, ICC-01/04-01/07, Chambre de 1ère instance II, Transcription de l'audience du 14 octobre 2011, ICC-01/04-01/07-T-323-FRA CT WT, p. 20, L5 à 21.

n'intéressent que l'accusé qui a appelé ledit témoin. En revanche, il ne peut pas poser des questions suggestives sur des points qui peuvent être incriminants contre le co-accusé et qui n'ont pas été abordés en interrogatoire principal. En d'autres termes, même si cela ne ressort pas expressément du paragraphe 74 des instructions 1665, dans un procès joint, il est interdit au procureur, au cours d'un contre-interrogatoire d'un témoin d'un accusé qui n'a pas incriminé l'autre accusé, de formuler des questions directives, fermées ou orientées contre ce dernier ou tendant à incriminer celui-ci. Si, lors d'un tel contre-interrogatoire, le procureur veut aborder une matière incriminante ou potentiellement incriminante à l'encontre de l'autre accusé, matière qui n'a pas été traitée en interrogatoire principal, il doit se comporter comme s'il conduisait lui-même un interrogatoire principal, comme s'il interrogeait son propre témoin. Autrement dit, il doit poser des questions neutres, ouvertes, et donc s'abstenir de formuler des questions de façon directive, suggestive ou orientée.

Ce cas a été longuement débattu devant la chambre de première instance II lors du contre-interrogatoire par le procureur du témoin de la défense de MN, D03-088. À un certain stade de ce contre-interrogatoire, le procureur a voulu poser à ce témoin des questions tendant visiblement à incriminer le co-accusé GK, alors que durant l'interrogatoire principal, ce témoin n'avait rien déclaré à charge de ce dernier sur des points que voulait aborder le procureur. Pour contrer cette action tentée par l'accusation, la défense de GK a formulé une objection qui a conduit la chambre à fixer cette règle selon laquelle, dans ce cas de figure, le procureur devait et doit agir comme en interrogatoire principal et poser des questions ouvertes à ce témoin. Tout est parti de cet échange :

> « M. MacDONALD : Q. Chef Manu, l'avion atterrit - pas le premier jour, on retourne à Beni, on reviendra sur Aveba - après avoir nettoyé la piste d'atterrissage soit de ces personnes qui la gênaient. On a compris cela. Chef Manu, il est exact qu'on a déchargé l'avion de sa cargaison, et plus spécifiquement des munitions et des armes, *et ai-je raison de mentionner que ceci a été amené à la maison de Germain Katanga ?*
>
> LE TÉMOIN... : R. Le jour suivant... je voulais dire le deuxième jour, mais je crains que vous ne compreniez qu'il s'agissait du mardi, alors, j'ai dit ceci, le jour suivant, parce que j'ai une confirmation que parfois vous écrivez mal ce que j'ai dit, donc nous avons raté le premier atterrissage, mais le second a réussi. Et il y a eu des caisses de munitions qui ont été sorties de l'avion, y compris de la nourriture, mais ce n'était pas une question qui m'intéressait. Le même jour, le frère Germain Katanga, avant le retour de l'avion, a tiré une balle sur une vache, et là on a pris la viande de la vache qu'on a « mis » dans l'avion, et l'avion est reparti. Il y avait un problème entre moi et lui au sujet de la balle.
>
> Q. Chef Manu, ma question, elle est fort simple : lorsque l'avion atterrit finalement de Beni... est-il exact... il est exact qu'on a déchargé les munitions et les fusils. Et ma question est la suivante : *n'est-il pas exact également que ces munitions et fusils ont été amenés chez Germain Katanga ?* C'est tout

simplement ça, la question. L'histoire de la vache et tout, on peut y revenir, mais là est ma question pour l'instant, fort simple, directe, précise. Répondez, s'il vous plaît, à ma question.
Me O'SHEA… : Monsieur le Président, je voudrais inviter mon éminent collègue à ne pas poser de questions qui orientent le témoin sur ce point précis. Bien entendu, au cours d'un contre-interrogatoire, on peut poser des questions directrices, mais, Monsieur le Président, vous avez vous-même dit un peu plus tôt que les questions qui n'avaient pas été couvertes au cours de l'interrogatoire principal ne devaient pas mener à des questions directrices plus tard, et je suis d'accord avec cela. Il s'agit ici d'informations que l'Accusation a obtenues au cours d'une entrevue avec ce témoin. Il ne s'agit pas d'informations obtenues plus tard, étant donné que ce témoin ne serait pas un témoin de l'Accusation. Simplement, il y a eu une entrevue qui a eu lieu avec ce témoin au cours duquel il a parlé longuement. Et dans ces circonstances-là, je considère qu'il serait plus adéquat de poser des questions qui ne soient pas des questions directrices sur ce genre de sujet.
M. MacDONALD : Brièvement, avec votre permission, Monsieur le Président.
M. LE JUGE PRÉSIDENT COTTE : Brièvement, Monsieur le Procureur, mais vous pouvez répondre, bien sûr.
M. MacDONALD : Votre décision 1665 est tout à fait claire. L'Accusation est en contre-interrogatoire. Le témoin comprend très bien les questions que je lui pose. Le témoin est à même d'être d'accord ou non. Vous avez passé cette remarque tout à l'heure effectivement et, au vol, mes collègues la saisissent parce que c'est à leur avantage, parce que c'est un changement ou une modification des règles. Sauf que… sauf que le témoin est à même de répondre. Il est d'accord avec moi ou il ne l'est pas…
M. LE JUGE PRÉSIDENT COTTE : Bien. Monsieur le Procureur, il n'a jamais été question de remettre en cause la décision 1665, ni son paragraphe 73 qui est relatif à la marge de manœuvre laissée à la partie qui procède à un contre-interrogatoire. Nous avons simplement souhaité rappeler ce matin, au moment, m'a t-il semblé, où se posait la question de savoir quelle pourrait être l'utilisation des dépositions que vous aviez reçues en 2009 de ce témoin, nous avions simplement voulu rappeler qu'il était sage, car le Pr Fofé venait d'intervenir, nous avons simplement voulu rappeler qu'il était sage de se souvenir, s'agissant de Germain Katanga, de ce qu'avait été l'interrogatoire principal, et de se cantonner à ce qui avait pu être évoqué à cet instant, c'est-à-dire au cours de l'interrogatoire principal, ce qui avait été évoqué du rôle dudit Germain Katanga. Alors, vous pouvez bien entendu poser vos questions, vous les posez avec prudence dans cette optique-là et dans cette limite-là. De son côté, Me O'Shea sait que, dans ses ultimes observations, il disposera du temps qu'il souhaite pour revenir éventuellement sur les propos que le témoin pourrait tenir sur le rôle joué par Germain Katanga. Au cas présent, nous sommes, si nous avons bien compris, sur un voyage dont il a été plusieurs fois question, sur un retour de Beni, sur l'existence éventuelle de munitions et d'armes, et sur le lieu où ces armes et munitions ont été déposées, autant de questions qui, sauf erreur de ma part, ont déjà été portées à la connaissance de la Chambre à l'occasion de la déposition d'autres témoins. Donc, nous poursuivons calmement sur ce point, avec chacun bien en tête ce qu'est la règle 1665, ce qu'est le contenu exact de

l'interrogatoire principal initial, et je suis persuadé que nous allons trouver sans difficulté un bon terrain d'entente pour faire... avancer notre compréhension à tous trois. »[398]

Comme on l'aura remarqué, nous avons relevé, en italique, les interrogations litigieuses. Après la mise au point du juge président, le procureur a poursuivi par une autre question suggestive qui ne pouvait pas laisser insensible le conseil de la défense.

« [M. MacDONALD] Q. Chef Manu, vous avez mentionné que vous arrivez à Aveba - et on termine sur le sujet. Vous arrivez à Aveba avec l'avion. Il y a des commandants... d'autres régions, il y a des combattants qui sont présents et qui attendent l'arrivée de cet avion, on partage donc les cartouches, les armes. Chef Manu, on comprend... je comprends que Germain Katanga était le chef, n'est-ce pas, à Aveba ; vous êtes d'accord avec moi - à Aveba même, commençons avec Aveba ?

R. Monsieur le Procureur, je vous l'ai déjà dit à plusieurs reprises, le chef, c'était Germain Katanga. Et les fusils et 30 caisses de cartouches et les vivres. Je vous l'ai déjà dit, je ne sais pas combien de fois je dois vous le répéter pour que vous compreniez.

Q. Et juste pour être clair, vous êtes d'accord avec moi, Chef Manu, et je vous pose la question : *est-ce que son autorité était limitée à Aveba ou est-ce que son pouvoir allait plus loin...*

M. LE JUGE PRÉSIDENT COTTE : Maître O'Shea.

M. MacDONALD : Q. ... est-ce que son pouvoir allait plus loin...

M. LE JUGE PRÉSIDENT COTTE : Maître O'Shea, je vous en prie.

Me O'SHEA... : Je pense qu'il avait terminé sa question. Oui, effectivement, j'aimerais soulever une objection à ce stade. C'est une objection de fond. Je crois qu'il serait approprié qu'on la fasse... qu'on en débatte en l'absence du témoin parce que je ne voudrais pas que l'on pense que j'essaie... d'influencer le témoin d'une quelque façon que ce soit.

M. LE JUGE PRÉSIDENT COTTE : Alors, Monsieur le témoin, nous allons, en ce qui nous concerne, mettre fin à votre déposition aujourd'hui. Nous nous retrouverons demain matin à 9 h. Monsieur l'huissier, pouvez-vous, s'il vous plaît, conduire le témoin, Chef Manu, hors de la salle d'audience. À demain. *(Le témoin est reconduit hors du prétoire)* Maître O'Shea, nous vous écoutons.

Me O'SHEA... : Pour étayer mon objection, en fait, je ne savais pas si j'allais intervenir ou pas, mais je me disais qu'il se peut que nous en arrivions-là ; c'est pourquoi j'ai distribué deux références. Il se peut qu'il y ait encore des personnes dans le prétoire qui ne disposent pas d'une copie, mais cela pourrait être réglé, je pense. Cela étant, ... j'ai cru que l'Accusation allait se limiter à recourir à l'entretien qui avait été réalisé avec le chef Manu, afin d'entamer la crédibilité du témoin. Mais il est allé, à l'évidence, beaucoup plus loin, si bien que le Procureur utilise maintenant des informations obtenues dans le cadre de cet entretien, dans le but d'incriminer Germain Katanga. Monsieur le Président, Mesdames les

---

[398] Transcription ICC-01/04-01/07-T-304-Red-FRA WT 06-09-2011, de la p. 58, L14 à la p. 61, L11.

juges, à mon sens, il y a une délimitation, une limite, et il s'agit maintenant de savoir où se situe cette limite. La Chambre a autorisé... que soient posées un certain nombre de questions à Germain Katanga, et s'agissant de son rôle dans le contexte du contre-interrogatoire. Cela étant, il faut établir une limite. Je concède d'emblée que la décision 1665 est une décision importante, ... sur laquelle se fonde la procédure devant votre Chambre. Il y a quelques jours, M. Macdonald en a parlé comme étant une « bible » et j'accepte cette appellation. Cela dit, ce n'est pas tellement une question d'Évangile, ... mais plutôt une question de doctrine, car les Évangiles sont incarnés par le Statut et le Règlement. Et la Cour, à l'instar de la Cour spéciale pour « la » Sierra Leone, mais contrairement aux autres tribunaux *ad hoc*, n'a pas inscrit dans son Statut et le Règlement de façon très précise l'ampleur du contre-interrogatoire et les limites régissant celui-ci. C'est pourquoi j'ai souhaité attiré votre attention, l'attention de la Chambre, sur deux décisions, la première en l'affaire *Taylor* et l'autre en l'affaire *Fofanah*. La difficulté à laquelle nous nous heurtons en l'espèce, est qu'il ne s'agit pas là d'une situation, [où] ... [l]'Accusation ne sait pas ce que dira le témoin, [où] l'Accusation est sur un pied d'égalité avec... le conseil de Germain Katanga... [La] situation est exceptionnelle. Elle est exceptionnelle parce que l'Accusation a pu rencontrer ce témoin. Apparemment, le premier contact remonterait... à février... le 6 février 2009, et donc, a pu s'entretenir avec ce témoin en particulier, a pu l'auditionner à fond sur un certain nombre de sujets, y compris des sujets incriminant Germain Katanga. La décision 1665 elle-même est assujettie au Statut. En effet, elle fait référence à l'article 64-8-b, il va donc sans dire qu'elle ne prive pas la Chambre de son pouvoir et de son devoir qui consiste à contrôler l'équité de la procédure. Et il convient de signaler également les dispositions 64-2 et 69-4, où il est question... de préjudices et de valeurs probantes. Il est important de comprendre le contexte factuel qui sous-tend la divulgation de cet entretien à la Défense. Cet entretien a fait l'objet d'une décision de la Chambre, décision du 25 août 2009, l'Accusation ayant d'abord établi un contact avec le témoin pour la première fois en février 2009, a déposé une requête en août 2009, aux fins de solliciter l'autorisation de la Chambre pour divulguer l'entretien du chef Manu, non pas en tant qu'élément à charge, mais en tant qu'élément à décharge. Et dans votre décision, Monsieur le Président, Mesdames les juges, vous avez signalé deux faits importants. D'abord, au paragraphe 9 de la décision, la décision autorisant la divulgation de... cette pièce à décharge, la Chambre a fait remarquer qu'étant donné qu'il s'agissait là d'éléments, de pièces essentiellement à décharge, selon l'Accusation, la Chambre a fait valoir... au paragraphe 10 de cette même décision, que la Défense n'avait pas soulevé d'objection à la divulgation de ces pièces. À l'évidence, si nous avions été informés du fait que l'Accusation avait l'intention d'utiliser ces éléments à des fins d'incrimination à charge contre Germain Katanga, alors, à ce moment-là, nous aurions soulevé les objections. Autrement dit, l'Accusation a présenté les choses comme étant une divulgation d'éléments à décharge ; et la Défense s'en est remise à cela. Or, il semblerait... aujourd'hui, que cela ait été fait au détriment de la Défense... Selon d'autres décisions rendues par la Chambre, il incombait à l'Accusation de procéder à la divulgation de cet entretien en tant qu'élément à charge dans le cadre de l'inventaire des éléments à charge. Je fais référence à la décision 846 du 23 janvier 2009 et à la décision 956 se rapportant à l'inventaire des éléments à charge. Il est signalé dans ces décisions que la Chambre décide qu'après le dépôt... de l'inventaire des éléments à charge, le Bureau du Procureur demandera l'autorisation de la Chambre avant d'ajouter tout autre élément de preuve en motivant... ce choix... Alors, pour l'essentiel, ce à quoi je veux en venir, Monsieur le Président, Mesdames les juges, s'il est vrai que, dans des circonstances ordinaires, l'Accusation a toute liberté pour procéder à son contre-interrogatoire en abordant des sujets pertinents pour l'affaire - et c'est confirmé par la décision 1665 -, il n'en demeure pas moins qu'il faut respecter le principe de l'équité de la procédure. Et nous avons le droit d'être traités dans ce procès [joint] de la même manière que s'il s'agissait d'un procès distinct. Et dans un procès distinct, le Procureur serait tenu de faire des choix quant aux témoins qu'il a l'intention d'appeler, une fois les avoir auditionnés. S'il souhaitait utiliser ce témoin à des fins d'incrimination, il aurait fallu qu'il procède à la communication de ce fait à la Défense. Donc, il aurait fallu qu'il nous notifie de cela. Et alors, nous aurions traité ce témoin comme étant un témoin à charge, nous aurions utilisé nos ressources en conséquence, nous aurions entrepris des enquêtes en conséquence, réparti notre temps en conséquence, et même que nous aurions procédé à un contre-interrogatoire en conséquence. La Chambre constatera qu'après... l'interrogatoire principal du témoin actuel, le chef Manu, il nous a été demandé si nous souhaitions poser des questions à ce témoin. Et à ce moment-là, nous n'avions aucune raison de contester sa crédibilité en sa qualité de témoin. Nous avons posé des questions, mais nous l'avons fait partant du principe qu'il n'avait pas été incriminé par le deuxième accusé. En cette affaire conjointe, si le Procureur est autorisé à aborder des sujets qui, à mon sens, ... apporteraient des éléments de preuve nouveaux qui seraient à charge contre Germain Katanga sur le fondement d'un entretien qui a été réalisé plus tard et qui donne un avantage procédural marqué à l'Accusation, au détriment de la Défense de Germain Katanga, alors... nous vous soumettons respectueusement que ça ne serait pas équitable. Le sujet abordé maintenant dans le cadre de la déposition concerne le pouvoir dont jouissait Germain Katanga. C'est une question qui ne surgit pas de nulle part. C'est une question que pose l'Accusation... le Procureur, car c'est une question qui a déjà été posée par le Procureur dans le cadre de son entretien réalisé avec ce même témoin. Et au moment où il a posé cette question, il a utilisé des questions directrices au moment de l'audition du témoin. Et la Chambre trouvera... le passage approprié de la transcription à la référence suivante : DRC-OTP-1043-0308. Et dans cette transcription, la Chambre verra que le Procureur pose des questions relatives aux limites du pouvoir de Germain Katanga, est-ce que ça se limite à Aveba ou est-ce qu'elle s'étend à d'autres lieux. Le Bureau du Procureur reçoit une réponse du témoin, s'agissant de ce point, en particulier. Il ne s'agit pas de la même situation que les sujets qui ont été abordés dans le cadre de la présentation des moyens à charge de l'Accusation ; nulle part, dans les thèmes communiqués à l'équipe de M. Ngudjolo, il n'est [fait] mention... de la portée du pouvoir de Germain Katanga au sein de la collectivité des Walendu-Bindi. Et à aucun moment l'Accusation ne nous notifie de son intention... d'aborder ce sujet avec le témoin. Donc, à notre sens, il est injuste, inéquitable d'autoriser ce type de questions à ce stade de la procédure. Cela met mal à l'aise la Défense et la place dans une situation différente que s'il s'agissait… d'un procès distinct. »[399]

Le conseil de la défense de GK fonde donc son objection sur la nécessité d'assurer l'équité de la procédure. En effet, comme dit supra, le procureur avait auditionné chef Manu durant trois journées, soit du 19 au 21 mars 2009. Ses notes d'entretien totalisent 484 pages.[400] Curieusement, il a décidé d'abandonner ce témoin, pourtant compétent pour parler du groupement Bedu Ezekere dont il était le chef durant la période infractionnelle, de la situation sécuritaire prévalant dans ce groupement et dans les villages voisins, dont Bogoro, au moment des faits de la saisine. La défense de MN a d'ailleurs soutenu que le procureur a décidé d'abandonner ce témoin tout simplement parce que celui-ci avait apporté des éléments de preuve disculpant MN. C'est précisément pour verser ces éléments au dossier que la défense de MN a décidé de citer à comparaître chef Manu comme témoin à décharge.

L'objection développée par le conseil de GK souligne justement le fait qu'au cours de l'interrogatoire principal, chef Manu n'a pas incriminé le co-accusé GK. Dès lors, le procureur, qui avait l'avantage d'avoir longuement travaillé avec ce témoin, ne doit pas, lors de son contre-interrogatoire, poser des questions dirigées pour obtenir de ce témoin des réponses incriminant GK. Agir ainsi serait porter atteinte à l'équité du procès, le procureur, en l'occurrence, ayant plus de connaissances de ce que sait ledit témoin sur GK que la défense de celui-ci. Si, au moment où il avait divulgué aux parties et participants les notes de ses longs entretiens avec chef Manu, le procureur avait avisé ses contradicteurs qu'il entendait utiliser celles-ci lors de son contre-interrogatoire de ce témoin, la défense de GK aurait, sans doute, soulevé des objections utiles. Le procureur a répondu à cette argumentation de fond en ces termes :

> « M. MacDONALD : Alors, … la Chambre… aura noté qu'il s'agissait d'une question ouverte, … je vais la relire… : « Et juste pour être clair, vous êtes d'accord avec moi, chef Manu, et je vous pose la question : est-ce que son autorité était limitée à Aveba ou est-ce que son pouvoir allait plus loin, ou allait au-delà d'Aveba ? » Alors c'est une question qui se veut essentiellement ouverte. Je crois que… Monsieur le Président… c'était ma dernière question sur le sujet d'Aveba… Mais au-delà de savoir si l'Accusation, dans ces circonstances, parce que nous ne sommes pas d'accord avec cette position-là, qu'on doit se limiter à des questions non suggestives lorsqu'on vient en contre-interrogeant un témoin du coaccusé au sujet de la responsabilité ou ce qui peut toucher à la

---

[399] Transcription ICC-01/04-01/07-T-304-Red-FRA WT 06-09-2011, de la p. 65, L21 à la p. 71, L6.

[400] Voir Equipe de Défense de Mathieu Ngudjolo, Deuxième corrigendum, Conclusions finales, ICC-01/04-01/07-3265-Corr2-Red, 8 novembre 2012, p. 342, § 1184.

responsabilité de l'autre coaccusé, nous ne sommes pas d'accord avec cette prétention-là, je crois... la Défense confond en ce moment différents concepts. Oubliez la déclaration, Monsieur le Président, que le témoin a fait antérieurement. Chef Manu témoin, l'Accusation est dans son interrogatoire principal ; il dit être allé à Beni avec Germain Katanga ; il dit être revenu à Aveba avec Germain Katanga ; il dit avoir reçu des cartouches de Germain Katanga. L'Accusation, indépendamment d'une déclaration ou non, aurait posé des questions en contre-interrogatoire au sujet de cette autorité de Germain Katanga. Car c'est... ici, l'Accusation allègue un plan commun. Ce n'est rien de nouveau... Il a donné les réponses qu'il a données mais dans le cadre de notre contre-interrogatoire, je crois qu'il était... il est tout à fait légitime, indépendamment ou non, de poser des questions à ce sujet. J'aimerais rappeler le droit : premièrement il y a eu une décision lorsqu'on a... joint les deux dossiers, il y a eu une décision n° 307 à ce sujet, et également il y a, ... à la page 4, la décision de la Chambre qui constatait l'argumentaire de Me Hooper sur la question, et que même l'équipe Katanga n'y voyait aucun inconvénient. Alors je vous réfère à la page 4 de la décision n° 307. Vous pouvez également revoir la position de Me Hooper dans l'écriture n° 203. Dans cette écriture nullement est-ce que la Défense avait soulevé ce potentiel préjudice comme ils l'allèguent. Également la décision de joindre les deux dossiers, jamais il n'y a-t-il eu un appel de la part de Me Hooper sur ce point, et la décision donc demeure entière malgré... le fait que l'équipe Ngudjolo avait pu soulever une... permission d'en appeler, et effectivement un appel. Décision 1665, Monsieur le Président, et je vous rappelle ce que vous avez noté hier, les paragraphes 69 et suivants, ... et je veux éviter toute confusion lorsque je fais référence à la « bible » évidemment, ... Le paragraphe 69 de ces directives est clair. Vous avez également le paragraphe 71, la recherche de la manifestation de la vérité. Vous avez également le paragraphe 73. Vous avez également le paragraphe 76. Encore une fois, Monsieur le Président, les parties pouvaient en appeler, de ces directives ; ils ne l'ont pas fait. Finalement, l'article 69 consacre que la Chambre a une latitude et un pouvoir discrétionnaire ; mais surtout ces règles auxquelles mon collègue tend à faire référence, ce sont principalement des procès au niveau national ou lorsqu'on se retrouve devant un jury, pour s'assurer que le jury ne soit pas contaminé et ne soit pas capable de faire la distinction du poids à accorder à un élément à charge qui pourrait être révélé dans le contre-interrogatoire d'un coaccusé. Mais ici, on se trouve devant des juges et non un jury et donc, évidemment, le professionnalisme de ces derniers pour voir à accorder le poids, ou un poids quelconque, à un élément à charge qui peut être révélé par un témoin appelé par un coaccusé contre l'autre coaccusé. Et ceci m'amène, Monsieur le Président, c'est un point important, pourquoi ? Éventuellement Mathieu Ngudjolo et Germain Katanga, on annonce qu'ils vont témoigner. On n'a pas précisé encore, il faudrait peut-être le savoir, est-ce qu'il va s'agir d'une simple déclaration ou s'agira-t-il d'un témoignage sous serment ? Si c'est sous serment, Monsieur le Président, inévitablement l'Accusation... c'est-à-dire, inévitablement, un des coaccusés peut se voir déposer à l'encontre de la thèse de l'autre coaccusé. L'Accusation va également pouvoir poser ou devrait pouvoir poser des questions à ce sujet. Alors, essentiellement, la position en est une ; on invoque le préjudice ou un caractère inéquitable. Alors, abstraction faite de cela, c'est le propre des affaires jointes, qu'on puisse interroger un témoin d'un accusé au sujet de l'autre accusé. Il n'y a rien de nouveau là-dedans. C'est déjà arrivé à plusieurs occasions, qu'on interroge un témoin de M. Katanga au sujet de Mathieu Ngudjolo. Alors, nous sommes dans le cadre du contre-interrogatoire. La théorie même de l'affaire, le plan commun, nous conduit logiquement à aborder l'autre accusé avec un témoin qui est bien informé, comme le chef Manu nous dit l'être. Il n'y a aucun préjudice, et je vous soumets que la Défense ne peut invoquer ce préjudice, malgré le fait qu'on ait pu... divulguer cette déclaration du chef Manu sous la nomenclature ou l'appellation de preuve à décharge, ou soit l'article 67-2. Nous avons divulgué cette pièce depuis fort longtemps, soit le 26 août 2009. La Défense de Germain Katanga sait très bien ce que le chef Manu va venir dire, y compris au sujet de M. Germain Katanga ; il n'y a ici aucune surprise. Ces *transcripts* de l'entretien avec le Bureau du Procureur sont sur la liste des éléments de preuve de Me Kilenda depuis le 4 mars 2011. Donc, la Défense était bien avertie ; la Défense de Germain Katanga en était bien avertie. Ils ont également reçu, au terme même de la décision 1665 - les équipes de défense -, ... les pièces sur lesquelles on entendait se référer. Alors, c'est là qu'il y a eu une objection de la part de nos collègues. Cette question de l'autorité de Germain Katanga, qu'on veut aborder avec le chef Manu, est un élément qui est tout à fait au centre des débats ; ce n'est pas un élément nouveau également. Alors, si on reprend tout cela, il est clair que la Défense de Germain Katanga a eu la possibilité, effectivement, de se préparer. Mais ce qui est encore plus important, Monsieur le Président, c'est qu'au terme de votre décision 1665 et de la pratique très bien développée jusqu'à maintenant, l'équipe de Me Hooper aura la possibilité de revenir après nous et de poser des questions. Je vous soumets que si on se limite aux termes stricts de votre décision 1665 et son paragraphe 76, en anticipation après l'interrogatoire du Pr Fofé, déjà la Défense aurait dû poser des questions ou aurait pu poser des questions sur tous ces sujets-là et même demander la permission de pouvoir contre-interroger, compte tenu que ce témoin pourrait avoir une position hostile. Le paragraphe 69 de votre décision 1665, Monsieur le Président, ce n'est rien de nouveau. Et j'en suis convaincu car il reprend les termes de la règle 90(H)... si je ne me trompe pas, c'est bien 90(H) du Tribunal pour l'ex-Yougoslavie, presque dans son esprit, certainement. Et comment a-t-on interprété... cette disposition devant le Tribunal pour l'ex-Yougoslavie ? J'ai fait parvenir - et je m'en excuse, je n'ai pas de copie papier... j'ai fait, parce que ce sont des décisions volumineuses, j'ai envoyé des liens Internet, j'ai envoyé en format PDF, un courriel à tous ; j'ai fait vite, j'ai repris un ancien courriel qui avait été envoyé par nos collègues de l'équipe Kilenda, j'ai fait ça un peu à la dernière minute, et je m'en excuse. Mais essentiellement, dans la décision de Kvocka ..., je vais citer le paragraphe 794 : « ... La question concernant le contre-interrogatoire des témoins de la Défense a été *(inaudible)*. Kvocka a demandé à ce que le Chambre de première instance limite le contre-interrogatoire de l'Accusation d'un témoin de l'accusé à des questions concernant cet accusé-là. La Chambre a toutefois décidé que la règle 90(H) signifiait que l'Accusation était autorisée à procéder au contre-interrogatoire d'un témoin de la Défense, sur toutes les questions pertinentes pour l'Accusation, dans un délai raisonnable fixé par la Chambre. » ... Pour... votre analyse, la décision du ICTR, ... Tribunal pénal pour le Rwanda, dans la décision de [Bagosora]..., également envoyée par courriel, et je vous réfère aux paragraphes 5, 6 et 7... Alors, essentiellement, c'est la même chose. On reprend ce que la Chambre a déjà dans sa décision 1665. L'autorité de Germain Katanga n'est pas un fait nouveau ; c'est un fait au centre des débats. Monsieur le Président, il y a deux étapes que la Défense confond, et je termine avec ça. Indépendamment de la déclaration, chef Manu est questionné sans déclaration ; il donne une réponse. Dans le cas présent, effectivement, ici, il a effectivement donné une déclaration antérieure... s'il répond directement, sa réponse fera partie du dossier ; il est sous serment, l'oralité des débats. Si jamais l'Accusation pense qu'il se contredit avec une déclaration antérieure, à ce moment-là on le confronte. Et c'est la réponse qu'il donnera qui... formera le dossier - c'est la réponse sous serment qu'il va donner. Tout ce que la Chambre aura, c'est qu'antérieurement le témoin a dit sur ce point précis de l'autorité Germain Katanga... quelque chose antérieurement qui est différent de ce qu'il a dit aujourd'hui. Et ce qu'il a dit antérieurement ne fait pas partie du dossier comme fait incriminant mais bien comme fait pour démontrer peut-être une difficulté de crédibilité. Alors, Il y a une première étape : c'est si la Chambre nous permet la question, et le témoin sous serment dit « Oui, Germain Katanga était le chef de tous les Walendu-Bindi », cette réponse est au dossier et ce sera à la Chambre, à la fin du dossier, par rapport à l'ensemble de la preuve, à évaluer le poids qu'elle aura à accorder [à] cette réponse venant d'un témoin qui, vous n'en doutez pas, Monsieur le Président, l'Accusation plaidera que sa crédibilité n'est pas très grande. Et au-delà de tout ça, la question demeure qu'il peut fournir des détails qui pourraient venir corroborer des témoins de la Défense eux-mêmes ou des témoins de l'Accusation également. Alors, voilà la position de l'Accusation, et je m'excuse, si j'ai été un peu long, Monsieur le Président, mais nous croyons, peut-être à tort, qu'il s'agit d'un point important et qui fait partie donc du développement de cette institution. Je vous remercie. »[401]

Devant toujours avoir la parole la dernière, la défense, par la voix de son conseil, a insisté sur certains points et sur certaines références jurisprudentielles. Ecoutons-le :

« Me O'SHEA... : ... je considère que plus la question a de l'importance pour l'accusé, plus il faut lui accorder d'attention. Et dans le cas d'espèce, l'Accusation a pour devoir de signaler très clairement son intention... d'évoquer un domaine spécifique, à savoir l'autorité de Germain Katanga, question qui n'a pas été traitée soit au cours de l'interrogatoire principal soit au cours de la présentation des moyens. C'est une question unique également si on la compare à d'autres questions et réponses, que ce soit pour ce témoin ou d'autres témoins, pour une autre raison. C'est le comportement du Procureur pour ce qui est de la notification. Il se comporte peut-être de façon tout à fait innocente, mais il a quand même un comportement caractérisé. Le Procureur a présenté à la Défense et à la Cour la façon dont il a l'intention d'utiliser ces éléments... »[402]

---

[401] Transcription ICC-01/04-01/07-T-305-Red-FRA WT 07-09-2011, de la p.10, L15 à la p.16, L2.
[402] *Idem*, p.17, L9 à 19.

« *Le Procureur c. Taylor*, ... hier, je n'ai pas donné de référence, je vais la donner aujourd'hui : il s'agit d'une décision du 30 novembre 2009, dont le titre est « Décision sur la requête de l'Accusation en matière de normes juridiques applicables gouvernant l'utilisation et la recevabilité de documents par l'Accusation au cours du contre-interrogatoire ». Il s'agit de la Cour spéciale pour la Sierra Léone qui s'attache à découvrir comment le Procureur peut utiliser des documents au cours de son contre-interrogatoire, comment le Procureur peut-il utiliser des documents au cours de son contre-interrogatoire d'un coaccusé, et c'est ceci la question en jeu. Mon éminent collègue essaye de faire une différence entre document et question mais c'est une distinction erronée. Au paragraphe 24 de la décision dont j'ai parlé, à la page 10, on affirme que « le principe général applicable dans les tribunaux pénaux internationaux et dans les tribunaux nationaux du *common law*, c'est que l'Accusation a pour devoir de produire au cours de la présentation... des moyens à charges tous les éléments » - et je souligne - « tous les éléments que l'Accusation a l'intention d'utiliser », et nous soulignons que l'Accusation n'a pas notifié qu'elle avait pour intention d'utiliser ce document afin... de présenter ses moyens avant la Défense, afin que l'accusé puisse avoir connaissance... des éléments contre lui et puisse préparer sa défense de façon adéquate. Alors, ici, non seulement l'Accusation a terminé la présentation de ses moyens, et... cette entrevue ne faisait pas partie des moyens qui avaient été cités et qui devaient être utilisés contre M. Katanga, mais également la Défense de M. Katanga à l'exception... du témoignage de M. Katanga lui-même, la Défense, elle, est terminée... »[403]

« Alors, permettez-moi de faire référence à l'affaire Fofana Kondewa dont j'ai parlé hier, je n'ai pas cité la référence, je voudrais qu'elle soit prise en compte, une décision du 10 novembre 2006 - encore une fois, il s'agit de la Cour spéciale pour la Sierra Léone -, décision sur *(inaudible)* autorisation d'obtenir des éléments concernant le second accusé au cours de contre-interrogatoires de témoins appelés par le troisième accusé. Et là, on considère qu'il est inadéquat, inapproprié, pour l'Accusation de poser des questions à un coaccusé, incriminant ce coaccusé si la question n'a pas été traitée au cours de l'interrogatoire principal, la Défense étant dans une position défavorable car celle-ci n'a pas été notifiée et cela a des répercussions sur la façon dont elle procède à son propre contre-interrogatoire... »[404]

« ... Très simplement, la définition d'éléments de preuve nouveaux a été apportée par le TPIR... le TPIY, la Chambre d'appel plus précisément, dans l'affaire *Prolic* rendue le 26 février 2009. Elle se lit comme suit: « Les éléments de preuve nouveaux, pour les besoins de la présente décision, "fait" référence à des pièces qui n'étaient pas comprises... dans l'inventaire des éléments présentés, en vertu de la règle 65, par l'Accusation, et cela se rapporte à la divulgation d'éléments de preuve avant le début du procès et qui n'ont pas été admis lors de la présentation des moyens de preuve principaux de l'Accusation, mais qui sont néanmoins présentés par l'Accusation dans le cadre de contre-interrogatoire de témoins de la Défense. »

---

[403] *Idem*, p. 18, L3 à 27.

[404] *Idem*, p. 20, L9 à 19.

M. LE JUGE PRÉSIDENT COTTE : Merci, Maître O'Shea. »[405]

A l'issue de ce débat, la chambre a rendu la décision suivante :

« [M. LE JUGE PRÉSIDENT COTTE] Nous avons… bien compris que pour chacun d'entre vous il s'agissait là d'une question importante. Nous avons également bien compris que cette Chambre était tenue de veiller à ce que le procès se déroule, certes, dans un délai raisonnable mais également de manière équitable. Et c'est sous le signe de l'équité que viennent de se faire vos interventions respectives. Première observation : nous sommes dans une situation très particulière, celle d'un témoin appelé par un coaccusé, Mathieu Ngudjolo, et qui, au cours de son interrogatoire principal par le Pr Fofé, n'a tenu aucun propos incriminant l'autre accusé, Germain Katanga. Seconde observation: au cours de l'audience d'hier, Monsieur le Procureur, nous avons constaté un changement dans votre manière d'interroger le témoin, changement qui est intervenu aux alentours de 13 h, en fin d'audience. Et c'est d'évidence ce changement qui a provoqué la réaction de Me O'Shea et la mise au point qu'il a estimé devoir faire. C'est pour cela que j'ai tenu à noter *in fine* que Me O'Shea ne s'était pas levé avant mais se levait à cet instant précis, car la question que vous formuliez le conduisait à réclamer la fixation de limites. Changement : quel est était ce changement ? Au début, comme dans le cours de l'audience d'hier, vous conformant en cela aux recommandations que, oralement, la Chambre avait formulées, vous avez, Monsieur le Procureur, posé au témoin des questions neutres et ouvertes, ce qui vous a permis de confronter, lorsque vous l'estimiez utile, les réponses qu'il vous donnait aux propos qu'il avait tenus en 2009 lorsqu'il avait déposé devant vous ou devant d'autres membres de votre Bureau. Puis, en fin d'audience, vous avez modifié votre façon de procéder. Et partant directement et d'emblée de la déposition DRC-OTP-1043-0304, vous avez posé au témoin des questions suggestives telles que « Vous êtes d'accord avec moi pour dire que… » Et vous avez alors repris des propos tenus par chef Manu dans cette déposition. Ces questions suggestives allaient au-delà de ce que la Chambre vous avait oralement autorisé à faire - et je me réfère à cet égard au *transcript* d'hier, n° 304, pages 18, 19 et 60. Donc, changement de méthode. Il convient à présent, car il est important d'achever… le témoignage de chef Manu, il convient à présent, Monsieur le Procureur, que les questions que vous envisagez de poser, dans le cadre de votre contre-interrogatoire, sur le rôle qu'a pu jouer Germain Katanga soient formulées comme si vous étiez en train de conduire un interrogatoire principal - les questions que vous envisagez de poser sur le rôle qu'a pu jouer Germain Katanga. Il devra s'agir de questions ouvertes précédées de ce cheminement préalable que vous connaissez bien et que je ne vais pas décrire ici. Ensuite, revenant à votre pratique initiale, vous pourrez éventuellement confronter le témoin aux propos qu'il a tenus dans les dépositions recueillies en 2009, si vous estimez qu'il s'est contredit. Je pense que la Chambre est très claire sur ce point. Et Me O'Shea, quant à lui, pourra dans ses ultimes observations, comme cela a été rappelé oralement hier, tenter d'obtenir du témoin toute précision, clarification, qu'il jugera nécessaire et le contre-interroger en

[405] *Idem*, p. 23, L11 à 20.

particulier si les propos tenus par le témoin s'avèrent... s'avéraient plutôt nouveaux et incriminants. Ce faisant, l'équité sera respectée. Ultimes observations : il a été fait hier référence une nouvelle fois - et c'est bien normal - à la décision 1665 qui nous sert de guide de travail depuis le début de nos débats. N'oubliez [pas] que cette décision a été rédigée en novembre 2009, avant l'ouverture de nos débats, qu'elle doit être un instrument sécurisant, mais que nous avons tous été tenus à différentes reprises d'admettre qu'elle devait faire l'objet d'adaptations aussi minimes que possible, ce qui a été le cas à différentes reprises. Nous sommes ici dans une situation très particulière - je le répète - qui rend nécessaires [ces] précisions. Donc, Monsieur le Procureur, revenez-en à ce qu'était votre mode d'interrogatoire du début de l'audience d'hier. S'agissant des précisions que vous souhaitez obtenir de chef Manu sur le rôle qu'a pu jouer Germain Katanga, comportez-vous comme si vous étiez en interrogatoire principal - je le répète -, avec des questions ouvertes précédées du cheminement préalable que vous connaissez bien. Et si d'aventure vous estimez qu'il est en contradiction avec les dépositions que vous aviez reçues en 2009, alors, et alors seulement, vous le questionnez sur le contenu de ces dépositions. Mais ne faites pas de ces dépositions le fil directeur d'un contre-interrogatoire vous conduisant à poser directement et d'emblée des questions telles que celles que vous posiez en fin d'audience hier : « Vous êtes d'accord avec moi pour dire que... » Voilà quelle est la position de la Chambre à cet instant. »[406]

Cette règle est donc fondée sur l'équité du procès. Elle interdit au procureur d'influencer le témoin d'un accusé pour l'amener à accepter des propositions suggestives formulées contre le co-accusé si celui-ci n'avait pas été mis en cause lors de l'interrogatoire principal. Elle s'applique également lorsque les accusés eux-mêmes décident de témoigner sous serment. En effet, dans un procès joint, le procureur ne peut pas, lorsqu'il contre-interroge un accusé témoignant pour sa propre cause et n'ayant pas incriminé son co-accusé, lui poser des questions suggestives ou directives pour impliquer ce co-accusé. Le procureur a tenté de le faire le 13 octobre 2011, quand il contre-interrogeait GK. Devant l'objection du conseil de MN, il s'est engagé, *proprio motu*, à reformuler sa question.

« [M. MacDONALD] Q. Justement, Monsieur Katanga, si vous attaquez Bogoro, Mandro est derrière vous, aux montagnes Bleues. Vous avez besoin de M. Mathieu Ngudjolo, n'est-ce pas ? Vous avez besoin de bloquer l'UPC qui peut arriver de cette région-là, n'est-ce pas, Monsieur Katanga.
Pr FOFÉ : S'il vous plaît, Monsieur le Président.

[406] Transcription ICC-01/04-01/07-T-305-Red-FRA WT 07-09-2011, de la p. 24, L2 à la p. 26, L8. Cette règle ainsi clairement posée a été, par la suite, plusieurs fois rappelée, le premier rappel étant effectué dès le lendemain. Voir Transcription ICC-01/04-01/07-T-306-Red-FRA CT WT 08-09-2011 de la p. 9, L21 à la p. 10, L15 ; et p. 16, L11 à 21.

M. MacDONALD : Je vais reformuler, Monsieur le Président. Ça va être plus simple.
M. LE JUGE PRÉSIDENT COTTE : Alors, reformulez.
Pr FOFÉ : Merci beaucoup.
M. MacDONALD : Q. S'il y a une force si importante que ça à Mandro, vous avez besoin de l'aide des montagnes Bleues pour éviter tout renfort. Vous vous rappelez ma question précédemment, Bunia, le lac ? Il faut bloquer toutes les issues, tous les arrières pour bien prendre Bogoro, n'est-ce pas, Monsieur Katanga ?
LE TÉMOIN : R. Vous vous « contredisez » avec les deux mots de « blocage » et « déloger ». J'espère que vous êtes... vous pouvez vérifier même dans le dictionnaire, vous allez trouver que ces deux mots sont différents. En plus de cela, vous pouvez demander à vos experts de vous donner le sens dans le cadre militaire, quand on vous dit... on vous demande de déloger quelqu'un, vous n'allez pas les encercler, vous allez... vous allez utiliser des techniques pour qu'ils quittent, vous les chassez, qu'ils sortent, qu'ils laissent le lieu. Là, c'est concernant le terme d'« encercler ». Allons-y pour le problème de Bogoro, Monsieur le Procureur. On ne peut pas seulement aller de Bogoro à Bunia comme ça, comme si on allait à un match de football. Il y a des stratégies, il y a des techniques. Monsieur le Procureur, si, par exemple, il y avait une force à Zumbe, pourquoi... ils n'ont jamais attaqué Mandro, et puis, chasser les militaires à Mandro ? La « question » est simple, ils étaient incapables s'il y avait une force à Zumbe, je sais pas, parce que Mandro ne devrait pas rester là-bas du jour au jour jusqu'à ce que les gens quittent Bogoro, aller attaquer, non, ils devraient faire ça spontanément. Cela veut dire qu'il n'y avait pas de force là-bas... »[407]

Le 14 octobre 2011, le procureur est revenu sur la même tentative. Le conseil de la défense a fait objection et la chambre a rappelé au procureur la règle posée dans sa décision orale du 7 septembre 2011.

« ... Donc, notre ordre de bataille était plus familial, donc communautaire.
[M. MacDONALD] Q. Mais, Kiza, c'est l'homme fort, n'est-ce pas, au nord ? Vous, vous étiez au sud. Et Mathieu Ngudjolo, lui, où était-il ? Où était-il ?
R. J'ai trouvé Mathieu Ngudjolo à Bunia. Il venait de Bedu-Ezekere, dans les monts bleus.
Q. Vous êtes d'accord avec moi qu'on a choisi Kiza parce que c'était un combattant - commandant important -, n'est-ce pas ? Vous, vous étiez également un combattant, commandant important, n'est-ce pas? Mathieu Ngudjolo, lui, qu'est-ce qu'il était ?
Me HOOPER... : Encore une fois, serait-il possible d'avoir des questions décomposées, parce qu'encore une fois, c'est une série de questions qui sont, en fait, une série d'affirmations.

---

[407] CPI, Situation en République démocratique du Congo, *Affaire le Procureur c. Germain Katanga et Mathieu Ngudjolo*, ICC-01/04-01/07, Chambre de 1ère instance II, Transcription de l'audience du 13 octobre 2011, ICC-01/04-01/07-T-322-FRA ET WT, de la p. 68, L6 à la p. 69, L8.

M. LE JUGE PRÉSIDENT COTTE : Professeur.
Pr FOFÉ : Merci, Monsieur le Président. Je voudrais rappeler à la Chambre sa décision orale, je crois ça doit être la décision orale du 7 septembre 2011, ... j'ai la référence exacte ici. Si M. le Procureur voudrait aller plus loin sur ce terrain-là, c'est-à-dire chercher par le canal de Germain Katanga à incriminer Mathieu Ngudjolo, il sait comment il doit procéder. Alors, il faut éviter alors, dans ce cas de figure, des questions suggestives. Il faudra qu'il pose des questions neutres, de manière à ce que le témoin réponde sans être influencé. Je peux vous donner la référence exacte de cette décision orale, Monsieur le Président. Je crois que vous, vous la connaissez.
M. LE JUGE PRÉSIDENT COTTE : Ne vous faites pas de soucis. Merci, Maître... Professeur Fofé. J'ai cette décision orale du 7 septembre 2011, rendue lors de la déposition de chef Manu, et au cours de laquelle la Chambre a clairement précisé ce qu'étaient les marges de manœuvre du Procureur lors d'un contre-interrogatoire, s'agissant de l'éventuelle mise en cause d'un accusé par un coaccusé, et cetera, et cetera. Nous n'allons pas y revenir. Me O'Shea s'était exprimé à l'époque. Je crois que M. le Procureur sait ce qu'il doit faire. Vous l'avez en tête, Monsieur le Procureur, également ? Bien. Maître O'Shea... Maître O'Shea, nous n'entamons pas maintenant un débat de procédure sur cette question.
Me O'SHEA... : Eh bien, Monsieur le Président Mesdames les juges, nous vous soumettons respectueusement que la décision orale rendue par la Chambre s'agissant des témoins à décharge de M. Ngudjolo a été rendue... dans ce contexte-là, précis, c'est-à-dire la déposition du témoin... à décharge de M. Ngudjolo. Or, nous sommes à présent devant le contre-interrogatoire d'une personne accusée. Et dois-je rappeler que c'est la première fois qu'on procède... au contre-interrogatoire d'un témoin qui est également accusé par la Cour pénale internationale. S'il est vrai que l'intervention du Pr Fofé est tout à fait à propos, et sa ligne s'aligne sur la décision orale de la Chambre. S'agissant d'une personne accusée la Chambre doit aller encore plus loin que dans le cadre de la décision orale à laquelle nous avons fait allusion. Lorsque, Monsieur le Président, vous dites que nous ne devons pas aborder de questions de procédure à ce stade-ci, je crois que cela présuppose qu'une décision a déjà été rendue sur ce sujet. Et je comprends tout à fait cette position, mais la décision a été rendue dans un contexte bien précis. Or, maintenant, nous abordons un sujet quelque peu différent. Et de ce point de vue-là, je demanderais l'autorisation de la Chambre pour que je puisse expliquer pourquoi.
M. LE JUGE PRÉSIDENT COTTE : Pouvez-vous m'expliquer d'abord en quoi les questions que vient de poser M. le Procureur vous posent un tel problème, à l'instant ? Je ne voudrais pas qu'on anticipe des difficultés que nous n'avons pas encore rencontrées. Au moment où on les rencontrera, nous verrons. Mais est-ce qu'à cet instant se pose une réelle difficulté ?
Me O'SHEA... : Oui, tout à fait. J'ai pris la parole parce que la question a été soulevée par le Pr Fofé...
M. LE JUGE PRÉSIDENT COTTE : Il m'a semblé qu'il la soulevait à titre préventif. Envisagiez-vous, Professeur Fofé, de mettre en cause les conditions dans lesquelles, à l'instant précis, le Procureur conduisait son interrogatoire, et cela, en dehors du foisonnement de questions que Me Hooper dénonce, en

manifestant le souhait de voir le Procureur les réduire pour que le témoin puisse répondre calmement, sans être confronté à des questions ouvrant plusieurs tiroirs en même temps ?
Pr FOFÉ : Merci beaucoup, Monsieur le Président, pour la parole. Personnellement, je craignais que M. le Procureur ait oublié cette décision, votre décision orale du 7 septembre 2011. C'est pourquoi je me suis levé pour attirer, pour solliciter l'attention de la Chambre... sur cela, et pour demander à M. le Procureur de ne pas utiliser la déposition du co-accusé pour tenter de charger l'autre accusé. Nous connaissons la théorie de M. le Procureur. Nous connaissons sa théorie. Et à travers ses questions, il fait pratiquement des développements, alors que vous avez interdit, en quelque sorte, de plaider au travers du questionnaire. Il est important que M. le Procureur pose des questions précises au témoin pour que celui-ci réponde de manière précise. S'agissant de Mathieu Ngudjolo, il doit naturellement faire très attention s'il aborde un aspect incriminant, il doit le faire de façon neutre et non pas procéder par des questions suggestives comme il commençait à le faire. Voilà, Monsieur le Président, merci.
M. LE JUGE PRÉSIDENT COTTE : Alors, M. le Procureur avait tenu il y a juste un instant le propos suivant, question ouverte : ... Ce que nous rappellerons, c'est que tout au long de l'interrogatoire principal conduit par Me Hooper, Germain Katanga n'a à aucun moment incriminé Mathieu Ngudjolo. Il est donc exclu que dans son contre-interrogatoire, M. le Procureur aborde ce type de thèmes non abordés lors de l'interrogatoire principal. Sur ce point-là, je pense que nous sommes bien d'accord, Maître O'Shea ? Bien. Dans le cadre de ce contre-interrogatoire, M. le Procureur est quand même libre de poser un certain nombre de questions, précisément parce qu'il est singulier et inhabituel en l'état, de l'avis de cette Cour, de voir un accusé déposer comme témoin. Nous savons tous en même temps que l'accusé - et il nous en donne la preuve depuis le début de sa déposition - a entendu prendre ce risque et c'est un risque qu'il assume et qu'il assume avec parfois - ce n'est pas un jugement de valeur, c'est un constat - un certain brillant et une certaine habileté. Si vous devez, Monsieur le Procureur, aborder des points qui peuvent concerner le rôle de Mathieu Ngudjolo - dont on ne peut quand même pas gommer totalement l'existence car il existe, il est au fond de cette salle, il va bientôt déposer comme témoin et il est un des acteurs, je dirais simplement en l'état, de la vie de l'Ituri et de la région de Zumbe à une période qui nous intéresse -, il s'impose dans ce cas-là, Monsieur le Procureur, que vous posiez les questions les plus prudentes qui soient comme si vous étiez en interrogatoire principal, pas suggestives, des questions claires et ouvertes, comme l'a indiqué le Pr Fofé. Dans l'immédiat, nous en sommes là, et vous poursuivez, s'il vous plaît. »[408]

Il convient donc de retenir qu'en contre-interrogeant un témoin d'un accusé qui n'a pas incriminé l'autre co-accusé dans sa déposition, le procureur ne doit pas poser des questions suggestives à ce témoin pour incriminer cet autre co-accusé. Cette règle logique, tend à assurer l'équité du

---

408 Transcription ICC-01/04-01/07-T-323-FRA ET WT 14-10-2011, de la p. 23, L12 à la p. 26, L26.

procès et la loyauté dans les débats. Si, dans son contre-interrogatoire, le procureur veut aborder avec ce témoin une matière, non visée dans l'interrogatoire principal, pour incriminer l'autre co-accusé, cela veut simplement dire qu'il veut en faire un témoin de l'accusation ; alors, il doit se comporter comme en interrogatoire principal et poser, sur cette matière, des questions neutres, ouvertes, non suggestives, non directives.

E- Limite aux questions directives du conseil du co-accusé contre un témoin de l'autre accusé

Une autre limite aux questions directives ou fermées est expressément posée par le paragraphe 76 des instructions 1665. Elle vise le cas d'un co-accusé qui, en personne ou plus généralement par le biais de son conseil, contre-interroge un témoin cité par l'autre accusé, et qui ne doit pas, ce faisant, formuler ses questions de manière directive ou fermée sur des sujets abordés pour la première fois, en contre-interrogatoire, à moins que ce témoin ne lui soit clairement hostile. Ce paragraphe est ainsi libellé : « Comme il a été expliqué plus haut, la Chambre attend des parties n'ayant pas cité le témoin qu'elles lui posent toutes les questions se rapportant à leur cause au cours du contre-interrogatoire. Cela implique que lorsqu'un témoin cité par l'un des accusés est ensuite contre-interrogé par le coaccusé (qui ne l'a pas conjointement cité avec le premier accusé), la Défense du deuxième accusé a l'obligation de lui poser à cette occasion toutes les questions pertinentes au regard de sa cause. En principe, le coaccusé procédant au contre-interrogatoire ne sera pas autorisé à poser des questions directives ou fermées s'il s'agit de points abordées pour la première fois, sauf si le témoin lui est clairement hostile. »

Dans la pratique, une distinction est faite entre interrogatoire et contre-interrogatoire du témoin du co-accusé :

a) Hypothèse où le témoin de l'autre accusé n'est pas hostile

Si, au cours de l'interrogatoire principal mené par le conseil de la défense de l'accusé ayant cité le témoin, celui-ci n'a fait aucune déclaration incriminante contre le co-accusé, le conseil de ce dernier peut adopter deux attitudes :

1°- Il peut s'abstenir de poser des questions à ce témoin, si celui-ci ne peut apporter aucun élément significatif à la cause de son client, le co-accusé. Il doit bien réfléchir avant de prendre une telle décision, car, s'il fait passer son tour, il n'aura plus l'occasion d'y revenir, sauf si le contre-interrogatoire mené par le procureur introduit des éléments nouveaux l'obligeant, en toute équité, à les controverser en posant des questions là-dessus au stade d'interrogatoire supplémentaire ou d'observations finales de la défense.

2°- Dans le cas inverse, c'est-à-dire, si ce témoin peut lui fournir des éléments pour étayer la thèse de son client, il peut alors lui poser des questions pour obtenir le versement de ces éléments dans le dossier. Il conduit alors un interrogatoire, car le témoin ne lui est pas hostile ; il n'a fait aucune déclaration contre le co-accusé. Il doit, dès lors, observer deux obligations : La première, c'est qu'à cette occasion, il doit poser audit témoin, toutes les questions pertinentes au regard de sa cause. Car s'il en oublie d'autres, ça sera trop tard. Il n'aura plus l'occasion de les poser. Il ne pourra pas, par exemple, les poser lors de l'étape des observations finales de la défense dont la portée, nous le verrons, est strictement limitée. La seconde, c'est qu'il ne doit pas poser à ce témoin des questions directives ou fermées s'il aborde des points qui n'ont pas été traités en interrogatoire principal. Autrement dit, si ses questions portent sur des points abordés pour la première fois, elles doivent être ouvertes, neutres.

b) Hypothèse où le témoin de l'autre accusé est ou devient hostile

En effet, si, au cours de l'interrogatoire principal mené par le conseil de la défense de l'accusé ayant cité le témoin, ce dernier fait des déclarations incriminant le co-accusé, alors, le conseil de celui-ci peut demander à la chambre l'autorisation de le contre-interroger, en le considérant comme un témoin à charge contre son client. Dans ce cas, il peut lui poser des questions suggestives, directives ou fermées qui sont autorisées en contre-interrogatoire.

Il peut aussi arriver qu'au cours de l'interrogatoire principal, ce témoin n'ait rien déclaré contre le co-accusé, mais qu'il le fasse lors du contre-interrogatoire mené par le procureur. Dans ce cas de figure, le conseil du co-accusé peut solliciter et obtenir de la chambre l'autorisation de contre-interroger ce témoin durant l'étape de l'interrogatoire supplémentaire. Et dans la conduite de ce contre-interrogatoire, il peut poser au dit témoin des questions suggestives, directives ou fermées.

Un cas similaire est advenu, par exemple, lors de la déposition du témoin de la défense de GK D02-0176. En effet, tout au long de l'interrogatoire principal conduit par le conseil de GK[409], ce témoin n'a rien déclaré à l'encontre de MN. À telle enseigne que lorsqu'est venu le tour de la défense de ce dernier de l'interroger, elle a déclaré qu'elle n'avait pas de questions à lui poser.[410] L'accusation a alors immédiatement débuté son contre-

[409] CPI, Situation en République démocratique du Congo, *Affaire le Procureur c. Germain Katanga et Mathieu Ngudjolo*, ICC-01/04-01/07, Chambre de 1ère instance II, Transcription de l'audience du 6 mai 2011, ICC-01/04-01/07-T-255-Red-FRA WT, pp 13 à 57.

[410] Voir Transcription ICC-01/04-01/07-T-256-Red-FRA WT du lundi 9 mai 2011, de la p. 3 L14 à la p. 4 L6 :

interrogatoire. Il se fait qu'au cours de celui-ci, le procureur a, par une suite de questions suggestives, amené le témoin à incriminer MN en déclarant notamment que celui-ci était le plus haut commandant à Zumbe lors de l'attaque de Bogoro du 24 février 2003.[411] Si bien qu'à l'étape des observations finales, le conseil de MN a dû poser des questions assez consistantes qui n'ont pas manqué d'attirer l'attention d'un membre du siège à l'interpellation duquel le conseil a réagi en précisant que ce témoin était devenu incriminant contre MN. Suivons cet extrait :

> « Q. [Me KILENDA] Merci, Monsieur le témoin. Je me reporte à présent à la page 25 du *transcript*. Mme le Procureur, dans les lignes 16 et 17, vous a posé cette question - je cite : « N'est-il pas vrai que vous avez dû savoir que Germain Katanga était, effectivement, le plus haut responsable basé à Geti ? » Votre réponse, lignes 18 à 23 - je vous cite : « Si vous m'avez bien suivi, j'ai déjà dit que j'ai commencé à entendre parler de Germain Katanga au mois de mai. Et s'agissant des noms comme Cobra, Kakado, Dark, eh bien, ce sont des noms dont j'entendais parler, mais s'agissant de Germain - et je dirai la vérité-, j'ai entendu parler de lui à la première occasion lors de la pacification de Bunia. » Fin de citation. Je vous pose quelques questions. Aviez-vous déjà rencontré M. Germain Katanga dans votre vie avant la pacification de l'Ituri ?
>
> R. Non, je ne connais pas Germain Katanga et je ne l'ai jamais rencontré. Toutefois, la première fois que je l'ai vu, c'était sa photo, je l'ai vu ici même lorsque ce procès était retransmis à la télévision ; c'était ma première fois de le

---

« Me HOOPER... : Je n'ai pas d'autre question à poser à ce témoin. Merci.

M. LE JUGE PRÉSIDENT COTTE : Merci, Maître Hooper. Alors, Maître Kilenda, est-ce vous, est-ce le Pr Fofé ? qui prend la parole pour le compte de Mathieu Ngudjolo ?

Me KILENDA : C'est bien moi, Monsieur le Président. Bonjour Monsieur le Président. Bonjour, Mesdames les juges... Bonjour, Monsieur le témoin.

LE TÉMOIN... : Bonjour.

Me KILENDA : Je m'appelle Jean-Pierre Kilenda. Je suis le conseil principal de M. Mathieu Ngudjolo. J'ai mis ce week-end à profit pour lire les différentes réponses que vous avez réservées à toutes les questions que vous a posées mon estimé confrère, ici, à ma droite, Me Hooper. Je vous avoue que, toute chose restant égale par ailleurs, je n'ai, pour le moment, aucune question à vous poser. Je vous remercie d'être venu. Merci, Monsieur le Président. Merci, Mesdames les juges.

M. LE JUGE PRÉSIDENT COTTE : Merci, Maître Kilenda. Alors, c'est Mme Luping, pour le Bureau du Procureur, qui va donc à cet instant prendre la parole. Nous vous écoutons.

Mme LUPING... : Merci, Monsieur le Président... »

[411] CPI, Situation en République démocratique du Congo, *Affaire le Procureur c. Germain Katanga et Mathieu Ngudjolo*, ICC-01/04-01/07, Chambre de 1ère instance II, Transcription de l'audience du 9 mai 2011, ICC-01/04-01/07-T-256-Red-FRA WT, dont les points pertinents ont été cités par Maître Kilenda in ICC-01/04-01/07-T-257-Red-FRA WT, audience publique du mardi 10 mai 2011, et dans le Jugement Ngudjolo, p. 177, NBP 998, 999 et 1000.

voir. Je ne l'ai jamais vu avant. Et je l'ai dit que c'est ma première fois de le voir lorsque je suis arrivé ici. Avant, je ne l'ai jamais vu.
Q. Vous n'avez jamais parlé avec lui - jamais ? R. Jamais - jamais.
Q. Alors, pouvez-vous expliquer aux juges qui vous suivent le processus par lequel vous êtes devenu le témoin de M. Germain Katanga ?
R. Suite à la procédure qui se déroule ici, nous avons su ce qui se passait, nous avons appris que des gens venaient raconter des mensonges... Je suis venu ici déposer en faveur de Germain Katanga. Lorsque je me trouvais chez moi à Bogoro, quelqu'un est venu dans ma boutique et cet individu a commencé à me poser des questions au sujet de l'attaque de Bogoro. Je lui ai donc fourni des réponses à ce sujet. Et cette personne m'a également posé la question de savoir si je connaissais Germain Katanga ; j'ai dit que je ne le connaissais pas. Et suite aux explications que je lui ai données, cet individu m'a dit qu'il était avocat de Germain Katanga. Lorsqu'il... a fini de se présenter et il m'a dit si j'étais prêt à lui fournir des explications au sujet de Bogoro et au sujet de la date du 24. Et il m'a demandé si j'étais disposé à venir faire les mêmes déclarations devant la Cour pénale internationale aux Pays-Bas. Je n'ai pas hésité. Et je lui ai dit que j'étais prêt. Je pense donc que je vous ai répondu au sujet de votre question qui me demandait si j'avais déjà vu Germain Katanga. Suite aux explications que j'ai donc fournies à l'avocat, celui-ci m'a demandé de me rendre... disponible et de... venir témoigner devant la Cour pénale internationale. Voilà ma réponse.
Me KILENDA : Q. Merci beaucoup, Monsieur le témoin. Est-ce que vous pouvez indiquer à la Cour le nom de cet avocat, le nom de cet individu qui est venu vous voir à votre boutique à Bogoro ?
LE TÉMOIN... : R. Oui. Je crois que vous avez vu la personne qui a signé sur ma déclaration. Eh bien, cette personne s'appelle Logo.
M. LE JUGE PRÉSIDENT COTTE : Maître Kilenda, nous procéderons également à une autre suppression concernant les références à l'activité professionnelle de notre témoin. Je l'indique simplement pour que vous évitiez, si vous aviez une autre question à poser qui vous conduise à y faire référence... à vous borner à la formule « activité professionnelle ». Nous comprendrons tous de quoi il s'agit. Merci beaucoup.
Me KILENDA : Merci, Monsieur le Président.
Mme LA JUGE DIARRA : Monsieur le Président, je n'aime pas interférer dans les interrogatoires des avocats, mais je ne suis pas en train de suivre la démarche de Me Kilenda, parce que c'est un avocat de son confrère, l'équipe de la Défense de... Germain Katanga. Il a à vouloir savoir le processus qui a conduit cette équipe à ce témoin. Nous avons le temps pour ça ? S'il y a de la pertinence, il y a de l'intérêt pour ça ? Je m'excuse.
Me KILENDA : Monsieur le Président.
M. LE JUGE PRÉSIDENT COTTE : Eh bien, Me Kilenda va nous expliquer quel est le sens de la démarche qu'il poursuit.
Me KILENDA : Merci, Monsieur le Président. Le témoin qui est à la barre n'est pas le client de mes confrères qui sont à ma droite. Chercher à savoir comment il est devenu témoin de M. Germain Katanga est très important pour nous, parce que ce témoin, permettez-moi de le dire, il est à charge en ce qui concerne mon client. Il est à charge, et ce n'est pas à minimiser. Donc, j'avais intérêt à savoir comment il est devenu témoin. Et lui-même a dit il est venu ici pour témoigner

en faveur de M. Germain Katanga, et il témoigne en faveur de M. Germain Katanga en enfonçant mon client. J'avais intérêt, très respectueusement, à chercher à savoir le processus par lequel il est devenu témoin. Voilà, ce n'était que ça ; ce n'était pas pour l'ennuyer. C'était juste pour savoir qu'est-ce qui s'est passé. Et maintenant, je suis rassuré. On m'a donné un nom, et je sais que cette personne n'est pas avocate. »[412]

Dans ses conclusions finales, la défense de MN est revenue sur la démarche suivie par le procureur lors du contre-interrogatoire de ce témoin, l'inscrivant dans une série de ce qu'elle a qualifié « d'acharnement », dénoncé en ces termes dans sa plaidoirie orale et publique du 22 mai 2012 :

« Une autre manifestation de l'acharnement contre Mathieu Ngudjolo a été constatée lors du contre-interrogatoire par le Procureur du témoin de la Défense D02-0176. Vous vous rappelez ce témoin… cité par Germain Katanga. Lorsque le Procureur a contre-interrogé ce témoin, il l'a soumis à une véritable pression, allant jusqu'à violer les principes que vous avez rappelés et soulignés, dans votre décision orale du 7 septembre 2011. Rappelez-vous votre décision, Monsieur le Président, Mesdames les juges. Lorsque le Procureur contre-interroge un témoin du coaccusé, il doit se comporter comme en interrogatoire principal s'il veut se servir de ce témoin pour charger l'autre accusé. Je ne sais pas si je me fais comprendre. Donc, le Procureur a voulu utiliser D02-0176 contre Mathieu Ngudjolo. Le Procureur aurait dû se limiter à poser des questions neutres…, mais le Procureur a versé dans l'acharnement avec des questions suggestives, des pressions allant jusqu'à demander le passage en audience à huis clos pour forcer le témoin à charger Ngudjolo…, malgré l'objection de la Défense ; … Vous avez constaté cela et nous avons les détails de cette situation dans nos conclusions écrites, et nous avons des références du *transcript*. Cela n'est pas… Ce n'est pas correct… Une information obtenue en violation flagrante d'un tel principe ne peut pas servir de preuve… Et d'ailleurs notre confrère, … le représentant légal commun du groupe principal des victimes, pour ne pas citer de nom, s'est attaqué également à ce témoin, le qualifiant - et c'est moi qui utilise le terme -, "d'opportuniste". »[413]

Dans son jugement rendu le 18 décembre 2012, la chambre n'a pas retenu le témoignage de D02-176 sur la fonction occupée par Mathieu Ngudjolo avant ou pendant l'attaque de Bogoro, le considérant comme essentiellement de l'ouï-dire anonyme. Ecoutons la chambre dans ses motifs :

« 431. Le témoin D02-176, capitaine et commandant de compagnie de l'UPC à Bogoro, a déclaré « très bien savoir » que Mathieu Ngudjolo était le « numéro 1» et « le commandant des opérations » lors de l'attaque de Bogoro. Il a précisé que

---

[412] CPI, Situation en République démocratique du Congo, *Affaire le Procureur c. Germain Katanga et Mathieu Ngudjolo*, ICC-01/04-01/07, Chambre de 1ère instance II, Transcription de l'audience du 10 mai 2011, ICC-01/04-01/07-T-257-Red-FRA WT, de la p. 7, L13 à la p. 10, L9.

[413] Plaidoirie du Professeur Fofé, audience publique du mardi 22 mai 2012, Transcription ICC-01/04-01/07-T-339-FRA ET WT, de la p. 23, L15 à la p. 24, L10.

« c'était une vérité connue par tout le monde ». Poursuivant son témoignage, il a désigné Mathieu Ngudjolo comme étant le chef d'état-major du « FNI », groupe, à son avis, auquel appartenaient, selon lui, les combattants lendu présents à Bogoro le 24 février 2003.
432. Certes, la Chambre ne saurait sous-estimer ce témoignage dans la mesure où D02-176 était l'un des gradés de l'UPC, responsable d'une compagnie, et où il participait à la défense du village de Bogoro. Il était dès lors, a priori, particulièrement apte à indiquer quels étaient les commandants militaires des positions ennemies, et ce, d'autant que les troupes de l'UPC avaient, comme cela a déjà été rappelé précédemment, attaqué le groupement de Bedu-Ezekere à de nombreuses reprises.
433. Il demeure que cette affirmation, par ouï-dire anonyme, provient d'une personne qui n'habite pas Zumbe et qui ne livre, de surcroît, aucun autre détail sur le statut de Mathieu Ngudjolo au sein de cette localité. Par ailleurs, à la lecture de sa déposition, la Chambre ne peut exclure que ce témoin ait associé le statut qu'il donne de Mathieu Ngudjolo au sein du FNI à la position que ce dernier aurait, selon lui, occupée avant l'attaque de Bogoro. »[414]

Ce cas illustre bien la nature dynamique du procès. Ce témoin qui, au départ, avait laissé la défense de MN indifférente, est devenu préoccupant à la suite du contre-interrogatoire de l'accusation. La réaction de la défense était nécessaire et légitime. Les questions qu'elle a posées au témoin, lors de ses ultimes observations, ont démontré les limites de sa crédibilité. Ainsi, par exemple, il s'est discrédité en déclarant que MN était le chef d'état-major du « FNI », groupe prétendument d'appartenance des combattants lendu présents à Bogoro le 24 février 2003, alors que plusieurs preuves testimoniales et documentaires versées au dossier établissent que le FNI n'existait pas à Zumbe à cette époque.

Section 5 - *Cinquième règle* : Autorisation de poser des questions provocatrices

Le conseil qui conduit un contre-interrogatoire peut poursuivre comme objectif la mise à mal de la crédibilité du témoin appelé par l'autre partie. Dans cette perspective, il est autorisé à lui poser des questions provocatrices, sans pour autant verser dans la discourtoisie ou l'irrespect, ni blesser la dignité de ce dernier.

Le paragraphe 75 des instructions 1665 énonce cette règle en ces termes : « Il est permis de mettre à l'épreuve la crédibilité d'un témoin en lui posant des questions provocatrices mais le contre-interrogatoire doit à tout moment rester courtois et respectueux du témoin. La Chambre n'autorisera pas les parties à porter atteinte à la dignité des témoins ou à exploiter leur

[414] Jugement Ngudjolo, §§ 431 à 433.

vulnérabilité pendant un contre-interrogatoire. » De même, dans sa décision 1023, la chambre de première instance III rappelle aux parties l'obligation que leur impose la règle 88-5 du RPP et les prévient de la vigilance dont elle fera preuve au regard de la manière dont seront interrogées les victimes vulnérables qui déposent.[415] En effet, cette règle prend en compte les atteintes à la vie privée des victimes et des témoins qui risquent de les mettre en danger, et requiert des juges un contrôle attentif et soutenu de « la manière dont l'interrogatoire de ces personnes est mené pour éviter tout harcèlement et toute intimidation, en veillant particulièrement à la protection des victimes de violences sexuelles. »[416]

Le procureur, autant que la défense, doit donc respecter le témoin tout au long de sa déposition. Cette obligation est d'ailleurs également pertinnement reprise dans l'article 7-1 du Code de conduite professionnelle des conseils qui dispose : « Le conseil a une attitude respectueuse et courtoise dans ses rapports avec la Chambre, le Procureur et les membres de son bureau, le Greffier et les membres du Greffe, son client, le conseil de la partie adverse, les accusés, les victimes, les témoins et toute autre personne intervenant dans la procédure. » Et l'article 29-1 d'ajouter : « Le conseil s'abstient d'intimider, de harceler ou d'humilier les témoins ou les victimes ou de les soumettre à des pressions disproportionnées ou sans objet, dans la salle d'audience ou en dehors. »[417] Cette règle déontologique doit s'imposer non seulement aux conseils de la défense, mais aussi aux conseils représentants légaux des victimes, au procureur et à tous les membres de son bureau représentant l'accusation. Elle doit être observée au cours de toutes les formes d'interrogatoire, y compris, bien sûr, lors de l'interrogatoire supplémentaire.

---

[415] Décision Bemba ICC-01/05-01/08-1023-tFRA, § 15.
[416] Règle 88-5 du RPP.
[417] Article 29-1 du CCPC.

CHAPITRE QUATRE

RÈGLES GOUVERNANT L'INTERROGATOIRE SUPPLÉMENTAIRE

La partie qui a appelé un témoin à la barre a le droit de l'interroger après qu'il ait subi l'épreuve du contre-interrogatoire. C'est ce qu'on appelle en anglais *re-examination* qui a une portée limitée et qui obéit aux mêmes règles que l'interrogatoire principal.

Section 1ère- Obligation du respect de la portée de l'interrogatoire supplémentaire

La règle d'or régissant l'interrogatoire supplémentaire c'est que celui-ci ne porte que sur des points abordés pour la première fois au cours du contre-interrogatoire.[418] Cependant, une partie peut solliciter et obtenir de la chambre l'autorisation de poser des questions nouvelles à titre exceptionnel. C'est ce que prévoit le paragraphe 77 des instructions 1665 qui dispose : « Après le contre-interrogatoire, la partie ayant initialement cité le témoin a le droit de lui poser des questions supplémentaires mais uniquement concernant des points abordés pour la première fois au cours du contre-interrogatoire, à moins que la Chambre n'autorise d'autres questions à titre exceptionnel. »

Si, au cours de l'interrogatoire supplémentaire, la partie ayant cité le témoin tente de rouvrir irrégulièrement l'interrogatoire principal en lui posant des questions sur des matières non examinées en contre-interrogatoire, elle s'expose aux objections de la partie adverse et à la censure de la chambre. C'est ce qui est advenu à l'audience du 6 septembre 2010 lorsque le procureur procédait à l'interrogatoire supplémentaire de son témoin P-30. En voici l'extrait pertinent :

> « Mme LUPING... : Q. Monsieur le témoin, pouvez-vous nous dire ce que vous avez vu et entendu, vous-même, lorsque vous êtes allé à Drodro ?
> LE TÉMOIN DRC-OTP-P-0030... : R. Lorsque nous nous sommes rendus à Drodro le surlendemain des massacres, (Expurgée) ce que j'ai vu. C'étaient notamment les massacres des membres de la population de Drodro, qui est constituée pour la plupart des Hema. Donc, c'étaient des massacres qui avaient

[418] Voir, par exemple, Décision Ruto-Sang ICC-01/09-01/11-847-Corr , § 15 : «*Following cross-examination, the calling party will have the opportunity to reexamine the witness in relation to matters which were raised for the first time in crossexamination.* »

été organisés par leurs adversaires de tous les jours, c'est-à-dire les Lendu. Nous leur avons apporté des médicaments. C'était un don de la Monuc. Et nous avons pu visiter toutes les salles où étaient hospitalisés les blessés. Et nous avons également visité les différentes fosses communes. Après avoir distribué des médicaments, nous sommes rentrés sur Bunia.
Q. Vous avez dit que vous vous êtes rendu... à l'hôpital où il y avait des personnes blessées. Ma question est celle-ci : est-ce que vous vous souvenez du type de blessures que vous avez pu voir, du type de blessures que les personnes ont subies ?
R. C'étaient des blessures graves. Les victimes avaient été découpées à la machette. Elles avaient... été également attaquées au couteau. C'étaient des blessures graves, et pour la plupart des cas, c'étaient des gens qui avaient été blessés par des coups de machettes, de pilons et des couteaux.
Q. Et ces victimes dont vous nous avez parlé, est-ce que vous pouvez nous confirmer leur sexe et leur âge - ces personnes que vous avez vues à l'hôpital ?
R. Il y avait toutes les tranches d'âge parmi les victimes. Il y avait des bébés de quatre ans, des adultes, des adolescents. Il y avait également des vieillards. Et parmi les victimes, il y avait des victimes de sexe féminin et de sexe masculin. Donc, il y avait des jeunes, des mamans, des vieillards. (Expurgée) des enfants, et je garde ça en mémoire.
Q. Monsieur le témoin, je voulais simplement vous rappeler que nous sommes en audience publique et les gens peuvent entendre ce que vous dites... Est-ce que vous vous souvenez du nombre de personnes tuées et blessées à Drodro ? Est-ce que vous vous souvenez avoir appris cette information ?
Pr FOFÉ : Monsieur le Président.
M. LE JUGE PRÉSIDENT COTTE : Professeur Fofé.
Pr FOFÉ : Merci, Monsieur le Président. Je m'excuse d'interrompre Mme le Procureur, mais j'ai le sentiment que Mme le Procureur ouvre à nouveau son interrogatoire principal. Elle pose des questions sur un thème que la Défense n'a pas développé dans son contre-interrogatoire. Je ne sais pas si Me O'Shea est entré dans les détails de l'attaque de Drodro, mais j'ai le sentiment que Mme le Procureur rouvre l'interrogatoire principal. Ce n'est pas ça, le rôle d'un réinterrogatoire, d'un interrogatoire supplémentaire. Le rôle de l'interrogatoire supplémentaire consiste à poser au témoin des questions abordées par les Défenses dans leur contre-interrogatoire. Voilà, Monsieur le Président.
M. LE JUGE PRÉSIDENT COTTE : Merci, Professeur Fofé. Madame le Procureur, il est vrai que dans les extraits du gros classeur que vous nous aviez remis figuraient des extraits relatifs à Drodro, mais il est également vrai que dans la première partie de cette audience - s'agissant de notre témoin n° 0030 - il n'a été que fort peu question de cette attaque de Drodro. Donc, il serait sage, au stade de l'interrogatoire complémentaire où nous nous trouvons à présent, de recentrer, si vous le voulez bien, l'ensemble de vos questions. Vous poursuivez.
Mme LUPING... : Merci, Monsieur le Président. À titre d'éclaircissement, notamment pour donner une réponse à la soumission de Me Fofé, c'était simplement une question d'éclaircir avec le témoin... et de... soutenir son récit

concernant Drodro, étant donné qu'il a mentionné qu'il s'est rendu à cet endroit lors… des réunions de la commission de pacification de l'Ituri… »[419]

La chambre de première instance III a également clairement fixé cette limite de l'interrogatoire supplémentaire en décidant, visant spécifiquement l'étape de la présentation des moyens à charge, qu'« une fois le témoin interrogé par la défense, l'accusation pourra demander à la chambre de l'autoriser à lui poser des questions supplémentaires, à condition qu'elles ne portent que sur des points abordés pour la première fois au cours de l'interrogatoire [mené] par la défense ou par les représentants légaux des victimes… »[420] La situation s'inverse lors de la production des moyens à décharge, la défense pouvant donc conduire un interrogatoire supplémentaire qui, dans les deux cas de figure, doit se dérouler en respect des prescriptions gouvernant l'interrogatoire principal.

Section 2 - Obligation du respect des règles régissant l'interrogatoire principal

L'interrogatoire supplémentaire doit être conduit en conformité avec les règles régissant l'interrogatoire principal, comme le prescrit le paragraphe 78 des instructions 1665 : « Les règles qui s'appliquent à l'interrogatoire principal s'appliquent également à l'interrogatoire supplémentaire. » Il s'agit, notamment, du respect du principe de l'oralité, de l'interdiction des questions directives, orientées, spéculatives, hypothétiques… Sont également proscrites, des questions répétitives. En effet, au stade de l'interrogatoire supplémentaire, le conseil ayant cité le témoin ne doit pas lui poser, à nouveau, des questions auxquelles celui-ci a déjà répondu lors de l'interrogatoire principal ou du contre-interrogatoire, sauf si celles-ci ont porté sur une matière introduite pour la première fois en contre-interrogatoire. Cette règle tend à éviter que par ce biais, l'interrogateur ne

---

[419] CPI, Situation en République démocratique du Congo, *Affaire le Procureur c. Germain Katanga et Mathieu Ngudjolo*, ICC-01/04-01/07, Chambre de 1ère instance II, Transcription de l'audience du 6 septembre 2010, ICC-01/04-01/07-T-183-Red-FRA WT, de la p. 30, L11 à la p. 32, L16.

[420] Décision Bemba ICC-01/05-01/08-1023-tFRA, § 9. Voir aussi § 14 : « On l'a déclaré plus haut, la portée de l'interrogatoire, pour ce qui est des questions supplémentaires posées par l'accusation, sera limitée aux points abordés pour la première fois au cours de l'interrogatoire par la défense ou par les représentants légaux des victimes. Les questions supplémentaires qu'aurait la défense seront limitées aux points abordés après qu'elle ait interrogé le témoin une première fois. »

tente de donner au témoin l'occasion de rectifier les réponses qu'il avait déjà données. Elle assure aussi, à l'évidence, le gain de temps judiciaire. Elle a été rappelée, par exemple, à l'audience de la chambre d'appel du 19 mai 2014 au cours de la déposition du témoin Augustin Mbogo Malubi. Celui-ci avait été cité à comparaître par la défense pour démontrer que cet ancien membre de la « garde présidentielle de M. Lubanga », identifié dans l'extrait vidéo EVD-OTP-00574 avec, sur son bras, la mention « Mbogo sport » et un insecte circulant sur son épaule, et présenté par le procureur comme enfant soldat, n'en était pas un, car il était âgé de 19 ans à l'époque des faits, en 2002. Pour l'établir, le conseil de la défense lui a posé des questions notamment sur sa date de naissance en s'appuyant sur sa carte électorale, présentée comme sa pièce d'identité, et sur son diplôme d'Etat. En voici quelques extraits :

> « Q. [Me MABILLE]... : Monsieur le témoin, pourriez-vous, tout d'abord, nous indiquer votre nom complet ? R. Je réponds au nom de Mbogo Malobi Augustin.
> Q. Merci. Quelle est votre date de naissance ? R. Ma date de naissance, elle est... le 8 avril 1983.
> Q. Me MABILLE : Monsieur le Président, pouvons-nous montrer au témoin le document qui porte la référence EVD D01-01111, qui se trouve dans le petit document que nous avons remis à la Chambre, à l'onglet n° 1 ?
> M. LE JUGE PRÉSIDENT KOURULA... : *(Intervention non interprétée)*
> Mme LA GREFFIÈRE (en vidéoconférence) ... : Monsieur le Président, le document se trouve bien sous les yeux du témoin.
> Me MABILLE : Q. Monsieur le témoin, reconnaissez-vous ce document ?
> R. Effectivement, j'ai reconnu ce document, c'est ma carte d'électeur. »[421] ...
> « Q. ... Je vous demandais de regarder cette carte d'électeur, et je vous demandais si la date de naissance qui figure sur cette carte d'électeur est exacte ?
> R. Effectivement, c'est exact.
> Q. Cette carte d'électeur est une photocopie ; est-ce que vous avez l'original de cette carte ? R. L'original, il y en a, mais malheureusement, je n'ai pas emmené ça chez moi, ici, dans la salle. »[422]...
> « Me MABILLE : Q. Monsieur le témoin, ... avez-vous déjà vu ce document qui émane de la Commission électorale nationale indépendante ? *(Silence du témoin)*
> Excusez-moi, Monsieur le témoin, est-ce que vous avez entendu ma question ou est-ce que vous souhaitez que je la reformule ? R. C'est bien de la reformuler encore.
> Me MABILLE : Une seconde, Monsieur le Président, si vous me le permettez ?
> M. LE JUGE PRÉSIDENT KOURULA : Absolument.
> *(Discussion au sein de l'équipe de la Défense)*
> Me MABILLE : Q. Monsieur le témoin, ma question est la suivante : est-ce que vous avez déjà vu le document que je vous présente à l'onglet n° 5, c'est-à-dire le

---

[421] CPI, Situation en République démocratique du Congo, *Affaire le Procureur c. Thomas Lubanga Dyilo,* ICC-01/04-01/06, Chambre d'appel, Transcription de l'audience du 19 mai 2014, ICC-01/04-01/06-T-362-Red-FRA WT, p. 7, L8-24.
[422] *Idem*, p. 8, L10 à 17.

document que vous avez sous les yeux ? R. Oui, oui, j'ai vu le document ; il est dans ma main, ici.
Q. Est-ce que c'est la première fois que vous le voyez ou est-ce que vous l'aviez déjà vu auparavant ? R. O.K. C'est une carte que... Bon, c'est une photocopie de carte que moi-même, je dépose chez moi, à la maison.
Q. Est-ce que vous pourriez vérifier que les données qui figurent sur « nom » jusqu'au « nom de la mère », c'est-à-dire les cinq premiers... les six premiers éléments de ce document, sont les mêmes que ceux qui sont dans votre carte d'électeur que nous vous avons présentée ? R. Effectivement, c'est « le » même.
Q. Merci. Me MABILLE : Je souhaiterais maintenant qu'on montre au témoin le document qui figure à l'onglet n° 3... non, excusez-moi, qui figure à l'onglet n° 2 et qui porte... la référence EVD D01-01112.
Mme LA GREFFIÈRE (en vidéoconférence) ... : Le document est bien sous les yeux du témoin.
M. LE JUGE PRÉSIDENT KOURULA... : Merci une nouvelle fois.
Me MABILLE : Q. Monsieur le témoin, reconnaissez-vous ce document ?
R. Oui, j'ai reconnu ce document, c'est mon diplôme d'État. C'est une photocopie du diplôme d'État.
Q. Ce diplôme d'État fait état d'une date de naissance. Vous pouvez regarder cette date de naissance sur votre diplôme d'État ; est-ce que cette information est bien exacte ? R. Effectivement, c'est exact.
Q. Ce document que vous avez sous les yeux est une photocopie ; est-ce que vous êtes en possession de l'original ? R. Oui, oui, il y en a. »[423] ...

Dans son contre-interrogatoire, le procureur est revenu sur ces pièces pour tenter de souligner les erreurs qui, selon lui, les affectent, et ainsi essayer de discréditer ce témoin, comme le montre cet échange :

« Q. [M. SACHDEVA : Procureur] : Vous n'avez jamais vu votre extrait de naissance, n'est-ce pas ? R. Pas encore.
Q. Donc, vous ne savez pas à quel âge vous êtes rentré à l'école primaire, n'est-ce pas ? R. Effectivement, je ne m'en souviens plus.
Q. Et vous ne vous souvenez pas à quel âge vous avez rejoint l'école secondaire ? R. Je ne m'en souviens plus.
Q. Vous avez six sœurs et vous êtes l'un des trois frères, n'est-ce pas ?
R. Effectivement, nous sommes au nombre de neuf chez nous.
Q. Mais vous ne connaissez pas leurs âges, n'est-ce pas ? R. Effectivement.
Q. On vous a montré votre carte d'électeur, aujourd'hui ; vous vous en souvenez? R. Oui, oui, je m'en souviens.
Q. Et vous avez confirmé que ce qui figurait sur cette carte... correspondait bien à la vérité, n'est-ce pas ? R. Effectivement.
Q. Est-ce que vous pourriez rappeler à la Cour : vous êtes né à Nakone *(phon.)*, n'est-ce pas ? R. Pardon, pouvez-vous reformuler la question ?
Q. Oui, bien sûr. Je voulais que vous confirmiez à la Cour que vous êtes né à Nyankunde, n'est-ce pas ? R. Effectivement.

---

[423] *Idem,* de la p. 9, L16 à la p. 10, L28.

Q. Je voudrais vous demander de reprendre votre carte d'électeur, s'il vous plaît.
M. SACHDEVA… : Pour la Cour, il s'agit du document suivant : DRC-0003-5977.
Mme LA GREFFIÈRE (en vidéoconférence) … : Le document est maintenant présenté au témoin.
M. SACHDEVA… : Q. Augustin, si vous regardez la carte, vous verrez qu'on indique Blukwa et non pas Nyankunde comme votre lieu de naissance. Donc, vous seriez d'accord pour dire que cette carte d'électeur ne correspond pas à la vérité ? R. O.K. Merci pour la question. Je pense que si vous avez l'ancienne carte, vous verrez aussi le nom… sur la carte, le nom de la mère n'est pas *(inaudible)*, c'est Mbuve *(phon.)*, mais quand je parle de Blukwa, effectivement, quand je me suis enrôlé, j'ai appelé d'abord le papa pour savoir, parce qu'on me posait beaucoup de questions : votre chefferie *(phon.)*, votre communauté, ceci, cela, alors moi, je lui ai dit : au lieu de m'embrouiller avec beaucoup de choses, qu'il écrive même Blukwa. C'est ce qu'il avait écrit. Pour la maman, quant au *(inaudible)*, sur le nom de la maman, il a écrit « Mbukse *(phon.)* », et pourtant, ce n'est pas Mbukse *(phon.)*, c'est Mbuve *(phon.)*. Quand on parle de l'avenue là où j'étais, il n'a pas même numéroté le nom de… Quelque part, vous verrez que, non… Excusez un peu. Quelque part, vous verrez que… il n'a pas noté le numéro de… l'avenue là où j'étais. Donc, tellement que nous étions surpeuplés, il était aussi pressé… à faire sortir la carte. Alors, après avoir sorti la carte, moi-même, j'ai demandé… j'ai vu la carte, j'ai demandé que, non, j'ai dit que : « Non, apparemment, il y a des… des erreurs sur la carte, est-ce qu'il y a moyen de rectifier ça ? » Il avait dit : « Non, il n'y a pas de problème. Vous pouvez aller, c'est seulement pour vous, votre identité. » Malgré ça, si je savais qu'un jour, j'allais défendre avec cette carte, j'allais insister sur ça, mais je ne savais pas vraiment, vous allez m'excuser beaucoup. »[424] …

Intervenant au stade de l'interrogatoire supplémentaire, le conseil de la défense a demandé au témoin d'expliquer l'origine de l'erreur relative à son lieu de naissance. Ce qui a suscité la réaction du procureur qui s'est levé pour formuler une objection arguant précisément que cette question, qui rentrait dans le cadre thématique fixé pour ce témoin et portait sur les pièces présentées par la défense en interrogatoire principal, avait été posée au cours du contre-interrogatoire de l'accusation et que le témoin y avait déjà répondu. Suivons ce débat arbitré avec une certaine souplesse par le juge président :

« Q. [Me MABILLE] : Monsieur le témoin, je souhaiterais vous poser une première question. M. le Procureur vous a demandé votre lieu de naissance, vous avez répondu « Nyankunde » et, sur votre carte, il y a marqué « Blukwa »… Est-ce que vous avez une idée pourquoi est-ce que le nom de « Blukwa » est apparu, donc, sur cette carte ? Pourquoi y aurait-il eu une erreur, s'il y a eu une erreur ?
R. Merci pour la question. Blukwa… , c'est le nom de mon village…

---

[424] *Idem,* de la p. 18, L14 à la p. 20, L10.

M. LE JUGE PRÉSIDENT KOURULA… : Monsieur le témoin, un instant s'il vous plaît, le Procureur a une question.
M. SACHDEVA… : Cette question a déjà été posée, elle a déjà reçu une réponse au cours de mon contre-interrogatoire.
M. LE JUGE PRÉSIDENT KOURULA… : Effectivement, c'est le cas. Est-ce que vous pourriez poser d'autres questions ? Il y a eu une réponse à cette question ; est-ce que vous pourriez continuer à partir de là, s'il vous plaît ?
Me MABILLE : … Bien sûr, Monsieur le Président, mais je dis juste que je souhaitais que le témoin explique cette situation. Je ne revenais pas sur ce qui avait été dit, je lui demandais une explication parce que le Procureur a fait acter cette situation sans lui demander : est-ce qu'il y avait une raison à cette erreur ? Et donc, c'était sur ce point-là que je souhaitais… Parce que c'est… c'est simple de dire il y a eu une erreur, mais quelquefois, on peut avoir une explication rationnelle à cette erreur, et je souhaitais donc faire préciser au témoin s'il le savait.
M. LE JUGE PRÉSIDENT KOURULA… : Merci beaucoup. Alors, procédons sur cette base : le témoin a expliqué comment son père était intervenu, est-ce que vous pourriez repartir à partir de là, donc, et que le témoin donne sa réponse à la question posée par Me Mabille ?
Me MABILLE : Q. Monsieur le témoin, vous avez indiqué que lorsque vous aviez été vous enrôler, on vous avait posé un certain nombre de questions, que vous aviez donc dû téléphoner à votre père. Et ma question est sur le lieu de naissance : il est indiqué Blukwa… alors que vous nous dites que vous êtes né à Nyankunde ; est-ce que vous pourriez expliquer, si vous le savez, pourquoi y a-t-il eu une erreur et est-ce qu'il y a eu une erreur ? C'est ma question.
R. Merci pour la question. Blukwa, ça, c'est mon…
M. SACHDEVA… : Veuillez m'excuser, mais j'insiste, Monsieur le Président. Le témoin a déjà expliqué, en quinze lignes au moins, la raison pour laquelle il y a une différence entre ce qu'il a déclaré et ce qui figure sur la carte. Mon contradicteur, donc, reprend un thème qui a déjà été bien expliqué en contre-interrogatoire, mais, en plus, elle aurait pu… elle a déjà traité de… cette question au cours de son interrogatoire principal ; donc, c'est vraiment revenir sur une question déjà posée.
M. LE JUGE PRÉSIDENT KOURULA… : Q. Monsieur le témoin, pourriez-vous être très bref dans vos explications et, ensuite, Me Mabille poursuivra ? Nous avons encore 11 minutes.
R. Merci. Je disais que Blukwa, ça, c'était mon village. Maintenant, lorsque je m'enrôlais, … la personne en charge qui était devant la machine, tellement qu'il était… il était pressé, il écrivait seulement ce qui se passe déjà, ce que je dictais seulement. Et puis, et pourtant que j'appelais le papa pour… qu'il me rassure tout ce qui se passe. Je me suis retrouvé, il a déjà fait sortir la carte. Alors, c'est comme ça que j'ai pris toujours la carte. C'est là où j'allais voir même le nom de la maman, c'est écrit « Mbukse *(phon.)* », et pourtant ce n'est pas ça. Il n'a pas même mentionné le nom… de l'avenue « dont » je restais. Il n'a pas même mentionné d'autres choses, mais je lui ai réclamé même, ce jour-là, de rectifier, il a dit que : « Non, ce n'est pas une erreur grave, parce que c'est seulement une… c'est une identité pour moi, il n'y a pas de problème. » Et puis si je savais que, un jour, j'allais comparaître ou bien avec cette carte, j'allais rectifier ça, mais c'est…

c'est déjà trop tard, mais je ferai tout... l'élection 2016, je ferai tout pour vous montrer vraiment ma carte-ci comment elle sera.
M. LE JUGE PRÉSIDENT KOURULA... : Merci beaucoup. Maître Mabille, pourriez-vous poursuivre sur ce point ? Bon, il a répété ce qu'il avait déjà dit. »[425]...

Ces règles dont nous venons de parler régissent également les questions ultimes de la défense.

[425] *Idem,* de la p. 24, L17 à la p. 26, L24.

CHAPITRE CINQ

RÈGLES GOUVERNANT LES QUESTIONS FINALES DE LA DÉFENSE

Il est de principe que la défense a toujours la parole la dernière. Cette règle s'applique également en matière d'interrogatoire des témoins, conformément à une disposition pertinente du RPP[426] rappelée par les instructions 1665 en son paragraphe 79 qui ponctue : « Aux termes de la règle 140-2-d, la Défense a le droit d'interroger le témoin en dernier. Cela signifie que si un témoin n'a pas été cité par un accusé, celui-ci a le droit de lui poser des questions additionnelles après son interrogatoire supplémentaire par la partie qui l'a cité. » De même, la décision ICC-01/05-01/08-1023-tFRA prévoit que « si l'accusation pose des questions supplémentaires, la défense aura le droit, en vertu de la règle 140-2-d du Règlement, d'interroger le témoin en dernier. »[427]

Ainsi donc, le cycle normal d'interrogatoire d'un témoin appelé par le procureur est le suivant :

1°- interrogatoire principal du procureur ;
2°- questions des représentants légaux des victimes, sur autorisation de la chambre ;
3°- questions de la chambre ;
4°- questions éventuelles du procureur suscitées par celles de la chambre ;
5°- contre-interrogatoire des équipes de défense ;
6°- interrogatoire supplémentaire du procureur ;
7°- questions finales des équipes de défense.[428]

A l'inverse, sauf incident particulier, l'ordre d'interrogatoire d'un témoin de la défense est ordinairement le suivant :

1°- interrogatoire principal du conseil de la défense ayant cité le témoin ;

---

[426] Règle 140-2-d) du RPP : « La défense a le droit d'interroger le témoin en dernier. »

[427] Décision Bemba ICC-01/05-01/08-1023-tFRA, § 9.

[428] La décision Bemba ICC-01/05-01/08-1023-tFRA, résume ainsi cet ordre de présentation, dans son § 8 : « Sous réserve de toute modification décidée par la chambre ou de toute autre instruction spécifique donnée par le juge président en vertu de l'article 64-8-b du Statut et de la norme 43 du Règlement de la Cour, l'ordre d'audition des moyens de preuve à charge sera le suivant : l'accusation interrogera le témoin d'abord ; puis, à condition que l'autorisation en ait été demandée par écrit et qu'elle ait été accordée, les représentants légaux des victimes pourront l'interroger à leur tour ; enfin, la défense aura la possibilité d'interroger le témoin. »

2°- dans un procès joint, interrogatoire de l'autre équipe de la défense, si elle a des questions intéressant sa cause, sinon elle dit qu'elle n'a pas de questions ; ou contre-interrogatoire, au cas où le témoin d'un accusé a chargé le co-accusé ;
3°- contre-interrogatoire par le procureur ;
4°- questions des représentants légaux des victimes, autorisées par la chambre après avis du conseil ayant appelé le témoin ;
5°- questions de la chambre ;
6°- questions éventuelles du procureur suscitées par les réponses du témoin aux questions de la chambre ;
7°- observations ultimes de la défense du co-accusé ;
8°- observations ultimes ou questions finales de la défense ayant cité le témoin.[429]

Il convient de souligner que la chambre a le pouvoir de poser aux témoins toutes les questions qu'elle souhaite et au moment qu'elle souhaite, conformément à la règle 140-2-c du RPP. Elle doit néanmoins veiller à ce que les droits de l'accusé soient à tout moment respectés, et prendre soin d'assurer l'équité de la procédure en accordant aux parties le temps nécessaire pour examiner et réagir à toute nouvelle question qu'elle aura soulevée.[430]

La Défense aura toujours le droit d'interroger le témoin en dernier, en application de la règle 140-2-d du RPP. Ses questions finales ont une portée limitée qui ne doit pas être dépassée.

---

[429] Dans son § 11, la décision Bemba ICC-01/05-01/08-1023-tFRA instruit ainsi les parties et participants : « L'ordre d'audition lors de la présentation des moyens de preuve à décharge sera le suivant : la Défense interrogera le témoin d'abord, puis l'Accusation se verra offrir la possibilité de l'interroger. Enfin, à condition que l'autorisation en ait été demandée par écrit et qu'elle ait été accordée, les représentants légaux des victimes pourront à leur tour lui poser des questions. En application de la règle 140-2-d du Règlement, la Défense aura le droit d'interroger le témoin en dernier. »

[430] Voir décision Bemba ICC-01/05-01/08-1023-tFRA, § 7 ; chambre de 1ère instance II, audience du 10 février 2010, Transcription ICC-01/04-01/07-T-99-Red-FRA WT, p. 67, L21-24 : « La Chambre peut, certes, poser toutes les questions qu'elle souhaite et au moment qu'elle souhaite. Mais dans la mesure où il est possible de le faire dans des conditions telles que la Défense soit en mesure d'intégrer les réponses dans sa propre préparation des contre-interrogatoires, c'est préférable. »

Section 1ère- Obligation du respect de la portée des questions finales

En effet, « les questions finales se limitent aux points abordés après que la Défense a eu l'occasion d'interroger le témoin pour la dernière fois. Si la Défense n'exerce pas son droit de contre-interroger un témoin donné, elle renonce également à son droit de l'interroger en dernier, sauf si de nouveaux points sont abordés dans le cadre des questions supplémentaires posées par la Chambre ou les participants après l'interrogatoire principal. »[431]

Rappelons que dans un procès joint, après l'interrogatoire principal de l'équipe de défense qui a cité le témoin, le conseil de l'autre accusé peut interroger ledit témoin. Nous en avons parlé *supra*, à l'occasion de l'examen des règles relatives au contre-interrogatoire.[432] Il arrive parfois que ce conseil du co-accusé n'ait pas eu de questions à poser après l'interrogatoire principal mené par son confrère, mais en ait après le contre-interrogatoire conduit par le procureur. Il saisira alors l'occasion de questions finales ou observations ultimes de la défense pour interroger ledit témoin sur des points abordés ou introduits au cours du contre-interrogatoire. Il peut même demander à la chambre l'autorisation de questionner le témoin sur un point certes abordé en interrogatoire principal, mais aussi en contre-interrogatoire pour lui demander des précisions sur certains aspects restés obscurs ou devenus préoccupants pour la cause de son client, après ce contre-interrogatoire. Cela est arrivé, par exemple, lors de la comparution du témoin de la défense de M.N D03-066. Le conseil de G.K n'avait pas de questions à lui poser après l'interrogatoire principal, mais en a eu à la suite du contre-interrogatoire du procureur. Voici, brièvement, ce qu'a été ce cheminement :

> « M. LE JUGE PRÉSIDENT COTTE : Merci, Professeur Fofé. Maître Hooper, avez-vous des questions pour ce témoin ?
> Me HOOPER… : Je vous remercie, Monsieur le Président, je n'ai pas de questions.
> M. LE JUGE PRÉSIDENT COTTE : Merci, Maître. Alors, Monsieur le Procureur, vous avez la parole. Si vous souhaitez vous installer, prenez le temps de vous installer.
> M. GARCIA : Effectivement, Monsieur le Président, je vais prendre quelques minutes, simplement pour m'installer.
> M. LE JUGE PRÉSIDENT COTTE : Bien sûr. Pupitre, et cetera.
> QUESTIONS DU PROCUREUR PAR M. GARCIA : Alors, bonjour, Monsieur le témoin.
> LE TÉMOIN… : Bonjour… »[433]

---

[431] Instructions 1665, § 80.

[432] Voir *supra*, pp 300 à 305.

[433] Transcription ICC-01/04-01/07-T-296-Red2-FRA WT 23-08-2011, de la p. 43, L26 à la p. 44, L10.

Au cours de son contre-interrogatoire, le procureur a posé quelques questions à ce témoin, notamment au sujet d'une lettre « demande d'aide », versée au dossier sous la cote EVD-OTP-0025. Cette série de questions a suscité à la défense de GK un besoin de précisions qu'elle a voulu obtenir au cours de ses ultimes observations.

> « M. LE JUGE PRÉSIDENT COTTE : Nous vous remercions, Monsieur le Procureur. Maître Hooper, avez-vous, à ce stade de nos débats avec M. le témoin, des observations ultimes à formuler ?
> Me HOOPER... : Oui, Monsieur le Président, je voudrais avoir l'autorisation de pouvoir poser des questions particulièrement en ce qui concerne la lettre [qu'on] a abordée lors de l'interrogatoire principal. Je sais que dans la transcription, c'est mentionné... Et j'ai constaté qu'hier, dans la transcription, à la page 27 à 60, on a parlé de cette lettre. Et je voudrais justement aborder cette question avec l'autorisation de la Chambre, plus d'autres questions que je voudrais poser. Je vous remercie. »[434]

Cette autorisation lui a été accordée et il a posé un certain nombre de questions au témoin de la défense de MN D03-066, notamment au sujet de la « lettre de demande d'aide ».[435]

Section 2 - Obligation du respect des règles régissant l'interrogatoire principal

Du point de vue de leur régime ou de leurs modalités, « les règles qui s'appliquent à l'interrogatoire principal s'appliquent également aux questions finales »[436], de même d'ailleurs que les règles régissant tout type d'interrogatoire.[437] Ainsi, par exemple, lors des observations finales, il est interdit de poser des questions spéculatives. Le conseil de GK est tombé dans ce travers durant ses questions finales à ce témoin D03-066. Ce qui n'a pas échappé à la vigilance du procureur, comme on peut le voir dans cet extrait :

> « [Me HOOPER] Q. Bien, nous avons bien compris. Mais aidez-moi à préciser certaines choses. Nous avons établi que cette lettre a bien été écrite de votre main - vous l'avez dit -, mais j'aimerais savoir à la demande de qui vous l'avez écrit. Qui vous a demandé de rédiger cette lettre ? R. Je suis un homme adulte. C'est moi-même qui ai rédigé cette lettre, comme je l'ai bien dit hier.

---

[434] Transcription ICC-01/04-01/07-T-298-Red2-FRA WT 25-08-2011, p. 31, L18 à 28.

[435] *Idem*, de la p. 31, L.18 à la p. 49, L.18.

[436] Instructions 1665, § 81. Voir ces règles *supra*, pp 93 à 227.

[437] Voir ces règles *supra*, pp 55 à 92.

Q. Veuillez, s'il vous plaît, écouter la question. Quelqu'un vous a-t-il demandé d'écrire cette lettre ? R. Oui.
Q. De qui s'agissait-il ? R. Lorsque j'ai demandé du savon auprès de l'opérateur, alors, il m'a dit que pour le couvrir, en termes de comptabilité, il fallait qu'on rédige cette lettre. Je l'ai rédigée, j'y ai apposé ma signature et Martin Banga a fait de même.
Q. D'après vos réponses d'hier, ai-je raison de dire que lorsque vous avez écrit cette lettre, cette lettre était le résultat d'une discussion entre vous et Oudo, et entre vous, donc, vous avez décidé de la façon de rédiger cette lettre ? R. Oui. C'était cela.
Q. Bien, nous comprenons que vous vouliez obtenir du savon. La lettre, et nous en avons parlé hier longuement, cette lettre semble avoir été écrite à Aveba. Vous dites non, que cette lettre a été écrite à Tatu, mais qu'elle a été composée et rédigée comme si elle venait d'Aveba. Pouvez-vous nous dire quelle est la distance entre le marché de Tatu et Aveba ? R. Je pense que les deux localités ne sont pas très proches l'une de l'autre. Je dirais qu'il y a une distance d'à peu près 40 kilomètres.
Q. *Êtes-vous d'accord avec moi si je vous dis que si vous étiez à Aveba où il y avait du savon que l'on pouvait acheter, il serait étrange quand même d'aller jusqu'au marché de Tatu pour obtenir du savon. Si vous étiez vraiment à Aveba, vous auriez pu obtenir le savon à Aveba même. Ce serait plus logique, n'est-ce pas ? Bien sûr, vous nous dites que vous n'étiez pas à Aveba ; vous étiez à Tatu. Mais si vous aviez été à Aveba, vous n'auriez pas eu besoin décrire une lettre pour le marché de Tatu, n'est-ce pas ?*
M. GARCIA : S'il vous plaît, Monsieur le Président, il s'agit de questions qui demandent au témoin de commencer à spéculer. Alors, c'est de la spéculation qu'on demande au témoin… »[438]

En effet, cette dernière question, relevée par nous en italique, et plusieurs fois formulée, est hypothétique, spéculative. Les questions spéculatives sont interdites dans tout type d'interrogatoire, y compris dans les questions finales de la défense et dans l'interrogatoire mené par les représentants légaux des victimes.

Avant de passer à l'examen des règles régissant ce dernier, signalons qu'en analysant la transcription de l'audience de la chambre de première instance V(A) du 4 octobre 2013, nous avons constaté que les juges ont refusé d'accorder aux conseils de messieurs Ruto et Sang l'autorisation d'interroger, en derniers, le témoin de l'accusation KEN-OTP-P-0536 après l'interrogatoire supplémentaire du procureur. Ci-après les échanges et la décision de la chambre qui est assez étonnante :

« [Questions supplémentaires du procureur par M. STEYNBERG] Q. Il n'est pas clair. La date à laquelle vous auriez fabriqué cet élément de preuve n'est pas claire… selon mon collègue. Est-ce que c'est la première fois que vous ayez

---

[438] Transcription ICC-01/04-01/07-T-298-Red2-FRA WT 25-08-2011, de la p. 38, L8 à la p. 39, L14.

parlé de ces réunions devant la Cour ? Enfin, j'ai dit aujourd'hui, au départ, mais je veux parler d'ici, devant cette Cour, dans votre déposition ces derniers jours ?
R. Je n'ai jamais parlé des rencontres organisées par (Expurgé). Je suis venu le dire à la Cour pénale internationale. Pour quelle raison ? Plusieurs fois, j'ai dit : si je l'avais dit au village, je ne serais plus vivante.
Q. Et à qui avez-vous mentionné ces choses-là à la CPI pour la première fois ?
R. On a pris ma déclaration. C'était (Expurgé). Ce sont là les personnes qui ont pris ma déclaration.
Me FAAL... : Monsieur le Président, à ce stade - je n'aime pas beaucoup interrompre -, mais nous faisons objection à l'introduction de la déclaration précédente du témoin pour la raison simple suivante : l'Accusation savait que le témoin avait donné une déclaration. Le témoin est venu devant la Cour, a déposé et a donné une version totalement différente de celle qu'elle avait donnée à l'Accusation ; et l'Accusation était bien au courant de ce fait. Nous n'étions pas au courant... Nous avons été pris de court. Nous avons dû rechercher tous ces éléments partout. Nous avons cherché des éléments de preuve. Maintenant, nous avons... ces allégations. L'Accusation a accepté ces... éléments de preuve ; ils ont accepté de les vérifier, même si ces éléments étaient totalement différents de la déclaration qu'ils avaient entendue du témoin précédemment. Ils l'ont accepté. Et maintenant, ils réalisent que ces éléments de preuve ont été remis à jour, contestés dans le contre-interrogatoire, et ils veulent réintroduire la déposition précédente du témoin en guise de clarification. Nous déclarons, Monsieur le Président, que l'Accusation est un représentant de la Cour et qu'il a l'obligation de tirer cet élément au clair, et non pas ... d'aveugler la Défense, parce que nous n'avions pas ces éléments de preuve pour les contredire. Nous n'aurions pas fait une enquête. Si nous n'avions pas eu ces éléments, nous n'aurions pas été en mesure de les contredire. Voilà la situation où nous nous trouvons, maintenant qu'ils réalisent que nous avons apporté cet élément ici, que nous l'avons utilisé, alors ils veulent changer et revenir aux allégations précédentes faites par le témoin. Nous disons que cela n'est pas équitable, que l'Accusation ne devrait pas être autorisée à procéder de cette façon.
M. LE JUGE PRÉSIDENT EBOE-OSUJI... : Réponse, Monsieur Steynberg ?
M. STEYNBERG... : Malheureusement, c'est tout à fait la situation que j'avais prévue lorsque j'avais demandé de traiter de cette question en l'absence du témoin hier matin. Et étant donné que le témoin est présent, je vais être limité dans ma réponse. Tout d'abord, dire que le témoin avait donné une version totalement différente n'est pas du tout exact. Nous connaissons les détails. Dire que l'Accusation a trompé et souhaité aveugler la Défense n'est pas exact non plus. Les détails dont nous avons discuté n'étaient pas essentiels dans le dossier de... l'Accusation. Comme mon collègue l'a déjà dit, cela ne figure même pas dans le dossier... dans le document... contenant les charges. En fait, ce qui constitue un élément de preuve en alibi, c'est cela qu'ils ont attaqué, ... la capacité du témoin à rappeler les faits pertinents et non pas sa crédibilité. L'Accusation a appelé... La Défense a appelé le témoin "un menteur" sur la base de quelque chose qui peut être expliqué, qui peut être montré. Mes collègues ont également fait référence à un document, un certain nombre de reprises, et présenté des extraits de ce document au témoin. Alors, je dis que l'Accusation

devrait être autorisée à, au moins, revenir sur ce point, sur ce document, donner la possibilité aussi… au témoin… d'expliquer tout cela.
Me FAAL… : Trente secondes pour réagir à cela. Je trouve qu'il devrait y avoir… Je trouve qu'on ne devrait pas continuer à débattre sur ces questions. L'Accusation a eu la possibilité de présenter ses éléments de preuve, elle ne devrait pas être autorisée à réintroduire de nouveaux éléments de preuve. Nous n'avons pas… d'autre choix que de demander à pouvoir revenir sur ces éléments de preuve, contester ces éléments de preuve. Et nous avons, nous aussi, des pièces à ce sujet, Monsieur le Président.
M. LE JUGE PRÉSIDENT EBOE-OSUJI… : L'objection n'est pas retenue.
Me FAAL… : Dans ce cas, nous demanderons qu'après que l'Accusation "soit" autorisée à introduire ces éléments de preuve, eh bien, que nous soyons autorisés, nous, à réinterroger le témoin sur ce même point, parce que cet élément de preuve a déjà été divulgué à l'Accusation. Et il n'y a… et cet élément de preuve… n'est pas apparu dans la déposition du témoin.
M. LE JUGE PRÉSIDENT EBOE-OSUJI… : Nous allons autoriser cette question à être posée, et nous verrons, ensuite, comment nous traitons de l'autre requête que vous avez présentée. Ce qui ne veut pas dire que vous serez ou vous ne serez pas autorisé pour le moment, mais, pour le moment, j'autorise la question.
M. STEYNBERG… : Merci, Monsieur le Président. Q. Madame le témoin, avant que les avocats ne commencent à débattre de cette question, je vous demandais si vous aviez expliqué à qui que ce soit d'autre au sein de la CPI votre version des différentes réunions auxquelles (Expurgé)… C'est exact ?
R. La première personne à qui j'ai donné la déclaration, c'est (Expurgé)… À part ces deux personnes, il n'y a personne d'autre à qui j'ai fait une déclaration. Voire, chez nous, je n'ai parlé à aucune personne relativement à ces réunions…
M. LE JUGE PRÉSIDENT EBOE-OSUJI… : Monsieur Steynberg, de combien de temps pensez-vous encore avoir besoin ? Je m'explique. Voici la situation : la bande d'enregistrement touchera à sa fin dans quatre minutes, y compris le moment que je prends pour vous expliquer cela. Après cela, nous avons reçu des informations. Nous précisons que si nous devons poursuivre, nous allons devoir faire une pause brève… pour changer de bande. Et nous… pourrons revenir… dans 15 minutes, et ce sera tout.
M. STEYNBERG… : Je pourrais, alors, traiter cette question plus tard, dans le temps qui me sera alloué.
Me FAAL… : Peut-être devrait-on garder à l'esprit le fait que nous avons déposé une requête aux fins d'être autorisé à présenter des questions en réfutation.
M. LE JUGE PRÉSIDENT EBOE-OSUJI… : Tachez de poursuivre… en prévoyant suffisamment de temps à la Défense pour qu'elle puisse également intervenir. Et nous verrons comment nous allons statuer.
M. STEYNBERG… : Très bien, Monsieur le Président, je vais essayer d'accélérer les choses. Monsieur le greffier d'audience, veuillez afficher à l'écran le document KEN-OTP-0090-0656, la page où l'on peut voir une signature. Q. Et en attendant que… la page nous soit affichée à l'écran, Madame le témoin, pouvez-vous nous confirmer la date qui a déjà été consignée au compte rendu, la date à laquelle vous avez fait cette déclaration, soit (Expurgé)? Le confirmez-vous ?

R. Oui.
Q. Un instant, je vous prie, le temps que le document soit affiché à l'écran.
M. LE JUGE PRÉSIDENT EBOE-OSUJI... : Est-ce que le document est dans le classeur ? Monsieur Steynberg, le document fait-il partie des... Est-il dans le classeur de la Défense ?
M. STEYNBERG... : Je crois que oui, mais je ne me souviens pas de l'onglet. Il s'agit de la déclaration attribuée à ce témoin.
M. LE JUGE PRÉSIDENT EBOE-OSUJI... : Vous ne parlez pas de l'onglet 1 ?
M. STEYNBERG... : Je ne dispose pas du même classeur que vous, alors, je ne suis pas en mesure de répondre à votre question. La référence ERN est la suivante : KEN-OTP-0090-0640 — 640.
M. LE JUGE PRÉSIDENT EBOE-OSUJI... : Bon, nous allons faire une brève pause. »[439]...
« M. LE JUGE PRÉSIDENT EBOE-OSUJI... : Maître Faal, vous étiez debout.
Me FAAL... : Oui, Monsieur le Président. Monsieur le Président, Madame, Monsieur les juges, admettrez comme moi que nous n'avons pas présenté d'éléments de preuve sur la nouvelle date, le (Expurgé) et le (Expurgé). La raison est évidente : cela ne faisait pas partie de la déposition du témoin. Le témoin a parlé de réunions qui ont eu lieu (Expurgé) et le (Expurgé). Et nous avons donc présenté des éléments de preuve pour contredire ces propos. Pourquoi ? Eh bien, parce que nous, en tant que Défense, nous n'avons pas besoin de faire d'allégations, nous contre-attaquons. Et si vous relisez le compte rendu, avant de venir à la Cour, nous étions conscients des allégations qui ont été faites par le témoin. Or, ... les déclarations du témoin concernaient ces (Expurgé) dates, et nous avons présenté des éléments de preuve pour contrer ces dates.
M. LE JUGE PRÉSIDENT EBOE-OSUJI... : Lorsque vous dites "les (Expurgé) jours", vous faites référence à quoi ?
Me FAAL... : (Expurgé)... Aucun élément de preuve, aucune allégation ne concernait ces (Expurgé) dates. Donc, nous n'avons pas eu à y réagir. C'est pourquoi nous n'avons pas présenté d'éléments de preuve sur ces dates. Étant donné qu'il s'agit d'un nouvel élément de preuve, nous vous demandons de nous donner l'occasion d'y réagir en contre-interrogeant le témoin. C'est la seule façon équitable de procéder. Sinon, cela signifierait que la Chambre autorise l'Accusation à la dernière minute de tenter une nouvelle tentative... de présenter de nouveaux éléments de preuve sur des questions qui n'avaient pas fait l'objet de contestations ou qui n'ont pas fait l'objet d'allégations, alors que nous nous n'aurons pas eu l'occasion de réagir ou de les réfuter, de contre-interroger le témoin sur ces points. Ce serait inéquitable à mon sens. C'est pourquoi nous vous demandons de nous autoriser à présenter les éléments de preuve dont nous disposons, à la lumière des nouveaux éléments de preuve qui ont été présentés au témoin, soit les dates du (Expurgé)... Les allégations précédentes concernaient (Expurgé)... Et c'est pourquoi nous avons dû présenter des éléments en

---

[439] CPI, Situation en République du Kenya, *Affaire le Procureur c. William Samoei Ruto et Joshua Arap Sang,* ICC-01/09-01/11, Chambre de 1ère instance V(A), Transcription de l'audience du 4 octobre 2013, ICC-01/09-01/11-T-42-Red3-FRA WT, p. 101, L25 à p. 106, L7.

conséquence. Or nous faisons face à quelque chose de nouveau et nous vous demandons l'autorisation… de pouvoir réagir. À mon humble avis, c'est la seule façon de procéder.
M. LE JUGE PRÉSIDENT EBOE-OSUJI… : Maître Faal, vous disposez d'éléments de preuve pour contrer ces nouvelles dates ; c'est ce que vous dites, pour réfuter ces nouvelles dates.
Me FAAL… : Oui, Monsieur le Président.
M. LE JUGE PRÉSIDENT EBOE-OSUJI… : Voici la décision de la Chambre : vous pouvez présenter ces éléments de preuve, mais pas maintenant. Vous pouvez demander un versement direct au dossier, de vos éléments, comme nous l'avons indiqué précédemment ou par le truchement de nouveaux témoins qui viendront déposer.
Me FAAL… : Monsieur le Président, à notre sens, ce serait vraiment une invitation illimitée ou… sans réserve à ce que le témoin tienne les propos qu'elle souhaite tenir sans donner l'occasion à la Défense de contester le récit dudit témoin. Or, nous estimons que ce serait extrêmement injuste. Les règles sont claires. Nous devons être autorisés à interroger les témoins dans les mêmes circonstances que l'Accusation ; lorsqu'il s'agit d'interroger les témoins, eh bien, c'est la Défense qui doit avoir le dernier mot. C'est la dernière à prendre la parole. Ce sont les règles. Et nous vous demandons de nous autoriser à poser des questions.
M. LE JUGE PRÉSIDENT EBOE-OSUJI… : Je comprends pourquoi vous avez ce… sentiment, or, la Chambre a décidé, et c'est ce qui arrive de temps à autres, les conseils doivent se conformer aux décisions. Les décisions sont peut-être erronées de la part de la Chambre et dans lequel cas, les avocats savent quoi faire.
Me FAAL… : Avec tout votre respect, Monsieur le Président, dois-je en conclure que le Président est en train de rappeler aux conseils qu'ils ont le droit d'interjeter appel de ces décisions.
M. LE JUGE PRÉSIDENT EBOE-OSUJI… : Certainement, si tel est votre souhait.
Me FAAL… : Je demandais simplement pour faire préciser les choses.
M. LE JUGE PRÉSIDENT EBOE-OSUJI… : Vous avez le droit de faire ce que bon vous semble, ce qui vous semble juste dans les circonstances, y compris d'interjeter appel de la décision. Cela dit, nous devons passer à autre chose. La Chambre a statué.
Me KIGEN-KATWA… : Monsieur le Président, je n'ai pas eu à intervenir sur cette question et je ne veux pas que l'on ait l'impression que j'accepte la décision autorisant le témoin à dire des choses qui… et à ne pas faire l'objet d'interrogatoire supplémentaire. À la lumière des éléments de preuve présentés par l'Accusation, dans le cadre de son… interrogatoire complémentaire, tout ce qui a été fait depuis le 17 a été mis de côté. Nous faisons face, maintenant, à une thèse qui est complètement différente. Et nous n'étions pas prêts à contrer ce récit. Cela dit, comme l'Accusation n'a pas présenté les choses… ne nous a même pas notifiés son intention de procéder de la sorte, nous n'avons pas pu nous préparer en conséquence. À ce stade, l'Accusation présente des éléments, alors que nous n'avons pas l'occasion de réagir, à moins que vous nous autorisiez à le faire. Monsieur le Président, Madame, Monsieur les juges, nous estimons

avoir le droit de poser des questions et de présenter des éléments à ce témoin. Sinon, le témoin s'en tire en tenant des allégations très graves à l'endroit de nos clients, sans que nous n'ayons l'occasion de réagir. C'est notre sentiment et notre position. Un dernier mot, Monsieur le Président. M. Steynberg, le Procureur, que je respecte beaucoup et qui s'est montré très raisonnable jusqu'ici, n'a certainement pas d'objection à ce que nous ayons l'occasion de contre-interroger ce témoin à la lumière de ces nouveaux faits.
Me FAAL... : Monsieur le Président, puis-je simplement ajouter que si vous me donniez l'occasion, je ferai de mon mieux pour m'en tenir à 10 minutes...
M. LE JUGE PRÉSIDENT EBOE-OSUJI... : La décision est maintenue. Le témoin a déjà fait l'objet d'un contre-interrogatoire assez exhaustif. Nous devons mettre fin aux débats, s'agissant du contre-interrogatoire. Les questions que vous avez soulevées sont prises en compte et seront prises en compte au moment... du dépôt de vos écritures.
Me FAAL... : Monsieur le Président, quand, d'après vous, le moment serait opportun pour présenter nos observations ?
M. LE JUGE PRÉSIDENT EBOE-OSUJI... : Quand ce sera le moment pour les parties de présenter ces... les éléments de preuve dans le cadre de l'interrogatoire principal et ... du contre-interrogatoire ainsi que de l'interrogatoire complémentaire. C'est à ce moment-là...
Me FAAL... : De quel témoin ?
M. LE JUGE PRÉSIDENT EBOE-OSUJI... : De ce témoin. Mais, comme je l'ai indiqué précédemment, si vous avez d'autres témoins qui pourraient venir et témoigner sur ce sujet, vous êtes... vous pouvez le faire. Nous ne vous empêchons pas de présenter des éléments de preuve sur ce point. Mais il ne faut pas toujours que ça soit en discréditant un témoin ou le récit du... dudit témoin. L'audience est levée. Nous reprendrons lundi, à 9h30. Entre temps, nous libérons le témoin qui a, ainsi, achevé sa déposition. Madame le témoin, nous sommes arrivés à la fin de votre rôle dans cette affaire. Vous êtes libre de quitter votre banc de témoin. Merci d'être venue. La Chambre appréciera la valeur de votre déposition. Merci. Veuillez faire sortir le témoin. Et nous lèverons l'audience. »[440]

Cette décision prise par la chambre va à l'encontre du principe énoncé dans la règle 140-2-d du RPP, rappelé par le paragraphe 79 des instructions 1665 et par le paragraphe 9 de la décision ICC-01/05-01/08-1023-tFRA, selon lequel « la défense a le droit d'interroger le témoin en dernier. » En l'espèce, après l'interrogatoire supplémentaire du témoin KEN-OTP-P-0536 par la partie qui l'a cité, à savoir le procureur, la chambre aurait dû donner aux conseils des accusés l'autorisation de poser à ce témoin des questions additionnelles, significativement appelées questions finales de la défense.

---

[440] *Idem*, ICC-01/09-01/11-T-42-Red3-FRA WT 04-10-2013, p. 114, L22 à p. 119, L1

Ce principe qui commande que celle-ci ait toujours la parole la dernière, s'applique aussi au regard des interrogatoires menés par les représentants légaux des victimes.

CHAPITRE SIX

RÈGLES SPÉCIFIQUES AUX QUESTIONS DES REPRÉSENTANTS LÉGAUX DES VICTIMES

Une des caractéristiques innovantes de la CPI est la possibilité ouverte à certaines victimes de participer à la procédure par le biais de leurs représentants légaux. En effet, comme mis en exergue dans l'introduction, « lorsque les intérêts personnels des victimes sont concernés, la Cour permet que leurs vues et préoccupations soient exposées et examinées, à des stades de la procédure qu'elle estime appropriés et d'une manière qui n'est ni préjudiciable ni contraire aux droits de la défense et aux exigences d'un procès équitable et impartial. Ces vues et préoccupations peuvent être exposées par les représentants légaux des victimes lorsque la Cour l'estime approprié, conformément au Règlement de procédure et de preuve. »[441] Dès lors, ceux-ci ont le droit d'assister et de participer à la procédure, dans les conditions fixées par la chambre. Ils prennent part à toutes les audiences sauf si cette dernière juge que, dans les circonstances de l'espèce, leur intervention doit se limiter au dépôt d'observations et de conclusions écrites. C'est en vertu de ce pouvoir prévu par la règle 91-2 du RPP que, par exemple, la chambre de première instance V a organisé de façon spécifique la participation des victimes dans le procès joint Ruto-Sang.[442]

En effet, dans sa décision ICC-01/09-01/11-460, cette chambre a fixé les modalités de participation des victimes à travers la représentation légale commune,[443] en tenant compte des spécificités de l'espèce dont elle est saisie.[444] Elle a décidé de suivre la pratique adoptée par les chambres de première instance I, II et III, qui ont autorisé les représentants légaux des victimes à faire, en personne, des déclarations liminaires et de clôture du

---

[441] Article 68-3 du Statut ; règles 89 à 98 du RPP.

[442] Règle 91-2 du RPP : « Le représentant légal d'une victime a le droit d'assister et de participer à toute la procédure, dans les conditions fixées dans la décision de la Chambre et toute modification ultérieure de celle-ci en application des règles 89 et 90. Il participe à toutes les audiences sauf si la Chambre concernée juge que, dans les circonstances de l'espèce, son intervention doit se limiter au dépôt d'observations et de conclusions écrites. Le Procureur et la défense doivent avoir la possibilité de répondre à toute intervention orale et écrite du représentant légal de la victime. » Lire aussi Karin N. Calvo-Goller, *op. cit*, pp 19, 190 à 196.

[443] CPI, Situation en République du Kenya, *Affaire le Procureur c.William Samoei Ruto et Joshua Arap Sang,* ICC-01/09-01/11, Chambre de 1ère instance V, *Decision on victims' representation and participation*, ICC-01/09-01/11-460, 3 octobre 2012, ci-après « Décision ICC-01/09-01/11-460 ».

[444] Décision ICC-01/09-01/11-460, § 63.

procès.[445] Elle a, par la suite, précisé que devant elle, la procédure de participation des victimes sera basée sur la représentation légale commune, comprenant à la fois le représentant légal et le Bureau du conseil public pour les victimes (BCPV)[446] agissant en son nom. La responsabilité principale du BCPV sera d'ester comme l'interface entre le représentant légal commun et la chambre dans les procédures quotidiennes. À cette fin, au nom du représentant légal, il sera autorisé à assister aux audiences au cours desquelles il pourra être autorisé à intervenir et à interroger les témoins. Cependant, à des moments cruciaux impliquant les intérêts des victimes, notamment lors des déclarations liminaires et finales, le représentant légal pourra agir en personne. Il pourra également, à d'autres stades, solliciter l'autorisation de la chambre pour prester lui-même.[447]

Conformément à la règle 91-3-a du RPP, lorsqu'un représentant légal souhaite interroger un témoin, un expert ou un accusé, il doit solliciter l'autorisation de la chambre. En cas d'accord, cet interrogatoire est mené par le BCPV agissant au nom du représentant légal commun, sauf si la chambre autorise ce dernier à comparaître en personne. Afin de garantir le droit de l'accusé à un procès équitable et rapide, les questions posées par le BCPV, au nom du représentant légal commun, doivent être limitées à des points pertinents touchant aux intérêts des victimes.[448]

Répondant au conseil pour les victimes qui, lors d'une conférence de mise en état[449], voulait obtenir des éclaircissements de la chambre sur la définition de l'expression « *critical junctures* » - « moments critiques » ou « moments cruciaux » - de la procédure durant lesquels le représentant légal pourra agir en personne[450], la chambre a répondu qu'il n'était pas possible, au stade où se trouvait la procédure, de définir de façon exhaustive cette notion en fournissant un ensemble complet de critères spécifiques. Néanmoins, elle a précisé que rentrent dans cette catégorie, les moments où sont présentés : (i) les déclarations d'ouverture, (ii) la déposition des témoins qui sont également victimes représentées par le représentant légal, (iii) le cas échéant,

---

[445] Décision ICC-01/09-01/11-460, § 73.

[446] En anglais, OPCV : Office of public counsel for victims.

[447] CPI, Situation en République du Kenya, *Affaire le Procureur c.William Samoei Ruto et Joshua Arap Sang,* ICC-01/09-01/11, Chambre de 1ère instance V(A), *Decision No. 2 on the Conduct of Trial Proceedings (General Directions)*, ICC-01/09-01/11-900, 3 septembre 2013, ci-après « Décision ICC-01/09-01/11-900 », § 29 ; Décision ICC-01/09-01/11-460, §§ 41, 43 et 71.

[448] Décision ICC-01/09-01/11-460, §§ 74 et 75 ; Décision ICC-01/09-01/11-847, §16.

[449] CPI, Situation en République du Kenya, *Affaire le Procureur c.William Samoei Ruto et Joshua Arap Sang,* ICC-01/09-01/11, Chambre de 1ère instance V(A), Conférence de mise en état, Transcription de l'audience du lundi 19 août 2013, ICC-01/09-01/11-T-24-Red-FRA CT WT, p. 74, L5 à 28.

[450] Décision ICC-01/09-01/11-900, § 30.

la présentation des vues et préoccupations des victimes elles-mêmes, (iv) des observations orales concernant une requête sur « *No case to answer* », (v) les déclarations de clôture, et (vi) une audience sur les réparations à accorder aux victimes. Elle a, en outre, invité le représentant légal à demander son autorisation pour participer à d'autres audiences si nécessaire.[451]

Ainsi, la spécificité de la participation des victimes à la procédure dans l'affaire Ruto-Sang réside en ce que la représentation légale commune est assurée à la fois par le représentant légal commun et par le BCPV agissant en son nom. S'agissant des règles régissant l'interrogatoire conduit au nom des victimes, elles sont les mêmes que celles qui ont été appliquées par les chambres de première instance I, II et III, respectivement dans les affaires Lubanga, Katanga-Ngudjolo et Bemba.[452]

Dans le procès Lubanga, La chambre de première instance I a autorisé la participation, en qualité de victimes, de 129 personnes, dont 34 femmes et 95 hommes.[453] Comme, par la suite, la chambre de première instance II, elle a appliqué les critères généraux de détermination de cette participation tels qu'ils ont été fixés par la décision 1119 du 18 janvier 2008[454] et par l'arrêt de la chambre d'appel 1432 du 11 juillet 2008.[455] Selon un de ces critères, « les victimes peuvent demander à la Chambre d'exercer les larges pouvoirs dont

---

[451] Décision ICC-01/09-01/11-900, § 31.

[452]Décision ICC-01/09-01/11-460, § 73 ; CPI, Situation en République démocratique du Congo, *Affaire le Procureur c. Thomas Lubanga Dyilo*, ICC-01/04-01/06, Chambre de 1ère instance I, Décision relative à la participation des victimes, ICC-01/04-01/06-1119-tFRA, 18 janvier 2007 ; Décision relative au mode d'interrogation des témoins par les représentants légaux des victimes, ICC-01/04-01/06-2127-tFRA, 16 septembre 2009 ; Chambre d'appel, Arrêt relatif aux appels interjetés par le Procureur et la Défense contre la Décision relative à la participation des victimes rendue le 18 janvier 2008 par la Chambre de première instance I, ICC-01/04-01/06-1432-tFRA, 11 juillet 2008 ; *Affaire le Procureur c. Germain Katanga et Mathieu Ngudjolo*, ICC-01/04-01/07, Chambre de 1ère instance II, Décision relative aux modalités de participation des victimes au stade des débats sur le fond, ICC-01/04-01/07-1788, 22 janvier 2010, § 68 ; CPI, Situation en République centrafricaine, *Affaire le Procureur c. Jean-Pierre Bemba Gombo*, ICC-01/05-01/08, Chambre de 1ère instance III, *Corrigendum to Decision on the participation of victims in the trial and on 86 applications by victims to participate in the proceedings*, ICC-01/05-01/08-807-Corr, 12 juillet 2010 ; Conférence de mise en état, Transcription de l'audience du jeudi 21 octobre 2010, ICC-01/05-01/08-T-30-FRA ET WT, p. 5, L2 à 18 ; Transcription de l'audience du 22 novembre 2010, ouverture du procès, ICC-01/05-01/08-T-32-FRA ET WT, p. 3, L3 à p. 4, L10 ; Décision orale sur la représentation légale commune et les demandes des victimes à participer aux procédures, Transcription de l'audience du 22 novembre 2010, ICC-01/05-01/08-T-32-FRA ET WT, p. 62, L24 à p. 63, L4.

[453] Jugement Lubanga, §§13 à 21, spécialement §15.

[454] Décision ICC-01/04-01/06-1119-tFRA, §§106 à 109.

[455] Arrêt ICC-01/04-01/06-1432-tFRA,11 juillet 2008.

elle dispose pour ordonner la production de toute pièce qu'elle juge utile pour la manifestation de la vérité, en vue de l'admission (selon qu'il conviendra) d'éléments de preuve que les victimes affirment liés à la culpabilité ou à l'innocence de l'accusé. Les victimes peuvent présenter des éléments de preuve, interroger des témoins et contester l'admissibilité ou la pertinence d'éléments de preuve pendant le procès, à condition : i) qu'elles déposent une demande distincte à cet effet ; ii) qu'elles en préviennent les parties ; iii) que les intérêts personnels d'une ou plusieurs d'entre elles soient concernés par les éléments de preuve en question ; iv) qu'elles respectent leurs obligations de communication et [toutes] ordonnances de protection ; v) que la Chambre considère la participation comme appropriée ; et vi) que cela soit compatible avec les droits de l'accusé et les exigences d'un procès équitable. »[456]

Dans l'affaire Katanga-Ngudjolo, dite *affaire Bogoro*, « 366 personnes ont été autorisées à participer au procès en qualité de victimes, dont 11 en tant qu'enfants soldats, mais ce statut a ensuite été retiré à deux d'entre elles… »[457] Pour des raisons d'efficacité, et en application de l'ordonnance prise par la chambre le 22 juillet 2009 organisant la représentation légale commune des victimes, le greffe a désigné deux représentants légaux chargés, l'un, du groupe principal de victimes ; l'autre, du groupe de victimes enfants soldats.[458] Ainsi, au nom des victimes, ces derniers ont participé aux débats sur le fond, notamment en présentant des déclarations liminaires, en déposant des écritures diverses, en posant des questions aux témoins, en sollicitant le versement des pièces au dossier, en déposant des conclusions écrites et en présentant des plaidoiries.

En ce qui concerne l'interrogatoire des témoins cités par les parties, tout s'est déroulé, comme il se doit, conformément à la procédure prévue par la règle 91-3 du RPP qui dispose :

« a) Si un représentant légal qui assiste et participe à une audience en vertu de la présente règle souhaite interroger un témoin, y compris selon la procédure prévue aux règles 67 et 68, un expert ou l'accusé, il en fait la demande à la Chambre. Celle-ci peut le prier de formuler par écrit ses questions, qui sont alors communiquées au Procureur et, au besoin, à la défense ; ceux-ci peuvent formuler des observations dans le délai fixé par la Chambre.

---

[456] Jugement Lubanga, §14, vii) ; Décision ICC-01/04-01/06-1119-tFRA, §§ 108 à 111 ; Arrêt ICC-01/04-01/06-1432-tFRA, §§ 93 à 104.

[457] Jugement Ngudjolo, § 32. Voir aussi, ICC-01/04-01/07-3064, Décision relative au maintien du statut de victime participant à la procédure des victimes a/0381/09 et a/0363/09 et à la demande de Me Nsita Luvengika en vue d'être autorisé à mettre fin à son mandat de Représentant légal desdites victimes, 7 juillet 2011.

[458] Jugement Ngudjolo, § 30 ; ICC-01/04-01/07-1328-tFRA, Ordonnance relative à l'organisation de la représentation légale commune des victimes, 22 juillet 2009.

b) La Chambre statue alors sur la demande en prenant en considération la phase à laquelle en est la procédure, les droits de l'accusé, les intérêts des témoins, les exigences d'un procès équitable, impartial et diligent et la nécessité de donner effet au paragraphe 3 de l'article 68. Elle peut joindre à sa décision des instructions quant à la forme et à l'ordre des questions et quant à la production de pièces, en exerçant les pouvoirs qui lui sont conférés par l'article 64. Si elle le juge nécessaire, elle peut interroger un témoin, un expert ou un accusé au nom du représentant légal de la victime. »[459]

En formulant ses questions, le représentant légal doit avoir comme leitmotiv l'éclosion de la vérité, tout en s'abstenant d'agir comme procureur bis. Les instructions 1665 le soulignent expressément en ces termes dans leur paragraphe 82 : « Le principe général est que les questions posées par les représentants légaux au nom de victimes participant à la procédure doivent avoir pour objectif principal la manifestation de la vérité. Les victimes ne sont pas des parties au procès et n'ont certainement pas pour rôle de soutenir la cause de l'accusation. Leur participation peut toutefois grandement aider la Chambre à mieux comprendre les questions litigieuses en l'espèce, compte tenu de leur connaissance des lieux concernés et de leur appartenance socioculturelle. » De même, la chambre de première instance III qui a admis également la participation des victimes au procès Bemba,[460] a précisé que celles-ci « sont des participants et non des parties au procès et qu'on ne saurait considérer qu'elles apportent un soutien à l'Accusation. En revanche, dans leur rôle particulier, distinct de celui des parties, elles peuvent aider la Chambre à établir la vérité. »[461] Dès lors, qu'ils portent ou pas sur les réparations (section 1ère), leurs interrogatoires obéissent à certaines règles (section 2).

Section 1ère- Différents types de questions et procédure à suivre

Conformément aux dispositions de la règle 91 du RPP, pour permettre aux juges d'exercer un contrôle sur les questions qu'envisagent de poser les représentants légaux des victimes, ceux-ci doivent les soumettre au préalable

[459] La règle 67 du RPP régit les témoignages en direct présentés par liaison audio ou vidéo. La règle 68 organise les témoignages préalablement enregistrés. Tandis que l'article 64 du Statut décrit les fonctions et pouvoirs de la Chambre de première instance.
[460] Décision ICC-01/05-01/08-807-Corr, 12 juillet 2010.
[461] Décision ICC-01/05-01/08-1023-tFRA, § 17.

à l'autorisation de la chambre en suivant une procédure qui varie selon que ces questions se rapportent ou pas aux réparations.

Paragraphe I : Questions se rapportant aux réparations

Comme on le sait, l'article 75 du Statut de la CPI prévoit la possibilité d'accorder aux victimes des réparations sous formes de restitution, d'indemnisation ou de réhabilitation.[462] Dans le cadre de la mise en œuvre de ce dispositif, un représentant légal peut poser des questions à un témoin comparaissant devant la Cour, en se conformant à la procédure explicitée dans les paragraphes 84 et 85 des instructions 1665 ainsi libellés :

« 84. Lorsque le représentant légal d'une victime souhaite interroger un témoin au sujet de points se rapportant à une éventuelle ordonnance de réparation au sens de l'article 75 du Statut, il présente à cette fin une demande écrite, laquelle est notifiée aux parties. La demande formule les questions par écrit, conformément à la règle 91-3-a.[463] Elle explique également l'objectif précis et la portée des questions et s'accompagne de tout document pertinent qui sera utilisé aux fins de l'interrogatoire. Enfin, la demande indique au nom de quelles victimes (ou groupe de victimes) les questions sont posées. »

« 85. La demande est déposée le plus tôt possible afin de permettre à la Chambre de décider s'il est opportun pour la Défense de présenter des observations à son sujet. Dans des circonstances normales, la Chambre examinera uniquement les demandes reçues au moins sept jours avant la première comparution du témoin. »

Cette procédure est donc conçue de manière à ce que l'intervention souhaitée du représentant légal se déroule en toute loyauté et en toute transparence, en évitant des surprises pouvant porter atteinte aux intérêts des parties. Elle est harmonieusement complétée par le paragraphe 86 qui dispose : « Si la Chambre fait droit à la demande, elle statue en application

---

[462] Article 75 (du Statut de la CPI) : Réparation en faveur des victimes
1. La Cour établit des principes applicables aux formes de réparation, telles que la restitution, l'indemnisation ou la réhabilitation, à accorder aux victimes ou à leurs ayants droit. Sur cette base, la Cour peut, sur demande, ou de son propre chef dans des circonstances exceptionnelles, déterminer dans sa décision l'ampleur du dommage, de la perte ou du préjudice causé aux victimes ou à leurs ayants droit, en indiquant les principes sur lesquels elle fonde sa décision.
2. La Cour peut prendre contre une personne condamnée une ordonnance indiquant la réparation qu'il convient d'accorder aux victimes ou à leurs ayants droit. Cette réparation peut prendre notamment la forme de la restitution, de l'indemnisation ou de la réhabilitation. Le cas échéant, la Cour peut décider que l'indemnité accordée à titre de réparation est versée par l'intermédiaire du Fonds visé à l'article 79… »

[463] Citée *supra*.

de la norme 56 du Règlement de la Cour[464] pour déterminer si la règle 91-4 s'applique et dans quelle mesure. » Dans l'affirmative, le représentant légal jouit alors de plus de marge de manœuvres, n'étant plus soumis aux restrictions décrites dans le paragraphe 3 de cette règle 91. En effet, « dans le cas d'une audience uniquement consacrée aux réparations conformément à l'article 75, les restrictions prévues à la disposition 3 ci-dessus concernant l'interrogatoire effectué par un représentant légal des victimes ne sont pas applicables. Le représentant légal peut alors, avec l'autorisation de la Chambre concernée, interroger les témoins, les experts et la personne en cause. »[465]

Paragraphe II : Questions ne se rapportant pas aux réparations

Sans avoir un lien direct avec la réparation, certaines questions peuvent se rapporter aux intérêts des victimes. Le représentant légal qui projette de les poser doit solliciter l'autorisation des juges en respectant une procédure qui diffère selon que ces questions étaient prévues à l'avance ou ont surgi de façon inopinée.

A- Questions prévues à l'avance

Aux termes du paragraphe 87 des instructions 1665, « lorsque les représentants légaux des victimes savent à l'avance qu'ils doivent poser à un témoin donné, à un expert ou aux accusés des questions spécifiques ne se rapportant pas aux réparations, ils doivent en informer la Chambre et l'Accusation par demande écrite, à déposer au moins sept jours avant la première comparution du témoin. La demande indique les questions que le représentant légal se propose de poser et explique dans quelle mesure elles se rapportent aux intérêts des victimes représentées. Si la Chambre estime que la demande doit être communiquée à la Défense afin que celle-ci formule des observations à son sujet comme prévu à la règle 91-3-a, elle peut décider d'en modifier le niveau de confidentialité afin d'en permettre la notification à la Défense. La Défense disposera alors de trois jours pour formuler ses observations. »

La chambre a bien interprété ce paragraphe 87 lorsque, au cours de la déposition du témoin de l'accusation P-250, la défense a demandé aux juges qu'ils lui laissent le temps jusqu'à la fin de l'interrogatoire principal du

[464] Norme 56 du RC : Eléments de preuve présentés en vertu de l'article 75 : « La Chambre de première instance peut entendre les témoins et examiner les éléments de preuve concernant une décision sur la réparation, conformément au paragraphe 2 de l'article 75, dans le même cadre que le procès. »

[465] Règle 91-4 du RPP.

procureur pour que, tenant compte de questions posées par ce dernier, elle formule ses observations sur les questions annoncées par le représentant légal des victimes. Voici l'extrait pertinent à cet égard :

« Me O'SHEA... : Bonjour, Monsieur le Président, Mesdames les juges. J'ai une requête très simple à présenter. Il n'y a pas de difficulté à la présenter en présence du témoin. Hier, on nous a notifié de certaines questions qui pourraient être posées par les représentants légaux des victimes - questions adressées à ce témoin. Ma requête est la suivante : que l'on nous donne jusqu'à la fin de l'interrogatoire de l'Accusation pour qu'on puisse donner notre position sur ces questions. Je le dis pour deux raisons : Premièrement, nous partons de l'hypothèse que ce sont des questions non anticipées, étant donné le moment où elles sont présentées et où elles sont notifiées à la Défense. Et, à première vue, certaines de ces questions sont des questions qui découlent de questions qui ont été posées par M. MacDonald. Ceci étant, il est possible que notre attitude vis-à-vis de ces questions puisse être influencée par d'autres questions posées par M. MacDonald dans son interrogatoire principal. En d'autres termes, l'attitude de la Défense à l'égard de ces questions est pour le moment encore... n'a pas encore été arrêtée. Elle ne le sera qu'à la fin de l'interrogatoire de l'Accusation. Ça, c'est ma première raison. Deuxième raison - et là, je garde à l'esprit l'article 68-3 du Statut, c'est-à-dire que les mesures prises en faveur des victimes ne doivent pas être en contradiction avec un procès équitable : nous souhaiterions éviter que de telles questions non anticipées puissent, par inadvertance ou d'une autre manière, avoir une influence sur l'orientation prise par les questions de l'Accusation. Donc, la simple requête que nous présentons, c'est que notre réaction... à ces questions puisse n'être donnée que lorsque l'Accusation en aura terminé avec ses questions. Merci.

M. LE JUGE PRÉSIDENT COTTE : La Cour comptait précisément faire une communication ce matin sur ce problème. Avant de vous répondre, Maître O'Shea, je crois que le Pr Fofé souhaitait lui aussi intervenir en tout début d'audience ; je me trompe ?

Pr FOFÉ : Merci, Monsieur le Président. En effet, nous avions reçu ces questions tard, hier, juste avant d'aller au lit. Mais nous avons quand même pris le temps de les examiner et de nous faire une première opinion là-dessus. C'est ainsi que, ce matin, nous avons adressé à la Chambre un e-mail pour prévenir la Chambre que nous aurons des objections là-dessus. Alors, pour être bref, je pense que la requête formulée par Me O'Shea est fondée, et nous pouvons nous joindre à cette requête et prendre le temps d'approfondir l'analyse de ces questions. Merci, Monsieur le Président.

M. LE JUGE PRÉSIDENT COTTE : À titre... de premier élément d'information, la Chambre souhaite, d'une part, renvoyer les parties au paragraphe 87 de sa décision 1665 du 1er décembre 2009 [relative] à la règle 140 du Règlement de procédure et de preuve. Je vais lire le paragraphe 87 : « Lorsque les représentants légaux des victimes savent à l'avance qu'ils doivent poser à un témoin donné, à un expert ou aux accusés, des questions spécifiques ne se rapportant pas aux réparations, ils doivent en informer la Chambre et l'Accusation par demande écrite, à déposer au moins sept jours avant la première comparution du témoin. La demande indique les questions que le représentant légal se propose de poser, et explique dans quelle mesure elles se rapportent aux intérêts des victimes représentées. Si la Chambre estime que la demande doit être communiquée à la Défense afin que celle-ci formule des observations à son sujet, comme prévu à la règle 91-3-a, elle peut décider d'en modifier le niveau de confidentialité afin d'en permettre la notification à la Défense. La Défense disposera alors de trois jours pour formuler ses observations. » Sauf erreur de ma part, au tout début de la reprise de nos travaux, la semaine dernière, l'un des deux représentants légaux des victimes s'est levé pour indiquer à la Chambre - je dis bien, sauf erreur de ma part... - pour indiquer à la Chambre que le respect des délais prévus par ce paragraphe 87 serait, bien sûr, difficile à une reprise de débats, telle « qu'elle » cette reprise se produisait la semaine passée. Ce représentant légal a demandé si la Chambre pourrait faire preuve de souplesse. Et la Chambre a répondu qu'elle ferait preuve de souplesse. Depuis, nous avons reçu effectivement, hier, une écriture de Me Fidel Luvengika, l'un des deux représentants légaux des victimes. Et cette écriture nous conduit à clarifier et à préciser le sens et les contours de ce paragraphe 87. Cette écriture a été présentée comme publique, accessible au Procureur et aux deux équipes de défense, alors que le paragraphe 87 de la décision règle 140 précise - je viens de le lire, mais je le rappelle - que les « représentants légaux des victimes doivent informer la Chambre et l'Accusation par demande écrite, au moins sept jours à l'avance. Si la Chambre estime que la demande doit être communiquée à la Défense afin... que celle-ci formule des observations à son sujet, elle peut en décider de modifier le niveau de confidentialité ». Il convient donc à l'avenir, pour se conformer au paragraphe 87 de notre décision, que les écritures telles que celles que Me Luvengika a adressées hier soient adressées ex parte - réservées au Procureur et aux représentants légaux des victimes et, bien sûr, à la Chambre. La Chambre appréciera, comme elle l'a écrit au paragraphe 87 de sa décision, si elle modifie la classification de cette écriture, si elle communique à la Défense, tout cela dans la mesure où le paragraphe 3-a de la règle 91 est très clair. Je le lis : « Si un représentant légal qui assiste et participe à une audience en vertu de la présente règle souhaite interroger un témoin, y compris, selon la procédure prévue aux règles 67 et 68, un expert ou l'accusé, il en fait la demande à la Chambre. Celle-ci peut le prier de formuler par écrit ces questions, qui sont alors communiquées au Procureur et, au besoin, à la Défense. Ceux-ci peuvent formuler des observations dans le délai fixé par la Chambre. » Nous sommes donc bien d'accord : un représentant légal qui assiste et participe à une audience et qui souhaite interroger un témoin en fait la demande à la Chambre. La Chambre a estimé, alors que ça n'était qu'une possibilité, qu'il convenait que cette demande soit faite par écrit - je viens de dire à l'instant qu'elle devra se faire par écriture. Écrit communiqué au Procureur, d'où ma formule « ex parte » - Procureur, représentants légaux et, au besoin, à la Défense. Ceux-ci peuvent formuler des observations dans le délai fixé par la Chambre. La Chambre appréciera donc, au vu de chacune de ces demandes écrites, s'il convient ou non de communiquer à la Défense... Je vais trop vite ? S'il convient de communiquer à la Défense et s'il y a lieu de recueillir les observations de la Défense. Le Statut et le Règlement de procédure et de preuve de la Cour pénale internationale ont prévu la présence des victimes. Il convient de permettre aux victimes d'exercer effectivement leurs droits, comme la Chambre d'appel l'a d'ailleurs rappelé dans sa décision du 11 juillet 2008. Je dois préciser encore qu'anticipant et s'efforçant de respecter les délais qui sont prévus par le paragraphe 87, un autre représentant légal des victimes, Me Gilissen, a saisi la Chambre par courriel de son souhait de poser des questions au témoin 0268, qui doit suivre le témoin 0250, le moment venu. Me Gilissen sera simplement invité à transformer ce courriel en une écriture, comme je viens de le dire à l'instant, une écriture qui sera donc ex parte - réservée au Procureur, aux représentants légaux des victimes et, bien sûr, à la Chambre. Au vu de cette écriture et des questions formulées en forme interrogative qu'il se propose de poser, la Chambre appréciera s'il y a lieu de communiquer à la Défense et de recueillir, dans un délai de trois jours, les observations de la Défense. Pour le témoin 0268, tout pourra se faire dans l'ordre et dans les règles, car nous avons suffisamment de temps. Pour le témoin 0250, il n'était guère possible d'anticiper de sept jours, d'autant que nous ne savions pas encore exactement quels seraient les témoins qui déposeraient à la reprise des débats puisqu'il y a eu des changements dans l'ordre des témoins, et que l'on ne peut exclure qu'il y en ait d'autres. Voilà donc, Maître O'Shea et Professeur Fofé, les observations que, indépendamment même de vos prises de parole, je comptais faire ce matin en début d'audience. Donc, à l'issue de l'interrogatoire principal du Procureur, comme cela s'est produit d'ailleurs pour le témoin 0233, où Me Gilissen a souhaité poser une ou deux questions que - et encore, sauf erreur de ma part - la Chambre a repris à son compte… Donc, après l'interrogatoire principal du Procureur, les représentants légaux des victimes pourront, s'ils le souhaitent, poser éventuellement des questions, mais ils sont simplement tenus de se conformer aux prescriptions qui figurent dans cette règle… dans le paragraphe 87, donc, de notre décision règle 140. Et comme il y a eu un léger flottement - si le mot « flottement » peut se traduire en anglais et en swahili… - Comme il y a eu un léger flottement, la Chambre souhaitait simplement demander à l'un de transformer son courriel en écriture pour 0268 ; et demander à l'autre, pour 0250, de reprendre son écriture pour que figurent en forme interrogative les questions qu'ils se proposent de poser, et dont la Chambre appréciera s'il peut ou non les poser. Voilà… »[466]

La chambre a donc bien précisé la portée de cette règle contenue dans le paragraphe 87 des instructions 1665, les obligations qui s'imposent aux représentants légaux des victimes, le pouvoir d'appréciation des juges au regard de la nécessité du respect de l'équité du procès et des droits de la défense. La même règle a été adoptée par la chambre de première instance III qui « a statué que les représentants légaux qui souhaiteraient participer au procès devraient exposer dans une demande distincte la nature et le détail des questions qu'ils envisagent de poser, au moins sept jours avant la date prévue de la déposition. »[467]

---

[466] CPI, Situation en République démocratique du Congo, *Affaire le Procureur c. Germain Katanga et Mathieu Ngudjolo*, ICC-01/04-01/07, Chambre de 1ère instance II, Transcription de l'audience du 2 février 2010, ICC-01/04-01/07-T-95-Red-FRA WT, de la p. 2, L13 à la p. 8, L2.

[467] CPI, Situation en République centrafricaine, *Affaire le Procureur c. Jean-Pierre Bemba Gombo*, ICC-01/05-01/08, Chambre de première instance III, *Decision on*

Il convient de noter que ce dispositif est mis en œuvre avec intelligence, car la chambre peut accepter les questions d'un représentant légal même si elles lui ont été communiquées au-delà des sept jours requis avant le début de la déposition dudit témoin, pourvu que ces questions apparaissent utiles à la manifestation de la vérité et que, si elle estime équitable de requérir les observations de la défense, celle-ci dispose d'un délai de trois jours pour les formuler.

La chambre de première instance V(A) a consacré la même règle en décidant que lorsque le représentant légal souhaite interroger un témoin, il sollicite l'accord de la chambre par voie d'une requête notifiée aux parties, sept jours à l'avance. En cas de changements imprévus du calendrier de comparution du témoin ou de problèmes imprévus soulevés au cours des témoignages, la période de sept jours peut être modifiée si nécessaire. Dans sa requête, le représentant légal doit fournir les raisons motivant les questions qu'il envisage de poser, séparement de l'interrogatoire du procureur, et inclure un résumé des points à examiner. Le cas échéant, il indiquera les documents qui pourront être utilisés ou des références s'y rapportant. Après l'interrogatoire principal, les parties auront l'occasion de présenter leurs observations, en l'absence du témoin, et la chambre rendra alors une décision orale sur la demande formulée.[468]

Il peut arriver que les questions que s'est proposé de poser le représentant légal se rapportent à des points qui n'avaient pas été suffisamment évoqués lors de l'interrogatoire principal. Si ces questions présentent un intérêt pour l'élucidation de l'affaire en instruction ou la manifestation de la vérité, la chambre peut autoriser le représentant légal à les poser en veillant évidemment au respect des droits de l'accusé et des intérêts du témoin déposant, à l'équité, à l'impartialité et à la diligence de la procédure. La chambre peut également prendre à son compte ces questions et les poser elle-même. C'est ce que prévoit le paragraphe 88 des instructions 1665 qui est ainsi libellé : « Si, après l'interrogatoire principal mené par la partie ayant cité le témoin, la Chambre est d'avis que les points que se proposent d'aborder les victimes dans leurs questions n'ont pas été suffisamment évoqués par le témoin, elle peut autoriser le représentant légal à poser les

the participation of victims in the trial and on 86 applications by victims to participate in the proceedings, ICC-01/05-01/08-807-Corr, 12 juillet 2010, § 102-h ; Décision relative à la représentation légale commune des victimes aux fins du procès, ICC-01/05-01/08-1005-tFRA, 10 novembre 2010, § 39 ; Décision ICC-01/05-01/08-1023-tFRA, § 18 ; Décisions orales, Transcription de l'audience du 22 novembre 2010, ICC-01/05-01/08-T-32-FRA ET WT, p. 62, L24 à p. 63, L4 ; Transcription de l'audience du 24 novembre 2010, ICC-01/05-01/08-T-34-Red2-FRA WT, p. 61, L3 à p. 62, L1 ; Transcription de l'audience du 25 novembre 2010, ICC-01/05-01/08-T-35-Red2-FRA WT, p. 1, L22 à p. 2, L10.

[468] Décision Ruto-Sang ICC-01/09-01/11-847, § 19.

questions avant le début du contre-interrogatoire. Pour décider s'il convient d'accorder pareille autorisation, la Chambre prendra en considération les droits des accusés, les intérêts du témoin, les exigences d'un procès équitable, impartial et diligent et la nécessité de donner effet au paragraphe 3 de l'article 68 du Statut, conformément à la règle 91-3-b du Règlement.[469] La Chambre rappelle à cet égard que cette disposition l'autorise également à interroger le témoin, un expert ou les accusés au nom du représentant légal des victimes. »

B- Questions inopinées

Le procès étant une réalité dynamique, il est également possible qu'au cours de l'interrogatoire principal soient abordées des matières imprévues touchant directement ou indirectement aux intérêts des victimes. En cette occurrence, il est équitable que celles-ci aient le droit de soumettre aux juges des questions inopinées se rapportant à ces sujets précis, dans le souci de l'éclosion de la vérité ou de l'éclaircissement des propos du témoin. Le paragraphe 89 des instructions 1665 vise ce cas de figure en ces termes : « Lorsque les représentants légaux de victimes n'ont pas prévu d'interroger un témoin particulier mais que des points imprévus se rapportant directement aux intérêts des victimes sont abordés au cours de son interrogatoire principal par la partie l'ayant cité, les représentants légaux de celles-ci peuvent soumettre une question à la Chambre, qui peut décider de la poser au témoin si elle le juge nécessaire aux fins de la manifestation de la vérité ou de la clarification de la déposition du témoin. » De même, la décision ICC-01/05-01/08-1023-tFRA prévoit qu'outre le cas de la demande distincte exposant, au moins sept jours avant la date prévue de la déposition, la nature et le détail des questions qu'elles envisagent de poser,[470] « la Chambre décide que les victimes pourront, à l'issue de l'interrogatoire de l'Accusation, demander l'autorisation de poser d'autres questions que celles déposées avec ladite demande. Elles devront exposer la nature et le détail des questions qu'elles envisagent de poser et préciser en quoi leurs intérêts personnels sont concernés, conformément aux conditions fixées par la règle 91 du Règlement. La Chambre se prononcera sur ces demandes au cas par cas. »[471]

---

[469] -Art 68 paragraphe 3 du Statut cité *supra*, p. 271.
- Règle 91-3-b du RPP citée *supra* p. 272.

[470] Décision Bemba ICC-01/05-01/08-1023-tFRA, § 18.

[471] Décision Bemba ICC-01/05-01/08-1023-tFRA, § 19 ; § 20 : « En ce qui concerne la portée des questions, il est attendu des représentants légaux qu'ils n'interrogent un témoin que pour autant que les intérêts des victimes l'imposent. Ils se limiteront donc à des questions visant à éclairer certains points de la déposition et à obtenir de nouveaux éléments de fait, quand bien même elles auraient trait à la culpabilité ou à

Ces règles procédurales avaient été rappelées au tout début du procès Katanga/Ngudjolo, le 30 novembre 2009, à l'occasion de la déposition du premier témoin du procureur, P-233. Les représentants légaux des victimes avaient sollicité de la chambre l'autorisation de poser certaines questions à ce témoin. Ce qui a suscité la réaction de la défense et la mise au point du président de la chambre.

« M. LE JUGE PRÉSIDENT COTTE : La Cour remercie le Bureau du Procureur. Avant qu'elle ne suspende l'audience pour une demi-heure, conformément à notre planning, elle se tourne vers Me Luvengika et vers Me Gilissen pour leur demander, donc, dans les deux minutes qui restent, s'ils entendent soumettre éventuellement telle ou telle question qu'ils voudraient poser au témoin, à ce stade-là ?

Me NSITA : Oui, Monsieur le Président, les représentants légaux aimeraient poser à M. le témoin quelques questions mais qui ne concernent que la configuration géographique du lieu où l'attaque a eu lieu.

M. LE JUGE PRÉSIDENT COTTE : Ce sont des questions brèves dont il est acquis qu'elles n'ont pas reçu réponse lors des questions qu'a posées M. Le Procureur au tout début de son interrogatoire principal, car, une nouvelle fois, nous sommes au début des débats sur le fond, la directive qui est intervenue avant que ne soit rendue la décision sur les modalités de participation des victimes a souhaité préciser ce qu'était votre cadre d'action, si l'on [peut] dire votre marge de manœuvre, il est important, vous l'avez bien compris mais c'est l'occasion de le rappeler, vous ne venez pas en renfort du Procureur, mais vous le savez et vous l'avez d'ailleurs dit. C'est simplement un rappel. Vous êtes là si vous souhaitez poser des questions, pour contribuer à améliorer la perception que la Cour peut avoir d'un certain nombre de réponses que le témoin pourrait apporter, ou pour apporter une contribution essentielle, parce qu'une question n'aurait pas été posée. Donc, nous souhaitons vraiment qu'elles soient en nombre limité, particulièrement bien centrées sur ce que doivent être nos débats. Il s'agira donc d'une ou deux questions sur des questions de localisation géographique. Très bien. Maître Gilissen ?

Me GILISSEN : Oui, Monsieur le Président, je n'aurais qu'une seule question, et elle sera extrêmement brève.

M. LE JUGE PRÉSIDENT COTTE : Et qui s'inscrit tout à fait dans ce que je viens de dire ?

Me GILISSEN : Oui. Je le pense, Monsieur le Président.

M. LE JUGE PRÉSIDENT COTTE : Bon, nous l'avions deviné.

Me HOOPER… : Avant cela, Monsieur le Président, serait-il possible de faire une pause et de demander aux représentants légaux des victimes de nous

---

l'innocence de l'accusé. » Voir aussi, souplesse dans l'application du délai de 7 jours, Décisions orales, Transcription de l'audience du 22 novembre 2010, ICC-01/05-01/08-T-32-FRA ET WT, p. 62, L24 à p. 63, L4 ; Transcription de l'audience du 30 novembre 2010, ICC-01/05-01/08-T-40-Red2-FRA WT, p. 1, L14 à p. 4, L22. Voir également, Décision Ruto-Sang ICC-01/09-01/11-847-Corr, § 19 ; Décision orale, Transcription de l'audience du 2 octobre 2013, ICC-01/09-01/11-T-39-Red-FRA WT, p. 36, L23 à p. 37, L28.

informer par courriel de ces questions, disons, dans les 20 minutes qui suivent ? Merci.

M. LE JUGE PRÉSIDENT COTTE : Dans la mesure, oui, dans la mesure où je souhaiterais qu'avant de donner la parole à Me Hooper, Me O'Shea, enfin à l'équipe de M. Germain Katanga puis à l'équipe de Mathieu Ngudjolo, vous posiez vos questions, il serait effectivement souhaitable que dans les 10 minutes qui viennent, si elles sont justement brèves et concises et le nombre réduit, vous les leur fassiez parvenir, effectivement, et que vous nous les fassiez parvenir aussi bien entendu, à nous. Donc, peut-être est-il... Les adresses courriel, bien sûr, de Me Hooper et de Me Lubanga *(sic)* ou tout simplement peut-être d'ailleurs oralement, je ne sais pas, enfin, vous appréciez la manière de communiquer. En ce qui nous concerne, Madame le greffier, il serait bon que ces questions arrivent sur votre mail, mais que vous les adressiez aussi, Maître Luvengika et Maître Gilissen, aux trois *legal officers* des trois juges de la Cour, Mme Marianne Saracco, M. Simon de Smedt et Mme Lucia Catani. Je pense que M. le Procureur souhaitera, bien entendu, être également destinataire. »[472]

Ayant reçu et analysé ces questions qu'envisageaient de poser les représentants légaux des victimes, le conseil de la défense de GK a formulé une objection soulignant notamment que ces derniers ne devaient pas jouer le rôle de procureur bis et ne devaient pas s'inscrire dans le champ de la crédibilité des témoins. Ecoutons son argumentation :

« Me HOOPER... : Merci, Monsieur le Président. Tout d'abord, j'aimerais remercier M. Gilissen et M. Nsita d'avoir pris sur leur temps il y a quelques instants pour composer le courrier électronique qu'ils ont envoyé et que nous avons reçu, nous les en remercions. Au nom de Germain Katanga, nous objectons à cette forme d'intervention. Nous nous y opposons... au fait que ces sujets particuliers soient soulevés et les raisons en sont les suivantes : le régime général à l'intérieur de laquelle les représentants des victimes doivent fonctionner apparaissent à la décision [1665] et en règle générale, dans cette règle il est dit que les questions doivent être... par écrit, et qu'il y ait un préavis de sept jours pour les autres parties et nous pensons que c'est une règle, bien entendu, qui peut faire l'objet de souplesse et nous pensons qu'aujourd'hui est un exemple même du type de souplesse qui pourrait être utilisé, mais l'accent sur la règle et le projet qui a été fixé par les représentants des victimes à 11 h était... leur projet était de poser des questions et de nous donner une idée... de nous notifier de la nature de cette question. Je pense que M. le Président et MMes les juges ont reçu les questions. Et je dis bien « les questions » parce que, en fait, nos premières préoccupations est qu'il ne s'agit pas de questions mais de sujets ou de thèmes ; ce que nous avons reçu, ce sont quatre domaines ou quatre catégories à partir desquelles nous pensons que des questions vont peut-être être formulées. *(Discussion entre les juges sur le siège)*

---

[472] CPI, Situation en République démocratique du Congo, *Affaire le Procureur c. Germain Katanga et Mathieu Ngudjolo*, ICC-01/04-01/07, Chambre de 1ère instance II, Transcription de l'audience du 30 novembre 2009, ICC-01/04-01/07-T-87-Red-FRA WT, de la p. 30, L19 à la p. 32, L18.

M. LE JUGE PRÉSIDENT COTTE : Je vous prie de m'excuser, Maître Hooper, vous pouvez continuer.
Me HOOPER... : Je vais les lire, je vais les traduire en anglais et du coup, elles vont être retraduites en français grâce aux interprètes. La première est d'avoir des détails sur le groupement Babiase. La deuxième catégorie est des détails concernant la composition de la population de Bogoro. Et je fais une pause ici pour dire que c'est un domaine plus général... que le premier, puisqu'il s'agit plutôt d'une question de géographie plutôt qu'une question contentieuse en soi. La troisième catégorie concerne... des détails concernant les localités avoisinantes. Et ici, à nouveau, nous ne sommes pas sûrs à nouveau de où cela [va]... nous mener et quels sont les objectifs poursuivis. Et la dernière catégorie est d'obtenir des détails concernant les distances entre l'endroit où le témoin se cachait et le camp de l'UPC. Une question tout à fait bonne, mais une question... qui, nous semble-t-il, ne devrait pas être posée par le représentant des victimes. Nous faisons d'ailleurs la remarque générale que chacune de ces catégories d'éléments sont des catégories qui auraient dû être abordées par l'Accusation. Les représentants des victimes ne devraient pas être considérés en quelque sorte comme remplissant la fonction de celui qui balaie une fois que tout le monde est passé ; c'est en d'autres termes, ce que je veux dire c'est qu'ils ne sont pas ici des substituts ou un substitut du procureur ou un procureur annexe. Nous estimons que s'il y a des questions de ce type que se posent les représentants des victimes, pourquoi n'en parlent-ils pas avec l'Accusation de façon à ce que les questions leur soient posées pour que [ça] fasse partie du contexte et du contenu de la thèse qu'ils présentent ; il serait... il est très facile pour les représentants des victimes de cesser d'observer les choses dans le cadre de leur représentation des victimes - ce qu'ils font très bien d'ailleurs - et de passer à une... une simple apparence pour l'instant de notre côté, mais cela crée une grande appréhension de notre part. Et nous pensons que les gens qui assistent à ce qui se passe et d'autres personnes... qui observent ce qui se passe peuvent se poser des questions et s'inquiéter et l'impression qu'il y a plusieurs procureurs et nous pensons que cela ne donne pas une bonne image de la Cour. Nous pensons qu'il s'agit de questions qui doivent être posées par le Procureur et nous n'avons aucune objection à ce que cela soit fait par le Procureur... La dernière catégorie concerne des questions qui concernent la crédibilité du témoin. Et nous ne pensons pas que ce type de questions devraient être posées, que ce soit un domaine qui doit être abordé par les représentants des victimes. Et il n'est pas clair, dans la mesure où on nous parle de catégories et non pas de question précise, on ne comprend pas quelle est... la justification entre les questions et son objet et puis, les intérêts d'une classe de victimes particulières ou les victimes en général. La Défense sera également handicapée - peut-être pas beaucoup aujourd'hui mais peut-être plus tard - si ce ne sont pas des questions précises qui nous sont soumises. Parce qu'il pourrait y avoir des questions subsidiaires, comment dire... qui pourraient surprendre une des parties ou pourrait amener la Cour à aborder un domaine qui était inattendu. Et pour cette raison, ... nous souhaitons qu'il y ait un équilibre qui soit trouvé dans l'intérêt de l'accusé, ce qui est difficile à faire, mais nous pensons que nous avons le droit de demander que des questions précises nous

soient soumises et que les juges puissent décider s'il est adéquat ou non qu'elles soient posées. Je vous remercie, Monsieur le Président. »[473]

Après avoir écouté ces développements, la chambre s'est ainsi prononcée : « M. LE JUGE PRÉSIDENT COTTE : C'est la Cour qui vous remercie Maître Hooper, car votre intervention contribue elle aussi, après d'autres interventions, à une bonne mise en route de nos débats sur le fond et une clarification en commun des règles qui ont été donc édictées le 20 novembre dernier. Comme je l'ai indiqué tout à l'heure au nom de la Chambre ; mais il est donc bon de le répéter une nouvelle fois, il est bien clair - nous l'avions écrit -, je l'ai dit, que les représentants légaux des victimes ne sont en aucun cas des supplétifs du Procureur ; ils ne sont pas des procureurs *bis*. Comme je l'ai indiqué tout à l'heure également, ils ne sont pas - pour reprendre une comparaison propre aux courses cyclistes - la voiture balai qui va rassembler toutes les questions qui n'auraient pas été posées pour les faire poser à la fin des interrogatoires et des contre-interrogatoires. Ce rôle, s'il doit être joué par quelqu'un, sera joué par la Chambre. Vous avez raison, mais nous nous mettons en route en commun, il sera préférable et même indispensable à l'avenir que les questions que les représentants légaux des victimes envisagent de poser soient des questions formulées. Je crois que nous y trouverons tous notre compte ; tout était peut-être un peu rapide aujourd'hui. Le délai de sept jours auquel vous faites allusion, vous l'avez vous-même indiqué Maître Hooper, il nous faut être flexibles dans la mise en œuvre de ces règles. Et nous avons consacré d'ailleurs dans la directive du 20 novembre des développements qui sont consacrés aux questions imprévues que pourraient poser les représentants légaux. Il leur est difficile de se manifester trop tôt, car il faudra souvent attendre la fin du témoignage pour savoir s'il n'est pas répondu à des questions qu'ils avaient préalablement en tête. Et je pense que la relative rapidité avec laquelle ils nous informeront sera compensée par la précision de la question qu'ils entendront poser. Et c'est vraisemblablement ainsi que pourra s'effectuer la recherche de l'équilibre que vous avez rappelée et que nous avions indiquée dans notre décision du 20 novembre, présence des victimes, oui ; possibilité d'interventions, oui ; mais à la condition que cela ne préjudicie pas la Défense. Ce qui veut dire que l'unique objectif poursuivi est un objectif - comme je l'ai indiqué tout à l'heure - de clarification complémentaire pour le plus grand bien de tous, c'est-à-dire pour la meilleure compréhension de nous tous qui sommes ici pour juger le mieux possible M. Katanga et M. Ngudjolo. Donc, la référence à l'apparence que vous avez faite tout à l'heure est importante et nous l'intégrons bien dans nos préoccupations. En ce qui concerne à présent les points qui ont été donc communiqués pendant la suspension d'audience, il est vrai qu'ils sont sans doute trop thématiques ; je n'y reviens pas les questions seront à l'avenir plus précises. La Chambre indique toutefois que… certains des thèmes qui sont abordés, même s'ils ne sont pas formalisés de manière suffisamment précise en questions, rejoignent précisément des préoccupations qu'avait la Chambre qui aurait souhaité obtenir ces précisions. Si ces précisions ne sont pas données au cours de votre propre interrogatoire…

[473] Transcription ICC-01/04-01/07-T-87-Red-FRA WT 30-11-2009, de la p. 36, L16 à la p. 39, L14.

contre-interrogatoire, la Chambre se réservera la possibilité de les demander et reprendra donc à son compte certaines des questions qu'il était envisagé de poser aujourd'hui. Elle pense qu'il sera toutefois bon que l'une de ces questions soit posée dès aujourd'hui pour que nous puissions mieux comprendre le cadre dans lequel se sont déroulés les événements du 24 février 2003. Et c'est moi qui la poserais tout à l'heure au témoin, mais reformalisée donc en question ; ce qui donnera par [là-même] satisfaction au représentant légal des victimes. La Cour vous suit Maître Hooper sur la réaction que vous avez à l'égard du quatrième thème. Nous sommes d'accord avec vous, c'est une question qui, dans la bouche d'un représentant légal des victimes, nous apparaît un peu - si je puis m'exprimer ainsi - limite ; obtenir des précisions sur la distance ou l'emplacement où s'est caché le témoin et le camp de l'UPC. La Cour a considéré que, peut-être, au cours de l'un des deux contre-interrogatoires cette précision sera demandée au témoin et elle va donc différer toute question sur ce point jusqu'à la fin de vos propres contre-interrogatoires mais s'il s'avérait que vous ne demandez pas cette précision, elle la demandera car elle lui apparaît importante. Donc, elle ne sera pas posée tout de suite. Vous voyez, Messieurs les représentants légaux des victimes, qu'il ne s'agit pas de vous écarter, il s'agit de chercher ensemble quelle doit être votre juste place dans ces formulations de questions. Voilà. Je me suis peut-être expliqué un peu trop longuement mais je pense qu'il était important que nous posions bien les bases de notre travail commun. »[474]

De cette décision orale, il faut donc retenir trois leçons essentielles. La première, c'est que les représentants légaux des victimes ont le droit de participer pleinement au procès en sollicitant l'autorisation de poser des questions qu'ils estiment utiles à l'élucidation de l'affaire. Pour autant, ils ne sont pas et ne doivent pas jouer le rôle de procureurs bis. La deuxième, c'est qu'en ce qui concerne les questions imprévues, il convient d'appliquer avec souplesse l'exigence du délai de préavis qui, normalement, leur est imposé pour éviter que ne soient prises par surprises les autres parties, particulièrement la défense. La troisième, c'est que la chambre a le pouvoir de prendre à son compte et de poser au témoin toute question qui lui semble utile à la manifestation de la vérité ou simplement à l'éclaircissement de certains points pertinents.

Qu'elles soient prévues à l'avance ou improvisées en fonction de la dynamique du procès, les questions des représentants légaux des victimes doivent avoir une portée précise et être formulées selon les modalités bien déterminées.

[474] Transcription ICC-01/04-01/07-T-87-Red-FRA WT 30-11-2009, de la p. 39, L15 à la p. 42, L4.

Section 2 - Règles gouvernant toutes les questions des représentants légaux des victimes

Certaines de ces règles sont contenues dans le paragraphe 90 des instructions 1665 qui fixe, comme suit, la portée des questions des représentants légaux des victimes : « En principe, les représentants légaux des victimes devraient s'en tenir à des questions tendant à clarifier ou compléter des éléments de preuve déjà apportés par le témoin.[475] Cela étant, les représentants légaux des victimes peuvent être autorisés à poser des questions de fait allant au-delà des points abordés au cours de l'interrogatoire principal, sous réserve des conditions suivantes :
a) Les questions ne doivent pas reprendre ou répéter ce qui a déjà été demandé par les parties.
b) Les questions doivent se limiter aux points faisant l'objet d'un litige entre les parties, sauf si le représentant légal des victimes peut démontrer qu'elles se rapportent directement aux intérêts des victimes représentées.
c) En principe, les représentants légaux des victimes ne seront pas autorisés à poser au témoin des questions concernant sa crédibilité et/ou l'exactitude de sa déposition, sauf s'ils peuvent démontrer qu'il a fourni des éléments de preuve allant directement à l'encontre des intérêts des victimes représentées.
d) À moins que la Chambre ne les y autorise spécifiquement en vertu de la norme 56 du Règlement de la Cour[476], les représentants légaux des victimes n'ont pas le droit de poser des questions se rapportant à d'éventuelles réparations au bénéfice de certains individus ou groupes d'individus. »

De cette disposition se dégagent les règles ci-après explicitées.

Paragraphe I : Obligation du respect du cadre thématique de la déposition du témoin

En principe, les questions des représentants légaux, qui ne sont pas des procureurs bis, doivent avoir comme objectif de clarifier ou compléter des éléments de preuve déjà versés par le témoin. Elles doivent donc rester dans le cadre thématique fixé par la partie citante pour la déposition de ce témoin. Sauf autorisation exceptionnelle de la chambre, qui est mue par la recherche

---

[475] Dans la NBP 37, ces instructions 1665 citent la décision de la Chambre de 1ère instance I du 16 septembre 2009, rendue dans l'affaire *Le Procureur c. Thomas Lubanga*, Décision relative au mode d'interrogatoire des témoins par les représentants légaux des victimes, ICC-01/04-01/06-2127-tFRA, § 26.

[476] Norme 56 du RC : Eléments de preuve présentés en vertu de l'article 75 : « La Chambre de première instance peut entendre les témoins et examiner les éléments de preuve concernant une décision sur la réparation, conformément au paragraphe 2 de l'article 75, dans le même cadre que le procès. »

de la vérité, les questions posées par les représentants légaux des victimes ne doivent pas aller au-delà des points abordés par la partie citante au cours de son interrogatoire principal. Elles ne doivent pas contenir de nouvelles allégations contre l'accusé. La décision ICC-01/09-01/11-460 souligne cette prescription en ces termes : « ... In order to guarantee the accused's right to a fair and expeditious trial, questions put by the OPCV, on behalf of the Common Legal Representative, shall be limited to issues relevant to the victims' interests... *It must be stressed in this context that the Common Legal Representative may not formulate any new allegations against the accused.* »[477]

Le président de la chambre de première instance II a bien rappelé cette règle lors de la déposition du témoin expert de l'accusation, P-418. L'expertise médico-légale réalisée par celui-ci devait se limiter à l'examen de trois témoins victimes de blessures corporelles à l'épaule, à la jambe et au genou. Durant l'interrogatoire principal, le procureur et son témoin expert se sont limités à ce cadre thématique. Intervenant après cet interrogatoire, le représentant légal des victimes enfants soldats a voulu aller au-delà pour poser des questions sur l'existence des traces de balles, en arguant qu'en plus de sa qualité de médecin, P-418 était aussi détenteur d'un diplôme universitaire de balistique lésionnelle. Cet argument n'a pas convaincu la chambre, comme cela ressort de cet extrait édifiant :

« M. DUTERTRE : Je n'ai plus de questions, Monsieur le Président.

M. LE JUGE PRÉSIDENT COTTE : Vous avez achevé votre interrogatoire principal. Merci beaucoup. Les représentants légaux des victimes ne se sont pas manifestés jusqu'à présent, mais ont-ils éventuellement des questions à poser à ce témoin, puisqu'il est devant eux ?

Me GILISSEN : Oui, Monsieur le Président, je vous remercie beaucoup. C'est une question un peu délicate - et je me réfère donc à l'appréciation de la Chambre -, mais j'ai ici l'ensemble des photos de la chemise verte : la photo des lieux. Je n'ai pas été sans lire au *transcript* que le témoin dispose d'un diplôme universitaire de balistique lésionnelle. Alors, vu l'état des lieux et manifestement l'état des murs, notamment, Monsieur le Président, j'aurais souhaité avoir une information ou une confirmation de ce qui, personnellement, me saute aux yeux - mais je ne suis pas expert en balistique : est-ce qu'effectivement certaines des traces que l'on trouve dans ces murs sont constituées - je ne sais pas si je dois dire... de trous de balles ou de trous de munitions. Voilà la question que je souhaite poser, Monsieur le Président.

---

[477] Décision Ruto-Sang ICC-01/09-01/11-460, § 75 : « ... Afin de garantir le droit de l'accusé à un procès équitable et rapide, les questions posées par le BCPV, au nom du représentant légal commun, doivent être limitées à des questions pertinentes relatives aux intérêts des victimes... *Il faut souligner dans ce contexte que le représentant légal commun ne peut pas formuler de nouvelles allégations contre l'accusé.* »

Me O'SHEA... : Excusez-moi de dire cela, Maître Gilissen, mais je formule une objection par rapport à cette question. Ce que nous savions, c'est que ce témoin devait parler d'affaire médicale par rapport à trois témoins. Je n'ai pas de problème par rapport au fait que les photos et la vidéo soient versées au dossier en tant qu'éléments de preuve, puisqu'il s'agit simplement de photos et de vidéo. Et comme l'a expliqué le témoin, c'est lui qui a pris cette photo et cette vidéo. La mission dont il est question a été l'objet de différends entre les parties, et la Chambre a estimé qu'il était approprié de ne pas accepter l'admission du rapport de balistique et des autres rapports. Ce monsieur n'est pas la personne qui a préparé les rapports de balistique. Et lorsque j'ai dit, au début de cette procédure, que j'acceptais qu'il était un expert, je voulais dire que j'acceptais qu'il était médecin. Et je suis prêt aujourd'hui à faire un contre-interrogatoire vis-à-vis d'un médecin et non pas vis-à-vis d'un expert en balistique, par rapport à l'état des murs. Donc, ... je formule une objection par rapport à cette interrogation, à la fois... par rapport à ce qu'il nous a été dit auparavant. C'est aussi par rapport à ce qu'il est approprié de poser comme questions à ce témoin précis, par rapport donc au développement de l'affaire. Je souhaiterais également ajouter que ça n'a pas été ce qui a été choisi comme ligne... d'interrogatoire par l'Accusation. L'Accusation a été extrêmement équitable et a pris beaucoup de soins dans la façon dont elle a présenté ces éléments de preuve. Et je félicite mon collègue pour la façon extrêmement prudente avec laquelle il a introduit ces photographies : il l'a fait avec, vraiment, le niveau de... le souci d'éthique le plus élevé qu'on ait vu jusqu'à présent. Donc, ce n'est pas au représentant légal des victimes d'aller au-delà de ce qui a été couvert par mon honorable collègue de l'Accusation, ainsi que la Chambre l'a déjà dit très précisément dans une décision par rapport à la fonction des représentants légaux des victimes : ils ne sont pas ici en tant qu'accusateur *bis*. Et si cela n'entre pas dans le périmètre qui doit être couvert par l'Accusation, eh bien, ça n'est pas non plus du ressort des représentants légaux de couvrir ces questions. C'est ce que je vous propose très respectueusement.

M. LE JUGE PRÉSIDENT COTTE : Merci, Maître O'Shea. La Chambre pense que les représentants légaux des victimes n'ont pas oublié qu'ils n'étaient pas des procureurs *bis*. Simplement, la Chambre réitère ce qu'elle avait déjà indiqué avant cette audience et au début de cette audience : les questions qui peuvent être posées... à ce témoin ne peuvent concerner que les examens médico-légal... médico-légaux - pardon - des blessures subies par trois personnes, ainsi qu'un jeu de photographies que M. le Procureur vient effectivement de faire défiler devant nous. En revanche, tout ce qui relevait d'exhumations, d'examens d'ossements, de balistique, d'examens de taches de sang, n'a pas été admis par la Chambre dans sa décision n° 1515 du 7 octobre 2009. Ce qui fait que le champ d'intervention de notre témoin au cours des débats sur le fond [doit] être bien circonscrit aux questions qui ont été posées par M. le Procureur et dont, à entendre Me O'Shea, il s'est parfaitement bien acquitté. Donc, Maître Gilissen, nous ne poserons pas la question au témoin. Et nous allons peut-être maintenant demander, donc, à l'équipe de défense... de Germain Katanga de commencer son contre-interrogatoire... »[478]

Paragraphe II : Interdiction des questions répétitives

Il convient de rappeler que le représentant légal des victimes participe au procès pour défendre les intérêts de celles-ci et, ce faisant, contribuer à la manifestation de la vérité. Il est participant, et non partie au procès. La tâche d'interroger, à titre principal, un témoin, incombe à celui qui l'a cité à comparaître ; et celle de le contre-interroger, à la partie adverse. Les deux parties au procès sont : l'accusation et la défense.

Cela étant, lorsque le représentant légal des victimes interroge un témoin cité par l'une des parties, il ne doit pas reprendre ou répéter les questions déjà posées par ces dernières. La décision ICC-01/09-01/11-460 l'interdit formellement : « In order to guarantee the accused's right to a fair and expeditious trial, questions put by the OPCV, on behalf of the Common Legal Representative, shall be limited to issues relevant to the victims' interests. *They shall not be repetitive of questions already asked by the calling party.* »[479] De même, les instructions 1665 prescrivent que les questions des représentants légaux des victimes « ne doivent pas reprendre ou répéter ce qui a déjà été demandé par les parties. »[480]

S'ils prennent ce risque, ils s'exposent aux objections de ces dernières et à la censure de la chambre. L'obligation imposée aux représentants légaux des victimes d'envoyer à l'avance, pour appréciation, leurs questions à la chambre, permet à celle-ci d'effectuer un contrôle préalable et de censurer en amont des questions trop générales ou répétitives. C'est ce qui s'est produit, par exemple, lors de la déposition du témoin du procureur P-30 à l'audience du 26 août 2010 de la chambre de première instance II au cours de laquelle le juge président a eu ces mots :

> « M. LE JUGE PRÉSIDENT COTTE : ... Les représentants légaux des victimes, Maître Gilissen, Maître Luvengika, vous nous avez fait parvenir des propositions de questions. Maître Gilissen, nous vous demanderons simplement de donner un caractère moins général aux questions que vous vous proposez de poser au témoin, un caractère moins général sur le plan spatio-temporel. Le témoin exerce une profession, et il n'est évidemment pas question que vos propres questions puissent lui donner le sentiment qu'elles portent sur des espaces trop vastes et sur des périodes de temps... trop larges... Il est important, au contraire, de l'inviter à bien saisir que vos questions portent sur la période relative au conflit dont nous

---

478 CPI, Situation en République démocratique du Congo, *Affaire le Procureur c. Germain Katanga et Mathieu Ngudjolo*, ICC-01/04-01/07, Chambre de 1ère instance II, Transcription de l'audience du 30 mars 2010, ICC-01/04-01/07-T-126-Red-FRA WT, de la p. 58, L21 à la p. 61, L8.

479 Décision Ruto-Sang ICC-01/09-01/11-460, § 75.

480 Instructions 1665, § 90-a).

sommes saisis. Maître Luvengika, vous avez vraisemblablement, avant même que je ne prenne la parole, pu constater que certaines des questions que vous envisagiez de poser -et c'est la difficulté de l'exercice que nous vous demandons- ont déjà reçu des réponses après les questions qu'a posées Mme le Procureur elle-même, ce qui fait que, sous réserve de ce que vous aviez peut-être déjà prévu de faire, la Chambre vous invite à limiter vos questions à la seule question n° 2 de la proposition que vous nous aviez faite dans votre écriture du 17 août. Mais, une nouvelle fois, le simple fait de faire parvenir des propositions avant même que l'audience ait commencé est un exercice dont nous mesurons la difficulté pour vous. Nous vous remercions de vous y livrer avec énormément de simplicité et d'humilité. »[481]

Paragraphe III : Interdiction des questions portant sur la crédibilité des témoins

Conformément au prescrit du paragraphe 90-c des instructions 1665, « en principe, les représentants légaux des victimes ne seront pas autorisés à poser au témoin des questions concernant sa crédibilité et/ou l'exactitude de sa déposition, sauf s'ils peuvent démontrer qu'il a fourni des éléments de preuve allant directement à l'encontre des intérêts des victimes représentées. » Dès lors, si un représentant légal veut s'attaquer à la crédibilité d'un témoin de la défense, il doit présenter une requête à la chambre pour solliciter son autorisation, en application de ce paragraphe 90-c. N'étant pas partie au procès, il n'a, en principe, pas pour mission de contre-interroger un témoin de la défense. Il se limitera à lui poser des questions rentrant dans son mandat et autorisées par la chambre. Comme dit supra, il ne joue pas, le rôle de procureur bis. S'il s'attaque à la crédibilité d'un témoin de la défense, il doit s'attendre à une objection de celle-ci. C'est ce qui est advenu devant la chambre de première instance II lorsque le représentant légal des victimes enfants soldats interrogeait le témoin-accusé GK :

« [Me GILISSEN] Q. Voyez-vous, Monsieur Katanga, ce qui me navre, c'est que n'importe quel individu au monde qui signe un contrat, une convention, quand il ne souhaite pas son application ou quand on lui oppose la convention, qu'on lui dit « Mais vous avez signé », s'il répond : « Mais je ne l'ai pas lu », ça n'a aucune valeur. Donc, c'est ça l'objet de ma question. Même si vous ne l'avez pas lu, vous étiez là en délégation, à trois, avec des personnes que vous avez qualifiées d'« intellectuels » - vendredi, c'est dans le *transcript*, je peux le prendre. Il y a donc quelque chose au-delà de savoir si c'est croyable ou pas croyable, ce n'est pas mon propos, mais il y a un engagement et une reconnaissance de votre part,

---

[481] CPI, Situation en République démocratique du Congo, *Affaire le Procureur c. Germain Katanga et Mathieu Ngudjolo*, ICC-01/04-01/07, Chambre de 1ère instance II, Transcription de l'audience du 26 août 2010, ICC-01/04-01/07-T-178-Red-FRA WT, p. 40, L3 à 23.

fut-ce maladroite. Et je relisais le *transcript* de vendredi, et je ne trouve pas de réponse à cela. Vous nous avez d'abord dit : « J'ai été obligé ». Vous nous avez ensuite dit : « J'ai été surpris ». Quelle est la version, cela dit *(phon.)* ? Quelle est la version définitive ?
Me O'SHEA… : Pardon, Monsieur le Président, c'est en train de devenir un contre-interrogatoire ; je le crains. J'ai attendu patiemment pour voir quel était le sens de ces questions. Mais je me suis rendu compte, il y a cinq questions déjà, que c'est un contre-interrogatoire. C'est effectivement le cas. Si mon confrère souhaite entamer la crédibilité de M. Katanga, il devrait d'abord présenter une requête à la Chambre et justifier sa position, pour expliquer pourquoi il devrait avoir l'autorisation d'agir de la sorte. C'est ce que prévoit la décision de la Chambre en son paragraphe 90-c - décision 1665.
M. LE JUGE PRÉSIDENT COTTE : Bien. Maître Gilissen, vous venez d'entendre les propos que j'ai tenus et qui manifestent le souhait de cette Chambre de voir les représentants légaux occuper leur place, toute leur place et, selon la formule consacrée, rien que leur place. Et effectivement, il faut se garder, à cet instant précis, de donner ne serait-ce que l'apparence de conduire une sorte de contre-interrogatoire *bis* ou de se transformer, même sans le vouloir - mais, une nouvelle fois, l'apparence compte ici aussi - , en Procureur *bis,* ce qui est, je le sais, nous le savons, l'objectif que vous souhaitez surtout éviter. Donc, il n'y a pas de terrorisme intellectuel dans cette salle d'audience. Le simple fait de se lever ne va pas vous couper immédiatement la parole, mais soyez quand même très attentif au fait que, depuis quelques instants, la Défense de Germain Katanga est aux aguets. Et je pense qu'il est très important pour vous de recentrer vos questions, de les cantonner et de faire en sorte, comme vous le souhaitez vous-même, que votre interrogatoire, entre guillemets, puisse se dérouler sans trop d'interruptions ; sinon, il perdra pour vous, pour nous et pour tous ceux qui nous écoutent, tout intérêt, car il sera trop haché. Vous avez la parole. »[482]

D'autres règles sont rappelées dans le paragraphe 91 des instructions 1665 qui fixe ainsi les modalités de formulation des questions : « Les représentants légaux des victimes mènent leur interrogatoire de manière neutre et évitent les questions directives ou fermées, à moins que la Chambre ne les autorise spécifiquement à s'écarter de cette règle.[483] Si le représentant légal des victimes est autorisé à contester la crédibilité du témoin et/ou l'exactitude de sa déposition, il lui sera permis de poser des questions directives et fermées, ainsi que des questions contestant la fiabilité du

---

[482] CPI, Situation en République démocratique du Congo, *Affaire le Procureur c. Germain Katanga et Mathieu Ngudjolo*, ICC-01/04-01/07, Chambre de 1ère instance II, Transcription de l'audience du 18 octobre 2011, ICC-01/04-01/07-T-324-FRA CT WT, de la p.11, L7 à la p.12, L16.
[483] Dans la NBP 38, les instructions 1665 citent les §§ 28 à 30 de la décision ICC-01/04-01/06-2127-tFRA du 16 septembre 2009 de la Chambre de 1ère instance I rendue dans l'affaire Thomas Lubanga.

témoin, sous réserve des limites établies pour le contre-interrogatoire.[484] » De cette disposition se dégage donc cette règle :

Paragraphe IV : Interdiction des questions directives ou fermées

En effet, les questions d'un représentant légal des victimes doivent être neutres, non directives, non fermées, sauf si, de façon exceptionnelle et pour le bien de la manifestation de la vérité, les juges l'autorisent à poser des questions directives ou orientées, notamment pour contester la crédibilité du témoin déposant ou la véracité de ses propos.[485] Les parties se tiennent aux aguets pour dénoncer toute question suggestive, à l'exemple de ce qui s'est produit le 25 février 2010 devant la chambre de première instance II, lors de l'interrogatoire du témoin du procureur P-268 par le représentant légal des victimes enfants soldats :

> « [Me GILISSEN] Q. Hier, vous nous avez décrit les scènes où vous avez vu des enfants soldats et vous nous avez dit que ceux-ci étaient porteurs de flèches, de lances - je puis situer les lignes au besoin, mais je pense que nous sommes tous d'accord -, et je voulais simplement vous demander si, à la réflexion, vous avez vu un de ces enfants soldats avec une arme à feu ?
> Pr FOFÉ : Pardon.
> M. LE JUGE PRÉSIDENT COTTE : Professeur Fofé, je vous en prie.
> Pr FOFÉ : Je pense que nous sommes là devant une question suggestive.
> M. LE JUGE PRÉSIDENT COTTE : Alors, la question mérite d'être posée sous la forme : « Avez-vous vu certains de ces enfants avec d'autres types d'armes ? » - peut-être. Mais je vous laisse le soin de la reformuler, ça n'est pas à moi de la formuler à cet instant. J'aurais pu la reprendre, mais je préfère que vous acheviez… votre question vous-même.
> Me GILISSEN : Q. Monsieur le témoin, donc, la question est la suivante, c'est : avez-vous vu un de ces enfants soldats avec un autre type d'armes que les armes blanches, flèches ou lances dont vous nous avez parlé ?
> LE TÉMOIN P-0268… : R. Ce sont les responsables qui avaient d'autres types d'armes. Je n'ai pas vu les enfants porter d'autres types d'armes. »[486]

On ne peut clore ces développements sans rappeler que les représentants légaux ont également le droit de citer des témoins, avec l'autorisation des juges. C'est ainsi que, par exemple, dans le procès Bogoro, le représentant

---

[484] En NBP 39, la Chambre renvoie au point suivant des instructions 1665 : IV. B. 3. b Autorisation de poser des questions provocatrices.

[485] Voir notamment, décision Lubanga ICC-01/04-01/06-2127, § 29 ; instructions 1665, § 91; décision Katanga-Ngudjolo ICC-01/04-01/07-1788, § 78 ; décision Ruto-Sang ICC-01/09-01/11-460, § 76.

[486] CPI, Situation en République démocratique du Congo, *Affaire le Procureur c. Germain Katanga et Mathieu Ngudjolo*, ICC-01/04-01/07, Chambre de 1ère instance II, Transcription de l'audience du 25 février 2010, ICC-01/04-01/07-T-108-Red-FRA WT, de la p. 24, L13 à la p. 25, L7.

légal commun du groupe principal des victimes avait, avec l'accord de la chambre, cité à comparaître deux témoins-victimes portant les pseudonymes DRC-V19-P-0002-a/0191/08 et DRC-V19-P-0004-a/0018/09. Ils ont déposé du 21 au 25 février 2011, après que l'accusation ait terminé la présentation des siens.[487] Ayant cité ces deux témoins-victimes, c'est bien ce représentant légal qui les a questionnés le premier, en interrogatoire principal, en respectant, évidemment, les règles régissant tout interrogatoire et celles gouvernant spécifiquement l'interrogatoire principal. C'est dire donc que le représentant légal des victimes participe activement à l'administration de la preuve devant la CPI, aussi bien testimoniale que documentaire.

[487] Le premier témoin de l'affaire avait été cité par la chambre elle-même. Il s'agit du témoin CHM-1 qui a déposé le 25 novembre 2009. Puis ont comparu les témoins de l'accusation qui se sont succédés du 26 novembre 2009 au 8 décembre 2010.

DEUXIÈME PARTIE

RÈGLES GOUVERNANT LA PRÉSENTATION DE LA PREUVE DOCUMENTAIRE

La preuve documentaire peut revêtir plusieurs formes. Il peut s'agir :

- d'un écrit : manuscrit, coupure des journaux, extraits d'ouvrages, extraits d'une thèse de doctorat, articles de revue, texte de loi, extraits des jugements, extraits des rapports d'ONG, extraits des rapports de l'ONU, cartes géographiques etc. ;
- de photographies ;
- d'extraits de films vidéo ;
- des enregistrements audio etc.

« En principe, chaque élément de preuve documentaire est présenté à l'audience par la partie souhaitant le verser aux débats. La partie adverse a la possibilité de faire des observations à son sujet. » C'est ce que prescrivent les instructions 1665 en leur paragraphe 95. S'il s'agit de documents longs, la partie qui les soumet « doit clairement identifier les passages qu'elle souhaite verser aux débats. »[488] En pratique, deux voies lui sont ouvertes : la *« Bar table motion »* (chapitre 1er) ou le truchement d'un témoin (chapitre 2).

[488] Paragraphe 96 des instructions 1665.

CHAPITRE PREMIER

VERSEMENT DE LA PREUVE DOCUMENTAIRE PAR *BAR TABLE MOTION (BTM)*

Sans s'y attarder, il convient d'expliquer brièvement ce qu'on entend par *Bar Table Motion* (section 1ère) avant d'en donner une illustration pratique instructive vécue dans le cadre du procès Bogoro (section 2).

Section 1ère - Approche explicative

Bar Table Motion est une procédure qui permet à une partie de verser directement aux débats certaines pièces sans passer par un témoin. Il peut s'agir de toute preuve documentaire autre que la transcription écrite d'un témoignage. Cette procédure trouve son fondement dans la nécessité de faire l'économie du temps judiciaire et des moyens financiers en évitant « d'avoir à citer un grand nombre de témoins aux seules fins de présenter des documents. »[489] Elle peut être considérée comme rentrant dans le cadre d'accords en matière de preuve prévus par la règle 69 du RPP qui, rappelons-le, dispose que « le procureur et la défense peuvent convenir que des faits invoqués dans les charges, la teneur d'un document, le témoignage attendu d'un témoin ou d'autres éléments de preuve ne sont pas contestés ; les chambres peuvent alors considérer les faits allégués comme établis, à moins qu'elles n'estiment qu'ils doivent être exposés de façon plus complète dans l'intérêt de la justice et, en particulier, dans l'intérêt des victimes. » Elle est précisément « particulièrement indiquée pour la présentation de preuves documentaires relatives à des points qui, tout en étant à prouver, sont relativement peu litigieux. »[490]

Une partie qui adopte cette procédure dresse une liste des documents qu'elle entend faire admettre au dossier, généralement sous forme de tableau reprenant : l'intitulé de la pièce, son auteur, sa source, sa date d'établissement ou d'élaboration, une succincte description de son contenu, sa pertinence et sa valeur probante au regard de l'espèce soumise aux juges, les passages pertinents sur lesquels elle entend s'appuyer pour soutenir sa théorie etc. Elle adresse aux autres parties ce tableau, en leur demandant d'indiquer sur une colonne à ce destinée, si elles sont d'accord avec les contenus de ces documents et si elles acceptent ou pas qu'ils soient admis au dossier comme éléments de preuve en motivant leur position. Elle s'assure

[489] Instructions 1665, § 98.
[490] *Idem*, § 99.

que celles-ci disposent de suffisamment de temps pour formuler leurs observations et peut leur demander de se prononcer dans un délai raisonnable.[491]

Cette procédure est susceptible de générer une charge considérable, si les documents proposés sont volumineux. Chaque partie doit, en effet, pour émettre son opinion en pleine connaissance de leurs contenus, examiner minutieusement chacun d'entre eux, jusqu'aux notes de bas de pages, pour éplucher tout ce qui peut lui causer préjudice, porter atteinte à l'équité du procès, entraîner son élongation injustifiée, mais aussi ce qui peut lui être favorable. C'est en mettant en balance les points positifs et négatifs de chaque pièce que chacun des protagonistes se détermine à son égard. Les raisons invoquées par les autres parties pour rejeter certains documents proposés peuvent être multiples et variées à point tel qu'il s'avère difficile de toutes les inventorier. Parmi elles figurent, notamment :

1°- le manque de fiabilité de la source ;

2°- le manque de pertinence au regard de la cause ;

3°- les insuffisances au niveau de la méthode suivie pour réaliser une enquête ou dresser un rapport ;

4°- les incertitudes quant à son authenticité ;

5°- le manque d'informations quant à sa chaîne de transmission etc.

Si les différentes parties tombent d'accord sur la pertinence et la fiabilité de ces documents ou certains d'entre eux, la partie qui a pris l'initiative de cette *BTM* saisit la chambre d'une requête lui demandant d'admettre ces documents comme éléments de preuve. Elle peut introduire cette demande même en cas de désaccord des parties adverses.

La chambre rend sa décision en prenant en compte les différents points de vue exprimés. Il peut arriver qu'en dépit de l'opposition de l'une ou l'autre protagoniste, elle accède à cette requête et admette le versement au dossier de ces documents ou de certains d'entre eux, si elle les juge pertinents pour l'élucidation de la cause, et estime suffisante leur valeur probante. En effet, à ce stade, il s'agit simplement de l'admissibilité de ces documents comme éléments de preuve possibles. Les juges ne se prononceront sur leur poids probant qu'à la fin du procès, lorsqu'ils évalueront l'ensemble des preuves à charge et à décharge présentes au dossier. « Afin de décider si elle autorise la présentation directe par les parties de preuves documentaires, la chambre tiendra notamment compte des considérations suivantes :

a. La nature et l'origine de l'élément de preuve documentaire.

b. La pertinence des informations contenues dans le document au regard des points litigieux en l'espèce.

c. Le contenu du document est-il facilement compréhensible ou appelle-t-il précision ou interprétation ?

[491] Affaire Katanga-Ngudjolo, Instructions 1665, §§ 101 et 102 ; Affaire Ruto-Sang, Décision ICC-01/09-01/11-847-Corr, § 27.

d. Dans le cas où les informations concernent exclusivement le contexte historique et/ou les éléments contextuels de l'affaire, la nature et la précision des informations contenues dans le document, ainsi que le caractère unique de la preuve ou la possibilité de se fier à d'autres sources d'information sur la même question.
e. La raison à l'origine de la création du document et le destinataire dudit document. Par exemple, le document a-t-il été produit dans le cadre d'une procédure judiciaire ou est-il de nature purement privée ?
f. Est-il possible, à partir du document lui-même, de déterminer ses sources et de facilement vérifier celles-ci ?
g. Est-il possible de déterminer la méthode utilisée pour recueillir et traiter les informations contenues dans le document ?
h. Y a-t-il un quelconque doute quant à l'authenticité du document ? »[492]

Section 2 - Illustration pratique

Dans le cadre de l'instruction juridictionnelle de l'affaire Bogoro, la chambre a rendu plusieurs décisions sur requêtes des parties aux fins d'admission des pièces qu'elles entendaient verser directement au dossier. Il s'agit notamment des décisions écrites ICC-01/04-01/07-2633-Conf du 16 décembre 2010 ; ICC-01/04-01/07-2635 du 17 décembre 2010 ; ICC-01/04-01/07-2681 du 3 février 2011 ; ICC-01/04-01/07-3184 du 21 octobre 2011 ; et de la décision orale du 8 novembre 2011.[493]

De toutes ces décisions, celle référencée ICC-01/04-01/07-2635 du 17 décembre 2010 s'avère la plus importante, car elle explique les principes retenus par les juges pour arrêter leur conviction d'admettre ou de rejeter les documents proposés au versement au dossier. Aussi, l'analyse de cette décision suffit-elle à illustrer cette procédure de *BTM*, puisqu'elle permet précisément de voir comment est introduite et débattue la demande (paragraphe I) et quelles sont les règles qui guident les juges à admettre ou rejeter certains documents (paragraphe II).

---

[492] Instructions 1665, § 100.

[493] CPI, Situation en République démocratique du Congo, *Affaire le Procureur c. Germain Katanga et Mathieu Ngudjolo*, ICC-01/04-01/07, Chambre de 1ère instance II, Transcription de l'audience du 8 novembre 2011, ICC-01/04-01/07-T-330-Red-FRA CT WT, pp 2-10.

Paragraphe I : Formulation de la demande et débats subséquents

Tout est parti de la requête du procureur du 16 juillet 2010, par laquelle il demandait à la chambre, sur le fondement de l'article 64-9 du Statut,[494] d'admettre cent douze pièces en tant qu'éléments de preuve sans qu'elles soient présentées par un témoin ou par l'entremise d'un témoin.[495] Cette requête a suscité la réaction des deux équipes de défense le 30 août de la même année. La défense de Germain Katanga n'a fait aucune objection à l'admission de 35 pièces sur les 112 proposées ;[496] tandis que celle de Mathieu Ngudjolo s'est opposée à l'admission de toutes ces pièces sauf deux.[497]

Le 8 décembre 2010, le procureur a déposé une seconde requête dans laquelle il demandait à la chambre d'admettre cinq autres documents en tant qu'éléments de preuve sans qu'ils soient présentés par un témoin ou par l'entremise d'un témoin.[498] Pour justifier ses demandes, le procureur arguait que les dépositions faites par plusieurs témoins devant la chambre corroboraient certains des faits rapportés dans les pièces qu'il proposait à l'admission et que ces éléments des dépositions attestaient de la fiabilité et de la valeur probante de ces pièces visées par ses deux requêtes.[499]

---

[494] Cet article dispose : « La Chambre de première instance peut notamment, à la requête d'une partie ou d'office : a) Statuer sur la recevabilité ou la pertinence des preuves ; et b) Prendre toute mesure nécessaire pour assurer l'ordre à l'audience. »

[495] CPI, Situation en République démocratique du Congo, *Affaire le Procureur c. Germain Katanga et Mathieu Ngudjolo*, ICC-01/04-01/07, Chambre de 1ère instance II, OTP, *Prosecution's Submission of Material as Evidence from the Bar Table Pursuant to Article 64(9) of the Statute*, ICC-01/04-01/07-2290, 16 juillet 2010.

[496] *Katanga Defence Response to Prosecution Bar Table Motion*, ICC-01/04-01/07-2348, 30 August 2010.

[497] Observations de la Défense de Mathieu Ngudjolo sur l'écriture du Procureur référencée ICC-01/04-01/07-2290 et intitulée « *Prosecution's Submission of Material as Evidence from the Bar Table Pursuant to Article 64(9) of the Statute* », ICC-01/04-01/07-2347-Conf, 30 août 2010.

[498] *Prosecution's Second Submission of Material as Evidence from the Bar Table Pursuant to Article 64(9) of the Statute*, ICC-01/04-01/07-2623-Conf, 8 décembre 2010. Il convient de signaler que la seconde requête du procureur et les réponses des équipes de la défense étaient confidentielles, mais elles ont été visées dans la décision de la chambre de 1ère instance II que nous analysons et qui, elle, est publique. Il s'agit de la « Décision relative aux requêtes du Procureur aux fins d'admission de pièces qu'il entend verser directement aux débats », ICC-01/04-01/07-2635, 17 décembre 2010 ; la version française ICC-01/04-01/07-2635-tFRA date du 12 janvier 2011 (ci-après « Décision ICC-01/04-01/07-2635-tFRA ») .

[499] ICC-01/04-01/07-2623-Conf § 11, cité par la Décision ICC-01/04-01/07-2635-tFRA, § 5, NBP 15.

A la seconde soumission de l'accusation, les deux défenses ont répondu le 13 décembre 2010[500] en faisant expressément référence aux arguments qu'elles avaient développés en réponse à la première[501] et en précisant qu'elles ne faisaient aucune objection au versement de la pièce DRC-OTP-0086-0036 alors qu'elles s'opposaient à l'admission des quatre autres documents. Il appartenait donc à la chambre saisie de trancher les débats en mettant en œuvre certaines règles qu'il importe d'examiner.

Paragraphe II : Règles guidant la décision des juges

De l'analyse effectuée, il ressort que tous les termes de la décision prise par la chambre reposent sur des règles spécifiques et pertinentes qui en constituent le fondement et que nous allons essayer d'inventorier et d'expliquer.

A- Première règle : Intangibilité du pouvoir d'appréciation de la chambre

En effet, même si les parties se mettent d'accord sur le versement d'une pièce directement au débat, la chambre conserve tout son pouvoir d'appréciation et peut rejeter cette pièce si elle estime qu'elle n'est pas pertinente pour l'élucidation de l'affaire ou que son authenticité n'est pas établie. Cependant, bien que la chambre ne soit pas tenue d'accepter des pièces à conviction qui ne font l'objet d'aucune opposition, elle ne refusera pareilles pièces que si des raisons impératives l'imposent.[502] Elle n'agit donc pas arbitrairement. Aussi, en l'espèce, a-t-elle pris en compte le fait que le versement direct aux débats des trois documents ci-dessous ne soulevait aucune objection. Il s'agit :

[500] Observations de la Défense de Mathieu Ngudjolo sur l'écriture du Procureur référencée ICC-01/04-01/07-2623-Conf du 8 décembre 2010 intitulée « *Prosecution's Second Submission of Material as Evidence from the Bar Table Pursuant to Article 64(9) of the Statute* », ICC-01/04-01/07-2625-Conf, 13 décembre 2010 ; Défense de Germain Katanga, « *Defence Response to Prosecution's Second Submission of Material as Evidence from the Bar Table Pursuant to Article 64(9) of the Statute* », ICC-01/04-01/07-2629-Conf, 13 décembre 2010.

[501] ICC-01/04-01/07-2625-Conf, § 27 et ICC-01/04-01/07-2629-Conf, § 11, cités par la Décision ICC-01/04-01/07-2635-tFRA, § 6, NBP 17.

[502] Décision ICC-01/04-01/07-2635-tFRA, § 8.

- de l'arrêt de la Cour internationale de justice rendu le 19 décembre 2005 dans l'Affaire des activités armées sur le territoire de la RDC[503], document référencé DRC-OTP-0180-0656 ;
- du rapport manuscrit, daté du 18 juin 2007, ne portant aucune mention d'auteur, mais signé de la main de Floribert Ndjabu Ngabu, un témoin commun aux deux équipes de la défense, document portant le numéro DRC-OTP-1012-0134 ;
- du décret présidentiel du 11 décembre 2004 portant nomination de Germain Katanga et d'autres personnes au grade de « Général de Brigade », référencé DRC-OTP-0086-0036.
La chambre les a alors acceptés comme pièces à conviction et a ordonné au greffe de leur attribuer des numéros EVD.[504]

B- Deuxième règle : Application rigoureuse des critères de pertinence ou d'admissibilité

Le fait que soit permis, dans le cadre établi par le Statut et le Règlement, de verser directement des documents aux débats sans passer par un témoin, ne justifie pas que des critères de pertinence ou d'admissibilité moins stricts leur soient appliqués. Bien au contraire, la présentation directe d'un élément de preuve, sans l'authentification apportée par un témoin, peut être un facteur essentiel dans l'appréciation de son admissibilité. Autrement dit, cette possibilité justifie plus de rigueur dans l'appréciation de l'admissibilité des pièces proposées. C'est ainsi que chaque élément de preuve doit être soumis à une évaluation individuelle portant sur sa pertinence et sa valeur probante au moment où il est présenté et avant qu'il soit versé au dossier. Comme le dit si bien la chambre de première instance II, « si, au moment où elle présente un élément de preuve, la partie n'est pas en mesure de prouver sa pertinence et sa valeur probante, y compris son authenticité, cet élément ne peut être admis. Il ne suffit pas de prétendre que son contenu peut être corroboré par d'autres éléments de preuve ou que la chambre peut déterminer son juste poids à une date ultérieure. La chambre souhaite rappeler aux parties que la valeur probante et le poids d'un élément de preuve sont deux concepts proches mais distincts. Au regard du paragraphe 4 de l'article 69 du Statut, la valeur probante joue un rôle déterminant dans l'appréciation de l'admissibilité. Il s'ensuit que la chambre doit déterminer la valeur probante d'un élément de preuve avant de l'admettre. La détermination de la valeur probante se fait sur la base d'un certain nombre de considérations touchant aux caractéristiques intrinsèques de l'élément de

[503] CIJ, Affaire des activités armées sur le territoire du Congo, *République démocratique du Congo c. Ouganda,* Arrêt du 19 décembre 2005.
[504] DRC-OTP-0180-0656 = EVD-OTP-00229 ; DRC-OTP-1012-0134 = EVD-OTP-00234 ; DRC-OTP-0086-0036 = EVD-OTP-00242.

preuve en question. Quant au poids d'un élément de preuve, il détermine l'importance relative qui est accordée à celui-ci au moment de déterminer si un point litigieux a été prouvé ou non. Il dépend de la qualité et des caractéristiques intrinsèques de l'élément de preuve, mais aussi du nombre et de la qualité des autres éléments de preuve disponibles sur ce même point. Ainsi, à la différence de la valeur probante, le poids à accorder à l'élément de preuve est apprécié à la fin du procès, lorsque la chambre a examiné tous les éléments de preuve admis en l'espèce. »[505]

Il faut donc retenir que pour qu'un document soit admissible, il doit revêtir une certaine valeur probante. Dès lors, commettrait une erreur, une partie qui solliciterait du siège le versement direct au dossier des documents, sans se préoccuper de leur valeur probante. Car les juges ne peuvent pas accepter que le dossier soit encombré ou inondé des pièces qui ne prouvent rien.

C- Troisième règle : Examen de chaque pièce selon une démarche méthodologique progressive

En effet, la chambre examine chaque document proposé suivant une approche méthodologique constituée d'au moins trois étapes successives : l'évaluation de sa pertinence, l'appréciation de sa valeur probante, et la mise en balance de cette valeur probante avec tout effet préjudiciable qui pourrait résulter de son admission. Cette méthode en trois temps a été mise en œuvre par la chambre de première instance II dans la décision analysée[506], et par la chambre de première instance I dans l'affaire le procureur contre Thomas Lubanga.[507]

---

[505] Décision ICC-01/04-01/07-2635-tFRA, § 13.

[506] Décision ICC-01/04-01/07-2635-tFRA, § 14.

[507] CPI, Situation en République démocratique du Congo, *Affaire le Procureur c. Thomas Lubanga Dyilo,* ICC-01/04-01/06, Chambre de 1ère instance I, Décision relative à l'admissibilité de quatre documents, ICC-01/04-01/06-1399-tFRA, 13 juin 2008, §§ 27 à 32 ; *Decision on the admission of material from the "bar table"*, ICC-01/04-01/06-1981, 24 juin 2009, § 33 ; *Decision on the request by the legal representatives of victims a/0001/06. a/0002/06, a/0003/06, a/0049/06, a/0007/08, a/0149/08, a/0155/07, a/0156/07, a/0404/08, a/0405/08, a/0406/08, a/0407/08, a/0409/08, a/0149/07 and a/0162/07 for admission of the final report of the Panel of Experts on the illegal exploitation of natural resources and other forms of wealth of the Democratic Republic of the Congo as evidence*, ICC-01/04-01/06-2135, 22 septembre 2009, § 21 ; *Redacted Decision on the "Prosecution's Application for Admission of Documents related to Witness 297 Pursuant to Article 64(9)"*, ICC-01/04-01/06-2588-Red, 12 novembre 2010, § 10 ; *Corrigendum of Decision on the "Prosecution's Second Application for Admission of Documents from the Bar Table Pursuant to Article 64(9)"*, ICC-01/04-01/06-2589-Corr, 25 octobre 2010, §27 ; *Redacted Decision on the "Seconde requête de la Défense aux fins de dépôt de*

a) Evaluation de la pertinence du document

Dans cet examen, la chambre jouit d'un pouvoir discrétionnaire d'appréciation, car le Statut et le RPP ne prévoient pas de motif d'exclusion systématique des preuves. Aussi a-t-il été jugé qu'« il ne devrait y avoir aucune raison d'admettre ou d'exclure automatiquement un élément de preuve et les juges doivent plutôt prendre en considération la situation dans sa globalité. »[508]

Comme le prévoient les articles 64-9-a et 69-4 du Statut, la pertinence d'un élément de preuve est une condition légale préalable à son admissibilité. En d'autres termes, un élément de preuve ne peut être admis au dossier que s'il est pertinent. « Il s'agit avant tout d'une condition de logique. Si l'élément de preuve proposé rend plus probable - ou moins probable - l'existence d'un fait litigieux, il est pertinent. La pertinence, ou le défaut de pertinence, dépend entièrement du but dans lequel l'élément de preuve a été produit. »[509] Dès lors, c'est la partie qui sollicite l'admission de la pièce qui doit dire en quoi celle-ci est pertinente pour prouver tel ou tel fait de l'espèce. Si elle faillit dans cette démonstration, les juges peuvent refuser d'admettre ladite pièce. La chambre de première instance II le dit si bien dans la décision étudiée : « À moins que cela ne ressorte immédiatement de l'élément lui-même, il incombe à la partie qui le propose d'expliquer : 1) la pertinence d'une hypothèse factuelle spécifique au regard d'un fait essentiel de l'espèce ; 2) en quoi l'élément de preuve présenté rend cette hypothèse factuelle plus probable ou moins probable. Si, sur ces points, les thèses avancées ne sont pas suffisamment claires ou précises, ou si la Chambre ne peut pas déduire la pertinence exacte d'un élément de preuve avec un degré raisonnable de précision, elle peut décider de rejeter l'élément de preuve pour ce motif. »[510]

On voit ainsi que ce critère de pertinence permet de réaliser deux objectifs :
- il permet de tamiser les pièces pour ne pas inutilement encombrer le dossier de l'affaire, car il constitue la base légale permettant précisément d'exclure du procès les éléments de preuve non pertinents ;

---

documents", ICC-01/04-01/06-2596-Red, 17 novembre 2010, § 25 ; *Corrigendum to Redacted Decision on the defence request for the admission of 422 documents*, ICC-01/04-01/06-2595-Red-Corr, 08 mars 2011, § 39.

[508] CPI, Situation en République démocratique du Congo, *Affaire le Procureur c. Thomas Lubanga Dyilo,* ICC-01/04-01/06, Chambre de 1ère instance I, Décision relative à l'admissibilité de quatre documents, ICC-01/04-01/06-1399-tFRA, 13 juin 2008, §§ 29.

[509] Décision ICC-01/04-01/07-2635-tFRA, § 16.

[510] *Idem*, § 16.

- il permet de clarifier les débats et d'éclairer les juges puisqu'il précise le but dans lequel un élément de preuve déterminé a été admis.

Il faut bien noter que l'objectif précisé pour lequel une pièce a été présentée délimite son champ d'admissibilité, même si cette pièce contient d'autres éléments pouvant nourrir une autre théorie. Voilà pourquoi, il n'est pas de bonne méthode de dédaigner systématiquement les documents proposés par la partie adverse. Il faut plutôt les analyser attentivement pour voir si, en plus d'éléments servant la thèse de celle-ci, ce document ne comporte pas d'autres éléments pouvant appuyer sa propre thèse. Dans l'affirmative, il faut alors faire verser soi-même ces éléments favorables afin qu'ils soient soumis aux débats contradictoires, à l'écrit ou à l'oral, par BTM. La chambre le dit ainsi : « Si une partie a présenté une pièce afin de prouver une thèse particulière, la Chambre, en principe, ne l'admettra que dans ce but, même si la pièce est admise dans son intégralité. Il s'ensuit que si la même pièce peut aussi servir de preuve à l'appui d'une autre thèse que de celle ou celles pour lesquelles elle a été présentée, la Chambre ne tiendra pas compte de cet élément de preuve dans l'examen de cette autre thèse, à moins que les parties n'aient eu la possibilité d'aborder cet aspect de l'élément de preuve. »[511]

Il est bien évident que dans un procès joint, des points de vue peuvent diverger au sujet d'un document. À ce sujet, il a été jugé que « dans une affaire qui concerne plus d'un accusé, le fait qu'un élément de preuve ne soit pertinent qu'eu égard à un seul des accusés et n'ait pas de rapport avec un coaccusé n'est pas un motif pouvant justifier que ce dernier s'y oppose. Les objections qui ne s'appuieraient que sur ce motif seront par conséquent écartées. »[512]

Le fait qu'une pièce ne présente aucune pertinence pour l'élucidation d'un ou des faits de la saisine suffit à motiver son rejet. C'est ainsi que, par exemple, parmi les documents soumis par le procureur dans sa requête du 16 juillet 2010, la chambre, après leur examen minutieux, en a rejeté quelques uns, faute de pertinence.[513]

b) Appréciation de la valeur probante du document

La valeur probante d'une pièce peut être déterminée par deux facteurs : sa fiabilité comme élément de preuve et sa capacité à influer sur l'établissement d'un point ou d'un fait précis de l'affaire.

---

[511] Décision ICC-01/04-01/07-2635-tFRA, § 17.

[512] *Idem*, § 18.

[513] Il s'agit des pièces DRC-OTP-1013-0296 ; DRC-OTP-1018-0171 ; DRC-OTP-1018-0172 ; DRC-OTP-0116-0002 et DRC-OTP-0029-0176. Voir Décision ICC-01/04-01/07-2635-tFRA, § 19.

1°- Fiabilité

Pour déterminer la valeur probante d'un document, les juges prennent en compte sa fiabilité intrinsèque. Si une pièce ne présente pas d'indices suffisants de fiabilité, elle encourt le rejet.[514]

1) L'indice majeur de fiabilité réside dans l'authenticité de la pièce.

En effet, la première question que se pose ordinairement une chambre est celle de savoir si la pièce qui lui est présentée est ou non authentique. « En l'absence d'authentification, rien ne garantit qu'un document est bien ce que la partie qui le propose prétend qu'il est. Il est exclu que la Chambre admette un élément de preuve documentaire non authentifié, car il est, par définition, dépourvu de valeur probante... Verser des éléments de preuve non authentifiés au dossier d'une affaire l'encombrerait de façon injustifiée de pièces qui ne sont pas probantes et *ne servirait nullement la recherche de la vérité.* »[515]

Dès lors, sauf si l'authenticité d'un élément est évidente ou que les protagonistes s'accordent à la reconnaître, il appartient à la partie qui propose le document d'en démontrer l'authenticité en se basant sur des preuves admissibles qui peuvent être directes ou indirectes.[516]

---

514 CPI, Situation en République démocratique du Congo, *Affaire le Procureur c. Thomas Lubanga Dyilo,* ICC-01/04-01/06, Chambre de 1ère instance I, Décision relative à l'admissibilité de quatre documents, ICC-01/04-01/06-1399-tFRA, 13 juin 2008, § 30.

515 Décision ICC-01/04-01/07-2635-tFRA, § 22. Passages relevés en italique par l'auteur.

516 La chambre de première instance II le dit : « ... À moins que l'authenticité d'un élément de preuve n'aille de soi, ou que les parties s'accordent à la reconnaître, il incombe à la partie qui propose la pièce d'en démontrer l'authenticité en s'appuyant sur des preuves admissibles. Celles-ci peuvent être directes ou indirectes, mais elles doivent apporter des motifs raisonnables de croire que la pièce est authentique, ce qui, certes, n'est pas une norme particulièrement stricte, mais fait bel et bien peser la charge de la preuve sur la partie qui produit la pièce. Si aucun élément d'authentification n'est fourni, la preuve documentaire ne sera pas déclarée admissible. Il ne suffit pas d'affirmer que "... les renseignements fournis présentent les indices de fiabilité requis, et [que] chaque document présente une cohérence intrinsèque et a, de prime abord, valeur probante, au vu de l'ensemble des éléments de preuve versés au dossier de l'affaire". On ne peut se contenter de se référer au dossier de l'affaire dans sa globalité, car ce n'est pas à la Chambre de faire ses propres recherches pour découvrir les éléments susceptibles de prouver l'authenticité et la fiabilité du document. » Décision ICC-01/04-01/07-2635-tFRA, § 23. En NBP 28, la chambre fait référence à la requête du procureur du 16 juillet 2010, ICC-01/04-01/07-2290, § 21.

Certains critères sont retenus pour apprécier l'authenticité de certaines catégories de preuves documentaires, en l'occurrence les sources publiques d'information, les documents officiels, les documents privés, les films, les vidéos, les enregistrements sonores et les photographies.

- Lorsqu'une partie produit une *pièce provenant d'une source publique d'information* (bibliothèque publique, internet...), il lui suffit de communiquer à la chambre, aux autres parties et participants des renseignements vérifiables indiquant le lieu où elle peut être consultée ou obtenue. Si, au moment de sa production au procès, cet élément de preuve n'est plus accessible au public, la partie qui le présente doit clairement signaler le lieu ou le lien internet où il l'avait consulté ainsi que la date de son obtention.
- Si la pièce produite est un *document officiel,* qui n'est pas accessible au public par le biais d'une source officielle comme, par exemple, le site web ou une publication officielle d'une organisation, ou d'un ministère, elle doit être certifiée par l'autorité émettrice. Néanmoins, si cette pièce émane d'un représentant ou d'un agent d'une organisation ou organe officiel dont l'identité est connue ; qu'elle porte la signature de son auteur et que l'authenticité de celle-ci n'est pas remise en cause, elle sera présumée authentique. De même, la chambre peut admettre, sans certification préalable, un document public dont l'auteur n'est pas identifié, mais dont l'origine ressort clairement du document lui-même, à partir, notamment, du logo ou de l'en-tête du papier utilisé, sauf si l'une des parties en conteste formellement l'authenticité. Dans cette dernière hypothèse, la partie qui présente la pièce doit fournir la preuve de son authenticité en produisant une attestation ou une déclaration écrite sous serment établie par son auteur ou par un représentant identifié de l'organisation émettrice.
- S'agissant des *documents privés*, leur authenticité doit être attestée par des preuves indépendantes, si celle-ci dépend du lien desdits documents avec une tierce personne ou une tierce organisation. Ces preuves doivent établir notamment l'identité de leur auteur, sa date de création et son intégrité.
- En ce qui concerne les *vidéos, films, enregistrements sonores et photographies*, leur authenticité doit être établie par la preuve de leur caractère original, de leur intégrité, de la date et/ou du lieu de leur réalisation. Une fois cette preuve fournie, et sans doute tenant compte de la nature intrinsèquement vivante de tels documents, ceux-ci peuvent souvent être admis comme éléments de preuve se suffisant à eux-mêmes, et être vraiment considérés comme des preuves.

2) D'autres critères permettent d'apprécier la fiabilité d'un document.

En effet, après l'établissement de l'authenticité d'une pièce, les juges vérifient si celle-ci, prise isolément, renferme des qualités pouvant justifier que raisonnablement, on lui accorde foi. Cette vérification s'opère sur la base de plusieurs critères dont on ne saurait arrêter une liste exhaustive. Sont généralement pris en ligne de compte :

- la source du document, pour vérifier, par exemple, si son auteur ou émetteur (personne physique ou organisme) est lié à l'une des parties ou s'il a un quelconque intérêt personnel dans l'issue de l'affaire ;
- la nature et les caractéristiques de la pièce, pour voir, notamment, si celle-ci (photographie, enregistrement vidéo ou audio, ...) a été produite automatiquement, ou est de nature testimoniale; si elle est publique ou privée, etc.
- l'objectif du document, afin de s'interroger s'il a été créé spécialement pour les procédures pénales devant la Cour ou pour une autre raison ; a-t-il été émis *in tempore non suspecto*, ou plutôt spécifiquement, pour les besoins de la cause ?
- les moyens d'évaluation des informations fournies dans le document considéré, et la possibilité, pour des agents indépendants, de vérifier ces informations ainsi que la manière dont elles ont été recueillies ; car, même si les preuves par ouï-dire peuvent être acceptées, elles comportent néanmoins des risques que les juges doivent prendre en considération en veillant précisément à ce que ces informations obtenues par ouï-dire et leur méthode de recueillement soient vérifiables par des moyens indépendants.[517]

Cela étant, si les juges considèrent qu'un élément de preuve manque de fiabilité, ils ne peuvent pas le considérer comme probant. Cette évaluation s'opère au cas par cas, document par document. Aussi, la chambre de première instance II, tout en reconnaissant la difficulté de définition des critères rigoureux dans ce domaine, a-t-elle estimé que « de par leur nature même, certains types d'éléments de preuve documentaires tendraient généralement à avoir une valeur probante suffisante pour être admis, tandis que d'autres manquent généralement de valeur probante. »[518]

- Parlant de *Rapports des organismes des Nations Unies,* elle les considère de prime abord fiables, étant donné qu'ils sont généralement établis par des observateurs indépendants ayant été témoins directs des faits rapportés. Néanmoins, si l'identité de leur auteur ou les sources des informations fournies dans ces rapports ne sont pas révélées avec précisions, la chambre se retrouve dans l'incapacité de déclarer ces documents suffisamment fiables pour être admis comme éléments de preuve, car elle ne peut pas vérifier si leur contenu a été communiqué par un témoin oculaire ou une autre source

[517] CPI, Situation en République démocratique du Congo, *Affaire le Procureur c. Germain Katanga et Mathieu Ngudjolo,* Chambre de 1ère instance II, Décision ICC-01/04-01/07-2635-tFRA, 12 janvier 2011, § 27 ; *Affaire le Procureur c. Thomas Lubanga Dyilo,* Chambre de 1ère instance I, Décision relative à l'admissibilité de quatre documents, ICC-01/04-01/06-1399-tFRA, 13 juin 2008, § 29.
[518] Décision ICC-01/04-01/07-2635-tFRA, § 28.

digne de foi. La fiabilité de tels documents serait d'autant plus compromise encore s'il s'avérait qu'ils sont construits, pour une large part, sur des informations de deuxième ou de troisième main.

- De même, lorsqu'ils s'accompagnent de garanties d'impartialité suffisantes, certains *Rapports d'ONG indépendantes et d'États tiers* peuvent, de prime abord, être jugés fiables, à condition que leurs auteurs indiquent, avec précisions, leurs sources et la méthodologie appliquée pour recueillir et analyser les preuves sur lesquelles s'appuient les allégations rapportées. À défaut d'indications de ces données, les juges ne peuvent pas évaluer la fiabilité de ces rapports ni, en conséquence, les admettre comme éléments de preuve.

- En ce qui concerne les *Informations et articles publiés dans la presse,* la chambre ne leur accorde pas une valeur probante suffisante, étant donné qu'ils constituent des avis des journalistes en tant qu'observateurs des évènements censés s'être produits, lesquels avis diffèrent de ceux d'experts indiquant leurs sources et leurs méthodes de collecte et de traitement des données.

- S'agissant de *Lettres, manifestes, déclarations politiques et autres documents émanant de personnes ou d'entités impliquées dans les événements* objet de la saisine, leur valeur probante est également moindre, étant donné, précisément, qu'ils émanent de personnes concernées par lesdits événements. Ils sont donc également considérés comme une tribune d'expression d'un avis intéressé, totalement différent de celui d'un expert neutre. Cependant, les juges peuvent admettre de tels documents s'il est établi qu'ils présentent un tableau factuel précis d'événements politiques ou militaires pertinents et que leurs auteurs rapportent les faits de manière objective et fiable.

2°- Capacité de la pièce à influer sur l'élucidation de l'affaire

En effet, « pour être admissible, *la preuve doit être suffisamment importante pour éclairer la Chambre dans sa recherche de la vérité.* »[519] Concrètement, elle doit revêtir une force de conviction ou une importance suffisante pour aider les juges :

- à conclure sur l'existence ou non d'un fait essentiel de l'espèce ; ou
- à apprécier la fiabilité d'autres éléments de preuve présentés par les parties.

Dès lors, « à la différence de la pertinence, l'importance d'un élément de preuve peut être plus ou moins grande selon son degré d'influence probable sur la détermination d'une question particulière soulevée dans une affaire. Bien que pertinent, un élément de preuve peut ne pas être suffisamment essentiel pour convaincre la chambre. Celle-ci se demandera donc quel effet

---

[519] Décision ICC-01/04-01/07-2635-tFRA, § 34. Passages mis en italique par l'auteur.

aurait son admission sur les questions qui lui sont soumises. Si l'effet potentiel est 'faible ou nul', elle sera peu encline à l'admettre, car il ne l'éclairera pas dans sa recherche de la vérité. En revanche, si l'effet se situe dans la gamme 'moyen à considérable', l'élément de preuve sera sans doute suffisamment important pour être admis. »[520]

En application de ces différents critères qu'elle a retenus et qui viennent d'être brièvement expliqués, la chambre a examiné minutieusement les documents proposés par le procureur dans ses requêtes et a décidé d'en rejeter 26 pour défaut d'authentification et 40 pour insuffisance de valeur probante.[521]

c) Mise en balance de la valeur probante de la pièce avec tout effet préjudiciable qui pourrait résulter de son admission

Le travail d'appréciation de la chambre ne se limite pas à la détermination de la pertinence et de la valeur probante des documents proposés au versement. Il se poursuit par la mise en balance de celle-ci avec un éventuel effet préjudiciable de ces derniers au regard de la partie adverse. En effet, « [a]u-delà de la banale constatation que toute pièce tendant à prouver la culpabilité de l'accusé lui est forcément "préjudiciable", la Chambre doit veiller soigneusement à ce qu'il ne soit pas inéquitable d'admettre la pièce contestée [...]. [U]ne telle décision dépendra toujours des faits et [...] les juges peuvent évaluer librement tout élément de preuve pertinent qui a valeur probante à l'égard des questions soulevées en l'espèce, dès lors qu'il est équitable de le verser au dossier. »[522]

Pour évaluer le préjudice allégué par une partie, les juges se doivent tout naturellement de se référer aux dispositions statutaires pertinentes, en l'occurrence :

- au paragraphe 4 de l'article 69 du Statut qui prévoit la possibilité qu'un élément de preuve nuise à « l'équité du procès » ou à « une évaluation équitable de la déposition d'un témoin » ; et
- au paragraphe 7 du même article qui vise particulièrement les éléments de preuve obtenus en violation du Statut ou des droits de l'homme internationalement reconnus, et protège des valeurs essentielles que sont « la crédibilité des éléments de preuve » et « l'intégrité de la procédure ».

Selon la chambre de première instance II, ces deux paragraphes protègent fondamentalement les mêmes valeurs, même si le paragraphe 7 de l'article

---

[520] Décision ICC-01/04-01/07-2635-tFRA, § 35.

[521] Voir liste de ces documents rejetés au § 36 de la Décision ICC-01/04-01/07-2635-tFRA.

[522] Chambre de 1ère instance I, Décision relative à l'admissibilité de quatre documents, ICC-01/04-01/06-1399-tFRA, 13 juin 2008, §§ 31-32 ; citée par la Décision ICC-01/04-01/07-2635-tFRA, au § 37, en NBP 34.

69 est considéré comme *lex specialis* par rapport au paragraphe 4 qui énonce un critère plus général en matière d'admissibilité.[523] Ces valeurs essentielles sont précisément :
- d'un côté, la protection de l'exactitude et de la fiabilité du processus d'établissement des faits par la Cour en imposant l'exclusion des éléments de preuve qui ne seraient pas suffisamment fiables ;
- de l'autre, la protection de l'intégrité morale et de la régularité de la procédure, en exigeant que le recueil et la production des éléments de preuve soient équitables envers l'accusé et qu'ils respectent les droits procéduraux et humains de tous ceux qui participent au procès,[524] parmi lesquels figurent les droits suivants :

1°- Respect du droit d'être jugé sans retard excessif

Ce droit de l'accusé, garanti par l'article 67-1-c du Statut, impose des obligations de diligence aux juges, à toutes les parties et à tous les participants. « En matière de critères d'admissibilité des preuves, cette disposition fait obligation à la Chambre d'exclure un élément si elle estime que le temps nécessaire à sa présentation - ou, à un stade ultérieur, à son analyse par la Chambre - est disproportionné par rapport à sa valeur probante. Ainsi, même lorsqu'un élément de preuve n'est pas dénué de valeur probante, la Chambre peut tout de même décider de l'exclure de manière à ne pas alourdir le procès de quantités illimitées d'éléments répétitifs ou indûment longs à traiter. »[525]

2°- Respect du droit d'interroger ou de faire interroger les témoins adverses

Consacré par l'article 67-1-e du Statut, ce droit de l'accusé revêt une importance fondamentale pour l'équité de la procédure, car il permet la mise en œuvre du principe du contradictoire. « Aucun jugement ne peut être rendu à bon droit s'il est fondé sur des éléments de preuve qu'une partie a préparés mais que l'adversaire n'a pas pu mettre à l'épreuve ou vérifier. C'est particulièrement vrai en ce qui concerne la preuve testimoniale. »[526]

---

[523] CPI, Situation en République démocratique du Congo, *Affaire le Procureur c. Thomas Lubanga Dyilo,* ICC-01/04-01/06, Chambre de 1ère instance I, *Decision on the admission of material from the "bar table"*, ICC-01/04-01/06-1981, 24 juin 2009, § 34.
[524] Décision ICC-01/04-01/07-2635-tFRA, § 39.
[525] *Idem*, § 41.
[526] Décision ICC-01/04-01/07-2635-tFRA, § 42 ; voir aussi l'article 69-2 du Statut : « Les témoins sont entendus en personne lors d'une audience, sous réserve des mesures prévues à l'article 68 ou dans le Règlement de procédure et de preuve. »

Dès lors, ne peuvent pas être versés au dossier par BTM, des documents revêtant le caractère de témoignages préenregistrés, puisqu'il faut faire jouer les principes d'équité, du contradictoire et de l'oralité. « Lorsque la Chambre a établi qu'une déclaration faite hors prétoire a valeur de témoignage, celle-ci ne peut être admise comme élément de preuve qu'aux conditions prévues à la règle 68. En conséquence, à moins que les accusés n'aient renoncé au droit d'interroger le témoin ou qu'ils n'aient eu la possibilité de l'interroger au moment de l'enregistrement du témoignage, la déclaration ne sera pas admise si le témoin n'est pas disponible pour être interrogé au cours du procès. »[527] C'est en application de ce critère que, par exemple, ont été rejetés de la liste des pièces soumises par les requêtes du procureur les documents DRC-OTP-0039-0051 et DRC-OTP-0039-0076.[528]

3°- Exigence d'équité vis-à-vis des déclarations des co-accusés ayant valeur de témoignage

En l'espèce, le procureur voulait verser directement au dossier trois pièces contenant des déclarations que les deux accusés auraient faites devant les autorités judiciaires de la RDC, et ayant incontestablement valeur de témoignages. Il s'agit de :

- deux déclarations de MN, manuscrites, en forme de questions-réponses respectivement datées du 17 juin 2004 (DRC-OTP-0039-0058) et du 21 juin 2004 (DRC-OTP-0039-0013) ;
- une déclaration de GK, de même forme, datée du 20 janvier 2006 (DRC-OTP-1016-0150).

A leur sujet, la chambre a considéré que « dans la mesure où ces déclarations n'impliquent que leurs auteurs, aucun problème ne se pose au regard de l'article 67-1-e et de la règle 68. La déclaration de Mathieu Ngudjolo comporte toutefois des accusations à l'encontre de Germain Katanga, ce qui constitue un énorme obstacle juridique à son admission, Mathieu Ngudjolo ne pouvant être contraint de se soumettre à un interrogatoire par, ou au nom de, Germain Katanga. La Chambre ne peut donc admettre DRC-OTP-0039-0058 comme élément prouvant un quelconque fait mettant en cause Germain Katanga. Néanmoins, la possibilité d'admettre cette déclaration à d'autres fins n'est pas exclue. »[529] Pour ces motifs, elle a rejeté en totalité ou en partie les documents DRC-OTP-0039-0013, DRC-OTP-0039-0058.[530]

---

[527] Décision ICC-01/04-01/07-2635-tFRA, § 50.
[528] *Idem*, § 51.
[529] *Idem*, § 53.
[530] *Idem*, § 54.

4°- Respect du droit de l'accusé de garder le silence et de se faire assister d'un conseil au cours de l'interrogatoire

La question qui se pose dans ce cadre est de savoir si l'on peut verser au dossier par BTM, les déclarations antérieures d'un accusé dans lesquelles il s'est auto-incriminé. À cette question, la réponse est négative. C'est précisément la substance de l'objection soulevée par la défense de GK contre l'admission du document DRC-OTP-1016-0150 qui était la déclaration de cet accusé du 20 janvier 2006, recueillie en violation de son droit au silence, GK n'ayant pas été informé de son droit à bénéficier de la présence d'un conseil au cours de l'interrogatoire.[531]

En réponse, la chambre a souligné que « ce qui est surtout important, dans le droit d'être assisté d'un conseil lors des interrogatoires menés préalablement au procès, c'est qu'il protège la substance même du droit de l'accusé, qui est d'être présumé innocent, de pouvoir garder le silence et de ne pas être forcé de contribuer à sa propre incrimination ; [532] … que dans la mesure où, le 20 janvier 2006, Germain Katanga a fait des déclarations l'incriminant, il est fort à craindre que ces déclarations aient été obtenues en violation de son droit de garder le silence et de ne pas contribuer à sa propre incrimination [533] ; que la valeur probante de l'élément de preuve en question ne peut servir de base à une décision relative à l'admissibilité si cet élément a été obtenu en violation de droits de l'homme internationalement reconnus ou du Statut ; … que s'agissant des critères d'exclusion fixés à l'article 69-7, il est inacceptable de présenter… la valeur probante de l'élément de preuve comme critère d'admissibilité ; que partant, les arguments concernant sa valeur probante (même celui selon lequel il est le seul à prouver un élément des charges) sont dépourvus de pertinence ;[534] qu'en conséquence, la déclaration de GK du 20 janvier 2006 (DRC-OTP-1016-0150) ne saurait être admise comme élément de preuve. »[535]

---

[531] CPI, Situation en République démocratique du Congo, *Affaire le Procureur c. Germain Katanga et Mathieu Ngudjolo*, ICC-01/04-01/07, Chambre de 1ère instance II, *Katanga Defence Response to Prosecution Bar Table Motion*, ICC-01/04-01/07-2348, 30 August 2010, § 59 ; [Katanga] *Defence Objections to Admissibility in Principal and in Substance,* ICC-01/04-01/07-1558, 23 octobre 2009, § 59 et §§ 71 à 73.

[532] Décision ICC-01/04-01/07-2635-tFRA, § 62 ; en NBP 47, la chambre cite la Cour européenne des droits de l'homme, Grande Chambre, *Bykov c. Russie*, (n° 4378/02), Arrêt du 10 mars 2009, § 93.

[533] Décision ICC-01/04-01/07-2635-tFRA, § 63.

[534] Décision ICC-01/04-01/07-2635-tFRA, § 64 ; en NBP 48, la chambre cite la chambre de première instance I, ICC-01/04-01/06-1981, § 43.

[535] Décision ICC-01/04-01/07-2635-tFRA, § 65.

En définitive, cette importante décision ICC-01/04-01/07-2635 du 17 décembre 2010 a fait droit aux première et seconde requêtes du procureur en admettant le versement au dossier, sans le truchement de témoins, de 38 documents sur un total de 117 soumis par le requérant. Elle a ordonné au greffe d'attribuer un numéro EVD à chacune de ces 38 pièces. Elle a rejeté tous les autres documents, soit 79.[536]

Comme on l'a vu, cette procédure de BTM a également été suivie dans le procès Lubanga. En effet, dans ce procès, plusieurs pièces « telles que des transcriptions d'entretiens, des vidéos, de la documentation émanant de diverses organisations, des lettres, des photographies et des cartes, ont été produits soit dans le cadre de la déposition orale de témoins, soit directement par les conseils (dans ce dernier cas, après en avoir demandé l'autorisation par écrit.) »[537] Il en a été ainsi, par exemple, de la pièce EVD-OTP-00686 produite par le procureur pour soutenir son allégation selon laquelle la prise de Bunia le 9 août 2002 était le fait de l'UPC.[538] Cette pièce avait été directement admise au dossier sans le truchement d'un témoin. Il s'agissait d'une lettre que le gouverneur Molondo Lompondo avait adressée au président du RCD-ML le 6 juin 2002 « laissant entendre que Thomas Lubanga et son mouvement, l'UPC, étaient en train d'organiser une milice de tribus gegere à Mandro dans l'objectif de faire de l'Ituri un État indépendant et d'en chasser le RCD-ML. Il est avancé dans la lettre que Thomas Lubanga avait le soutien du chef Kahwa Panga Mandro, et que des jeunes âgés de 9 à 13 ans étaient recrutés, au mépris des recommandations de l'ONU, de l'Organisation de l'Union africaine et des accords de Lusaka interdisant l'utilisation d'enfants soldats. Le gouverneur Lompondo y déclarait craindre la possibilité d'une attaque par la milice de Thomas Lubanga. »[539]

Il convient de noter que lorsque cette lettre avait été directement versée au dossier, la chambre avait indiqué que si elle « était certes admissible, le poids à lui accorder, son authenticité et sa fiabilité seraient déterminés ultérieurement »[540], sans doute au moment de l'évaluation globale des éléments de preuve et en tenant compte des objections de la partie adverse, en l'occurrence la défense. Précisément, celle-ci a contesté l'authenticité de cette pièce arguant qu'il s'agissait d'un exemplaire qui n'avait pas été authentifié ; que le procureur n'avait pas décrit les circonstances dans lesquelles l'ONU l'avait obtenue ; qu'aucun élément de preuve n'avait été

---

[536] Décision ICC-01/04-01/07-2635-tFRA, Dispositif.

[537] Jugement Lubanga, § 93.

[538] *Idem*, § 1084.

[539] *Idem*, § 1085.

[540] *Idem*, § 1086, dernière phrase. Voir aussi, *Decision on the admission of material from the « bar table »*, 24 juin 2009, ICC-01/04-01/06-1981, Anx, pages 15 et 16 (élément 27).

produit concernant l'identité de la personne qui l'avait transmise à l'accusation ; et qu'il pourrait s'agir d'une personne notoirement hostile à l'accusé mais qui n'avait pas été interrogée.[541] Dans son appréciation, la chambre semble ne pas douter de l'authenticité de cette lettre qui porte l'en-tête du RCD-ML, qui est datée et porte ce qui semble être le sceau officiel et la signature du gouverneur de l'Ituri, M. Molondo Lompondo. Elle relève également que le procureur avait obtenu cette lettre de l'ONU le 25 janvier 2005, avant la délivrance du mandat d'arrêt contre l'accusé, et qu'aucune raison n'avait été avancée « pour expliquer pourquoi un tel faux document aurait été transmis à l'époque à l'ONU, document dont la validité n'avait jamais été contestée auparavant. »[542] Néanmoins, la Chambre ne disposant d'aucune preuve concernant les circonstances dans lesquelles ce document avait été préparé ou obtenu, elle n'en a pas tenu compte aux fins du jugement rendu dans l'affaire.[543]

On peut légitimement se demander pourquoi le procureur n'a pas cité à comparaître monsieur Molondo Lompondo, qui est en vie, pour le questionner sur cette pièce et la verser au dossier par son canal. Ainsi, la défense aurait eu l'occasion de le contre-interroger à ce sujet et le débat contradictoire aurait, sans doute, apporté plus de lumière notamment en ce qui concerne son origine, les circonstances de son élaboration, l'authenticité ou non, la véracité ou non de son contenu, les conditions de sa transmission à l'ONU etc.

Cette procédure de *BTM* a également été adoptée par la chambre de première instance III saisie de l'affaire Bemba. Aussi, se prononçant, dans une décision orale rendue le 21 octobre 2010 sur des demandes d'admission de pièces devant être versées directement aux débats, sans le truchement d'un témoin, a-t-elle précisé qu'elle avait suivi la même démarche que la chambre de première instance II, consistant en une présentation pièce par pièce desdites preuves documentaires. [544]

On ne peut clore ce chapitre sans souligner que, compte tenu du nombre élevé des documents qui peuvent être déposés par *BTM* et de leur volume, et lors même qu'on peut espérer qu'au moment de leur versement, les juges en

---

[541] *Idem*, § 1086.
[542] Idem, § 1087.
[543] *Idem*, § 1087.
[544] CPI, Situation en République centrafricaine, *Affaire le Procureur c. Jean-Pierre Bemba Gombo,* ICC-01/05-01/08, Chambre de 1ère instance III, Transcription de l'audience du 21-10-2010, ICC-01/05-01/08-T-30-FRA ET WT, p. 9, L14 à p. 10, L3 ; Chambre d'appel, Arrêt ICC-01/05-01/08-1386-tFRA, § 44 ; en NBP 98, la chambre d'appel précise que la démarche adoptée par la chambre de première instance II est exposée dans l'affaire *le Procureur c. Germain Katanga et Mathieu Ngudjolo Chui,* Instructions pour la conduite des débats et les dépositions conformément à la règle 140, 1er décembre 2009, ICC-01/04-01/07-1665-Corr-tFRA, dites « Instructions 1665 », §§ 101 et 102.

repèrent et en retiennent ceux qui sont pertinents, il est à craindre que la chambre n'ait pas le temps de les examiner tous et entièrement, au stade de l'évaluation globale des éléments de preuve admis au dossier. Il appartient à la partie ayant déposé ces pièces de les viser dans ses conclusions écrites, voire aussi dans ses plaidoiries, pour attirer l'attention des juges sur les passages pertinents qui avaient obtenu des cotes EVD après débat contradictoire, et qui étayent sa cause. Les parties adverses auront aussi l'opportunité de controverser, dans leurs propres conclusions, ces éléments, en démontrant, par exemple, leur manque de fiabilité ou de pertinence. La chambre de première instance I avait pris la précaution de souligner l'importance de cette démarche dans le cadre des instructions données aux parties, le 1er avril 2011, sur le calendrier de clôture de la présentation des moyens de preuve. Elle a dit : « En ce qui concerne les documents qui ont été présentés en "*bar table*" [versés directement aux débats], il est tout à fait probable que nous ne les prendrons en compte que dans la mesure où ils font l'objet d'une mention dans vos conclusions. Par conséquent, s'il y a des documents de ce type qui, de votre point de vue, à l'issue de votre cause, sont pertinents et sont importants, à ce moment-là, vous devrez identifier la partie du document que vous souhaitez utiliser et vous devez également présenter un bref résumé expliquant le point ou l'argument ou les arguments pour lesquels vous souhaitez les mentionner dans ce document, ainsi que la section à laquelle… que vous aurez identifiée. Si vous ne faites pas référence à un document de "*bar table*", ou si vous ne faites pas référence à des sections de tels documents, vous devrez travailler [en sachant] qu'il est tout à fait possible que nous ne [tenions] pas compte de ces documents-là. Nous [n']avons [pas] l'intention de lire chacun des documents que vous avez soumis, mais nous ne souhaitons pas [avoir] à deviner quelle pourrait être la pertinence non explicite de tel ou tel bout de papier. Donc, cette procédure ne doit pas être conduite sur la base de devinettes auxquelles se livrerait la Chambre. »[545]

Cette instruction invite donc les parties à analyser et à exploiter pleinement dans leurs conclusions finales tous les documents déposés par *BTM* qu'elles jugent pertinents pour étayer leur cause, en précisant quels sont les passages qui viennent à l'appui de quels arguments qu'elles développent. Ce devoir, incombant aux parties, s'applique d'ailleurs également à d'autres preuves documentaires ou testimoniales.[546] Il ne porte

---

[545] Jugement Lubanga, § 95. Dans ce paragraphe, la chambre rappelle les instructions données aux parties le 1er avril 2011 : Voir Transcription ICC-01/04-01/06-T-342-ENG, de la p. 64, L6 à la p. 65, L7.

[546] Aussi la chambre vise-t-elle également les éléments de preuve oraux dans ses instructions : « De plus, nous avons également entendu un très grand nombre d'arguments oraux ; d'éléments de preuve oraux ; certains d'entre eux, après analyse, peuvent [s'avérer] plus pertinents que… d'autres éléments de preuve que

nullement atteinte aux pouvoirs de la chambre qui conserve la liberté d'apprécier tous les éléments de preuve versés au dossier, y compris les pièces déposées par *BTM*. Les juges le relèvent dans leurs directives : « Maintenant, il se peut que la Chambre estime que… estime… ou, pardon, prenne en considération certains des éléments que vous n'avez pas identifiés. À ce moment-là, il s'agit effectivement de quelque chose qui nous incombe, mais pour [les sections] qui vous sembleraient pertinentes, c'est à vous de les indiquer et j'espère que tout est clair. »[547]

Si un document n'est pas produit par *BTM*, il peut l'être au cours de la déposition d'un témoin.

---

nous avons entendus. Et par conséquent, il vous appartient à tous d'indiquer les faits principaux, les éléments principaux [des] éléments de preuve oraux que vous avez l'intention d'utiliser et que nous avons entendus en associant cela à une explication suffisante indiquant pourquoi vous dites que tel ou tel élément de preuve, ou section d'éléments de preuve, est pertinent pour votre cause, que cela soit, donc, pour appuyer votre thèse ou, au contraire, pour critiquer la thèse de votre contradicteur. » Jugement Lubanga, § 95. Voir aussi, Ordonnance portant calendrier des conclusions finales, ICC-01/04-01/06-2722, 12 avril 2011.

[547] Jugement Lubanga, § 95 ; Transcription ICC-01/04-01/06-T-342-ENG, de la p. 64, L6 à la p. 65, L7.

CHAPITRE DEUX

VERSEMENT DE LA PREUVE DOCUMENTAIRE PAR LE TRUCHEMENT D'UN TEMOIN

Si une preuve documentaire est intrinsèquement liée à un témoin déterminé, la partie citant ce dernier peut la présenter par le truchement de ce témoin. Cette prescription est formulée dans le paragraphe 97 des instructions 1665 fixées par la chambre de première instance II. Dès l'ouverture du procès, celle-ci a précisé les modalités de présentation et d'enregistrement des éléments de preuve en opérant une distinction entre *EVD* (*Evidence*) et *MFI* (*Marked For Identification*). Ecoutons-la :

« M. LE JUGE PRÉSIDENT COTTE : ... Avant d'appeler le premier témoin, la Cour souhaite vous donner quelques précisions sur la question de l'enregistrement des éléments de preuve. En ce qui concerne donc l'enregistrement des éléments de preuve et la manière de les identifier, la Cour rappelle tout d'abord que la partie qui souhaite soumettre une preuve au dossier au cours d'une audience doit citer son identifiant ERN, et indiquer au greffier d'audience son niveau de confidentialité. Une fois la preuve présentée, elle sera enregistrée au dossier soit comme EVD - « *evidence* » -, soit comme MFI - « *marked for identifiation* » -. Afin de déterminer si l'élément de preuve doit se voir attribuer une cote EVD ou une cote MFI, autrement dit si la preuve doit être immédiatement admise au dossier comme élément de preuve - *evidence* - ou si elle ne doit faire l'objet que d'une indication, signifiant simplement qu'elle a été présentée à un témoin, la Cour suggère de s'inspirer du système qui a été mise en place par la Chambre de première instance I, à l'occasion de l'affaire *Lubanga*. Ce système, que la Cour entend donc adopter - ou en tout cas dont elle entend s'inspirer - peut être décrit comme suit : lorsqu'un élément de preuve est présenté par la partie qui mène l'interrogatoire en chef - dans un premier temps, ce sera donc le Bureau du Procureur -, il sera admis au dossier en tant qu'élément de preuve et il lui sera donc attribué un numéro EVD, sauf... sauf si la partie adverse soulève une objection. Dans la mesure du possible, une telle objection doit être soulevée par les parties au moment où la liste des documents qu'il est envisagé de produire est communiquée et cela, conformément au paragraphe 103 des directives adoptées le 20 novembre 2009, soit trois jours avant le témoignage concerné. La partie qui soulève une objection à ce stade en avisera la Chambre et les parties par courriel, dans les meilleurs délais, en indiquant les motifs de son objection. Si, donc, une objection est soulevée, la Chambre statuera sur le statut de la preuve, soit sur le siège soit après une courte suspension d'audience, soit encore après l'audience. Donc sur le siège, après une suspension d'audience ou après l'audience. Dans ce dernier cas, le statut de la preuve sera donc déterminé dans un second temps. En revanche... lorsqu'un élément de preuve est utilisé et présenté par la partie adverse dans son contre-interrogatoire - en l'espèce et dans un premier temps, ce sera donc la Défense - cet élément de preuve portera un numéro MFI. La Défense pourra toutefois demander à la Chambre de bien vouloir admettre l'un ou l'autre de ces éléments au dossier, en tant qu'éléments de preuve. Et dans ce cas, si la Chambre donne son autorisation, l'élément de preuve se verra attribuer un numéro EVD. Les orientations que je viens donc de définir et de vous lire seront mentionnées au *transcript* de cette audience et s'il était nécessaire pour... l'un ou l'autre des participants d'obtenir des précisions complémentaires ou un éclaircissement, il sera toujours possible de le demander demain en début d'audience, après avoir relu et bien pris connaissance de ce qui vient d'être dit. Je vous remercie pour votre attention. »[548]

Ainsi donc, la chambre a précisé, dès l'ouverture du procès, la procédure à suivre pour la présentation d'une preuve documentaire par le biais d'un témoin et pour l'attribution d'une cote d'identification soit comme EVD[549], soit comme MFI. Le présent chapitre a précisément pour vocation d'essayer de systématiser les règles méthodologiques que doit observer toute partie qui entend utiliser ou verser au dossier un document par le truchement d'un témoin. Nous en avons isolé sept.

Section 1ère - *Première règle* : Obligation d'annonce et de communication de la liste des documents sélectionnés et des documents eux-mêmes

Assise sur la nécessité d'assurer la loyauté dans la procédure, cette règle s'applique en prenant en compte certaines situations qui peuvent subvenir de façon inopinée au cours du procès.

Paragraphe I : Exposé de la règle et son fondement

Chaque partie a l'obligation de communiquer à la chambre, aux autres parties et participants les documents qu'elle entend utiliser lors de l'interrogatoire principal ou du contre-interrogatoire d'un témoin.[550] Cette règle trouve son fondement dans la nécessité d'assurer la loyauté et la transparence dans la procédure de manière à permettre la pleine mise en

---

548 CPI, Situation en République démocratique du Congo, *Affaire le Procureur c. Germain Katanga et Mathieu Ngudjolo*, ICC-01/04-01/07, Chambre de 1ère instance II, Transcription de l'audience du 25 novembre 2009, ICC-01/04-01/07-T-81-Red-FRA WT, de la p. 1, L17 à la p. 3, L10.

549 Norme 28 du RG : « Numérotation et enregistrement des éléments de preuve lors de l'audience : 1. Le numéro assigné à un élément de preuve soumis par un participant lors de l'audience ou produit à l'audience sur ordonnance de la chambre se compose, dans l'ordre, des éléments suivants : ... c) les lettres EVD pour indiquer qu'il s'agit d'un élément de preuve... »

550 Voir les paragraphes 103 à 105 des instructions 1665.

œuvre du principe du contradictoire. Aussi, est-il exigé que cette communication soit effectuée dans un délai suffisant pour, justement, laisser le temps à tous les protagonistes de se préparer, et particulièrement à la partie adverse d'affiner son contre-interrogatoire, la durée de ce délai préalable étant également tributaire du nombre et du volume desdits documents.

Tel est précisément l'objet du paragraphe 103 des instructions 1665 qui dispose : « Toute partie qui cite des témoins doit fournir à la Chambre, aux parties et aux participants une liste des documents qu'elle entend utiliser aux fins de l'interrogatoire principal de chaque témoin. Afin que la partie adverse dispose de suffisamment de temps pour préparer le contre-interrogatoire, la liste des documents lui est communiquée largement avant la date à laquelle le témoin est censé commencer à déposer. Elle ne doit en aucun cas être communiquée moins de trois (3) jours avant l'audience prévue.[551] Cependant, le nombre des documents concernés et leur volume peuvent exiger un délai plus long. » Il faut relever que même si ce paragraphe 103 ne parle expressément que de la fourniture d'« une liste des documents », en réalité, cette obligation consiste, pour toute partie citant des témoins, à communiquer à la chambre, aux autres parties et participants, non seulement une liste répertoriant les documents qu'elle entend utiliser au cours de son interrogatoire principal, mais aussi lesdits documents eux-mêmes, s'ils n'avaient pas encore été divulgués conformément aux règles 77 et 78 du RPP et ne se trouvaient donc pas encore dans le système électronique de la Cour (*eCourt*).

Ainsi donc, la chambre de première instance II a fixé à trois jours, au minimum, le délai de communication de cette liste et de ces documents. Mais, comme dit ci-dessus, ce délai peut et doit loyalement être plus long si le nombre et le volume des documents listés et communiqués sont élevés. La chambre de première instance III a fixé ce délai à sept jours en décidant : « Si au cours de l'interrogatoire d'un témoin, les parties entendent se fonder sur des documents, elles le feront conformément aux directives suivantes : i) L'Accusation communiquera au moins sept jours ouvrables avant la déposition du témoin la liste des documents qu'elle entend utiliser au cours de l'interrogatoire. Ces documents seront mis à la disposition de la Chambre, de la Défense et des représentants légaux des victimes participant à la

---

[551] En note de bas de page 41, ce paragraphe 103 fait référence à la norme 52-2 du RG. Cette norme 52 dispose :
« 1. Lors de l'audience, les éléments de preuve sont présentés en version électronique.
2. Pour les besoins de cette présentation, les participants fournissent chaque fois que possible au greffier d'audience la version électronique des éléments de preuve qu'ils entendent utiliser à l'audience au moins trois jours ouvrables entiers avant l'audience prévue… »

procédure… Ces données peuvent être communiquées par courrier électronique adressé au conseiller juridique de la section de première instance. »[552] De son côté, la chambre de première instance V(A), saisie de l'affaire Ruto-Sang, a fixé ce délai à cinq jours avant le début de l'interrogatoire principal,[553] et à vingt-quatre heures avant le commencement du contre-interrogatoire.[554]

En vertu du principe de l'équité de la procédure, cette règle s'applique donc également à la défense lorsque celle-ci produit des témoins à décharge et questionne ces derniers en interrogatoire principal.

Il convient de noter que si le nombre et le volume des documents listés et communiqués sont élevés, le conseil appelant le témoin doit indiquer les passages précis qu'elle entend utiliser. Le paragraphe 104 des instructions 1665 le requiert en ces termes : « Si le nombre ou la taille des documents sur lesquels la partie entend se fonder sont particulièrement importants, la partie citant le témoin indique précisément quels passages seront mentionnés. »

Ce sont ces passages qui seront discutés contradictoirement et admis éventuellement au dossier comme éléments de preuve, si les juges en décident ainsi en leur attribuant des cotes EVD. Rappelons que des extraits ou des paragraphes de tels documents volumineux peuvent aussi avoir été admis au dossier par BTM, sur décision rendue par la chambre. Dans l'un ou l'autre cas, seuls les extraits qui se sont vus attribuer des numéros EVD sont versés au dossier. Tout au long du procès, en l'occurrence lors d'un contre-interrogatoire d'un témoin de l'autre partie, si l'on veut faire usage de ce document volumineux, on doit se limiter à ces extraits ou paragraphes qui ont obtenu des numéros EVD. Il est strictement interdit de recourir à d'autres paragraphes ou passages de ces documents qui n'ont pas été préalablement soumis au débat contradictoire et n'ont donc pas été versés au dossier.

Un tel cas est advenu devant la chambre de première instance II lors du contre-interrogatoire par le procureur du témoin-accusé MN. Le procureur

---

[552] Décision Bemba ICC-01/05-01/08-1023-tFRA, § 16.

[553] Décision Ruto-Sang ICC-01/09-01/11-847-Corr, § 22 : « *The party calling a witness is directed to provide to the Chamber, parties and partidpants, no later than five days before the scheduled hearing, a list of documents which the party intends to use for the purposes of its examination-in-chief...* » § 23 : « *The calling party is directed to indicate whether it wishes to tender any of the documents into evidence. Objections by other parties, if any, shall be filed no later than two days before the examination, or made orally where appropriate.* »

[554] Décision Ruto-Sang ICC-01/09-01/11-847-Corr, § 24 : La chambre de 1ère instance V(A) y prescrit qu'en ce qui concerne les documents qui seront utilisés lors du contre-interrogatoire qui ne sont pas déjà versés en preuve, la partie qui entend en faire usage doit en fournir une liste et, lorsqu'ils ne sont pas déjà présents au dossier de l'affaire, des copies, à la chambre, aux autres parties et participants, au plus tard 24 heures avant le début du contre-interrogatoire.

voulait questionner celui-ci sur un passage d'un volumineux rapport des Nations Unies dont certains paragraphes seulement avaient été versés au dossier comme éléments de preuve lors de l'interrogatoire principal du témoin de l'accusation P-317. Le passage retenu par le procureur, en l'occurrence le paragraphe 90 de ce document, ne faisait pas partie de ces paragraphes admis au dossier. Les conseils de la défense se sont levés contre cette tentative du procureur, arguant notamment, l'un, du caractère incriminant de cet extrait au regard de son client ; l'autre, de l'absence de lien entre ce passage et son protégé, celui-ci n'en étant pas l'auteur. Voici ce débat intéressant et la décision de la chambre :

> « M. MacDONALD : Q. Monsieur Ngudjolo, vous nous avez décrit les circonstances de votre déplacement vers Beni et que vous vous étiez déplacé avec certaines personnes, entre autres un groupe de l'APC, votre escorte ou vos gardes du corps. Et je vous ai questionné, c'est la première journée de votre contre-interrogatoire, soit mardi, au *transcript* 330, page 25, lignes 1 à 20, sur ce sujet-là. C'était une des premières questions d'introduction au contre-interrogatoire. Alors, à cette étape-ci, avec votre permission, Monsieur le Président, j'aimerais appeler la pièce EVD-OTP-00206, plus spécifiquement, pardon, le paragraphe 90. Alors, cette pièce se trouve à l'onglet 20… 28, … pour situer, et pour Mme le greffier, … le paragraphe 90 se trouve aux quatre derniers chiffres de cette pièce, 0294. Alors, DRC-OTP-0129-0328, à la page 0294. Nous allons l'afficher. C'est en anglais, malheureusement.
>
> Mme LA GREFFIÈRE : Monsieur le Président, le document se trouve sur « PC 1».
>
> M. LE JUGE PRÉSIDENT COTTE : Merci, Madame le greffier. Monsieur Ngudjolo, voyez-vous le document ? Oui ? Parfait. Vous avez le paragraphe 90 devant vous ?
>
> M. MacDONALD : Alors, je vais vous lire, Monsieur Ngudjolo, … le paragraphe…
>
> LE TÉMOIN … : Je vois.
>
> M. MacDONALD : Je vais le lire tranquillement. Ce n'est pas pour incriminer M. Katanga, loin de là. Je vois que mon collègue, Me O'Shea, se lève. À chaque fois que le nom « Germain Katanga » peut apparaître à cette étape-ci, l'Accusation est en train d'attaquer la crédibilité de cet accusé et non d'amener des éléments à charge contre le coaccusé Germain Katanga. Alors, c'est clair.
>
> M. LE JUGE PRÉSIDENT COTTE : Alors, Maître O'Shea, très, très brièvement, car nous avons effectivement bien noté que, sur ce document, il y avait une grande vigilance de la part de l'équipe de Mathieu Ngudjolo, et que, de votre côté, vous étiez également plus qu'attentif. Dites-nous.
>
> Me O'SHEA… : Je voudrais simplement signaler qu'il ne s'agit pas simplement de savoir si le nom de M. Germain Katanga est mentionné ou pas. La question est de savoir si le document peut être utilisé afin d'incriminer M. Katanga par le truchement de M. Ngudjolo. Il se peut très bien que mon contradicteur veuille entamer la crédibilité du présent témoin, à ce stade, mais il semble vouloir donner lecture, à moins que je ne me trompe, … du paragraphe 90, si j'ai bien compris. Et s'il donne lecture du paragraphe 90 dans son intégralité, effectivement, il y a là des éléments incriminants, c'est-à-dire au paragraphe 90.

Alors, je propose que mon contradicteur pose des questions préliminaires à M. Ngudjolo, de sorte qu'il cite des phrases en particulier qui figurent au paragraphe 90 qu'il souhaiterait poser à M. Ngudjolo, afin d'entamer sa crédibilité. Il me semble que ce serait là une façon de procéder beaucoup plus appropriée. Si l'on veut s'attaquer à la crédibilité d'un témoin en faisant référence à un passage, il me semble que c'est une façon plus appropriée de procéder plutôt que de lire le passage du début jusqu'à la fin, afin d'obtenir d'abord le point de vue du témoin, et ensuite le « mettre » face à... des extraits de ce même passage... où il y aurait des incohérences avec les déclarations du témoin. Donc, s'il est vrai que l'on ne mentionne pas le nom de M. Katanga à la première ligne du paragraphe 90, et je ne veux pas préjuger de l'avis que pourrait avoir la Chambre à la fin de cette affaire, mais il est possible qu'on utilise ces éléments pour incriminer M. Katanga. Je comprends parfaitement ce que souhaite faire mon contradicteur, et je ne voudrais certainement pas l'empêcher de procéder de la manière qui lui semble acceptable, mais il est peut-être inutile de lire tout le paragraphe 90 au témoin avant de tenter d'entamer la crédibilité du témoin.
M. LE JUGE PRÉSIDENT COTTE : Merci, Maître O'Shea. En ce début d'audience, nous nous souvenons bien que, lors de son interrogatoire principal, Mathieu Ngudjolo n'a pas mis en cause M. Katanga, ce qui conduit M. le Procureur, dans son contre-interrogatoire, à faire preuve à cet égard de la plus absolue prudence. Au cas présent, je ne sais, Monsieur le Procureur, si vous vous proposiez de lire tout le paragraphe 90. Vous venez d'entendre Me O'Shea. Vous nous avez dit en préliminaire que vous n'entendiez pas incriminer Germain Katanga, ce qui était la position très sage qu'il convenait que vous preniez. Vous pouvez peut-être effectivement introduire le document auprès de Mathieu Ngudjolo. Vous avez entendu Me O'Shea, l'important est que nous ne soyons pas aujourd'hui confrontés à des débats trop hachés chaque fois que seront appelées, si vous les appelez, les pièces qui font actuellement l'objet d'objections de la part de l'équipe de défense de Germain Katanga. Vous avez la parole.
M. MacDONALD : Merci, Monsieur le Président. Alors, évidemment, j'espère que, comme le note de toute façon Me O'Shea, que, lorsqu'un représentant du Bureau de l'Accusation se lève pour expliquer les motivations et les raisons pour lesquelles il utilise un document, et clairement indique « c'est pas pour incriminer Germain Katanga », alors, ... c'est la parole donnée.
Me O'SHEA... : Soyons clairs, je ne fais pas de procès d'intention à M. MacDonald. Je le crois sur parole. Ce qui me préoccupe, en revanche, ce sont les réponses potentielles de M. Ngudjolo aux questions qui lui sont posées. Donc si on lit une ligne potentiellement à charge contre M. Katanga à M. Ngudjolo, je ne sais pas quelle sera la réponse de M. Ngudjolo. Ce n'est pas mon client. Et ce n'est certainement pas parce que je doute de la parole de mon contradicteur. Sa parole est d'or. S'il dit que telle est son intention, alors je le crois sur parole.
M. MacDONALD : Très bien. C'est noté. Alors, je continue.
M. LE JUGE PRÉSIDENT COTTE : Allez-y.
M. MacDONALD : Q. Monsieur Ngudjolo...
Me KILENDA : S'il vous plaît, Monsieur le Président.
M. LE JUGE PRÉSIDENT COTTE : Maître Kilenda.
Me KILENDA : Monsieur le Président, à notre connaissance, ce document n'a pas été admis en preuve dans son intégralité, et le paragraphe auquel voudrait

recourir à l'instant M. le Procureur n'est pas visé, d'après les renseignements qui sont en notre possession. Par ailleurs, Monsieur le Président, hier, vous avez admis le principe de production de la version française de ce document. Je pense que nos débats gagneraient à voir figurer cette traduction française... cette version française dans le dossier, parce que le Procureur, qui voudrait procéder... à la traduction du document, notamment en son paragraphe 90, n'est pas un traducteur agréé.

M. LE JUGE PRÉSIDENT COTTE : Alors, écoutez, si nous avons la possibilité de verser au dossier une traduction française, elle sera la bienvenue, incontestablement. Dans l'immédiat, M. le Procureur va se référer à des passages du paragraphe 90, et il va le faire en anglais. Nous bénéficions d'interprètes qui nous aident depuis le début de nos débats sur le fond. Il est également vrai que ce rapport des Nations Unies a été, sauf erreur de ma part, discuté au moins partiellement et admis au moins partiellement lorsque s'est présenté, je crois, le témoin 0317, me semble-t-il. C'est bien cela ? Donc, ce document n'est pas totalement étranger à la Chambre, même si, effectivement, tous les paragraphes n'ont pas, lorsque le témoin 0317 a déposé, été admis. Monsieur le Procureur, dans l'immédiat, maintenant, ... vous avancez, et nous allons voir, en fonction de vos questions, ce que M. Ngudjolo peut nous apporter comme éléments. Allez, nous vous écoutons.

M. MacDONALD : Merci, Monsieur le Président. Et pour ce qui est de la version française, on aimerait faire vite, mais il faut divulguer par voie de Ringtail, eCourt, pour que le document soit enregistré dans eCourt. Alors, cet après-midi, une copie française sera remise à nos collègues, et donc, demain, on devrait avoir dans eCourt la version française. Mais qu'est-ce qu'il y a, là, maintenant ?

Pr FOFÉ : Pardon, Monsieur le Président.

M. LE JUGE PRÉSIDENT COTTE : Professeur Fofé.

Pr FOFÉ : Une question de principe me vient en tête. En ce qui concerne le paragraphe de ce document...

M. MacDONALD : Tout le rapport a été admis... Tout le rapport a été admis en date du 8 décembre 2010.

M. LE JUGE PRÉSIDENT COTTE : Je vous en prie, Professeur Fofé.

Pr FOFÉ : En ce qui concerne le paragraphe de ce document qui ne serait pas admis dans le dossier - je parle maintenant au conditionnel, compte tenu de la réaction épidermique de M. le Procureur -, dans le cas où tous les paragraphes de ce rapport n'étaient pas encore admis au dossier, Monsieur le Président, il serait alors difficile de questionner Mathieu Ngudjolo sur des paragraphes qui n'auraient pas été admis. Je parle au conditionnel... Nous vérifions, parce que si certains paragraphes n'ont jamais reçu de numéro EVD, Mathieu Ngudjolo n'étant pas l'auteur de ce document, il serait alors, par principe, difficile de lui poser des questions sur ce passage-là, Monsieur le Président. Je prie la Chambre de vérifier... Si tous les paragraphes ont déjà été admis, pas de problème ; sinon, ma préoccupation est de taille. Monsieur le Président, Mesdames les juges, je vous remercie.

M. MacDONALD : Alors, Monsieur le Président, je vais... j'ai des informations, il y a des paragraphes précis, et je me... j'ai parlé trop vite, ce n'est pas tout le document qui a été admis, il y a des paragraphes précis.

M. LE JUGE PRÉSIDENT COTTE : Alors, écoutez, je pense, sous réserve...
M. MacDONALD : ... mais j'aimerais argumenter, Monsieur le Président, ce point parce qu'on ne... La photo hier de ce qu'on prétend être un enfant soldat est... Maintenant, c'est un problème récurrent. À chaque fois que l'Accusation confronte maintenant l'accusé avec des documents qui ne sont pas nécessairement en preuve, ou des informations qui ne sont pas en preuve, on nous bloque le passage. Et là, c'est ça que... j'aimerais débattre parce que c'est ça, la question fondamentale. Et j'ai été voir des décisions, que ce soit de la TC1 et de cette Chambre, sur les obligations de divulgation et pourquoi on doit divulguer et qu'était l'objet d'une divulgation...
M. LE JUGE PRÉSIDENT COTTE : Bon...
M. MacDONALD : ... et quelle est l'utilisation qu'on peut faire de documents...
M. LE JUGE PRÉSIDENT COTTE : Monsieur le Procureur...
M. MacDONALD : ... et ici, on nous met des bâtons dans les roues.
M. LE JUGE PRÉSIDENT COTTE : Monsieur le Procureur, je ne pense pas qu'on vous mette des bâtons dans les roues. Chacun essaye - dans la limite des attributions qui sont les siennes -, chacun essaye de faire en sorte que nous suivions la procédure la plus rigoureuse possible. Alors, il semble qu'aient été admis, sous réserve de vérification, les paragraphes, je ne sais... 1, 43, 64, 67, 71, 74, 84, 87, 138, 143, 146, 147, 149, 150 ; des paragraphes additionnels ; le paragraphe 90, lui, ne semble pas avoir été admis. Donc, je pense que les choses sont claires sur ce point. Il eut été sans doute préférable, lorsque vous nous avez transmis de façon parfaitement organisée les pièces que vous entendiez produire lors de ce contre-interrogatoire, que soit à chaque fois fait référence ou bien précisé les paragraphes auxquels vous comptiez faire référence lorsqu'il s'agit de longs documents. Au cas présent, si effectivement ce paragraphe 90 n'a pas été admis lors de la présentation par le témoin 0317, nous n'allons pas y faire référence à cet instant, et vous poursuivez, s'il vous plaît.
M. MacDONALD : Monsieur le Président, avec tout le respect que je vous dois...
M. LE JUGE PRÉSIDENT COTTE : Monsieur le Procureur, vous poursuivez, s'il vous plaît.
M. MacDONALD : Mais, Monsieur le Président, vous nous empêchez...
M. LE JUGE PRÉSIDENT COTTE : Monsieur le Procureur, vous poursuivez, s'il vous plaît.
M. MacDONALD : Monsieur... Monsieur le Président, je respecte votre décision mais, à cette étape-ci, nous vous soumettons respectueusement qu'un contre-interrogatoire, comme vous l'avez noté d'ailleurs hier, ne se limite pas...
M. LE JUGE PRÉSIDENT COTTE : Monsieur le Procureur, je vous demande de poursuivre, s'il vous plaît, votre contre-interrogatoire en laissant de côté ce paragraphe 90 ; si vous voulez faire référence à ce document, trouvez d'autres paragraphes qui puissent vous être utiles. Dans l'immédiat, vous poursuivez.
M. MacDONALD : Q. Monsieur Ngudjolo, je vous soumets que la seule raison pour laquelle vous dites maintenant, ici, devant cette Chambre, avoir quitté le 31 mai 2000... le 30 mai – pardon - 2003, que vous avez quitté Kambutso pour vous rendre à Beni, c'est pour éviter toute implication dans l'attaque qui a eu lieu sur Tchomia le 31 mai 2003, et de Kasenyi le 11 juin 2003, deux attaques où

plusieurs civils sont morts des mains des attaquants qui venaient de Bedu-Ezekere.
LE TÉMOIN... : R. C'est pas comme ça, Monsieur le Procureur. Je ne connais rien au sujet de cette attaque. J'ai bien dit que je suis parti de là le 30 mai 2003, et ma destination était Beni ; et je n'en savais rien. »[555]

On aura donc compris que toutes ces prescriptions, qui viennent d'être illustrées, valent non seulement pour l'interrogatoire principal, mais aussi pour l'usage des documents lors du contre-interrogatoire. Cet usage est aisé si la pièce a déjà été admise au dossier et s'est déjà vu attribuer un numéro EVD. Le paragraphe 107 des instructions 1665 vise ce cas de figure en prévoyant qu'« au cours du contre-interrogatoire, il est possible d'utiliser tout document déjà versé aux débats, y compris les transcriptions de dépositions de témoins ayant déjà comparu devant la Cour, sous réserve des mesures de protection applicables. » Dans cette hypothèse, l'exigence de transparence, d'équité et de loyauté en vue du déploiement du principe du contradictoire impose que la partie préparant le contre-interrogatoire communique aussi, suffisamment à temps, à la chambre, à toutes les parties et à tous les participants, la liste de ces documents, déjà versés au dossier, dont elle projette l'usage.

Le conseil contre-interrogeant, qu'il soit de l'accusation ou de la défense, peut également, au cours du contre-interrogatoire d'un témoin appelé par la partie adverse, utiliser des documents non encore admis au dossier, à la même condition qu'il en ait préalablement transmis la liste, ainsi que lesdits documents, à la chambre, aux autres parties et participants. La décision ICC-01/05-01/08-1023-tFRA le requiert en ces termes, en visant un seul cas de figure : « ii) Si la Défense souhaite utiliser des documents lors de l'interrogatoire d'un témoin cité à comparaître par l'Accusation, elle devra, au moins trois jours ouvrables avant d'interroger le témoin, communiquer à la Chambre, à l'Accusation et aux représentants légaux des victimes une liste des documents qu'elle entend utiliser. »[556] En réalité, cette règle s'applique également au procureur lorsque celui-ci contre-interroge un témoin de la défense et aux représentants légaux des victimes autorisés à questionner ce dernier.

Elle est aussi visée dans le paragraphe 108 des instructions 1665 qui, dans sa version initiale, était ainsi rédigé : « Si la partie qui procède au contre-interrogatoire sait à l'avance que, lors du contre-interrogatoire d'un témoin donné, elle va faire référence à un document qui n'a pas encore été versé aux débats, elle doit en informer la Chambre et le greffier d'audience au moins

---

[555] Transcription ICC-01/04-01/07-T-332-Red-FRA CT WT 10-11-2011, de la p. 5, L8 à la p. 11, L22.
[556] Décision Bemba ICC-01/05-01/08-1023-tFRA, § 16.

trois (3) jours ouvrables avant l'audience prévue et soumettre la version électronique du document concerné, conformément à la norme 52-2 du Règlement du Greffe.»

On le voit, tel qu'initialement libellé, la partie qui procède au contre-interrogatoire n'avait l'obligation de n'informer que la chambre et le greffier d'audience. C'est ainsi que le 4 février 2010, plus de trois jours avant son contre-interrogatoire du témoin du procureur P-250, la défense de MN avait communiqué à la chambre et au greffier d'audience les pièces qu'elle entendait utiliser au cours de ce contre-interrogatoire en s'en tenant strictement au prescrit de ce paragraphe 108. Cependant, par précaution, soucieux d'assurer la loyauté dans les débats et de donner plein effet au principe du contradictoire, le conseil de MN officiant a signalé à la chambre cette exécution rigoureuse du paragraphe 108 des instructions 1665. Il l'a fait, en ces termes, à l'audience du 11 février 2010, alors que P-250 était contre-interrogé par le conseil du co-accusé, GK, intervenant en premier.

« M. LE JUGE PRÉSIDENT COTTE : Alors, Madame le greffier, puisqu'il y a un accord sur ce plan-là, nous donnons donc à ce document... à cette carte... enfin, vous êtes invitée à lui donner un numéro, donc, MFI. Maître Hooper, vous pouvez donc, sauf à ce que Mme le greffier nous donne tout de suite le numéro? Alors, nous vous écoutons, Madame le greffier.

Mme LA GREFFIÈRE : Monsieur le Président, cette carte portera la cote MFI-D02-00001.

M. LE JUGE PRÉSIDENT COTTE : Merci, Madame le greffier. Vous aviez une objection, Professeur Fofé ?

Pr FOFÉ: Non, Monsieur le Président, ce n'est pas une objection, mais c'est une précaution. M. le Procureur vient de faire référence à sa requête 1529, à laquelle la Défense de Mathieu Ngudjolo avait répondu par ses écritures 1560 du 26 octobre 2009. Et la Chambre ne s'est pas encore prononcée... - pardon - sur ces échanges. Mais là n'est pas ma préoccupation actuelle. Ma préoccupation actuelle se rapporte au paragraphe 108 de vos directives, de vos instructions - plus exactement, 1665. Je voudrais solliciter l'attention de la Chambre sur le fait que la Défense de Mathieu Ngudjolo a appliqué ce paragraphe 108 strictement. Je l'ai dit parce que je ne voudrais pas qu'il y ait de problème au moment où nous allons produire les pièces que nous avons communiquées à la Chambre et au greffier d'audience dans les délais, conformément à ce paragraphe 108 des instructions - lequel paragraphe fait application de la norme 52, paragraphe 2 du Règlement du Greffe. C'est une précaution. Merci, Monsieur le Président.

M. LE JUGE PRÉSIDENT COTTE : Merci, Professeur Fofé. Effectivement, c'est par une transmission du 4 février, à 10 h 24 du matin, que vous avez donc transmis, respectant à la lettre - et au-delà même de la lettre -, le délai de trois jours, les pièces que vous entendiez donc produire lors de votre contre-interrogatoire. Tout cela est donc mentionné au *transcript*. »[557]

---

[557] CPI, Situation en République démocratique du Congo, *Affaire le Procureur c. Germain Katanga et Mathieu Ngudjolo*, ICC-01/04-01/07, Chambre de 1ère instance

En réaction à cet échange entre le conseil de la défense et le juge président, le procureur est légitimement intervenu, vers la fin de l'audience, suscitant ainsi ce dialogue :

« M. MacDONALD : Je vois que nous sommes en audience publique... j'aime bien embêter la... je suis comme dans une salle de classe, le dernier qui pose la question à la fin d'un cours.
M. LE JUGE PRÉSIDENT COTTE : La Chambre a simplement le sentiment que vous avez beaucoup de peine à vous séparer d'elle.
(Rires dans le prétoire)
M. MacDONALD : C'est pour tout simplement mentionner que suite à l'intervention de Me Fofé au sujet de la divulgation de sa liste, l'Accusation n'a pas accès via le *e-court*, à aucun des documents qui ont été présentés. Alors, je ne sais pas s'il y a lieu qu'on fasse le nécessaire auprès du Greffe, service du Greffe, pour aider l'équipe de Me Kilenda, à voir, à ce qu'on remette, dont on donne accès au Bureau du Procureur. Alors, donc, lorsque la liste a été fournie, lorsque la liste a été fournie auprès de la Chambre la semaine dernière... cette semaine, pardon, l'Accusation un, n'avait jamais reçu copie de cette liste, mais deux, encore moins avoir été informée qu'on y avait accès dans *Ringtail.* On a vérifié et on n'y a pas accès. Alors l'Accusation n'a aucune idée des documents qui ont été versés dans *Ringtail.*
M. LE JUGE PRÉSIDENT COTTE : Une minute d'enregistrement. Donc, Professeur Fofé, allez-y, et puis sinon nous reprendrons demain matin, parce que c'est un problème important.
Pr FOFÉ : Oui, Monsieur le Président, la Défense s'en est tenue au prescrit du paragraphe 108.
M. LE JUGE PRÉSIDENT COTTE : Vous avez raison. Brève intervention, mais pertinente.
M. GILISSEN : Monsieur le Président, mais nous n'avons rien reçu contrairement à l'équipe de M. Katanga. Je me doute bien que... il n'y a pas là d'obligation, mais ce serait extrêmement approuvé par les représentants légaux.
M. LE JUGE PRÉSIDENT COTTE : Donc, sans doute y a-t-il place au cas présent pour... nous allons examiner en tout cas cela, un complément du paragraphe 108. Merci pour cette intervention. »[558]

Comme on devait s'y attendre, à l'audience du 12 février 2010, soit le lendemain, la chambre a apporté une modification au prescrit du paragraphe 108 de ses instructions 1665 en y insérant les mots « les parties et les participants » entre « la Chambre » et « le greffier d'audience ». Ecoutons le juge président qui explique le bien-fondé de cette modification :

« M. LE JUGE PRÉSIDENT COTTE : ... Avant de donner la parole à Me Hooper pour la poursuite de son contre-interrogatoire, la Chambre souhaiterait préalablement revenir sur l'article... le paragraphe, pardon, 108 de sa décision n° 1665 du 1er décembre 2009. Ce paragraphe 108 est relatif à l'utilisation de

---

II, Transcription de l'audience du 11 février 2010, ICC-01/04-01/07-T-100-Red2-FRA WT, de la p. 59, L3 à la p. 60, L8.

[558] *Idem*, de la p. 79, L9 à la p. 80, L13.

documents aux fins du contre-interrogatoire. La Chambre souhaite porter à la connaissance des parties et des participants que ce paragraphe 108 doit désormais être lu de la façon suivante : « Si la partie qui procède au contre-interrogatoire sait à l'avance que, lors du contre-interrogatoire d'un témoin donné, elle va faire référence à un document qui n'a pas encore été versé aux débats, elle doit en informer la Chambre, les parties et les participants et le greffier d'audience au moins trois jours ouvrables avant l'audience prévue, et soumettre la version électronique du document concerné, conformément à la norme 52-2 du Règlement du Greffe. » Il s'agit donc d'insérer entre « la Chambre » et « le greffier d'audience » les mots « les parties et les participants ». Avec cette insertion, le caractère contradictoire de la procédure et la conduite équitable des débats, au sens de l'article 64-2 du Statut, ne « pourra » qu'être renforcé. Il va de soi que, s'agissant du contre-interrogatoire de l'actuel témoin, la Défense de Mathieu Ngudjolo, qui s'était acquittée de cette obligation, n'a pu s'en acquitter qu'au vu du libellé en vigueur à cet instant... du paragraphe 108. Comme nous l'avons souvent dit, nos débats se mettent en route et nous précisons au fur et à mesure les règles qui gouvernent nos débats. Le paragraphe 108 doit donc désormais se lire de cette façon : parties et participants doivent être intégrés dans le jeu de cette communication pour que le caractère contradictoire des débats puisse être pleinement respecté. »[559]

Le jour-même, en exécution de ce nouveau libellé du paragraphe 108, la défense de MN a communiqué à toutes les parties et à tous les participants tous les documents qu'elle se proposait d'utiliser lors de son contre-interrogatoire du témoin de l'accusation P-250. Tous les protagonistes, en ce compris le procureur et les représentants légaux des victimes, ont donc pu, longtemps avant le début du contre-interrogatoire de la défense de MN, examiner ces pièces et se préparer aux débats à leur sujet.

Rappelons qu'au paragraphe 24 de sa décision ICC-01/09-01/11-847-Corr, la chambre de 1ère instance V(A), instruisant l'affaire Ruto-Sang, a prescrit que la partie qui entend faire usage, lors du contre-interrogatoire, des documents qui ne sont pas déjà versés en preuve et ne sont donc pas présents au dossier, doit en fournir une liste et des copies aux juges, aux autres parties et participants, au plus tard 24 heures avant le début du contre-interrogatoire. Si cette partie ne se conforme pas à ces instructions, elle encourt le risque de se voir interdire leur utilisation, décision qui, au vu des enjeux, peut générer une vive tension au prétoire, comme l'atteste cet extrait de l'audience du 2 octobre 2010.

« M. LE JUGE PRÉSIDENT EBOE-OSUJI... : Je vous remercie... La Chambre va rendre sa décision sur ce point. Dans... sa décision portant sur les lignes directrices, ... concernant la conduite du procès - et je cite : "En ce qui concerne

---

[559] CPI, Situation en République démocratique du Congo, *Affaire le Procureur c. Germain Katanga et Mathieu Ngudjolo*, ICC-01/04-01/07, Chambre de 1ère instance II, Transcription de l'audience du 12 février 2010, ICC-01/04-01/07-T-101-Red-FRA WT, de la p. 2, L2 à la p. 3, L1.

les documents qui doivent être utilisés au cours du contre-interrogatoire et qui ne sont pas encore versés au dossier, la partie qui a l'intention d'utiliser ces documents devra donner une liste desdits documents et, lorsque ces documents ne font pas déjà partie du dossier, des exemplaires de ces documents à la Chambre, aux autres parties et aux participants au plus tard 24 heures avant le début du contre-interrogatoire." Fin de citation. Ce matin, à 11h17..., la Défense *Ruto* a communiqué sa liste de documents qu'elle souhaitait utiliser dans le cadre de son contre-interrogatoire... à l'Accusation... L'Accusation a soulevé une objection pour communication qui se serait [faite] hors délai, si tant est que la Défense *Ruto* commençait son contre-interrogatoire avant 11h17, jeudi, c'est-à-dire demain. Comme mesure... Comme solution, l'Accusation a recommandé qu'il y ait un report afin que la Défense *Ruto* commence son contre-interrogatoire après 11h17 demain. Alors, voici la décision de la Chambre : nous n'allons pas autoriser de report de cette affaire ou d'ajournement pour que la Défense commence son contre-interrogatoire à 11h17. Ce... report pourrait être accordé si on nous démontre qu'il y a un véritable motif pour le faire et s'il y a vraiment eu un préjudice qui doit être corrigé. Or, au vu des arguments que nous ont présentés les parties, nous ne trouvons pas de motif raisonnable expliquant pourquoi les documents n'ont pas été communiqués avant ce délai de 24 heures. Donc, la Chambre décide ce qui suit : la Défense ne pourra pas utiliser de nouveaux documents dans son contre-interrogatoire... La Défense *Ruto* ne pourra pas utiliser de nouveaux documents dans le cadre de son contre-interrogatoire de ce témoin si elle commence son contre-interrogatoire avant 11h17 demain. Le cas échéant, donc, elle ne pourra utiliser que les documents qui sont déjà au dossier. Il s'agit donc des documents 1 à 9 de la liste communiquée ce matin par la Défense *Ruto*. Donc, maintenant, les deux Défenses peuvent s'organiser... entre elles, en vue, par exemple, de demander à la Défense *Sang* de commencer son contre-interrogatoire plus tôt que prévu, du moment, bien sûr, que cela ne cause pas préjudice à... M. Sang. Mais, donc, c'est à la Défense de trouver une solution... aux deux équipes de la Défense de trouver leurs propres solutions. Alors, s'ils n'arrivent pas à trouver un terrain d'entente pour se réorganiser, il faut remarquer qu'en leur interdisant d'utiliser les anciens documents, la Chambre ne les empêche pas pour autant d'avoir recours à ces documents, en l'espèce, mais il faudra... qu'ils présentent ces documents par le truchement d'un autre témoin ou par un autre moyen. Voici la décision de la Chambre.

Me KHAN QC... : Pourriez-vous nous donner quelques éclaircissements, s'il vous plaît ? Si je vous ai bien compris, nous n'avons pas le droit d'utiliser les nouveaux documents qui sont sur notre liste, qui ne font pas partie de ce qui nous a été divulgué par... l'Accusation avant 11h17 demain, mais à partir de 11h17 demain, lorsque le délai de 24 heures aura été écoulé, dans ce cas-là, nous pourrons utiliser tous les documents que nous voulons ? C'est cela ?

M. LE JUGE PRÉSIDENT EBOE-OSUJI... : Si le contre-interrogatoire commence avant 11h17 demain... Non, je me reprends... Voici la clarification : si le contre-interrogatoire commence après 11h17 demain, vous pouvez utiliser tous les documents, ... mais si vous commencez votre contre-interrogatoire avant 11h17, eh bien, vous ne pouvez pas utiliser ces documents au cours de votre contre-interrogatoire.

Me KHAN QC… : Mais alors, de combien de temps a besoin mon éminent confrère ? Enfin, nous pensons, quand même, que c'est une mesure draconienne, cela nous porte préjudice, parce que j'ai mal calculé, mais…
M. LE JUGE PRÉSIDENT EBOE-OSUJI… : Maître Khan QC, vous êtes en train d'essayer de me faire revenir sur ma décision ; vous n'avez pas le droit de le faire… de faire cela.
Me KHAN QC… : Pas du tout, mais je ne vous comprends pas bien. C'est tout. Bon, d'abord… Il convient de savoir [de] combien de temps M. Nderitu a encore besoin. Il se peut que notre contre-interrogatoire ne commence pas avant 11h17 ; dans ce cas-là, cette décision est nulle *(phon.)* et ne sert plus à rien. Deuxième possibilité est de demander à faire appel de cette décision parce que… mais tout de suite, étant donné qu'après ce sera trop tard. Ou alors demander un report, ça, c'est la troisième solution, pas uniquement… du fait de ce qui s'est passé tout de suite mais aussi parce qu'on a essayé de nous arranger avec ces… communications très tardives … du Procureur. Alors, comment voulez-vous… Je ne peux pas commencer mon contre-interrogatoire alors que je n'ai pas tous les éléments en main, des éléments qui sont absolument essentiels pour la préparation de ma thèse. L'Accusation ne nous a pas donné les documents, documents qui, selon vous, nous reviennent de droit. Et il y a un retard… compliqué du fait d'une… décision qui est attendue de la part d'un autre juge. Non, nous considérons que la justice sera bien servie uniquement si on ajourne ce point jusqu'à ce que… la Défense ait eu le droit d'obtenir les matériels… les éléments de preuve auxquels elle a droit, surtout. Alors, donc, les éléments… les pièces que nous avons trouvées, que nous présentons devant la Cour, qui sont essentielles doivent être présentées, de toute façon, au témoin. Si on nous empêche de le faire, je tiens à dire que ce sera un procès inéquitable, si on nous empêche de présenter ces pièces qui sont essentielles.
M. LE JUGE PRÉSIDENT EBOE-OSUJI… : Maître Khan QC, veuillez vous rasseoir.
Me KHAN QC… : Écoutez, poursuivons l'interrogatoire par le représentant légal des victimes, et ensuite, nous verrons où nous en serons. Je vais aussi voir ce que je peux faire avec Me Katwa-Kigen pour essayer de nous arranger entre nous, mais je tiens vraiment à dire que je suis très préoccupé quant aux droits de la Défense.
M. LE JUGE PRÉSIDENT EBOE-OSUJI… : Veuillez vous rasseoir. Si vous avez besoin de consulter votre confrère, faites-le, mais nous ne voulons plus vous entendre.
Me KHAN QC… : Oui, oui, j'y reviendrai, de toute façon. Je vais d'abord consulter mon confrère, et ensuite, je reviendrai à la charge. Sachez-le.
M. LE JUGE PRÉSIDENT EBOE-OSUJI… : Pour l'instant, vous vous rasseyez. Monsieur Nderitu, je pense que nous devrions passer maintenant à huis clos afin de pouvoir poursuivre la déposition du témoin. »[560]

---

[560] CPI, Situation en République du Kenya, *Affaire le Procureur c. William Samoei Ruto et Joshua Arap Sang,* ICC-01/09-01/11, Chambre de 1ère instance V(A), Transcription de l'audience du 2 octobre 2013, ICC-01/09-01/11-T-39-Red-FRA WT, p. 69, L7 à p. 73, L1.

Pour régler cette question, les deux équipes de défense se sont organisées : celle de M. Sang contre-interrogera le témoin, la première, de façon à permettre le respect du délai de 24 heures requis par la décision 847. Le juge président de la chambre annonce ainsi ce dénouement :

> « [M. LE JUGE PRÉSIDENT EBOE-OSUJI] Pour en revenir maintenant au témoin, l'Accusation a terminé son interrogatoire principal, ... et il en va de même de l'avocat des victimes et conformément à une décision préalable de la Chambre, la Défense s'est réorganisée et la Défense de M. Sang va commencer immédiatement son contre-interrogatoire. Ce contre-interrogatoire se déroulera... à huis clos partiel, et je demanderai donc au greffier d'audience de faire descendre les stores et de faire entrer le témoin dans le prétoire pour que le contre-interrogatoire puisse démarrer. »[561]

L'obligation de communication de la liste des documents et des documents eux-mêmes aux fins d'interrogatoire principal ou du contre-interrogatoire s'applique également au représentant légal des victimes qui entend citer un témoin à comparaître ou interroger un témoin cité par une des parties au procès. S'il omet de le faire, il s'expose aux objections d'autres parties qui peuvent s'opposer à l'utilisation des documents non annoncés. C'est le sort qu'a dû subir, dans le procès Katanga-Ngudjolo, le représentant légal commun du groupe principal des victimes le 11 novembre 2011. Celui-ci avait, en effet, envoyé à la chambre des questions qu'il voulait poser au témoin-accusé MN. Après avoir requis les observations de la défense, la chambre lui a donné l'autorisation de poser ces questions. Dans sa requête, il n'avait pas annoncé qu'il allait faire usage d'un quelconque document lors de son interrogatoire. Curieusement, à un moment donné, il a voulu faire appel à une pièce. Ce qui a suscité l'objection de la défense. Après examen de cette pièce, la chambre a refusé au représentant légal l'autorisation d'en faire usage au motif qu'il ne l'avait pas annoncée et qu'il ne devait pas prendre les parties par surprise, quand bien même cette pièce était déjà versée au dossier et avait un numéro EVD. Voici cet extrait :

> « [Me NSITA] Q. Au cours de votre déposition, vous nous avez fait part des enseignements que vous avez suivis dans le cadre... dans le domaine médical, plutôt, à la Croix-Rouge, ensuite une formation d'infirmier polyvalent, ainsi que des postes que vous avez occupés en qualité de stagiaire ou d'infirmier laborantin. Je suppose qu'au cours de votre carrière vous avez entendu parler du virus ebola, ce virus qui a décimé la région de Yambuku, ... dans la province de l'Équateur au Congo, en 1976 - 76, pour les Français -, et on a parlé d'épidémie de Yambuku ; c'est bien exact ?
>
> R. Oui, je sais, je connais... la fièvre hémorragique ebola.
>
> Me NSITA : Monsieur le Président, avec votre permission, j'aimerais appeler une pièce qui est la pièce EVD-OTP-00063. Je ne sais pas si Mme la greffière peut l'afficher sur les écrans.

---

[561] ICC-01/09-01/11-T-39-Red-FRA WT 02-10-2013, p. 88, L14 à 20.

M. LE JUGE PRÉSIDENT COTTE : Maître O'Shea

Me O'SHEA… : Simplement pour nous faciliter les choses, pourriez-vous nous dire s'il s'agit d'un document qui figure dans l'inventaire des éléments du Procureur, et si oui, à quel onglet exactement ?

Me NSITA : Ce n'est pas un élément qui figure dans les documents que M. le Procureur a divulgués pour l'interrogatoire de M. Ngudjolo, mais c'est un élément qui fait partie du dossier qui avait été admis en preuve. C'est une photo de l'institut de Bogoro, d'une des salles de classe, et… ça concerne les victimes que je représente, et c'est dans ce sens-là que j'appelle cette photo.

M. LE JUGE PRÉSIDENT COTTE : Alors, passez-la-moi d'abord. Passez-la à la Chambre, s'il vous plaît, si vous l'avez en document papier.

Me O'SHEA… : Monsieur le Président, j'ai une préoccupation. Je crains que nous n'ayons pas reçu notification qu'un document serait utilisé.

M. LE JUGE PRÉSIDENT COTTE : C'est… Maître O'Shea, c'est bien ce que je pense. Tout va dépendre de ce qu'est le document en question. Bon, Maître Luvengika, je pense qu'il nous faut respecter la régularité de la procédure. Vous aviez très rigoureusement fait parvenir, assez longtemps à l'avance, vos questions préparées. Vous vous êtes efforcé - c'est ce que vous faites pour l'instant - de bien reconstituer des lignes de questions qui évitent toute répétition, mais il est vrai que vous n'avez prévenu personne de la possibilité de produire un document, quel qu'il soit. Donc, je vous restitue ce document, … et je vous laisse poursuivre vos questions. »[562]

Cette règle d'obligation d'annonce préalable d'utilisation de document dans un certain délai accepte cependant quelques souplesses.

Paragraphe II : Souplesses admises

Au cours du procès peuvent advenir des situations qui permettent l'ajout tardif des documents sur la liste des pièces retenues pour l'interrogatoire d'un témoin. Cela peut être dû notamment au défaut de la communication de ladite pièce à la partie adverse ou tout simplement à un besoin inopinément surgi de recourir à telle pièce précise pour faire éclore la vérité.

A- Souplesse en cas de constat d'absence de communication d'une pièce

Ceci est survenu au cours de la présentation de la cause de MN devant la chambre de première instance II. En effet, alors que la défense de cet accusé en était à la préparation de son septième témoin (D03-088) sur un total de

[562] CPI, Situation en République démocratique du Congo, *Affaire le Procureur c. Germain Katanga et Mathieu Ngudjolo*, ICC-01/04-01/07, Chambre de 1ère instance II, Transcription de l'audience du 11 novembre 2011, ICC-01-04-01-07-T-333-Red2-FRA CT2 WT, de la p. 46, L24 à la p. 48, L1.

douze dont l'accusé lui-même, elle a été informée de l'existence d'une pièce audio-vidéo contenant les images du voyage du procureur de la CPI à Zumbe en juillet 2009 et de l'entretien de celui-ci avec ce témoin de la défense D03-088. Le procureur avait omis de communiquer cette pièce à la défense. Sur demande insistante de celle-ci, cette pièce a fini par lui être communiquée, mais longtemps après la date limite fixée aux deux équipes de défense pour la communication à la chambre, aux parties, aux participants et au greffe de la liste des documents et des documents eux-mêmes qu'elles entendaient utiliser lors des interrogatoires principaux de leurs témoins (date limite = 7 mars 2011). Compte tenu de l'importance de cette vidéo, la défense a saisi la chambre d'une requête (3111) du 16 août 2011 sollicitant d'elle l'autorisation d'ajouter cette vidéo, - finalement communiquée sous le n° (ERN) DRC-OTP-1063-0002 -, sur la liste des documents qu'elle entendait utiliser lors de l'interrogatoire principal de son témoin D03-088, et de la communiquer aux autres parties et participants. La défense a fondé sa requête notamment sur la norme 35-2 du RC.[563] A sa demande, le procureur, tout en ne s'opposant pas à cette requête de la défense, s'est expliqué en ces termes :

> « M. MacDONALD : Merci... pardon, merci, Monsieur le Président, Mesdames les juges. Dans un premier temps... pouvoir nous exprimer oralement, car je crois que ceci peut accélérer, compte tenu que nous ne contestons pas la requête. Toutefois, ... nous voulons contextualiser un petit peu cette divulgation, car effectivement il est clair que cette pièce, et nous en... je me lève au nom du bureau pour dire qu'il était de ma responsabilité effectivement de faire des enquêtes plus approfondies sur les documents ou, comme dans ce cas-ci, pièces vidéo que nous avions en notre possession au sein du Bureau du Procureur, dans son entité... dans sa totalité comme bureau. Alors, ... au mois de juillet - je crois que c'est le 10 juillet 2009 -, M. le Procureur s'est déplacé en Ituri, plus spécifiquement ici, dans le cas présent, dans la région de Zumbe dans le cadre de ses activités que j'appellerais d'*outreach*, au même titre que d'autres organes de cette Cour ont également des activités d'*outreach*. Alors, il ne s'agissait pas d'une mission d'enquête, et je veux que ça soit bien clair. Malgré ce fait, il est également certain que le bureau forme une entité. Alors, dans le cas de cette visite, ... l'Unité d'information ou la section d'information du Bureau du

[563] Norme 35 Modification des délais
« 1. La demande visant à proroger ou à raccourcir tout délai prévu par le présent Règlement ou fixé par la chambre est présentée sous forme écrite ou orale à la chambre saisie de l'affaire et expose les raisons pour lesquelles la modification du délai est sollicitée.
2. La chambre n'accède à la demande visant à proroger ou à raccourcir le délai qu'à la condition qu'un motif valable soit présenté et, le cas échéant, après avoir donné aux participants l'occasion d'être entendus. Une fois le délai échu, la prorogation du délai ne peut être accordée qu'à la condition que le participant qui en fait la demande prouve qu'il était incapable de présenter la demande dans le délai imparti pour des raisons échappant à son contrôle. »

Procureur a filmé, à quelques moments, cette visite à Zumbe, avec l'aide d'une caméra qui appartient au Bureau du Procureur. Il est clair que l'Accusation, c'est-à-dire cette équipe, savait... était au courant que le Procureur avait visité cette région. Nous ne savions pas, toutefois - et nous l'avons appris lorsque la demande a été faite -, que le Bureau du Procureur, lui-même, avait filmé. Alors, oui, il y a eu une première demande pour savoir s'il y avait des informations. Il y a un rapport de mission qui a été, si vous voulez, divulgué, dans un premier temps, à l'équipe, mais par la suite on nous a dit : écoutez, est-ce que vous avez des vidéos ? Et là, j'ai demandé, pardon, aux personnes qui étaient impliquées, savoir notre Section de la coopération... notre Division de la coopération et l'unité donc d'information. S'il y avait des images de cette visite filmée par le Bureau du Procureur. Et là, on m'a dit que oui. Alors là, j'ai dit : écoutez, ce serait important... qu'on le sache. Et là... j'ai regardé, et effectivement on voit sur cette vidéo une personne qui s'adresse à un très large groupe présent à Zumbe, y inclus au Procureur, donne une présentation. Et ça, c'est effectivement le témoin qui sera appelé par la Défense : le témoin D03-P-0088. Ce... « ce » vidéo est d'une qualité qui est non professionnelle, c'est entrecoupé parce qu'on n'a pas filmé de manière consécutive... toutes les présentations ou discours qui ont pu avoir lieu cette journée-là ou en présence du Procureur, à ce moment-là. Et donc... voilà. Toutefois, comme je l'ai indiqué dans mon courriel, Monsieur le Président, il est clair que - et vous devez savoir, comme c'est dans le *eCourt* de la Cour - le témoin D03-P-0088 a été interviewé par le Bureau du Procureur, et j'étais présent lors de cet entretien. Nous avons divulgué les *transcript*. Il y a déjà de ça plusieurs mois, sinon quelques années, certainement en 2009. Je n'ai pas la date exacte, mais nous avons divulgué le contenu de cet entretien avec le Bureau du Procureur. Nous sommes d'opinion, lorsqu'on compare les deux, peu importe - je crois que je n'ai même pas besoin de nécessairement soulever cet aspect-là - que les informations qu'on retrouve sur la vidéo ne sont pas nouvelles, compte tenu de cet entretien avec le témoin 0088, mais également compte tenu du fait que le témoin lui-même est une personne qui sera appelée par la Défense, tenant en compte également que dans le cadre de cette visite on a dessiné certaines informations sur un tableau à l'aide d'une craie, et cette image... cette photographie du tableau est également déjà une des pièces sur lesquelles la Défense désire s'appuyer ; ils sont... c'est un document ou une photo... qui représente ce tableau et qui se trouve sur la liste des pièces de la Défense. Au-delà de tout ça, Monsieur le Président, sans vouloir entrer dans un débat, à savoir lorsque le Procureur exerce des fonctions qui sont les siennes, mais non d'enquête comme telle, est-ce que le Bureau du Procureur a une obligation de divulgation ? Cela n'est pas un débat aujourd'hui car nous ne contestons pas la requête et d'autant plus que, et c'est là, comme je l'ai dit, j'assume la responsabilité que cette vidéo aurait dû être divulguée dès le mois de mars, lorsqu'on nous a annoncé que le chef en question devenait un témoin. À ce moment-là... Mais je tiens à vous rassurer que c'est sur ma parole d'office, mon serment d'office, si vous voulez, au sein du Bureau du Procureur, que si cette pièce-là ou ces images n'étaient pas dans *Ringtail*, n'étaient pas également accessibles à ce moment-là à la Division des poursuites... mais encore une fois, pour les besoins de la chose, de cette requête, nous aurions dû, malgré tout, être plus diligents. Alors, il est évident que cette requête et... les répercussions, si vous voulez, les conséquences possibles de telles visites du Bureau du Procureur - ceci en est un exemple -, je vais lui faire le message, je vais l'en informer, et pour éviter que de telles situations puissent se répéter... Encore là, sans vouloir entrer aujourd'hui dans un débat, lorsque le Procureur exerce de telles fonctions, ... avons-nous des obligations de divulgation ? Mais il est clair ici, M. le 0088 est un témoin, et donc maintenant la Défense a la pièce. Si préjudice il y a, il s'agit d'un préjudice de préparation. Le témoin 0088, à notre connaissance, n'a pas débuté sa familiarisation, il n'est pas arrivé, donc, au sein des Pays-Bas, il n'est pas entre les mains de l'Unité en ce moment, et donc la Défense a toujours ce temps-là, des jours additionnels, pour pouvoir se préparer. Voilà. Voici les commentaires que je voulais... ou les précisions que je voulais apporter. Je vous remercie. »[564]

On note donc que, tout en ne s'opposant pas à la requête de la défense d'inscrire cette vidéo sur la liste des pièces à utiliser au cours de l'interrogatoire de son témoin D03-088, le procureur a souligné, dans ses explications, que le déplacement de son chef à Zumbe en juillet 2009 avait eu lieu dans le cadre non pas d'une mission d'enquête, mais de ses activités d'*outreach*. Il s'est même interrogé s'il a l'obligation de divulgation des documents relatifs à de telles activités. À ces explications, le conseil de MN a ainsi réagi :

« Me KILENDA : Merci, Monsieur le Président. Il n'est pas, dit-on, trop tard pour bien faire. Nous sommes heureux d'apprendre de la part du Procureur qu'il reconnaît qu'il aurait pu être plus diligent pour nous communiquer les éléments de cette vidéo. Ceci me conduit directement à répondre à la question qu'il soulève qui est celle de savoir s'il a l'obligation de divulguer. Le Procureur doit tout, mais alors tout divulguer pour permettre à la Défense d'analyser. Il appartient à la Défense d'avoir sa propre analyse, sa propre interprétation, son propre examen des éléments que lui communique le Procureur. Que le Procureur vous dise ce matin qu'il est d'opinion que lorsqu'on compare les informations qu'on trouve sur la vidéo et ce que nous avons déjà reçu en termes de *transcript*, qu'il n'y a pas d'informations nouvelles, ça, c'est sa propre interprétation, c'est sa propre analyse. Nous avons la nôtre. Très heureux de constater qu'il ne s'oppose pas à l'adjonction de cette nouvelle pièce, nous en sommes d'ailleurs ravis, mais la seule question que nous vous soumettons et que vous pouvez lui poser est celle de savoir à l'instant même si le Procureur peut nous rassurer publiquement qu'il nous a communiqué cette cassette vidéo dans son intégralité. Voilà, c'est la seule question que nous vous soumettons, que vous pouvez lui soumettre, et nous voulons avoir la certitude que cette cassette nous a été communiquée dans sa totalité. Pour la petite histoire, Monsieur le Président, Mesdames les juges, ce n'est que très récemment, lorsque je me suis trouvé à Bunia, que j'ai eu vent de l'existence de cette cassette. Et comme j'avais l'habitude d'appeler le Pr Fofé

[564] CPI, Situation en République démocratique du Congo, *Affaire le Procureur c. Germain Katanga et Mathieu Ngudjolo*, ICC-01/04-01/07, Chambre de 1ère instance II, Transcription de l'audience du 17 août 2011, ICC-01/04-01/07-T-293-Red2-FRA CT WT, de la p. 2, L15 à la p. 5, L7.

chaque soir, nous en avons discuté au moins pendant une heure avant de décider de revenir vers le Procureur pour lui demander de nous communiquer ces éléments vidéo. Voilà, je ne serai pas plus long. Vous avez la requête. Il y a la question qui est là. Nous voulons savoir si cette cassette nous a été communiquée dans toute sa totalité parce que nous estimons effectivement que les droits de la Défense de M. Mathieu Ngudjolo sont en jeu. Je vous remercie, Monsieur le Président, Mesdames les juges.

M. LE JUGE PRÉSIDENT COTTE : Merci, Maître Kilenda. Bien. Nous n'allons pas prolonger trop longtemps ce débat initial. La Chambre voudrait vous faire part de son point de vue. Est-ce que, Monsieur le Procureur, vous pouvez simplement confirmer à Me Kilenda qu'il a bien en main l'intégralité du dialogue, si dialogue il y a eu, que le Procureur, M. Moreno-Ocampo, a pu avoir avec le témoin 0088. Vous nous répondez brièvement sur ce point, et ensuite je reprends la parole.

M. MacDONALD : Pour clarifier brièvement, il s'agit plus d'une présentation du témoin 0088 à, entre autres, la délégation, et en présence de toute la communauté qui était présente. Et oui, nous avons confirmé à l'écrit, par courriel, la semaine dernière, ou cette semaine, hier, peut-être, effectivement, c'est l'intégralité du... ce qu'on dit en anglais, le *footage*, alors, c'est-à-dire des séquences vidéo qui ont été filmées, avec les interruptions qu'on y retrouve. Et je veux rassurer mon collègue que l'Accusation n'a pas effacé quelques parties de cette vidéo, et je regarde mes collègues quand je leur dis ça, compte tenu des allégations par courriel qui ont été portées contre nous. Alors, lorsqu'on divulgue une pièce, on la divulgue dans son intégralité, telle qu'elle est en notre possession, et je peux vous rassurer que nous ne jouons pas ce jeu-là. Je vous remercie. »[565]

Ayant préalablement requis les observations du conseil de GK[566] et des représentants légaux des victimes[567] qui n'ont formulé aucune objection à la requête de la défense de MN, la chambre a tranché le débat en formulant d'abord quelques observations relatives à l'obligation de communication incombant au procureur et en accédant à la requête de la défense de MN qui remplissait toutes les conditions requises par la norme 35-2 du Règlement de la Cour. Ecoutons la Chambre :

« M. LE JUGE PRÉSIDENT COTTE : Merci, Monsieur le Procureur. Alors, deux ou trois observations d'ordre général tout d'abord. La Chambre remercie M. le Procureur pour les informations d'ordre contextuel qu'il a bien voulu nous donner en ce début d'audience pour répondre à la requête transmise hier par Me Kilenda. La Chambre rappelle, mais vous l'avez d'ailleurs vous-même relevé il y a un instant, Monsieur MacDonald, que le Bureau du Procureur est indivisible, et il lui paraît clair qu'il est important de veiller à une bonne coordination entre ce que nous pourrions appeler l'équipe rapprochée du Procureur et les équipes qui sont affectées au service des Chambres, c'est-à-dire ce que vous êtes. Et s'il

[565] Transcription ICC-01/04-01/07-T-293-Red2-FRA CT WT 17-08-2011, de la p. 6, L7 à la p. 7, L25.

[566] *Idem*, de la p.1, L13 à la page 2, L13.

[567] *Idem*, de la p. 5, L8 à la p. 6, L3.

s'avère que lors d'un voyage *outreach*, comme vous l'avez dit, des éléments peuvent se révéler importants pour des parties à une affaire en cours, il serait souhaitable à l'avenir que l'équipe rapprochée du Procureur ait le réflexe de consulter l'équipe affectée à une Chambre et en charge d'un dossier particulier pour s'assurer qu'il n'y a pas là matière à éventuelle communication. L'occasion nous est donc donnée de préciser ce point, et je pense que personne ne contestera ce qui me paraît relever de l'absolu bon sens. Je m'attendais, nous nous attendions à ce que Me Kilenda fasse une brève intervention sur le fait que vous pouvez avoir, vous et lui, des paires de lunettes différentes pour apprécier l'intérêt que présente la conversation qui se serait alors échangée entre M. Moreno-Ocampo et le témoin 0088 - c'est de bonne guerre. Chacun peut avoir subjectivement une interprétation différente, et vous vous êtes dès à présent exprimés l'un et l'autre. Quittant les observations générales pour arriver maintenant à la requête elle-même, il apparaît tout à fait clair qu'à la date du 7 mars 2011, qui était la date butoir imposée aux équipes de défense pour communiquer leurs pièces et documents, l'équipe de défense de Mathieu Ngudjolo ne disposait pas de ce document et en ignorait même l'existence. Nous venons d'entendre de la bouche de Me Kilenda confirmation de ce qu'il a écrit hier : c'est à la fin du mois de juin dernier, semble-t-il, le 27 juin, que cette information lui est parvenue. Il y a eu des échanges entre le Bureau du Procureur et l'équipe de Mathieu Ngudjolo. Nous sommes à présent, donc, informés de l'existence de cette vidéo. Cette vidéo a été communiquée. La norme 35 peut d'évidence recevoir application ici. Il y aura donc adjonction à cet instant dudit document. »[568]

Dans le procès Lubanga, il a été constaté que le procureur avait aussi parfois failli à son obligation de communication des pièces à la défense. La chambre de première instance I a dû prendre, à chaque fois, des mesures appropriées pour assurer l'équité du procès, mesure incluant la suspension de la procédure, la possibilité offerte à la défense de rappeler à la barre un témoin de l'accusation ou de présenter des preuves supplémentaires.

- Ainsi, « le 13 juin 2008, la Chambre a ordonné la suspension de l'instance, notamment en raison de la non-communication par le Bureau du Procureur ('l'Accusation') d'un grand nombre d'éléments de preuve potentiellement à décharge, couverts par certains accords de confidentialité conclus en vertu de l'article 54-3-e du Statut. Avec un retard considérable, les pièces en question ont fini par être communiquées et, après les avoir examinées, la Chambre a levé la suspension de la procédure le 18 novembre 2008. Après les déclarations liminaires présentées par les parties et les représentants légaux des victimes les 26 et 27 janvier 2009, l'Accusation a appelé son premier témoin à la barre le 28 janvier 2009. »[569] Cette mesure de suspension de la

[568] *Idem*, de la p.7, L26 à la p. 9, L2.

[569] Jugement Lubanga, § 10-i) ; Décision relative aux conséquences de la non-communication de pièces à décharge couvertes par les accords prévus à l'article 54-3-e du Statut, à la demande de suspension des poursuites engagées contre l'accusé et

procédure a été prise deux fois, la chambre ayant conclu que le défaut de communication des pièces rendait impossible la tenue d'un procès équitable.[570] « Lorsque l'Accusation a invoqué l'article 54-3-e du Statut pour justifier la non-communication de certaines pièces, la Chambre a ordonné la communication d'autres éléments de preuve ou de résumés pour éviter toute injustice envers l'accusé. »[571]

- La malfaçon de communication tardive de pièces a aussi été réparée par le rappel à la barre du témoin concerné. Ainsi, par exemple, comme le procureur n'avait communiqué à la défense les documents se rapportant à l'interrogatoire du témoin à charge P-581 qu'après que celui-ci eût achevé sa déposition, la chambre, sur requête de la défense, a décidé de rappeler ce dernier à la barre.[572]

- Enfin, la chambre a ouvert à la défense la possibilité de présenter de preuves supplémentaires alors même qu'était déjà arrêté le calendrier de dépôt des conclusions finales. En effet, le procureur a procédé à une communication tardive de documents au début de l'année 2011. Dans le souci d'assurer l'équité de la procédure, « bien que le calendrier de dépôt des conclusions finales ait déjà été arrêté à l'époque, la Chambre a indiqué à la Défense qu'elle serait autorisée à se fonder sur cet incident si elle considérait que toute ordonnance de communication prise par la Chambre à cette occasion avait des conséquences justifiant la présentation de preuves supplémentaires. »[573]

à certaines autres questions soulevées lors de la conférence de mise en état du 10 juin 2008, ICC-01/04-01/06-1401-tFRA, 13 juin 2008. Cette décision a été confirmée par la Chambre d'appel le 21 octobre 2008, ICC-01/04-01/06-1486-tFRA. Voir aussi Transcriptions ICC-01/04-01/06-T-98-ENG, de la p. 2, L23 à la p. 4, L1 ; ICC-01/04-01/06-T-107-ENG ; ICC-01/04-01/06-T-109-ENG.

[570] Jugement Lubanga, § 121 ; Décision ICC-01/04-01/06-1401-tFRA du 13 juin 2008, confirmée par la Décision de la Chambre d'appel ICC-01/04-01/06-1486-tFRA du 21 octobre 2008 citées supra ; Décision relative à la requête urgente du Procureur aux fins de modification du délai de communication de l'identité de l'intermédiaire 143 ou de suspension de l'instance dans l'attente de consultations plus approfondies avec l'Unité d'aide aux victimes et aux témoins, ICC-01/04-01/06-2517-Red-tFRA, 8 juillet 2010.

[571] Jugement Lubanga, § 121. L'article 54-3-e du Statut dispose : « Le Procureur peut : … e) S'engager à ne divulguer à aucun stade de la procédure les documents ou renseignements qu'il a obtenus sous la condition qu'ils demeurent confidentiels et ne servent qu'à obtenir de nouveaux éléments de preuve, à moins que celui qui a fourni l'information ne consente à leur divulgation… »

[572] Jugement Lubanga, § 122.

[573] Jugement Lubanga, § 122 ; Transcription ICC-01/04-01/06-T-352-Red-ENG, de la p. 17, L24 à la p. 18, L17.

B- Souplesse en cas de survenance d'un besoin inopiné de recourir à une pièce pour l'éclosion de la vérité

Les juges appliquent avec intelligence la règle fixant le délai de communication de la liste des documents à utiliser lors de l'interrogatoire d'un témoin. Ainsi, par exemple, dans l'affaire Ruto-Sang, la chambre de première instance V(A) admet qu'exceptionnellement, si une bonne raison est présentée justifiant la communication tardive de cette liste et que les documents concernés sont limités en nombre et en volume, les parties sollicitent son autorisation pour fournir ladite liste après l'écoulement du délai de cinq jours avant le début de la déposition.[574]

Dans le cadre de cette souplesse nécessaire, une partie peut donc solliciter et obtenir de la chambre, de façon tardive, voire inopinée, l'autorisation d'utiliser une pièce qui se révèle utile à la manifestation de la vérité. En effet, le procès étant une réalité dynamique, il peut arriver qu'au cours d'un interrogatoire et au vu des réponses du témoin, la partie qui l'interroge ressente la nécessité de faire usage d'un document qui ne faisait pas partie de la liste communiquée préalablement à la chambre, aux parties et aux participants. Il lui appartient alors d'adresser une requête urgente aux juges, en la motivant suffisamment, pour obtenir d'eux l'autorisation de s'appuyer sur cette pièce utile à la manifestation de la vérité sur une question précise.

Ceci est arrivé lors de l'interrogatoire principal du témoin de l'accusation P-250, dans l'affaire Katanga-Ngudjolo. Le 29 janvier 2010, au matin, le procureur a annoncé qu'il voulait utiliser un croquis de Bogoro et deux photos qui ne figuraient pas sur la liste des documents initialement communiqués à la chambre, aux parties, aux participants et au greffe. Il s'en est expliqué par ces mots :

> « M. MacDONALD : Bonjour, Monsieur le Président… J'ai remis ce matin, Monsieur le Président, deux, … trois documents. Un premier à la Défense - pardon. Le premier, il s'agit… d'un croquis, ou… d'une carte de Bogoro et de ses environs immédiats, dans le but de montrer ce croquis, éventuellement, au témoin, si la situation se présente pour qu'il puisse… porter des indications plus spécifiquement aux mouvements des troupes - évidemment en temps venu. Et j'ai également remis deux photos, qui sont sur notre liste des éléments à charge avec des… numéros ERN. Compte tenu du témoignage du témoin hier, si la situation se présentait, il est possible que l'Accusation demande la permission de montrer ces deux photos. Je dois mentionner qu'elles n'étaient pas sur notre liste que nous avons fait parvenir à la Défense et au Greffe, les pièces que potentiellement nous pourrions montrer au témoin. Évidemment, … c'est à la lumière donc du témoignage entendu hier qu'il est possible que nous fassions cette demande. C'est

[574] Décision Ruto-Sang ICC-01/09-01/11-847-Corr, § 22.

pour identifier une personne. La personne que l'on voit principalement sur la pièce qui se termine par 0570 -DRC-OPT-1036-05905... pardon, 70. »[575]

Ce à quoi la défense de MN a ainsi réagi :

« Pr FOFÉ : Merci, Monsieur le Président. À propos de documents que M. le Procureur vient de nous déposer, nous les avons reçus ce matin même, ici, dans cette salle. M. le Procureur n'ignore pas que nous ne sommes pas des originaires de l'Ituri et que, pour émettre un point de vue sur un tel croquis, il nous faut un minimum de temps de discussion avec notre client qui, lui, connaît mieux les lieux. Donc, il me paraît un peu difficile... Nous ne pouvons pas systématiquement nous opposer à ça, mais nous pensons qu'il nous faut un minimum de temps pour discuter avec notre client. Et en ce qui concerne les photos aussi, nous les avons reçues aujourd'hui même, donc ce matin. Nous ne savons pas très bien pourquoi le Procureur nous produit ces photos aujourd'hui et maintenant, après que le témoin 0250 ait déjà déposé pendant deux jours. Nous trouvons cette démarche un peu, disons, délicate ou indélicate. Bon, je sais pas... Voilà. Merci beaucoup. »[576]

La chambre a tranché en soulignant la nécessité d'appliquer la règle de préavis de trois jours minimum avec une certaine souplesse, vu le caractère dynamique du procès et le souci de privilégier la manifestation de la vérité sur chaque point débattu. Elle s'est prononcée comme suit :

« M. LE JUGE PRÉSIDENT COTTE : Bien. Chacun s'est exprimé. Alors, Monsieur le Procureur, en ce qui concerne tout d'abord la communication de pièces, qui est considérée par la Défense comme étant un peu tardive. Chacun a bien conscience que la dynamique de l'audience peut conduire à apprécier une communication différemment de ce qu'avait été votre appréciation antérieure. Il est, en même temps, certain que tout ce qui peut contribuer à faciliter le travail de la Défense mérite d'être mis en œuvre. Professeur Fofé, en ce qui concerne le délai minimal, dont vous venez de faire état, pour examiner un croquis avec votre client, est-ce que vous pensez que la demi-heure de suspension que nous aurons tout à l'heure est un délai qui est suffisant ?

Pr FOFÉ : Oui, Monsieur le Président.

M. LE JUGE PRÉSIDENT COTTE : Alors, la Chambre vous remercie pour votre compréhension et votre bonne volonté. C'est quelque chose dont nous prenons acte. Donc, sur un plan plus général, simplement, dans la mesure du possible - mais cela est valable d'un côté comme de l'autre, d'ailleurs, de la barre - il est important de communiquer les pièces dont on entend faire état le plus rapidement possible, et selon les modalités techniques, quand la technique fonctionne, qui sont mises à notre disposition. »[577]

---

[575] Transcription ICC-01/04-01/07-T-93-Red2-FRA CT WT 29-01-2010, de la p. 1, L18 à la p. 2, L24.

[576] *Idem*, de la p. 4, L21, à la p. 5 L11.

[577] Transcription ICC-01-04-01-07-T-93-Red2-FRA CT WT 29-01-2010, p. 6, L4 à 22.

On aura remarqué que même dans ce cas de figure, l'autre partie, en l'espèce la défense, peut solliciter et obtenir de la chambre un temps, ici trente minutes, pour examiner ce document avec son client et se prononcer en pleine connaissance de cause.

De même, lors de questions supplémentaires au témoin-accusé Mathieu Ngudjolo, la défense, à son tour, a dû solliciter l'autorisation d'utiliser une pièce annoncée seulement la veille, après le contre-interrogatoire du procureur. La chambre a autorisé son utilisation parce qu'elle permettait la manifestation de la vérité sur un point précis. Suivons les débats :

« Me KILENDA : Je me réfère au *transcript* d'audience 332, page 26, lignes 15 à 24. Q. Vous êtes en train de répondre à une question de M. le Procureur sur les éléments APC de Faustin. Et vous avez dit que dans l'APC il y avait des Lendu, des Ngiti, des Hema et autres tribus du Congo. Vous vous souvenez de cet échange avec M. le Procureur ? R. Oui, Maître.

Q. Voici ma question : les éléments lendu, ngiti et hema qui étaient au sein de l'APC étaient-ils des civils ou des militaires ? R. Des militaires.

Me KILENDA : Si Monsieur le Président n'y voit aucun inconvénient, nous souhaiterions faire afficher la pièce confidentielle DRC-D03-0001-0907.

M. LE JUGE PRÉSIDENT COTTE : Madame le greffier. *(Le greffier d'audience s'exécute)*. Alors, nous tirons le rideau puisque c'est une pièce confidentielle. Vous serez attentif, Maître Kilenda, au fait que sur cette pièce-là le Procureur ne s'est pas manifesté mais il s'est, en revanche, manifesté sur une autre pièce qui peut peut-être être jointe à celle que vous êtes en train de faire présenter. *(L'huissier d'audience s'exécute)*.

M. MacDONALD : Excusez-moi, Monsieur le Président, les deux sont règle... norme 35. Il y a une intervention à ce niveau-là, car c'est des pièces qui ont été divulguées hier soir pour la première fois. Alors...

M. LE JUGE PRÉSIDENT COTTE : Effectivement, vous aviez...

M. MacDONALD : Je note, au passage, c'est des pièces qui ont été remises ou obtenues par l'équipe de défense selon la chaîne de possession soit en février ou avril 2010. Voilà.

M. LE JUGE PRÉSIDENT COTTE : Vous aviez soulevé ce point tout en ne manifestant d'objection que pour l'autre pièce. Maître Kilenda, est-ce que la présentation de ce document revêt, en termes de manifestation de la vérité, une importance primordiale, à ce stade de nos débats, car il est vrai qu'elle arrive, non pas inopinément, mais tardivement - peut-être même inopinément aussi, les deux ?

Me KILENDA : Merci, Monsieur le Président. Vous vous souviendrez de ce que des échanges ont eu lieu entre M. le Procureur et M. Mathieu Ngudjolo au sujet d'un... On est en public ?

Pr FOFÉ : Pardon, j'interviens, Monsieur le Président.

M. LE JUGE PRÉSIDENT COTTE : Nous sommes bien en public ; il n'y a que le rideau qui est baissé.

Pr FOFÉ : Oui, oui, parce que je voyais où Me Kilenda allait ; il allait citer un nom, et ça allait fausser la manière de procéder. Ça allait créer un problème, une suggestion, voyez-vous ? Voilà, donc, il fallait être prudent. Je m'excuse, Maître.

M. LE JUGE PRÉSIDENT COTTE : Non, non, mais écoutez, le principe même d'une équipe, c'est de pouvoir s'entraider au bon moment.
Pr FOFÉ : Oui, oui. Donc, affirmatif, Monsieur le Président, si nous en sommes venus à utiliser cette pièce, c'est pour la manifestation de la vérité sur un point.
M. LE JUGE PRÉSIDENT COTTE : Écoutez, nous utiliserons cette pièce mais l'autre ne sera pas utilisée; vous vous contentez, pour l'instant, de celle-ci. L'autre qui fait l'objet d'une objection de M. le Procureur, nous nous devons d'être vraiment équitables. C'est une pièce qui arrive tardivement. Nous allons donc, au titre d'une norme 25 [35-2] très rapidement débattue à l'oral, accepter le présent document ; l'autre document, vous la conserverez dans votre dossier. Que cela soit bien clair.
Me KILENDA : Merci, Monsieur le Président. *(Le greffier d'audience s'exécute).*
Mme LA GREFFIÈRE : Monsieur le Président, le document peut être visionné sur « PC 1 ».
M. LE JUGE PRÉSIDENT COTTE : Merci, Madame le greffier.
Me KILENDA : Y a-t-il moyen de zoomer un peu ? *(Le greffier d'audience s'exécute).*Q. Voyez-vous cette photographie, Monsieur Ngudjolo ?
LE TÉMOIN... : R. Oui, c'est lui le vice-président des jeunes du groupe de l'autodéfense, et c'est lui qui a signé la demande d'aide.
Q. Comment s'appelle-t-il ? R. Martin Banga Dheja.
(Discussion au sein de l'équipe de la Défense)
Me KILENDA : Monsieur le Président, peut-on visionner l'EVD-OTP-00081 ?
... Q. Observez bien cette photographie, Monsieur Ngudjolo. La personne que vous voyez ici est-elle la même que celle sur la photo précédente ?
LE TÉMOIN... : R. ... Non Maître. »[578]

En cette matière de communication tardive des documents, la chambre a rendu une décision orale importante et instructive le 27 septembre 2011. Elle se prononçait sur les requêtes 3157-Conf et 3163-Conf de la défense de GK qui sollicitait l'adjonction des documents à sa liste après l'expiration du délai fixé par la chambre, en application de la norme 35-2 du RC.

Deux leçons majeures se dégagent de cette décision orale du 27 septembre 2011 :

La première, c'est que la chambre accorde l'autorisation d'adjonction tardive des documents nouveaux sur la liste si les conditions requises par la norme 35-2 du RC sont réunies, c'est-à-dire si le requérant fait la démonstration, arguments à l'appui :

- de son incapacité à présenter sa demande dans le délai imparti ;
- pour des raisons échappant à son contrôle.

Il en a été ainsi, par exemple, du document DRC-OTP-0029-0109 et de sa traduction au sujet desquels la chambre s'est prononcée comme suit :

« En ce qui concerne l'exception qui vient d'être évoquée, c'est-à-dire le document DRC-OTP-0029-0109, c'est une lettre du colonel Matata à l'opérateur

---

578 Transcription ICC-01-04-01-07-T-333-Red2-FRA CT2 WT 11-11-2011, de la p. 80, L1 à la p. 83, L2.

Oudo, et sa traduction, DRC-OTP-1024-0091, en ce qui concerne donc ce document, tant le Procureur que les représentants légaux semblent s'accorder sur le fait qu'eu égard à sa divulgation par le Bureau du Procureur le 19 avril 2011 seulement, soit après l'expiration du délai imparti à la Défense et alors que la présentation de sa cause... était en cours, les conditions posées par la norme 35-2 sont remplies. Sous réserve de l'usage que la Défense entend en faire, le Procureur énonce clairement qu'il ne s'oppose pas à l'adjonction de ce document à la liste des pièces de la Défense. La Chambre en prend dès lors acte et, rappelant que cela ne préjuge pas de l'usage que la Défense sera autorisée à en faire, elle donne son accord à l'ajout tardif de ce document. »[579]

La seconde leçon, c'est que la chambre a la faculté d'autoriser la communication d'un document hors délai, bien qu'il ne soit pas satisfait aux conditions de la norme 35-2 :
1°- lorsqu'elle est convaincue que le document en question est significativement plus convaincant que les autres éléments de preuve déjà communiqués ou met en lumière un fait jusqu'alors inconnu et significatif pour l'affaire ; et
2°- lorsqu'elle est convaincue que son ajout tardif ne porterait pas préjudice à l'équité de la procédure en ce que, notamment, les autres parties disposent de suffisamment de temps pour y répondre.[580]
En application de ces critères d'appréciation, la chambre a rejeté le document DRC-OTP-0185-0816 pour les motifs suivants :

- absence d'informations sur les conditions de son élaboration, notamment du nom de son auteur, donc fiabilité insuffisante ;
- ce document n'est pas significativement plus convaincant que les autres éléments figurant déjà au dossier.

Elle s'exprime en ces termes :

« À propos de la pièce DRC-OTP-0185-0816, c'est-à-dire un état de vérification des troupes, la Défense soutient que ce document émanant des Nations Unies, qui ne fait état que de 35 enfants soldats comptabilisés à Aveba en août 2003, vient contredire les données du cahier du témoin P-0267, qui a été versé au

---

[579] CPI, Situation en République démocratique du Congo, *Affaire le Procureur c. Germain Katanga et Mathieu Ngudjolo*, ICC-01/04-01/07, Chambre de 1ère instance II, Transcription de l'audience du 27 septembre 2011, ICC-01/04-01/07-T-314-FRA CT WT, p. 4, L10 à 20.

[580] *Idem*, p. 4, L21 à 28 : « S'agissant des autres documents, la Chambre rappelle que, conformément à sa jurisprudence, elle a la faculté d'autoriser leur communication hors délai, bien qu'il ne soit pas satisfait aux critères de la norme 35-2, lorsqu'elle est convaincue que le document en question est significativement plus convaincant que les autres éléments de preuve déjà communiqués ou met en lumière un fait jusqu'alors inconnu et significatif pour la présente affaire, et lorsqu'elle est convaincue que son ajout tardif ne porterait pas préjudice à l'équité de la procédure en ce que, notamment, les autres parties disposent de suffisamment de temps pour y répondre. »

dossier sous le numéro EVD-OTP-00120. Tant le Procureur que les représentants légaux se sont opposés à son adjonction tardive au motif qu'en l'absence d'informations sur les conditions de son élaboration, notamment du nom de son auteur, il ne paraît pas suffisamment fiable. La Chambre est d'avis que ce document n'est, en effet, pas significativement plus convaincant que les éléments figurant déjà au dossier et elle rejette donc la requête de la Défense sur ce point. »[581]

En revanche, la chambre a autorisé l'ajout du document DRC-OTP-0233-0525-R01 pour deux raisons :

- elle considère que ce document contient des éléments inconnus jusqu'alors et qui présentent un caractère significatif pour la cause de la défense de GK ;
- elle relève que ce document ayant été divulgué par le procureur lui-même, son ajout à ce stade de la procédure n'entraîne pas de préjudice pour les parties qui en avaient nécessairement connaissance depuis un certain temps.[582]

Il en est de même du document DRC-OTP-0026-0224 sur lequel la chambre se prononce ainsi :

« À propos du document DRC-OTP-0026-0224 - il s'agit de minutes de différentes réunions du FNI-FRPI -, la Défense soutient que ce document est particulièrement significatif car il tend notamment à démontrer les difficultés rencontrées par le commandement FNI-FRPI pour contrôler les miliciens ainsi que ses problèmes organisationnels. Le Procureur estime que la Défense aurait pu l'utiliser lors de l'audition du témoin D02-236 et que ce document, sans

581 Transcription ICC-01-04-01-07-T-314-FRA CT WT 27-09-2011, p. 6, L6 à 15.

582 *Idem*, de la p. 6, L16 à la p. 7, L4 : « En ce qui concerne le document DRC-OTP-0233-0525-R01 - il s'agit d'un mémorandum interne du Bureau du Procureur -, la Défense allègue qu'il contient des informations nouvelles sur le comportement des intermédiaires 143 et 316 et sur le témoin P-0267. Les représentants légaux se sont opposés à son adjonction tardive au motif qu'il n'est pas significativement plus convaincant que d'autres éléments déjà versés au dossier. Le Procureur, reconnaissant que la Défense avait été privée de la possibilité de contre-interroger le témoin P-0267 sur ce document du fait de sa divulgation postérieure à l'audition de ce dernier, s'est dit prêt à faire une « admission » relative à l'information contenue dans le rapport et ayant trait à ce témoin. Par contre, il s'oppose à l'adjonction tardive du mémorandum, soulignant que la question des intermédiaires 143 et 316 n'est pas significative dans la présente affaire. La Chambre considère que ce document contient des éléments inconnus jusqu'alors et qui présentent un caractère significatif pour la cause de la Défense de Germain Katanga. Elle relève que, ce document ayant été divulgué par le Procureur lui-même, son ajout à ce stade n'entraîne pas de préjudice pour les parties qui en avaient nécessairement connaissance depuis un certain temps. Elle autorise donc la Défense à l'ajouter à sa liste de pièce, sans préjudice de la décision qu'elle rendra sur la *bar table motion*. »

signature ni tampon, postérieur de plusieurs mois à l'attaque de Bogoro et sans lien apparent avec Germain Katanga, n'est pas pertinent. La Chambre considère, sous réserve de la justification que la Défense pourra apporter quant à l'utilisation de ce document au cours de l'interrogatoire principal de Germain Katanga, et notamment de toutes les informations complémentaires que l'accusé pourrait apporter le cas échéant en vue de son authentification, la Chambre considère que les minutes de ces réunions pourraient revêtir un caractère significativement plus convaincant que d'autres éléments déjà communiqués ou versés au dossier, et ce sans atteinte à l'équité de la procédure, s'agissant d'un document peu volumineux divulgué par le Procureur depuis décembre 2008. Elle fait donc droit à la demande de la Défense sur ce point. »[583]

En principe, au cours des questions supplémentaires ou des questions ultimes de la défense à son témoin, celle-ci ne doit plus introduire un nouveau document au débat. Elle devait faire usage de toutes ses pièces durant l'interrogatoire principal. Cependant, si lors du contre-interrogatoire mené par le procureur, ce dernier a abordé un sujet qui amène la défense à devoir utiliser un document nouveau pertinent, celle-ci peut solliciter de la chambre son ajout en démontrant qu'elle remplit les critères fixés par la norme 35-2 du RC. Ce cas est advenu à l'audience de la chambre de première instance II du 19 octobre 2011, au moment de questions supplémentaires de la défense au témoin-accusé GK. Le conseil officiant a sollicité l'autorisation d'utiliser une lettre datée du 6 mars 2003, qui, selon lui, était nécessaire pour la défense de cet accusé à la lumière du contre-interrogatoire mené par le procureur. Il a démontré que les conditions requises par la norme 35-2 RC étaient réunies et qu'en application de l'article 69-4 du Statut et du paragraphe 106 des instructions 1665, cette autorisation devait lui être accordée. En effet, aux termes de l'article 69-4 du Statut, « la Cour peut se prononcer sur la pertinence et l'admissibilité de tout élément de preuve conformément au Règlement de procédure et de preuve, en tenant compte notamment de la valeur probante de cet élément de preuve et de la possibilité qu'il nuise à l'équité du procès ou à une évaluation équitable de la déposition d'un témoin. » Cette disposition permet donc aux juges d'appliquer avec souplesse l'obligation d'annonce et de communication des documents qui pèse sur les parties et les participants. De même, le rappel du paragraphe 106 des instructions 1665 était pertinente, car il contient cette prescription : « La Chambre interdit expressément aux parties qui citent des témoins de leur communiquer plus de documents que ceux qu'elles entendent ou peuvent utiliser aux fins de leur interrogatoire respectif. »

Après débat, et sur proposition du procureur, la chambre a accordé à la défense, à titre exceptionnel, l'autorisation de rouvrir son interrogatoire

---

[583] Transcription ICC-01-04-01-07-T-314-FRA CT WT 27-09-2011, p. 7, L5 à 21.

principal exclusivement sur cette pièce, et au procureur, l'autorisation de contre-interroger à nouveau le témoin, uniquement sur ce document.[584]

Section 2 - *Deuxième règle* : Nécessité d'existence d'un lien entre tel document et tel témoin

Pour permettre une meilleure appréhension de cette règle, ses explications sont nourries des débats instructifs qui se sont déroulés devant la chambre de première instance II (paragraphe I) et qui mettent également en évidence la souplesse nécessaire à son déploiement efficient (paragraphe II).

Paragraphe I : Explications et illustrations de la mise en œuvre de cette règle

Quelle que soit l'étape où l'on se trouve, interrogatoire principal ou contre-interrogatoire, un document ne peut être versé par le canal d'un témoin que s'il a un lien avec celui-ci, soit qu'il est l'œuvre de ce dernier, soit qu'il contient ses propos et sa signature, soit que ses propos concordent avec le contenu de ce document. Les instructions 1665 prévoient cette possibilité en son paragraphe 97 qui dispose : « Si un élément de preuve documentaire est intrinsèquement lié à un témoin donné, la partie citant ce témoin peut présenter l'élément en question par le truchement du témoin. Dans ce cas, l'élément ne doit cependant pas être mentionné avant sa présentation par le témoin. »

Et le paragraphe 105 d'ajouter : « La partie citant le témoin a la responsabilité de lui fournir copie des documents auxquels il sera fait référence au cours de l'interrogatoire, et ce, suffisamment de temps avant sa déposition pour qu'il puisse les étudier. » Cela peut s'accomplir dans le cadre de l'étape de *familiarisation*. La décision ICC-01/09-01/11-847-Corr prévoit également qu'un élément de preuve ne peut, en principe, être introduit par le truchement d'un témoin que s'il existe un lien entre le témoignage de ce dernier et ledit élément de preuve. La partie adverse peut présenter des observations orales ou des objections à leur utilisation.[585]

Il faut souligner qu'une fois que le témoin se trouve au siège de la Cour et se prépare à témoigner, ne peuvent lui être présentés, durant ce qu'on appelle séance de familiarisation, que des documents dont il est l'auteur ou un des signataires, ou contenant ses propos. C'est ainsi que peuvent lui être remis pour rafraichissement de mémoire : ses déclarations antérieures, ses écrits,

---

[584] Voir les débats qui ont eu lieu autour de cette requête et la décision de la chambre, *supra*, pp 116 à 120.

[585] Décision Ruto-Sang ICC-01/09-01/11-847-Corr, § 26.

les extraits vidéos des films qu'il a réalisés, les croquis ou cartes qu'il a antérieurement dessinés, les extraits audio des interviews qu'il a précédemment données etc. « La Chambre interdit expressément aux parties qui citent des témoins de leur communiquer plus de documents que ceux qu'elles entendent ou peuvent utiliser aux fins de leur interrogatoire respectif. » Tel est, nous le rappelons, le prescrit du paragraphe 106 des instructions 1665. Aussi est-il prohibé de présenter au témoin ou lui donner lecture in extenso des documents dont il n'est ni l'auteur, ni le signataire, pour éviter de tomber dans ce qu'on appelle le *proofing,* c'est-à-dire pour éviter d'influencer ses réponses ou de le préparer à répondre dans tel ou tel sens.

Un débat s'est déroulé autour de cette question à l'audience du 22 février 2010, lorsque le conseil de MN contre-interrogeait le témoin de l'accusation P-250. En effet, au cours de ses enquêtes, la défense avait obtenu de ses témoins potentiels à décharge, des déclarations écrites et signées d'eux, parlant du témoin du procureur P-250. Ces déclarations étaient numérotées DRC-D03-0001-0274 et 0276. Elles étaient courtes, car rédigées en forme d'attestations. Pour confronter P-250 à ces déclarations des témoins de la défense, le conseil de MN a voulu lui en donner lecture. Ce à quoi s'est opposé le procureur en objectant que ces écrits, qui n'étaient pas l'œuvre de P-250, ne pouvaient pas lui être lus ni opposés. La chambre, soucieuse de l'équité de la procédure, a donné raison au procureur. Considérant que les deux déclarations étaient assimilables à une preuve testimoniale, elle a décidé qu'elles ne pouvaient pas être soumises à P-250. En revanche, elle a admis que le conseil exploite intelligemment ces déclarations pour nourrir ses questions à P-250. La chambre a saisi l'occasion pour souligner que la confrontation des témoins ne fait pas partie de la procédure en vigueur devant la CPI et que tout ce qui pourrait résulter d'une confrontation est susceptible de provenir d'un bon contre-interrogatoire, voire de l'interrogatoire principal de la défense, si les personnes avec lesquelles on se propose de confronter le témoin de l'accusation sont citées comme témoins à décharge. Suivons cette éclairante analyse et l'équitable décision de la chambre :

> « M. LE JUGE PRÉSIDENT COTTE : « ... La Chambre va donc revenir un instant sur la discussion qui a, non pas opposé, mais qui a conduit M. le Procureur et la Défense de Mathieu Ngudjolo à échanger. Elle note, tout d'abord, en ce qui concerne le retard avec lequel M. le Procureur aurait présenté son objection... Elle note tout d'abord que, effectivement, dans sa rédaction initiale, le paragraphe 108 de la décision 1665 du 1er décembre 2009 relative à la règle 140 n'avait pas prévu une notification aux parties et aux participants. Cette exigence, cette obligation a été rappelée..., verbalement, le 12 février dernier et nous avons donc indiqué qu'il convenait d'insérer, après : « Elle doit en informer la Chambre », les mots : « Aux parties et aux participants et “le” greffier d'audience ». C'est donc uniquement à partir du 12 février 2010 que la Défense de Mathieu Ngudjolo, qui ne pouvait pas respecter une obligation qui n'existait

pas avant, a pu la mettre en œuvre. Nous sommes, certes, le 22 février 2010 et M. le Procureur aurait peut-être pu se manifester plus tôt, mais il est vrai que ce paragraphe 108 est resté, pendant un certain temps, incertain. Il est aujourd'hui clair, nous n'aurons pas de difficulté de même nature. C'est une première observation. Nous n'aurons plus de difficulté de cette nature. Une deuxième observation : le Pr Fofé a effectivement rappelé - et je m'autorise, donc, la Chambre s'autorise à revenir sur ce point puisqu'il en a fait état - qu'il avait manifesté avec l'équipe de défense de Mathieu Ngudjolo le souhait de procéder à une confrontation. La Chambre lui a effectivement répondu. Nous étions dans un document... nous sommes dans un document *ex parte*. Mais c'est simplement pour confirmer ce qui a été dit : qu'une confrontation n'avait pas sa place dans le type de procédure qui avait été mise en place et que tout ce qui pourrait résulter d'une confrontation est susceptible de provenir d'un bon contre-interrogatoire, qui a été prévu pour cela, voire également de l'interrogatoire principal de la Défense, si les personnes avec lesquelles on souhaite confronter le témoin sont appelées comme témoins de la Défense. Troisième observation : la Chambre, donc, revient sur le paragraphe 98 de sa décision. Je le relis brièvement, même si M. le Procureur l'a lu tout à l'heure : « Les preuves documentaires autres que la transcription écrite d'un témoignage peuvent être soumises sans le truchement d'un témoin. Cela est nécessaire pour éviter d'avoir à citer un grand nombre de témoins aux seules fins de présenter des documents. Les trois déclarations - qui portent les références swahilies 273, 274, 276 ; en français : 277, 278, 279 - sont, pour la Chambre, assimilables à une preuve testimoniale. Et à ce titre, en application du paragraphe 98, elles ne peuvent être soumises au témoin. » C'est ce qui les différencie précisément de la lettre du 4 janvier 2003 qui a été citée à plusieurs reprises dans votre échange il y a quelques instants. En revanche, Professeur Fofé et Maître Kilenda, la Chambre considère que vous avez effectivement parfaitement la possibilité de puiser dans ces déclarations, d'en prendre des extraits afin de nourrir les questions que vous entendez poser au témoin. Et c'est à cette démarche qu'elle vous convie, en précisant que les paragraphes 101 et 102 de l'instruction du 1er décembre 2009, relative à la règle 140, semblent, sauf erreur de notre part... semblent ne pas avoir été pleinement suivis par votre équipe. Je relis le paragraphe 101 : « Lorsqu'une partie souhaite verser plusieurs documents aux débats sans le truchement d'un témoin, elle soumet un tableau présentant, pour chaque document, une brève description de son contenu, la liste des passages les plus pertinents, ainsi que la démonstration de sa pertinence et de sa valeur probante... » Paragraphe 102 : « Avant de soumettre à la Chambre sa demande, accompagnée du tableau, la partie concernée l'envoie à la partie adverse, laquelle peut insérer dans le tableau ses observations concernant chaque document. Il incombe à la partie présentant les documents de s'assurer que la partie adverse dispose de suffisamment de temps pour formuler ses observations. Cependant, la partie présentant les documents peut demander que les observations soient soumises dans un délai raisonnable. » Les paragraphes 101 et 102, comme d'ailleurs le paragraphe 100, déclinent, expliquent la manière dont doit être appliqué ce paragraphe 98. Il s'agit là simplement d'un rappel. Donc, pour nous résumer, et au vu des différentes observations qui viennent d'être faites, la Chambre, qui est très soucieuse de l'égalité des armes et de ce que cette procédure soit équitable, pense que le paragraphe 98 s'applique ici. Mais elle pense aussi que les droits de Mathieu Ngudjolo ne sont pas altérés, dans la mesure où sa Défense peut, non pas uniquement en s'inspirant, mais en puisant dans les trois documents - d'ailleurs, de dimension réduite – [des questions] qu'elle se proposait de soumettre au témoin... la Défense peut donc poser ses questions, nourrir ses questions et faire en sorte d'obtenir les réponses qu'elle souhaite obtenir... »[586]

La situation diffère lorsque le document qu'on veut utiliser est l'œuvre du témoin. En effet, en contre-interrogatoire, le conseil de l'accusation ou de la défense peut faire usage d'une pièce portant la signature du témoin comparaissant pour le questionner là-dessus. C'est ainsi que, par exemple, au cours du contre-interrogatoire du témoin de la défense D03-088, le procureur s'est appuyé sur un document[587] signé par ce dernier pour tenter de démontrer qu'à l'époque des faits, les chefs coutumiers n'avaient pas d'autorité. Selon lui, ceux qui avaient l'effectivité du pouvoir, c'était les chefs des groupes armés. Le témoin a contesté cette allégation en affirmant que dans son groupement, le pouvoir était réellement exercé par le chef du groupement et les vieux sages. Voici cette illustration :

« Q. Chef Manu, et je vais appeler maintenant avec votre permission, une pièce qui est publique qui est la pièce n° 6, pièce pour laquelle je crois que mon collègue ou nos collègues, pardon, de l'équipe de M. Ngudjolo s'objectent sur la base temporelle. Il s'agit de documents dont l'intitulé s'appelle « Protocole d'accord relatif aux résolutions des conflits interethniques hema, lendu et bira en territoire d'Irumu ». Et, à la lumière des réponses qui ont été données par le témoin depuis le tout début, Monsieur le Président, même... le Pr Fofé lorsqu'il a procédé à son interrogatoire faisait référence à cette période de 2001. Le témoin lui-même a fait référence à cette période de 2001. Et donc, j'aimerais pouvoir questionner le témoin à ce sujet, car vous noterez - et je ne le dirai pas à haute voix -, mais le nom y apparaît, son nom y apparaît, et vous allez m'excuser mais c'est à l'entrée n° 63 de la page qui se termine par 0211. Voilà. Et pour plus de précisions, le témoin est ici et j'aimerais qu'on évite tout débat devant lui à ce sujet. Alors, si mes collègues ont un débat à faire, ... j'attire l'attention plus particulièrement également à la page... 0207, et en dessous du point 2, les entrées lorsqu'on voit la deuxième entrée qui débute par « restauration ». Je ne sais pas si, Monsieur le Président, vous avez la page...

M. LE JUGE PRÉSIDENT COTTE : Professeur Fofé.

Pr FOFÉ : Merci beaucoup, Monsieur le Président. Je voudrais d'abord relever que le Procureur nous a divulgué ces documents sous la règle 77. Alors, nous sommes un peu surpris qu'au moment où nous présentons nos moyens à décharge, le Procureur cherche à utiliser ces documents contre l'accusé - un

---

[586] CPI, Situation en République démocratique du Congo, *Affaire le Procureur c. Germain Katanga et Mathieu Ngudjolo*, ICC-01/04-01/07, Chambre de 1ère instance II, Transcription de l'audience du 22 février 2010, ICC-01/04-01/07-T-105-Red-FRA WT, p. 32 L17 à p. 35 L5. La chambre a ainsi rappelé les paragraphes 98 à 102 des instructions 1665 qui organisent la procédure de « *Bar table Motion* ».

[587] Pièce DRC-OTP-0136-0205, admise au dossier sous la cote EVD-OTP-00275.

document divulgué sous la règle 77. Et, également, si vous allez à la dernière page, vous verrez que ce document date de juin 2002. Donc, essentiellement, Monsieur le Président, nous avons comme l'impression que M. le Procureur cherche par des moyens un peu détournés - je m'excuse du terme - d'utiliser des documents divulgués sous la règle 77 pour essayer d'alimenter l'Accusation. C'est... cela ne nous paraît pas orthodoxe, Monsieur le Président.
M. LE JUGE PRÉSIDENT COTTE : Professeur Fofé, nous n'allons pas faire de procès d'intention au Procureur ; ce document date de 2002, le document est signé par le témoin, il n'est pas du tout déraisonnable de la part du Procureur de vouloir l'utiliser en contre-interrogatoire. Il va l'utiliser. Monsieur le Procureur, vous poursuivez. » [588]

La décision de la chambre rejetant l'objection du conseil de la défense était tout à fait équitable, car l'invocation de la règle 77 ne constituait pas un argument valable pour fonder cette objection. Aussi, après échange de questions-réponses entre le procureur et le témoin, un numéro EVD a-t-il été attribué à ce document.[589]

Paragraphe II : Souplesse dans la mise en œuvre de cette règle

Cette règle de la nécessité de l'existence d'un lien entre un document que l'on veut utiliser et le témoin qu'on doit interroger ou contre-interroger ne s'applique cependant pas de façon absolue. Les juges conservent, en effet, leur pouvoir d'appréciation au cas par cas, leur décision étant motivée par plusieurs critères : le souci de la manifestation de la vérité, l'équité de la procédure, la pertinence du document en présence, son authenticité, la qualité de son auteur, le sérieux de ses sources etc.

Il faut par ailleurs noter que la notion de lien ne doit pas toujours s'entendre d'un lien direct. Les juges peuvent estimer qu'un lien existe entre un témoin et une pièce non seulement lorsqu'il en est l'auteur, le signataire ou le destinataire, mais aussi lorsque les déclarations de ce témoin concordent avec le contenu de cette pièce. Illustratif de cette compréhension est le débat ci-dessous qui s'est déroulé devant la chambre de première instance II à l'occasion de la déposition du témoin de l'accusation P-250. À un moment donné de son interrogatoire principal, le procureur a voulu présenter à ce témoin le document DRC-OTP-0029-092, communément appelé « lettre de demande d'aide » ou « lettre savon ». Les deux équipes de défense se sont levées pour formuler des objections, soulignant notamment l'absence de lien entre ce témoin et cette pièce, celui-ci n'en étant ni l'auteur, ni le signataire, ni le destinataire. En voici les extraits pertinents :

---

[588] Transcription ICC-01/04-01/07-T-305-Red-FRA WT 07-09-2011, p. 47, L21 à p. 49 L14.

[589] *Idem*, p 49, L26 à p. 53 L13. Pièce publique : EVD-OTP-00275.

« M. MacDONALD : Alors, ... Je veux montrer ce sceau au témoin... tel qu'on le voit à l'écran ; et à savoir s'il reconnaît ce qu'il voit - au niveau du sceau uniquement, pour l'instant. Et, par la suite, j'aimerais également, s'il y a lieu, que le témoin prenne connaissance du contenu de la lettre. Donc, si ce qui est écrit, s'il peut le lire. Et, par la suite, lui poser des questions à savoir si, à sa connaissance, il se rappelle de ce qui est mentionné au niveau du contenu... »[590]

« M. LE JUGE PRÉSIDENT COTTE : Monsieur le Procureur, la Chambre a parfaitement à l'esprit les propos que le témoin a tenus depuis quelques jours, l'éventuelle relation qu'il y a entre ces propos et cette pièce. Simplement, elle n'oublie pas que les deux équipes de défense se sont objectées à la présentation de ce document. Nous allons leur donner la parole. Mais il m'était apparu que, précisément, en raison de l'existence de ces objections, il pouvait y avoir un intérêt à ne pas dissocier le sceau du contenu même du document. Et, une fois entendues les objections, et une fois qu'il y sera répondu, procéder à l'interrogatoire de votre témoin de manière plus globale. Ceci étant dit, donc, les deux équipes de défense ont formulé par écrit une objection à la présentation de ce document. Peuvent-elles nous exposer très rapidement ce... sur quoi elles fondent cette objection ? Est-ce que l'équipe de Germain Katanga souhaite commencer ? ...

Me O'SHEA... : ... Monsieur le Président, Mesdames les juges, d'emblée, je voudrais dire que ce n'est pas tellement l'effet que pourrait avoir cette lettre qui peut nous chiffonner. Ce n'est pas cela qui justifie que je prenne la parole maintenant... Ça me semble être ici une question de principe très importante. Du côté de la Défense, nous estimons que nous avons été traités de façon peu équitable sur la présentation de cette lettre. Je vais m'expliquer. Le Bureau du Procureur nous a fait une notification juste avant que cette déposition de témoin ne commence. C'était après la pause de Noël. Et, donc, il nous a dit que l'un des documents sur lequel l'Accusation entendait se reposer était donc ce document. Et, au moment où on nous a parlé de ce document, nous avions déjà une évaluation des 50 et quelques heures et des 700 et quelques pages de documents qui se rapportaient à ce témoin. Et, dans tout cet ensemble, il n'y avait strictement rien qui établissait un lien entre ce témoin et ce document. On nous a donc notifié... le contenu de ce que ce témoin allait nous dire. Il n'y avait rien qui reliait le témoin et ce document. Et c'est là que le bât blesse parce que je voudrais vous rappeler aussi la section sur l'administration de la preuve documentaire, liée, donc, à une décision très importante que vous avez prise - je pense au paragraphe 97, où l'on nous dit la chose suivante : « S'il y a une corrélation inhérente entre un témoin et une documentation, la partie qui fait comparaître ce témoin doit présenter ce document par le biais de ce témoin. » Donc, une « corrélation inhérente » - en anglais, « inherent correlation » : je pense que c'est à bon escient ou pour de bonnes raisons que la Chambre s'est ainsi exprimée ; et cela, d'ailleurs, sera illustré par la nature de ma demande. Notre honorable confrère a procédé à l'interrogatoire de ce témoin. Et, à cette occasion, nous l'avons invité à deux ou trois reprises à ne pas poser de questions suggestives. Et il a été dit - je cite : « Nous ne sommes pas maîtres des réponses. » Fermez les guillemets. Bien sûr, nous acceptons cette déclaration, par

---

590 Transcription ICC-01/04-01/07-T-95-Red-FRA WT 02-02-2010, p. 48, L15 à 21.

principe. Il est évident que le Bureau du Procureur ne peut pas être maître des réponses. Il ne peut pas régir… la parole qui sort de la barre des témoins. Mais… il doit être prudent. En effet, le Bureau du Procureur est une instance indépendante. Avant même que la question ne soit posée au banc des juges, le Bureau du Procureur doit réfléchir avant toute action qu'il va entreprendre - réfléchir s'il agit de façon juste vis-à-vis de l'accusé. Certes, M. MacDonald ne peut pas prévoir tout ce que va dire le témoin. Il peut néanmoins être prudent et ne pas dire un certain nombre de choses. Il peut prendre des précautions afin de s'assurer que la Défense ne tombe pas dans un piège. Et la présentation de cette lettre donne l'impression qu'un piège est tendu à la Défense. C'est pour cette raison que cette question a une importance de principe. Dans les documents écrits, il n'y avait pas de lien avec le témoin. Le témoin, lors du premier jour de déposition, a fait une déclaration qui a surpris tout le monde. »[591] … « Et c'est à stade-là que le Bureau du Procureur ne peut plus prétendre que les déclarations du témoin ne relèvent pas de sa responsabilité. Parce que, dans la présentation, où l'on disait ce dont allait parler le témoin, pas un mot n'était dit du fait qu'il allait parler de correspondance ou de courrier… Donc, je ne voudrais pas que la Chambre prenne une décision sur la recevabilité de ce document. Mais ce que je souhaiterais, c'est que ce document ne soit pas considéré comme recevable par le biais de ce témoin-là… Peut-être que le Bureau du Procureur a agi délibérément ou peut-être de façon innocente, mais là n'est pas la question. La question est de savoir quel est le préjudice que subit la Défense. Et nous disons que nous avons subi un préjudice. En effet, nous aurions voulu être en mesure de faire des enquêtes appropriées au sujet de ce témoin, et de la correspondance… »[592] « Y a-t-il une base raisonnable qui fait penser que ce témoin peut parler de cette lettre ? Le banc des juges a cette lettre devant les yeux - ou une copie. Oui ? Et je voudrais vous inviter à porter votre attention sur cette lettre. On note une première chose : ce témoin n'est pas le destinataire de la lettre en question. Le témoin n'est pas non plus l'une des personnes qui ont apposé leur signature. Quoi qu'il en soit, le témoin n'a pas fait sa déposition au sujet de demande de ravitaillement, telle qu'elle était formulée dans cette lettre… Et, ensuite, si vous voulez aller voir le cachet, Mesdames, Monsieur le juge, que vous trouvez donc sur la lettre qui est devant vos yeux, l'emblème du parti sur cette lettre est entouré des mots : « Forces des résistances patriotiques en Ituri ». Et ce n'est pas le parti dont faisait partie ce témoin. Ce n'était pas le FNI, le groupe dont faisait partie ce témoin… »[593] « Et aussi, en tenant compte de l'aspect de cette lettre et des réponses du témoin, il semble très douteux que ce témoin puisse répondre à des questions sur cette lettre. C'est une base suffisante, donc, pour ne pas permettre au Bureau du Procureur de transmettre cette lettre par l'intermédiaire du témoin. Et cela créerait d'ailleurs un autre problème. Mesdames, Monsieur le juge, en effet, nous ne trouvons pas de repère dans le temps dans cette déposition du témoin. Il y a une chose, aussi, qui nous manque : le témoin n'est pas spécifique au sujet du rôle de Martin Banga comme étant le président d'une

---

591 Transcription ICC-01/04-01/07-T-95-Red-FRA WT 02-02-2010, p. 50, L6 à p. 52, L17.

592 *Idem*, p. 53 L8 à 11 ; p. 55 L17 à 19 ; p. 57 L3 à 7.

593 *Idem*, p. 59 L10 à 15 ; p. 60 L1-2 ; p. 61 L5 à 9.

délégation. Pour l'instant, nous avons simplement Boba Boba comme président de la délégation dont nous parlons. Et si vous permettez, j'aimerais encore avoir un instant, Monsieur le Président. (Discussion au sein de l'équipe de la Défense) Peut-être me trompé-je quant à la référence à Boba Boba comme étant le président, mais, quoi qu'il en soit, nous n'avons pas de détails qui montrent que Martin Banga était le président de la délégation dont parlait ce témoin. Nous n'avons pas non plus de détails sur les contenus de la lettre. Et ça, c'est ce qu'il y a de plus important. Donc, quel sera l'effet si on soumet cette lettre au témoin ? La Chambre a pris la décision 1665. Dans cette décision, elle a dit que, durant l'interrogatoire principal, la personne qui interroge le témoin doit éviter de poser des questions de façon suggestive. Si M. MacDonald disait au témoin : Monsieur le témoin, pouvez-vous nous dire quelque chose au sujet des ravitaillements en savons ? Eh bien, c'est justement ce que la Cour ne permettrait pas. Et si Me MacDonald disait au témoin : Monsieur le témoin, est-ce que, le 4 janvier 2009, vous pensez à quelque chose concernant un ravitaillement en savons ? Eh bien, ça aussi, ce serait une question qui ne serait pas recevable. Ou encore, si on demandait au témoin : le président de la délégation était-il Martin Bango (Phon.)? Eh bien, là aussi, ce serait une question qui ne serait pas recevable. Et maintenant, le Procureur veut mettre cette lettre devant les yeux du témoin avec un contenu dont on n'a jamais parlé ? Permettre au témoin de lire cette lettre et d'exprimer ses commentaires ? Donc, quelle est la différence entre ça et poser des questions tendancieuses ? En effet, dans ce cas-là, mon confrère orienterait le témoin sur le contenu de cette lettre. Si c'est donc le contenu de cette lettre que Me MacDonald souhaite soumettre à la Chambre, il ne doit pas le faire de cette façon. Et s'il voulait autre chose au sujet du cachet sur cette lettre, il ne devrait pas le faire ainsi. (Expurgée)... Voilà donc les trois bases qui nous permettent de dire que ce n'est pas correct. Je ne sais pas si les juges de cette Chambre ont encore des questions d'éclaircissement sur ce point ?
M. LE JUGE PRÉSIDENT COTTE : Maître O'Shea, nous allons dans l'immédiat donner la parole à vos confrères, et nous continuons la discussion. Professeur Fofé ?
Pr FOFÉ : Merci beaucoup, Monsieur le Président. Monsieur le Président, Honorables juges, la Défense de Mathieu Ngudjolo partage tous les arguments que vient de développer notre confrère, Me O'Shea, à propos de cette pièce DRC-0029-092. En effet, cette pièce n'a aucun lien avec le témoin 0250. Car ce témoin 0250 n'est ni auteur ni destinataire de cette lettre. La Défense s'interroge : pourquoi le Procureur, qui a eu beaucoup de temps pour instruire cette affaire, n'a pas pu interroger les signataires de cette lettre, qui sont bien désignés dans la lettre - M. Bukpa Kalongo et M. Martin Banga ? Et la Défense sait très bien que ces deux personnes sont bel et bien vivantes. Pourquoi ? Et cette lettre, à l'estime de la Défense, n'a aucun lien avec les faits dont la Chambre est saisie. Je ne vais pas répéter ce que vient de dire notre confrère O'Shea. Je souligne simplement que, dans cette lettre, il est question, notamment, d'une demande de savons. La Défense soutient, Monsieur le Président, Honorables juges, qu'en procédant comme il veut le faire, M. le Procureur cherche à influencer le témoin 0250 - en lui présentant ces cachets, entre autres. La Défense de Mathieu Ngudjolo sollicite l'attention de l'auguste Chambre sur le fait que cette lettre porte deux cachets. M. le Procureur visait le cachet qui est plus clair, alors que, plus bas, il y a un autre

cachet qui, curieusement, est à peine lisible. Nous avons vu l'original tout à l'heure, avant la pause. Nous avons constaté que ce deuxième cachet, qui est plus bas, n'est pas clair… Sans arrière-pensées déplacées, nous pouvons légitimement nous interroger sur le pourquoi de la différence, au point de vue de clarté entre le cachet qu'a visé M. le Procureur tout à l'heure, et le cachet qui est plus bas. On se demande si le cachet qui est plus clair n'est pas plus récent ; c'est une question. La Défense voudrait également solliciter l'attention de l'auguste Chambre sur le contraste qu'il y a entre le cachet et l'en-tête de cette lettre. Au niveau de l'en-tête, il est marqué : « République démocratique du Congo, province de l'Ituri, … territoire d'Irumu, collectivité de Walendu-Bindi, Aveba, Mukubwa ». En matière de règles administratives, dans le cas normal des choses, les mentions qui sont portées sur un cachet concordent avec les mentions de l'en-tête de la lettre. En l'occurrence, nous nous interrogeons sur cette distorsion entre les deux. En tout cas, la Défense soutient que ce cachet n'est pas de l'état-major de Zumbe - qui reste encore à établir car, en janvier 2003, le FRPI n'existait pas à Zumbe. Lorsque, Monsieur le Président, Honorables juges, vous analysez les mentions qui sont portées au niveau du deuxième sceau - le sceau qui est plus bas - vous constaterez que la lettre avait été reçue… à Tatu (Phon.)… - reçue et vue à Tatu (Phon.) - le 5 février 2003. Et la lettre avait été reçue par le S1, … camp Jérusalem. Bien. Si nous pouvons nous arrêter un moment sur le camp Jérusalem, Monsieur le Président, Honorables juges. M. Le Procureur, avant la pause, a posé au témoin la question de savoir s'il connaissait le camp Jérusalem ; le témoin a répondu par la négative. Le témoin ne connaît pas le camp Jérusalem. Et si le Procureur présente cette pièce au témoin, il y a risque évident que le témoin puisse voir cette mention, alors que sa réponse était bien claire. Il convient de noter, par ailleurs… que cette lettre avait été rédigée à Bolo, le 4 janvier 2003… et réceptionnée à Tatu (Phon.) le 5 février 2003, soit un mois après, alors que la distance entre Bolo et Tatu (Phon.) peut être parcourue en trois heures de marche… à pied. Toujours au sujet… du rapport, de la relation entre le lieu de la signature de cette lettre et le lieu de la réception de cette lettre, il importe de noter, Monsieur le Président, Honorables juges, que cette lettre avait été adressée à l'opérateur Oudo qui se trouvait à [Olongba]. Curieusement, au lieu d'être réceptionnée à [Olongba], la lettre a été réceptionnée au camp Jérusalem, à Tatu (Phon.). Or, lorsqu'on part d'Aveba, on descend vers Tatu (Phon.), on arrive d'abord à Olongba. Donc, d'Aveba, on arrive à Olongba, puis à Tatu (Phon.). Alors, c'est quand même curieux de constater qu'une lettre rédigée à Aveba, destinée à Olongba, qui est plus près, soit réceptionnée plus loin, à Tatu (Phon.). Ce n'est pas cohérent. Autres observations : dans cette lettre - et Me O'Shea l'a souligné avec pertinence -, le président de la délégation, c'est Martin Banga, alors que jusqu'à présent, depuis le début de sa déposition, ce témoin a désigné et désigne Boba Boba comme chef de délégation. Et je voudrais insister, encore une fois, que aussi bien Boba Boba que Martin Banga, tous sont vivants. Ils sont vivants. Pourquoi le Procureur ne les a pas questionnés sur cette lettre ? Un petit moment, Monsieur le Président. (Discussion au sein de l'équipe de la Défense) Monsieur le Président, Honorables juges, nous allons revenir un instant, rapidement, sur les deux cachets, en observant attentivement le deuxième sceau, qui n'est pas très clair, on peut noter que ce sceau aussi est du FRPI. Alors, on peut se poser la question de savoir : comment les deux sceaux de signataire et de destinataire de la lettre, comment les deux peuvent être le même? Enfin, Monsieur le Président, Honorables juges, la Défense voudrait souligner que, dans le tableau incriminant… que le Procureur a dressé et communiqué à la Défense, le Procureur n'a établi… n'a annoncé aucun lien entre ce document et le témoin 0250. Voilà, Monsieur le Président, Honorables juges, les observations que nous avions à ajouter à ce que notre confrère, Maître O'Shea, a exposé. Je vous remercie.

On se rend donc bien compte que les deux équipes de défense s'opposaient à la présentation de cette lettre au témoin de l'accusation 0250 en démontrant l'absence de lien entre les deux, en stigmatisant les risques des questions suggestives autant que du préjudice encourus et en s'attaquant aussi bien au manque d'authenticité que de fiabilité de cette pièce. Avant de se prononcer, la chambre a donné la parole au procureur pour requérir sa réponse à ces objections argumentées :

M. LE JUGE PRÉSIDENT COTTE : Bien. Maître O'Shea, Professeur Fofé, merci pour les observations que vous venez de développer. Je ne vais certainement pas les résumer, car elles sont à la fois longues, denses et très fournies. M. Le Procureur les a certainement écoutées. Nous allons donc l'écouter à son tour, pour qu'il s'efforce d'y répondre. Et en y répondant, peut-être pourra-t-il, au détour de ses observations à lui, indiquer quel type de questions il entendait poser au témoin à partir de ce document, de telle sorte que notre information soit bien complétée sur ce plan-là. Monsieur le Procureur, vous avez du temps devant vous, car il y a de la matière. Nous vous écoutons.

M. MacDONALD : Merci, Monsieur le Président. J'aimerais revenir sur la chronologie de la divulgation de cette pièce, car je crois que c'est important, car on nous accuse - et on ne s'en offusque pas, ça fait plus de 20 ans maintenant qu'on est habitués à se faire accuser dans les enceintes de procès au sujet de divulgation… Le 27 mai 2009, dans son écriture 1174, suite à la demande expresse de la Chambre de détailler tous et chacun des éléments de preuve à charge dans un tableau, l'Accusation l'a fait ; et cette pièce est référencée dans deux annexes, soit l'annexe F qui réfère au crime de guerre et l'annexe qui réfère à la responsabilité pénale. Il est vrai, Maître Fofé, que nous n'avons pas identifié un lien avec le témoin 0250, parce que ce n'est pas ce que la Chambre nous a demandé. Alors, il est facile de dire que l'Accusation, dans son tableau, n'a pas lié la pièce au témoin, alors que ce n'était pas les instructions de la Chambre. À nouveau, dans notre liste des éléments à charge, nous avons identifié cette pièce depuis le tout début comme étant la pièce à ajouter à notre preuve d'éléments à charge… Monsieur le Président, dans le tableau, à son annexe F, à la page 84, nous avons effectivement établi ou lié cette lettre à l'existence de l'alliance entre le FNI et le FRPI, en plus de la référencer à d'autres endroits dans cette même annexe, et l'annexe N au soutien… d'autres allégations. Pour répondre à votre question, Monsieur le Président, vous avez été à même, Monsieur le Président, de constater comment le témoin répond à certaines questions. Nous voulons, évidemment, … nous voulons lui poser des questions au sujet du sceau, dans un premier temps, et le contenu de la lettre dans un second temps, effectivement, où… de façon concomitante, pour obtenir des indices de fiabilité additionnels à ceux que le témoin a déjà mentionnés, pour justement, éventuellement, établir ce lien qu'il pourrait peut-être y avoir - nous vous soumettons - entre cette délégation qui se rend à Aveba et les gens qui sont identifiés dans le document. »[594]...

Ayant ainsi écouté toutes les parties, la chambre a rendu sa décision sur ce débat à l'audience du 04 février 2010. Elle y a dit notamment que même s'il n'y a pas un lien direct entre ce document et le témoin P-250 en ce sens que celui-ci n'en est ni l'auteur, ni le destinataire, ni l'un des signataires, il y a cependant un lien intrinsèque au sens du paragraphe 97 des instructions 1665. La chambre trouve, en effet, que certaines déclarations de ce témoin ont une relation essentielle avec certains passages dudit document. Tout en laissant entendre que l'autorisation d'utilisation d'une pièce au cours de l'interrogatoire ne préjuge pas de sa valeur probante, et tout en fixant des barrières pour éviter qu'à travers cette lettre le procureur ne fasse des suggestions au témoin, la chambre l'a autorisé à questionner ce dernier là-dessus. Voici son argumentation :

« M. LE JUGE PRÉSIDENT COTTE : ... La discussion qui s'est poursuivie... tout au long de la fin de notre dernière audience du 2 avril va donner lieu à cet instant, donc, à une décision de la Chambre - en l'absence du témoin, puisque toute cette discussion s'était déroulée en son absence. Je vous donne donc la position de la Chambre. À la lumière des articles 67-1-b et 69-4 et -7 du Statut, la Chambre, pour répondre à la discussion qui s'est instaurée le 2 février 2010 sur le document DRC-OTP-00029-0092, va aborder successivement les points suivants : Tout d'abord, l'authenticité du document. Certaines des objections formulées par la Défense lors de notre dernière audience du 2 février 2010, spécialement par la Défense de Mathieu Ngudjolo, peuvent s'analyser comme une contestation de l'authenticité du document précité. Cette question est donc liée à la recevabilité de ce document. Or, au cours de la conférence de mise en état du 2 octobre 2009, la Chambre avait demandé aux parties de soulever, dans toute la mesure du possible, l'ensemble des questions de recevabilité avant le début des débats sur le fond. Dès lors, la Chambre considère que la contestation de l'authenticité du document en cause constitue une question qui aurait dû être soulevée avant le début des débats sur le fond. Et elle observe que les parties ont disposé d'un temps suffisant pour analyser ce document et formuler d'éventuelles observations sur son authenticité. Abordons à présent l'éventualité d'un préjudice pour la Défense. En ce qui concerne le lien existant entre le témoin P-0250 et le document DRC-OTP-00029-0092, la Défense de Germain Katanga reproche au Procureur de ne pas l'avoir informée du fait qu'il existait un lien entre le document et le témoin. La Chambre relève tout d'abord que le lien existant entre le document et le témoin 0250 existe indépendamment même de la question de savoir si le témoin 0250, (Expurgée) En ce qui concerne l'obligation de notification, la Chambre estime qu'il n'est pas requis du Procureur qu'il indique

[594]Transcription ICC-01/04-01/07-T-95-Red-FRA WT 02-02-2010, p. 62 L7 à p. 71 L 20.

dès le tout début de l'affaire tous les liens pouvant exister entre les témoins et tous les autres éléments de preuve. Le Procureur a clairement indiqué qu'il n'avait pas pu s'entretenir de ce document avec le témoin avant le mois de janvier 2009, car il s'agissait d'un document confidentiel entrant dans les prévisions de l'article 54-3-e du Statut.[595] Le Procureur doit se voir reconnaître le droit de présenter des éléments de preuve à un témoin, même s'il n'y a pas de lien direct entre les deux. Et il s'agit là d'une tout autre question que celle de savoir comment le Procureur peut introduire un élément de preuve dans les débats. La Chambre relève également que, dans le tableau des éléments de preuve à charge, la déclaration du témoin 0250 et le document en question sont tous deux mentionnés au soutien de la même allégation factuelle. Sans doute, cela ne démontre-t-il pas l'existence d'un lien direct, mais il est néanmoins clair que le Procureur a déjà entendu les rapprocher. Existe-t-il un préjudice pour la Défense? En l'espèce, la Chambre considère que l'existence d'un éventuel préjudice pour la Défense dépend des questions qui seront posées au témoin 0250 en relation avec le document. Si les questions posées sur le document portent sur des points nouveaux et jamais abordés jusqu'ici, alors, il pourrait effectivement se produire un effet de surprise qui pourrait causer préjudice à la Défense. Mais si ce n'est pas le cas, la Chambre ne voit pas en quoi la Défense subirait un préjudice. Il en va de même, dans la mesure où ce document contient des informations qui n'ont pas déjà été préalablement abordées par le témoin, de tout ce qui pourrait relever du suggestif. Et à cet égard, la Chambre comprend les soucis et les appréhensions de la Défense. C'est la raison pour laquelle elle vous demandera, Monsieur le Procureur, de strictement limiter vos questions aux points qui ont déjà été abordés par le témoin au cours des précédentes audiences, et qui sont relatifs à l'existence d'une délégation partie de Zumbe et arrivée à Aveba ; à l'existence d'une rencontre dans cette dernière localité ; aux noms des participants et des chefs de délégation ; à la nature de l'accueil qui a été réservé ; à l'identification des sceaux apposés sur ce document ; à l'identification éventuelle de l'opérateur qui est destinataire de la lettre en cause. Une fois ces précisions données, il convient de savoir comment introduire ce document au stade actuel de nos débats. Il s'agit d'un document important, dans la mesure où il fait état de l'existence d'une rencontre et d'échanges entre les représentants… des représentants - pardon - du FNI et des représentants du FRPI à Aveba en janvier 2003. Dans le paragraphe 97 de sa décision du 1er décembre 2009, sur la règle 140, la Chambre a indiqué - je cite : « Si un élément de preuve est intrinsèquement lié à un témoin donné, la partie citant ce témoin peut présenter les éléments en question par le truchement du témoin. » Fin de citation. En l'espèce, dans ses dépositions à l'audience, le témoin a fréquemment évoqué : Petit « a », sa participation à une délégation partie de Zumbe pour se rendre à Aveba. Petit « b », la chaleur de l'accueil réservée à cette délégation par les membres de la collectivité de Walendu-Bindi. Petit « c », les noms des

---

595 Article 54-3-e du Statut : « Le Procureur peut : … e) S'engager à ne divulguer à aucun stade de la procédure les documents ou renseignements qu'il a obtenus sous la condition qu'ils demeurent confidentiels et ne servent qu'à obtenir de nouveaux éléments de preuve, à moins que celui qui a fourni l'information ne consente à leur divulgation… »

responsables de cette délégation et les noms des responsables rencontrés à Aveba. Petit « d », l'existence de sceaux dans certaines correspondances officielles, sceaux qu'il se disait capable de décrire. Il s'agit là d'éléments que l'on retrouve précisément dans la pièce aujourd'hui contestée, dont le Procureur entend donner connaissance au témoin, pièce sur laquelle il souhaite recueillir ses observations. À ce stade de la procédure et de nos débats, la Chambre ignore si d'autres témoins seraient plus qualifiés pour introduire ce document ou pour répondre à des questions à son sujet. Elle ne peut en tout cas que constater qu'il existe des convergences entre la déposition effectuée jusqu'ici par ce témoin et le contenu de ce document. La Chambre a noté lors de l'audience du mardi 2 février 2010 que le Procureur a déclaré que, lorsqu'il a posé au témoin 0250 la question : (Expurgée)... Revenant un instant sur le début de la présente décision, la Chambre estime utile de rappeler, comme l'a d'ailleurs fait le Procureur : Que ce document a été communiqué à la Défense dès le mois de janvier 2009, et qu'il figure dans le tableau des éléments à charge. Qu'il en a effectivement été fait état, notamment dans l'écriture n° 1522 émanant de la Défense de Mathieu Ngudjolo - écriture en date du 12 octobre 2009, paragraphe 31. Qu'il était donc possible pour la Défense de l'analyser et, éventuellement, de l'exploiter ou de le contester bien avant la reprise de nos débats. La finesse des analyses que les équipes de défense ont développées lors de l'audience du 2 février dernier en atteste. La Chambre estime donc que ce témoin peut se voir soumettre ce document. Et elle demandera dans un instant... Lorsque le témoin sera introduit en salle d'audience, elle demandera à Mme le greffier de déposer le document sur le rétroprojecteur afin que le témoin et l'ensemble des participants puissent ensemble l'avoir sous les yeux. Elle rappelle expressément à M. le Procureur le cadre précis et étroit dans lequel il conviendra qu'il pose ses questions : il ne peut s'agir que de ce dont le témoin a parlé jusqu'à présent. Pas d'éléments nouveaux. Pas de questions sur des éléments figurant dans le document, qui seraient nouveaux par rapport à ce dont le témoin a déjà parlé. Ce faisant, la Chambre considère que le contradictoire sera pleinement respecté dès lors que la Défense sera en droit, lors de ses contre-interrogatoires, de questionner également le témoin sur ce document. Ce faisant, la Chambre estime que la recherche de la vérité sera également facilitée. En ce qui concerne, enfin, les observations que la Défense de Mathieu Ngudjolo a formulées sur le contenu même du document, telles que - et ce n'est pas exhaustif : Le fait que la lettre envoyée à [Olongba] ait été reçue à Tatu. La durée de l'acheminement - lettre envoyée un 4 janvier et reçue un 5 février, alors que la distance entre le lieu d'envoi et celui de la réception est très réduite. S'agissant donc des observations ainsi formulées par la Défense de Mathieu Ngudjolo, la Chambre note qu'il s'agit là de questions liées à la valeur probante de cet élément de preuve. C'est donc ultérieurement qu'elle se prononcera sur cette valeur probante. »[596]

Cette pièce a été versée au dossier sous la cote EVD-OTP-00025.[597] L'interprétation souple et intelligente de la règle du lien, ci-dessus fixée par

---

[596] Transcription ICC-01/04-01/07-T-96-Red-FRA WT 04-02-2010, de la p. 1, L15 à la p. 6, L17.

[597] *Idem*, p. 25 L21-22.

les juges, s'applique aussi lors du contre-interrogatoire. En effet, même si un document n'est pas l'œuvre du témoin, la chambre peut autoriser une partie à l'utiliser lors de son contre-interrogatoire, si elle le juge pertinent et *a fortiori* s'il avait déjà été versé au dossier. Ceci est advenu au cours du contre-interrogatoire du témoin-accusé MN par le procureur qui voulait questionner ce dernier en se servant d'un document de la MONUC admis au dossier par *Bar Table Motion*,[598] et au sujet duquel se sont échangées les parties.[599] De même, la chambre a autorisé le procureur à faire usage d'un extrait vidéo qui n'était pas encore versé au dossier, qui n'est pas l'œuvre du témoin-accusé MN mais bien d'un témoin de l'accusation, avec l'espoir que cet extrait, dont la défense n'a pas contesté l'authenticité, contribue à la manifestation de la vérité. Voyons comment a été débattu et résolu ce cas :

« M. MacDONALD : Alors, à cette étape-ci, Monsieur le Président, avec votre permission, toujours... Si vous me permettez une petite seconde. *(Discussion au sein de l'équipe du Procureur)* De cette vidéo du 7 mars 2003, pour lesquels certains extraits ont des EVD, j'aimerais, avec votre permission, Monsieur le Président, vous montrer un extrait, toujours avec M. Ngudjolo, de cette même vidéo tournée le 7 mars 2003. Et on retrouve l'extrait que je veux mentionner à l'onglet 67, il s'agit donc de la vidéo qui est la DRC-OTP-0081-0004, mais le *transcript* spécifique, c'est toujours le même *transcript* pour toute cette vidéo du 7 mars, il s'agit du *transcript* DRC-OTP-1045-0027, et la page spécifique, c'est la page 0036, soit les lignes 202 à 208. Il s'agit d'un extrait où M. Kale Kayihura s'adresse à l'auditoire, dont fait partie M. Ngudjolo à ce moment-là. Et, malgré le fait, Monsieur le Président, que cet extrait spécifique ne fait pas partie des extraits qui ont des EVD, compte tenu du témoignage de M. Ngudjolo, ici, devant cette Chambre, et pour la recherche de la vérité, et l'évaluation que la Chambre devra faire de cette évaluation de la crédibilité, on est au 7 mars 2003, on se trouve dans la même vidéo que les autres extraits qui ont été admis précédemment, c'est filmé par... la même personne. Et ce faisant, j'aimerais qu'on présente cet extrait pour revenir avec une question auprès de M. Ngudjolo quant à cette invitation au hasard. Et ça, Monsieur le Président, nous ne pouvions pas l'anticiper.

M. LE JUGE PRÉSIDENT COTTE : Allez, Maître Kilenda, s'il vous plaît, brièvement...

Me KILENDA : Brièvement, Monsieur le Président.

M. LE JUGE PRÉSIDENT COTTE : ... car nous savons que vous avez... des remarques à formuler.

Me KILENDA : Vous allez décider en dernière instance, mais nous avions déjà annoncé une objection quant à l'utilisation de cette vidéo par M. le Procureur. Comme il le reconnaît d'ailleurs lui-même, cet extrait n'avait pas été soumis au débat, (Expurgé)... Cette condition n'étant pas remplie au jour d'aujourd'hui, nous estimons - ce n'est que notre position -, que cet extrait ne doit pas être discuté.

---

598 EVD-OTP-00218.

599 Transcription ICC-01/04-01/07-T-332-Red-FRA CT WT 10.11.2011, de la p.15, L10 à la p.16, L27.

M. LE JUGE PRÉSIDENT COTTE : Monsieur le Procureur, bon, pouvez-vous simplement nous rappeler pourquoi lorsque P-0002 est venu, vous n'avez pas soumis cet extrait-là de la vidéo à P-0002 ? Vous venez de nous indiquer que tout cela résultait de propos tenus il y a peu de temps par Mathieu Ngudjolo, mais pourquoi n'aviez-vous pas introduit également cet extrait-là avec P-0002 ? C'est ma première question. Et ma seconde question : est-ce que sur cet extrait vidéo apparaît Mathieu Ngudjolo - celui que vous entendez projeter à cet instant?
M. MacDONALD : Vous vous rappellerez, Monsieur le Président, lorsque les deux témoins ont témoigné, toute cette question des vidéos était une question qui engrangeait beaucoup de temps.
M. LE JUGE PRÉSIDENT COTTE : Pour des raisons d'ordre technique et matériel, mais là, nous sommes vraiment sur le fond, à présent.
M. MacDONALD : Et ce faisant, l'Accusation s'est concentrée, tel que la Chambre également l'avait - il fallait aussi être à l'intérieur de nos nombres d'heures - ... à aller à l'essentiel, ce qui, à l'époque, ne semblait pas contesté. Maintenant, M. Ngudjolo donne une version, que nous vous soumettons, est différente. Ce faisant, cet extrait n'avait pas fait partie. Il est clair qu'idéalement, l'ensemble de la vidéo aurait dû être admise en preuve. Mais cette vidéo fait plus d'une heure -1 heure 12, 1 heure 15 environ. Alors, on s'est concentré à l'essentiel.
M. LE JUGE PRÉSIDENT COTTE : Bien.
M. MacDONALD : Alors, si on regarde l'ensemble de la vidéo, M. Ngudjolo est présent, mais je ne peux pas vous répondre de mémoire si... lorsque M. Kale Kayihura... on voit M. Ngudjolo. Mais si on suit la séquence totale de présentation, il s'agit de la même rencontre. Et M. Ngudjolo fait même référence, dans son témoignage, à des extraits de ces vidéos, et ainsi de suite. Alors...
M. LE JUGE PRÉSIDENT COTTE : Nous sommes d'accord.
M. MacDONALD : ... c'est dans ce contexte-là, Monsieur le Président.
M. LE JUGE PRÉSIDENT COTTE : D'accord. Maître Kilenda, est-ce que vous contestez l'authenticité de cette vidéo, dont on rappelle qu'elle a été projetée, par extraits sans doute, mais qu'elle a été projetée lors du témoignage de P-0002 en août ou septembre 2010 ? Contestez-vous l'authenticité de cette vidéo ?
Me KILENDA : Merci, Monsieur le Président. Nous ne contestons pas l'authenticité de cette vidéo, mais ce n'est peut-être *(phon.)* qu'un rappel de principe.
M. LE JUGE PRÉSIDENT COTTE : Alors, écoutez, nous allons partir de l'idée que cette vidéo, qui était donc présente dans nos débats lorsque P-0002 est venu déposer, a été projetée par extraits, que l'extrait que vous voulez projeter à cet instant ne l'a pas été à cette époque. Si, et c'est important, cette courte projection, car j'ai le sentiment que c'est court, est de nature à faire progresser la recherche de la vérité, elle est utile. Donc, Madame le greffier, vous mettez cette vidéo en mouvement. Nous devrions donc, si nous vous avons bien compris, y voir le général Kale Kayihura s'entretenant avec une autre personne ; c'est bien cela ?
M. MacDONALD : Oui, effectivement, c'est M. Kale Kayihura dans le cadre de cette rencontre du 7 mars ; et l'extrait... pardon. L'extrait dure environ 37 secondes.

M. LE JUGE PRÉSIDENT COTTE : Bien. Allez, 37 secondes, Madame le greffier, nous examinons cela. Plus exactement, nous visionnons et nous écoutons.
Mme LA GREFFIÈRE : Pouvez-vous juste confirmer le niveau de confidentialité de cette vidéo ?
M. MacDONALD : ... En mémoire... parce que je pense au témoin qui a présenté ou amené, et sans vouloir référer à son numéro, mais peut-être que pour des raisons de protection, ces vidéos étaient... ou ces vidéos sont confidentielles? On m'informe que non ; alors, publiques.
M. LE JUGE PRÉSIDENT COTTE : Parfait... »[600]

En revanche, la chambre a jugé inadmissible un document utilisé par le procureur comme source de ses questions, au motif pertinent que l'origine, la nature, l'objectif et les conditions d'élaboration de cette pièce étaient obscurs. La défense s'est levée avec vivacité contre l'approche adoptée par le procureur qui s'est lancé, sans aviser les parties et les juges, dans l'exploitation de cet écrit alors qu'elle avait annoncé une objection à son utilisation. Suite à l'opposition de la défense, le procureur s'est ainsi expliqué :

« M. MacDONALD : Alors, l'Accusation ne demande pas l'introduction du document. L'Accusation s'appuie sur un document qui vient de l'auditorat militaire, mais clairement, qui vient d'une source dont... le nom a été expurgé. Il y a également eu des expurgations à cette source qui ont été autorisées par la Chambre, qui apparaissent à certaines pages de ce rapport. Dont, évidemment dans l'extrait lui-même de la page 52 : « un haut responsable du FNI, Mathieu Ngudjolo alias Chui », sous cette rubrique. Et je m'efforce depuis tout à l'heure à poser des questions à M. Ngudjolo, où certaines informations sont notées, sur lesquelles M. Ngudjolo s'est déjà exprimé - le contexte dans lequel il a fui Bunia, dans les circonstances, ses activités antérieures en tant que garde civil, ici, on dit militaires, Goma, rejoindre la vie civile, l'institut technique et médical, et ainsi de suite -, pour, évidemment, soumettre à une personne, dont il ne se rappelle plus s'il l'a rencontrée ou non, qu'il a admis avoir rejoint l'armée... les combattants, [en] août 2002, lors de l'avènement de l'UPC, dans le but de former ses propres troupes. Alors que M. Ngudjolo, ici, s'efforce, devant cette Chambre, à dire qu'il n'était qu'infirmier et que ce n'est [que] le 6 mars qu'il va devenir la personne qu'il est devenu au sein du FNI/FRPI. »[601]

Quoique le procureur ait pris le devant pour dire qu'il n'entendait pas solliciter le versement au dossier, comme élément de preuve, de ce document dont l'auteur est inconnu et d'où il tirait des informations alimentant les questions qu'il posait au témoin-accusé MN alors que la défense avait

---

[600] Transcription ICC-01/04-01/07-T-332-Red-FRA CT WT 10.11.2011, de la p. 42, L8 à la p. 47, L2.
[601] *Idem*, de la p. 58, L16 à la p. 59, L2.

annoncé une objection contre l'usage de cette pièce, le conseil de MN s'est levé pour dénoncer, en ces termes, cette façon de procéder :

> « Me KILENDA : .... Qu'à cela ne tienne, ce qui vient de se passer est totalement inadmissible, sur le plan procédural. Nous avons un code de conduite, vous avez réglementé notre conduite par maintes décisions, tant orales qu'écrites. Le Procureur aurait pu, comme il l'a fait d'ailleurs depuis le début de son contre-interrogatoire, nous indiquer qu'il allait se fonder sur ce document pour nous permettre de nous prononcer en connaissance de cause. Et nous avions annoncé les objections quant à l'utilisation de ce document. Dieu merci, Monsieur le Président, c'est encore vous qui avez présidé, ici même, le 1er juin 2009, une audience qui m'est restée en tête, parce qu'au cours de cette audience-là, à la requête de M. Germain Katanga, représenté par son conseil, Me Hooper, il était question de débattre de la recevabilité de l'affaire devant vous. Me Hooper soutenait que cette affaire devait être renvoyée en République démocratique du Congo, parce qu'il y avait une enquête là-bas sur l'affaire de Bogoro. Les plus hauts représentants de l'État congolais qui avaient comparu devant vous, en l'occurrence le ministre de la Justice, le procureur général de la République, le premier avocat général, vous ont dit, ici, que l'affaire de Bogoro n'avait jamais, mais alors jamais, fait l'objet d'une enquête en République démocratique du Congo. Vous pouvez consulter le *transcript* 65, pages 63 à 99, spécialement, page 68, lignes 3 à 10, page 69, lignes 19 à 23, page 70, lignes 18 à 20, page 71, lignes 23 à 25. Et comme pour appuyer les autorités congolaises, M. MacDonald, ici présent, a pris la parole pour soutenir le même point de vue. Vous pouvez consulter ses propos à la page 42, lignes 6 et 7. Il soutenait même avec force qu'avant que le Procureur n'engage des enquêtes en République démocratique du Congo, nous avons bien vérifié, vous disait-il, qu'il n'y a jamais eu d'enquête en République démocratique du Congo. Et voilà qu'aujourd'hui, il vous produit... il nous produit un document venant de l'auditorat général qui montre qu'il y a eu des enquêtes. Je ne suis pas le juge ici pour qualifier ce type de comportement sur le plan procédural, c'est à vous de voir et de vous prononcer, le moment venu, sur ce genre d'attitude. »[602]

Dans sa sagesse, le président de la chambre a calmé l'atmosphère en tranchant ainsi le débat :

> « M. LE JUGE PRÉSIDENT COTTE : Vous allez répondre, mais je ne suis pas tout à fait certain, nous ne sommes pas tout à fait certains que le dessein de M. le Procureur soit celui que vous lui prêtiez. En revanche... en revanche, la Chambre, comme je viens de le dire, s'interroge sur les conditions d'élaboration de ce document, sa nature exacte, sa provenance, les conditions dans lesquelles les propos ont été recueillis. Il est clair que la préparation de cette audience, à laquelle nous nous sommes tous livrés, pouvait conduire, dès que ces questions-là ont été abordées, à se reporter chacun d'entre nous, spontanément, à l'onglet 56. Vous vous êtes levé pour, à un certain moment, dire « stop ». Vous l'avez fait. Nous vous avons écouté. Mathieu Ngudjolo a répondu à M. le

---

[602] Transcription ICC-01/04-01/07-T-332-Red-FRA CT WT 10-11-2011, de la p. 59, L13 à la p. 60, L14.

Procureur à un certain nombre de questions. Le Procureur nous indique qu'il ne va pas introduire ce document. Ce document, en l'état où il est, ne saurait, en tout état de cause, recevoir un numéro EVD. »[603]

La chambre a également jugé inadmissibles des articles de presse dont les auteurs ne sont pas venus témoigner devant elle. En effet, soutient-elle, « ce qui émane d'un journaliste ne présente pour cette Chambre qu'un intérêt très limité car il y a une large part d'appréciation personnelle dudit journaliste qui peut se révéler intéressante mais qui, sur le plan probatoire, n'est pas censée avoir un poids particulier. »[604] Si une partie veut verser au dossier un article de presse ou une déclaration prétendument prise par un journaliste, elle doit citer ce dernier à comparaître comme témoin devant la chambre afin que la partie adverse ait la possibilité de le contre-interroger. La chambre de première instance II en a ainsi statué à l'audience du 10 novembre 2011 lorsque le procureur a tenté d'utiliser un article d'un journaliste, qui n'a pas comparu comme témoin, au cours du contre-interrogatoire du témoin-accusé MN, suscitant immanquablement l'objection de la défense.[605]

De même, les juges ont rejeté un document qui avait été retiré des éléments incriminants pour manque de pertinence, celui-ci décrivant des évènements hors saisine. Ils l'ont fait après ces échanges entre le procureur contre-interrogeant le témoin-accusé MN et le conseil de ce dernier :

« M. MacDONALD : Q. Il est intéressant de noter au passage, Monsieur Ngudjolo, que... le mardi, vous n'étiez pas capable de donner les noms des personnes qui avaient nécessairement signé le mémorandum du MRC, mais là, aujourd'hui, vous êtes capable de les nommer ; c'est cela ? N'est-il pas exact que vous avez regardé le document... de fondation du MRC, tel qu'il apparaît sur notre liste, dont l'onglet m'échappe... 69, pour vous rafraîchir la mémoire, depuis votre témoignage de mardi dernier ? R. Non, ce n'est pas ainsi, Monsieur le Procureur. Pourquoi me prêtez-vous des mauvaises intentions ? Je suis un des fondateurs du MRC, pourquoi est-ce que vous dites que je ne peux pas me rappeler leurs noms ? ...

M. LE JUGE PRÉSIDENT COTTE : Très bien. Allez, Monsieur le Procureur, vous utilisez ce document, il est soumis à M. Mathieu Ngudjolo, vous posez votre question. Et nous ne sommes pas du tout au stade d'une attribution de numéro EVD.

M. MacDONALD : Q. Monsieur Ngudjolo vous reconnaissez le document ? C'est bien votre signature, n'est-ce pas ? Et c'est les personnes avec qui vous avez signé ; c'est un document authentique, ou une copie de ce qui était l'original ; vous êtes d'accord avec moi ? Trois questions en une pour aller plus vite.

LE TÉMOIN... : R. Oui, Monsieur le Procureur. Oui, je reconnais ce document.
Q. C'est votre signature ? R. Oui, c'est bien ma signature.

---

[603] *Idem*, de la p. 60, L19 à la p. 61, L3.
[604] *Idem*, p. 65, L2 à 5.
[605] *Idem*, de la p. 63, L7 à la p. 65, L10.

Q. C'est les personnes avec qui vous avez signé ? R. C'est exact.
M. MacDONALD : Est-ce qu'on pourrait lui donner un EVD, maintenant, s'il vous plaît ?
M. LE JUGE PRÉSIDENT COTTE : Maître Kilenda, je vous en prie.
Me KILENDA : Monsieur le Président, ce document avait été retiré des éléments incriminants, voir écriture 1643. Et bien plus, il est hors période infractionnelle et n'a aucune pertinence, mais alors aucune, sur le fait de la saisine de la Chambre.
M. LE JUGE PRÉSIDENT COTTE : Monsieur le Procureur…
M. MacDONALD : Alors…
M. LE JUGE PRÉSIDENT COTTE : … Me Kilenda vient effectivement de nous rappeler que ce document avait été retiré du tableau des éléments à charge, à la demande de la Chambre. Il était normal que vous l'utilisiez. M. Ngudjolo vient de répondre à vos questions. Il n'est pas concevable que nous lui donnions à cet instant un numéro EVD. »[606]

Une autre illustration de la compréhension du lien intrinsèque entre documents écrits et déposition d'un témoin peut être tirée de la discussion qui s'est déroulée devant la chambre II le 30 août 2010. En effet, lors du contre-interrogatoire du témoin de l'accusation P-030 par la défense de MN, le procureur s'est opposé à ce que le conseil de la défense présente au témoin et verse, par son canal, au dossier, des extraits tirés du site web de l'UPC, en arguant que ces documents n'avaient aucun lien avec ce témoin. Le conseil de la défense a insisté, en se fondant sur la pertinence de ces documents divulgués par le procureur lui-même, sur la concordance entre les contenus de ces pièces et des vidéos commentées par ce témoin dans sa déposition, et en soulignant que ce qui est le plus important, c'est la recherche de la vérité. Voyons d'abord la position du problème :

« Me KILENDA : Monsieur le Président, je pense qu'il devrait y avoir un petit débat sur l'objection que le Procureur aurait soulevée relativement à notre contre-interrogatoire. En tout cas, il y a certains documents pour lesquels, selon le Procureur, les dépôts ne devraient pas être effectués.
M. LE JUGE PRÉSIDENT COTTE : Effectivement, Maître Kilenda, et il est plus sage d'avoir cette brève discussion avant que n'entre le témoin n° 0030. Lorsque nous nous sommes quittés vendredi dernier, j'avais simplement rappelé que le contre-interrogatoire de l'équipe de défense de Mathieu Ngudjolo devait, au vu des documents que vous nous avez transmis à tous, s'articuler autour des déclarations reçues par le Bureau du Procureur du témoin 0030, autour d'extraits vidéo produits par… Mme et M. le Procureur, autour d'extraits vidéo que vous envisagiez de produire vous-même, et autour de documents dont vous avez fait état dans un courriel du 24 août à 18h01. Peu après, le 25 août, le lendemain, dans un courriel du 25 août 6h54, plus exactement 18h54, le Bureau du

606 Transcription ICC-01/04-01/07-T-332-Red-FRA CT WT 10-11-2011, p. 66, L17 à 27 ; puis de la p. 69, L20 à la p.70, L17.

Procureur a fait savoir qu'il s'objectait à ce que les 13 documents provenant d'un site web de l'UPC, ainsi que deux autres documents - numérotés DRC-OTP-0014-0391 et DRC-OTP-0037-0301 - soient montrés. Au moment donc où nous nous sommes quittés, la Chambre avait simplement appelé votre attention, Maître Kilenda, Professeur Fofé, sur l'absolue nécessité de bien veiller à ce que le témoin ne soit contre-interrogé que sur des points qui lui permettent de répondre, eu égard à son curriculum vitae, eu égard à sa formation, et qu'il s'imposait de ne pas lui demander d'avoir à se prononcer de manière éventuellement spéculative sur des questions qui n'étaient pas en lien suffisamment direct avec son activité, ou avec ce qu'il avait pu constater ou entendre lui-même. Et nous vous avions, dans la perspective de ce bref débat, simplement non pas exhortés, mais invités à une certaine prudence. Donc, Monsieur le Procureur va faire part, brièvement, de ce qui est son point de vue, et puis vous nous direz tout simplement ce qui a été le résultat de vos réflexions de ce week-end, puisque ce week-end devait vous permettre, précisément, de recentrer peut-être votre contre-interrogatoire compte tenu de ce qu'avait été la prestation de Me O'Shea pendant les heures qui ont précédé votre prise de parole de vendredi dernier… »[607]

À l'invitation du juge président, madame le procureur a présenté son objection alimentée des arguments suivants :
- absence de lien intrinsèque entre le témoin P-30 et les documents sélectionnés par la défense, comme l'exige le paragraphe 97 des instructions 1665 ;
- P-30 n'est ni un analyste politique, ni un historien, et n'a jamais été membre de l'UPC ;
- aucun des documents du site de l'UPC n'est signé et ce site n'existe plus.
Ecoutons madame le procureur :

« Mme LUPING… : Je vous remercie, Monsieur le Président. De toute évidence, les observations que je voudrais faire dépendent évidemment des documents auxquels vous avez fait référence, que la Défense de M. Ngudjolo [se] propose d'utiliser. Il s'agit des 13 documents plus deux autres documents, mais je voulais réitérer l'objection relative à… l'intégralité des 15 documents. Nos observations concernant ces documents sont les suivantes : le témoin 0030 n'est pas la personne appropriée pour faire des observations, des commentaires, sur ces documents. Et je voudrais attirer l'attention de la Chambre au paragraphe 97 de votre décision 1665. Il n'y a pas de rapport inhérent entre le témoin 0030 et les… preuves documentaires. Comme le savent toutes les parties, le témoin 0030 n'est pas, et n'a jamais été, membre de l'UPC. Ce n'est pas un analyste politique ou un historien. Tout simplement, c'est un témoin qui fait des commentaires, des observations sur des séquences vidéo. Sa fonction, son occupation, et les personnes auxquelles il a fourni des services sont connues de tous. En ce qui

[607] CPI, Situation en République démocratique du Congo, *Affaire le Procureur c. Germain Katanga et Mathieu Ngudjolo*, ICC-01/04-01/07, Chambre de 1ère instance II, Transcription de l'audience du 30 août 2010, ICC-01/04-01/07-T-180-Red2-FRA CT WT, de la p.18, L9 à la p.19, L15.

concerne les documents spécifiques, les 13 documents du site de l'UPC, aucun de ces documents n'est signé. Ils proviennent d'un site Internet qui n'existe plus. On peut les considérer comme des documents visant à faire de la propagande, ou des documents partisans émanant de l'UPC. Donc, en ayant à l'esprit l'absence de lien entre le témoin 0030 et ces documents, ce témoin n'est pas en mesure de faire des commentaires ou d'authentifier ces documents. En ce qui concerne les deux autres documents qui portent sur... le Fipi et l'UPC en tant que mouvement, il n'a aucun lien avec l'un quelconque de ces mouvements. Et encore une fois, il n'est pas en mesure de faire des commentaires sur ces points-là. Le Bureau du Procureur soutient que la Défense est libre de citer à comparaître un représentant de l'UPC, ou quelqu'un de plus approprié, lorsqu'ils vont faire valoir leur thèse pour pouvoir introduire ces documents, ou, subsidiairement, pourrait présenter ces documents au dossier comme le Procureur l'a fait. C'est là les observations que je voulais faire, Monsieur le Président, Mesdames les juges... »[608]

Répondant à cette objection, le conseil de la défense a souligné :
- l'objectif de la recherche de la vérité ;
- l'intérêt des documents sélectionnés qui permettent une meilleure compréhension du contexte socio-politico-militaire dans lequel s'est produite l'attaque de Bogoro du 24 février 2003, objet de la saisine ;
- la corroboration entre ces documents et les extraits vidéos commentés par P-30 dans son témoignage, etc. Il a ainsi argumenté :

« Pr FOFÉ : Monsieur le Président, Honorables Juges, l'objectif que nous devons tous poursuivre ici, c'est la recherche de la vérité pour vous permettre de rendre une vraie justice attendue par tous. Tous les documents que nous voulons vous présenter et verser au dossier, y compris les documents tirés du site de l'UPC, et les documents intitulés « Revendication du Fipi », vous permettent de bien comprendre le contexte socio-politico-militaire dans lequel s'inscrit l'attaque de Bogoro du 24 février 2003 qui a impliqué des puissances étatiques. La Défense ne comprend pas pourquoi le Procureur s'oppose avec autant d'acharnement à la manifestation de cette vérité. Tous les documents du site de l'UPC que la Défense veut utiliser aujourd'hui, nous les avons reçus du Procureur..., comme l'indique la chaîne de possession reprise dans les tableaux que nous avons adressés à la Chambre, aux parties et participants. Ces documents corroborent les extraits des vidéos réalisées par M. X - que nous connaissons tous -, pour reprendre la terminologie proposée par notre confrère Me O'Shea, extraits que la Défense veut produire... Il ressort de la déclaration faite par T-0030 devant les enquêteurs du Procureur en avril 2006, que M. X - que nous connaissons - a beaucoup travaillé... pour l'UPC, et je fais allusion au document DRC-OTP-0151-0583, spécialement le paragraphe 44, la déclaration de T-0003 *(Phon.)* [Témoin 030]. La plupart des reportages réalisés par M. X ont été diffusés par l'UPC à la chaîne de télévision locale RTNC, à la radio Candip et dans le site de l'UPC. Il faut donc laisser à la Défense l'opportunité de montrer la

[608] Transcription ICC-01/04-01/07-T-180-Red2-FRA CT WT 30-08-2010, de la p.19, L17 à la p. 20, L21.

corroboration entre les extraits des vidéos de M. X et les documents pertinents issus du site de l'UPC. Ces extraits de vidéos et du site de l'UPC sont très importants pour les dossiers de la Défense. Il ne serait pas équitable de lui empêcher de produire ces éléments à décharge à l'occasion de la déposition du T-0030. Monsieur le Président, Honorables Juges, je vous cite ici à titre indicatif quelques éléments illustrant ces corroborations. Un, rencontre de Thomas Lubanga avec la délégation ougandaise conduite par le général Salim Saleh, général ougandais, le 23 janvier 2003 - voir vidéo DRC-OTP-0127-0061 nos extraits n° 9 et n° 11 d'une part, et d'autre part, site de l'UPC « Ituri au jour le jour », communiqué du 23 janvier 2003. Deux, rencontre entre la MONUC et l'UPC, le 24 février 2003, c'est-à-dire le jour même de l'attaque de Bogoro - voir vidéo DRC-OTP-0127-0061, notre extrait 15 d'une part, d'autre part, site de l'UPC, « Ituri au jour le jour », communiqué du 24 février 2003 à 11 heures. Trois, le 6 février 2003, la délégation du RCD-Goma conduite par Adolphe Onosumba arrive à Bunia. Cette délégation repart le 9 février 2003, et le même jour, Thomas Lubanga s'envole pour Dar es Salam, via Kampala - voir vidéo DRC-OTP-0127-0061, je vous fais grâce des détails, Monsieur le Président, d'une part, et d'autre part, site de l'UPC, « Ituri au jour le jour », communiqué du 6 février 2003 et du 10 février 2003, temps voisin aux faits dont vous êtes saisis. Quatre, le 11 février à Kampala, Thomas Lubanga fait un compte rendu de la réunion de Dar es Salam. D'une part, il confirme l'existence de la coalition entre le gouvernement de Kinshasa, l'Ouganda, et le RCD-KML de Mbusa Nyamwisi, et se demande pourquoi le gouvernement de Kinshasa amasse des troupes à Beni, et pourquoi le Rwanda et l'Ouganda doivent s'affronter en Ituri alors qu'il n'y a aucun ennemi... aucun de leurs ennemis sur le sol iturien. Il confirme par ailleurs avoir demandé au Président Joseph Kabila de retirer ses troupes basées à Beni - voir vidéo DRC-OTP-0127-0058, notre extrait n° 6, d'une part, et d'autre part, communiqué n° un de l'UPC du 1er février 2003, site de l'UPC. Cinq, l'UPC annonce la préparation d'une offensive de Kinshasa sur trois fronts. Le 19 février 2003, l'UPC annonce le mouvement de troupes de Kinshasa stationnées à Beni, quatre bataillons, vers l'Ituri - voir vidéo DRC-OTP-0127-0058, notre extrait n° 8, d'une part, et d'autre part, site de l'UPC, communiqué n° 2 du 1er février 2003, et communiqué de presse du 19 février 2003. Six, en lien avec cette même vidéo DRC-OTP-0127-0058, dans un communiqué du 1er février 2003, l'UPC cite les propos de Vital Kamari *(Phon.)*[609] tenus sur Radio France Internationale, selon lesquels les troupes ougandaises s'avancent vers Mahagi pour s'affronter aux troupes rwandaises se trouvant en Ituri. Au même moment, les troupes du RCD/Goma s'apprêtent à attaquer Kanyabayonga... Kanyabayonga où sont positionnées les troupes du RCD/K-ML - voir communiqué du 1er février 2003 intitulé : « Complot ourdi par Kinshasa et Beni pour attaquer l'Ituri » et communiqué de presse n° 2 du 1er février 2003 - nous sommes bien en février 2003. »[610]

---

[609] Il s'agit de monsieur Vital Kamerhe.

[610] Transcription ICC-01/04-01/07-T-180-Red2-FRA CT WT 30-08-2010, de la p. 21, L5 à la p. 23, L20.

Avant que le conseil ne termine sa démonstration, le juge président l'a courtoisement interrompu pour lui poser quelques questions et formuler certaines mises au point. À son adresse, il a souligné :
- que ce qui préoccupe la chambre c'est que le témoin P-30 ne peut pas servir de canal pour introduire ces documents si ceux-ci n'étaient pas en lien suffisamment direct avec son activité, avec ce qu'il a pu constater, avec ce qu'il a pu entendre lui-même ;
- que dans un premier temps, ces documents se verront attribuer un numéro MFI « afin de se réserver la possibilité, une fois que ce contre-interrogatoire sera terminé, d'apprécier s'il y a lieu ou non, en raison de la pertinence des documents présentés et de leur valeur probante, d'aller jusqu'à l'attribution d'un numéro EVD. »[611] Suivons cet échange :

> « M. LE JUGE PRÉSIDENT COTTE : Professeur Fofé, est-ce que je peux me permettre de vous interrompre ? M'autorisez-vous à vous interrompre ?
> Pr FOFÉ : Oui, Monsieur le Président.
> M. LE JUGE PRÉSIDENT COTTE : Bien. Je vous en remercie. Pour obtenir simplement quelques précisions de votre part, une question, d'abord : auriez-vous envisagé de procéder comme l'a fait Me O'Shea la semaine dernière - non pas qu'il s'agisse d'un modèle impératif, mais parce que c'était sans doute de bonne méthode -, en posant des questions au témoin sur le contenu, peut-être, de ces documents au hasard du contre-interrogatoire que vous allez conduire, sans forcément déposer ces documents dont, a priori, la valeur probante peut peut-être poser question ? Non ? Vous n'avez pas envisagé... Vous souhaitez déposer ces documents.
> Pr FOFÉ : Oui, Monsieur le Président.
> M. LE JUGE PRÉSIDENT COTTE : Bien. Est-ce que vous souhaitez les déposer et, ensuite, qu'ils soient versés au dossier ou est-ce que vous souhaitez simplement les utiliser comme base de votre contre-interrogatoire ?
> Pr FOFÉ : Monsieur le Président, comme je vais le souligner dans la suite de mon propos, nous n'aurons pas beaucoup de questions à poser à ce témoin, même s'agissant des extraits vidéo. Le témoin ne sera pas fatigué. Nous savons que ce témoin n'est pas un analyste politique. Ce que nous aimerions démontrer, c'est le lien qu'il y a entre ces documents reçus du Procureur et les extraits vidéo réalisés par M. X. Nous n'allons pas poser au témoin des questions de fond s'agissant de ces documents, voire même s'agissant des extraits, mais nous aimerions simplement faire ce lien et verser les documents au dossier comme pièces à décharge.
> M. LE JUGE PRÉSIDENT COTTE : Bien. Alors, si vous le voulez, dans un premier temps... dans un premier temps, si vous entendez verser tel ou tel de ces extraits au dossier, nous leur donnerons un numéro MFI - dans un premier temps. Madame le Procureur, une seconde. Nous leur donnerons un numéro MFI. Nous souhaitons simplement que vous n'oubliiez pas que ce témoin ne peut pas servir - si je puis utiliser ce verbe - pour introduire des documents qui ne seraient pas en

---

611 Transcription ICC-01/04-01/07-T-181-Red2-FRA WT 31-08-2010, p. 29, L7 à 10.

lien suffisamment direct avec son activité, avec ce qu'il a pu constater, avec ce qu'il a pu entendre lui-même. Vous estimez, vous, que c'est en lien suffisamment direct, et c'est ce que vous essayez, donc, dans l'immédiat, de nous expliquer. Ayez simplement bien en tête que c'est ce qui préoccupe la Chambre. »[612]

À l'adresse de madame le procureur, le juge président a rappelé :
- que lors de son interrogatoire principal du témoin P-30, la chambre s'est montrée large pour admettre les différents rapports retenus par elle (le procureur) et que sur certains points, le témoin était en mesure de répondre et non sur d'autres ; que la chambre veille à l'équité de la procédure ;
- que ce que recherche la chambre, au terme du témoignage de P-30, c'est d'approcher dans la mesure du possible la vérité, non pas une vérité, mais la vérité. Écoutons, monsieur le juge président, suivi de la réplique de madame le procureur :

> « D'un autre côté, Madame le Procureur, lors de votre interrogatoire principal, la Chambre s'est montrée large pour admettre les différents supports, en quelque sorte, de ce qui a constitué votre interrogatoire principal. Nous avons vu que, sur certains points, le témoin est en mesure de répondre, sur d'autres il n'est pas en mesure de répondre. Ce que nous cherchons tous, au terme de son témoignage qui a commencé dans des conditions techniques difficiles, *c'est d'approcher dans la mesure du possible la vérité, non pas une vérité mais la vérité.* Donc, je vous donne la parole un instant, Madame le Procureur, mais la Chambre souhaite donc que ce témoin vienne, puisse répondre aux questions… du Pr Fofé. Si les documents qui sont en litige doivent être versés au dossier, ils le seront dans un premier temps comme MFI. Nous verrons d'ailleurs si vous souhaitez qu'ils soient versés. Tout dépendra peut-être de la qualité des réponses qui seront apportées aux questions que vous poserez. C'est quelque chose que nous déterminerons dans un instant. Madame le Procureur.
>
> Mme LUPING… : Merci, Monsieur le Président. Premièrement, un point de précision : évidemment, l'Accusation n'est pas contre la manifestation de la vérité, comme cela a pu être suggéré, mais notre préoccupation - comme nous l'avons dit déjà précédemment - est avant tout la question de savoir à qui doit-on poser la question par rapport à ces documents. La préoccupation n'est pas simplement relative à la recevabilité des documents… à l'admissibilité des documents - pardon - et l'attribution de numéros EVD, *et cætera*. Non. Notre préoccupation, c'est que ce témoin ne se trouve pas être dans la position adéquate pour apporter des commentaires sur ces documents - et ce, gardant à l'esprit son passé, son éducation, sa profession, l'absence de liens entre lui et les documents. Et, en ce qui concerne la valeur probante de ces documents, comme cela a été dit précédemment, certains de ces documents n'ont aucune signature, parfois même aucun nom d'auteur n'est mentionné, aucun sceau ne figure… officiel, en tout cas, ne figure « à » ces documents, marquant leur provenance. Et donc, dans ces circonstances, même avec un numéro MFI… qui serait donné, l'Accusation ne… enfin, le témoin ne peut pas commenter ces documents. Peut-être un autre témoin

---

[612] Transcription ICC-01/04-01/07-T-180-Red2-FRA CT WT 30-08-2010, de la p. 23, L21 à la p. 25, L6.

pourra-t-il le faire. Et, comme nous l'avons déjà dit… le dépôt… par les parties pourra faire l'objet de commentaires éventuels. Mais, en fait, il y a une différence claire entre les obligations de communication de l'Accusation, à savoir les documents qu'elle doit communiquer à la Défense, et puis les documents qui peuvent être présentés comme éléments de preuve par la Défense… correspondant à quel témoin. Et puis, il faut savoir également quel témoin est adéquat pour faire des commentaires sur tel ou tel autre document. Pour finir, une observation : avant toute question, avant tout commentaire, avant que le témoin puisse faire un commentaire, il faut lui poser la question de savoir s'il a vu ou pas les documents au préalable, parce que s'il n'a pas vu les documents avant, alors, la question ne se pose pas.
M. LE JUGE PRÉSIDENT COTTE : Merci, Madame le Procureur. Une nouvelle fois, la Chambre rappelle que, s'agissant de la présentation lors de son interrogatoire principal par M. le Procureur d'un certain nombre de pièces au témoin, la Chambre s'est montrée à juste titre très compréhensive. Elle veille à l'équité de la procédure. Le Pr Fofé verra dans quelle mesure le témoin est en mesure de répondre. S'il s'avère, Professeur, qu'en présence de certains de ces documents le témoin ne s'avérait pas en mesure de répondre, vous aurez certainement, bien entendu, à cœur de ne pas insister inutilement. Vous êtes, vous aussi - et nous le savons -, comptable du temps de l'ensemble des parties et participants et du temps de la Chambre. Il va également de soi que vous saurez présenter ces documents dans des conditions telles que les réponses que vous souhaitez obtenir éventuellement du témoin soient des réponses qui soient éclairées. S'il s'avère que le témoin ne connaît absolument pas le document et n'a aucune idée de ce qu'il contient, il serait inutile de poursuivre. Ceci étant dit, nous faisons entrer le témoin. Vous vouliez encore dire quelque chose. Je vous en prie. »[613]

Saisissant l'occasion qui lui était offerte, le conseil de la défense a ainsi répondu à cette réplique de madame le procureur, précisant l'objectif qu'il poursuivait. Quelques observations ultimes s'en sont suivies :

« Pr FOFÉ : Merci beaucoup, Monsieur le Président. J'aimerais quand même dire quelque chose à la suite de ce que venait d'avancer Mme le Procureur pour souligner qu'à l'instant actuel il est question pour nous… de solliciter de la Chambre l'admission de ces documents. S'agissant de leur valeur probante, nous savons que, le moment venu, vous aurez l'occasion d'en décider. Et je voudrais, en deuxième lieu, souligner que tous ces documents, que ça soit… les documents du site de l'UPC, nous les avons reçus du Procureur, donc ça vient de lui. Il ne peut pas, aujourd'hui, contester l'authenticité de ces documents. Certains sont signés, contrairement à ce que vient de dire Mme le Procureur. En ce qui concerne les revendications du FIPI, document DRC-OTP-0014-0391, le Procureur nous l'a communiqué comme élément Pexo - élément potentiellement exonératoire. Comment peut-il aujourd'hui… peut-elle, Mme le Procureur,

[613] Transcription ICC-01/04-01/07-T-180-Red2-FRA CT WT 30-08-2010, de la p. 25, L7 à la p. 27, L15.

aujourd'hui, nous empêcher d'utiliser cet élément potentiellement exonératoire. Et l'autre document - le discours -, le document DRC-OTP-0037/301, le Procureur nous l'a communiqué sous R77. Comment... peut-elle aujourd'hui nous empêcher de l'utiliser ? Nous insistons pour dire, Monsieur le Président, que ces documents sont très importants pour la Défense parce qu'ils montrent les enjeux réels qu'il y avait, et les protagonistes en présence... En ce qui concerne le temps, nous voudrions quand même solliciter l'attention de la Chambre sur le fait que notre équipe se sent quand même un peu frustrée parce qu'à chaque fois qu'arrive son tour de contre-interroger les témoins de l'Accusation, l'Accusation évoque souvent des arguments de fatigue du témoin, du long séjour du témoin à La Haye...
M. LE JUGE PRÉSIDENT COTTE : Professeur Fofé...
Pr FOFÉ : Pardon, Monsieur...
M. LE JUGE PRÉSIDENT COTTE : Professeur Fofé, le témoin est en pleine forme...
Pr FOFÉ : Voilà.
M. LE JUGE PRÉSIDENT COTTE : Le témoin vient de passer un merveilleux week-end à La Haye, comme nous tous, sous un ciel incroyablement clément. Il n'a vraisemblablement pas pu se fatiguer physiquement beaucoup pendant ce week-end. Vous allez le contre-interroger. Vous allez utiliser les documents dont il est question, dans les conditions dont nous venons de parler. Je ne veux pas vous couper la parole. Ça n'est pas cela. Vous allez prendre le temps dont vous avez besoin. Vous arrivez, il est vrai, les derniers, dans l'ordre que nous avions fixés en tout début... d'ouverture de nos débats sur le fond. Mais le fait d'arriver les derniers ne vous donne pas moins de droit ou moins de temps de parole qu'aux autres. Donc, si vous le voulez bien, nous le faisons entrer pour que vous puissiez, en quelque sorte, le mettre en condition pendant les 45 minutes qui viennent, et puis il y aura ensuite les deux heures qui suivront pour que vous puissiez poursuivre bien votre contre-interrogatoire et le continuer, s'il le fallait, demain matin. Madame Luping, vous vous efforcez de mettre un terme à cette discussion pour que nous puissions passer aux actes, à présent.
Mme LUPING... : Certainement, Monsieur le Président. Simplement, pour essayer d'être utile, je voulais simplement faire le commentaire suivant : étant donné les paramètres que vous-même avez indiqués, Monsieur le Président, l'Accusation souhaitait préciser, en s'appuyant sur ces paramètres, ... qu'elle ne verrait aucune objection à attribuer... des numéros MFI. Merci.
M. LE JUGE PRÉSIDENT COTTE : Eh bien, écoutez, voilà qui est bien. Nous progressons doucement. »[614]

Il faut souligner les mots du juge président, que nous avons relevés en italique, à propos de la recherche de la vérité : « *Ce que nous recherchons tous, au terme de son témoignage qui a commencé dans des conditions techniques difficiles, c'est d'approcher dans la mesure du*

---

614 Transcription ICC-01/04-01/07-T-180-Red2-FRA CT WT 30-08-2010, de la p. 27, L16 à la p. 29, L19.

possible la vérité, non pas une vérité mais la vérité. »[615] Ces mots sont lourds de sens. Ils soulignent que ce qui guide l'action des juges de la CPI, c'est la recherche de la vérité ; non pas une vérité d'une des parties, mais la vraie vérité ; la réalité.

Lors de son contre-interrogatoire, le conseil de la défense s'est donc employé à démontrer, à l'attention de la chambre, que les documents du site de l'UPC sélectionnés concordent avec les contenus des extraits vidéo commentés par P-030, témoin propre de l'accusation ; que quand bien même que ces documents ne sont pas l'œuvre dudit témoin, il demeure que leurs contenus concordent avec les contenus des extraits vidéo commentés par ce dernier et qu'ils contiennent la vérité quant au contexte dans lequel sont venus se produire les faits de la saisine, quant aux enjeux et aux acteurs en présence. Cette démarche s'est heurtée à une objection de madame le procureur qui a réitéré ses arguments, repoussés par le conseil de la défense. Le juge président est alors à nouveau intervenu pour trancher le débat ainsi ressurgi:

« [Pr FOFÉ] Q. Étiez-vous au courant de l'existence, Monsieur le témoin, d'un site tenu par l'UPC ?

LE TÉMOIN DRC-OTP-P-0030... : R. Je sais que l'UPC avait un site Internet. Bien sûr qu'une semaine après l'installation de l'antenne du site, on a délogé l'UPC de cet endroit et l'antenne a été pillée par des éléments de UPDF.

Pr FOFÉ : Q. Merci beaucoup, Monsieur le témoin. Alors, je vais vous donner lecture de ces documents, et puis je vous poserai juste une petite question pour avancer.

Mme LUPING... : Monsieur le Président, nous devons faire objection. Nous avons déjà émis notre position de manière très claire en ce qui concerne cela précédemment. Le témoin ne reconnaît pas ce document. Il n'est pas un analyste politique. Ce n'est pas un historien. Nous connaissons tous ses antécédents. Il n'y a aucun lien entre ce document et le témoin. On lui demande de spéculer sur des questions qui ne relèvent pas de ses compétences. Ce n'est pas le témoin qu'il convient, qui pourra faire des observations sur la teneur de ce document. Il n'est pas non plus en mesure... d'authentifier ce document en raison de cette absence de lien. Comme nous avons perçu la décision, une fois qu'il a confirmé qu'il ne reconnaît pas le document, d'autres questions importantes ne devraient pas lui être posées sur ce document.

Pr FOFÉ : Monsieur le Président.

M. LE JUGE PRÉSIDENT COTTE : Professeur, je vous en prie.

Pr FOFÉ : Oui. Mme le Procureur parle de questions de spéculation, alors que je n'ai encore posé aucune question - je n'ai encore posé aucune question. Je sais que le témoin-ci n'est pas un analyste politique. Nous n'allons pas lui poser des questions de fond, d'analyse. Non. Ce qui nous intéresse, c'est simplement la relation... montrer la relation entre les extraits vidéos que nous venons de visionner et le contenu de ce document. C'est tout. Donc, nous n'allons pas poser de questions de spéculation. Bien. Et, en deuxième lieu, je voudrais... Pardon.

[615] *Idem*, p. 25, L11 à 13.

Pardon, Madame. Je voudrais dire que le témoin vient d'affirmer devant la Chambre l'existence de ce site. Ce site a existé à un moment, ensuite a été détruit par UPDF. Tous les documents que nous voulons produire sont des communiqués de l'UPC diffusés dans ce site. Monsieur le Président, Honorables Juges, personne d'entre nous ne peut reconnaître des documents, tous les documents diffusés dans un site quelconque - c'est pas possible. Les sites sont faits pour la diffusion des documents, et aucun utilisateur d'aucun site ne peut reconnaître tous les documents diffusés dans un site - c'est pas possible. Donc, nous voulons simplement donner lecture du contenu pour vous montrer le lien avec les extraits vidéo que nous venons de visionner. C'est tout. Et puis, nous savons que la Chambre avait déjà pris une décision pour l'attribution d'un numéro MFI - nous le savons -, et ça nous suffira pour commencer. Voilà, Monsieur le Président.
M. LE JUGE PRÉSIDENT COTTE : Merci, Madame le Procureur. Merci, Professeur. Madame le Procureur, vous avez compris hier, et vous avez également entendu ce matin : la Chambre a pris hier quelques distances avec les 13 documents plus deux qui constituent l'une des quatre sources du contre-interrogatoire de la Défense de Mathieu Ngudjolo. Prendre quelques distances indique simplement qu'elle souhaite se montrer prudente. Elle a - cela vient d'être rappelé - indiqué que, s'il lui était demandé des attributions de cotations, elle donnerait dans un premier temps des cotations MFI afin de se réserver la possibilité, une fois que ce contre-interrogatoire sera terminé, d'apprécier s'il y a lieu ou non, en raison de la pertinence des documents présentés et de leur valeur probante, d'aller jusqu'à l'attribution d'un numéro EVD. Il s'agit du premier document qui est présenté. Maître... Pr Fofé indiquait qu'il envisageait de poser une question. Nous savons tous, nous l'avons rappelé et nous souhaitons que le témoin se sente très à l'aise... Il n'est pas un analyste politique, mais il a été à une certaine époque un observateur avisé (Expurgée), d'un certain nombre de rencontres auxquelles il a été amené à assister. S'il est en mesure d'apporter une réponse, il l'apporte. S'il ne peut pas l'apporter, il ne l'apporte pas. En tout cas, pour ce document, lisez, appréciez s'il y a lieu de le lire intégralement ou s'il y a des extraits qui vous paraissent plus utiles que d'autres, posez votre question. Et poursuivons, de telle sorte que la démarche de Défense de l'équipe de Mathieu Ngudjolo puisse se dérouler de manière linéaire. Professeur.
Pr FOFÉ : Merci beaucoup, Monsieur le Président. Q. Alors, Monsieur le témoin, je vous donne lecture de ce document - j'espère que les interprètes l'ont également. « Communiqué de presse n° 1, 1er février 2003. Le Président de l'Union des patriotes congolais pour la réconciliation et la paix, le patriote Thomas Lubanga, décline l'invitation lui lancée par Kampala, en sa qualité de secrétaire national à la défense et à la sécurité. Les déclarations de M. Vital Kamere, commissaire général chargé du processus de paix dans la région des Grands Lacs, déclarations relayées par Radio France Internationale dans son édition de ce 1er février, doivent être prises au sérieux. Il a en effet affirmé que les troupes ougandaises font mouvement vers Mahagi pour affronter celles du Rwanda stationnées en Ituri. En outre, il a fait état de la présence de quatre bataillons de l'armée de Kinshasa, FAC, à Beni pour une prétendue restructuration et réintégration des éléments de l'APC, armée du RCD/ML, dans

l'armée nationale. Tout cela démontre et ratifie la coalition entre le gouvernement de Kinshasa, l'Ouganda et le RCD/ML de Mbusa Nyamwisi qui tiennent mordicus à sacrifier le peuple congolais de l'Ituri. Pourtant, dans le contexte actuel, ce peuple a accepté et s'investit à ramener la paix par une porte bien identifiée. Hier, l'Ouganda considérait le gouvernement de Kinshasa comme son ennemi qui a envahi la RDC. Aujourd'hui, pour des raisons inavouées, ils sont devenus alliés, au grand dam du peuple congolais meurtri de l'Ituri. Par ailleurs, en même temps que Kinshasa défie la communauté internationale en rapport avec ce que son porte-parole a évoqué ce samedi, la question que l'UPC/RP se pose est de savoir pourquoi Kinshasa doit amasser des troupes à Beni, et pourquoi le Rwanda et l'Ouganda doivent s'affronter en Ituri, alors qu'il n'y a aucun de leurs ennemis sur le sol iturien. L'UPC/RP demande à la population congolaise de l'Ituri de garder son calme car elle veille nuit et jour à sa sécurité. La paix et la réconciliation en Ituri demeurent un processus inaliénable et irréversible. L'UPC/RP demande également à la communauté internationale de prendre au sérieux cette épée de Damoclès qui menace ce peuple innocent. Cette machination diabolique a été dénoncée par deux fois au secrétaire général de l'ONU dans la lettre lui adressée en janvier 2003. Finalement, qui veut la paix pour l'Ituri ? Mathieu Amboko Bebetu, secrétaire national à l'information et presse, et porte-parole de l'exécutif de l'UPC/RP. » Fin de citation. Monsieur le témoin, je voudrais simplement vous poser la question suivante : ce document que nous venons de lire reprend bien les propos tenus par Thomas Lubanga dans la vidéo que nous venons de visionner et que M. X a réalisée, n'est-ce pas ?

LE TÉMOIN DRC-OTP-P-0030... : R. Je dirais ceci : ça pourrait être vrai, parce que le secrétaire national, comme ministre, ne pouvait pas s'écarter de la logique du président du parti. Lui, il ne reflète que la pensée de son groupe. Je pensais cela. Concernant ce communiqué de presse, vous êtes professeur à l'université, cela ne peut pas vous étonner. Le journal de l'opposition ne pourra jamais faire l'éloge de la majorité. Et concernant le site Internet, ce sont des personnes qui rédigent les communiqués qui les postent sur Internet.

Q. Merci beaucoup, Monsieur le témoin. Merci beaucoup. Et donc, est-ce que vous pouvez nous confirmer qu'à votre connaissance M. Mathieu Amboko Bebetu était bien le secrétaire national à l'information et presse de l'UPC ?

R. Oui, je le confirme.

Pr FOFÉ : Monsieur le Président, est-ce qu'un numéro MFI peut déjà être attribué à ce premier communiqué ?

M. LE JUGE PRÉSIDENT COTTE : Alors, Madame le greffier, vous donnez un numéro MFI à ce document, s'il vous plaît...

Mme LA GREFFIÈRE... : ... Le document DRC-D03-0001-0358 portera le numéro MFI-D03-00034, et il s'agit d'un document public. Merci. »[616]

Rappelons que le sigle MFI signifie *Marked for identification*. Il s'agit d'un numéro d'identification attribué à un document qui est admis au dossier de façon provisoire. Etant litigieux, il n'est pas encore accepté comme

---

[616] Transcription ICC-01/04-01/07-T-181-Red2-FRA WT 31-08-2010, de la p. 27, L3 à la p. 32, L7.

élément de preuve. Après débat, si l'hypothèque pesant sur lui est levée et que la chambre décide de son admission, elle lui attribue alors un numéro EVD. S'agissant précisément de ce communiqué publié dans le site de l'UPC, la chambre l'a finalement admis, le 29 octobre 2010, comme élément de preuve en transformant le MFI-D03-00034 en EVD-D03-00034. Au total, le 29 octobre 2010, la chambre a admis et attribué des numéros EVD à trois documents extraits du site web de l'UPC, communiqués aux parties et participants par le procureur, présentés par la défense de MN au cours du contre-interrogatoire du témoin de l'accusation P-30 ; documents qui avaient d'abord reçu des numéros MFI le 31 août 2010, jour de leur production.[617]

Il faut donc retenir que même si un document n'est pas signé du témoin, il appartient à la chambre d'en mesurer la pertinence pour l'admettre, s'il peut contribuer à la manifestation de la vérité, la question d'appréciation de son poids probatoire étant remise au stade final des délibérations. Le débat autour d'un document présenté au témoin du procureur P-12 éclaire encore davantage ce pouvoir reconnu à la chambre :

« M. LE JUGE PRÉSIDENT COTTE : Professeur Fofé.

Pr FOFÉ : Oui, Monsieur le Président… Nous voyons bien ce document. Je constate que M. le Procureur n'est pas allé très loin dans l'examen de ce document. Nous avions voulu annoncer une objection contre la présentation de ce document, mais réflexion faite, nous avons choisi d'attendre voir la démonstration que ferait M. le Procureur. Mais là, il vient de poser juste quelques questions sans entrer dans la profondeur de ce document et à entendre la dernière réponse de M. le témoin, nous pensons que ce document ne peut pas être admis en preuve. Et si vous observez bien, à la page 2, ce document - qui date, certes, de Kampala 7 mars 2003 -, n'est pas signé. C'est un document qui n'est pas signé. Et pourtant, l'auteur est connu : Floribert Ndjabu Ngabu ; l'auteur est en vie. C'est un document qui n'est pas signé et qui n'a pas de valeur, et qui ne peut pas être admis comme élément de preuve dans le dossier. Voilà, Monsieur le Président.

M. LE JUGE PRÉSIDENT COTTE : Alors, Monsieur le Procureur, là, nous attendons, de votre part des précisions complémentaires.

M. MacDONALD : Merci, Monsieur le Président. Écoutez, je crois que le témoin a mentionné la date à laquelle il a obtenu ce document ; par qui le document a été remis ; le lieu où ce document a été remis ; le contexte dans lequel ce document a été, dans un premier temps, élaboré par leurs auteurs, mais

[617] Il s'agit des documents : 1°- DRC-D03-0001-0358 : « Communiqué de presse n°1 », admis au dossier le 31 août 2010 sous MFI-D03-00034, converti en EVD-D03-00034 sur décision de la Chambre du 29 octobre 2010 ; 2°- DRC-D03-0001-0360 : « Communiqué de presse n°2 », admis au dossier le 31 août 2010 sous MFI-D03-00035, converti en EVD- D03-00035 sur décision de la Chambre du 29 octobre 2010 ; 3°- DRC-D03-0001-0365 : « Complot ourdi par Kinshasa et Beni pour attaquer l'Ituri », admis au dossier le 31 août 2010 sous MFI-D03-00036, converti en EVD- D03-00036 sur décision de la Chambre du 29 octobre 2010.

également donc remis. Il est vrai qu'il n'y a pas de signature. Je peux peut-être poser une question additionnelle sur la raison pour laquelle il n'y aurait pas de signature. De l'autre côté, je serais tenté de vous dire, Monsieur le Président, que j'ai posé des questions suffisantes pour l'introduction de ce document et que, en contre-interrogatoire, Me Kilenda et son équipe peuvent poser toutes les questions qu'ils veulent bien... Mais par souci de clarté, immédiatement, je peux poser une question additionnelle, mais indépendamment de la réponse qui pourrait être donnée, je ne crois pas que dans ce contexte-ci, compte tenu des éléments donnés par le témoin... que l'absence de signature fait en sorte que le document... ne pourrait être admis formellement en preuve.
M. LE JUGE PRÉSIDENT COTTE : Monsieur le Procureur, vous posez cette question additionnelle. L'équipe de défense de Mathieu Ngudjolo joue une carte ; elle la joue, et elle verra. Vous posez cette question.
M. MacDONALD : Q. Alors..., Monsieur le témoin, pourriez-vous nous expliquer, si vous le savez, la raison pour laquelle le document n'est pas signé, ... donc, on ne retrouve pas la signature de Floribert Ndjabu lui-même ? Si vous le savez.
LE TÉMOIN DRC-OTP-P-0012 : R. Oui. C'est puisque... le document n'était pas adressé à moi ou bien à Pusic. Le document était adressé aux autorités ougandaises. Et l'original du document, ils avaient signé, ils ont remis aux Ougandais. Et nous, ils nous avaient remis ce qu'ils avaient dactylographié pour que nous puissions prendre connaissance de ce qu'ils ont écrit.
M. MacDONALD : ... Je ne sais pas si l'équipe de Me Kilenda maintient toujours son objection.
Me KILENDA : Monsieur le Président, l'auteur de ce document est en vie ; je l'ai personnellement vu en janvier. On nous dit que l'original de ce document aurait été remis aux autorités ougandaises. Nous n'en avons pas la preuve. Comment serions-nous en mesure d'admettre que l'original de ce document ait été « admis» [remis] aux autorités ougandaises ? C'est là, justement, où l'Accusation aurait dû approfondir ses enquêtes, aller en Ouganda, appeler les autorités ougandaises pour chercher à savoir de quoi il retourne de ce document. Nous pensons que les conditions ne sont vraiment pas réunies pour qu'un numéro puisse être attribué à ce document. Nous avons plusieurs formules que votre Chambre connaît déjà. Nous nous en remettons à votre Chambre, Monsieur le Président.
M. LE JUGE PRÉSIDENT COTTE : Merci, Maître Kilenda. La Chambre, en ce qui la concerne, se considère parfaitement satisfaite par les explications qu'a données le témoin sur les conditions dans lesquelles ce document a été rédigé, sur les raisons pour lesquelles il aurait été rédigé, et elle va donc demander au greffier de lui donner un numéro EVD. Madame le greffier.
Mme LA GREFFIÈRE... : Monsieur le Président, Mesdames les juges, le document DRC-OTP-0106-0476 portera la cote EVD-OTP-00194 et sera admis comme élément public. Merci. »[618]

[618] Transcription ICC-01/04-01/07-T-195-Red-FRA WT 29-09-2010, de la p. 30, L6 à la p. 32, L17.

C'est donc à la chambre d'apprécier si un document est pertinent pour la faire avancer vers la découverte de la vérité et de décider de l'admettre comme élément de preuve, cette admission ne préjugeant pas du poids probant qu'elle lui accordera au moment de l'évaluation finale de l'ensemble des éléments de preuve versés au dossier. Pour ne pas subir la censure des juges, les parties se doivent d'opérer des choix des pièces pertinentes en contrôlant, notamment, la fiabilité des informations qu'elles contiennent et de leur source.

Section 3 - *Troisième règle* : Nécessité de contrôler avec rigueur la source des informations contenues dans les documents retenus

Il ne suffit pas que le témoin par le biais duquel on veut verser un document en soit l'auteur ou le signataire. Encore faut-il vérifier ses sources pour en évaluer la fiabilité. Les sources desquelles le témoin a tenu les informations consignées dans ce document sont-elles fiables ? De la réponse à cette question dépendra, de beaucoup, le poids probatoire que les juges pourront attribuer à ce document.

Le débat qui a eu lieu devant la chambre de première instance II autour de la pièce DRC-D03-0001-0688 permet de mieux percevoir le bien-fondé de cette prescription méthodologique. Il s'agit d'une attestation de scolarité établie par le témoin D03-066 sur la base d'informations reçues de l'oncle de l'accusé et que le conseil de la défense voulait faire verser au dossier comme un des éléments de preuve du cursus scolaire de son client. Le procureur s'y est opposé en arguant précisément la non fiabilité de la source d'informations contenues dans cette pièce. Après échanges d'arguments entre les parties, la chambre a tranché. Suivons cette illustration pratique instructive :

> « [Pr FOFÉ] Q. Monsieur le témoin, savez-vous à quelle école Mathieu Ngudjolo avait fait ses études primaires ? LE TÉMOIN... : R. Oui, je le sais.
> Q. C'était à quelle école ? R. Il s'agit de l'école primaire Djago...
> Q. ... Est-ce que l'école primaire Djago existe toujours actuellement sous ce même nom-là ? R. Je vous donne une petite explication pour que vous compreniez : l'école primaire Djago n'existe plus mais l'école primaire Buy-Sabuni était une succursale de Djago, et aujourd'hui l'école primaire Djago se retrouve dans l'école primaire Buy-Sabuni, parce que Djago n'existe plus...
> R. Oui. En 1989, le service Secoper *(phon.)* - le service de paie des enseignants - ayant constaté que dans certaines écoles il n'y avait pas beaucoup à faire, ... certaines écoles ont été fermées. Et le 8 mars 1989, le Secoper... est allé à Djago et s'est rendu compte qu'il n'y avait pas suffisamment d'étudiants. Et ces étudiants ont été transférés à Buy-Sabuni, et aujourd'hui l'école de Buy-Sabuni où je suis

directeur est une très grande école parce qu'elle inclut également les élèves de Djago.
Q. Merci beaucoup, Monsieur le témoin. Est-ce que vous pouvez vous rappeler approximativement, ... vers quelles années Mathieu Ngudjolo avait étudié à l'école primaire de Djago qui est donc, actuellement, en train de fonctionner au sein de l'école primaire Buy-Sabuni ? R. Cela fait longtemps ; il faudrait que je consulte les archives pour vous donner la réponse.
Q. En effet. Vous venez, justement, de parler d'archives. Est-ce que vous, en tant que directeur... est-ce que vous avez pu retrouver et conserver toutes les archives de l'école primaire de Djago ? R. Les archives ont été brûlées lorsqu'on a incendié les bâtiments de notre école pendant la guerre.
Q. Nous... arriverons à ce chapitre-là sur les guerres mais, très brièvement, ces archives... ces écoles et ces archives avaient été brûlées par quelles forces ? C'était pendant quelle guerre ? Brièvement, parce que nous reviendrons là-dessus. R. C'était en 1999, lorsqu'il y avait une guerre entre les Hema et les Lendu.
Q. Monsieur le témoin, avez-vous signé récemment une attestation établissant que Mathieu Ngudjolo avait fait ses études primaires à l'école primaire de Djago, actuelle école primaire Buy-Sabuni ? R. Oui, j'ai signé cette attestation.
Pr FOFÉ : Monsieur le Président, avec votre autorisation, nous voudrions présenter à M. le témoin la pièce DRC-D03-0001-0688 ? Et c'est une pièce publique.
M. LE JUGE PRÉSIDENT COTTE: Madame le greffier, il s'agit d'un document qui a été communiqué en temps utile par l'équipe de défense de Mathieu Ngudjolo. Pouvez-vous, s'il vous plaît, le faire apparaître sur l'écran ? *(Le greffier d'audience s'exécute)*
Mme LA GREFFIÈRE : Professeur Fofé, il me semble que nous n'avons pas le document encore dans *eCourt*.
Pr FOFÉ : Ah, d'accord. Donc je vais vous envoyer... l'original du document. Et puis, je rectifie : cette pièce doit être confidentielle. Je vous envoie l'original par le biais de M. l'huissier.
M. LE JUGE PRÉSIDENT COTTE : Elle était effectivement annoncée dans l'inventaire que vous nous avez transmis, mais je constate, de mon côté, que je ne l'ai pas dans mon dossier. Donc, elle n'était pas disponible à cet instant. Oui. *(L'huissier d'audience s'exécute)* Alors, nous allons mettre cette pièce qui est donc confidentielle, nous dit-on, sur le rétroprojecteur pour qu'elle puisse être vue par toutes et tous et par le témoin. *(Le greffier d'audience s'exécute)*
Mme LA GREFFIÈRE : Pour visualiser le document, veuillez appuyer sur « Docu cam witness ».
Pr FOFÉ : Observez bien... ce document, Monsieur le témoin, est-ce que vous l'avez observé ? *(Le témoin s'exécute)* Q. Monsieur le témoin, avez-vous bien observé ce document ? LE TÉMOIN... : R. Oui, j'ai terminé la lecture du document.
Q. Est-ce bien vous l'auteur de cette attestation ? R. Oui, c'est moi qui ai rédigé cette attestation.
Q. Est-ce que les renseignements contenus dans cette attestation traduisent bien la vérité ?
M. LE JUGE PRÉSIDENT COTTE : Monsieur Garcia.

M. GARCIA : Monsieur le Président, je m'excuse d'interrompre mon confrère, mais il y a un sérieux problème avec cette attestation, à la lumière de ce que le témoin vient juste d'affirmer lors de son témoignage. C'est la raison pour laquelle je ne comprends pas pourquoi on tente… et c'est ce que je comprends. Ce que le Pr Fofé tente de faire, c'est de produire ce document. Je réfère la Chambre aux pages 27 et 28 du témoignage de ce témoin, il affirme dans un premier temps, on lui pose la question, à savoir s'il se rappelle les dates et c'est la ligne 17 de la page 27 du *transcript* français à savoir les années dans lesquelles… Mathieu Ngudjolo a étudié à l'école primaire. Alors, dans un premier temps, le témoin affirme qu'il ne connaît pas ces dates, qu'il doit se référer aux archives. Prochaine question : « Qu'est-ce qu'il en est de ces archives ? » C'est la ligne 27. La réponse du témoin : « Les archives ont été brûlées ». Alors, d'après ce que je comprends, le témoin est incapable de se souvenir des dates, s'il était là à l'époque, il n'était pas [à] cette école à l'époque, en 1977 ; et dans un deuxième temps, les archives ont été brûlées. Alors, je ne vois pas sur la foi de quel document officiel ce témoin, ici présent, vient affirmer à la Cour et aurait pu signer cette déclaration dans laquelle il affirme que Ngudjolo aurait été un élève régulier en l'année 1977 et 83. Il y a un grave problème avec cette attestation. Alors, je vous soumets, Monsieur le Président, que si l'intention du Pr Fofé est… d'introduire, de produire, ce document, je m'y objecte formellement. Ce document n'a aucune valeur probante à la lumière du témoignage du témoin ici, en salle d'audience.
M. LE JUGE PRÉSIDENT COTTE : Merci, Monsieur le Procureur. Vous venez d'énoncer un certain nombre de propos que les membres de la Chambre avaient également en tête mais dont ils se gardaient, bien entendu, de faire état. Attendons de voir la suite des questions posées par le Pr Fofé qui, lui aussi, ne peut ignorer les réponses que vient de faire le témoin sur cette question d'archives et… d'éloignement des faits qu'il ne pouvait donc pas retranscrire dès que la question lui a été posée tout à l'heure. Alors, Professeur Fofé, vous continuez. Vous êtes donc bien au fait de l'objection potentielle de M. Garcia et des interrogations que nous nous posons également ici sur une attestation, le 15 juin 2011, en l'absence d'archives, semble-t-il. Vous poursuivez.
Pr FOFÉ : Monsieur le Président, je réponds à l'objection de M. le Procureur, car il a bien formulé son objection. D'abord, à moins que je ne me trompe, le Procureur n'a pas annoncé cette objection, je parle sous le contrôle de mes coéquipiers.
M. LE JUGE PRÉSIDENT COTTE : Il faudrait simplement…
Pr FOFÉ : Oui…
M. LE JUGE PRÉSIDENT COTTE : Il faudrait simplement que nous nous assurions que le Procureur disposait bien de ce document. Disposiez-vous de ce document ?
M. GARCIA : Oui, Monsieur le Président. Nous disposions de ce document mais, évidemment, … l'Accusation ne savait pas ce que le témoin allait affirmer concernant ce document. C'est simplement maintenant, en salle d'audience, lorsque le témoin est en train de faire des affirmations par rapport aux études de Mathieu Ngudjolo qu'on est à même de constater que ce document n'a aucune assise factuelle. Alors, on ne peut pas s'objecter de façon prématurée à un document alors qu'à sa face même, il s'agit ou il a l'air de s'agir d'un document…

officiel, d'une attestation. Alors, c'est seulement à la lumière des déclarations du témoin, ici même, qu'on est en mesure de s'objecter.
Pr FOFÉ : Je réponds, Monsieur le Président.
M. LE JUGE PRÉSIDENT COTTE : Oui, vous répondez brièvement, Professeur Fofé, mais vous mesurez quand même bien - j'utilise un mot provisoire - la vulnérabilité de ce document. Nous vous écoutons.
Pr FOFÉ : Oui, Monsieur le Président. Je voudrais ajouter ceci. M. le Procureur aura l'occasion de poser des questions à ce témoin lors de son contre-interrogatoire. Nous lui avons posé des questions que nous avons retenues, le témoin vient de répondre, il a reconnu être l'auteur de ce document. Le Procureur, lors de son contre-interrogatoire, pourra revenir là-dessus pour poser d'autres questions à M. le témoin. Il ne m'appartient pas, à cet instant, d'épuiser toutes les questions sur tous les points. J'en pose, ce que moi j'ai retenu comme essentiel. M. le Procureur pourra y revenir lors de son contre-interrogatoire pour demander au témoin sur quelle base il a établi ce document. Le témoin sera avec nous lors… du contre-interrogatoire de M. le Procureur. Monsieur le Président, je voudrais ajouter une chose, M. le Procureur a mené des enquêtes dans ce dossier. À moins que je ne me trompe, étant donné l'ampleur de ce dossier, le Procureur ne nous a pas donné d'éléments en ce qui concerne le cursus scolaire de Mathieu Ngudjolo, ce qui est quand même une omission, parce que lorsqu'on poursuit quelqu'un, on doit constituer un dossier de personnalité de cet accusé. Est-ce que M. le Procureur a un dossier de personnalité de Mathieu Ngudjolo ? Alors, donc, Monsieur le Président, … pour faire bref, c'est pour dire qu'il y a eu quand même beaucoup de défaillances de l'autre côté, du côté de l'Accusation. Donc…
M. LE JUGE PRÉSIDENT COTTE : Professeur, Professeur, nous ne sommes pas en train de distribuer les bons ou les mauvais points. Et nous ne sommes pas en train de nous prononcer sur la qualité de l'action menée jusqu'ici par le Bureau du Procureur s'agissant du cursus scolaire, voire même ensuite professionnel de Mathieu Ngudjolo. Ce sont des points que si vous l'estimez utile, vous développerez le moment venu. Mais nous ne pouvons pas ne pas nous interroger, toutes et tous ensemble dans cette salle, sur un document que vous présentez, sur lequel vous interrogez le témoin immédiatement après qu'il ait dit que les archives avaient disparu. Donc, ce que nous souhaiterions savoir, et c'est l'occasion peut-être aussi pour vous de le faire, et peut-être étiez-vous sur le point de le faire d'ailleurs, comment le témoin a-t-il pu rédiger cette attestation, à partir de quels éléments, d'où venaient ces éléments ? Cela évitera peut-être… à M. Garcia d'avoir à le faire, et cela nous intéressera au moment où vous allez peut-être demander l'admission de ce document. Il nous faut avoir beaucoup plus d'éléments d'information sur ce point-là. Monsieur Garcia.
M. GARCIA : Très brièvement, Monsieur le Président, et simplement pour clarifier un point, ce n'est pas l'Accusation qui désire produire ce document par l'entremise d'un témoin. C'est le Pr Fofé, c'est la Défense. Donc, la responsabilité de démontrer tous les faits qui pourraient justifier l'introduction de ce document dans le dossier de la Cour revient au Pr Fofé.
M. LE JUGE PRÉSIDENT COTTE : Mais…
M. GARCIA : Ce n'est pas…

M. LE JUGE PRÉSIDENT COTTE : Monsieur le Procureur, c'est exactement ce que je viens de dire. Donc, nous vous comprenons bien.
M. GARCIA : Alors, simplement, il nous faut de l'information concernant d'où il provient… d'où provient l'information qui se trouve dans ce document. Sinon…
M. LE JUGE PRÉSIDENT COTTE : C'est exactement ce que je viens de dire. Nous poursuivons. Professeur Fofé.
Pr FOFÉ : Merci beaucoup, Monsieur le Président. Q. Monsieur le témoin, vous avez bien observé ce document, vous venez de reconnaître que vous en êtes l'auteur, en votre qualité. Sur quelles bases avez-vous établi cette attestation ?
LE TÉMOIN… : R. Merci pour la question. Je suis directeur d'une école. Eh bien, pour établir ce document, j'ai consulté l'oncle paternel de Ngudjolo, M. Henri. C'est lui qui m'a donné les informations concernant l'année scolaire «que» Ngudjolo avait étudié. Donc, j'ai établi ce document sur base des déclarations faites par l'oncle paternel de Ngudjolo. Je précise qu'il n'y avait pas d'archive.
Q. … Est-ce que vous pouvez donner à la Chambre le nom d'Henri, parce que vous avez donné « Henri » - « Henri », c'est un prénom -, le nom d'Henri qui est l'oncle paternel de Mathieu Ngudjolo ?
R. Non. Je ne me souviens plus… de son nom de famille. Nous avons l'habitude de l'appeler « Henri ».
Pr FOFÉ : Monsieur le Président, à mon niveau, je m'arrête là ; si le Procureur « aura » d'autres précisions à demander sur cette pièce, il le fera en contre-interrogatoire… Je pense que moi, … je vais m'arrêter là, et, Monsieur le Président, Honorables juges, respectueusement, je sollicite l'attribution d'un numéro EVD à cette pièce.
M. LE JUGE PRÉSIDENT COTTE : Professeur Fofé, à ce stade, la Chambre ne peut pas donner un numéro EVD à ce document. Ou vous établissez de manière beaucoup plus précise les conditions dans lesquelles l'attestation a pu être établie; nous venons d'entendre - et, apparemment, le témoin n'a pas d'autre précision à donner - qu'il s'agit d'éléments d'information donnés par un oncle de Mathieu Ngudjolo. Nous avons beaucoup de respect pour l'oncle de Mathieu Ngudjolo, mais avant de donner un numéro EVD à une attestation dont le contenu émane d'un oncle et d'un proche parent du témoin, il y a matière à réflexion. Donc, Madame le greffier, je ne sais plus quel est le numéro provisoire que l'on peut donner à un document, mais nous allons donner… un numéro provisoire à ce document, et c'est après le contre-interrogatoire de M. Garcia que nous apprécierons s'il convient ou non d'introduire cette attestation comme élément de preuve en procédure, tout cela étant, bien sûr, totalement indépendant, si nous devions l'admettre à un autre moment, du poids probatoire que nous lui accorderons. Madame le greffier, pouvez-vous me rappeler quel est le sigle ou la nomenclature exacte ?
Mme LA GREFFIÈRE : Oui, Monsieur le Président. C'est MFI.
M. LE JUGE PRÉSIDENT COTTE : Voilà, merci. Donc, vous donnez en l'état un numéro MFI, et M. Garcia se chargera, je pense, de nous rappeler que nous vivons, s'agissant de cette attestation, sur du provisoire.

Mme LA GREFFIÈRE : Merci, Monsieur le Président. Le document DRC-D03-0001-0688 portera la cote... MFI-D03-00091..., et sera enregistré comme confidentiel. »[619]

Comme on devait s'y attendre, dans son contre-interrogatoire, le procureur est revenu sur cette pièce MFI-D03-00091.

« M. GARCIA : Q. Alors, Monsieur le témoin, si je comprends bien votre témoignage que vous avez donné en réponse aux questions du Pr Fofé, vous avez rédigé cette attestation en tant que directeur de l'école ; est-ce exact ?

LE TÉMOIN... : R. Monsieur le Procureur, c'était moi le directeur de cette école.

Q. Effectivement, alors, c'est la réponse que vous donnez : vous étiez le directeur de l'école, vous l'avez signée en tant que directeur de l'école primaire Buy-Sabuni ; est-ce exact ? R. Avant-hier, vendredi, le Pr Fofé - je ne sais pas s'il a des surnoms ; il peut m'en excuser -, lui, il m'a posé des questions pareilles. Je lui ai dit ceci : Djago avait une succursale à Buy-Sabuni en 1999. Le Secoper *(phon.),* qui est le service de paiement des enseignants, est passé par là et s'est rendu compte que l'effectif du corps professoral n'atteignait même pas 30 personnes. Voilà pourquoi cet établissement a été déplacé à Buy-Sabuni comme succursale. Jusqu'aujourd'hui cet établissement fonctionne sous le nom de Buy-Sabuni. Depuis 1994 j'étais directeur adjoint et, trois ans après, comme directeur titulaire jusqu'aujourd'hui. Et j'attends le 5 septembre, si Dieu le veut, pour recommencer... reprendre mes fonctions comme directeur. Je dirais donc : c'est moi qui ai signé cette attestation comme directeur d'école, puisque j'en ai bien le mandat.

Q. Alors, effectivement, Monsieur le témoin, ce que vous venez juste de dire est très important. Vous avez dit que vous aviez le mandat. Et vous avez mentionné également au Pr Fofé que l'information qui se trouve sur cette attestation provient d'un dénommé Henry ; c'est exact ? R. Monsieur le Procureur, c'est vrai. Je vais vous expliquer : quand la guerre a commencé, les archives étaient perdues. Nous nous sommes efforcés, nous en tant que dirigeants, pour rédiger des attestations. Il ne s'agit pas seulement de l'attestation de M. Ngudjolo, beaucoup d'autres attestations ont été rédigées par nous. Nous nous sommes rendus auprès de parents pour avoir les informations nécessaires. Même ce dossier, c'est son père... son oncle qui nous a aidés, M. Dz'da. Il nous a donné des informations pour pouvoir établir cette attestation, pour que nous puissions attester que Mathieu Ngudjolo n'est pas un illettré. Je devrais donc établir l'année ou les années auxquelles Mathieu Ngudjolo a étudié. Et je l'ai inscrit dans le registre d'attestations. La guerre a détruit toutes les archives. Et si nous ne faisions pas ce travail, ce serait difficile pour que les gens puissent retrouver les informations. Notre école a été brûlée trois fois de suite. C'est pour dire que quand le Pr Fofé m'a posé la question, je lui ai dit la vérité : que tous les dossiers étaient détruits. Donc, je viens confirmer que cette attestation a été établie grâce à l'information qu'un membre de sa famille a donnée...

---

[619] Transcription ICC-01/04-01/07-T-295-Red2-FRA CT WT 19-08-2011, de la p. 21, L1 à la p. 29, L2.

M. GARCIA: Q. Alors, Monsieur le témoin, encore une fois, sur ce même document, j'ai entendu votre réponse, mais n'est-il pas exact, Monsieur le témoin, que ce nom, cette personne, Henri Dz'da, son nom n'apparaît nulle part sur cette attestation ? Est-ce que j'ai raison de dire ça, Monsieur le témoin ?
LE TÉMOIN… : R. Monsieur le Procureur, nous n'allons pas mettre le nom du parent sur l'attestation. Vous savez, nous avons eu beaucoup de difficultés pour établir des attestations les années passées, parce que nous n'avions pas d'archives. En Afrique, nous faisons recours aux personnes ressources qui nous donnent l'information. Son père était déjà décédé et la personne en question est restée la seule parent de cet homme, c'est la raison pour laquelle nous avons recouru à l'oncle paternel de Mathieu Ngudjolo comme étant la personne ressource avant d'établir ce document.
Q. Alors ça, j'ai bien compris, Monsieur le témoin. Mais ce qui me dérange, Monsieur le témoin, je vais vous le dire immédiatement, c'est qu'on vous a approché pour faire une attestation, vous le faites en qualité de directeur d'école, et nulle part, dans cette attestation, figure le fait, premièrement, que l'information ne provient pas des archives, mais plutôt d'une personne, et deuxièmement, que ces archives n'existent pas. Alors, vous êtes d'accord avec moi, Monsieur le témoin, que ces mentions, quand même assez importantes pour qu'on puisse déterminer d'où vient et sur quelle base on se fonde pour cette attestation, sont quand même assez importantes ?
R. Monsieur le Procureur, si vous m'avez bien suivi, j'ai dit ceci : en tant que directeur de l'école, j'ai le pouvoir de faire cela. Dans l'administration de notre pays, moi, en tant que directeur, j'ai le mandat d'établir une attestation. Et cette attestation est valable dans le pays. Si mon inspecteur venait vers moi, il va voir cette attestation, et il va l'accepter. Aussi, j'ajoute que pour établir cette attestation, nous faisons payer les frais de 1 dollar. Il n'y avait pas une autre source… une autre ressource pour pouvoir établir cette attestation. Je suis la seule personne capable de l'établir. Je ne sais pas quelle est la chose que vous ne trouvez pas normale dans cette attestation. Dans la procédure en application dans notre pays, j'ai le droit d'établir une telle attestation, Monsieur le Procureur.
Q. Mais, Monsieur le témoin, vous saviez que ce document, cette attestation que vous avez signée en tant que directeur, allait être utilisé ici, en salle d'audience. Alors, je vous repose la question : n'est-il pas exact, Monsieur le témoin, que vous auriez dû faire mention du fait que votre attestation était basée sur ce que quelqu'un d'autre avait dit - c'est du ouï-dire -, et non pas sur un document officiel, ou sur des archives qui avaient été brûlées ? Vous êtes d'accord avec moi, quand même, sur ce point-là ?
R. Monsieur le Procureur, comme je l'ai dit avant, il y a certaines pratiques en vigueur dans votre service, que moi, je ne connaissais pas. Je ne savais même pas que ce document allait arriver jusqu'ici. Lorsque le Pasteur Lopa est arrivé pour demander cette attestation - l'attestation de fréquentation de Mathieu Ngudjolo -, je la lui ai donnée. Je l'ai servi comme je pouvais le faire pour tout autre parent. Je n'avais pas en tête que cette attestation viendra jusqu'ici. Je l'ai dit bien avant, je ne savais pas que cette attestation allait venir jusqu'ici. Et il n'y avait pas une autre façon de le faire. Si je savais qu'il allait venir jusqu'ici, peut-être mon chef allait signer cette attestation pour lui donner encore plus de valeur. Je l'ai fait comme je l'ai toujours fait avec tous les autres parents. Et il s'agit là d'une

formule officielle. Nous établissons ces attestations en respectant cette procédure. Et cette attestation est valable, comme tous les autres documents, au niveau du pays.
Q. Mais, Monsieur le témoin, est-ce que vous êtes en train de nous dire que... vous ne saviez pas que ce document, qui est recueilli par le représentant ou la personne ressource de l'équipe de Mathieu Ngudjolo, allait être utilisé ici, dans le cadre du procès ? Vous saviez quand même, à l'époque, que c'était Mathieu Ngudjolo qui était accusé ici, devant la Cour pénale internationale. Donc, vous deviez le savoir quand même, également, que cette attestation, si elle était recueillie par M. Lopa Koli, c'était parce qu'elle allait servir ici, en cour.
R. Non, Monsieur le Procureur. Comme je l'ai dit avant, il y a certaines informations que nous n'avons pas reçues avant. Je crois qu'il respectait l'ordre déontologique, qui consistait à ne pas tout nous dire. Il est venu, il a demandé l'attestation, je la lui ai donnée. Et je l'ai reçu dans mon bureau, comme je reçois tout autre parent. Je n'avais aucune arrière pensée quant à la destination finale de cette attestation.
Q. Monsieur le témoin, lorsqu'on lit le document, on comprend, dans votre attestation, que non seulement est-ce que vous affirmez... qu'il a suivi des cours mais qu'il était élève régulier. Ça, si je comprends bien, il n'y avait aucune manière de le vérifier, ni par les propos qui vous ont été relatés par l'oncle ; c'est exact, Monsieur le témoin ?
R. Monsieur le Procureur, je vous ai dit que ça, il s'agit là d'une formule ordinaire d'une attestation de fréquentation. Nous l'avons toujours établie de cette manière. Toute attestation que nous faisons respecte cette formule. Il s'agit d'une formule officielle qui nous est donnée par le gouvernement.
M. LE JUGE PRÉSIDENT COTTE : Monsieur le Procureur, la Chambre se permet une brève intervention, à ce stade-là. Déjà, l'autre jour, lorsque Pr Fofé parlait de cette attestation, nous nous interrogions, in petto, sur l'intérêt que pouvait présenter pour la Chambre le point de savoir ce qu'avaient été exactement les études secondaires ou primaires de Mathieu Ngudjolo, et ce que cette attestation pouvait lui apporter. Vous revenez donc, à cet instant, sur cette même attestation, et nous l'avons bien compris, sur les conditions dans lesquelles elle a pu être établie par un témoin qui nous indique qu'il était habilité pour le faire, mais que faute de disposer d'archives, il s'est référé, comme il a dû le faire à l'occasion de l'établissement d'autres attestations, à des propos qu'on a pu lui tenir. Au cas présent, nous avons bien compris quelle est l'origine de ces propos. Est-il indispensable de prolonger longuement le temps d'audience sur ce point ? Je vous pose simplement la question. Je vous en prie. Je vous en prie.
M. GARCIA : Je suis désolé, Monsieur le Président. Et je veux rassurer la Chambre que c'était ma dernière question sur le sujet.
M. LE JUGE PRÉSIDENT COTTE : Alors, c'est vous dire combien grande est notre patience, puisque que je n'interviens qu'au moment même où arrive la dernière question. »[620]

[620] Transcription ICC-01/04-01/07-T-296-Red2-FRA WT 23-08-2011, de la p. 49, L13 à la p. 54, L16.

Après cet échange entre le procureur et le témoin sur ce document, le conseil de la défense est intervenu pour solliciter de la chambre la transformation du MFI en EVD, sans succès :

« Mme LA GREFFIÈRE : Nous sommes en audience publique, Monsieur le Président.

M. LE JUGE PRÉSIDENT COTTE: Merci. Professeur Fofé, vous nous impressionnez. Que se passe-t-il ?

Pr FOFÉ : Rien de grave, Monsieur le Président. Monsieur le Président, comme on dit, il faut battre le fer quand il est chaud. M. le Procureur vient de poser un certain nombre de questions au témoin en ce qui concerne la pièce MFI-D03-00091. Le témoin s'est expliqué longuement et suffisamment sur cette pièce, Monsieur le Président, Honorables Juges. Et je voudrais que votre Auguste Chambre, pour répondre... à cette sollicitation que je m'en vais formuler, se rappelle ses décisions s'agissant de documents présentés par des victimes, décisions qui tiennent compte de la situation particulière de la RDC après la guerre. Monsieur le Président, je pense qu'après les explications de l'auteur de ce document, sans préjuger du poids que la Chambre accordera à cette pièce en définitive, je pense qu'un numéro EVD peut être attribué à cette pièce, car il n'y a que ce témoin qui peut donner des informations, des éléments s'agissant de cette pièce, et il vient de le faire suffisamment. Voilà, Monsieur le Président.

(Discussion entre les juges sur le siège)

M. GARCIA : Si vous me permettez, Monsieur le Président, je n'ai pas eu l'occasion de m'exprimer, mais évidemment...

M. LE JUGE PRÉSIDENT COTTE : Allez-y. Allez-y. Vous y allez brièvement, s'il vous plait, mais nous vous écoutons.

M. GARCIA : Alors, essentiellement, Monsieur le Président, lorsqu'on regarde le document, il s'agit d'une attestation. À sa face même, on serait porté à croire qu'étant donné que la personne qui l'a signée, le témoin qui est ici présent, l'a fait en sa qualité de directeur de l'école, on se fonde sur des archives ou des documents officiels qui ont une certaine valeur probante, parce que c'est fait de façon contemporaine. On apprend, du témoin lui-même, que les archives sont brûlées et que ce document, qu'on qualifie ou qui est intitulé « attestation » n'en est pas une véritablement. Il s'agit simplement des propos ou de l'information recueillis par ce témoin auprès d'une autre personne. Alors, ce qui est important, c'est l'oralité. C'est le témoin qui est ici et qui affirme la chose. Il affirme que l'information concernant les études qu'aurait « fait » Mathieu Ngudjolo [provient] d'une personne. Cette information se trouve déjà dans le dossier de la Chambre. Alors, à mon avis, il n'est nullement nécessaire de faire admettre un document qui vient simplement attester d'une façon officielle, alors qu'on le sait pertinemment, que la base de ce document, ce sont des propos qui ont été recueillis par le témoin. Alors, à mon avis, ... le document n'a pas de valeur probante, et c'est le témoignage du témoin qui devrait être retenu, plutôt que ce document.

M. LE JUGE PRÉSIDENT COTTE : Professeur Fofé, ne nous éternisons pas, si vous le voulez bien, sur votre demande et sur cette attestation. Je vous en prie, prenez la parole, car il est bon que la Défense s'exprime après le Procureur, et puis nous vous dirons ensuite ce que nous en pensons.

Pr FOFÉ : Merci, Monsieur le Président. Brièvement, je ne vais pas abuser de la Chambre. Juste pour souligner que la personne dont parle M. le Procureur comme étant la source des renseignements... sur la base desquels cette attestation avait été établie, cette personne-là s'appelle Henri Dz'da. C'est l'oncle paternel de Mathieu Ngudjolo. Et en Afrique, on l'appelle « père ». C'est le père de Mathieu Ngudjolo parce que le père de Mathieu Ngudjolo est déjà décédé. Donc ce n'est pas une source anonyme, c'est son père. Et quand M. le Procureur minimise le fait qu'il n'existe plus d'archives, cela nous surprend. En réalité, le Procureur sait bien qu'après cette guerre-là, tout a été brûlé. M. le témoin a bien dit que cette école a été reconstruite, puis brûlée, reconstruite plusieurs fois. J'insiste sur le fait, Monsieur le Président, qu'à part ce témoin, personne d'autre ne nous donnera d'autres renseignements sur cette pièce. Personne d'autre. Il est le seul à pouvoir nous donner des renseignements là-dessus. Et je pense qu'il a suffisamment donné d'éléments là-dessus. Et comme je l'ai dit tout à l'heure, [une] chose est l'admission du document, l'attribution d'un numéro EVD à ce document pour que ce document reste dans le dossier. Autre chose est le poids que vous lui accorderez le moment venu. Et je vous ai, Monsieur le Président, Honorables Juges, prié de vous référer aux décisions prises notamment en matière d'établissement de lien de parenté, n'est-ce pas... d'attestations de droit de lien de parenté, que le Procureur a appuyées, s'agissant de victimes. Donc, là, en l'occurrence, je ne vois pas pourquoi le Procureur s'opposerait à l'attribution d'un numéro EVD à cette pièce. Merci beaucoup, Monsieur le Président, Honorables Juges.

M. LE JUGE PRÉSIDENT COTTE : Merci, Professeur Fofé. Bon, vous avez constaté que dans le courant de la précédente partie de notre audience aujourd'hui, nous avons, après avoir donné un numéro MFI, vendredi dernier, au document intitulé « Structure du comité de base, groupement Bedu-Ezekere Zumbe », estimé qu'il y avait lieu de donner un numéro EVD à ce même document, et d'opérer un transfert de MFI à EVD. N'y revenons pas. S'agissant de ce document-là, Monsieur le témoin, la Chambre ne disconvient pas qu'en votre qualité de directeur d'école, vous avez rédigé une attestation au vu des éléments d'information que vous pouviez obtenir. En l'absence d'archives, et nous savons pourquoi il n'y a plus d'archives, vous vous êtes donc fondé sur les propos que vous a tenus un proche de Mathieu Ngudjolo. C'est précisément l'extrême proximité de ce proche, donc de votre source pour établir ce document, qui, aux yeux de la Chambre, le relativise considérablement. Mais passe encore. La Chambre, surtout, ne perçoit pas, à cet instant, l'intérêt que peut présenter pour elle le fait de savoir que Mathieu Ngudjolo a été un élève régulier de 1977 à 1983 à l'école primaire de Djago, actuelle école primaire Buy-Sabuni. Tout ce qui probablement viendra, mais que la Défense a déjà exposé avec d'autres témoins, tout ce qui viendra au soutien de ce qui accrédite l'exercice d'une profession médicale ou paramédicale par Mathieu Ngudjolo est, le cas échéant, de nature à nous intéresser. Car il y a là une manière de camper le personnage qu'est Mathieu Ngudjolo, dont il faudra bien qu'un jour ou l'autre la Chambre arrive à déterminer s'il était un homme de santé, et uniquement cela ; s'il était un homme de santé et un combattant d'autodéfense, et uniquement cela ; ou s'il était un homme de santé, un combattant d'autodéfense, et peut-être plus encore. Nous ne le savons pas pour l'instant. Mais cet élément-là, cette attestation, ne constitue pas pour nous actuellement une preuve essentielle. Et c'est pourquoi nous ne lui donnerons pas un numéro EVD. C'est une pièce dont il a été longuement discuté, mais que nous ne retenons pas, tout simplement. Monsieur le Procureur, vous poursuivez. » [621]

On voit ainsi que la chambre a retenu deux motifs majeurs pour rejeter cette pièce :

- l'extrême proximité de la personne-source, qui a donné des informations ayant servi à établir cette attestation, avec l'accusé ;
- et surtout le défaut de pertinence de ce document, la chambre ayant estimé que celui-ci tendait à établir la qualité d'élève de MN de 1977 à 1983 et, par conséquent, ne présentait pas d'intérêt pour l'élucidation des faits de la saisine.

Il convient donc de veiller à la pertinence des documents à produire et à la fiabilité des sources d'informations qu'ils contiennent, autant qu'à la garantie de leur intégrité et de leur authenticité en maîtrisant leur chaîne de possession et d'acheminement jusqu'à la Cour.

Section 4 - *Quatrième règle* : Obligation d'indication de la chaîne de possession

La partie qui se propose de verser au dossier un document par le truchement d'un témoin doit préalablement adresser à la chambre, aux autres parties et participants, une fiche précisant la chaîne de possession de cette pièce : son origine, sa date d'élaboration, son ou ses auteurs, la personne précise qui l'a remise à quel membre de l'équipe de défense ou du bureau du procureur, la date de cette remise, le mode de cette remise (de main à main, ou par telle autre voie) ; bref, l'itinéraire que la pièce a suivi jusqu'à parvenir à la partie qui veut la produire comme preuve.

La maîtrise et le contrôle de la chaine de possession permettent de garantir l'intégrité de l'élément de preuve récolté. Le RBP contient des dispositions soulignant l'attention qu'il importe d'accorder à la chaîne de possession ou à la « filière de conservation et de transmission des éléments de preuve. » Il en est ainsi de la norme 22 qui dispose :

« 1. Le Bureau assure la continuité de la filière de conservation et de transmission de documents ou de toute autre forme d'éléments de preuve. Tout élément de preuve se trouve à tout moment en possession de la personne qui l'a recueilli ou de la personne autorisée à l'avoir en sa

[621] Transcription ICC-01/04-01/07-T-296-Red2-FRA WT 23-08-2011, de la p. 55, L9 à la p.58, L24.

possession. Il est tenu un registre de la filière de conservation et de transmission en application de la norme 23.
2. Dès qu'il parvient au siège de la Cour, tout élément de preuve matériel est immédiatement transmis pour être traité conformément à la norme 23. »
Et la norme 23-2 de prescrire : « Le Bureau veille à dûment enregistrer et entreposer l'ensemble des renseignements et des éléments de preuve recueillis à toutes les étapes de la procédure. Un numéro unique d'enregistrement des éléments de preuve est attribué à chaque élément ou à chaque page. L'enregistrement se fait dans les meilleurs délais après le recueil et rend compte, dans la mesure du possible, des circonstances de celui-ci et de la filière de conservation et de transmission. »[622]

Il faut savoir que le versement d'une pièce peut être compromis si sa chaîne de possession n'est pas bien précisée. Il en a été ainsi, par exemple, du document DRC-D03-0001-0328, qui était une pièce importante pour la défense, car elle montrait comment le chef du groupement Bedu Ezekere avait organisé son administration pour notamment assurer la protection de sa population au moment où elle était victime des attaques, et elle établissait que MN n'exerçait aucune autre fonction dans ce groupement, si ce n'est son métier d'infirmier. Le témoin D03-066, répondant aux questions du conseil, avait donné des détails concordant avec le contenu de ce document. Le principe de l'oralité était donc bien respecté comme l'atteste cet échange :

> « [Pr FOFÉ] Q. Monsieur le témoin, je vais à présent vous inviter à nous situer vers les années 2002-2003. C'est la période qui nous intéresse... Je peux même la préciser davantage : la période août 2002 à mars 2003. Monsieur le témoin, ... Est-ce que vous pouvez vous resituer durant cette période-là et nous dire dans quelle localité vous résidiez entre août 2002 et mars 2003 ?
> LE TÉMOIN... : R. Au cours de cette période, je résidais dans la localité de Masu, à côté de Zumbe.
> Q. Pour que les honorables juges soient édifiés, quelle est la distance entre Masu et Zumbe ? Est-ce que vous pouvez décrire brièvement, sur le plan géographique, Masu-Zumbe ? Attendez un moment la traduction. R. Il y a pas une longue distance. Il s'agit d'un même centre. Je dirais que Masu et Zumbe se trouvent en un même endroit. Il y avait donc la localité Masu juste à côté de la localité Zumbe. Je pourrais peut-être estimer cette distance à... un kilomètre. Ce sont deux zones limitrophes. C'est deux quartiers limitrophes... Il y a Zumbe I, Zumbe II et Masu, mais je n'établis pas de différence géographique entre les deux zones. »[623]...
> « Q. Monsieur le témoin, est-ce que vous connaissez un certain monsieur qui s'appelait... qui s'appelle Jean Ngabu Safari ? R. Lorsque vous prononcez [ce] nom là, eh bien, j'ai de la tristesse. Il était mon enseignant, et je l'ai perdu récemment, le 30 avril 2011. Il est décédé au cours d'une cérémonie. Et, si Dieu

---

[622] Norme 23-2 du RBP.
[623] Transcription ICC-01/04-01/07-T-295-Red2-FRA CT WT 19-08-2011, de la p. 34, L17 à la p. 35 L6.

le veut, le 6 septembre, nous allons commémorer son décès. C'était un [de] mes *staffs*, et je le connais très bien…
Q. Merci beaucoup, Monsieur le témoin… Alors, vous venez de mentionner le comité de rédaction - comité de rédaction… Quel était le travail du comité de rédaction ? R. S'agissant du travail du comité de rédaction, il s'agissait d'établir différents rapports des réunions… qu'avait présidées le chef.
Q. Sur quelles matières - même si vous ne donnez pas tout -, à titre indicatif, sur quels sujets, sur quelles matières portaient les rapports élaborés par le comité de rédaction ? R. Là, nous parlons d'un chef qui s'occupait de la justice, qui tranchait les différends entre les parties… »[624] « … Il y avait aussi le comité d'autodéfense qui organisait les jeunes, car nous étions attaqués de partout ; le groupement était attaqué, étant donné qu'il y avait une guerre tribale. Quatrièmement, il y avait un comité de santé qui était dirigé par des médecins. Et enfin, il y avait aussi un comité de gestion, et ce comité de gestion gérait toutes les situations prévalant dans le groupement. Voilà donc l'organisation qui avait été mise en place par le chef au sein de son groupement au cours de cette période de crise.
Q. … Je vous remercie… Alors, cet ensemble-là - comité d'administration, comité de rédaction, comité d'autodéfense composé des jeunes qui faisaient l'autodéfense, comité de santé, comité de gestion -, l'ensemble avait-il une appellation ? R. Oui. L'ensemble avait un nom, à savoir le comité de base. »[625]…
« Q. Est-ce que vous pouvez nous donner quelques noms de personnes qui faisaient partie du comité d'autodéfense, comité des jeunes ? R. Le responsable du comité est décédé. Il s'appelait Mandra Jacques. C'était lui, le président du comité d'autodéfense. J'ajouterais en disant que Ngabu Jean-de-Dieu Safari les aidait également. Il est décédé. (Expurgée) …
Q. Pour que nous puissions systématiser les choses, quel était le rôle joué par ce comité des jeunes ? R. Il devrait assurer l'autodéfense. Quand la guerre a commencé, c'était une guerre entre les Hema et les Lendu. Ils s'entretuaient. Voilà pourquoi le comité a été érigé, et avait comme fonction de rassembler les jeunes quand il y avait attaque, pour attaquer les ennemis en utilisant les armes blanches. Voilà ce qui a été le rôle du comité des jeunes.
Q. Donc, si je comprends bien, lorsque votre groupement était attaqué, le rôle du comité des jeunes, c'était d'assurer la défense… l'autodéfense du groupement ; c'est bien cela ? R. C'est cela.
Q. Est-ce que, pendant cette période-là, vous étiez là ? Est-ce qu'il est arrivé que ce comité des jeunes aille attaquer ? Donc, au lieu d'attendre seulement de se défendre, est-ce qu'ils prenaient l'initiative d'aller attaquer d'autres localités ?
R. Ce comité n'avait pas assez de moyens pour attaquer les autres localités.
Q. Et vous avez parlé également du comité de santé. Est-ce que vous pouvez nous donner quelques noms des personnes qui faisaient partie du comité de santé? R.*(Expurgée) …
Q. Monsieur le témoin, pendant cette période-là, août 2002, mars 2003, est-ce que vous avez vu ou entendu que Mathieu Ngudjolo est allé attaquer Bogoro ?

---

[624] *Idem*, de la p. 35 L17, à la p. 37 L13.
[625] *Idem*, de la p. 38 L14, à la p. 39 L2.

R. Non. Mathieu Ngudjolo était infirmier traitant à ce moment-là. »[626] …

« Pr FOFÉ : … Monsieur le Président, Honorables Juges, j'ai posé - et c'était l'objet de cette partie de mon questionnaire - beaucoup de questions sur le comité de base. Le témoin vient de donner des réponses que nous avons tous suivies : il a décrit cette structure du comité de base, il a donné les noms de certains membres des comités composant cette structure appelée « comité de base ». Je sollicite l'autorisation de la Chambre pour présenter au témoin la pièce DRC-D03-0001-0328. Et je vois que M. le Procureur se lève.

M. LE JUGE PRÉSIDENT COTTE : Il s'agit donc, effectivement, d'une pièce que vous nous avez, à tous, communiquée. Monsieur le Procureur, que se passe-t-il ?

M. GARCIA : Alors, essentiellement, Monsieur le Président, c'est une pièce… et je veux d'entrée de jeu affirmer que l'Accusation n'avait pas d'objection, « à » prime abord, concernant cette pièce, mais évidemment tout dépend de la façon [dont] le témoin répond. Le témoin, on lui a posé certaines questions ; il a donné certains noms. On ne lui a pas posé toutes les questions qui étaient nécessaires concernant ce comité de base. Si le Pr Fofé veut utiliser ce document pour rafraîchir la mémoire du témoin, parce qu'il y a énormément d'informations qui se trouvent dans ce document qui n'a pas été donné par le témoin, ça, c'est une autre chose complètement différente. Ce qui est privilégié, Monsieur le Président, c'est l'oralité des témoignages. Le Pr Fofé n'a pas posé toutes les questions préliminaires qu'il doit poser. Je vois que la Chambre a le document entre les mains. Il y a énormément d'informations [apparaissant] dans ce document. Si le Pr Fofé estime que le témoin avait oublié ou qu'il ne connaît pas certaines informations, et qu'il veut lui rafraîchir la mémoire, ça, c'est une autre chose complètement différente. Autre élément : c'est un peu difficile évidemment de le faire si le témoin n'a pas le document entre les mains, mais nous n'avons pas l'information exacte, à savoir qui a rédigé le document, de qui provient-il, et la date exacte à laquelle… je vois qu'il y a une date également mais ce qui est important, c'est d'avoir cette information, à savoir qui a fait la rédaction de ce document également. Alors, ce sont des questions préliminaires que le Pr Fofé doit poser… avant que la Chambre puisse lui permettre de montrer le document.

M. LE JUGE PRÉSIDENT COTTE : Professeur.

Pr FOFÉ : Monsieur le Président…

M. LE JUGE PRÉSIDENT COTTE : Oui.

Pr FOFÉ : … nous sommes en train de parler des événements qui remontent dans le temps - 2000… 2002-2003. Je viens de poser à M. le témoin plusieurs questions qui se rapportent à ce document. Ce document a été signé, est signé… J'invite M. le Procureur… c'est un document de quatre pages, n'est-ce pas ? …

M. LE JUGE PRÉSIDENT COTTE : Quatre pages.

Pr FOFÉ : Alors… et si vous allez à la dernière page, vous verrez les signataires. Donc, c'est un document… qui est signé et qui est daté. Donc, cet argument-là tombe. Mais ce que je voudrais souligner, c'est l'objection de M. le Procureur qui consiste à demander à la Défense de multiplier les questions sur une pièce. Monsieur le Président, Honorables Juges, est-ce que les questions que je viens de

[626] *Idem*, de la p. 39 L15, à la p. 40 L19.

poser à M. le témoin ne suffisent pas comme introduction, comme questions introductives, à la présentation de cette pièce. Est-ce que pour présenter à un témoin une pièce, faut-il vider le contenu de cette pièce ? Est-ce qu'il est possible à un témoin de se rappeler tous les détails contenus dans une pièce et des détails se rapportant à des événements qui remontent dans le temps ? Je pense que non. Je pense que ce n'est pas équitable.
M. LE JUGE PRÉSIDENT COTTE : Professeur.
Pr FOFÉ : Oui, Monsieur le Président.
M. LE JUGE PRÉSIDENT COTTE : Professeur Fofé, je pense que vous vous êtes efforcé, à bon escient, d'introduire ce document. Le témoin a apporté un certain nombre de réponses sur l'organisation administrative de ce comité de base. Nous avons donc les différents comités qui s'intègrent dans ce comité de base. Il nous a... il vous a également indiqué les noms d'un certain nombre de personnes dont il se souvient et qui en étaient membres. Sur ce plan-là, la présentation du document et son introduction sont incontestablement satisfaisantes. Je pense que M. Garcia tient à insister sur le contenu des deux premières pages du document, car il faut simplement avoir conscience que, en page 45 du *transcript* français, vous avez posé la question suivante, ligne 10 : « Nous sommes toujours... en août 2002, mars 2003. Est-ce que vous vous rappelez, Monsieur le témoin, certains rapports qui avaient été établis pendant cette période-là ? » Et le témoin qui est avec nous a répondu, ligne 13 : « Il m'est difficile de me rappeler ses rapports. Eh bien, il s'agit des écrits, il est difficile de m'en rappeler tout un rapport. Il s'agit là, pour moi, d'une question vague. Eh bien, je ne suis pas un ordinateur. Il y avait divers rapports, et je ne peux pas les mémoriser. » Donc, le témoin, et ce n'est pas une critique... Monsieur le témoin a fait part, à cet instant, de difficulté de mémoire en ce qui concerne le contenu des rapports. Le contenu des rapports s'inscrit, bien sûr, directement dans les activités du comité de base. Il est vrai que la page 1 de ce document relate le rôle de ce comité de base. C'est en cela qu'il vous faut, je pense, être effectivement très attentif, car soumettre au témoin toute la page 1 et la page 2 revient à lui remettre en mémoire ce qu'il n'a pas été en mesure de nous dire il y a un instant, et ça, je pense que vous ne pouvez pas ne pas en convenir. Donc, adaptez vos questions peut-être, ou reprenez -la Chambre n'y voit pas d'obstacle -, reprenez peut-être une ou deux questions afin d'essayer d'obtenir de la part du témoin des précisions sur ce qu'était l'activité exactement du comité de base et ses cinq conseils. Nous avons déjà quelques éléments, mais nous pouvons peut-être tenter d'en savoir plus. Et dans la mesure où le témoin avait un rôle de secrétaire particulier qui, semble-t-il - je dis bien « semble-t-il » - le mettait un peu en facteur commun à l'égard de chacun des conseils, il doit pouvoir peut-être se rappeler et nous rappeler ce qu'était l'activité de ces différents conseils, quels étaient, Monsieur le témoin, les sujets que traitaient ces différents conseils. Voilà. Et s'il y a un petit effort qui est fait de ce côté-ci, nous présenterons le document au témoin. Vous avez la parole.
Pr FOFÉ : Ceci m'amène donc à reprendre pratiquement ma série de questions, évidemment en m'adaptant à l'évolution des débats.
M. LE JUGE PRÉSIDENT COTTE : Je pense qu'on doit pouvoir les synthétiser, hein, Monsieur le témoin ? Monsieur le témoin, vous suivez notre discussion. Il y a des difficultés procédurales relatives qui s'exposent. Mais ce que nous

souhaitons savoir - parce que le Pr Fofé vous a posé la question et parce que, pour nous, il est intéressant de le savoir -, c'est quelles étaient les questions que traitaient chacun de ces comités. Ne revenez pas sur le comité de l'autodéfense ; nous l'avons bien compris et vous avez été suffisamment précis sur ce point. Mais s'agissant du conseil d'administration, s'agissant du comité médical, s'agissant du comité de gestion, pouvez-vous vous efforcer d'être un tout petit peu plus précis pour nous dire quel genre de rapports étaient rédigés, quel genre de questions vous traitiez ? C'est important. Et vous commencez par le comité que vous souhaitez. Ce sont des exemples, tout simplement des exemples, que nous souhaitons.
LE TÉMOIN... : R. D'accord. J'ai bien suivi votre question, Monsieur le juge. Les comités étaient indépendants selon leur département. Le chef était le seul qui recevait le rapport de tous ces comités. L'administration était indépendante. Elle travaillait pour la justice. Il y avait le comité des sages. Il était chargé de préserver l'intégrité des rapports secrets. Dans notre coutume, il y a la valeur qui consiste à ne pas exagérer, à être modeste.
L'INTERPRÈTE SWAHILI-FRANÇAIS : Monsieur le Président, est-ce que le témoin peut parler un peu plus lentement ? L'interprète n'arrive pas à le suivre comme il faut.
M. LE JUGE PRÉSIDENT COTTE : Monsieur le témoin... Monsieur le témoin, ce que vous dites est très intéressant, donc je vous en remercie, nous vous en remercions. Mais parlez un tout petit peu plus lentement, s'il vous plaît. Mais reprenez, continuez. Vous êtes en train de répondre de manière intéressante aux questions posées. Poursuivez.
LE TÉMOIN... : R. Veuillez m'en excuser. Je vais continuer.
Pr FOFÉ : Monsieur le Président, si le témoin peut reprendre à partir du comité des sages, parce qu'il a introduit cet élément-là. S'il peut reprendre à partir du comité des sages.
M. LE JUGE PRÉSIDENT COTTE : Voilà. Effectivement, vous avez évoqué différents points, et vous veniez, Monsieur le témoin, d'aborder le comité des sages.
LE TÉMOIN... : R. Oui, j'ai dit que le comité des sages était chargé de préserver la tradition, les coutumes, les valeurs coutumières des Lendu. Je peux donner un exemple, comme vous l'avez demandé. Chez nous, on ne peut pas épouser sa sœur, et si vous le faites, vous allez passer devant le comité des sages. Voilà un exemple par rapport à ce comité. Je vais continuer avec le comité de rédaction. Il avait à sa tête un responsable.
Mme LA JUGE DIARRA : Monsieur le Président, si vous permettez, je voudrais savoir : dans cette culture, que signifie « sœur » ? Qu'est-ce qu'il entend par « sœur » quand il dit « On ne peut pas épouser sa sœur » ?
LE TÉMOIN... : R. Chez nous, en Afrique, on considère sa sœur de façon différente de l'Occident. C'est dans un sens élargi. Ça peut être la fille de votre oncle, de votre tante, jusqu'à la quatrième génération. C'est toujours votre sœur. Une fille de votre clan est également considérée comme votre sœur. Si vous êtes née dans un même village avec une fille, vous devenez des sœurs. Vous ne pouvez pas vous marier. Cela faisait partie de la compétence des comités des sages. Et pendant la guerre, il fallait bien utiliser la sagesse de ce comité. Je ne sais pas si vous m'avez bien suivi, Madame le juge.

Mme LA JUGE DIARRA : J'ai parfaitement compris, mais je voulais que tout le monde ici, dans la salle, le comprenne.
M. LE JUGE PRÉSIDENT COTTE : Merci.
LE TÉMOIN... : Je peux poursuivre ?
M. LE JUGE PRÉSIDENT COTTE : Vous poursuivez, sur les attributions, les rôles. C'est tout à fait ce que nous vous demandions : des exemples.
Pr FOFÉ : Pardon, Monsieur le Président. Monsieur le témoin, lentement. Vous dites des choses extrêmement importantes. Lentement, lentement, s'il vous plaît. Prenez le temps de parler lentement. C'est très important pour nous. Q. Allez-y, continuez donc. Vous... en étiez au comité... de rédaction, je crois.
LE TÉMOIN... : R. Pour ce qui concerne le comité de rédaction où je travaillais, je dirais ceci : il y avait un chef qui présidait et on ne pouvait pas diffuser quelques nouvelles sans passer par le chef. Dans ce comité siégeait de façon indépendante... et tous les rapports étaient remis au chef, tous les comités remettaient... les rapports au même chef. Mais, pendant les réunions, chaque comité était... indépendant. Je peux continuer en parlant du comité de santé. Ce comité était également indépendant, il était chargé de la santé. Et le responsable devrait superviser ce comité. Il était également indépendant. Je ne sais pas si j'ai oublié un autre comité.
M. LE JUGE PRÉSIDENT COTTE : Q. Peut-être le comité de gestion, s'il avait des attributions bien précises et si vous vous en souvenez ?
LE TÉMOIN... : R. Oui, je m'en souviens très bien. Le comité de gestion s'assurait du bon fonctionnement de tous les comités. D'une manière générale, ce comité devait s'assurer que tous les comités travaillaient bien ou pas bien. Ce comité était indépendant et, lorsqu'un comité ne travaille pas bien, ce comité remettait un rapport au chef qui recevait en fait les rapports de tous les autres comités. Voilà comment fonctionnait ce comité de gestion. »[627]

Malgré ces réponses de D03-66 concordant avec le contenu du document DRC-D03-0001-0328, l'admission de cette pièce au dossier a été rendue difficile à cause des imprécisions quant à la chaîne de possession, comme le démontre ce débat :

« M. LE JUGE PRÉSIDENT COTTE : ... Professeur Fofé, est-ce que vous pouvez simplement nous rappeler... quelle est l'origine exacte de ce document ?
Pr FOFÉ : Oui, Monsieur le Président, je vais retrouver... la chaîne de possession. *(Discussion au sein de l'équipe de la Défense)*... Ce document a été établi en date du 20 octobre 2009, c'est bien cela, et j'insiste pour que je puisse voir exactement qui a remis ce document... à un membre de l'équipe. Donc, ... il est écrit dans la chaîne de possession que [ce sont] les membres du comité de rédaction, c'est-à-dire les signataires, ... à la dernière page, qui ont donné à la personne ressource de l'équipe.
M. LE JUGE PRÉSIDENT COTTE : Monsieur Garcia.
M. GARCIA : Alors, Monsieur le Président, il nous faut une précision un peu plus détaillée que « c'est des membres de l'exécutif ». On le voit déjà à la lumière

---

627 Transcription ICC-01/04-01/07-T-295-Red2-FRA CT WT 19-08-2011, de la p. 42 L24, à la p. 49 L4.

de ce qu'on peut voir ici dans la chaîne de possession, on parle de *(citation en anglais)* « Membres exécutifs de la structure du comité de base », c'est bien ça ; mais qui exactement a remis ce document ? Quelle personne et qui a rédigé le document ?
M. LE JUGE PRÉSIDENT COTTE : Mais…
M. GARCIA : C'est deux questions.
M. LE JUGE PRÉSIDENT COTTE : Monsieur Garcia, nous sommes bien d'accord. C'est la question qui est posée au Pr Fofé. Vous avez tout à fait raison, mais il est en train de chercher les éléments de réponse.
Pr FOFÉ : Monsieur le Président, je vois venir M. le Procureur, mais je vous prie qu'on se tranquillise parce que ce que nous sommes en train de rechercher, c'est l'établissement de la vérité. Nous pouvons ne pas verser ce document aujourd'hui si la Chambre ne veut pas recevoir ce document, si le Procureur est contre ce document. Dans tous les cas, nous finirons par répondre à votre question, Monsieur le Procureur.
M. LE JUGE PRÉSIDENT COTTE : Bien.
Pr FOFÉ : Nous finirons par répondre à votre question. Donc, … je suis en train d'hésiter entre deux personnes, entre la personne n° 2, c'est-à-dire… notre témoin 0088, et la personne n° 4, la première personne, c'est-à-dire le témoin 0033 qui est décédé. Donc, pour donner la précision, nous allons vérifier…
M. LE JUGE PRÉSIDENT COTTE : Alors, Professeur…
Pr FOFÉ : Nous allons vérifier.
M. LE JUGE PRÉSIDENT COTTE : Professeur Fofé, il n'y a pas urgence. Vous procéderez tranquillement et calmement à ces vérifications. À supposer que vous ayez souhaité que ce document reçoive aujourd'hui un numéro EVD…, c'est un point qui sera différé. En revanche, la Chambre considère que les éléments complémentaires fournis par le témoin il y a un instant sur le rôle exact de chacun de ces comités sont à présent suffisants pour que vous puissiez éventuellement le lui présenter et le questionner complémentairement, si cela vous paraît indispensable. Le témoin vient de combler, à sa manière, les interrogations que nous nous posions sur les pages 1 et 2. Alors, si vous souhaitez… lui mettre le document entre les mains, vous le faites, M. l'huissier vous y aidera. Madame le greffier, il faudra le mettre de telle sorte que chacun puisse le visionner. La question de son éventuelle admission, si elle était demandée, est réservée jusqu'à ce que nous sachions mieux quelle est la chaîne exacte… d'obtention dudit document.
Pr FOFÉ : Merci, merci…
M. LE JUGE PRÉSIDENT COTTE : Mais c'est son contenu qui nous intéresse pour l'instant. »[628]

Répondant à cette instruction du président, le conseil poursuit ainsi son interrogatoire principal :

« Pr FOFÉ : Q. Monsieur le témoin, … je vous prie… d'observer ce document, de regarder ce document du début jusqu'à la fin - regardez calmement du début

[628] Transcription ICC-01/04-01/07-T-295-Red2-FRA CT WT 19-08-2011, de la p. 49, L11 à la p. 51, L10.

jusqu'à la dernière page. Est-ce que vous reconnaissez ce document ? *(Le témoin s'exécute)* LE TÉMOIN… : R. Oui, je reconnais ce document.
Q. Si nous allons à la dernière page, au point n° 4, nous lisons : « Le comité de rédaction ». Et il y a deux noms que je ne lis pas parce que nous sommes en audience publique : le premier nom que vous connaissez, et le deuxième nom ; le deuxième nom et la signature à côté du deuxième nom. C'est bien votre signature, Monsieur le témoin ? R. Oui.
Q. Et vous veniez de décrire à l'intention de la Chambre la structure du comité de base, avec les différents conseils. Est-ce que ce document décrit bien la structure du comité de base avec les différents conseils qu'il y avait en 2002-2003 ?
R. Oui.
Q. Et pendant votre déposition, vous avez également, à plusieurs reprises, affirmé que chaque comité était indépendant et faisait rapport au chef. Est-ce que vous pouvez nous rappeler le nom de ce chef ? R. Oui. À l'époque, notre chef était Ngabu Mandro Emmanuel.
Pr FOFÉ : Merci beaucoup, Monsieur le témoin. Je crois que je n'ai plus de questions à poser sur ce document, Monsieur le Président. Nous allons procéder au devoir que vous nous avez assigné en ce qui concerne des précisions sur la chaîne de possession, car, comme je vous l'ai dit tout à l'heure, je suis en train d'hésiter entre deux personnes. Et nous reviendrons là-dessus… le mardi.
M. LE JUGE PRÉSIDENT COTTE : *Madame le greffier, vous donnez donc, en attendant, un numéro MFI, pour que tout cela ne se perde pas.*[629] Monsieur Garcia.
M. GARCIA… : Permettez, Monsieur le Président. Simplement pour qu'on n'ait pas à revenir sur des petites questions de détail, on pourrait quand même poser la question au témoin, à savoir s'il sait qui a rédigé ce document et quand l'a-t-il signé ? Parce qu'on voit simplement une mention « fait le », et on voit une date ; c'est la date à laquelle le document a été signé par le témoin ou la date à laquelle le document a été rédigé ?
M. LE JUGE PRÉSIDENT COTTE : Alors, tentons de clarifier, puisque nous sommes avec le document entre les mains. Professeur Fofé, posez donc ces deux questions, c'est important de mettre un terme à l'utilisation de ce document.
Pr FOFÉ : Certainement, Monsieur le Président. Q. Monsieur le témoin, vous avez observé ce document. Donc, qui est-ce qui a établi ce document ?
LE TÉMOIN… : R. Je l'ai déjà dit ici. *(Expurgée) … Je ne voudrais pas aller trop loin. Vous voyez bien qu'il y a une écriture, et il s'agit de l'écriture de Ngabu Jean de Dieu.
Q. Merci beaucoup, Monsieur le témoin. *(Expurgée)…
R. Ce document a été rédigé au début de la guerre. C'est à ce moment-là qu'il l'a rédigé. En ce qui concerne la date, vous voyez qu'il s'est écoulé 10 ans ou 11 ans, il me serait… il me sera… impossible de me rappeler la date.
Q. À quelle date est-ce que vous, personnellement, vous avez signé ce document?
R. Monsieur Fofé, ce document est vraiment ancien, et il est difficile de vous donner la date. Vous allez m'excuser, je ne peux pas vous répondre.

---

[629] Passage relevé en italique par l'auteur.

Q. Je vous pose cette question parce qu'à la dernière page, nous avons une date - à la dernière page. Est-ce que vous pouvez nous expliquer cette date, à la dernière page ? R. Je ne vois pas l'importance de l'explication de cette date. Qu'est-ce que je dois expliquer par rapport à cette date ? Je ne pense pas avoir quelque chose à dire sur la *(Expurgée) … Je crois que votre question n'a pas vraiment de pertinence en ce qui me concerne, parce que vous me demandez d'expliquer une date, et je ne vois [pas] ce que je dois expliquer en ce qui concerne la date.

Q. Vous-même, vous assistez à des débats… Vous êtes témoin des débats d'ordre procédural. Ce que je voudrais peut-être faire acter, c'est que Ngabu Safari Jean de Dieu, c'était le témoin de la Défense DRC-D03-P-0033 ; c'est bien cela ?

M. LE JUGE PRÉSIDENT COTTE : Oui, c'est bien cela. C'est bien cela, que vous avez dû, par la force des choses, retirer de votre liste de témoin. Monsieur Garcia.

M. GARCIA… : Je ne veux pas, Monsieur le Président, m'immiscer dans l'interrogatoire en chef du Pr Fofé, mais je trouve que les réponses sont un peu troublantes lorsqu'on regarde les mentions qui sont faites dans le document. À la page 0331, il y a une mention claire qui dit : « Fait à Zumbe, le 20 octobre 2009 », alors que le témoin affirme que le document avait été rédigé au début de la guerre. Et dans le document même, à la page 0329, on voit qu'on fait mention de la structure de… « comité de base avait été créé à Zumbe… jusqu'à juillet 2003 ». Donc, début de la guerre, ça ne coïncide pas non plus avec l'information qui est dans le document. Alors, s'agit-il de deux documents différents. Est-ce qu'un document a été signé à une date différente que l'autre partie du document ? Je… ne comprends pas encore cette réponse. On parle de 2009 dans le document, et le témoin est en train de nous dire que le document date de l'époque où le comité de structure de base existait. Il y a un grand problème quand même.

M. LE JUGE PRÉSIDENT COTTE : Alors, ce sont précisément les précisions qu'entendait obtenir le Pr Fofé de la part du témoin, mais le témoin vient d'indiquer qu'il ne voyait pas très bien ce qu'il pouvait dire.

Q. Monsieur le témoin, nous nous posons tous la question mais la Chambre hésite toujours à intervenir de manière excessive, ou qui pourrait apparaître excessive, dans le cours d'un interrogatoire principal ou d'un contre-interrogatoire. Mais vous nous avez laissé entendre, ayant vu ce document…, qu'il remontait à déjà 10 ou 11 ans, dites-vous. Donc, nous allons nous situer à … 9, 10 ans. Et vous avez constaté qu'à la quatrième page, il y a marqué : « fait à Zumbe le 20 octobre 2009 ». Est-ce que vous pouvez nous dire si - à votre connaissance, hein, vous n'êtes pas un expert - ce « fait à Zumbe le 20 octobre 2009 » est de la main de M. Jean de Dieu Ngabu Safari ? C'est la première question. Pensez-vous que c'est lui qui a pu écrire « fait à Zumbe le 20 octobre 2009 » ? Et si vous pensez - mais vous nous le dites bien simplement - que c'est son écriture - que vous devez bien connaître - comment expliquez-vous que ce document puisse, à la fois, dater de 2001 ou de 2002, et porter cette date du 20 octobre 2009 ? Je vous pose d'abord ces deux questions-là, si [vous] êtes en mesure d'y répondre.

LE TÉMOIN… : R. En ce qui concerne la date, j'ai répondu que je n'avais aucune explication à donner. La seule chose que je sais, c'est que j'ai vu ce

document, je l'ai signé. C'était la réponse que j'ai donnée lorsque Pr Fofé me posait cette question.
M. LE JUGE PRÉSIDENT COTTE : Q. D'accord, mais je vous repose quand même la question, si vous pouvez y répondre. Pensez-vous que la mention « fait à Zumbe le 20 octobre 2009 » émane aussi de M. Jean de Dieu Ngabu Safari, dont on a compris qu'il était le rédacteur de ce document ? À votre avis, est-ce que c'est lui qui a rédigé cela ?
LE TÉMOIN… : R. Comme vous le constatez, il s'agit bien de son écriture. Moi, je n'ai fait que signer.
M. LE JUGE PRÉSIDENT COTTE : Donc, je retiens que, selon vous, la mention « fait à Zumbe le 20 octobre 2009 » est une mention qui émane de M. Jean de Dieu Ngabu Safari, qui était encore en vie à cette époque. La question, Professeur Fofé, sera de savoir si cette mention correspond à la date exacte à laquelle le document a été rédigé, ou correspond à une date ayant trait au moment où le document a été remis pour les besoins de la Défense de Mathieu Ngudjolo. Il y aura là une clarification à apporter incontestablement, avant que nous ne puissions statuer, si tel était votre souhait, sur son admission en procédure. Vous avez la parole, Professeur.
Pr FOFÉ : Merci beaucoup, Monsieur le Président. J'ai bien noté… le devoir. Je voudrais poser une question à M. le témoin en rapport avec la page 2, ce qui est mentionné à la page 2, « information » … Juste, … la première phrase. Q. Monsieur le témoin, donc, vous voyez, à la page 2, là où c'est écrit « information », il est écrit ceci, je cite : « Cette structure du comité de base avait été créée à Zumbe le 9 janvier 2001, jusqu'à juillet 2003 avec l'arrivée à Bunia de la force Artémis. » Fin de citation. Vous avez compris que j'ai cité fidèlement cette phrase-là. Ma question est celle-ci : cette phrase-là reflète bien la réalité en ce qui concerne l'existence de cette structure du comité de base ?
LE TÉMOIN… : R. Non, je n'ai pas compris votre… l'interprète n'a pas encore fini d'interpréter.
Q. D'après ce qui est écrit dans cette phrase, le comité de base a été créé à Zumbe le 9 janvier 2001. Est-ce bien cela ? R. Oui, c'est vrai.
Q. Et toujours dans cette phrase, nous comprenons que ce comité de base, créé le 9 janvier 2001, a existé jusqu'en juillet 2003 lors de l'arrivée à Bunia de la force Artémis. C'est bien cela ? R. Oui, c'est vrai.
Pr FOFÉ : Merci beaucoup, Monsieur le témoin. Monsieur le Président, je n'ai plus d'autre question là-dessus.
M. LE JUGE PRÉSIDENT COTTE : Alors, Madame le greffier, dans l'immédiat donc, attribuez un numéro MFI à ce document dont l'origine, la provenance et les conditions d'obtention doivent être précisées.
Mme LA GREFFIÈRE : Merci, Monsieur le Président. Le document DRC-D03-0001-0328 portera la cote MFI-D03-00093, et sera enregistré comme confidentiel.
M. LE JUGE PRÉSIDENT COTTE : Merci. »[630]

[630] Transcription ICC-01/04-01/07-T-295-Red2-FRA CT WT 19-08-2011, de la p. 54, L14 à la p. 59, L27.

On voit ainsi l'importance de la chaine de possession qui garantit l'intégrité du document à verser au dossier et qui doit comporter toutes les précisions sur cette pièce : son intitulé, son origine, son auteur, sa date d'établissement, la personne qui l'a remise à l'équipe qui la produit ; la personne ou le membre de l'équipe qui l'a réceptionnée et l'a conservée jusqu'à ce qu'elle parvienne entre les mains de la partie qui la produit ; la ou les dates de ces remises etc. En l'espèce, ces renseignements n'ayant pas été clairement présentés, la pièce DRC-D03-0001-0328 s'est vue provisoirement attribué la cote MFI-D03-00093, sur instruction du juge président, *pour que tout cela ne se perde pas*. Le conseil officiant a dû procéder à des vérifications et apporté à la chambre, à l'audience qui suivait, les informations qu'elle avait requises. C'est alors seulement qu'elle a décidé de transformer le MFI en EVD :

« Pr FOFÉ : ... Monsieur le Président, vous nous avez prescrit un devoir s'agissant de la pièce DRC-D03-0001-0328, qui avait reçu la cote MFI-D03-00093, si je ne m'abuse... Donc, il s'agit de la structure du comité de base. Nous avons procédé à des vérifications, Monsieur le Président, qui ont permis d'établir que cette pièce avait été... remise... par feu Ngabu-Safari Jean de Dieu..., notre témoin P-0033, à notre personne ressource, Christophe Lopa, qui à son tour l'avait remis à Me Kilenda au cours de sa mission du 6 au 26 janvier 2010 en RDC. La date du 20 octobre 2009 a été apposée par M. Ngabu-Safari Jean de Dieu le jour de la remise de ce document à notre personne ressource. Voilà, Monsieur le Président, les renseignements que nous avons obtenus au sujet de cette pièce.

M. LE JUGE PRÉSIDENT COTTE : Juste, une précision sur la date. Je vous... si je vous entends bien, la date du 20 octobre 2009 aurait donc été apposée par Jean de Dieu Ngabu-Safari le jour où cette pièce lui a été remise... c'est cela. Oui. C'est cela, car il apparaît quand même... clairement, à la lecture du document... parce que nous nous interrogions certainement sur la date à laquelle le document avait été rédigé. Et nous avons pu constater, en page 2, qu'il y était question d'une période du 9 janvier 2001 jusqu'au mois de juillet 2003. Donc, nous considérons que la date de ce document est une date de 2009 ; sa rédaction et sa remise, c'est 2009.

Pr FOFÉ : En tout cas, la date-là, d'après les renseignements reçus, c'est la date à laquelle M. Ngabu-Safari avait remis le document à Lopa, et c'est lui qui a apposé... qui avait apposé cette date.

M. LE JUGE PRÉSIDENT COTTE : Bien, je repose simplement, car il me semble que ce point avait été évoqué lors de notre dernière audience. Q. Monsieur le témoin, est-ce que vous voyez de quel document nous parlons ? C'est un document que vous avez eu sous les yeux vendredi dernier et sur lequel vous avez apporté des éléments. Il s'appelle « Structure du comité de base, groupement Bedu-Ezekere Zumbe » et, si vous vous en souvenez, figuraient un certain nombre de signatures après un organigramme présentant un des comités dont vous nous avez entretenus : un comité de gestion, un comité de santé, un comité de rédaction, et cetera. Est-ce que cela vous évoque quelque chose ?

LE TÉMOIN... : R. Oui, je me le rappelle.

Q. Est-ce que vous vous souvenez, vous, ou avez-vous une idée de la date à laquelle ce document a pu être rédigé. Vous pouvez le savoir, comme vous pouvez ne pas le savoir. Mais avez-vous une idée de la date à laquelle ce document a été rédigé. R. Ce document a été rédigé lors de la création du comité en question ; c'est lorsque Ngabu Emmanuel, c'est-à-dire le chef, a créé le comité. Et vendredi passé, j'ai dit que je n'avais pas d'explication à donner relativement à la date où nous avons signé le document. C'est au moment où le professeur m'a posé la question, et j'ai répondu que je n'allais pas insister sur la date, car au moment de la signature je n'avais pas fait très attention à cette date-là.
M. LE JUGE PRÉSIDENT COTTE : Nous ne pouvons pas vous demander plus que ce que vous nous dites. Simplement, Professeur Fofé, nous avons avec nous un document sur lequel le témoin s'est exprimé, qu'il a d'ailleurs utilement commenté, ses commentaires rejoignant des propos qu'il avait, si ma mémoire est bonne, précédemment tenus. Nous avons pu constater qu'il était signataire de ce document. Nous savons maintenant que le document porte une date du 20 octobre 2009 qui correspond, au minimum, à la date à laquelle ce document a été remis à votre personne ressource. Nous restons simplement dans l'incertitude, pour l'instant, sur la date exacte à laquelle ce document a été rédigé ; nous sommes d'accord ?
Pr FOFÉ : Nous sommes d'accord, Monsieur le Président.
M. LE JUGE PRÉSIDENT COTTE : Bien. Votre souhait est toujours de voir attribuer à ce document un numéro EVD ?
Pr FOFÉ : Oui, Monsieur le Président.
M. LE JUGE PRÉSIDENT COTTE : Alors, soyons très clairs, *c'est un document qui comporte une zone d'incertitude, sur sa date.*[631] Nous allons lui attribuer un numéro EVD ; ce qui ne préjuge, évidemment, absolument pas de la force probante que nous lui accorderons le moment venu ; nous sommes bien d'accord?
Pr FOFÉ : Absolument, Monsieur le Président. Absolument.
M. LE JUGE PRÉSIDENT COTTE : Parfait. Alors, Madame le greffier, faisons les choses au fur et à mesure. Si vous pouviez transformer le numéro MFI que nous avons donné la semaine passée en un numéro EVD, qui est donc attribué, avec la réserve, mais classique, et traditionnelle d'ailleurs, que la Chambre apporte chaque fois qu'un numéro EVD est attribué. Ceci dit, vous ne savez pas ce qu'il y a dans la tête de chacun des juges à ce moment-là. Heureusement, d'ailleurs.
Mme LA GREFFIÈRE : Merci, Monsieur le Président. Le document portant la cote MFI-D03-00093 portera la cote EVD-D03-00093. »[632]

Ainsi, en admettant la transformation du numéro MFI en EVD, le juge président a tenu à souligner la zone d'incertitude qui affectait cette pièce quant à sa date d'établissement, tout en rappelant que l'admission d'une

---

[631] Passage mis en italique par l'auteur pour souligner, à nouveau, l'importance de la date d'établissement du document.
[632] Transcription ICC-01/04-01/07-T-296-Red2-FRA WT 23-08-2011, de la p. 3, L.19 à la p. 6, L8.

pièce comme élément de preuve ne préjuge pas du poids probatoire que les juges lui accorderont au moment de leur délibération, lorsqu'ils procéderont à l'évaluation de l'ensemble des éléments de preuve présents au dossier. On peut raisonnablement penser que cette pièce a pu bénéficier non seulement de la spontanéité avec laquelle le témoin D03-066 avait parlé oralement de l'organisation du comité de base de Bedu Ezekere, avant même que ne lui soit présentée cette pièce dont le contenu concordait bien avec sa déposition ; mais aussi des explications apportées postérieurement, également oralement, par le créateur-même de ce comité de base et chef du groupement de Bedu Ezekere, le témoin D03-088.[633] C'est dire l'importance

[633] Transcription ICC-01/04-01/07-T-299-FRA ET WT 26-08-2011, de la p. 38, L10 à la p. 60, L6 ; Voir surtout Transcription ICC-01/04-01/07-T-300-FRA ET WT 29-08-2011, de la p. 24, L25 à la p. 29, L9 :
« Q. Chef Manu, est-ce que vous dressiez des rapports de toutes ces attaques que vous subissiez ? Voilà, la dernière question qui vous a été posée, et à laquelle le Pr Fofé, et l'équipe de défense de Mathieu Ngudjolo, [attendent] une réponse. Merci, Chef Manu, nous vous écoutons.
LE TÉMOIN… : R. D'accord. Monsieur le Président, voici ma réponse : voici comment nous avons établi nos rapports. Donc, nous nous sommes assis avec les sages du village, et les sages du groupement. Nous avons… adopté un plan qui comprenait cinq étapes. Tout d'abord, nous avons mis en place… un groupe de sages. Deuxièmement, nous avions des représentants de l'administration -moi-même et mes hommes. Il y avait donc le groupe… de notables, de sages, et mon groupe. Alors, nous avons choisi un groupe de rédacteurs. Il fallait écrire tout. À part ce groupe de rédacteurs, il y avait aussi un groupe chargé de la sécurité… qui surveillaient l'ennemi. Et cinquièmement, il y avait un groupe qui était chargé de soins de santé. Ce groupe se déplaçait avec les agents de sécurité. Nous avions donc un groupe de jeunes, un groupe de rédacteurs, un groupe de sages - nous-mêmes -, ainsi que des gens chargés de santé. C'est-à-dire qu'il y avait donc cinq groupes - cinq groupes. Il n'y avait pas moyen de contacter le chef de toute la collectivité. Les rédacteurs établissaient le rapport… tous les rapports, parce que nous avions cinq groupes distincts. Ceux chargés d'établir le rapport remettaient ce rapport. Ils le présentaient. Ce rapport ne sortait pas dehors, mais il existait bel et bien. Je ne sais pas si cela est bien compris…
M. LE JUGE PRÉSIDENT COTTE : Professeur Fofé, juste une question. Nous avons, la semaine passée, évoqué ces différents comités. Le témoin vient de nous parler à son tour, répondant à vos questions, de ces différents comités, et plus généralement, de l'organisation administrative du groupement qu'il dirigeait et des missions que certains de ces comités devaient assumer. Nous nous posons la question de savoir si tout cela est contesté par l'Accusation. S'il y a la moindre contestation, vous continuez votre interrogatoire. Mais sur la structure en tant que telle, la division entre comités, les objectifs de ces comités, les noms de personnes faisant partie de ce comité, dont, notamment, celui qui nous intéresse le plus - l'accusé, Mathieu Ngudjolo. Est-ce que pour vous, Monsieur le Procureur, il y a place encore pour des contestations, ou est-ce que nous pouvons considérer qu'il y a des données qui sont maintenant acquises aux débats ?

du principe de l'oralité qui, on le sait, veut que ce qui constitue la preuve testimoniale, c'est ce que le témoin déclare devant les juges au prétoire, et qui commande que, le cas échéant, l'exposé oral du témoin précède toujours la mise devant ses yeux ou la remise entre ses mains d'un document écrit ou filmé.

En définitive, il faut avoir présent à l'esprit que dans leur évaluation de la preuve documentaire, les juges tiennent compte non seulement de la pertinence, de la consistance et de la fiabilité de chaque document au regard des faits de la saisine ; non seulement de la qualité de son auteur et de ses aptitudes à parler de ces faits ; mais aussi de la chaîne de transmission dudit document depuis son élaboration jusqu'à sa présentation à la cour. Aussi, la chambre de première instance II a-t-elle précisément souligné que s'agissant de la preuve documentaire, elle « s'est livrée à l'appréciation de la teneur et de la provenance des documents ainsi que de toute autre pièce s'y rapportant. Dans la mesure où elle en avait connaissance, elle a tenu compte de l'identité de l'auteur du document, du rôle qu'il a joué dans les événements considérés ainsi que de la chaîne de transmission de ce document, depuis sa création jusqu'à sa présentation à la chambre. Les indices de fiabilité ont été largement appréciés, la Chambre gardant à l'esprit que même authentique, un document peut ne pas être fiable. »[634]

Section 5 - *Cinquième règle* : Respect du principe de l'oralité

Cette règle, s'appliquant en réalité à tout type d'interrogatoire, a été expliquée dans la première partie, à l'occasion de l'étude des règles gouvernant l'interrogatoire principal. Elle revêt une portée spécifique dans le cadre de la présentation de la preuve documentaire (paragraphe I), où elle admet quelques assouplissements efficients (paragraphe II).

M. MacDONALD : Il y a des données, certes, Monsieur le Président, qui sont amenées par la Défense. Mais l'Accusation ne peut aller aussi loin que la Chambre l'entend à l'instant. Entre autres, pour des raisons de contradiction entre témoins. Je me limiterai à cela, vu que le témoin est présent. Merci.
M. LE JUGE PRÉSIDENT COTTE : Bien, c'était simplement une vérification que nous souhaitions faire. Professeur, vous poursuivez.
Pr FOFÉ : Merci, Monsieur le Président… »

[634] Jugement Ngudjolo, § 57 ; Voir aussi, Jugement Lubanga, § 109.

Paragraphe I : Portée de la règle dans ce contexte

Si une partie veut verser au dossier un document par le truchement d'un témoin, soit pour appuyer sa théorie, soit pour étayer les déclarations de celui-ci, elle ne peut pas directement appeler et présenter ledit document au témoin. Celui-ci ne doit pas être mentionné avant son introduction par le témoin lui-même, oralement, de mémoire, sans aucun support. C'est ce que prévoit le paragraphe 97 des instructions 1665 qui, rappelons-le, dispose : « Si un élément de preuve documentaire est intrinsèquement lié à un témoin donné, la partie citant ce témoin peut présenter l'élément en question par le truchement du témoin. *Dans ce cas, l'élément ne doit cependant pas être mentionné avant sa présentation par le témoin.* »

Cette disposition que nous avons mise en relief en italique, trouve son fondement dans le respect du principe de l'oralité.[635] En effet, comme dit ci-dessus, dans le témoignage, ce qui compte c'est ce que le témoin déclare devant les juges, à l'audience. Il faut donc éviter que la présentation d'un document au témoin, sans aucun préalable, ne risque d'influencer ses réponses.

C'est en application de ce principe qu'un témoin des faits ne peut pas, lors de l'interrogatoire principal, avoir entre ses mains ou sous ses yeux ses déclarations écrites antérieures, qu'il les ait signées ou non. Sont considérées comme déclarations antérieures non seulement les notes d'entretien, ou d'autres écrits du témoin, mais aussi un film ou des extraits audio-vidéo contenant les discours ou les déclarations de ce dernier. C'est ainsi que, par exemple, la chambre de première instance II, avait interdit à la défense de MN la projection, avant que le témoin D03-088 ne réponde aux questions précises du conseil menant l'interrogatoire principal, des extraits de la vidéo DRC-OTP-1063-0002 retraçant le voyage du procureur de la CPI à Zumbe en 2009 et contenant des déclarations dudit témoin.[636] Au sujet de cette pièce, le juge président a déclaré : « La Chambre est sensible à l'argument selon lequel cette vidéo peut être assimilée à une déclaration antérieure du témoin, dans la mesure où l'enregistrement de ses propos, lorsqu'il est question de faire un croquis puis de commenter ce croquis, rejoint à l'évidence les faits sur lesquels vont porter la déposition de ce témoin, déposition… dont nous attendons tous beaucoup, car ce témoin devrait être un témoin utile à la Chambre et, nous l'espérons, intéressant. »[637]

---

[635] Article 69-2 du Statut ; paragraphe 109 des instructions 1665.

[636] Voir débats sur cette pièce, *supra* pp 139 à 146 ; et 392 à 397.

[637] Cité par le conseil de MN, in Transcription ICC-01/04-01/07-T-302-Red-FRA WT 01-09-2011, p. 47, lignes 22 à 28.

Le conseil a donc dû procéder par le jeu de questions-réponses pour amener D03-088 à exposer oralement devant la chambre les propos qu'il avait tenus en 2009 devant le procureur et qui étaient contenus dans ce film.

Il faut, par ailleurs, se rappeler que le conseil de la défense d'un co-accusé peut interroger un témoin cité par l'autre accusé. Ce faisant, il peut utiliser les déclarations écrites antérieures de ce témoin pour formuler ses questions. Cependant, il ne peut pas obtenir le versement de ces déclarations ou de certains paragraphes de ces déclarations dans le dossier comme preuve écrite. Les propos tenus oralement par le témoin, en réponse aux questions qui lui sont posées, suffisent et sont seuls admis au dossier, étant fidèlement saisis dans les transcriptions d'audience. C'est ainsi que la chambre de première instance II avait rejeté la requête que le conseil de la défense de MN avait oralement présentée à l'issue de son interrogatoire du témoin de GK, D02-0148, tendant à obtenir le versement au dossier de certains extraits de la déclaration écrite antérieure de ce témoin décrivant la préparation et la réalisation de l'attaque de Bogoro du 24 févier 2003. Cette requête était superfétatoire, car, en application du principe de l'oralité, le témoin D02-0148, répondant aux questions du conseil de MN, avait bien fourni oralement à la chambre pratiquement tous les éléments essentiels contenus dans les paragraphes de sa déclaration écrite antérieure visés dans cette requête.[638]

Cette règle, dont la portée contextuelle vient d'être précisée, admet cependant quelques assouplissements.

Paragraphe II : Assouplissements de la règle

Ils sont admis dans deux cas de figure : lorsque le témoin déposant est un expert et lorsque la chambre met en œuvre le paragraphe 92 des instructions 1665.

A- Cas du témoin-expert

En effet, si le témoin comparaissant est un témoin expert, intervenant sur une question technique rentrant dans son champ de compétence et auteur du document concerné, ordinairement son rapport d'expertise, ce témoin expert peut l'avoir entre ses mains pour le commenter, expliquer la méthode qu'il a utilisée pour son élaboration, les conclusions auxquelles il a abouti etc.

---

638 CPI, Situation en République démocratique du Congo, *Affaire le Procureur c. Germain Katanga et Mathieu Ngudjolo*, ICC-01/04-01/07, Chambre de 1ère instance II, Transcription de l'audience du 14 juin 2011, ICC-01/04-01/07-T-281-Red-FRA WT, de la p. 28, L22 à la p. 29, L24.

Après l'interrogatoire principal de la partie citante, les questions des représentants légaux des victimes et de la chambre, et le contre-interrogatoire de la partie adverse, ledit rapport peut alors être versé au dossier et recevoir un numéro EVD,[639] cette attribution ne préjugeant nullement du poids probatoire que les juges lui accorderont au moment de l'évaluation de l'ensemble des éléments de preuve admis au dossier. Le témoin expert diffère donc du témoin des faits qui, lui, doit oralement répondre aux questions qui lui sont posées, en principe, sans se servir d'aucune documentation.

Il faut souligner que même s'il s'aide de son rapport d'expertise comme support, le témoin-expert doit répondre oralement à toutes les questions qui lui sont posées par les parties, les participants et les juges. Certains paragraphes dudit rapport peuvent avoir été versés au dossier et avoir donc reçu attribution de numéros EVD à la requête de la partie citante et sur décision de la chambre intervenue antérieurement à sa comparution. De tels paragraphes, préalablement admis au dossier pour faire accélérer la procédure et éviter que l'interrogatoire principal ne s'y attarde, se rapportent généralement aux éléments du CV de l'expert et à la description de sa méthode d'approche.

La décision orale prise par la chambre de première instance III à l'occasion du témoignage de madame Adeyinka Akinsulure-Smith, témoin expert de l'accusation CAR-OTP-PPPP-0221, rappelle bien que l'admissibilité du rapport de l'expert ne préjuge pas de sa valeur probante. En effet, le rapport d'expertise de ce témoin, docteur en psychologie, avait été versé au dossier un mois avant sa comparution, sous la cote EVD-T-OTP-00003.[640] À l'audience publique du lundi 29 novembre 2010, avant que ledit témoin-expert n'entre au prétoire pour sa déposition, la défense a soulevé des objections, contestant notamment la partie 2 de son rapport qui, à son avis, avait une très faible valeur probante et un effet préjudiciable très important pour l'accusé, car elle contenait des témoignages dont la source n'était pas révélée.[641] Après avoir entendu la réponse de madame le procureur, la chambre s'est ainsi prononcée :

« [Mme LA JUGE PRÉSIDENT STEINER]... Pour ce qui est du deuxième point soulevé par la Défense, la Chambre est d'accord avec l'Accusation pour dire qu'il s'agit du fond du témoignage lui-même, et on verra ensuite... quelle est

---

[639] Il en a été ainsi, par exemple, dans le procès Katanga-Ngudjolo, des rapports d'expertise médico-légale du Dr Eric Baccar versés au dossier sous les cotes : EVD-OTP-00056 (Rapport d'expertise médicale sur le témoin DRC-OTP-P-0249) ; et EVD-OTP-00057 (Rapport d'expertise médico-légale sur le témoin DRC-OTP-P-0287).

[640] CPI, Situation en République centrafricaine, *Affaire le Procureur c. Jean-Pierre Bemba*, ICC-01/05-01/08, Chambre de 1ère instance III, Transcription de l'audience du 29 novembre 2010, ICC-01/05-01/08-T-38-FRA ET WT, p. 6, L10, L24 à 26.

[641] *Idem*, p. 7, L12 à 28.

la valeur probante à accorder... à ce rapport. Il faudra l'analyser, il faudra analyser cette valeur probante à un stade ultérieur. Et la Chambre le fera. Elle prendra en considération l'ensemble des éléments de preuve. La Chambre a déjà pris une décision sur la manière dont elle allait traiter de l'ensemble des éléments de preuve versés au dossier par l'accusation. Je répète : la Chambre va prendre en compte l'ensemble des éléments de preuve versés par l'Accusation au dossier. Par conséquent, la prétendue ou les prétendues objections de la Défense ne tiennent pas. Et nous ne les prenons pas en considération. »[642]

Pendant sa déposition, nous l'avons dit, un témoin-expert peut se servir de ses notes écrites. C'est ainsi qu'avant que ne débute l'interrogatoire principal du docteur Akinsulure-Smith, la juge présidente de la chambre en a prévenu les parties :

« [Mme LA JUGE PRÉSIDENT STEINER]... Madame, je voudrais d'abord informer les parties que le Dr Akinsulure-Smith nous a déjà informés qu'elle avait des notes écrites lui permettant de l'aider à coordonner ses idées. Mais si les parties souhaitent avoir accès à ses notes rédigées par écrit pour voir s'il y a des problèmes ou pas, elle serait tout à fait ravie de donner un exemplaire de ses notes aux parties. »[643]

Le témoin-expert peut également avoir devant lui son rapport durant sa comparution comme l'exemplifie cet extrait :

« [Mme KNEUER]... Q. Merci, Docteur. Tels étaient donc les domaines de votre expérience professionnelle que je voulais couvrir. À présent, je voudrais passer à des questions relatives à ce que vous mentionnez dans le rapport que vous avez présenté dans cette affaire. Docteur, pouvez-vous confirmer... avoir rédigé un rapport d'expert sur la criminalité sexo-spécifique et le « TPSP » à l'attention de l'ensemble des parties et participants à l'affaire et, donc, pour le Bureau du Procureur et les représentants légaux des victimes ? R. Oui, je l'ai fait.
Mme KNEUER... : Madame le Président, je voudrais montrer... au témoin expert une copie du rapport qui est confidentiel, le n° EVD-T-OTP-0003.
Mme LA JUGE PRÉSIDENT STEINER ... : Je crois que nous pouvons donner une copie papier au témoin.
Mme KNEUER... : Avec l'assistance du greffier, nous allons fournir un document papier.
Mme LA JUGE PRÉSIDENT STEINER... : La Défense a déjà une copie papier du rapport ?
Me HAYNES... : Oui.
Q. Docteur, ... le rapport que... nous venons de vous donner, c'est bien le rapport d'expert que vous avez fourni à l'Accusation ?
LE TÉMOIN... : R. Oui, c'est bien ce document.

---

642 *Idem*, p. 9, L11 à 21.
643 *Idem*, p. 10, L9 à13.

Q. Pouvez-vous indiquer à la Cour quel était le mandat de ce rapport - et là, je fais référence à la section n° 3 du rapport ? R. D'examiner l'impact de la violence sexuelle sur les personnes au cours d'un conflit armé.
Q. Pouvez-vous expliquer à la Cour quelle est la méthodologie que vous avez utilisée, s'il vous plaît ? R. Afin de pouvoir rédiger ce rapport, j'ai utilisé de nombreuses sources d'informations. Je me suis inspirée de mon expérience au programme Bellevue pour les survivants de la torture, de mon cabinet privé. Je me suis basée sur des documents qui m'avaient été envoyés par la Cour. J'ai consulté... les articles écrits sur la psychologie et, en fin de compte, j'ai mené des entretiens avec des survivants de la violence sexuelle à Bangui - telles étaient mes sources d'information. »[644]

Les juges, les parties et participants ainsi que le témoin lui-même ayant en mains le rapport d'expertise, le questionnant peut donc en lire des extraits à l'attention de celui-là et lui demander de les expliquer, les préciser ou en donner d'amples détails. Les échanges ci-dessous entre le procureur et le témoin P-0221 en sont une illustration.

« [Mme KNEUER] Q. J'aimerais attirer votre attention sur votre rapport à la page 8. Et simplement pour le procès-verbal d'audience, il s'agit du CAR-OTP-0064-0560... et 67. Et le numéro EVD est l'EVD-T-OTP-00003. Docteur, je fais référence au dernier paragraphe de la page 8, et je vais lire le rapport : "Les survivants de ces actes de violence sexuelle ont continué à vivre les aspects physiques négatifs ainsi que les aspects psychologiques et sociaux de ces expériences. Beaucoup ont indiqué une incapacité à aller chercher une aide ou une attention psychologique ou médicale en raison de ressources financières insuffisantes ou de l'absence d'installations médicales ou psychologiques. Cette population non seulement porte le fardeau d'un passé personnel rempli de détresse et de conditions de vie stressantes, mais également la honte et l'humiliation d'agressions sexuelles qui ont anéanti leur vie, leur famille et leur communauté." Comment en êtes-vous arrivée à ces conclusions ?
R. En lisant les rapports et l'évaluation... non, non pas les évaluations, mais le rapport, les informations qui m'avaient été remises, en les lisant de façon très approfondie. Ils sont... ce sont des blessures et... ce sont des entretiens qui ont été conduits en utilisant leurs termes exactement, et si l'on regarde les documents, beaucoup ont parlé du fait qu'ils n'avaient pas de ressources financières suffisantes et n'avaient aucun endroit où ils pouvaient aller demander une aide psychologique et... une aide tout court... Et c'est ce que j'ai pu constater dans les informations qui m'ont été données.
Mme LA JUGE PRÉSIDENT STEINER... : Madame Kneuer, si vous permettez, je voudrais vous interrompre parce qu'il semble qu'il y ait de légères différences entre le document... ce que vous avez cité.
Mme KNEUER... : Oui, Madame le Président. Je viens effectivement de le réaliser. Souhaitez-vous que je répète ? Q. Donc, je vais répéter maintenant la citation, et je m'excuse réellement pour cela. "Les survivants de ces actes de

[644] *Idem*, p. 21, L14 à p. 22, L20.

violence sexuelle continuent à éprouver les conséquences négatives et dévastatrices de telles expériences sur les plans physique, psychologique et social. Beaucoup d'entre elles ont fait état de l'impossibilité de demander des soins médicaux du fait de ressources financières limitées. Ces personnes supportent non seulement… le fardeau d'un passé… personnel rempli de détresse et de conditions de vie stressantes, mais également la honte des expériences qui ont affecté leur vie, leur famille et leur communauté." Docteur, vous avez déjà répondu à cette question, à ma question. Avez-vous quelque chose à ajouter ?
LE TÉMOIN… : R. Oui. Encore une fois, cette conclusion vient de l'examen des déclarations des témoins, de leur témoignage, la lecture des différents articles ainsi que les évaluations que j'ai faites.
Q. Docteur, sur la même page, vous avez exprimé un avis en référence à la situation en République centrafricaine sur l'impact de la violence sexuelle sur les victimes hommes. Comment avez-vous pu former cette opinion ?
R. J'ai formé cette opinion en examinant encore une fois les rapports, les témoignages des témoins qui m'ont été fournis, et de par… notre action en Sierra Leone. Nous avons mis… l'accent… sur les femmes, mais… dans notre travail avec les survivants de tortures, nous avons vu surtout des femmes victimes de violences sexuelles et très peu d'hommes. Mais, j'ai pu voir clairement, en examinant ces documents, qu'il y avait un grand nombre d'hommes aussi qui étaient affectés et, comme je l'ai mentionné hier, la littérature psychologique commence récemment à examiner les expériences des hommes et les reconnaître, ces expériences relatives aux hommes, dans les conflits armés, et ceci a attiré mon attention. »[645]

La partie adverse conserve évidemment, dans le cadre du contradictoire, son droit de questionner ledit témoin expert sur l'ensemble de son rapport au cours de son contre-interrogatoire, aussi bien sur sa qualification, que sur sa méthode de travail, ses techniques opératoires, et sur ses conclusions. Cette expérience a également été vécue dans le procès Bogoro lors de la production par le procureur de son témoin-expert en médecine légale, Dr Eric Baccar.

Au moment du délibéré, lors de l'évaluation générale de la preuve, la chambre a naturellement procédé à l'appréciation du témoignage d'experts. Dans ce cadre, elle « a tenu compte d'éléments tels que la compétence reconnue du témoin dans sa spécialité, la méthodologie utilisée, la mesure dans laquelle les conclusions présentées coïncidaient avec d'autres éléments de preuve produits en l'espèce et la fiabilité générale du témoignage… »[646]

---

[645] CPI, Situation en République centrafricaine, *Affaire le Procureur c. Jean-Pierre Bemba*, ICC-01/05-01/08, Chambre de 1ère instance III, Transcription de l'audience du 30 novembre 2010, ICC-01/05-01/08-T-39-FRA ET WT, p. 7, L12 à p.9, L9.
[646] Jugement Ngudjolo, § 60 ; Jugement Lubanga, § 112.

B- Mise en œuvre des paragraphes 92 à 94 des instructions 1665

Ces paragraphes fixent la procédure à suivre lorsque la chambre est saisie d'une requête relative à la présentation d'un témoignage préalablement enregistré, conformément à la règle 68-b du RPP. En effet, aux termes du paragraphe 92, « lorsqu'une partie souhaite présenter un témoignage préalablement enregistré, comme prévu à la règle 68-b du Règlement, elle doit déposer une demande en ce sens au moins 21 jours avant la date de la première comparution du témoin. La demande doit être accompagnée d'une copie de la déclaration préalablement enregistrée, indiquant précisément les passages que la partie citant le témoin souhaite verser aux débats. Si ces passages renvoient à d'autres pièces dont dispose la partie citant le témoin, celles-ci doivent également être jointes à la demande. Si la partie concernée souhaite quand même poser au témoin des questions allant au-delà de la confirmation, de la clarification ou de la mise en lumière des passages du témoignage préalablement enregistré qui seront versés aux débats par écrit, elle doit l'indiquer dans la demande. Dans ce cas, elle indique les sujets qu'elle entend aborder oralement avec le témoin. »

Cette démarche initiée par une partie ne saurait évidemment pas échapper à la rigueur du principe du contradictoire. Ainsi, « une fois que la demande leur est notifiée, les autres parties disposent de dix jours pour soulever toute objection à son sujet. »[647] Bien plus, pour que soient assurées l'équité de la procédure et la loyauté dans les débats, excluant toute surprise, « si la Chambre fait droit à la demande et autorise la partie citant le témoin à poser des questions supplémentaires, cette partie doit communiquer tous les documents qu'elle pourrait souhaiter utiliser aux fins de l'interrogatoire conformément aux règles générales relatives à l'utilisation des preuves documentaires. »[648] Il va sans dire que les autres parties conservent leur droit d'interroger ou de contre-interroger ce témoin sur l'ensemble de ses déclarations, aussi bien sur celles préalablement enregistrées et admises au dossier, que sur celles faites au prétoire autant que sur les pièces éventuelles introduites par le truchement de ce témoin. Le principe du contradictoire et celui de l'oralité sont donc totalement respectés.

C'est en application de ces dispositions, fondées sur les règles 68-b et 111 du RPP[649], que la chambre avait admis, à titre exceptionnel, sur requête du

---

[647] Paragraphe 93 des instructions 1665.

[648] Paragraphe 94 des instructions 1665.

[649] Règle 68-b du RPP : « Lorsque la Chambre préliminaire n'a pas pris les mesures prévues à l'article 56, la Chambre de première instance peut, conformément au paragraphe 2 de l'article 69, autoriser la présentation de témoignages déjà enregistrés sur support audio ou vidéo, ainsi que de transcriptions ou d'autres preuves écrites de ces témoignages, pour autant que : … b) Si le témoin dont le témoignage a été enregistré comparaît en personne devant la Chambre de première

procureur du 10 mars 2010, le versement au dossier de la déclaration écrite antérieure du témoin P-373, photographe, avant sa comparution.

Elle l'a fait dans sa décision orale du 26 mars 2010. Celle-ci résume parfaitement la requête du procureur et les réactions de toutes les parties et participants dont la chambre a tenu compte dans sa motivation. Elle donne aussi une bonne interprétation de la règle 68-b du RPP constituant le fondement du paragraphe 92 des instructions 1665. Écoutons la chambre dans son argumentation :

> « Première décision orale : le 10 mars 2010, le Procureur a déposé la requête de l'Accusation n° 1955 aux fins d'admission de la déclaration écrite du témoin 0373 et de ses annexes comme élément de preuve. Dans cette requête, il demande à la Chambre l'autorisation de verser le témoignage de 0373 au débat au moyen de la présentation de son témoignage préalablement enregistré et cela sur la base de la règle 68-b du Règlement de procédure et de preuve. Ce qui signifie que le témoin comparaîtra, mais que l'Accusation ne procèdera pas à un interrogatoire principal à l'audience. Ni la Défense de Germain Katanga ni les représentants légaux des victimes ne voient d'objection à cette proposition. En revanche, la Défense de Mathieu Ngudjolo s'y oppose pour plusieurs raisons et la Chambre entend répondre à ces préoccupations dans la présente décision orale. La Chambre rappelle tout d'abord qu'au paragraphe 92 de sa décision 1665 précitée du 1er décembre 2010 *(sic)*[650], elle a expressément prévu la possibilité de présenter des témoignages préalablement enregistrés. Toutefois, bien qu'il soit indiqué audit paragraphe 92 que, si le témoignage préalablement enregistré renvoie à d'autres pièces, celles-ci doivent également être jointes à la demande, cela ne signifie pas pour autant que ces autres pièces puissent automatiquement être, elles aussi, versées sur cette base comme éléments de preuve. Partant, même si l'Accusation a demandé, je cite : « le versement de la déclaration écrite du témoin 0373 et de ses annexes », fin de citation, en faisant valoir que les photographies « sont indissociables de sa déclaration », fin de citation, la

---

instance, il ne s'oppose pas à la présentation de son témoignage enregistré et que le Procureur, la défense, et la Chambre elle-même, aient eu la possibilité de l'interroger au cours de la procédure. » Voir l'intégralité de cette règle, *supra*, pp 122-123.
Règle 111, RPP, Procès-verbal des interrogatoires : « 1. Il est dressé procès-verbal de la déposition de toute personne entendue dans le cadre d'une enquête ou de poursuites. Le procès-verbal est signé par la personne qui l'établit et qui conduit l'interrogatoire et par la personne interrogée et son conseil, si celui-ci est présent, ainsi que, le cas échéant, par le procureur ou le juge présent. La date, l'heure et le lieu de l'interrogatoire sont consignés dans le procès-verbal, qui mentionne toutes les personnes présentes. Si l'une d'elles n'a pas signé le procès-verbal, il en est fait mention et les raisons en sont consignées... » Dans le procès Lubanga, la chambre de 1ère instance I a également admis certaines déclarations écrites en vertu de la règle 68 du RPP : voir, en guise d'illustration, la Décision relative à la requête de l'Accusation aux fins d'admission des déclarations préalablement enregistrées de deux témoins, 15 janvier 2009, ICC-01/04-01/06-1603-tFRA ; Jugement Lubanga, §93.

[650] Il s'agit bien du paragraphe 92 des instructions 1665 du 1er décembre 2009.

Chambre estime inopportun de verser, sans plus en discuter, l'ensemble des photographies au dossier des preuves. Elle entend donc demander au Procureur de présenter, une par une, celles des photographies sur lesquelles il estime devoir spécifiquement se fonder comme éléments de preuve ainsi d'ailleurs qu'il le propose lui-même au paragraphe 16 de sa requête. La Défense aura ainsi l'occasion de contre-interroger le témoin 0373 de manière systématique et de contester l'authenticité ou la pertinence des photographies qu'aura entendu retenir le Procureur chaque fois qu'elle le jugera nécessaire. Il va de soi que la Chambre n'appréciera, en toute indépendance, la pertinence et la valeur probante des photographies qu'après qu'il en aura été débattu à l'audience. Le principe du contradictoire sera ainsi pleinement respecté. En réponse à la critique de la Défense de Mathieu Ngudjolo selon laquelle le témoignage, préalablement enregistré, de 0373 se présente sous la forme d'un procès-verbal de déposition plutôt que d'une transcription verbatim, la Chambre signale que 0373 n'a pas été entendu en qualité de suspect et que, par conséquent, les dispositions de la règle 111 du Règlement de procédure et de preuve s'appliquaient à son cas. Elle rappelle en outre que, en d'autres circonstances, cette même Défense a demandé dans des observations datées du 4 septembre 2009, n° 1453, la production d'un procès-verbal signé à la place des transcriptions présentées par l'Accusation. La Chambre estime donc que l'absence de transcriptions du témoignage préalablement enregistré ne constitue pas un obstacle à l'application de la règle 68-b. La Chambre souligne également que la règle 68-b ne pose pas non plus, comme condition préalable, que le témoin officialise par une déclaration sous serment le consentement qu'il donne à l'application de cette règle. La Chambre est en droit de penser qu'avant d'introduire une requête sur la base du paragraphe 92 de sa décision précitée du 1er décembre 2009, l'Accusation s'est assurée auprès du témoin qu'il ne s'opposait pas à la présentation de son témoignage préalablement enregistré. Et le témoin confirmera d'ailleurs ce point lorsqu'il comparaîtra devant la Chambre. Enfin, la Chambre précise que la Défense ne devrait pas s'inquiéter de disposer d'un temps insuffisant pour contre-interroger 0373. Elle rappelle que le paragraphe 10 de la décision 1665 du 1er décembre 2009 indique clairement que la règle des 60 % est donnée à titre indicatif et que la Défense est libre d'allouer davantage de temps à un témoin plutôt qu'à un autre en fonction de l'importance que ce témoin revêt pour elle. La Chambre accordera donc à la Défense tout le temps nécessaire pour dûment contre-interroger le témoin 0373. »[651]

La Cour a donc pris soin de faire jouer pleinement les principes du contradictoire, d'équité et de loyauté en ce qui concerne la substance du témoignage de P-0373, à savoir les photographies qu'il avait réalisées en Ituri. En effet, celles-ci ne pouvaient pas être versées au dossier sans subir équitablement et loyalement l'épreuve des débats contradictoires devant les

[651] CPI, Situation en République démocratique du Congo, *Affaire le Procureur c. Germain Katanga et Mathieu Ngudjolo*, ICC-01/04-01/07, Chambre de 1ère instance II, Transcription de l'audience du 26 mars 2010, ICC-01/04-01/07-T-124-Red-FRA CT WT, de la p. 2, L1 à la p. 4, L8.

juges. Car, toute pièce ne peut être versée au dossier comme élément de preuve par le truchement d'un témoin que si elle a été soumise à celui-ci durant sa déposition au prétoire et discutée contradictoirement par les parties et participants. Dès lors, s'agissant des photographies réalisées par le témoin P-0373, n'ont été admises comme éléments de preuve que celles qui ont été présentées par le procureur au témoin à l'audience et soumises au débat contradictoire devant les juges. C'est ainsi qu'a été rejetée la requête du procureur introduite à la fin de son interrogatoire principal de ce témoin P-0373 et sollicitant le versement au dossier, comme éléments de preuve, des photographies supplémentaires de ce témoin, qui n'avaient pas été débattues contradictoirement au prétoire. Suivons cet échange et la décision du siège :

« M. DUTERTRE : Monsieur le Président, j'en ai terminé pour mes questions et mon interrogatoire principal et je vais juste faire une observation... requête. Et je suis là, j'avoue, entièrement dans les mains de la Chambre puisqu'aussi bien on a parfaitement lu et compris votre décision sur l'admission des photos et sachant qu'on a des commentaires que sur 22, 23 photos aujourd'hui. Mais l'Accusation se demandait si, compte tenu du fait que vous avez pu apprécier le témoignage du témoin aujourd'hui, et afin que vous ayez l'ensemble des photographies, éventuellement, à votre appréciation, si on pourrait pas verser le reste des photos comme éléments de preuve. Encore une fois, on a fait notre choix, notre sélection. Donc, on est vraiment entièrement entre vos mains sur ce point, mais ça serait pour que la Chambre puisse avoir l'ensemble... des pièces à sa disposition et qui sont reflétées, en fait, par le classeur, également, qui contient tous les intercalaires et toutes les photographies.

M. LE JUGE PRÉSIDENT COTTE : Nous vous demandons une seconde. *(Discussion entre les juges sur le siège)* Oui, Maître Kilenda. Professeur Fofé, pardon.

Pr FOFÉ : Merci, Monsieur le Président. La Défense de Mathieu Ngudjolo trouve cette requête inopportune parce que cette question avait été débattue par écrit et vous avez rendu une décision orale sur la déclaration écrite du témoin et sur les photos. Et si nous avons bien compris votre décision, seule la déclaration écrite avait été admise comme pièce à verser au dossier. Et M. le Procureur avait eu la possibilité, si votre décision ne lui convenait pas, d'interjeter appel contre celle-ci. Il ne l'a pas fait et nous pensons que cette décision doit trouver plein effet, et... à notre estime, seules les photos présentées ici au prétoire et discutées - disons, les photos sur lesquelles M. le Procureur a posé des questions précises au témoin - peuvent être admises au dossier. Voilà la position de la Défense de Mathieu Ngudjolo. Je vous remercie.

M. LE JUGE PRÉSIDENT COTTE : Merci, Professeur Fofé. La Chambre s'attendait aux propos que vous venez de tenir et vous arrivez au même résultat que celui auquel elle était parvenue, mais par des moyens différents. Donc, Monsieur le Procureur, simplement, notre décision était effectivement claire. Il ne vous a pas été refusé quelque accès que soit à l'ensemble des photographies. Vous avez fait, donc, un choix. Vous auriez pu faire un choix beaucoup plus important. Vous avez estimé que les photographies, qui viennent d'être soumises au témoin, étaient celles qui, à vos yeux, étaient, sans doute, les plus significatives, les plus intéressantes, les plus pertinentes. Elles ont été versées, donc, à titre d'EVD au dossier. La Chambre considère qu'il y a là, et avec les réponses que le témoin a apportées, des éléments d'information qui, le moment venu, seront soumis à son appréciation. Donc, nous en restons là. Vous pouviez faire cette demande, elle a suscité la réaction à laquelle vous vous attendiez vraisemblablement. Et la Chambre, tout aussi simplement, donc, vous dit que le choix que vous avez opéré est un choix auquel nous nous tenons maintenant. Merci, Monsieur le Procureur, pour cet interrogatoire principal. Merci, Monsieur le témoin, pour les réponses qui ont été apportées. Les représentants légaux des victimes ont, vraisemblablement, quelques questions à poser. À titre simplement de précaution, mais par la suite, nous ne le ferons plus, la Chambre appelle simplement bien votre attention pour éviter des interruptions qui ne pourraient qu'être facteurs de perte de temps. *La Chambre appelle bien votre attention sur le fait que les représentants légaux des victimes ne sont en aucun cas des alliés objectifs ou subjectifs du Procureur. Les représentants légaux des victimes cherchent simplement à mieux s'informer dans le cadre de la représentation des intérêts de leurs clients.* »[652]

Le respect du principe de l'oralité qui vient d'être expliqué suppose naturellement l'organisation d'un jeu de questions-réponses préalablement à la présentation au témoin du document que l'on veut verser au dossier.

Section 6 - *Sixième règle* : Introduction du document par des questions préalables

Avant d'appeler une pièce, il faut poser des questions préalables au témoin pour établir qu'il en connaît l'existence, le contenu, l'auteur, la date et les circonstances d'élaboration ou de réalisation etc. Si, en répondant oralement aux questions, le témoin donne des réponses qui concordent avec le contenu du document que la partie interrogeant avait sélectionné et communiqué à la chambre, aux autres parties et participants, cette partie peut solliciter le versement dudit document au dossier comme preuve écrite et l'attribution à celui-ci d'un numéro EVD pour son identification. S'il y a objection, la chambre tranche après avoir entendu les arguments des uns et des autres.

L'approche est donc évolutive. Elle part de questions posées au témoin pour l'amener, au travers de ses réponses, à donner le contenu et les circonstances d'établissement de la pièce en cause. C'est seulement à la fin

[652] CPI, Situation en République démocratique du Congo, *Affaire le Procureur c. Germain Katanga et Mathieu Ngudjolo*, ICC-01/04-01/07, Chambre de 1ère instance II, Transcription de l'audience 31 mars 2010, ICC-01/04-01/07-T-127-Red-FRA WT, de la p. 39, L17 à la p. 41, L16. Passage relevé en italique par l'auteur pour souligner la portée des questions des représentants légaux des victimes qui doivent veiller à ne pas apparaître comme des procureurs bis.

de ce processus que le questionnant sollicite l'attribution d'un numéro EVD à celle-ci, autrement dit son versement au dossier comme preuve documentaire. Une illustration tirée de l'interrogatoire principal du témoin de la défense D03-088 est instructive à cet égard. En effet, au cours de cet interrogatoire, le conseil officiant voulait verser au dossier, comme preuve écrite, un rapport répertoriant les attaques subies par le groupement Bedu Ezekere durant la période 2001 à fin 2002. Pour y parvenir, le conseil a dû poser au témoin plusieurs questions, partant de la déclaration qu'il avait faite à l'audience mentionnant l'existence de ces rapports, et l'amenant à exposer oralement devant les juges le contenu de ces rapports. C'est seulement à la fin d'une série de questions-réponses sur ce sujet que le conseil a alors sollicité de la chambre la présentation au témoin du document qu'il avait sélectionné et qui était référencé DRC-D03-0001-0086. Le procureur a tenté de s'y opposer ; sans succès, car la chambre a apprécié l'approche adoptée par le conseil. Ci-dessous, l'extrait pertinent de ces échanges :

« [Pr FOFÉ] Q. Chef Manu, ceci nous permet de revenir aux rapports... que vous dressiez au sujet des attaques. Et... je renvoie respectueusement la Chambre, les parties et les participants au *transcript* 300, version française, page 24, lignes 25 à 28, page 25, lignes 1 à 24, page 27, lignes 6 à 10, page 29, lignes 10 à 13. Vous nous aviez dit que vous dressiez des rapports sur les attaques que vous aviez subies. Ma première question... est celle-ci : qui établissait ces rapports... sur les attaques subies par votre groupement pendant cette période-là de 2001 à fin 2002... ? R. C'est Ngabu-Safari Jean...

Q. Où est-il présentement ? R. Il est décédé il n'y a pas très longtemps.

Q. À qui étaient destinés ces rapports dressés par Ngabu-Safari Jean ?

R. Ce rapport était un rapport fait au quotidien. Par exemple, aujourd'hui il dresse un rapport, demain, il dressera un autre rapport. C'était un rapport quotidien, si vous comprenez ce que j'entends par activités quotidiennes, ou alors, en français *(dit le témoin)*, situation journalière..., qui concerne les jours, aujourd'hui, demain, après-demain, comment les choses se passent dans la collectivité. Donc, nous dressions la situation quotidienne tous les jours. Lorsqu'il n'y avait rien, on disait que c'est calme. Quand il y avait la guerre, on disait c'était la guerre. Quand il y avait des décès, on disait qu'il y avait des décès. Voilà ce que l'on écrivait dans ce rapport, il écrivait donc les événements quotidiens dans ce rapport.

Q. Chef Manu, aviez-vous vu ces rapports ? R. Une fois que le rapport était établi, il était nécessaire que la délégation des secrétaires se rencontre pour dire, « voilà, nous avons rédigé ceci, nous avons écrit ceci dans ce rapport ». J'avais beaucoup de choses à faire dans mon administration, et je leur avais demandé de vérifier ce qui était dans le rapport, et ils venaient m'expliquer ce qui était dans le rapport, chaque fois. Ils m'écrivaient tout ce qui était écrit là-dedans. Je n'avais pas le temps de prendre le rapport pour en prendre connaissance parce qu'il y avait des décès à gauche à droite, il y avait d'autres questions à traiter. Et donc, nous avons décidé que c'est eux qui devaient s'en occuper, et moi, je devais m'occuper de la population qui venait porter des doléances devant moi...

Q. Chef Manu, est-ce que vous pouvez vous rappeler... les données essentielles, ...les renseignements qui étaient écrits dans ces rapports. Qu'est-ce qu'on... écrivait dans ces rapports ? En rapport avec... les attaques, bien sûr, hein. Donc, je parle bien de rapports dressés au sujet des attaques. Quels sont les renseignements qui étaient écrits dans ces rapports ?
LE TÉMOIN... : R. Il y avait six accès, ou six voies pour entrer dans la guerre. Dans ce rapport, on écrivait « aujourd'hui, les assaillants sont venus par telle ou telle autre voie, tel accès ». Le rapport montrait où l'UPC était entré, par quelle voie, par quel accès. Et après, le rapport indiquait qu'il y avait des décès, qu'il y avait des souffrances. Et par la suite, ce rapport désignait ou indiquait qu'il y avait des biens qui avaient été pris. La période ou le temps, la durée des combats étaient consignés, « une minute », « 3 heures » ou « 4 heures ». Cela était indiqué. Ce qui était fait pendant les combats. Il y avait des jeunes qui veillaient et qui surveillaient, qui s'assuraient que les blessés étaient transportés. Ce sont eux qui faisaient le rapport, parce que le secrétaire ne sortait pas de chez lui, il restait dans un même endroit. Il pouvait s'approcher, si la guerre se trouvait à cinq kilomètres de distance, il pouvait s'approcher... il pouvait être à six kilomètres du lieu où se trouvait la guerre, et les combattants ou les personnes qui étaient au front lui amenaient un rapport et il consignait cela. Et après la guerre, il pouvait s'y rendre pour voir ce qui s'était passé. Moi-même, je m'y rendais pour voir comment les combats se déroulaient. Cela, nous le consignions dans le rapport ; l'accès des combattants, les décès, les souffrances diverses, les biens qui avaient été emportés par les combattants, ou les assaillants, et la durée des combats, voilà des éléments qui étaient consignés dans le rapport.
Pr FOFÉ : Merci, chef Manu. Monsieur le Président, avec votre autorisation, je voudrais faire présenter au témoin la pièce DRC-D03-0001-0086. C'est une pièce publique, c'est la pièce 8 sur notre liste.
M. LE JUGE PRÉSIDENT COTTE : Oui, elle est bien identifiée. Madame le greffier, pouvez-vous, s'il vous plaît, mettre sur l'écran la page 1 de ce document?
Mme LA GREFFIÈRE : Le document peut être visionné sur « PC 1 ».
M. MacDONALD : Juste avant d'afficher, avec votre permission, Monsieur le Président, je vous demanderais de... juste si vous permettez 30 petites secondes. Je crois que nous avions possiblement fait une objection.
M. LE JUGE PRÉSIDENT COTTE : Vous aviez fait une objection, mais d'évidence, la façon dont ce document vient d'être introduit par le Pr Fofé, les réponses antérieurement faites par le témoin auxquelles le Pr Fofé s'est référé, la description que vient de nous faire le témoin du document, notamment, ou en tout cas de documents qui semblent bien proches de celui que le Pr Fofé souhaite voir présenté nous permettent d'autoriser sans ambiguïté cette présentation. Donc, il faut que nous avancions, et que le document apparaisse sur l'écran.
M. MacDONALD : Très bien.
M. LE JUGE PRÉSIDENT COTTE : J'ai l'impression que le document est sur l'écran, merci. Messieurs les accusés, voyez-vous ce document ? Et est-ce que le témoin le voit bien ? Apparemment, oui. Alors, Professeur, vous poursuivez.
Pr FOFÉ : Merci, Monsieur le Président. Q. Chef Manu, observez bien cette première page de ce document. D'abord, est-ce que vous arrivez à bien le lire ou

bien faudra-t-il que nous vous envoyions une copie papier ? Est-ce que vous lisez bien à l'écran ?
LE TÉMOIN... : R. Je suis en train de lire le rapport.
Q. ... »[653]

C'est donc après avoir posé au témoin une longue série de questions sur ledit document que le conseil a sollicité son admission au dossier. Avant de faire attribuer un numéro EVD à cette pièce, la chambre a voulu s'assurer de la date de son établissement.

« Pr FOFÉ : Merci, chef Manu. Monsieur le Président, nous sollicitons un numéro EVD pour cette pièce.
M. LE JUGE PRÉSIDENT COTTE : Q. Monsieur le témoin, avant d'attribuer ce numéro EVD, et au risque de se répéter, donc ne vous énervez pas si je vous repose une dernière fois la question, nous souhaitons savoir clairement si ce document, comme vous l'avez dit, mais il faut que vous nous le confirmiez, a été commencé en 2001 et complété au fur et à mesure des attaques jusqu'en décembre 2002, puisqu'il s'arrête aux 16/17 décembre 2002. Donc, ce document a-t-il été commencé en 2001 et complété au fur et à mesure des attaques, ou a-t-il été rédigé beaucoup plus tard pour faire une synthèse, un récapitulatif des rapports journaliers qui vous étaient expliqués en votre qualité de chef de groupement ? Vous n'avez pas besoin de beaucoup de phrases pour nous répondre, mais... il faut être très précis sur ce point, s'il vous plaît.
LE TÉMOIN... : R. Nous avons commencé à les rédiger en 2001. Quand la synthèse de ces rapports a été rédigée, nous n'étions pas tous là. Toutefois, chaque fois qu'il y a quelqu'un qui nous demandait des informations par rapport à la bataille, nous allions nous servir de ces rapports pour les lui fournir et nous signions par la suite. Il y a d'autres rapports, des annexes à ces rapports. Le rapport n'est pas complet.
M. LE JUGE PRÉSIDENT COTTE : Je vous parle de celui-ci, celui que nous avons sous les yeux. Nous retenons donc de votre dernière réponse que ce document a bien été commencé en 2001 et, si nous comprenons bien, qu'il était ensuite complété. Alors, Madame le greffier, vous donnez un numéro EVD à ce document, s'il vous plaît.
Mme LA GREFFIÈRE : Merci, Monsieur le Président. Le document DRC-D03-0001-0089 portera la cote EVD-D03-00099. Je souhaite corriger le numéro ERN. Le document porte le numéro ERN DRC-D03-0001- 0086.
M. LE JUGE PRÉSIDENT COTTE : Merci, Madame. Professeur, nous poursuivons.
Pr FOFÉ : Merci, Monsieur le Président... »[654]

Il convient de rappeler que l'admission d'un document au dossier ne préjuge nullement de son poids probatoire. L'appréciation de celui-ci sera faite par les juges à la fin du procès, lorsqu'au moment de la délibération, ils

---

[653] Transcription ICC-01/04-01/07-T-302-Red-FRA WT 01-09-2011, de la p. 9, L5 à la p. 12, L28.
[654] *Idem*, de la p. 21, L20 à la p. 22, L21.

procéderont à l'évaluation de l'ensemble de la preuve à charge et à décharge. Le président de la chambre de première instance II n'a cessé de le répéter.[655]

Des explications et de l'illustration qui viennent d'être données, il faut retenir que pour donner plein effet au principe de l'oralité, il est interdit de faire rafraîchir directement la mémoire du témoin en lui présentant, sans questions préalables, un document écrit que l'on veut verser au dossier. Le bien fondé de cette règle s'est également étalé lors de la déposition du témoin-accusé GK. En effet, à un moment donné de son interrogatoire principal, le conseil prestant a voulu présenter à ce témoin le document portant le numéro ERN : DRC-0029-109 qui n'avait pas encore été versé au dossier et n'avait donc pas encore reçu une cote EVD. Le procureur s'est levé pour formuler une objection, arguant précisément qu'avant de montrer au témoin ce document qui n'émanait pas de lui, le conseil devait d'abord lui poser des questions en se référant au contenu dudit document. La chambre a accueilli favorablement cette objection et a demandé au conseil de commencer par des questions préalables avant l'étape de la présentation de la pièce au témoin. Il s'est fait qu'à la toute première question, tirée d'un élément de l'en-tête de cette pièce, celle de savoir si le témoin connaissait le « mouvement de libération Lendu », le témoin a répondu par la négative. Ce qui présupposait qu'il ne pouvait pas connaître le contenu de ce document établi par ce prétendu mouvement. Cette réponse négative a stoppé net l'interrogatoire sur ce document qui n'a donc pas pu ni être présenté au témoin, encore moins être versé au dossier. Suivons ce cas intéressant :

> « [Me HOOPER] Q. Je voudrais revenir au sujet... des FRPI-FNI, ces deux organisations. Avant d'en arriver là, je voudrais vous poser la question de savoir si vous avez jamais entendu parler du FREL ou du FREC. Est-ce que vous avez entendu parler de l'une ou l'autre de ces organisations ? R. L'appellation de Frel, Frec, ... je dirais que j'ai déjà entendu peut-être Frec... Forces de résistance contre l'extermination... des Congolais. Des choses pareilles, je l'ai déjà entendu. Q. Est-ce que vous savez en quoi elles consistaient ? Quand est-ce qu'elles ont existé et quels en étaient les membres ? R. Ce qui m'a ouvert même le cerveau, c'est quand j'ai... sur le sceau de la lettre qui a été amenée à Beni, sur cette lettre, c'est ce qui a fait que je sache qu'il y avait... une organisation... de la manière, mais je ne savais pas... je ne savais pas avec exactitude qu'est-ce que ça signifie. Mais il y a des choses comme Frec qui... j'ai déjà écouté ça.
>
> Me HOOPER... : Je voudrais qu'on vous présente un document qui porte la cote DRC-0029-109. C'est le numéro qui figure sur le document, mais ça ne correspond pas à un numéro approprié...
>
> Me HOOPER... : J'ai une version papier.

---

[655] *Idem*, p. 28, L3 à 6 : « M. LE JUGE PRÉSIDENT COTTE : Alors, nous allons donner un numéro EVD, qui ne préjuge, vous le savez, mais je le répète, absolument pas, à ce stade de la procédure et de nos débats, de la valeur, du poids probatoire que nous lui accorderons le moment venu. »

M. LE JUGE PRÉSIDENT COTTE : Ça y est. Merci. On me l'a très obligeamment remise. Alors, expliquez-nous d'abord, avant que M. le Procureur ne se lève pour formuler son éventuelle objection, expliquez-nous d'abord quel est ce document, d'où vient ce document, dans quelle mesure est-ce que notre accusé témoin est en mesure de le commenter ? Nous vous écoutons, Maître Hooper, avant de le produire.
Me HOOPER... : Oui, très certainement, Monsieur le Président. Dans une certaine mesure, je pourrais dire qu'il ne m'est pas nécessaire strictement de présenter ce document à ce témoin. Son importance, en tant que document, c'est qu'il devrait être perçu et vu par la Chambre, dans la mesure où on peut voir la référence qui est faite au deuxième nom... plutôt, la deuxième ligne sur la gauche, où on fait référence...
M. MacDONALD... : Objection. Alors, c'est ça...
M. LE JUGE PRÉSIDENT COTTE : Alors, Monsieur le Procureur, expliquez-vous.
M. MacDONALD : Alors, mon collègue peut poser des questions, sans montrer le document, pour qu'on avance, et que la Chambre puisse déterminer si le témoin, l'accusé, peut témoigner sur... ce document. La singularité, comme vous l'avez mentionnée, Monsieur le Président, c'est clair que M. Katanga a eu accès à toute la documentation. L'autre singularité c'est qu'il n'a pu se retirer de la salle d'audience pour commenter les documents - autre singularité. Raison de plus pour mon collègue, Me Hooper, de faire beaucoup plus attention lorsqu'il intervient, se lève, pendant que M. Katanga est présent et écoute la conversation d'ordre juridique qui se tient. Alors, sur ce document qui n'émane pas du témoin, qui n'a aucune information qu'il aurait été intimé, ou quoi que ce soit, mon collègue peut poser des questions, certes, en se référant au contenu du document, s'il y a lieu, mais sans le montrer au témoin. Et l'étape ultime sera de lui montrer, s'il l'a déjà vu. Ça, on n' pas de problème avec ça, mais il y a des étapes préliminaires, et c'est la même procédure, Monsieur le Président, que toute procédure qu'on a adoptée pour tout autre témoin. Ce n'est rien de nouveau. Et si mon collègue place des documents devant cette Chambre, simplement pour que la Chambre puisse les voir, ça s'appelle une *bar table motion*. C'est... c'est clair.
M. LE JUGE PRÉSIDENT COTTE : Merci. Alors, je pense que nous parlons tous le même langage, car, sauf erreur de ma part, ce que j'ai tenu comme propos il y a un bref instant allait précisément dans ce sens-là. Maître Hooper, dans un premier temps, si vous l'estimez nécessaire, posez des questions à partir du contenu de ce document, et puis, nous apprécierons en cours de route s'il est opportun et possible de le présenter au témoin. Vous avez la parole.
Me HOOPER... : Très bien. Pourrais-je dire que la manière dont je comprends la provenance, c'est que c'était la même source... que la lettre sur le savon, que nous avons reçue, qui a été donc admise. Et... il semble que l'approche du Procureur ne soit pas cohérente. En fait, l'utilisation de ce document est plutôt limitée, quoi qu'il en soit. C'est-à-dire l'existence d'un groupe qui s'appellerait, et cetera, et cetera, cette question pourrait être posée au témoin, sans qu'on ait à lui présenter un document en tant que tel. Je ne fais pas d'objection à suivre cette voie-là. Les détails du document ne me préoccupent pas vraiment. Mais du point de vue de la Chambre, pour que la Chambre puisse faire une évaluation, pour pouvoir déterminer l'existence de ce document et l'existence des noms... et... ce

qui est important pour la Défense, c'est la conjonction *(phon.)* qui est faite entre ce nom-là et la date qui figure sur ce document, que vous pouvez voir en haut à droite de la page. Donc, il y a un jour ou deux, ce document a été ajouté à notre dernière liste de documents de *bar table motion, ou documents de Chambre*. C'est une voie qui se justifie pour présenter ce document. Et je pense qu'en toute équité également pour le Procureur, si nous faisons valoir ce point-là, il faudrait alors le dire carrément au témoin, et si le Procureur voulait soulever des questions sur ce document, à ce moment-là, ça sera l'occasion pour l'Accusation de le faire, dans le cadre du contre-interrogatoire de M. Katanga, mais pas à travers des commentaires qui sont faits ultérieurement. Donc, je m'en remets à la Chambre par rapport à ce document. S'il y a des points... sur lesquels le Procureur voudrait intervenir, alors, il leur reviendra à eux de produire ce document et de le présenter au témoin. En ayant cela à l'esprit, ce que je suggérerais que nous fassions maintenant, c'est de produire ce document maintenant. Et je constate également que cela... constitue également... une *bar table motion*, donc, de demander essentiellement à M. Katanga si...

M. LE JUGE PRÉSIDENT COTTE : Maître Hooper. Maître Hooper.

Me HOOPER... : Oui, Monsieur le Président.

M. LE JUGE PRÉSIDENT COTTE : Pourquoi ne procédez-vous pas comme vous venez de l'évoquer il y a un instant, en posant au témoin accusé, dont nous mesurons qu'il est apte à cerner un certain nombre de situations, de noms d'organismes, et cetera, pourquoi ne lui posez-vous pas tout simplement la question de savoir s'il connaît le groupement dont le nom figure en haut à gauche de ce document. M. Katanga nous dira ce qu'il en pense, et s'il connaît ce groupement ou non. Et en fonction de sa réponse, peut-être pourrez-vous lui poser d'autres questions, permettant de mieux situer dans le temps l'existence de ce groupement. Vous pourriez commencer par cela, si vous le voulez bien. Mais c'est à vous d'apprécier.

Me HOOPER... : Je vous remercie, Monsieur le Président. Je vais m'engager sur cette voie. Q. Monsieur Katanga, avez-vous jamais entendu parler d'un groupe, en fait ? Avant de venir à La Haye, ici, avez-vous entendu parler d'un groupe qu'on appelle Mouvement de libération lendu ?

LE TÉMOIN : R. Jamais.

Q. Savez-vous si Cobra... Enfin, je vais formuler ma question de cette façon. Avant votre arrivée à La Haye, est-ce que vous avez jamais entendu parler d'une association de Cobra Matata, qui porterait un nom de ce type - l'association de-Cobra Matata -, un groupe qui porterait un tel nom ?

R. Non.

M. LE JUGE PRÉSIDENT COTTE : Q. Même si, en réalité, il s'agit non pas de groupement mais de Mouvement de libération lendu. Il est important que les mots soient très précisément indiqués au témoin pour qu'il ne... Mouvement de libération lendu. Vous répondez non ?

LE TÉMOIN : R. Monsieur le Président, peut-être que je suis en train de faire des confusions, mais je sais que c'est le Mouvement de libération des Lendu. Si... selon ce que David a lu, je dis non.

M. LE JUGE PRÉSIDENT COTTE : C'était un souci de précision. »[656] …

Avec cette réponse négative du témoin, le conseil ne pouvait plus poursuivre son interrogatoire sur ce document parlant du mouvement de libération lendu, inconnu du témoin. Cette pièce a donc été abandonnée.

Un débat a également été engagé devant la chambre de première instance V(A) lors de l'interrogatoire principal du témoin KEN-OTP-P-0536, cité par le procureur dans l'affaire Ruto-Sang. Alors que le questionnant se lançait dans la présentation d'un document audit témoin, le conseil de la défense est intervenu pour rappeler la nécessité des questions préalables. Ce qui a suscité ces échanges :

« [M. STEYNBERG] Q. Pour vous aider dans votre récit, je vais vous montrer un document… Puis-je demander au greffier d'audience de bien vouloir mettre à disposition, à l'écran devant le témoin, le document (Expurgée)?

Me KHAN QC… : Monsieur le Président, puis-je demander… à mon contradicteur de nous préciser si, d'abord, il a posé suffisamment de questions, qu'il a donné suffisamment d'informations avant de demander la mise à disposition du document ?

M. LE JUGE PRÉSIDENT EBOE-OSUJI… : Je pense qu'on peut lui laisser le soin de faire cela.

Me KHAN QC… : Si je soulève la question, c'est que je ne souhaite pas que l'on pose des questions suggestives qui peuvent prendre différentes formes, mais je n'en dirai pas plus, Monsieur le Président.

M. STEYNBERG… : Je crois que le document apparaît à l'écran devant vous maintenant, n'est-ce pas ?...

R. Parmi les jeunes, j'ai remarqué il y avait également Chamalan, Bor (phon.) et Emmanuel, et d'autres personnes dont je ne me rappelle plus les noms. Kemei, également.

Me KHAN QC… : Monsieur le Président, puis-je faire inscrire au procès-verbal que nous avons une préoccupation ? Normalement, il faut essayer d'obtenir des informations de la part du témoin concernant ses souvenirs et, par la suite, lui présenter un document, plutôt que de faire l'inverse, c'est-à-dire lui présenter un document pour obtenir des informations qui n'ont pas été sollicitées en prétoire. C'est pour ça que j'ai dit tout à l'heure que les questions peuvent être suggestives et qu'elles peuvent prendre différentes formes.

M. STEYNBERG… : Merci, Monsieur le Président. Je prends acte de l'intervention de mon contradicteur. C'est pourquoi j'ai préféré poser des informations préalables avant de… présenter des informations préalables avant de poser la question.

Q. Madame le témoin, pouvez-vous décrire à la Chambre (Expurgée)…

Me KHAN QC… : Je suis désolé… d'interrompre à nouveau, le document apparaît déjà à l'écran. Pardon, pardon.

---

[656] CPI, Situation en République démocratique du Congo, *Affaire le Procureur c. Germain Katanga et Mathieu Ngudjolo*, ICC-01/04-01/07, Chambre de 1ère instance II, Transcription de l'audience du 4 octobre 2011, ICC-01/04-01/07-T-316-FRA CT WT, de la p. 41, L3 à la p. 46, L18.

M. LE JUGE PRÉSIDENT EBOE-OSUJI… : Un instant.
Me KHAN QC… : Je vous prie de m'excuser, j'avais enlevé mon écouteur. Monsieur le Président, le document apparaît déjà à l'écran. Or, mon contradicteur n'a pas fait ce qu'il devait faire, à moins que j'aie mal compris. Pour la première fois, ces noms sont mentionnés, et c'est seulement après avoir mis à disposition le document devant le témoin. Or, tout conseil, d'expérience, sait qu'il faut d'abord obtenir des informations en prétoire… et après cela, présenter un document qui peut être en concordance avec les propos du témoin ou pas. Normalement, c'est au témoin de dessiner un croquis, puis c'est aux parties de déterminer s'il y a eu une incohérence ou incongruité. Ce que mon contradicteur a fait est préjudiciable, n'est pas correct, et à notre avis, devrait être inadmissible. Monsieur le Président, même les détails, … la façon dont… les personnes étaient… les invités étaient assis, toutes ces informations n'ont pas été obtenues. On pose la question, mais après coup. Alors, je demande à mon contradicteur de garder à l'esprit les préoccupations de la Défense et qu'il se comporte en conséquence, avant que nous ne subissions un préjudice supplémentaire.
M. LE JUGE PRÉSIDENT EBOE-OSUJI… : Ne s'agit-il pas simplement de poser des questions préliminaires avant de présenter le document ?
Me KHAN QC… : Tout à fait, Monsieur le Président. Il ne s'agit pas simplement de présenter… de poser des questions préliminaires, d'abord, même en posant des questions préliminaires, … le conseil… le contradicteur ne peut pas poser des questions, puis lui mettre sous les yeux toute une série de documents pour dire “Oui, c'est tout à fait exact.“ Le conseil, en principe, pose des questions, puis si c'est pertinent, lui présente des documents tout en posant des questions préliminaires. Le document ne peut pas se substituer à une déposition orale. Sans cela, … la Chambre est… handicapée et paralysée, parce que ce que l'on est en train de présenter à la Cour, ce sont des déclarations préparées précédemment, ce ne sont pas les souvenirs du témoin. C'est ce qui nous préoccupe. C'est pourquoi, devant toute juridiction, cette préoccupation est prise en compte, car cela touche les allégations factuelles et la crédibilité, voire la véracité… des propos du témoin. Et tout cela mérite une attention particulière. L'Accusation a, de son propre aveu, dit que c'est une déposition très importante, et il est important que les éléments de preuve soient obtenus de manière correcte.
M. LE JUGE PRÉSIDENT EBOE-OSUJI… : Monsieur Steynberg.
M. STEYNBERG… : Je prends effectivement acte des admonestations de mon contradicteur, et je ferai de mon mieux pour suivre ses suggestions à l'avenir. Je dois évidemment ajouter que le document qui est devant le témoin… Enfin, permettez-moi de présenter des informations préliminaires concernant ce document avant de poser des questions.
M. LE JUGE PRÉSIDENT EBOE-OSUJI… : Je pense que ça serait la façon correcte de procéder, commencer par les questions préliminaires, et après cela, nous verrons si le document en question, qui fait l'objet de questions, se rapporte à des déclarations antérieures et si cela concorde également avec la déposition. »[657]

---

[657] CPI, Situation en République du Kenya, *Affaire le Procureur c. William Samoei Ruto et Joshua Arap Sang,* ICC-01/09-01/11, Chambre de 1ère instance V(A),

Il convient de relever le cas particulier de la présentation d'un document déjà versé au dossier à un accusé témoignant pour sa propre cause, sous serment. En effet, pour certains documents qui avaient été discutés lors des dépositions des témoins précédents et versés au dossier en présence des accusés, il apparaît logiquement superfétatoire de suivre rigoureusement la procédure de questions préalables et de dénoncer un rafraîchissement de mémoire. Car, le témoin-accusé présente cette particularité de connaître les pièces admises au dossier pour avoir été présent à l'audience lorsque celles-ci avaient été débattues. Cette singularité de la situation du témoin-accusé justifie que l'on fasse intelligemment l'économie de certaines questions préalables au regard des pièces déjà débattues et versées au dossier et ayant donc déjà obtenu un numéro EVD. Cela a été souligné à l'audience de la chambre de première instance II du 4 octobre 2011, au cours de la déposition du témoin-accusé GK.

« Me HOOPER... : Je voudrais que l'on nous présente un document public qui porte la cote EVD-D02-0063, qui est le manifeste de la résistance... de la FRPI, un document que nous connaissons tous. J'ai par-devers moi une version papier. *(Le greffier d'audience s'exécute)*

Mme LA GREFFIÈRE : Ce document peut être visionné sur « PC 1 ».

M. LE JUGE PRÉSIDENT COTTE : Merci, Madame.

Me HOOPER... : J'ai une version papier pour vous. Je crois que cela va faciliter les choses, et ça sera plus rapide. *(L'huissier d'audience s'exécute)* C'est un document qui n'est pas annoté, bien sûr. Q. Je voudrais, en guise de rappel, vous donner le contexte de ce document. Il s'agit donc d'un document de la FRPI. Et on peut le voir sur la couverture, c'est un document qui a été créé en janvier 2003 et porte le titre « Manifeste de la résistance ». C'est un document en français. Il y a donc un préambule à ce document, qui fait un rappel historique. Et sur la colonne 2, on parle... d'autodéfense, avec différents noms... Et... parmi ces noms énumérés on voit FAP, BOB... OB *(phon.)*. Je vais m'arrêter là. Est-ce que vous avez jamais entendu parler du FAP-Forces d'autodéfense populaires ?

LE TÉMOIN : R. Non.

Q. FAP. Et BOB - Bureau d'organisation bale ; est-ce que vous avez jamais entendu parler de cela ? R. Non.

Q. Vous savez où se trouve Bale ou qu'est-ce que c'est ? R. « Bale » ... c'est pour dire « lendu » tout simplement.

Q. Nous avons force d'autodéfense lendu... bale...

M. MacDONALD : Je m'excuse, mais est-ce que le témoin a dit ou mentionné avoir déjà vu ce document pendant qu'on est en train de rentrer dans son contenu et passer chacune des étapes ? On ne peut pas utiliser un document pour rafraîchir la mémoire du témoin et qu'on lui pose des questions. Mais là, il a le document entre les mains, il regarde page par page. On ne sait pas s'il l'a déjà vu, où est-ce qu'il l'a déjà vu, est-ce qu'il a vu son contenu, ainsi de suite. C'est des

---

Transcription de l'audience du 20 septembre 2013, ICC-01/09-01/11-T-34-Red2-FRA WT, p. 44, L16 à p. 47, L16.

questions préliminaires qui doivent être posées avant que le témoin puisse avoir un document entre les mains. Je vous soumets respectueusement, tel que la procédure toujours a déroulé [sic !] pour tous les témoins ; c'est rien de nouveau.

M. LE JUGE PRÉSIDENT COTTE : Monsieur le Procureur, Monsieur le Procureur, nous nous devons... de respecter très attentivement la procédure chaque fois qu'il s'agit de documents qui font irruption pour la première fois dans nos débats. *Mais vous avez vous-même, il y a un instant, souligné la singularité de la situation, aujourd'hui, de Germain Katanga, dans quelques jours, de M. Mathieu Ngudjolo, qui sont des accusés qui témoignent. Or, un certain nombre de documents dont il va être question sont des documents qui ont été présentés, au cours d'audiences, à des témoins, audiences auxquelles assistaient M. Katanga et M. Mathieu Ngudjolo. Donc, ce souci que vous manifestez de ne pas leur permettre de se rafraîchir la mémoire est tout à fait légitime, mais il est incontestablement limité par leur double qualité et par la singularité que vous évoquiez tout à l'heure*, ce qui fait qu'obtenir des accusés, aujourd'hui de M. Katanga, des précisions sur ce type de documents, entre manifestement dans la conduite de leur défense. Nous verrons ce que M. Katanga est en mesure de répondre, mais nous ne pouvons pas calquer intégralement la déposition d'accusés en qualité de témoins sur la déposition de témoins venant de loin et repartant aussitôt après dans leur pays d'origine. Nous avons vraiment le souci, Monsieur le Procureur, de veiller à ce que la procédure soit équitable, mais nous sommes en présence... d'accusés témoignant. Et le document dont il est question aujourd'hui est un document dont il a été souvent déjà fait état au cours de nos débats. Je crois qu'il faut en avoir pleine conscience.

M. MacDONALD : Certainement, Monsieur le Président. Là... - et je comprends la position de la Chambre, certes - vous avez remarqué qu'il n'y avait aucune objection de notre part à ce que le document puisse être présenté. Mais avant de se faire, malgré le fait que M. l'accusé était en salle d'audience lorsque le document était commenté, je crois qu'il serait important, malgré tout, qu'on pose des questions préliminaires - dans un premier temps « Avez-vous déjà vu ce document » ? « Est-ce que vous en avez pris connaissance, avant même le dossier ? », tel que mon collègue le fait pour d'autres documents. Je pense que ça serait une étape préliminaire importante pour que la Chambre comprenne et évalue ultérieurement la crédibilité du témoin sur ces faits-là.

M. LE JUGE PRÉSIDENT COTTE : Bon, Monsieur le Procureur... Une seconde, Maître Hooper. *Nous avons, une nouvelle fois, le souci de voir les choses se dérouler dans les meilleurs - comment dire - le meilleur respect des règles procédurales, mais il faut que vous mesuriez ce que peut avoir d'artificiel certaines questions dont on peut déjà présumer la réponse.* Me Hooper et, antérieurement, Me Kilenda ou le Pr Fofé seront attentifs à ce que ce type de documents soit précédé d'une ou deux questions permettant de bien les recadrer. Mais, en même temps, nous avons tous le souci d'avancer, et nous avançons de manière fort intéressante. Maître Hooper, vous allez donc poursuivre. Nous avons bien compris, Monsieur le Procureur, ce que vous vouliez nous transmettre comme message. Et je suis persuadé que les équipes de défense vont tout faire pour, justement, éviter que vous ne vous leviez pour faire des rappels de cette nature. Maître Kilenda.

Me KILENDA : Très brièvement, Monsieur le Président. Je sais que tout le monde ici présent a [le] souci de l'équité de la procédure, mais je pense sincèrement qu'il y a des questions qui n'en valent pas la peine. Pourquoi ? Parce que la plupart de ces documents ont été divulgués. Et quand les documents ont été divulgués, il va de soi que les accusés puissent en prendre connaissance. Donc, ça ne servirait à rien de revenir encore ici commencer à poser ce genre de questions qui, à l'évidence - en tout cas, c'est mon point de vue - paraissent chronophages. Je crois que Me Hooper est sur la bonne ligne ; il peut continuer sans que les débats puissent être hachés. Ces documents ont été vus par nos clients. En tout cas, s'agissant de tous les documents qui ont reçu un numéro EVD ici à l'audience, eh bien, ce sont des documents qui sont connus de tous nos clients.

M. LE JUGE PRÉSIDENT COTTE : Alors, je vois que nous sommes tous - merci, Maître Kilenda - sur la même longueur d'ondes et que M. le Procureur souhaitait ajouter un surcroît de précaution. Nous avançons, Maître Hooper, s'il vous plaît, et nous n'allons pas compliquer outrageusement les choses lorsqu'il s'agit de documents effectivement déjà attributaires d'un numéro EVD. Allez, reprenons nos débats. Plus exactement, poursuivons nos débats. Ceci dit, il y a aussi une manière d'introduire le document qui est de poser la question de savoir quand le témoin l'a vu pour la première fois, ce qui permet à la fois de situer sa connaissance dans le temps et d'apprendre peut-être, au passage, qu'il le connaissait fort bien avant que ne commencent nos débats. »[658]

Nous avons mis en évidence, en italique, les mots du juge président qui soulignent la singularité de la situation des témoins-accusés et la nécessité d'y adapter la règle interdisant la présentation directe d'un document au témoin afin d'éviter de lui rafraîchir la mémoire avant qu'il ne réponde aux questions qui lui sont posées ; concrètement, afin d'éviter d'influencer à l'avance ses réponses. La même souplesse a été adoptée le 11 octobre 2011.[659]

La chambre peut même aller plus loin et décider d'office que certains documents utilisés au cours de l'interrogatoire principal du témoin-accusé soient versés au dossier sans le truchement de ce témoin, par *Bar Table Motion*. C'est la solution adoptée à l'audience du 27 octobre 2011 pour l'admission des attestations scolaires de MN, étant entendu que celui-ci en avait parlé au cours de sa déposition, que ces attestations ne pouvaient pas être assimilées à des déclarations et que la chambre se prononcerait ultérieurement sur leur valeur probante. Voici l'extrait pertinent :

« R. Oui, Maître. Oui, j'ai une attestation de fréquentation.

---

[658] Transcription ICC-01/04-01/07-T-316-FRA CT WT 04-10-2011, de la p. 48, L9 à la p. 51, L28.

[659] Transcription ICC-01/04-01/07-T-320-FRA CT WT 11-10-2011, de la p. 9, L23 à la p. 11, L6.

Q. Qui a délivré cette attestation de fréquentation ? R. C'est le préfet des études qui me l'avait donnée. Si vous souhaitez que… je le nomme, il s'appelle Charité Luze *(phon.)* Fiba *(phon.)*.

Me KILENDA : Avec votre autorisation, Monsieur le Président, je voudrais faire venir la pièce DRC-D03-0001-0686.

M. LE JUGE PRÉSIDENT COTTE : Madame le greffier.

M. MacDONALD : J'ai une objection, Monsieur le Président.

M. LE JUGE PRÉSIDENT COTTE : Oui, Monsieur le Procureur. Alors, expliquez-nous en quoi cette pièce vous pose problème.

M. MacDONALD : Si vous me donnez deux petites secondes pour que je prenne la pièce. Mais je rappelle à mon collègue, et à… la Chambre, que nous avons des objections, et qu'avant d'appeler des pièces, il faudrait pouvoir débattre de celles-ci avant que les pièces soient montrées à M. l'accusé. Je vous soumets que ce document, tel qu'on l'a mentionné, date du 19 mai 2011. Alors, donc, dans les circonstances telles que pour des témoins qui ont été présentés par l'équipe Kilenda, je pense, entre autres, … au témoin D-0055, où il a été question d'attestation. Ici, nous n'avons pas la personne qui a effectivement préparé ce document. Tout ce qu'on a, c'est le document en question. Et il a été démontré, donc, également, lors du témoignage du témoin de la Défense, que des archives étaient détruites, n'y apparaissaient pas, et que là, à ce moment-là, on faisait des attestations sur la foi d'informations qui étaient non vérifiables. Alors, c'est dans ce sens-là, Monsieur le Président, que pour toute la question des attestations à venir, autre… la précédente, celle qui a reçu un EVD, nous avons des objections. Alors, … que ce soit 10, 11, 12, 14, 15 et 16 de la liste des documents, nous avons ces objections. Je vous remercie.

M. LE JUGE PRÉSIDENT COTTE : Merci, Monsieur le Procureur. En ce qui concerne donc, effectivement, le précédent document, il ne faisait pas l'objet d'objection, ce qui fait qu'il a été présenté d'emblée. Ce document-là fait l'objet d'une objection, ainsi que d'autres attestations. Il n'a pas encore été porté à l'écran. Ceci étant dit, la Chambre note qu'avant que ce document soit appelé par Me Kilenda, Mathieu Ngudjolo, répondant à ses questions, a déroulé le fil de ses études médicales ou paramédicales. Et il a indiqué, il y a quelques instants, qu'il avait donc suivi, à l'institut dont il est question, une formation sur une assez longue durée qu'il a fixée entre 1999 et 2002… Donc, la Chambre constate qu'avant même que le document soit présenté, le témoin apportait une précision sur la durée de ses études. *La Chambre ne voit aucune objection, en ce qui la concerne, à ce que ce document puisse entrer en procédure, sans le truchement du témoin.* C'est un document que Me Kilenda va nous présenter, et qu'il va présenter à chacun… Il s'agit de simples attestations - celles-ci comme celles qui suivent -, sur la valeur probante desquelles nous nous interrogerons plus tard. Elles ne peuvent en aucun cas, ces attestations, être assimilées à des déclarations. Nous sommes en train, simplement, de mieux comprendre ce qu'a été le parcours personnel, scolaire, étudiant… de M. Ngudjolo. Donc, Maître Kilenda, vous poursuivez, s'il vous plaît. Et, Madame le greffier, nous présentons ce document sur l'écran.

Me KILENDA : Merci, Monsieur le Président. Après vous avoir entendu, en principe, je ne dois rien ajouter, mais souffrez que j'ajoute quand même quelque chose. Vous vous rappellerez que le 14 septembre, vous nous avez demandé de présenter un document plus explicite encore - je reprends vos propres termes - détaillant les sujets sur lesquels allait porter l'interrogatoire de M. Mathieu Ngudjolo. Et nous avons produit une écriture 3174 qui indiquait tous les sujets qui allaient être soumis à M. Mathieu Ngudjolo lors de son interrogatoire. Et vous constaterez qu'aux points 5 et 6, il est question du cursus scolaire et du parcours professionnel de M. Mathieu Ngudjolo. Je voudrais ajouter que toutes les pièces que nous entendons utiliser au cours de cet interrogatoire ont trait aux sujets qui seront débattus. Donc, nous ne voyons pas, nous aussi, pour quelle raison le Procureur devrait formuler des objections. Mais c'est de bonne guerre. Merci, Monsieur le Président. Je sollicite qu'un numéro, si le document est déjà affiché...

M. LE JUGE PRÉSIDENT COTTE : Alors, vous n'avez pas encore... vous n'avez pas encore questionné, si tant est que vous souhaitiez le faire, le témoin sur ce document. Il n'est pas encore apparu à l'écran. Il est en train d'apparaître à l'écran. Sur un plan plus général, M. le Procureur est libre de présenter les objections qu'il souhaite, et nous les examinerons et nous veillerons simplement à ce que les documents faisant l'objet d'objections ne soient pas affichés avant que l'objection ait pu être développée. Mais en ce qui concerne les attestations liées à ce cursus scolaire et universitaire, nous partons de l'idée que vous pouvez les présenter. Alors, donc, le document est maintenant sur écran. Non, il va l'être, le temps que chacun le visionne, pour ceux qui ne l'ont pas en version papier.

Me KILENDA : Le document est public, excusez-moi.

Mme LA GREFFIÈRE : Le document est maintenant à l'écran.

M. LE JUGE PRÉSIDENT COTTE : Voilà. Merci. Ce document vient donc confirmer les propos qu'avait préalablement tenus M. Ngudjolo. Donc, Maître Kilenda, vous souhaitez un numéro EVD ?

M. MacDONALD : Juste une objection, Monsieur le Président.

M. LE JUGE PRÉSIDENT COTTE : Oui.

M. MacDONALD : Parce qu'on est en train de créer... Je comprends que c'est sur un domaine dont l'intérêt est mineur, soit, mais l'Accusation pense au précédent que ceci peut entraîner. M. Ngudjolo est en prison, en date du 19 mai 2011. Alors, on veut introduire des documents via ce témoin-là alors que M. Ngudjolo ne peut aucunement attester de ce document. Je comprends que c'est un point mineur, Monsieur le Président, sur un sujet...

M. LE JUGE PRÉSIDENT COTTE : Non, ce n'est pas un point mineur. Je comprends tout à fait ce que vous voulez dire. Peut-être y a-t-il une confusion dans la façon dont les choses se déroulent, *mais je viens de dire que la Chambre considérait que ce document pouvait être introduit sans le truchement du témoin*. Simplement, nous sommes à l'audience, le témoin vient de nous dire qu'il avait étudié entre telle date et telle date. Le document pourrait être introduit tel quel, sans même qu'il ait besoin de le visionner. Comme nous sommes en train de parcourir avec lui ce parcours scolaire, j'ai souhaité simplement que pour ceux qui n'ont pas le document sous les yeux, ils puissent le voir. Le hasard fait que Mathieu Ngudjolo, ayant l'écran sous les yeux, le voit également. Nous avons simplement, dans ce document, une attestation selon laquelle M. Ngudjolo a bien - c'est une attestation en date de 2011, nous sommes d'accord, 19 mai 2011 - ... a bien fréquenté l'institut universitaire de Bunia pendant la période dont il nous a parlé tout à l'heure - option infirmier polyvalent. Nous en sommes là. Et Mme le greffier va donner un numéro EVD à ce document, et nous poursuivrons. Allez.

Mme LA GREFFIÈRE : Merci, Monsieur le Président. Le document DRC-D03-0001-0686 portera la cote EVD-D03-00107, et sera enregistré comme un document public... »[660]

On voit ainsi que la chambre a décidé du versement au dossier de ces pièces par *BTM* certes pour faire l'économie des débats, mais sans doute aussi parce que, sans en préjuger le poids probant au regard des faits de la saisine, ces attestations étaient pertinentes en ce qu'elles appuyaient les déclarations du témoin-accusé sur son cursus scolaire.

Section 7 - *Septième règle* : Nécessité de la pertinence des documents sélectionnés au regard de l'élucidation de l'affaire

Ne peuvent être admis au dossier que des documents qui permettent aux juges d'avoir plus de lumière sur les faits de la saisine ou sur son contexte et d'avancer vers la découverte de la vérité. Certains documents peuvent légitimement soulever des objections de la ou des parties adverses quant à leur pertinence. Il appartient à la Chambre de trancher.

Une telle discussion est survenue, par exemple, lors de la déposition du témoin du procureur P-030. Les équipes de défense ont excipé de l'absence de pertinence de certains extraits vidéo sélectionnés par le procureur. Il en a été ainsi notamment des extraits numéros 1, 4, 23 et 25 contre lesquels les conseils de la défense ont développé essentiellement deux arguments :

- absence de lien avec les faits de la saisine, les images contenues dans ces extraits se rapportant à des évènements autres que ceux de Bogoro du 24 février 2003 ;
- atteinte à l'équité de la procédure due, d'une part au caractère choquant desdites images, d'autre part à l'impossibilité pour la défense de contre-interroger les personnes qui s'expriment dans ces extraits.

Ecoutons l'argumentation des conseils, après que le président de la chambre ait rappelé les extraits litigieux pour recentrer les débats :

« M. LE JUGE PRÉSIDENT : ... Pendant que vous préparez donc la liste des 17 extraits auxquels vous songez, la Chambre continue les constats auxquels elle s'est livrée. Elle a noté, donc, qu'en définitive la Défense de Germain Katanga conteste 24 extraits sur 29, que la Défense de Mathieu Ngudjolo conteste 15 extraits sur 29. La Chambre a également noté que 13 extraits sont contestés par

[660] Transcription ICC-01/04-01/07-T-327-FRA CT2 WT 27-10-2011, de la p. 17, L8 à la p. 21, L4.

chacune des deux équipes. Il y a 13 contestations communes, en quelque sorte, qui portent sur les extraits n° 2, 3, 4, 9, 10, 11, 12, 13, 15, 19, 20, 23 et 25. »[661]... « Merci, Madame le Procureur. Vous avez raison : en termes de méthode, effectivement, les vidéos n° 10, 11 et 12 sur lesquelles vient de s'exprimer Me O'Shea ou sur « laquelle » il est en train de s'exprimer ne figurent pas dans les 17 extraits que l'Accusation se propose de présenter dans un premier temps, les 12 autres n'étant que subsidiaires ou, en tout cas, la décision de les présenter demeurant, si nous l'avons bien compris, réservée. Si nous pouvons donc, Maître O'Shea, expliciter le fondement de vos objections essentiellement à l'égard des 17 extraits qui sont donc mentionnés dans le courriel que nous avons reçu aujourd'hui à 15h11, à l'exception, bien sûr, de 28 et 29 qui apparemment ne font pas l'objet d'objection de votre part. Nous vous écoutons.
Me O'SHEA... : Je suis désolé, effectivement. L'extrait 23 : ici, nous avons une image qui concerne des femmes qui pleurent ; ensuite, nous voyons des cadavres, et il y a une dame qui relate des faits, notamment ce qui lui est advenu, et elle parle du fait qu'on lui a demandé... de se dévêtir, quel était son groupe ethnique, et les gens ont forcé sa maison... l'entrée de sa maison. Encore une fois, c'est un exemple d'une vidéo qui a un impact... une vidéo qui choque, donc vidéo qui... porte à la fois sur... un témoin des crimes qui dépose donc sur les faits, et cela n'est pas conforme avec la règle 68 et n'est pas conforme... aux besoins d'assurer une certaine équité. Alors, à moins qu'il y ait une exception, ... cette personne devrait pouvoir venir déposer. Extrait 25 : encore une fois, donc, il y a une voix... qui parle sur la nature de l'attaque, et on voit des images de cadavres, y compris des enfants dans la rue. Et encore une fois, il y a... une opinion qui est donnée sur la cause de la blessure. Encore une fois, c'est une sorte de témoignage à travers des extraits vidéo, avec des scènes de cadavres sans que nous sachions, nous, si ces personnes... ont été, en fait, ciblées par un groupe particulier. Et nous soutenons que ces vidéos devraient être montrées en tenant compte du contexte, que ces vidéos ne portent pas sur Bogoro, mais cela porte sur une localité qui s'appelle Drodro et Bunia respectivement. Et cela sort du champ des charges... retenues par le Procureur devant cette Chambre. Donc, pour montrer ces vidéos choquantes, avec des témoignages que nous ne pouvons pas contester, qu'on ne peut pas éprouver, sur des batailles qui ne concernent pas celle qui nous concerne ici, nous estimons que cela n'est pas juste pour la Défense ; c'est ce que nous faisons valoir. Je vous remercie. Les autres objections pourront être abordées de la manière proposée par mon contradicteur, c'est-à-dire qu'on pourra affecter un numéro MFI aux extraits, puis la question de la recevabilité sera traitée plus tard, comme cela conviendra à la Chambre.
M. LE JUGE PRÉSIDENT COTTE : Merci, Maître O'Shea, ... pour ces développements. Maître Kilenda, Professeur Fofé, quel est celui de vous deux qui prend la parole ? C'est le Pr Fofé ? Nous vous écoutons, Professeur Fofé.
Pr FOFÉ : Merci beaucoup, Monsieur le Président, Honorables juges. Avant de passer en revue la première série d'extraits que se propose de présenter

[661] CPI, Situation en République démocratique du Congo, *Affaire le Procureur c. Germain Katanga et Mathieu Ngudjolo*, ICC-01/04-01/07, Chambre de 1ère instance II, Transcription de l'audience du 23 août 2010, ICC-01/04-01/07-T-175-Red-FRA WT, p. 13, L 15 à 22.

l'Accusation, je voudrais au préalable souligner ceci, Monsieur le Président, Honorables juges : les différents extraits que... nous contestons n'ont aucun rapport [avec] l'attaque de Bogoro du 24 février 2003. Ils rapportent des morts, des blessés de Bunia, de Fataki, de Katoto... »[662] ... « La Défense de Mathieu Ngudjolo fait également objection à la présentation de... l'extrait n° 23 qui présente une jeune fille racontant les circonstances de la mort de son frère. Je crois que Me O'Shea en a parlé également. À aucun moment cette jeune fille ne cite le nom ou l'origine des assaillants. Et ces faits n'ont aucun lien avec les événements de Bogoro du 24 février 2003. La Défense ne dispose d'aucun moyen pour contre-interroger cette personne qui parle. Il serait inéquitable de verser un tel élément dans le dossier et même de le visionner. En tout cas, cet élément ne présente aucune pertinence au regard des faits de Bogoro du 24 février 2003. En ce qui concerne l'extrait 25, cet extrait dure environ douze minutes, et le Procureur voudrait présenter les blessés et les morts survenus à Bunia dans la maison de Pelerin, le 13 mai 2003 - aucun rapport avec Bogoro. Voilà en ce qui concerne la première série d'extraits que voudrait utiliser Mme le Procureur. Il est bien évident que nous souhaiterions que les extraits qu'elle a laissés de côté soient laissés de côté définitivement. Dans tous les cas, nous serons prêts à élever et à soutenir une objection en ce qui concerne ces autres extraits. En conclusion, Monsieur le Président, Honorables juges, je voudrais souligner encore une fois que la Défense de Mathieu Ngudjolo s'oppose à la présentation de ces extraits car ils ne sont pas pertinents et sont de nature à causer inutilement un préjudice à l'accusé. La présentation des images de morts, de blessés de Bunia, de Fataki, de Katoto, n'est pas du tout nécessaire pour l'élucidation des faits de Bogoro. Et cette présentation n'a pour objectif que de susciter éventuellement l'émotion de la Chambre, pour essayer de l'incliner à adopter une mesure ou une attitude défavorable aux accusés. Les efforts du Procureur doivent tendre plutôt à démontrer la responsabilité des accusés dans cette attaque de Bogoro du 24 février 2003. Et pour ce faire, il n'est point besoin de créer des digressions qui n'ont pour effet que de consommer inutilement le temps judiciaire. Voilà, Monsieur le Président, Honorables juges, ce que la Défense de Mathieu Ngudjolo... tenait à dire à la Chambre en ce qui concerne la première série d'extraits proposés par l'Accusation. Je vous remercie.
M. LE JUGE PRÉSIDENT COTTE : Merci, Professeur Fofé... »[663]

Répondant à la défense, le procureur a soutenu que ces extraits étaient pertinents car :
- ils présentent le contexte général dans lequel se sont produits les faits de la saisine ;
- ils décrivent le modus operandi des acteurs ;
- ils montrent les images des crimes... Elle a ainsi argumenté :

---

[662] Transcription ICC-01/04-01/07-T-175-Red-FRA WT 23-08-2010, de la p. 35, L3 à la p. 37, L1.
[663] *Idem*, de la p. 39, L9 à la p. 40, L15.

« Mme LUPING… : Je serai brève, Monsieur le Président. Mon… ma prochaine observation concerne… des commentaires tenus par la Défense concernant un extrait qui montrerait une attaque contre des civils. D'abord, s'agissant du point… à savoir que cet extrait vidéo n'a pas de valeur ou de pertinence, je dirais que l'image se passe de tout commentaire en elle-même. Selon notre appréciation, il appartient à la Chambre… d'examiner cet extrait et de déterminer quel poids lui accorder. Et les conséquences que l'on pourrait tirer, par exemple, à savoir si une scène où l'on voit des blessés… constitue simplement des dégâts collatéraux, ou est-ce la preuve qu'on a attaqué… qu'on a ciblé des civils, quand on voit, par exemple, des attaques à la machette. Un exemple que je vous donnerai est le suivant : … il est tiré de l'extrait 26… non, pardon, l'extrait n° 25, où l'on peut voir un enfant à qui on a coupé les parties génitales. Et dans ce cas, on pourrait dire qu'il ne s'agit pas simplement d'un dégât collatéral, mais d'attaques ciblant directement les civils. Deuxièmement, s'agissant de la question des survivants à des attaques… que l'on entend sur les extraits, l'argument présenté par mon contradicteur est que la Défense devrait avoir accès à ces personnes à des fins de contre-interrogatoire, avant d'accorder une valeur à cet extrait. À cela nous disons que cet extrait n'a rien à voir avec la règle 68. Il ne s'agit pas d'un enregistrement préalable, c'est un témoignage qui s'apparente au ouï-dire ; c'est le récit… d'une autre personne, donc, relatée par notre témoin. Mais au lieu de recourir à une tierce partie, en l'espèce, il s'agit… d'un enregistrement audio et nous pouvons entendre nous-mêmes ce que… cette tierce partie a à dire au sujet de ce qui s'est passé. Et je rappelle à la Chambre la décision du 12 juillet relative à l'admissibilité du ouï-dire en tant qu'élément de preuve. Par conséquent, cet extrait devrait être admissible. Pour ce qui concerne l'argument voulant que seuls les extraits relatifs à l'attaque de Bogoro doivent être considérés comme pertinents, comme la Chambre elle-même et la Chambre de première instance I dans l'affaire Lubanga [l'ont] établi, les informations relatives à d'autres attaques perpétrées par le même groupe sont pertinentes pour ce qui est de déterminer… d'établir un contexte en ceci qu'elles démontrent quels sont les objectifs organisationnels du groupe concerné et le fait qu'on cible des civils hema, on établit également ainsi le modus operandi… l'utilisation de machettes sur des civils, par exemple. Cela montre qu'on cible de façon délibérée des civils. Par exemple, l'extrait 23… dans cet extrait, on entend des personnes relater la manière dont les assaillants recherchaient des civils hema. Dans l'extrait 25, on entend parler de façon explicite d'assaillants lendu. Je vous dirais donc que tout cela est pertinent. La Chambre doit entendre ce témoignage et ces extraits pour comprendre le contexte dans lequel [s'inscrivent] les éléments de preuve à charge qui pèsent sur l'accusé. Enfin, s'agissant toujours de ce genre d'extrait, nous demandons à la Chambre de ne pas s'écarter… de ce genre d'image. Le but de l'Accusation n'est pas simplement de rechercher l'effet de choc, comme le laisse entendre… la Défense. Il est important dans le même temps que la Chambre garde à l'esprit son mandat et ses fonctions en tant que Cour pénale internationale quand il s'agit d'attaques perpétrées contre des civils, quand il s'agit de crimes de génocide et d'extermination. La Chambre doit se permettre de voir des extraits, des images, qui lui permettent de voir la réalité qu'ont vécue ces civils à la suite de ces attaques, et ce que cela signifie pour les civils, pour les victimes. Nous vous rappelons également que la Défense a dit de

façon très claire qu'elle n'admet pas que des attaques... ou que ces attaques... aient pris pour cible... les civils. La Défense n'admet pas non plus la nature interethnique du conflit. Or, ces extraits montrent que l'on cible des civils hema à Bunia. Et la Défense admettra elle-même qu'il y a des extraits relatifs à Bunia qui nous paraîtront pertinents. La Défense a interrogé amplement le témoin 0267 sur la question des attaques, et relatives au conflit à Bunia. Et pour cette raison, nous devons avoir l'occasion de donner à la Chambre un contexte. En ce qui concerne la pertinence des extraits spécifiquement soulignés par le Pr Fofé, comme nous l'avons déjà expliqué, la date de la création du FNI n'a pas encore été admise par la Défense. Et dans ces circonstances, nous voulons souligner de nouveau l'importance de l'extrait n° 1. Nous n'avons pas obtenu de concession quant au rôle et à l'autorité qu'assumait M. Mathieu Ngudjolo durant la période qui nous intéresse, c'est-à-dire une période qui a suivi l'attaque de Bogoro durant la période de pacification. Et on peut voir, donc, un extrait où M. Ngudjolo assiste à cette rencontre. Et on voit qu'il y a une présence du FRPI, des Lendu du Nord et du FNI. Tout autant de questions qui sont importantes en ceci qu'elles ont une valeur probante. Nous n'avons pas non plus obtenu de concession concernant la violation par le FRPI et le FNI de l'accord de cessation des hostilités, et ce peu de temps après la signature de celui-ci. Sur cette base des extraits contemporains qui évoquent ces violations, (Expurgée) ... donc, tout cela a une pertinence évidente. Voilà donc nos observations, Monsieur le Président. Nous n'avons pas d'autres choses à ajouter à ce stade-ci.
M. LE JUGE PRÉSIDENT COTTE : Merci, Madame le Procureur. »[664]

Compte tenu de l'importance de la question débattue et, sans doute, en considération de l'intérêt qu'elle présentait pour les victimes, la chambre a donné la parole à leurs représentants légaux qui ont enrichi les débats de leurs contributions :

« Me GILISSEN : Je vous remercie bien, Monsieur le Président. Monsieur le Président, Mesdames les Juges, mes chers confrères, je me lance un peu... comme on se lance à l'eau, si vous me permettez l'expression, parce que je pense que le débat a un intérêt certain. Nous sommes, me semble-t-il, véritablement à un moment sans doute clef de ce que seront nos débats plus tard. Et ici, ça m'apparaît une certitude, la Défense touche du doigt un élément extrêmement important. En droit pénal international, c'est historiquement vrai, on a voulu favoriser une admission extensive de la preuve. C'est vrai très tôt, l'affaire *Blaskic* en est un élément certain. Et il est vrai que le Statut et le Règlement de preuve de cette cour ont véritablement institué - il n'y a pas d'autres mots -, via l'article 69-4 et la règle 63-2, cette volonté de grande flexibilité et d'effectivité de la preuve. Et je pense donc qu'il est essentiel... de souligner cet aspect des choses. Ce que nous cherchons, et le but de tout ce que nous faisons, c'est la recherche de la vérité. Et la règle est claire : il n'y a pas de disposition spécifique concernant l'exclusion d'une preuve lorsque la valeur probante de celle-ci dépasse la nécessité du procès équitable. C'est cette règle-là que l'on a instituée

---

[664] Transcription ICC-01/04-01/07-T-175-Red-FRA WT 23-08-2010, de la p. 44, L5 à la p. 47, L4.

dans les textes de cette Cour, et on l'a instituée dans un régime autonome de l'admissibilité de la preuve. De manière concrète, qu'est-ce que cela signifie ? Il s'agit de voir si l'élément que l'on se propose de produire présente une pertinence, mais une pertinence *prima facie*, c'est-à-dire une pertinence de prime abord. Et cette pertinence, nous le savons, est la recherche... d'un effet potentiel de cette preuve, d'une pertinence potentielle au regard de chacune des charges qui sont articulées par M. le Procureur contre les accusés. Et nous soutenons, Monsieur le Président, Mesdames et Messieurs de la Cour, que cette pertinence, elle réside dans le contexte. Cela vous a été dit et fort bien dit par Mme le Procureur - mais réside dans le contexte. Le contexte est, en la présente affaire, un élément constitutif des infractions reprochées aux accusés. Et il est donc, m'apparaît-il, essentiel de permettre, s'il n'y a pas d'éléments *prima facie* qui établissent le contraire... de nous permettre de voir dans quel bain nous allons, effectivement, devoir progresser. Il en est de même de la valeur probante. Et j'ai l'impression qu'il y a une confusion. Cette valeur probante concerne l'élément preuve et non pas l'auteur de la preuve. Voilà... quelques pistes de réflexion, Mesdames et Messieurs de la Chambre, m'apparaissent inspirer la mise en balance que vous allez faire. Car c'est bien de cela qu'il s'agit ; c'est un pouvoir qui vous est propre et qui est tout à fait autonome. Il faut le dire et le répéter. Et ce pouvoir-là, à ce stade-ci, il est - je le répète pour ne pas qu'on puisse se tromper - dans un cadre d'analyse de prime abord. Alors, Mesdames et Messieurs, il m'apparaît, sans vouloir entrer... car je ne pense pas que ce soit le rôle des représentants légaux... Il y aurait un problème peut-être même d'intérêts. Je veux avoir l'objectivité de le dire, et que ça sorte de notre bouche. Mais enfin, nous avons regardé ces extraits avec Me Luvengika. Il nous apparaît que ces extraits permettent quand même d'aborder un problème essentiel, qui est ce qui s'est passé en Ituri. Ce sont des images dont on n'articule pas - et je m'en félicite - le fait qu'elles soient tronquées, qu'elles soient travaillées, corrigées, qu'il puisse s'agir même de faux. Or, de quoi nous parlent ces extraits ? À tort ou à raison, bien ou mal, de manière malintentionnée ou bien intentionnée, ces images nous montrent un ensemble d'informations sur le mode d'action, sur les armes utilisées, sur la tactique ou les techniques qui auraient été mises en œuvre, à l'évidence sur le fait que ces attaques ont concerné des civils - et nous savons qu'un des nœuds gordiens, et vous savez que le nœud gordien est destiné à être tranché, c'est effectivement la position des civils. Il y a eu des civils victimes, le tout est de voir dans quel cadre. Et puis, évidemment, le fameux problème de l'appartenance ethnique. Et la Chambre comme les parties recevront, via ces extraits, un ensemble d'informations que vous aurez à apprécier, et que d'ailleurs nous discuterons à un moment donné ensemble, avant que vous ne les appréciez, mais cette fois non plus *prima facie* mais au fond. Alors, juste une réflexion, Monsieur le Président, Mesdames de la Chambre, pour ne pas être trop long. Avec ce rappel peut-être un peu théorique et sûrement très bref, peut-être même un peu sommaire, peut-on lorsque l'on recherche la vérité... dans un système qui a voulu une flexibilité, peut-on se passer d'image de la réalité ? Notre position est de dire, évidemment, non. La valeur intrinsèque de ces images et des propos que nous entendrons, eh bien, elle se discutera après que nous l'ayons vue. Mais je pense qu'en l'état, c'est une information à laquelle... et je me permets, Monsieur le Président, d'insister, Mesdames et Messieurs, c'est une information essentielle pour les victimes. Nous

sommes là dans l'essence même. C'est une question quasi d'ontologie pour nous. Que ces informations passent, leur valeur au fond sera appréciée. J'ai dit et je vous remercie.
M. LE JUGE PRÉSIDENT COTTE : Merci, Maître Gilissen. Maître Luvengika, souhaitez-vous compléter ce qui vient d'être dit ?
Me NSITA : Oui, Monsieur le Président, honorables Mesdames les Juges, chers confrères, je pense que tout en me ralliant à ce que vient de dire mon confrère, Me Gilissen, je voulais seulement ajouter un élément qui nous semble assez important, c'est le fait que les victimes que nous représentons… mais nous avons constaté, de manière générale, la population civile de l'Ituri ignore la manière dont la guerre ou les attaques dont elles étaient victimes se sont exactement déroulées. Et cette population est très intéressée par tout ce qui se passe ici à la Cour, tout simplement parce que, pour elle, la compréhension, la connaissance de la vérité viendrait de cette Cour. Ainsi, des éléments de contexte dont on débat depuis cet après-midi [paraissent] pour les victimes que nous représentons très importants. Parce que même si, comme l'a dit le Bureau du Procureur, comme vient de le répéter mon confrère, Me Gilissen… même si le point concerné ne touche pas directement à l'attaque de Bogoro du [24] février 2003, mais ça constitue un ensemble, un atout de ce qui était la situation de l'Ituri, comme l'a si bien dit le Pr Fofé, entre 1999 et 2003, voire au-delà de 2003. Ainsi, sans répéter mes confrères, nous pensons que les textes de la Cour… qui régissent la Cour, en ses articles 69 et 64, laissent le loisir, en tout cas à la Chambre, d'apprécier… de recevoir ces éléments de preuve et d'apprécier de leur pertinence et de la valeur probante [qu'elle] leur accordera le moment venu. Mais à ce stade, nous sollicitons de la Chambre de recevoir les éléments de preuve qu'a présentés M. le Procureur, afin d'éclairer tous les participants ainsi que la Chambre, mais aussi la population civile de l'Ituri qui [suit] de près ce débat, pour leur connaissance de ce qui leur était arrivé pendant la période en concerne. J'ai dit et je [vous] remercie. » [665]

Comme on l'a vu, les arguments développés par les représentants légaux venaient clairement appuyer la position soutenue par le procureur. Aussi, la chambre ne pouvait-elle pas trancher la controverse sans entendre à nouveau les deux conseils soutenant les objections de la défense, celle-ci devant toujours avoir la parole la dernière. Suivons :

« M. LE JUGE PRÉSIDENT COTTE : Merci, Maître Luvengika. Maître O'Shea, est-ce que vous souhaitez, au vu de ce qui vient d'être dit, compléter les propos que vous avez tenus tout à l'heure, et dont la Chambre a pris note ? Nous vous écoutons.
Me O'SHEA… : Monsieur le Président, Mesdames les Juges, la souplesse à laquelle on fait référence dans le Statut de la CPI doit être opposée aux dispositions essentielles de ce même Statut, à savoir… l'article 69-2 qui dit qu'un témoignage doit être fourni en personne, ou alors l'article 69-4 qui invite la Chambre à évaluer le caractère probant d'une déposition, ainsi que le préjudice

[665] Transcription ICC-01/04-01/07-T-175-Red-FRA WT 23-08-2010, de la p. 47, L5 à la p. 50, L25.

que cette déposition pourrait induire pour l'équité du procès... Lorsque les rédacteurs... du Statut ont rédigé l'article 69-4, ils avaient exactement cette situation en tête. Ce que l'Accusation... propose, est, je le crois, une pratique fort dangereuse, car c'est une invitation à permettre, d'une certaine manière... [un] procès... par média, pour ainsi dire. En [2002], le Statut est entré en vigueur, ainsi donc que la Cour pénale internationale qui avait déjà une juridiction et... dont l'existence était connue. Si aujourd'hui nous devions permettre une séquence vidéo qui relate ce qui advient... au cours d'une attaque produite par des cameramen ou par des journalistes, alors nous risquons d'ouvrir la porte à la possibilité de préparer au préalable un procès devant cette Cour par les médias eux-mêmes, avec le type d'entretiens ou de séquences que Mme le Procureur entend montrer...(Expurgée) ... Ce que je dis en substance, c'est que le type de discours que l'on voit dans l'extrait n° 4, en particulier, présente des risques conséquents, bien plus conséquents en tout cas que si un extrait était préparé aux fins d'un procès, parce que les personnes que l'on voit s'exprimer dans cet extrait parlent suivant une motivation politique, ils parlent à des fins politiques. Le fait qu'une séquence vidéo ne soit pas faite exclusivement aux fins d'un procès ne la rend pas moins risquée, mais à l'inverse, plus risquée pour... notre affaire. Et le risque que nous voyons dans cet extrait n° 4, c'est que le sujet qui fait l'objet de cette intervention... le fait d'avoir commis des massacres... ou autre, c'est exactement le genre de sujet qui devrait faire l'objet d'un témoignage en session, en audience. Alors, mon collègue nous dit que... nous ne pourrons pas revenir au témoin... P-0030, mais bien sûr que nous pouvons, si besoin est, revenir à P-0030. L'important, ici, c'est de préserver le caractère équitable de ce procès (Expurgée) ... En ce qui concerne l'autre catégorie... d'extrait vidéo, mon collègue de l'Accusation parle d'images d'attaques contre des civils. Alors, si vous me permettez, et avec tout mon respect, il s'agit d'une expression tendancieuse. Nous n'avons des images d'attaque... contre les civils ; nous avons des images de cadavres. Et ma collègue cite un exemple où elle dit que les parties génitales d'un enfant lui ont été ôtées. Ce que nous voyons, ce sont l'absence de parties génitales chez un enfant ou une blessure grave aux parties génitales d'un enfant. Nous ne savons pas comment ça s'est passé ; ... nous n'avons pas de témoignage sur comment cela est survenu. Alors, même si nous pouvions imaginer ou déduire que ma collègue a raison, une image en tant que telle ne peut pas justifier que l'on admette la preuve qu'elle décrit parce que cette preuve a été fournie par l'Accusation aux fins d'établir que des attaques contre les populations civiles étaient systématiques et généralisées. Alors, même si ma collègue avait raison dans ses suppositions, cela ne justifierait pas l'admissibilité de cet élément de preuve pour ce qu'elle entend démontrer... Elle soulève un argument très intéressant si on veut parler de la responsabilité des combattants, et ce qu'on voit sur cette vidéo, ... ce sont des arguments très intéressants de nous dire que... le ouï-dire « peut » être accepté par la Cour pénale internationale. Mais enfin, c'est pas la question ; la question ici, c'est que quelqu'un... nous raconte une histoire, et le problème, c'est qu'il y a préjudice. Le préjudice ici, c'est que la Défense n'a pas la possibilité de contre-interroger la personne qui nous raconte cette histoire. Alors, c'est pas que P-0030 reviendra à l'audience et nous racontera une expérience qu'il a vécue, et puis, en plus de cela il apporte... un témoignage sur ce qu'il a entendu d'autres gens raconter d'un incident donné,

… mais ce n'est pas cela, ici, que nous avons… (Expurgée) Donc, pour conclure ici, ce que nous voulons dire, c'est que ça risque de porter atteinte à l'équité du procès…

M. LE JUGE PRÉSIDENT COTTE : Merci, Maître O'Shea. Professeur Fofé ?

Pr FOFÉ : Merci beaucoup, Monsieur le Président. Je vais essayer d'être concret et de répondre successivement à Mme le Procureur et à notre confrère, Me Gilissen. D'abord, en ce qui concerne les propos de Mme le Procureur, elle a commencé par dire que dans l'extrait 25 elle voudrait présenter à la Chambre des victimes d'attaques ou d'une attaque. La question est celle-ci, Monsieur le Président, Mesdames les Juges : de quelle attaque s'agit-il ? Ces victimes-là sont des victimes de quelle attaque ? Telle est la question. La même question se pose en ce qui concerne l'extrait 23. Monsieur le Président, Honorables juges, l'extrait 25 rapporte des morts survenues à Bunia le 13 mai 2003. La question que se pose la Défense est celle-ci : pourquoi vouloir coller cet extrait aux accusés alors que ces faits peuvent avoir été commis par l'UPC, par UPDF, par les FAC, par l'APC, *et cætera, et cætera.* Procéder de cette façon, c'est vouloir jeter l'opprobre sur les accusés, notamment sur Mathieu Ngudjolo. Ce n'est pas équitable. Je voudrais signaler à l'auguste Chambre que l'arrêt de la Cour internationale de justice du 19 décembre 2005, intervenu dans l'affaire *République démocratique du Congo c. l'Ouganda* - arrêt que nous connaissons tous -, dans cet arrêt la Cour parle des populations civiles de toutes les ethnies de l'Ituri, massacrées par les forces ougandaises. Cet arrêt existe et établit que des populations civiles, de toutes les ethnies, ont été massacrées par les forces ougandaises. Alors, comment voulez-vous que dans ce contexte-là on puisse prendre des images des morts de Bunia, venir en parler dans le procès de Ngudjolo ? Ce n'est pas juste, ce n'est pas équitable. Troisième point : en ce qui concerne le propos de Mme le Procureur, elle nous dit qu'elle voudrait présenter l'extrait n° 1 pour, semble-t-il, démontrer la date de création du FNI. Monsieur le Président, Honorables juges, le créateur du FNI existe, il est vivant. Pourquoi le Procureur ne pourrait pas, par exemple, faire citer le créateur du FNI ? Ce n'est pas pertinent. J'en viens à présent aux propos de notre confrère, Me Gilissen, et je vais être bref. Me Gilissen a posé une question, c'est celle-ci : peut-on se passer d'images de la réalité ? … La Défense répond à cette question par une autre question. De quelle réalité s'agit-il? De quelle réalité ? Pourquoi le Procureur ne nous apporte pas les images des victimes de Bogoro du 24 février 2003 ? Pourquoi ? Bogoro, c'est un contexte ; c'est de Bogoro dont est saisie la Chambre. Pourquoi le Procureur ne nous amène pas les images de Bogoro ? Pourquoi relier les images d'extraits qu'elle voudrait présenter au procès de Ngudjolo ? C'est pour jeter l'opprobre sur Ngudjolo injustement. Ce n'est pas équitable. Car tous ces faits, comme je l'ai dit, peuvent avoir été perpétrés par d'autres, par des Ougandais, par des éléments de l'UPC…, des FAC, de l'APC, par exemple. Ce n'est pas équitable, ce n'est pas juste. En conclusion, Monsieur le Président, Honorables juges, la Défense soutient que la Chambre ferait œuvre de justice en s'en tenant à sa saisine, c'est-à-dire aux faits de Bogoro. La Chambre ne devrait pas - je le dis avec beaucoup de respect - accepter des digressions qui diabolisent injustement les accusés. Merci, Monsieur le Président, Honorables juges.

M. LE JUGE PRÉSIDENT COTTE : Merci, Professeur Fofé. »[666]

A l'issue de ces échanges argumentés, la chambre a rendu sa décision en se prononçant respectivement sur la pertinence, sur la valeur probante et sur la détermination ultime du poids probant de ces extraits :
- Au point de vue de la pertinence, la chambre considère que ces extraits sont pertinents car ils établissent : le contexte des faits dont elle est saisie ; le contexte des luttes interethniques ; les moyens utilisés par les protagonistes ; et le sort réservé aux civils.
- S'agissant de la valeur probante, la chambre considère que l'authenticité de ces extraits n'est pas contestée ; que les faits rapportés sont voisins aux évènements de la cause ; que le risque émotionnel issu de ces images choquantes n'est pas de nature à influencer les juges ; et que les discours contenus dans ces extraits ne sont pas des témoignages.
- Enfin, en ce qui concerne leur poids probant, la chambre ne l'évaluera qu'ultérieurement, après que les déclarations du témoin sur ces extraits auront subi l'épreuve du contre-interrogatoire et au moment de l'appréciation finale de l'ensemble des éléments de preuve admis au dossier.
La chambre en a ainsi décidé :

> « M. LE JUGE PRÉSIDENT COTTE : ... La Chambre va donc se prononcer, au vu des discussions qui ont été échangées hier après-midi, s'agissant de l'admissibilité des 17 extraits qu'envisage de produire Mme le Procureur. Sur la pertinence de ces extraits, la Chambre considère que cette pertinence n'est pas contestable, dès lors qu'ils sont parfaitement en lien avec le contexte dans lequel se déroulent les faits dont elle est saisie, et sont de nature à permettre au Procureur d'établir les éléments contextuels des crimes qu'il lui appartient de prouver. Ces extraits devraient permettre à la Chambre, notamment, de mieux appréhender, et donc de mieux comprendre le contexte des luttes, en particulier des luttes interethniques qui se déroulaient au cours des premiers mois de l'année 2003 en Ituri, et dont elle a précisément à connaître ; mieux appréhender et mieux comprendre les moyens utilisés par les combattants pour neutraliser leurs adversaires, ainsi que le sort qui pouvait être réservé aux civils ; mieux appréhender et mieux comprendre les conditions du départ des troupes ougandaises et les réactions que ce départ a suscitées. Sur la valeur probante de ces extraits, leur authenticité n'est pas contestée, le témoin 0030 (Expurgée). La Chambre rappelle qu'elle a d'ailleurs admis les paragraphes de la déclaration de ce témoin (Expurgée)... La date des faits figurant dans ces extraits n'est postérieure que de quelques semaines aux faits de la cause - mars, avril, mai 2003. Sur le préjudice causé à la Défense, en ce qui concerne la présentation de blessés ou de cadavres, la Chambre a pris note du risque émotionnel qu'ont tenu à souligner les deux équipes de défense. Elle n'est toutefois pas influençable au point de ne pas savoir faire le partage entre des scènes qui ne concernent pas

---

[666] Transcription ICC-01/04-01/07-T-175-Red-FRA WT 23-08-2010, de la p. 51, L1 à la p. 56, L18.

directement les faits de la cause et ce qui se serait passé à Bogoro le 24 février 2003. S'agissant des propos tenus, soit lors de discours soit par des personnes présentes lors de la réalisation des vidéos, la Chambre rappelle qu'il convient d'opérer une nette distinction entre les témoignages et les discours ou simples commentaires. Elle rappelle également qu'au cas présent, les personnes auteurs de ces discours ou commentaires ne les ont pas tenus ou faits dans la perspective de les voir utilisés à des fins judiciaires… La Chambre entend donc admettre ces 17 vidéos comme éléments de preuve, et c'est à l'issue de la présentation de chacun d'entre eux qu'elle demandera à Mme le greffier de leur donner un numéro EVD. Il appartient donc à Mme le Procureur de présenter maintenant, les unes après les autres, chacune des 17 vidéos, et de conduire son interrogatoire principal, puis les représentants légaux poseront éventuellement leurs questions au témoin. Les équipes de défense procéderont ensuite à leurs contre-interrogatoires respectifs. Elles seront alors en mesure de demander au témoin toutes les précisions qui leur paraissent importantes, afin de permette à la Chambre d'évaluer le poids qu'il conviendra de donner à ces différents extraits lorsqu'elle sera en possession de l'ensemble des éléments de preuve versés au dossier… »[667]

S'agissant particulièrement des propos tenus par une jeune femme dans l'extrait n° 25, les juges ont reconnu que « le fait que la Défense ne puisse pas contre-interroger la jeune femme qui s'exprime dans cet extrait 25 affecte incontestablement le poids que la Chambre sera en mesure de donner à ses déclarations. C'est un fait… La Chambre estime que ces déclarations doivent être considérées comme un moyen de preuve documentaire. En revanche, il ne saurait être question d'exclure d'emblée et de manière globale le contenu même des propos qu'elle tient. Et la Chambre rappelle la décision orale qu'elle a rendue le 12 juillet dernier sur le principe même de l'admissibilité du ouï-dire. »[668] Dans son jugement rendu le 18 décembre 2012, la chambre a mentionné qu'elle « s'est montrée prudente dans son appréciation des informations ayant leur origine dans un ouï-dire anonyme. Elle n'a pas exclu d'emblée les preuves de cette nature mais elle a évalué leur valeur probante en fonction du contexte comme des conditions dans lesquelles a été obtenu un tel élément de preuve et en prenant en considération l'impossibilité de procéder au contre interrogatoire de la source de l'information. »[669]

---

[667] CPI, Situation en République démocratique du Congo, *Affaire le Procureur c. Germain Katanga et Mathieu Ngudjolo*, ICC-01/04-01/07, Chambre de 1ère instance II, Transcription de l'audience du 24 août 2010, ICC-01/04-01/07-T-176-Red-FRA CT WT, de la p. 1, L15 à la p. 3, L10.

[668] Transcription ICC-01/04-01/07-T-178-Red-FRA WT 26-08-2010, p. 39, L15 à 23.

[669] Jugement Ngudjolo, § 56.

La question de la pertinence de la preuve documentaire s'est, à nouveau, posée le 30 septembre 2010, lors de la déposition du témoin de l'accusation P-12. Au cours de l'interrogatoire principal de ce témoin, en effet, le procureur a voulu lui présenter et verser au dossier par son canal, des photos se rapportant et montrant des victimes des évènements survenus à Tchomia[670] en juillet 2003. La défense s'y est opposée en objectant, notamment :

- leur manque de pertinence au regard de l'élucidation des faits de la saisine dont elles sont trop éloignées à la fois sur le plan temporel et spatial ;
- et le fait que, hormis leur charge émotionnelle, elles n'ajoutent rien aux déclarations faites à l'audience par le témoin P-12. L'extrait ci-dessous présente les positions des parties :

> « Mme FROLICH... : Monsieur le Président, mon intention, à ce stade, est de montrer au témoin un certain nombre de photos. D'après ce que je comprends, ces photos sont contestées par les deux équipes de défense, et je me demande quel est le sort de ces objections... Oui, Monsieur le Président, il ne s'agit que des trois photographies mentionnées par M. MacDonald hier. Je peux rappeler le numéro ERN pour la transcription : DRC-OTP-0105-0615, puis le même numéro mais qui se termine par 0622, et enfin même numéro se terminant par 0619. Ce sont les trois seules photographies que j'aimerais soumettre au témoin...
>
> M. LE JUGE PRÉSIDENT COTTE : Merci, Madame le Procureur. Je me tourne vers les équipes de défense. Le fait que sur l'ensemble de la planche ne soient retenues que trois photographies est-il de nature à modifier le point de vue que vous avez exprimé par écrit, ou entendez-vous toujours objecter ? Si vous entendez objecter, nous laisserons à Mme le Procureur le soin de nous indiquer en quoi cette présentation se révèle pour elle pertinente.
>
> Pr FOFÉ : Nous maintenons notre objection, Monsieur le Président.
>
> M. LE JUGE PRÉSIDENT COTTE : Il en va de même pour vous, Maître Hooper ?
>
> Me HOOPER... : Ce n'est pas une objection très forte, mais je pose néanmoins une question quant à la motivation du Procureur : en quoi ceci les aide-t-il, compte tenu de la période qui nous occupe - de février, qui est le point principal, jusqu'à l'événement... les événements qui se sont déroulés en juillet ? Nous voyons ici des photos terribles de personnes mortes. Nous pouvons tous imaginer ce dont il s'agit, mais avons-nous besoin de photos ? Peut-être quelques-unes, en tout cas en particulier. En ce qui concerne cette photographie extrêmement triste et repoussante - le bébé -, quelle est la motivation, quelle est l'intention du Bureau du Procureur, en nous montrant cette photographie ? En quoi nous aide-t-elle quant aux événements qui se sont déroulés à Bogoro ? Est-ce que c'est une façon de présenter l'affaire sous un jour particulièrement coloré ? Donc, voilà quelle est notre objection. Elle porte sur cette photo épouvantable du bébé. Il s'agit simplement de faire attention. S'agit-il de mettre... dans nos esprits des préjugés, dans un esprit si bien organisé soit-il ?
>
> Pr FOFÉ : Pardon, Monsieur le Président.

---

[670] Tchomia est une localité du district de l'Ituri située à environ 37 kilomètres de Bogoro et à plus ou moins 62 kilomètres de Bunia.

M. LE JUGE PRÉSIDENT COTTE : Je vous en prie, Professeur Fofé.
Pr FOFÉ : Monsieur le Président, c'est juste pour signaler à la Chambre que, pour le développement de notre objection, nous allons solliciter que le témoin soit absent de la salle, parce que nous allons entrer dans la profondeur de la question, afin qu'il ne soit pas influencé d'une manière ou d'une autre. Et je pense que même pour les explications de Mme le Procureur, il serait mieux que ces explications soient données en l'absence du témoin. Merci, Monsieur le Président.
(Discussion entre les juges sur le siège)… »[671]

Ayant favorablement accueilli les objections de la défense, la chambre a ainsi statué, s'adressant, en l'occurrence, au procureur :

> « Au cours de sa déposition ce matin, le témoin nous a relaté, il y a très peu de temps, cette nouvelle attaque contre Tchomia le 15 juillet 2003. Il en a fait une description brève, mais suffisamment significative, et en termes - d'ailleurs, on le sentait dans sa manière de s'exprimer - émouvants. Nous comprenons parfaitement la logique de votre interrogatoire et le fait que, dans un souci de permettre à la Chambre de mieux comprendre le contexte dans lequel se situent les faits qu'il lui appartiendra de juger, vous faites état d'attaques qui se sont déroulées postérieurement au mois de février 2003, mais la façon dont le témoin a relaté les faits, les descriptions qu'il nous a données, nous suffisent amplement. Et la présentation ne serait-ce que de trois photographies n'est pas de nature à améliorer de manière significative la compréhension de la Chambre. Donc, nous ne présentons pas ces trois photographies, et vous poursuivez votre interrogatoire, si vous le voulez bien, Madame le Procureur. »[672]

Ainsi donc, appréciant souverainement la pertinence des pièces qui lui sont présentées, la chambre se prononce au cas par cas et n'admet que celles qui lui permettent de mieux comprendre les faits dont elle est saisie, leur contexte, les modes opératoires et les moyens utilisés par les protagonistes des drames, bref de se rapprocher le plus possible de la vérité. En l'espèce, la chambre a estimé suffisante la déposition du témoin P-12 sur les évènements de Tchomia du 15 juillet 2003 et a jugé que la présentation des photographies sélectionnées par le procureur n'était pas pertinente, car elle n'était pas de nature à améliorer significativement sa compréhension des faits de la saisine.

De l'analyse du jugement rendu le 18 décembre 2012, il ressort que les juges ont conformé leur démarche intellectuelle à l'arrêt de la chambre d'appel qui a dit pour droit que l'article 69-4 du Statut impose à la chambre de première instance de se prononcer sur l'admissibilité de chacun des éléments de preuve qui lui sont présentés à un moment ou à un autre de la

---

[671] Transcription ICC-01/04-01/07-T-196-Red-FRA WT 30-09-2010, p. 31, L21 à 24 ; p. 32, L8 à 12 ; p. 33, L3 à 28 ; p. 34, L1 à 21.
[672] *Idem*, p. 34, L9 à 21.

procédure.[673] « En tout état de cause, une pièce ne peut être admise que si la chambre décide qu'elle est pertinente et/ou admissible au sens de l'article 69-4, ce qui conduit à apprécier sa valeur probante, et si elle est de nature à nuire à l'équité du procès ou à une évaluation équitable de la déposition du témoin en cause. »[674] Aussi, la chambre de première instance II précise-t-elle que pour se prononcer sur l'admissibilité d'un élément de preuve, elle « a suivi une méthode en trois temps. Elle a d'abord examiné la pertinence de la pièce ; elle a ensuite évalué sa valeur probante, enfin, elle a mis en balance cette valeur probante avec l'effet préjudiciable qui pourrait éventuellement résulter de l'admission de cette pièce. »[675] S'agissant précisément de la pertinence des éléments de preuve documentaires, elle a conclu que « si une partie a présenté une pièce afin de prouver une thèse particulière, la Chambre, en principe, ne l'admettra que dans ce but, même si la pièce est admise dans son intégralité. Il s'en suit que si la même pièce peut aussi servir de preuve à l'appui d'une autre thèse que de celle ou celles pour lesquelles elle a été présentée, la Chambre ne tiendra pas compte de cet élément de preuve dans l'examen de cette autre thèse, à moins que les parties n'aient eu la possibilité d'aborder cet aspect de l'élément de preuve. »[676] Dès lors, si une partie présente une pièce pour défendre sa cause, une autre partie peut analyser la même pièce pour repérer d'autres éléments de preuve, d'autres chapitres, sections ou paragraphes qui soutiennent sa propre thèse. Cette partie intéressée devra alors communiquer à la chambre, à toutes les autres parties et à tous les participants ces passages de ladite pièce qu'elle a l'intention de verser au dossier comme preuve. Ces passages devront alors faire l'objet de débats contradictoires à l'issue desquels les juges décideront de leur pertinence et de la nécessité de leur attribuer un numéro EVD. « La Chambre a donc souhaité s'assurer que le principe du contradictoire, énoncé dans la première phrase de l'article 74-2 du Statut, était pleinement respecté. »[677]

---

[673] CPI, Situation en République centrafricaine, *Affaire le Procureur c. Jean-Pierre Bemba Gombo*, ICC-01/05-01/08, Chambre d'appel, Arrêt relatif aux appels interjetés par Jean-Pierre Bemba Gombo et le Procureur contre la décision relative à l'admission en tant que preuves des documents figurant dans l'inventaire des preuves de l'Accusation, rendue par la Chambre de première instance III, ICC-01/05-01/08-1386-tFRA, 3 mai 2011, § 37.
[674] Jugement Ngudjolo, § 41 ; Arrêt Bemba ICC-01/05-01/08-1386-tFRA, § 37 ; Jugement Lubanga, § 100.
[675] Jugement Ngudjolo, § 42.
[676] *Idem*, § 58.
[677] *Idem*, § 59.

CONCLUSION

La CPI assume une mission importante pour la sauvegarde de l'humanité, celle de poursuivre et de sanctionner les auteurs des crimes les plus graves qui touchent l'ensemble de la communauté internationale et qui menacent la paix, la sécurité, le bien-être, la vie des humains. User et abuser des armes de tout type, blanches, à feu..., pour massacrer la population civile ; utiliser le viol et l'esclavage sexuel comme instruments de guerre pour impressionner et anéantir l'ennemi ; enlever des enfants de moins de 15 ans de leur entourage parental et familial, les soustraire de leur scolarité et de leur milieu d'origine pour les employer dans des entreprises de guerre et les faire participer à des conflits armés ; déporter des populations, procéder à des stérilisations ou à des grossesses forcées, aux emprisonnements illégaux, prises d'otages, tortures, persécutions, traitements inhumains et dégradants ; procéder à des pillages des patrimoines et à des destructions des biens qui n'ont aucun lien avec des activités militaires... sont autant d'actes criminels qui ne doivent pas rester impunis.[678] La CPI a précisément pour vocation de mettre fin à l'impunité de ces cruautés, en intervenant comme institution complémentaire des juridictions pénales nationales.[679]

Dans l'exécution de sa mission, elle doit tout mettre en œuvre pour rechercher les responsables de ces crimes et les sanctionner. Compte tenu de la gravité de ces actes et de la sanction à infliger à leurs auteurs, la Cour est dotée des règles qui lui permettent de rechercher la vérité et de dire le droit sur la base, non pas d'une vérité, mais de la vérité. Elle doit travailler, mettre en application tous les principes, toutes les règles, toutes les techniques juridiques disponibles pour arriver à la découverte de la vérité.

Cette recherche de la vérité est essentielle pour parvenir à une justice digne de ce nom, une vraie justice, neutre, équitable, impartiale, indépendante, égale pour tous. Cette œuvre est difficile à accomplir, mais pas impossible. Sa réussite passe précisément par le respect des principes et des règles dont ceux que nous avons essayé de systématiser dans cet ouvrage et qui régissent l'administration de la preuve au stade du procès, principes et règles préétablis de façon impersonnelle.

La garantie principale de cette réussite réside dans la mise en application effective du principe de l'indépendance. Les affaires dévolues à la CPI sont d'une telle complexité que tous les acteurs qui concourent à son œuvre doivent être réellement indépendants. Il doit en être ainsi d'abord du procureur qui a la responsabilité de recueillir les premières données sur d'éventuels crimes perpétrés et pouvant relever de la compétence de la CPI,

---

[678] Voir les articles 7 et 8 du Statut de la CPI et des Éléments des crimes.

[679] Préambule et article 1er du Statut de la CPI.

de les analyser, de mener des enquêtes et de déclencher des poursuites. Dans l'accomplissement de ces tâches, le procureur doit être indépendant et extrêmement vigilant pour faire échec à toute tentative d'instrumentalisation de la Cour par certains individus, organismes ou pouvoirs. Il doit en être ainsi également des conseils de la défense et des représentants légaux des victimes qui, appelés à contribuer à cette mission de justice, doivent exercer en toute indépendance leur ministère. Il doit en être ainsi, enfin et surtout, des honorables juges à qui les textes fondamentaux reconnaissent des pouvoirs leur permettant de parvenir à la découverte de la vérité.

Le fait que tous les acteurs doivent être indépendants signifie et induit qu'ils doivent tous travailler en vue de l'établissement de la vérité. Tous les moyens de preuve présentés aux juges doivent être débattus par les parties et participants en toute honnêteté, en totale loyauté, en toute transparence et en parfaite équité, en ayant tous comme leitmotiv la recherche de la vérité. Les différentes règles que nous avons étudiées ont pour finalité de permettre la réalisation de ces débats contradictoires en vue de l'éclosion de la vérité.

C'est en faisant respecter ces prescriptions que les juges de la CPI garantissent l'administration d'une vraie justice, indépendante, égale pour tous. Les souplesses admises dans leur mise en œuvre n'affaiblissent pas ces règles. Ce sont des souplesses intelligentes, logiques, conçues pour rendre ces dernières plus efficientes, plus opérationnelles, plus à même de faire jaillir la vérité.

Tous les éléments de preuve, à charge et à décharge, versés au dossier, ont été tamisés par ces règles. Ils ont subi l'épreuve des débats contradictoires. Au moment de la délibération, la chambre procède à leur évaluation de façon rigoureuse pour arrêter ce qu'elle estime être la vérité et rendre son jugement sur cette base, jugement de condamnation si elle est convaincue de la culpabilité de l'accusé au-delà de tout doute raisonnable, ou d'acquittement dans le cas contraire.

PRINCIPALES SOURCES DES DONNÉES

I- TEXTES JURIDIQUES FONDAMENTAUX DE LA CPI

- Code de conduite professionnelle des conseils
- Éléments des crimes
- Règlement de la Cour
- Règlement de procédure et de preuve
- Règlement du Bureau du Procureur
- Règlement du Greffe
- Statut de Rome

II- JURISPRUDENCE DE LA CPI

A- Mandats et décisions des chambres préliminaires

- CPI, Situation en Ouganda, Chambre préliminaire II, Mandat d'arrêt de Dominic Ongwen, ICC-02/04-01/05-57-tFR, 8 juillet 2005.
- CPI, Situation en République démocratique du Congo, *Affaire le Procureur c. Thomas Lubanga Dyilo*, Chambre préliminaire I, Mandat d'arrêt, ICC-01/04-01/06-2-US, 10 février 2006.
- CPI, Situation en République démocratique du Congo, *Affaire le Procureur c. Bosco Ntaganda,* Chambre préliminaire I, Mandat d'arrêt, ICC-01/04-02/06-2, 22 août 2006.
- CPI, Situation en République démocratique du Congo, *Affaire le Procureur c. Thomas Lubanga Dyilo,* ICC-01/04-01/06, Chambre préliminaire I, Décision relative à la préparation des témoins avant qu'ils ne déposent devant la Cour (*witness familiarisation and proofing*), ICC-01/04-01/06-679-tFR, 8 novembre 2006.
- CPI, Situation en République démocratique du Congo, *Affaire le Procureur c. Thomas Lubanga Dyilo*, Chambre préliminaire I, Décision sur la confirmation des charges, ICC-01/04-01/06-803, 29 janvier 2007.
- CPI, Situation en République démocratique du Congo, *Affaire le Procureur c. Germain Katanga,* Chambre préliminaire I, Mandat d'arrêt, ICC-01/04-01/07-1-US, 2 juillet 2007.
- CPI, Situation en République démocratique du Congo, *Affaire le Procureur c. Mathieu Ngudjolo Chui,* Chambre préliminaire I, Mandat d'arrêt, ICC-01/04-02/07-1, 6 juillet 2007.
- CPI, Situation en République démocratique du Congo, *Affaire le Procureur c. Germain Katanga*, ICC-01/04-01/07, Chambre préliminaire I, Décision relative à la jonction des affaires concernant Germain Katanga et Mathieu Ngudjolo Chui, ICC-01/04-01/07-257-tFRA, 10 mars 2008.

- CPI, Situation en République démocratique du Congo, *Affaire le Procureur c. Germain Katanga et Mathieu Ngudjolo*, ICC-01/04-01/07, Chambre préliminaire I, Décision relative à la confirmation des charges, ICC-01/04-01/07-716-Conf-tFRA-Corr2, 26 septembre 2008 ; version publique : ICC-01/04-01/07-717-tFRA-Corr, 30 septembre 2008.
- CPI, Situation en République démocratique du Congo, *Affaire le Procureur c. Callixte Mbarushimana,* Chambre préliminaire I, Mandat d'arrêt, ICC-01/04-01/10-2, 28 septembre 2010.
- CPI, Situation en République du Kenya, *Affaire le Procureur c. William Samoei Ruto, Henry Kiprono Kosgey et Joshua Arap Sang,* Chambre préliminaire II, Décision relative à la requête du Procureur aux fins de délivrance de citations à comparaître..., ICC-01/09-01/11-1-tFRA, 8 mars 2011.
- CPI, Situation en République du Kenya, *Affaire le Procureur c. Francis Kirimi Muthaura, Uhuru Muigai Kenyatta et Mohammed Hussein Ali,* Décision relative à la requête du Procureur aux fins de délivrance de citations à comparaître..., ICC-01/09-02/11-1-tFRA, 8 mars 2011.
- CPI, Situation en République de Côte d'Ivoire, Chambre préliminaire III, Mandat d'arrêt à l'encontre de Laurent Koudou Gbagbo, ICC-02/11-01/11-1-tFRA, 23 novembre 2011.
- CPI, Situation en République démocratique du Congo, *Affaire le Procureur c. Callixte Mbarushimana,* Chambre préliminaire I, Décision relative à la confirmation des charges, ICC-01/04-01/10-465-Red-tFRA, 16 décembre 2011.
- CPI, Situation en République de Côte d'Ivoire, *Affaire le Procureur c. Blé Goudé,* Chambre préliminaire III, Mandat d'arrêt à l'encontre de Charles Blé Goudé, ICC-02/11-02/11-1-tFRA, 21 décembre 2011.
- CPI, Situation en République du Kenya, *Affaire le Procureur c. William Samoei Ruto, Henry Kiprono Kosgey et Joshua Arap Sang,* Chambre préliminaire II, Décision relative à la confirmation des charges rendue en application des alinéas a) et b) de l'article 61-7 du Statut de Rome, ICC-01/09-01/11-373-tFRA, 23 janvier 2012.
- CPI, Situation en République du Kenya, *Affaire le Procureur c. Francis Kirimi Muthaura, Uhuru Muigai Kenyatta et Mohammed Hussein Ali,* Chambre préliminaire II, Décision relative à la confirmation des charges rendue en application des alinéas a) et b) de l'article 61-7 du Statut de Rome, ICC-01/09-02/11-382-Red-tFRA, 23 janvier 2012.
- CPI, Situation en République du Kenya, *Affaire le Procureur c. Walter Osapiri Barasa,* ICC-01/09-01/13, Chambre préliminaire II, Mandat d'arrêt à l'encontre de Walter Osapiri Barasa, ICC-01/09-01/13-1-Red2-tFRA, 2 août 2013.
- CPI, Situation en République démocratique du Congo, *Affaire le Procureur c. Bosco Ntaganda,* Chambre préliminaire II, *Decision Pursuant to Article 61(7)(a) and (b) of the Rome Statute on the Charges of the Prosecutor Against Bosco Ntaganda,* ICC-01/04-02/06-309, 9 juin 2014.

- CPI, Situation en République de Côte d'Ivoire, *Affaire le Procureur c. Laurent Gbagbo,* Décision relative à la confirmation des charges portées contre Laurent Gbagbo, ICC-02/11-01/11-656-Red-tFRA, 12 juin 2014.
- CPI, Situation en République centrafricaine, *Affaire le Procureur c. Jean-Pierre Bemba Gombo, Aimé Kilolo Musamba, Jean-Jacques Mangenda Kabongo, Fidèle Babala Wandu et Narcisse Arido,* ICC-01/05-01/13, Chambre préliminaire II, Décision rendue en application des alinéas a) et b) de l'article 61-7 du Statut de Rome, ICC-01/05-01/13-749-tFRA, 11 novembre 2014.

B- Décisions des chambres de première instance

a) CPI, Situation en République démocratique du Congo, *Affaire le Procureur c. Thomas Lubanga Dyilo*, ICC-01/04-01/06, Chambre de 1ère instance I

- Décision relative aux pratiques employées pour préparer et familiariser les témoins avant qu'ils ne déposent au procès, ICC-01/04-01/06-1049-tFRA, 30 novembre 2007.
- Décision relative à la participation des victimes, ICC-01/04-01/06-1119-tFRA, 18 janvier 2008.
- Décision relative à diverses questions concernant la présentation de témoignages pendant le procès, ICC-01/04-01/06-1140-tFRA, 29 janvier 2008.
- Décision relative au protocole pratique de préparation des témoins au procès, ICC-01/04-01/06-1351-tFRA, 23 mai 2008.
- Décision relative à l'admissibilité de quatre documents, ICC-01/04-01/06-1399-tFRA, 13 juin 2008.
- Décision relative aux conséquences de la non-communication de pièces à décharge couvertes par les accords prévus à l'article 54-3-e du Statut, à la demande de suspension des poursuites engagées contre l'accusé et à certaines autres questions soulevées lors de la conférence de mise en état du 10 juin 2008, ICC-01/04-01/06-1401-tFRA, 13 juin 2008.
- Décision relative à la requête de l'Accusation aux fins d'admission des déclarations préalablement enregistrées de deux témoins, ICC-01/04-01/06-1603-tFRA, 15 janvier 2009.
- *Decision on the admission of material from the "bar table"*, ICC-01/04-01/06-1981, 24 juin 2009.
- Décision relative au mode d'interrogatoire des témoins par les représentants légaux des victimes, ICC-01/04-01/06-2127-tFRA, 16 septembre 2009.
- *Decision on the request by the legal representatives of victims a/0001/06. a/0002/06, a/0003/06, a/0049/06, a/0007/08, a/0149/08, a/0155/07, a/0156/07, a/0404/08, a/0405/08, a/0406/08, a/0407/08, a/0409/08,*

a/0149/07 and a/0162/07 for admission of the final report of the Panel of Experts on the illegal exploitation of natural resources and other forms of wealth of the Democratic Republic of the Congo as evidence, ICC-01/04-01/06-2135, 22 septembre 2009.
- Décision relative à la requête urgente du Procureur aux fins de modification du délai de communication de l'identité de l'intermédiaire 143 ou de suspension de l'instance dans l'attente de consultations plus approfondies avec l'Unité d'aide aux victimes et aux témoins, ICC-01/04-01/06-2517-Red-tFRA, 8 juillet 2010.
- *Corrigendum of Decision on the "Prosecution's Second Application for Admission of Documents from the Bar Table Pursuant to Article 64(9)"*, ICC-01/04-01/06-2589-Corr, 25 octobre 2010.
- *Redacted Decision on the "Prosecution's Application for Admission of Documents related to Witness 297 Pursuant to Article 64(9)"*, ICC-01/04-01/06-2588-Red, 12 novembre 2010.
- *Redacted Decision on the « Seconde requête de la Défense aux fins de dépôt de documents »*, ICC-01/04-01/06-2596-Red, 17 novembre 2010.
- *Corrigendum to Redacted Decision on the defence request for the admission of 422 documents*, ICC-01/04-01/06-2595-Red-Corr, 8 mars 2011.
- Ordonnance portant calendrier des conclusions finales, ICC-01/04-01/06-2722, 12 avril 2011.
- Jugement rendu en application de l'article 74 du Statut, ICC-01/04-01/06-2842-tFRA, 14 mars 2012.

***b)* CPI, Situation en République démocratique du Congo, *Affaire le Procureur c. Germain Katanga et Mathieu Ngudjolo*, ICC-01/04-01/07, Chambre de 1ère instance II**

- Décision relative à un certain nombre de questions de procédure soulevées par le Greffe, ICC-01/04-01/07-1134-tFRA, 14 mai 2009.
- Ordonnance relative à l'organisation de la représentation légale commune des victimes, ICC-01/04-01/07-1328-tFRA, 22 juillet 2009.
- Décision sur la protection de 21 témoins relevant de l'article 67-2 du Statut et/ou de la règle 77 du RPP, ICC-01/04-01/07-1332, 24 juillet 2009.
- Décision reportant la date d'ouverture des débats au fond (règle 132-1 du règlement de procédure et de preuve), ICC-01/04-01/07-1442, 31 août 2009.
- Motifs de la décision relative aux 345 demandes de participation de victimes à la procédure, ICC-01/04-01/07-1491-Red, 23 septembre 2009.
- Décision relative au dépôt d'un résumé des charges par le Procureur, ICC-01/04-01/07-1547-tFRA, 21 octobre 2009.
- Instructions pour la conduite des débats et les dépositions conformément à la règle 140, 20 novembre 2009, version publique française: ICC-01/04-01/07-1665-Corr-tFRA, 1er décembre 2009.

- Ordonnance relative aux mesures de protection de certains témoins cités à comparaître par le Procureur et par la Chambre (règles 87 et 88 du Règlement de procédure et de preuve), ICC-01/04-01/07-1667-Red, 9 décembre 2009.
- Motifs de la deuxième décision relative aux demandes de participation de victimes à la procédure, ICC-01/04-01/07-1737, 22 décembre 2009.
- Décision relative aux modalités de participation des victimes au stade des débats sur le fond, ICC-01/04-01/07-1788, 22 janvier 2010.
- Rectificatif à la Décision relative à la requête de l'Accusation aux fins d'admission du témoignage préalablement enregistré du témoin P-02 et des extraits d'enregistrements vidéo y afférents, ICC-01/04-01/07-2289-Corr-Red-tFRA, 27 août 2010.
- Décision relative à la requête du Procureur aux fins d'admission des témoignages préalablement enregistrés de P 166 et P 219, ICC-01/04-01/07-2362-tFRA, 3 septembre 2009.
- Décision relative aux requêtes du Procureur aux fins d'admission de pièces qu'il entend verser directement aux débats, ICC-01/04-01/07-2635, 17 décembre 2010 ; la version française ICC-01/04-01/07-2635-tFRA date du 12-01-2011.
- *Decision on Agreements as to Evidence,* ICC-01/04-01/07-2681, 3 février 2011.
- *Decision on the Prosecution's renunciation of the testimony of witness P-159*, ICC-01/04-01/07-2731, 24 février 2011.
- Décision sur une requête en amicus curiae et sur la « requête tendant à obtenir présentations des témoins DRC-D02-P-0350, DRC-D02-P-0236, DRC-D02-P-0228 aux autorités néerlandaises aux fins d'asile » (articles 68 et 93-7 du Statut), ICC-01/04-01/07-3003, 9 juin 2011.
- Décision relative au maintien du statut de victime participant à la procédure des victimes a/0381/09 et a/0363/09 et à la demande de Me Nsita Luvengika en vue d'être autorisé à mettre fin à son mandat de Représentant légal desdites victimes, ICC-01/04-01/07-3064, 7 juillet 2011.
- Déclaration de la clôture de la présentation des moyens de preuve, ICC-01/04-01/07-3235, 7 février 2012.
- Décision relative à la mise en œuvre de la norme 55 du Règlement de la Cour et prononçant la disjonction des charges portées contre les accusés, ICC-01/04-01/07-3319, 21 novembre 2012.
- Jugement rendu en application de l'article 74 du Statut, ICC-01/04-02/12-3, 18 décembre 2012.
- Jugement rendu en application de l'article 74 du Statut, ICC-01/04-01/07-3436, 7 mars 2014.

***c)* CPI, Situation en République centrafricaine, *Affaire le Procureur c. Jean-Pierre Bemba Gombo,* ICC-01/05-01/08, Chambre de première instance III**

- *Corrigendum to Decision on the participation of victims in the trial and on 86 applications by victims to participate in the proceedings*, ICC-01/05-01/08-807-Corr, 12 juillet 2010.
- *Decision on "Prosecution Application for Leave to Submit in Writing Prior-Recorded Testimonies by CAR-OTP-WWWW-0032, CAR-OTP-WWWW-0080, and CAR-OTP-WWWW-0108"*, ICC-01/05-01/08-886, 16 septembre 2010.
- Décision relative à la représentation légale commune des victimes aux fins du procès, ICC-01/05-01/08-1005-tFRA, 10 novembre 2010.
- Décision relative au protocole unique de préparation et de familiarisation des témoins en vue de la déposition au procès, ICC-01/05-01/08-1016-tFRA, 18 novembre 2010.
- Décision relative à l'admission en preuve des documents figurant dans l'inventaire des preuves de l'Accusation, ICC-01/05-01/08-1022-tFRA, 19 novembre 2010.
- Décision relative aux instructions pour la conduite des débats, ICC-01/05-01/08-1023-tFRA, 19 novembre 2010.
- Opinion dissidente de Mme la juge Kuniko Ozaki concernant la Décision relative à l'admission en preuve des documents figurant dans l'inventaire des preuves de l'Accusation, ICC-01/05-01/08-1028-tFRA, 23 novembre 2010.
- Opinion partiellement dissidente de la juge Kuniko Ozaki sur la Décision relative au protocole unique de préparation et de familiarisation des témoins en vue de la déposition au procès, ICC-01/05-01/08-1039-tFRA, 24 novembre 2010.

***d)* CPI, Situation en République du Kenya, *Affaire le Procureur c. William Samoei Ruto et Joshua Arap Sang,* ICC-01/09-01/11, Chambre de 1ère instance V(A)**

- *Decision on victims' representation and participation*, ICC-01/09-01/11-460, 3 octobre 2012.
- *Decision on the Conduct of Trial Proceedings (General Directions)*, ICC-01/09-01/11-847-Corr, 9 août 2013.
- *Decision No. 2 on the Conduct of Trial Proceedings (General Directions)*, ICC-01/09-01/11-900, 3 septembre 2013.
- *Decision No. 3 on the Conduct of Proceedings (Public Redacted Versions of Transcripts of Testimonies Heard in Private Session)*, ICC-01/09-01/11-981, 24 septembre 2013.

- *Decision No. 4 on the Conduct of Proceedings (Evidence and Solemn Declarations in Support of Applications)*, ICC-01/09-01/11-1312, 20 mai 2014.
- *Decision No. 5 on the Conduct of Trial Proceedings (Principles and Procedure on 'No Case to Answer' Motions)*, ICC-01/09-01/11-1334, 3 juin 2014.
- *Reasons for the Decision on the Replacement of Duty Counsel for a Witness*, ICC-01/09-01/11-1749-Red, 10 décembre 2014.
- *Decision on Appointment of Duty Counsel for a Witness*, ICC-01/09-01/11-1775-Red, 14 janvier 2015.

***e)* CPI, Situation en République du Kenya, *Affaire le Procureur c. Francis Kirimi Muthaura et Uhuru Muigai Kenyatta*, ICC-01/09-02/11, Chambre de 1ère instance V**

- *Decision on witness preparation*, ICC-01/09-02/11-588, 2 janvier 2013.
- *Witness preparation protocol*, ICC-01/09-02/11-588-Anx, 7 février 2013.

***f)* CPI, Situation en République démocratique du Congo, *Affaire le Procureur c. Bosco Ntaganda*, ICC-01/04-02/06, Chambre de 1ère instance VI**

- *Decision on adoption of a 'Protocol on the Handling of Confidential Information During Investigations and Contact Between a Party or Participant and Witnesses of the Opposing Party or a Participant'*, ICC-01/04-02/06-412, 12 décembre 2014.
- *Decision on victims' participation in trial proceedings*, ICC-01/04-02/06-449, 6 février 2015.

C- Arrêts de la chambre d'appel

- *Affaire le Procureur c. Thomas Lubanga Dyilo*, Arrêt relatif à l'appel interjeté par le Procureur contre la décision de la chambre préliminaire I intitulée « Décision fixant les principes généraux applicables aux demandes de restriction à l'obligation de communication introduites en vertu des règles 81-2 et 81-4 du RPP », ICC-01/04-01/06-568-tFRA OA 3, 13 octobre 2006.
- *Affaire le Procureur c. Germain Katanga et Mathieu Ngudjolo*, Arrêt relatif à l'appel interjeté contre la décision de jonction des affaires concernant Germain Katanga et Mathieu Ngudjolo Chui rendue le 10 mars 2008 par la Chambre préliminaire, ICC-01/04-01/07-573-tFRA, 9 juin 2008.
- *Affaire le Procureur c. Thomas Lubanga Dyilo*, Arrêt relatif aux appels interjetés par le Procureur et la Défense contre la Décision relative à la participation des victimes rendue le 18 janvier 2008 par la Chambre de première instance I, ICC-01/04-01/06-1432-tFRA, 11 juillet 2008.

- *Affaire le Procureur c. Thomas Lubanga Dyilo,* Arrêt relatif à l'appel interjeté par Thomas Lubanga Dyilo contre la décision rendue oralement par la chambre préliminaire I le 18 janvier 2008, ICC-01/04-01/06-1433-tFRA OA 11, 11 juillet 2008.
- *Affaire le Procureur c. Thomas Lubanga Dyilo,* Arrêt confirmant la Décision ICC-01/04-01/06-1401-tFRA de la chambre de première instance I du 13 juin 2008 relative aux conséquences de la non-communication de pièces à décharge couvertes par les accords prévus à l'article 54-3-e du Statut, à la demande de suspension des poursuites engagées contre l'accusé et à certaines autres questions soulevées lors de la conférence de mise en état du 10 juin 2008, ICC-01/04-01/06-1486-tFRA, 21 octobre 2008.
- *Affaire le Procureur c. Germain Katanga et Mathieu Ngudjolo,* Arrêt relatif à l'appel interjeté par Germain Katanga contre la décision relative aux modalités de participation des victimes au stade des débats sur le fond rendue le 22 janvier 2010 par la Chambre de première instance II, ICC-01/04-01/07-2288-tFRA OA 11, 16 juillet 2010.
- *Affaire le Procureur c. Jean-Pierre Bemba Gombo,* Arrêt relatif aux appels interjetés par Jean-Pierre Bemba Gombo et le Procureur contre la décision relative à l'admission en tant que preuves des documents figurant dans l'inventaire des preuves de l'Accusation, rendue par la Chambre de première instance III, ICC-01/05-01/08-1386-tFRA, 3 mai 2011.
- *Affaire le Procureur c. Callixte Mbarushimana,* Arrêt relatif à l'appel interjeté par le Procureur contre la Décision relative à la confirmation des charges rendue par la Chambre préliminaire I le 16 décembre 2011, ICC-01/04-01/10-514-tFRA, 30 mai 2012.
- *Affaire le Procureur c. Mathieu Ngudjolo, Judgment on the Prosecutor's appeal against the decision of Trial Chamber II entitled "Judgment pursuant to article 74 of the Statute"* ; Annex A, *Joint dissenting opinion of Judge Ekaterina Trendafilova and Judge Cuno Tarfusser*, ICC-01/04-02/12 A, 27 février 2015.

III- TRANSCRIPTIONS DES AUDIENCES DE LA CPI

A- Transcriptions des audiences de la chambre de première instance I, *Affaire le Procureur c. Thomas Lubanga Dyilo,* ICC-01/04-01/06

- ICC-01/04-01/06-T-98-ENG ET WT 18-11-2008.
- ICC-01/04-01/06-T-107-ENG ET WT 26-01-2009.
- ICC-01/04-01/06-T-109-ENG WT 27-01-2009.
- ICC-01/04-01/06-T-110-FRA WT 28-01-2009
- ICC-01/04-01/06-T-132-FRA WT 20-02-2009.
- ICC-01/04-01/06-T-151-FRA WT 19-03-2009.

- ICC-01/04-01/06-T-205-FRA WT 07-07-2009.
- ICC-01/04-01/06-T-342-ENG CT WT 01-04-2011.
- ICC-01/04-01/06-T-352-Red2-FRA WT 18-04-2011.

B- Transcriptions des audiences de la chambre de première instance II, *Affaire le Procureur c. Germain Katanga et Mathieu Ngudjolo*, ICC-01/04-01/07

- ICC-01/04-01/07-T-81-Red-FRA WT 25-11-2009.
- ICC-01/04-01/07-T-84-Red-FRA WT 27-11-2009.
- ICC-01/04-01/07-T-87-Red-FRA WT 30-11-2009.
- ICC-01/04-01/07-T-88-Red-FRA WT 01-12-2009.
- ICC-01/04-01/07-T-91-Red-FRA WT 27-01-2010.
- ICC-01/04-01/07-T-92-Red2-FRA WT 28-01-2010.
- ICC-01/04-01/07-T-93-Red2-FRA WT 29-01-2010.
- ICC-01/04-01/07-T-94-Red2-FRA WT 01-02-2010.
- ICC-01/04-01/07-T-95-Red-FRA WT 02-02-2010.
- ICC-01-04-01-07-T-96-Red-FRA WT 04-02-2010.
- ICC-01-04-01-07-T-97-Red-FRA WT 08-02-2010.
- ICC-01/04-01/07-T-98-Red-FRA WT 09-02-2010.
- ICC-01/04-01/07-T-99-Red-FRA WT 10-02-2010.
- ICC-01/04-01/07-T-100-Red2-FRA WT 11-02-2010.
- ICC-01/04-01/07-T-101-Red-FRA WT 12-02-2010.
- ICC-01/04-01/07-T-105-Red-FRA WT 22-02-2010.
- ICC-01/04-01/07-T-108-Red-FRA WT 25-02-2010.
- ICC-01/04-01/07-T-110-Red-FRA WT 02-03-2010.
- ICC-01/04-01/07-T-112-Red-FRA WT 04-03-2010.
- ICC-01/04-01/07-T-124-Red-FRA CT WT 26-03-2010.
- ICC-01/04-01/07-T-126-Red-FRA WT 30-03-2010.
- ICC-01/04-01/07-T-127-Red-FRA WT 31-03-2010.
- ICC-01/04-01/07-T-130-Red-FRA WT 20-04-2010.
- ICC-01/04-01/07-T-135-Red-FRA WT 04-05-2010
- ICC-01/04-01/07-T-175-Red-FRA WT 23-08-2010.
- ICC-01/04-01/07-T-176-Red-FRA CT WT 24-08-2010.
- ICC-01/04-01/07-T-178-Red-FRA WT 26-08-2010.
- ICC-01/04-01/07-T-180-Red-FRA CT WT 30-08-2010.
- ICC-01-04-01-07-T-181-Red2-FRA WT 31-08-2010.
- ICC-01-04-01-07-T-182-Red2-FRA CT WT 01-09-2010.
- ICC-01/04-01/07-T-183-Red-FRA WT 06-09-2010.
- ICC-01/04-01/07-T-189-ENG 20-09-2010.
- ICC-01/04-01/07-T-195-Red-FRA WT 29-09-2010.
- ICC-01/04-01/07-T-196-Red-FRA WT 30-09-2010.
- ICC-01/04-01/07-T-197-Red-FRA WT 06-10-2010.

- ICC-01-04-01-07-T-202-Red2-FRA WT 13-10-2010.
- ICC-01-04-01-07-T-203-Red-FRA WT 14-10-2010.
- ICC-01/04-01/07-T-215-Red-FRA WT 08-11-2010.
- ICC-01/04-01/07-T-243-Red-FRA WT 05-04-2011.
- ICC-01/04-01/07-T-244-FRA CT WT 06-04-2011.
- ICC-01/04-01/07-T-255-Red-FRA WT 06-05-2011.
- ICC-01/04-01/07-T-256-Red-FRA WT 09-05-2011.
- ICC-01/04-01/07-T-257-FRA ET 10-05-2011.
- ICC-01/04-01/07-T-279-Red-FRA WT 10-06-2011.
- ICC-01/04-01/07-T-280-Red-FRA CT WT 13-06-2011.
- ICC-01/04-01/07-T-281-Red-FRA WT 14-06-2011.
- ICC-01/04-01/07-T-293-Red2-FRA CT WT 17-08-2011.
- ICC-01/04-01/07-T-294-Red-FRA WT 18-08-2011.
- ICC-01/04-01/07-T-295-Red2-FRA CT WT 19-08-2011.
- ICC-01/04-01/07-T-296-Red2-FRA WT 23-08-2011.
- ICC-01/04-01/07-T-298-Red2-FRA WT 25-08-2011.
- ICC-01/04-01/07-T-299-FRA ET WT 26-08-2011.
- ICC-01/04-01/07-T-300-FRA ET WT 29-08-2011.
- ICC-01/04-01/07-T-301-Red2-FRA, 30-08-2011.
- ICC-01/04-01/07-T-302-Red-FRA WT 01-09-2011.
- ICC-01-04-01-07-T-304-Red-FRA-WT 06-09-2011.
- ICC-01-04-01-07-T-305-Red-FRA-WT 07-09-2011.
- ICC-01/04-01/07-T-306-Red-FRA CT WT 08-09-2011.
- ICC-01/04-01/07-T-309-Red3-FRA CT WT 12-09-2011.
- ICC-01/04-01/07-T-310-Red-FRA CT WT 13-09-2011.
- ICC-01/04-01/07-T-312-Red2-FRA CT WT 15-09-2011.
- ICC-01/04-01/07-T-314-FRA CT WT 27-09-2011.
- ICC-01/04-01/07-T-316-FRA CT WT 04-10-2011.
- ICC-01/04-01/07-T-318-FRA CT WT 06-10-2011.
- ICC-01/04-01/07-T-320-FRA CT WT 11-10-2011.
- ICC-01-04-01-07-T-322-FRA ET WT 13-10-2011.
- ICC-01/04-01/07-T-323-FRA CT WT 14-10-2011.
- ICC-01/04-01/07-T-324-FRA CT WT 18-10-2011.
- ICC-01/04-01/07-T-325-FRA ET WT 19-10-2011.
- ICC-01/04-01/07-T-327-FRA CT2 WT 27-10-2011.
- ICC-01/04-01/07-T-330-Red-FRA CT WT 08-11-2011.
- ICC-01/04-01/07-T-332-Red-FRA CT WT 10-11-2011.
- ICC-01-04-01-07-T-333-Red2-FRA CT2 WT 11-11-2011.
- ICC-01/04-01/07-T-339-FRA ET WT 22-05-2012.

C- Transcriptions des audiences de la chambre de première instance III, *Affaire le Procureur c. Jean-Pierre Bemba Gombo,* ICC-01/05-01/08

- ICC-01/05-01/08-T-30-FRA ET WT 21-10-2010.
- ICC-01/05-01/08-T-32-FRA ET WT 22-11-2010
- ICC-01/05-01/08-T-33-Red2-FRA WT 23-11-2010
- ICC-01/05-01/08-T-34-Red2-FRA WT 24-11-2010
- ICC-01/05-01/08-T-35-Red2-FRA WT 25-11-2010
- ICC-01/05-01/08-T-36-Red2-FRA WT 26-11-2010
- ICC-01/05-01/08-T-37-Red2-FRA WT 29-11-2010
- ICC-01/05-01/08-T-38-FRA ET WT 29-11-2010
- ICC-01/05-01/08-T-39-FRA ET WT 30-11-2010
- ICC-01/05-01/08-T-40-Red2-FRA WT 30-11-2010

D- Transcriptions des audiences de la chambre de Chambre de 1ère instance V(A), *Affaire le Procureur c.William Samoei Ruto et Joshua Arap Sang,* ICC-01/09-01/11

- ICC-01/09-01/11-T-24-Red-FRA CT WT 19-08-2013.
- ICC-01/09-01/11-T-29-Red3-FRA WT 17-09-2013
- ICC-01/09-01/11-T-32-Red-FRA WT 18-09-2013
- ICC-01/09-01/11-T-33-Red-FRA WT 24-09-2013
- ICC-01/09-01/11-T-34-Red2-FRA WT 20-09-2013
- ICC-01/09-01/11-T-39-Red-FRA WT 02-10-2013
- ICC-01/09-01/11-T-41-Red2-FRA WT 03-10-2013
- ICC-01/09-01/11-T-42-Red3-FRA WT 04-10-2013
- ICC-01/09-01/11-T-43-Red2-FRA WT 07-10-2013

E- Transcriptions des audiences de la chambre d'appel

- *Affaire le Procureur c. Thomas Lubanga Dyilo,* Transcrition ICC-01/04-01/06-T-362-Red-FRA WT 19-05-2014.
- *Affaire le Procureur c. Mathieu Ngudjolo,* Transcription ICC-01/04-02/12-T-5-FRA ET WT 27-02-2015.

IV- ACTES DE PROCÉDURE

A- Dans l'*Affaire le Procureur c.Thomas Lubanga Dyilo,* ICC-01/04-01/06, Chambre de 1ère instance I

- Bureau du Procureur, *Prosecution's submission of list of witnesses who potentially face risk of self-incrimination*, ICC-01/04-01/06-1642, 23 janvier 2009.
- Bureau du Procureur, *Prosecution's submissions regarding issues related to potential selfincrimination at trial*, ICC-01/04-01/06-1658, 30 janvier 2009.
- Bureau du Procureur, *Prosecution Submissions on Disclosure pursuant to Trial Chamber I's Order of 5 November 2010*, ICC-01/04-01/06-2625-Red, 17 novembre 2010.

B- Dans l'*Affaire le Procureur c.Germain Katanga et Mathieu Ngudjolo,* ICC-01/04-01/07, Chambre de 1ère instance II

- Bureau du Procureur, *Amended Document Containing the Charges Pursuant to Article 61(3)(a) of the Statute*, ICC-01/04-01/07-649-Anx1A, 26 juin 2008.
- Défense de Germain Katanga, *Defence Objections to Admissibility in Principal and in Substance,* ICC-01/04-01/07-1558, 23 octobre 2009.
- Bureau du Procureur, Document résumant les charges, ICC-01/04-01/07-1588-tFRA, 3 novembre 2009.
- Bureau du Procureur, Requête de l'Accusation aux fins d'admission de la déclaration écrite du témoin 0373, ICC-01/04-01/07-1955, 10 mars 2010.
- Bureau du Procureur, *Prosecution's Submission of Material as Evidence from the Bar Table Pursuant to Article 64(9) of the Statute*, ICC-01/04-01/07-2290, 16 juillet 2010.
- Défense de Mathieu Ngudjolo, Observations de la Défense de Mathieu Ngudjolo sur l'écriture du Procureur référencée ICC-01/04-01/07-2290 et intitulée « *Prosecution's Submission of Material as Evidence from the Bar Table Pursuant to Article 64(9) of the Statute* », ICC-01/04-01/07-2347-Conf, 30 août 2010.
- Défense de Germain Katanga, *Katanga Defence Response to Prosecution Bar Table Motion*, ICC-01/04-01/07-2348, 30 août 2010.
- Bureau du Procureur, *Prosecution's Second Submission of Material as Evidence from the Bar Table Pursuant to Article 64(9) of the Statute*, ICC-01/04-01/07-2623-Conf, 8 décembre 2010.
- Défense de Mathieu Ngudjolo, Observations de la Défense de Mathieu Ngudjolo sur l'écriture du Procureur référencée ICC-01/04-01/07-2623-Conf du 8 décembre 2010 intitulée « *Prosecution's Second Submission of*

Material as Evidence from the Bar Table Pursuant to Article 64(9) of the Statute », ICC-01/04-01/07-2625-Conf, 13 décembre 2010.
- Défense de Germain Katanga, *Defence Response to Prosecution's Second Submission of Material as Evidence from the Bar Table Pursuant to Article 64(9) of the Statute*, ICC-01/04-01/07-2629-Conf, 13 décembre 2010.
- Bureau du Procureur, Corrigendum du mémoire final, ICC-01/04-01/07-3251-Corr-Red, 3 juillet 2012.
- Défense de Mathieu Ngudjolo, Conclusions finales, ICC-01/04-01/07-3265-Corr2-Red, 8 novembre 2012.

C- Dans l'*Affaire le Procureur c.Jean-Pierre Bemba Gombo,* ICC-01/05-01/08, Chambre de 1ère instance III

- Defence Team of Mr Jean-Pierre Bemba Gombo, *Defence appeal against the "Decision on the admission into evidence of material contained in the Prosecution's list of evidence" of 19 November 2010*, ICC-01/05-01/08-1191, 7 février 2011.
- OTP, *Prosecution's Document in Support of Appeal against Trial Chamber III's "Decision on the admission into evidence of materials contained in the prosecution's list of evidence" (ICC-01/05-01/08-1022)*, ICC-01/05-01/08-1194, 7 février 2011.

D- Dans l'*Affaire le Procureur c.William Samoei Ruto et Joshua Arap Sang,* ICC-01/09-01/11, Chambre de 1ère instance V(A)

- Counsel for Witness, *Public Redacted Version of "Request for Leave to Appeal the "Decision on Appointment of Duty Counsel for a Witness" (ICC-01/09-01/11-1775-Conf)" filed on 18 January 2015*, ICC-01/09-01/11-1784-Anx-Red, 23 février 2015.

E- Dans l'*Affaire le Procureur c.Francis Kirimi Muthaura et Uhuru Muigai Kenyatta*, ICC-01/09-02/11, Chambre de 1ère instance V

- Greffe, *Unified Protocol on the practices used to prepare and familiarize witnesses for giving testimony*, ICC-01/09-02/11-260-Anx, 22 août 2011.
- OTP, *Prosecution Motion Regarding the Scope of Witness Preparation*, ICC-01/09-02/11-462, 13 août 2012.
- OTP, *Proposed Guidelines on Witness Preparation*, ICC-01/09-02/11-462-AnxA, 13 août 2012.
- Defence Teams, *Defence Response to "Prosecution Motion Regarding the Scope of Witness Preparation"*, ICC-01/09-02/11-475-Red, 3 septembre 2012.

F- Dans l'*Affaire le Procureur c.Bosco Ntaganda*, ICC-01/04-02/06, Chambre de 1ère instance VI

- OTP, *Prosecution motion regarding witness preparation*, ICC-01/04-02/06-444, 5 février 2015.
- OTP, *Witness Preparation Protocol*, ICC-01/04-02/06-444-Anx1, 5 février 2015.
- Defence Team of Mr Bosco Ntaganda, *Response on Behalf of Mr Ntaganda to "Prosecution motion regarding witness preparation"*, ICC-01/04-02/06-484, 27 février 2015.

V- JURISPRUDENCE DES TPI, DE LA CIJ ET DE LA COUR EUROPÉENNE DES DROITS DE L'HOMME.

- TPIY, *Affaire le Procureur c. Tadic*, IT-94-1-T, Chambre de première instance, Jugement, 7 mai 1997.
- TPIY, *Affaire le Procureur c. Delalic et autres*, IT-96-21-T, Chambre de première instance, Jugement, 16 novembre 1998.
- TPIY, *Affaire le Procureur c. Delalic et consorts,* IT-96-21-A, Chambre d'appel, Arrêt du 20 février 2001.
- TPIY, *Affaire le Procureur c. Zoran Kupreskic et consorts*, IT-95-16-A, Chambre d'appel, Arrêt du 23 octobre 2001.
- TPIR, *Affaire Alfred Musema c. le Procureur*, ICTR-96-13-A, Chambre d'appel, Arrêt du 16 novembre 2001.
- TPIR, *Affaire Juvenal Kajelijeli c. le Procureur*, ICTR-98-44A-A, Chambre d'appel, Arrêt du 23 mai 2005.
- TPIR, *Affaire le Procureur c. Théoneste Bagosora et consorts*, ICTR-98-41-AR73, *Decision on Aloys Ntabakuze's Interlocutory Appeal on questions of Law raised by the 29 June 2006 Trial Chamber I Decision on Motion for exclusion of Evidence*, Arrêt du 18 septembre 2006.
- CIJ, Affaire des activités armées sur le territoire du Congo, *République démocratique du Congo c. Ouganda,* Arrêt du 19 décembre 2005.
- Cour européenne des droits de l'homme, Grande Chambre, *Bykov c. Russie*, (n° 4378/02), arrêt du 10 mars 2009.

VI- DROITS NATIONAUX

A- Canada

- Loi sur la preuve au Canada, à jour au 12 janvier 2010, publiée par le ministère de la Justice, in *http://laws-lois.justice.gc.ca*.

- Principes généraux du Conseil canadien de la magistrature, point 9.3[2] Source :*http://www.cjcccm.gc.ca/french/lawyers_fr.asp?selMenu=lawyers_pmf_generalprinciples_fr.asp.*

B- Espagne

- *Tribunal of Constitutional Guarantees* (Tribunal Constitucional) 51/1995, Published in the BOE (Boletín Oficial del Estado) : 31/3/1995, para. 2 of the Legal Foundations. [www.boe.es].

C- France

- Code de procédure pénale.
- Crim. 2 novembre 1971, Bull. n° 289.
- Crim. 25 juin 1980, Bull. n° 207.
- Crim. 2 avril 1990, Bull. n° 142.
- Crim. 4 novembre 1992, Bull. n° 359.
- Crim. 20 octobre 1999, Bull. n° 225.
- Crim. 7 novembre 2000, Bull. n° 330.
- Crim. 12 février 2003, Bull. n° 33.
- Crim. 9 novembre 2005, Bull. n° 292.
- Crim. 15 novembre 2006, Bull. n° 286.
- Portalis : Discours préliminaire sur le projet du code civil (Extrait de ce discours présenté le 1er pluviôse an IX).

D- République Démocratique du Congo

- Code de procédure pénale.

VII- DOCTRINE

A- Ouvrages

- Ambroise-Castélot Coralie, *La procédure pénale*, 2è édition, Gualino, Lextenso éditions, Paris, 2009, 361 pages.
- Ascensio Hervé, Decaux Emmanuel et Pellet Alain (dir.), *Droit international pénal*, Paris, Pedone, 2000, 1053 p.
- Bouloc Bernard, *Procédure pénale*, 24è édition, Dalloz, Paris, 2014, 1126 pages.
- Bourdon William et Duverger Emmanuelle, *La Cour pénale internationale. Le Statut de Rome*, Paris, Seuil, 2000, 364 p.

- Calvo-Goller Karin N., *La procédure et la jurisprudence de la Cour pénale internationale*, préface de Robert Badinter, Gazette du Palais, Paris, 2012, 392 pages.
- Fofé Djofia Malewa Jean-Pierre, *La Question de la Preuve devant le Tribunal Pénal International pour le Rwanda. Le cas Cyangugu*, L'Harmattan, Paris, 2006, 292 pages.
- Guinchard Serge et Buisson Jacques, *Procédure pénale*, Lexis Nexis, 9è édition, Paris, 2013, 1633 pages.
- Institut de formation continue du Barreau de Paris (éditeur scientifique), *Le doute et le droit*, (actes du colloque du 12 août 1991), Paris, Dalloz, 1994, 125 pages.
- Larguier Jean et Conte Philippe, *Procédure pénale*, 23è édition, Dalloz, Paris, 2014, 455 pages.
- La Rosa Anne-Marie, *Juridictions pénales internationales : la procédure et la preuve*, Paris, PUF, 2003, 507 p.
- Leroy Jacques, *Procédure pénale*, 3è édition, LGDJ, Paris, 2013, 525 pages.
- *Statut de Rome de la Cour pénale internationale, commentaire article par article*, Sous la direction de Julian Fernandez, Xavier Pacreau, et la coordination éditoriale de Lola Maze, avant-propos de Robert Badinter, préface d'Emmanuel Decaux, ouverture de Philippe Kirsch, postface de Serge Sur, Editions Pedone, Paris, 2012, deux tomes, 2460 pages.

B- Articles

- Bitti Gilbert, « Les victimes devant la Cour pénale internationale. Les promesses faites à Rome ont-elles été tenues ? », in *Revue de science criminelle et de droit pénal comparé (RSC)*, N° 2, Dalloz, Paris, avril-juin 2011, pp 293-341.
- Fofé Djofia Malewa Jean-Pierre, « La preuve des faits similaires devant la Cour pénale internationale : mécanisme sous surveillance », in *Revue de science criminelle et de droit pénal comparé (RSC)*, N° 2, Dalloz, Paris, avril-juin 2011, pp 343-369.
- Fofé Djofia Malewa Jean-Pierre, "La justice pénale internationale face à la complexité du phénomène criminel sévissant dans la région des grands lacs africains", In *Problèmes actuels de science criminelle*, Volume XX, ISPEC-CRMP, Presses universitaires d'Aix-Marseille, 2007, pp 39-77.
- Mabanga Ghislain, « Le rôle du conseil dans le cadre des témoignages incriminant leur auteur. Le cas de la Cour pénale internationale », in *La Revue des droits de l'homme,* 3 | 2013, mis en ligne le 01 décembre 2013, consulté le 22 février 2015. URL : *http://revdh.revues.org/237,* 29 pages.

C- Commentaires du Statut

- Abline Gaël, « Article 45 - Engagement solennel », in *Statut de Rome de la Cour pénale internationale, commentaire article par article,* Sous la direction de Julian Fernandez et Xavier Pacreau, et la coordination éditoriale de Lola Maze, Editions Pedone, Paris, 2012, pp 1083 à 1087.
- Cotte Bruno et Saracco Marianne, « Article 64 - Fonctions et pouvoirs de la Chambre de première instance », in *idem,* pp 1443 à 1471.
- Darques-Lane Florence, Madec Cécile et Godart Stéphanie, « Article 54 - Devoirs et pouvoirs du Procureur en matière d'enquêtes », in *idem*, pp 1229 à 1258.
- Dreyssé Daphné, « Article 70 - Atteintes à l'administration de la justice », in *idem*, pp 1601 à 1607.
- Keïta Xavier-Jean, Fourçans Claire, Masselot Marjorie, Preira Daniel Didier, Mbaye Abdoul Aziz, Shoamanesh Sam Sasan, « Article 67 - Droits de l'accusé », in *idem*, pp 1497 à 1543.
- La Rosa Anne-Marie, « Article 69 - Preuve », in *idem*, pp 1577 à 1600.
- Levivier Julia, « Article 66 - Présomption d'innocence », in *idem*, pp 1485 à 1495.
- Massida Paolina et Walter Caroline, « Article 68 - Protection et participation au procès des victimes et des témoins », in *idem,* pp 1545 à 1576.
- Schabas William A., « Article 66, Presumption of innocence », in Otto Triffterer (ed.), *Commentary on the Rome Statute of the International Criminal Court, Observer's notes, article by article*, Baden-Baden, Nomos, 2è ed. 2008, 1954 pages, pp 1233 à 1245.

TABLE DES MATIÈRES

L'HARMATTAN ITALIA
Via Degli Artisti 15; 10124 Torino

L'HARMATTAN HONGRIE
Könyvesbolt ; Kossuth L. u. 14-16
1053 Budapest

L'HARMATTAN KINSHASA
185, avenue Nyangwe
Commune de Lingwala
Kinshasa, R.D. Congo
(00243) 998697603 ou (00243) 999229662

L'HARMATTAN CONGO
67, av. E. P. Lumumba
Bât. – Congo Pharmacie (Bib. Nat.)
BP2874 Brazzaville
harmattan.congo@yahoo.fr

L'HARMATTAN GUINÉE
Almamya Rue KA 028, en face
du restaurant Le Cèdre
OKB agency BP 3470 Conakry
(00224) 657 20 85 08 / 664 28 91 96
harmattanguinee@yahoo.fr

L'HARMATTAN MALI
Rue 73, Porte 536, Niamakoro,
Cité Unicef, Bamako
Tél. 00 (223) 20205724 / +(223) 76378082
poudiougopaul@yahoo.fr
pp.harmattan@gmail.com

L'HARMATTAN CAMEROUN
BP 11486
Face à la SNI, immeuble Don Bosco
Yaoundé
(00237) 99 76 61 66
harmattancam@yahoo.fr

L'HARMATTAN CÔTE D'IVOIRE
Résidence Karl / cité des arts
Abidjan-Cocody 03 BP 1588 Abidjan 03
(00225) 05 77 87 31
etien_nda@yahoo.fr

L'HARMATTAN BURKINA
Penou Achille Some
Ouagadougou
(+226) 70 26 88 27

L'HARMATTAN SÉNÉGAL
10 VDN en face Mermoz, après le pont de Fann
BP 45034 Dakar Fann
33 825 98 58 / 33 860 9858
senharmattan@gmail.com / senlibraire@gmail.com
www.harmattansenegal.com

L'HARMATTAN BÉNIN
ISOR-BENIN
01 BP 359 COTONOU-RP
Quartier Gbèdjromèdé,
Rue Agbélenco, Lot 1247 I
Tél : 00 229 21 32 53 79
christian_dablaka123@yahoo.fr

Achevé d'imprimer par Corlet Numérique - 14110 Condé-sur-Noireau
N° d'Imprimeur : 118792 - Dépôt légal : mai 2015 - *Imprimé en France*